Ausgeschieden
von den
Büchereien Wien

Grundwissen
Jägerprüfung

*Dieses Buch widme ich meiner Frau Marie Christine.
Ich möchte ihr danken für ihre Geduld und ihre Hilfe.
Sie nahm zahlreiche Entbehrungen in Kauf und hielt
mir jederzeit den Rücken frei.*

Siegfried Seibt

Grundwissen Jägerprüfung

Das Standardwerk zum Jagdschein

Aktualisierte Neuausgabe

KOSMOS

Einleitung

- **Zum Geleit** 7
- **Jägerausbildung im Dienst von Wild und Jagd** 8

Kapitel 1

- **Jagdrecht und verwandte Rechtsgebiete** 9
  - Jagdrecht – ohne geht es nicht 9
  - Wichtige Inhalte des Waffengesetzes 12
  - Das Bürgerliche Gesetzbuch (BGB) 15
  - Das Strafgesetzbuch (StGB) 16
  - Die Strafprozessordnung (StPO) 18
  - Das Naturschutzgesetz 19
  - Das Tierschutzgesetz 20
  - Das Tiergesundheitsgesetz 21
  - Fleischhygiene – Vorschriften 21
  - Nicht zum Verzehr geeignetes Wild/Zerwirkabfälle 25
  - Vorgeschriebene Versicherungen 26
  - Das Bundesjagdgesetz (BJG) 28

Kapitel 2

- **Haarwild** 66
  - Wildbiologie 66
  - Schalenwild 69
  - Echte Marder 117
  - Stinkmarder 122
  - Katzen 124
  - Hunde 126
  - Kleinbären 130
  - Hasenartige 131
  - Nagetiere 136

Kapitel 3

- **Federwild** 141
  - Morphologie – äußerer Aufbau der Vögel 141
  - Anatomie – innerer Aufbau der Vögel 144
  - Lebensweise und Verhalten 146
  - Wildtauben 149
  - Hühnervögel 151
  - Greifvögel 162
  - Eulen 171
  - Rabenvögel 177
  - Schnepfenvögel 179
  - Möwen 182
  - Wildenten 183
  - Säger 190
  - Wildgänse 190
  - Wildschwäne 193
  - Ruderfüßer 193
  - Lappentaucher 194
  - Kranichvögel 195
  - Schreitvögel 197

Kapitel 4

- **Praktischer Jagdbetrieb** 199
  - Weidgerechtigkeit 199
  - Das Brauchtum 200
  - Vor und nach dem Schuss 206
  - Schusszeichen 208
  - Pirschzeichen 209
  - Losung und weitere Wildzeichen 211
  - Behandlung nicht tödlich getroffenen Wildes 213
  - Jagdarten – Einzeljagd 215
  - Jagdarten mit Hunden 221
  - Lockjagd 223
  - Gesellschaftsjagdarten 225
  - Die Fallenjagd – Fangjagd 230
  - Fallen für den Lebendfang 231
  - Fallen für den Totfang 234
  - Behandlung des erlegten Wildes 237

Kapitel 5

▶ **Jagdhundewesen** 248
Die Körperteile des Jagdhundes
   in der Weidmannssprache 248
Das Gebiss des Jagdhundes 249
Einsatzgebiete und
   Verwendungsmöglichkeiten 249
Jagdhundrassen 251
Eigenschaften und Laute 259
Kauf eines Hundes 262
Haltung 264
Ausbildung und Ausbildungs-
   gegenstände 265
Hundekrankheiten 267
Die Zucht des Jagdhundes 268
Die Prüfungen unserer
   Jagdhunde 271
Die Arbeit an der lebenden
   Ente – Voraussetzungen 277

Kapitel 6

▶ **Landbau** 279
Nutzung der Natur 279
Grundlagen des Pflanzen-
   wachstums 279
Die Bodenarten 281
Pflanzenschutz 283
Landwirtschaftliche Kultur-
   pflanzen 285

Kapitel 7

▶ **Waldbau** 291
Der Wald 291
Waldbewirtschaftung 295
Der Schutz des Waldes 298
Die wichtigsten Nadelhölzer 299
Die wichtigsten Laubhölzer 300
Die wichtigsten Sträucher 305

Kapitel 8

▶ **Wild- und Jagdschäden** 307
Begriffsbestimmungen 307
Ersatzpflichtige Wildschäden
   im Feld und im Wald 309
Fragen zu Verbissschäden 311
Fragen zu Schälschäden 313
Fragen zu Fegeschäden und
   Schlagschäden 315
Schutzmaßnahmen gegen
   Wildschäden im Wald 315

Kapitel 9

▶ **Naturschutz** 320
Naturschutzrecht 320
Fragen zum Naturschutz 322
Fragen zum Artenschutz 322
Biotopschutz 328
Fragen zu Eingriffen in die
   Natur 336
Fragen zu Jagd und Natur-
   schutz 338

Kapitel 10

▶ **Wildkrankheiten** 339
Wissen und Verantwortung 339
Einteilung der Wildkrankheiten 340
Die wichtigsten
   Virusinfektionen 341
Die wichtigsten bakteriellen
   Infektionen 343
Die wichtigsten parasitären
   Infektionen 345
Endoparasiten 346
Ektoparasiten 350
Kurzübersicht Wildkrankheiten 351

Kapitel 11

▶ **Waffenkunde**   353
Grundbegriffe Waffenrecht
   und Waffentechnik   353
Erwerb und Besitz von Waffen
   und Munition   355
Führen und Schießen   362
Sonstige waffenrechtliche
   Vorschriften   364
Kalte Waffen   367
Langwaffen   368
Technische Waffenmerkmale   372
Schäfte   382
Visierungen, Optik und
   Montagen   384
Büchsenmunition   394
Flintenmunition   398
Geschosse   399
Ballistik   405
Kurzwaffen   412
Jagdliches Schießen   414
Pflege von Waffen
   und Optik   415
Waffenhandhabung   417

Kapitel 12

▶ **Wildhege und Fütterung**   428
Grundsatz der Wildhege   428
Maßnahmen zur Verbesserung
   des Äsungsangebotes   430
Maßnahmen zur Verbesserung
   der Deckung   433
Wildfütterung   434
Fütterung einzelner Wildarten   435
Abgrenzung Fütterung –
   Ablenkfütterung – Kirrung   438

Kapitel 13

▶ **Wildbewirtschaftung**   441
Rechtliche Vorschriften   441
Abschussplan   441
Aufstellung und Genehmigung
   der Abschusspläne   446
Hegerichtlinien Rehwild   446
Hegerichtlinien Rotwild   447
Hegerichtlinien Schwarzwild   448

Extra: Lernstrategien – erfolgreich und stressfrei durch die Jägerprüfung

▶ **Richtig lernen – Lernen lernen**   453
▶ **Den Lernweg planen**   460
▶ **Neues Wissen aufnehmen**   469
▶ **Prüfungsstoff verarbeiten,
ordnen, speichern**   478
▶ **Prüfungsstoff – Wiedergabe**   489
▶ **Material – was brauchen Sie?**   495
▶ **Tipps zu Ausbildung, Prüfung
und danach**   500
▶ **Der Ablauf der Jägerprüfung**   513

Service

Jagdbare Tiere (Wild) nach BJG
   und den Bestimmungen
   der Bundesländer   519
Jagdbezirksgrößen   523
Die Jägerprüfung im
   Ländervergleich   527
Muster-Wildfolgevereinbarung   531
Muster-Prüfungsfragen   534
QR-Codes mit ausgewählten
   wichtigen Jagdsignalen   540
Wichtige Adressen   541
Bücher und Neue Medien zur
   Prüfungsvorbereitung   543
Register   545
Bildnachweis   556
Impressum   557

Zum Geleit

Kurz, knapp, präzise: Hier hat jeder Jagdscheinanwärter ein Lehrbuch vor sich, das alles für die Jägerprüfung Notwendige enthält und auf allen überflüssigen Ballast verzichtet.

In den zurückliegenden Jahrzehnten wurde der Prüfungsstoff für Jagdscheinanwärter in Deutschland immer wieder um neue Fächer erweitert und mit neuen Erkenntnissen befrachtet. Längst wurde es Zeit, den Wissensstoff einmal kritisch zu durchforsten und für die Prüfung nicht unbedingt Notwendiges wegzulassen. Das hat der Autor dieses Buches in dankenswerter Weise getan – ich bin sicher, dass Grundwissen Jägerprüfung mit seinen präzisen Begriffsdefinitionen, seiner übersichtlichen Darstellung, seiner ansprechenden Ausstattung und Gestaltung großen Anklang unter den Jagdscheinanwärtern der kommenden Jahre finden wird.

Auf jeder Seite des Buches wird deutlich, dass es dem Autor gelungen ist, seine jahrzehntelange jagdpraktische Erfahrung mit seinen ebenfalls über viele Jahre im Umgang mit Jägerkursteilnehmern erworbenen pädagogischen Fähigkeiten in idealer Weise zu verbinden.

Siegfried Seibt legt mit diesem Werk ein hervorragendes Buch für Lernende und zugleich ein wertvolles Nachschlagewerk für „alte Hasen" vor. Der erfahrene Jungjägerausbilder vermittelt darin ein vielseitiges Grundwissen und rüstet den Jagdscheinanwärter mit den notwendigen Kenntnissen für die Jägerprüfung, darüber hinaus aber auch für ein erfülltes Jägerleben aus.

Ich wünsche den Lesern viel Freude bei der Lektüre des Buches und viel Erfolg bei der Jägerprüfung!

Dem Buch wünsche ich die weite Verbreitung, die es verdient.

Ruhpolding

Dr. Gerhard Frank
Ehrenpräsident des
Deutschen Jagdschutz-Verbandes

Jägerausbildung im Dienst von Wild und Jagd

Die Erfahrungen aus über 45 Jahren weltweiter Berufsjägertätigkeit und 40 Jahren hauptberuflicher Tätigkeit in der Jungjägerausbildung und der jagdlichen Fortbildung haben mich zum Schreiben dieses Buches veranlasst. Vieles hat sich im Laufe der Jahre verändert.

Die Zahl der Naturnutzer und ihre Ansprüche an die Natur sind stetig gewachsen. Das Wild und die freilebende Tierwelt sind teils zurückgedrängt worden, teils sind ihnen neue Nischen und Lebensräume entstanden. Natur- und Umweltschutz werden weltweit immer stärker zu existenziell wichtigen Themen der Menschheit – um ihrer selbst willen. Das Jagen und zugleich die nachhaltige Sicherung der Wildbestände müssen das Anliegen der Jäger des 21. Jahrhunderts sein.

Lassen wir allen Jägern ihre jagdliche Sicht- und Denkweise – Jagd ist Kulturgut und muss auch in ihren Ursprungsformen gepflegt und erhalten werden. Sie ist überdies der Ursprung des Überlebens. Auch wenn wir heute sehr feinfühlig mit „Leben" und „Tod" umgehen, bleiben diese Tatsachen doch unverändert.

Die Ausbildung der Jäger und die Anforderungen an ihre Kenntnisse und Fähigkeiten sind hingegen neu zu gewichten. Die Komplexität der Materie und die Notwendigkeit, Zusammenhänge zu verstehen, haben ein neues Lehrbuch für die Jagdausbildung, jetzt bereits in der sechsten Auflage vorliegend, überfällig gemacht. Das vorliegende Buch soll und will alte Zöpfe abschneiden und dabei ausdrücklich für die Jagd werben. Jagd ist praktischer Naturschutz, der Jäger der Anwalt des Wildes, aber auch Lebensmittelproduzent. Jagen bedeutet lernen, ein Jägerleben lang – Fortbildung ist die Pflicht jeden Jägers.

Dieses Buch soll Jagdscheinanwärtern den Weg zum Jagdschein ebnen und Ausbildern sowie Prüfern als Richtschnur dienen. Ich habe es geschrieben zum Wohle des Wildes und im Interesse tier- und artenschutzgerechten Jagens.

Mein besonderer Dank gilt Horst Niesters (†). Er stellte mir zahlreiche Fotografien und sein fotografisches Fachwissen zur Verfügung. Ohne ihn wäre das Buch in der vorliegenden Form nicht entstanden.

Mein herzlicher Dank gilt Benedikt Meisberger für seine Mitarbeit an der Erstausgabe des Buchs. Dr. Gerhard Frank danke ich für die kritische Durchsicht des Manuskripts und konstruktive Anregungen.

Den Firmen Dynamit Nobel, Frankonia, Merkel, RUAG Ammotec, Sauer & Sohn, Swarovski und Zeiss danke ich für die Bereitstellung von Bildmaterial.

Dem Kosmos Verlag und hier vor allem Ekkehard Ophoven danke ich für die konstruktive und harmonische Zusammenarbeit. Alle nicht namentlich genannten, an diesem Buch beteiligten Helfer schließe ich in meinen Dank ein.

Siegfried Seibt
DJV Wildmeister

Jagdrecht und verwandte Rechtsgebiete

Jagdrecht – ohne geht es nicht ◄	9	*Das Tierschutzgesetz* ◄	20
Wichtige Inhalte des Waffengesetzes ◄	12	*Das Tiergesundheitsgesetz* ◄	21
		Fleischhygiene-Vorschriften ◄	21
Das Bürgerliche Gesetzbuch (BGB) ◄	15	*Nicht zum Verzehr geeignetes Wild/Zerwirkabfälle* ◄	25
Das Strafgesetzbuch (StGB) ◄	16	*Vorgeschriebene Versicherungen* ◄	26
Die Strafprozessordnung (StPO) ◄	18	*Das Bundesjagdgesetz (BJG)* ◄	28
Das Naturschutzrecht ◄	19		

Jagdrecht – ohne geht es nicht

Das Fach Jagdrecht stellt für die meisten Kandidaten mit das schwierigste Fach in der Jägerprüfung dar, da die wenigsten Prüflinge geübt sind, mit juristischen Fachbegriffen und rechtstechnischen Formulierungen umzugehen. Die meisten Gesetzestexte sind in einer für den Laien nur schwer verständlichen Sprache abgefasst und in ihrem strukturellen Aufbau kaum geeignet, Inhalte zu erlernen. Dennoch ist es für den angehenden Jäger unabdingbar, sich mit den wichtigsten Vorschriften vertraut zu machen, zumal im Falle von schwerwiegenden Verstößen die Gefahr besteht, dass der mühsam erkämpfte Jagdschein unter Umständen wieder verloren geht.

Um dem Prüfling einen Überblick zu geben, welche Rechtsvorschriften für die Jägerprüfung bzw. die Jagdausübung relevant sind, wurde diese Einführung konzipiert.

In Baden-Württemberg trat am 1.4.2015 ein neues Landesjagdgesetz in Kraft. Dessen Name „Jagd- und Wildtiermanagementgesetz (JWMG)" ist Programm. Die zugehörige Durchführungsverordnung trat auch zum 1.4.2015 in Kraft, in Teilen wird sie das erst später tun. Nordrhein-Westfalen bereitet ebenfalls ein neues Landesjagdgesetz für 2015 vor, andere Bundesländer überarbeiten derzeit ihre Durchführungsverordnungen. Diese Auflage enthält deshalb den Stand der Rechtsvorschriften vom 1.4.2015.

Dieses Buch kann und soll keineswegs den Unterricht ersetzen und erhebt auch keinen Anspruch auf Vollständigkeit, zumal auf die Darstellung aller speziellen landesrechtlichen Regelungen bewusst verzichtet wurde. Das Buch ist ein Versuch, dem Jagdscheinanwärter die wichtigsten die Jagd betreffenden Rechtsvorschriften näherzubringen. Sofern Gesetzestexte (teilweise gekürzt) wiedergegeben werden, sind diese kursiv gedruckt. Besonders wichtige Begriffe und Inhalte sind durch **Fettdruck** oder ebenfalls *kursiv* hervorgehoben. Insbesondere im Fach Jagdrecht wurden viele Sachverhalte in – zum Teil bewusst vereinfachten – Schaubildern dargestellt.

Kein Anspruch auf Vollständigkeit!
Der Verfasser möchte ausdrücklich darauf hinweisen, dass der hier wiedergegebene Inhalt des Faches Jagdrecht zum Bestehen der Jägerprüfung nicht ausreicht. Der Jägerprüfungsaspirant muss in jedem Fall die einschlägigen Rechtsvorschriften des Landes hinzulernen, in dem er sich der Jägerprüfung stellen möchte. Allerdings ist klar, dass immer nur die landesrechtlichen Vorschriften des Prüfungsbundeslandes gelernt werden müssen. Es wird also z. B. in Bayern nicht nach Landesregelungen von Niedersachsen oder Mecklenburg-Vorpommern gefragt werden und umgekehrt.

Der Begriff „Jagdrecht"
Allgemein wird unter dem Begriff „Jagdrecht" die *jagdliche Gesetzeskunde* (Jagdrecht im *objektiven* Sinne) verstanden. Diese beschäftigt sich mit allen Rechtsvorschriften, also Gesetzen und Verordnungen, welche für die Jagd eine Rolle spielen. Jeder Jäger muss sich mit diesen Vorschriften auseinandersetzen und sie im täglichen Jagdbetrieb beachten.

Jagdrecht im *subjektiven* Sinne beschreibt das tatsächliche Recht zu jagen, die Jagd zu nutzen, also das eigentliche „Jagdrecht" des Grundeigentümers.

▸ **Diese Gesetze berühren die Jagd**
Es sind dies zunächst einmal die speziellen Jagdgesetze. Dazu gehören das Bundesjagdgesetz (BJG), welches als Rahmengesetz das Jagdwesen in Deutschland in seinen Grundzügen regelte. Es trat erstmals am 1.4.1953 in Kraft. Durch eine Grundgesetzänderung wurde das BJG aus dem Rahmengesetzgebungskatalog (Föderalismus-Kommission) in die „konkurrierende Gesetzgebung" überführt, textlich bisher aber nicht wesentlich geändert, sieht man von der Ergänzung des § 6a „Befriedung von Grundflächen aus ethischen Gründen" ab. Die einzelnen Bundesländer können ihre landesjagdrechtlichen Vorschriften also „modernisieren". Das findet sowohl inhaltlich als auch sprachlich in z. B. der Verwendung moderner Begriffe aus Politik, Biologie, Ökologie und Ökonomie seinen Niederschlag. Die Länder können das Jagdwesen in ihren Gesetzen so regeln, wie sie es für richtig halten.

Der Bund hat sich das Recht der „Jagdscheine" und teilweise die Regelungen des neu eingeführten § 6a vorbehalten.

Gesetze, die das Jagdwesen tangieren

▸ Bundesjagdgesetz, Landesjagdgesetz (ggf. anders benannt), Bundes- und Landesverordnungen hierzu
▸ Bundeswildschutzverordnung
▸ Waffengesetz
▸ Bürgerliches Gesetzbuch (BGB)
▸ Strafgesetzbuch (StGB)
▸ Strafprozessordnung (StPO)
▸ Bundesnaturschutzgesetz, Bundesartenschutzverordnung, Landesnaturschutzgesetze
▸ Tierschutzgesetz
▸ Tiergesundheitsgesetz, Tollwutverordnung, Schweinepestverordnung
▸ EU-Lebensmittelhygiene-Vorschriften
▸ Lebensmittel- und Futtermittelgesetzbuch (LFGB)
▸ Lebensmittel-Hygieneverordnung LMHV, (Tier-LMHV, Tier-LMÜV u. a.)
▸ Vorschriften bezüglich jagdrelevanter Versicherungen

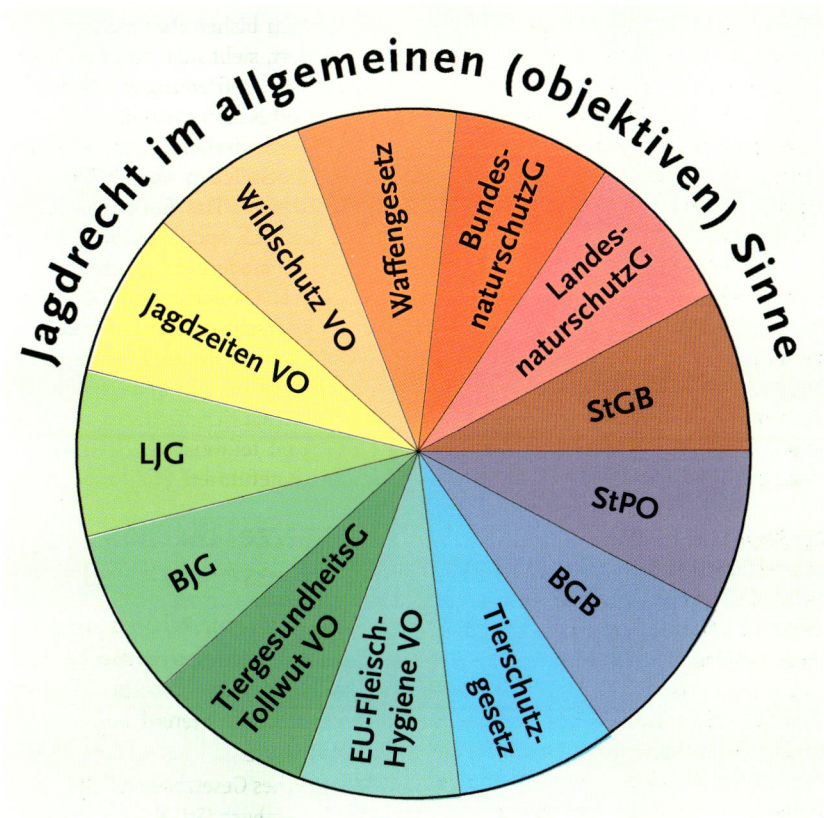

Sie können also sicher sein, dass der Jagdschein im gesamten Bundesgebiet gilt und die Jägerprüfung, egal in welchem Bundesland sie abgelegt wurde, ebenfalls anerkannt wird.

Kennen muss der Jägerprüfling weiterhin die jeweiligen Landesjagdgesetze (LJG), die den Rahmen des BJG in den Bundesländern z. T. unterschiedlich ausfüllen oder als sogenannte Vollgesetze die Vorschriften des Bundesjagdgesetzes weitgehend ersetzen. Solche Vollgesetze bestehen bereits im Saarland, in Sachsen, Schleswig-Holstein, Rheinland-Pfalz und Baden-Württemberg, für Nordrhein-Westfalen wird es noch im Laufe des Jahres 2015 erwartet. Den Gesetzesmodernisierungen der genannten Länder fielen zum Teil die Jägersprache, aber auch die normale deutsche Sprache zum Opfer: Einfache Sachverhalte lassen sich immer auch „kompliziert" und in vielen Fremdwörtern ausdrücken. Die übrigen Bundesländer haben ihre Landesjagdgesetze größtenteils an aktuelle Erfordernisse angepasst, aber nicht gleich alle Inhalte des BJG über Bord geworfen und „neu", d. h. anders definiert.

Jeder Jäger muss neben den grundlegenden Bestimmungen des BJG auch die

Regelungen des für ihn gültigen Landesjagdgesetzes beherrschen. Er muss wissen, was er „vor Ort" darf und was nicht. Wichtig für die Jägerprüfung sind die grundsätzlichen Vorschriften des BJG sowie das LJG des Prüfungslandes nebst entsprechenden Verordnungen, in dem die Prüfung abgelegt wird. Auf die Vorschriften des BJG kann dort verzichtet werden, wo ein Land diese Vorschriften durch eigene Vorschriften ersetzt hat. Jagt der erfolgreiche Prüfungsabsolvent danach überwiegend in einem anderen Bundesland, muss er sich mit dessen jagdrechtlichen Vorschriften vertraut machen.

Neben diesen speziellen Jagdgesetzen gibt es noch eine Reihe *weiterer Gesetze*, die das Jagdwesen nur am Rande tangieren. Oft sind es nur wenige Paragrafen dieser Gesetze, die der Jäger im Zusammenhang mit der Jagdausübung berücksichtigen muss.

Wichtige Inhalte des Waffengesetzes

Begriffsbestimmungen

▶ **Schusswaffen:** Gegenstände, die zum Angriff oder zur Verteidigung, zur Signalgebung, zur Jagd, zur Distanzinjektion, zur Markierung, zum Sport oder zum Spiel bestimmt sind und bei denen Geschosse durch einen Lauf getrieben werden.
▶ **Feuerwaffen:** Schusswaffen, bei denen zum Antrieb der Geschosse heiße Gase verwendet werden.
▶ **Langwaffen:** Schusswaffen, deren Lauf und Verschluss in geschlossenem Zustand insgesamt länger als 30 cm sind und deren kürzeste bestimmungsgemäß verwendbare Gesamtlänge 60 cm überschreitet.
▶ **Kurzwaffen:** Alle Schusswaffen, die keine Langwaffen sind, oder ergänzend zur Definition Langwaffen: alle übrigen Waffen.
▶ Den **Schusswaffen gleichgestellt** sind die wesentlichen Teile einer Schusswaffe, des Weiteren Schalldämpfer, Armbrüste und tragbare Geräte zum Verschießen von Munition.
▶ **Wesentliche Teile von Schusswaffen** sind der Lauf, das Patronenlager (soweit es nicht Bestandteil des Laufes ist), der Verschluss und bei Kurzwaffen auch das Griffstück.
▶ **Erwerben** ist juristisch das Erlangen der tatsächlichen Gewalt (unabhängig davon, ob die Waffe dabei gekauft, geliehen, gemietet, gefunden oder gestohlen wird). D. h. jeder, der die Möglichkeit erlangt, nach eigenem Willen mit der Waffe umzugehen, erwirbt dieselbe.
▶ **Überlassen** heißt, jemandem die tatsächliche Gewalt über etwas einzuräumen.
▶ Unter **Besitzen** versteht der Gesetzgeber die Ausübung der tatsächlichen Gewalt generell.

WAFFENERWERB FÜR JÄGER (JAGDSCHEININHABER)

Langwaffe:	Kurzwaffe:
• Kauf mit gültigem Jagdschein	• Kauf mit WBK mit **Voreintrag** innerhalb eines Jahres
• Anmeldung innerhalb zweier Wochen	• Anmeldung innerhalb zweier Wochen

WICHTIGE INHALTE DES WAFFENGESETZES

VORÜBERGEHENDER WAFFENERWERB FÜR JÄGER
(längstens 1 Monat)

Langwaffe

- Erwerb unter Vorlage eines gültigen Jagdscheines oder einer beliebigen WBK (ohne Voreintag)
- Überlassungsschein (ohne Anzeige)

Kurzwaffe

- Erwerb unter Vorlage einer beliebigen WBK (ohne Voreintag)
- Überlassungsschein (ohne Anzeige)

▸ Unter **Führen** versteht der Gesetzgeber nur die Ausübung der tatsächlichen Gewalt außerhalb der eigenen Wohnung, der Geschäftsräume, des eigenen befriedeten Besitztums oder einer Schießstätte.

Voraussetzungen für den Erhalt einer Waffenrechtlichen Erlaubnis für Jäger

Die zuständige Behörde, in der Regel die Kreispolizeibehörde (Landrat), prüft
▸ **Mindestalter** 18 Jahre
▸ Nachweis der **Sachkunde**
▸ **Bedürfnis**
▸ **Zuverlässigkeit** (Straftaten können z. B. zur Unzuverlässigkeit führen)
▸ **Persönliche Eignung** (nicht gegeben z. B. bei bestimmten geistigen oder körperlichen Behinderungen, Geschäftsunfähigkeit, Rauschmittelsucht etc.)

Schusswaffenerwerb für Inhaber von Jahresjagdscheinen
▸ **Langwaffen** (außer Selbstladern mit Magazinen, welche mehr als zwei Schuss aufnehmen können): Inhaber von Jahresjagdscheinen können die o. a. *Langwaffen erwerben unter Vorlage des Jahresjagdscheines* und müssen den Erwerb anschließend *innerhalb von zwei Wochen* der Kreispolizeibehörde *anzeigen*. Die Kreispolizeibehörde stellt nun eine *Waffenbesitzkarte* (WBK) mit den entsprechenden Daten der erworbenen Waffe aus, mit deren Hilfe der legale Besitz der Schusswaffe dokumentiert werden kann.
▸ **Kurzwaffen:** Für den Erwerb von Kurzwaffen benötigt der Jäger *im Vorfeld eine Waffenbesitzkarte* zum Erwerb. Er muss also zunächst eine WBK bei der Kreispolizeibehörde beantragen und dabei mitteilen, welche Art (Pistole oder Revolver) er erwerben möchte und in welchem Kaliber. Nach Überprüfung der allgemeinen Voraussetzungen stellt dann die Behörde eine *WBK mit einem* so genannten *Voreintrag* (Art und Kaliber der Waffe) aus. Dieser Voreintrag ist dann *zum Erwerb ein Jahr lang gültig*. Der Inhaber der Erlaubnis kann damit innerhalb eines Jahres die entsprechende Waffe erwerben und muss den Erwerb wie bei der Langwaffe *innerhalb einer Frist von zwei Wochen* bei der Kreispolizeibehörde anzeigen. Die Behörde trägt anschließend die Daten der erworbenen Waffe in die WBK ein.

▸ **Ausnahmen:** Von den oben angegebenen Regeln gibt es eine Vielzahl von Ausnahmen. So darf z. B. jeder, der bereits eine WBK besitzt, Waffen für längstens einen Monat für einen von seinem Bedürfnis umfassten Zweck ausleihen (bei Langwaffen steht der Jagdschein einer WBK gleich). In diesem Fall bedarf es weder eines Voreintrages noch einer Anzeige. Der Erwerb muss nur schriftlich auf einem so genannten Überlassungsschein dokumentiert werden. Ebenso darf ein WBK-Inhaber vorübergehend Waffen zur sicheren Verwahrung oder zur Beförderung ohne behördliche Erlaubnis erwerben.

Munitionserwerb für Jäger
▸ **Langwaffenmunition** kann ein Jagdscheininhaber unter *Vorlage* seines *gültigen Jagdscheines* erwerben.
▸ **Kurzwaffenmunition** kann nur erworben werden, wenn *in seiner WBK* eine entsprechende *Munitionserwerbserlaubnis vermerkt* ist.
▸ Auf Schießstätten kann jedermann ohne waffenrechtliche Erlaubnis Munition zum Sofortverbrauch erwerben.

Zu beachten: Mit gültigem Jagdschein ist zwar der *Erwerb* aller Büchsen-, Schrot- und Randfeuerpatronen sowie Flintenlaufgeschosse zulässig, der *Besitz* von Munition aber nur dem *Bedürfnis* des Jägers entsprechend; er darf also nur für seine (auch geliehene) Waffen Munition besitzen. Bei Verkauf einer Waffe und Kaliberumstellung muss auch die Restmunition abgegeben werden.

Erlaubnis zum Führen von Schusswaffen
▸ *Grundsätzlich* bedarf es zum Führen von Schusswaffen eines *Waffenscheines*, die *WBK genügt nicht*.
▸ Für den *Jäger* sieht das Waffengesetz eine Reihe von Ausnahmen vor. *Ohne* im Besitz eines *Waffenscheines* zu sein, darf der Jäger Schusswaffen *bei der befugten Jagdausübung einschließlich Ein- und Anschießen im Revier, zur Ausbildung von Jagdhunden, zum Jagdschutz und jeweils im Zusammenhang damit* (Hin- und Rückweg) führen.

Allerdings muss der Jäger beachten, dass die Waffe nur bei den genannten Tätigkeiten *im Revier geladen* und *zugriffsbereit* getragen werden darf. Auf dem *Hin- und Rückweg* in das Jagdrevier muss die Waffe darüber hinaus zusätzlich immer *entladen* sein.

Bei allen anderen Gelegenheiten, wie z. B. beim Transport der Waffe zum Schießstand oder Büchsenmacher (= waffenrechtlich „führen") muss die Waffe *entladen* und *verpackt*, darf also nicht zugriffsbereit sein. Sie muss sich dann in einem verschlossenen Behältnis befinden (z. B. Futteral mit kleinem Vorhängeschloss, Zahlenschloss oder ähnlich gesichert).

Erlaubnis zum Schießen
Im *Regelfall* bedarf es zum Schießen mit einer Schusswaffe einer *Schießerlaubnis* der *Ortspolizeibehörde* (wird vom Bürgermeister erteilt). Keiner Schießerlaubnis

---

MUNITIONSERWERB FÜR JÄGER (JAGDSCHEININHABER)

Langwaffe:	Kurzwaffe:
• Kauf mit gültigem Jagdschein	• Kauf mit WBK mit **Kauferlaubnis**

ERLAUBNIS ZUM FÜHREN VON WAFFEN

Regelfall

Voraussetzung:
- Waffenschein

Jäger
(Ausnahmeregelung)

Voraussetzung:
- gültiger Jagdschein
- befugte Jagdausübung
- Ein- und Anschießen
- Hundeausbildung
- Jagdschutz
- Hin- und Rückweg zum Revier, hierbei jedoch **entladen**

bedarf es zum Schießen auf genehmigten Schießstätten sowie im Falle von Notwehr oder Notstand. *Jäger dürfen über diese Ausnahmefälle hinaus ohne Schießerlaubnis bei der befugten Jagdausübung, beim Ein- und Anschießen, zur Ausbildung von Jagdhunden und beim Jagdschutz schießen.*

Das Bürgerliche Gesetzbuch (BGB)

Allgemein gültige Regelungen
Im BGB finden wir eine Vielzahl von allgemeinen Vorschriften, welche auch für die Jagd relevant sind. Dazu gehören z. B. das *Vertragsrecht*, das auf *Jagdpachtverträge* anzuwenden ist, die *Vorschriften über Schadensersatzansprüche*, welche auch dann greifen, wenn ein Jäger bei der Jagdausübung einem anderen einen Schaden zufügt. Weiterhin gehören dazu die Definitionen von Notwehr und Notstand, mit denen sich insbesondere die Besitzer von Schusswaffen auskennen müssen, da im Falle von Notwehr und Notstand evtl. Schadensersatzansprüche nicht bestehen. Das BGB regelt also die *zivilrechtlichen Folgen von Notwehr und Notstand.*

Besondere, die Jagd betreffende Regelungen
Neben diesen eher allgemeinen Bestimmungen des BGB, welche die Jagd nur am Rande berühren, finden wir im BGB aber noch eine sehr wichtige Regelung, die speziell für die Jagd von größter Bedeutung ist, nämlich die Tatsache, dass *wild lebende Tiere* (also auch unser Wild) *herrenlose Sachen* sind (§ 960 BGB). Das heißt, das Wild, das in den Jagdbezirken frei herumläuft, gehört niemandem. Erst *durch Eigentumsbegründung wird Wild zum Eigentum.*

Wie eine solche Eigentumsbegründung (Aneignung) erfolgt, wird ebenfalls im BGB beschrieben. Sie erfolgt *durch rechtmäßige Inbesitznahme.* Dies bedeutet, dass erst in dem Augenblick Wild zum Eigentum wird, in dem ein Berechtigter die so genannte Sachherrschaft über das Wild erlangt. Dazu ist es nötig, dass der *Berechtigte* z. B. nach dem Erlegen eines Stück Wildes zumindest *an das Wild herantreten* muss, damit Eigentum entstehen kann.

Das Strafgesetzbuch (StGB)

Allgemein gültige Regelungen

Das StGB enthält im Wesentlichen die Definitionen der *wichtigsten Straftaten* und das *Strafmaß*, mit dem der Täter bestraft wird. Hier ist es ähnlich wie oben beim BGB beschrieben: Es gibt eine Vielzahl von Straftaten, welche im Zusammenhang mit der Jagd verübt werden können, aber mit der Jagd speziell nichts zu tun haben. Dazu gehören die Straftatbestände *Sachbeschädigung* (man denke hier nur an das Umsägen von Hochsitzen durch Jagdgegner) und *Diebstahl*. Diebstahl begeht, wer eine fremde bewegliche Sache einem anderen in der Absicht wegnimmt, dieselbe sich rechtswidrig zuzueignen. D. h. im Falle des Diebstahls wird in rechtswidriger Weise fremdes Eigentum verletzt. Der Gesetzgeber spricht hier bewusst von Zueignung, um die rechtswidrige Wegnahme von rechtmäßiger Inbesitznahme, also der weiter vorn beschriebenen Aneignung, abzugrenzen. Unter *Aneignung* (Eigentumsbegründung) verstehen wir die rechtmäßige Inbesitznahme, unter *Zueignung* die rechtswidrige. Durch Aneignung wird Eigentum begründet, durch Zueignung lediglich Besitz. Der Dieb wird also nie Eigentümer der gestohlenen Sache.

Weitere wichtige Regelungen des StGB betreffen *Notwehr* und *Notstand*. Anders als im BGB, wo die Frage des Schadensersatzes, also die zivilrechtliche Seite geregelt wird, geht es im Strafgesetzbuch um die *strafrechtliche Seite*. Nach StGB handelt nicht rechtswidrig – und wird demnach auch nicht bestraft, – wer in Notwehr handelt.

Besondere, die Jagd betreffende Regelungen – Jagdwilderei

Da gemäß BGB unser frei lebendes Wild herrenlos ist, also keinen Eigentümer hat, kann die unrechtmäßige Inbesitznahme (Zueignung) von frei lebendem Wild auch kein Diebstahl sein. Diebstahl setzt Eigentum voraus. Aus diesem Grund enthält das StGB noch einen besonderen Straftatbestand, der nur im Zusammenhang mit der Jagd eine Rolle spielt, nämlich den Tatbestand der *Jagdwilderei* (§ 292 StGB).

Jagdwilderei begeht, wer vorsätzlich unter Verletzung fremden Jagdrechts oder Jagdausübungsrechts dem Wild nachstellt, es fängt oder erlegt oder sich oder einem Dritten zueignet, oder wer eine Sache, die dem Jagdrecht unterliegt, sich oder einem Dritten zueignet oder beschädigt oder zerstört.

Im Falle der Wilderei verletzt der Täter nicht wie der Dieb fremdes Eigentum, sondern fremdes Jagd(ausübungs)recht. Der Täter vergeht sich also an herrenlosen Sachen. Zu diesen Sachen zählen neben dem frei lebenden Wild z. B. auch Abwurfstangen und die Gelege von Federwild. Interessant ist zu wissen, dass im Falle der Jagdwilderei *nicht der Erfolg entscheidend* ist. Bestraft wird nämlich nicht nur derjenige, der sich herrenloses Wild zueignet, sondern bereits derjenige, der demselben nachstellt oder es fängt (Unternehmensdelikt). Da wir von Nachstellen bereits dann reden, wenn eine unserer bekannten Jagdarten (Ansitz, Pirsch, Fallenjagd etc.) praktiziert wird,

Notwehr

Unter Notwehr verstehen wir die Verteidigung, die erforderlich ist, um einen gegenwärtigen, rechtswidrigen Angriff von sich oder einem anderen abzuwenden.
Zunächst muss bei Notwehr ein **Angriff von einer Person ausgehen**, nicht von einem Gegenstand oder einem Umstand. Hierbei kann sich der Angriff **gegen ein beliebiges Rechtsgut** richten, also nicht etwa nur gegen das Leben oder die körperliche Unversehrtheit. Auch alle anderen Rechtsgüter wie das Eigentum, die Ehre, der Hausfriede oder das Jagdausübungsrecht sind notwehrfähige Rechtsgüter. Die Tatsache, dass nur die erforderliche Verteidigung Notwehr darstellt, gibt uns den Hinweis auf den wichtigsten Grundsatz, der bei Notwehrhandlungen zu beachten ist, nämlich den **Grundsatz der Verhältnismäßigkeit der anzuwendenden Mittel**. Wird die Verhältnismäßigkeit der Mittel **nicht beachtet, so liegt ein Notwehrexzess vor, der Strafbarkeit nach sich zieht**. Ein Notwehrexzess **kann** nur in Ausnahmefällen **entschuldbar sein**, so z. B. **wenn** die Überschreitung **in Verwirrung, Furcht oder Schrecken** erfolgt.
Weiterhin ist Notwehr nur gegeben, wenn der Angriff gegenwärtig, also nicht bereits beendet ist und wenn es sich um einen rechtswidrigen Angriff handelt. Notwehr gegen nicht rechtswidrige Notwehrhandlungen gibt es also nicht. Gegen wen sich der Angriff richtet, ist unerheblich. Es können die eigenen Rechtsgüter verteidigt werden, wie auch die Rechtsgüter von anderen Personen. Im letzten Fall reden wir von einem Unterfall der Notwehr, der **Nothilfe.**
Von **Putativnotwehr** reden wir immer dann, wenn die Verteidigungshandlung gegen einen **vermeintlichen Angriff** gerichtet ist, der in Wirklichkeit gar nicht vorliegt. In diesem Fall, wenn es also wie ein Angriff aussieht, ist die getroffene Verteidigungshandlung **entschuldbar, wenn der Irrtum unvermeidbar war.**

ist der Tatbestand der Jagdwilderei objektiv bereits dann erfüllt, wenn jemand eine Falle, in der sich Wild fangen kann, unberechtigt im Jagdbezirk aufstellt. Fallenstellen oder Pirschen stellen also nicht etwa einen Versuch der Jagdwilderei dar, sondern erfüllen bereits den objektiven Tatbestand.

Zur *Bestrafung* genügt jedoch die Erfüllung des objektiven Tatbestandes alleine noch nicht. Sie kann *nur erfolgen, wenn dem Täter vorsätzliches Handeln nachgewiesen* werden kann. So erfüllt ein Jagdgast, der aus Unkenntnis beim Pirschen die Reviergrenze überschreitet, zwar bereits den objektiven Tatbestand der Jagdwilderei, da er unter Verletzung des fremden Jagdausübungsrechts dem Wilde nachstellt, den subjektiven Tatbestand (*Vorsatz*) erfüllt er jedoch noch nicht, da er nicht vorsätzlich handelt, also ohne Wissen und Wollen. Eine Bestrafung erfolgt also in diesem Falle noch nicht. Andererseits wird jemand jedoch nicht nur dann bestraft, wenn er die Tat mit Wissen und Wollen (vorsätzlich) begangen hat, sondern bereits dann, wenn er die Tat billigend in Kauf genommen hat, z. B. wenn ein Jäger eine eigenständige Nachsuche im fremden Revier durchführt,

> **Notstand**
>
> Im Gegensatz zur Notwehr geht beim Notstand die **Bedrohung** eines Rechtsgutes **nicht von einer Person aus, sondern einer Sache oder einem Umstand.** Wird ein Jäger von einem Keiler angegangen, so handelt es sich demnach um Notstand.
> Beim Notstand unterscheiden wir den rechtfertigenden und den entschuldigenden Notstand. **Gerechtfertigt** ist eine Notstandshandlung nur, **wenn der Grundsatz der Güterabwägung beachtet wurde** und die Gefahr mit angemessenen Mitteln abgewendet wird. Der Grundsatz der Güterabwägung besagt, dass ein fremdes Rechtsgut wie z. B. Eigentum nur dann verletzt werden darf, wenn nur dadurch ein wesentlich höherwertiges Rechtsgut, z. B. die körperliche Unversehrtheit, gewahrt werden kann.
> Beim **entschuldigenden Notstand** hingegen kann von dem Grundsatz der Güterabwägung abgesehen werden. Ein Entschuldigungsgrund liegt jedoch nur dann vor, wenn die höchsten Rechtsgüter (Leben, Leib oder Freiheit) bedroht sind und es sich um die eigenen Rechtsgüter handelt oder die von Angehörigen oder nahestehenden Personen.

ohne die Grenzen zu kennen, in der Hoffnung, die Grenze werde schon nicht so nahe sein (bedingter Vorsatz).

Die Strafprozessordnung (StPO)

Während das Strafgesetzbuch die Voraussetzung zur Bestrafung (Straftatbestände) und die jeweilige Art und Höhe der Strafe regelt, befasst sich die Strafprozessordnung mit der Verbrechensermittlung, *regelt* also den *Ablauf* (Prozess) *des Strafverfahrens von der Anzeige bis zur Strafvollstreckung* (Bestrafung). Die StPO hat also mit der Jagd speziell nichts zu tun. Dennoch enthält sie eine für jedermann, also auch für Jäger, wichtige Regelung, nämlich das so genannte *„Jedermann-Recht": das Recht zur vorläufigen Festnahme.* Das Jedermann-Recht (§ 127 StPO) berechtigt jeden, einen *Straftäter, der auf frischer Tat angetroffen oder unmittelbar im Anschluss an die Tat verfolgt wurde, vorläufig festzunehmen, sofern die Identität des Täters nicht sofort festgestellt werden kann.*

Hierbei ist jedoch peinlichst darauf zu achten, dass dieses Recht nur bei unbekannten Straftätern greift, und dass der „Jedermann" selbst kein Recht hat, Personalien zu verlangen. Sollte sich ein Straftäter freiwillig ausweisen, so entfällt der Festnahmegrund, da nunmehr Anzeige gegen eine bekannte Person erstattet werden kann. Wichtig ist auch zu wissen, dass diese vorläufige Festnahme zunächst rein verbal erfolgt, indem man dem Täter sagt, dass er festgenommen ist und aus welchem Grund (Straftat), z. B. mit den Worten: *„Hiermit nehme ich Sie vorläufig fest, weil ich Sie beim Wildern angetroffen habe."* Die Festnahme ist damit vollzogen und der Täter darf *so lange festgehalten* werden, *bis z. B. die Polizei zugegen ist,* um die Identität festzustellen.

Zu diesem Zweck darf *einfache körperliche Gewalt* (Polizeigriff), auch *in Verbindung mit einfachen Hilfsmitteln* (Anbinden), eingesetzt werden. Der Einsatz von Schusswaffen ist also nicht statthaft, es sei denn, es kommt im Zusammenhang mit der Festnahme zu einer Notwehrsituation, derer man sich nur mit Schusswaffengewalt erwehren kann.

Das Naturschutzrecht

Die wesentlichen rechtlichen Bestimmungen des *Naturschutzrechts* sind im Bundesnaturschutzgesetz (2012), den entsprechenden Landesnaturschutzgesetzen und der Bundesartenschutzverordnung festgelegt. Das Naturschutzrecht beschäftigt sich sowohl mit dem *Schutz wild lebender Tiere und Pflanzen*, als auch mit dem *Schutz von Lebensräumen*. Beim Schutz wild lebender Tierarten unterscheidet der Gesetzgeber *drei verschiedene Schutzkategorien*.

▶ **Allgemein geschützte Arten**: Verletzen, Töten, In-Besitz-Nehmen ist mit vernünftigem Grund erlaubt.
▶ **Besonders geschützte Arten**: Nachstellen, Fangen, Verletzen, Töten, In-Besitz-Nehmen sind verboten.
▶ **Streng geschützte Arten**: Bei diesen ist darüber hinaus das Stören verboten.

Da die Tiere, die dem Jagdrecht unterliegen (= Wild), zumindest soweit sie bejagt werden dürfen, also eine Jagdzeit haben, lediglich dem allgemeinen Schutz unterliegen, dürfen sie getötet werden. Die *Jagdausübung* gilt als *vernünftiger Grund*. Ein weiterer vernünftiger Grund kann für den Jäger im *Jagdschutz*, dem Schutz des Wildes, liegen. Das hat zur Folge, dass im Rahmen des Jagdschutzes auch Tiere getötet werden dürfen, die nicht dem Jagdrecht unterliegen, vorausgesetzt, sie stellen für das Wild eine Gefahr dar und sie sind lediglich allgemein geschützt. Im Rahmen des Jagdschutzes können ggf. also z. B. auch Wanderratten getötet werden.

Das Töten von Nutria oder dem Bisam, die ja beide reine Pflanzenfresser sind, kommt aus Jagdschutzgründen nicht infrage. Diese invasiven Arten (Neozoen) zur Vermeidung der Faunenverfälschung zu töten, lässt sich nur dadurch regeln, dass diese Tiere durch das LJG für „jagdbar" erklärt werden und eine Schusszeit erhalten. Dies gilt auch für Waschbären,

Landschaftsschutzgebiete werden durch eine Rechtsverordnung festgelegt.

Marderhunde u. a., die allerdings durch die Länder überwiegend ins Jagdrecht aufgenommen wurden und eine tierschutzgerechte Jagdzeit erhalten haben.

Zum *Schutze von Lebensräumen* wild lebender Arten kennt das Naturschutzrecht eine Vielzahl von Schutzgebieten. Zu diesen zählen unter anderem *Naturschutzgebiete* und *Nationalparks*. Hier kann zum Schutz gefährdeter Arten auch die Jagd eingeschränkt oder gar verboten sein. Inwieweit die Jagd im Einzelfall eingeschränkt ist, bestimmt sich nach dem Landesrecht. Weitere Schutzgebiete sind *Biosphärenreservate, Naturparks, Landschaftsschutzgebiete, geschützte Landschaftsbestandteile, Naturdenkmäler* und *nationales Naturmonument*.

Das Naturschutzgesetz regelt auch wesentliche Dinge des Baurechts, des Gewässerschutzes und Fragen im Zusammenhang mit sogenannten „Altlasten" wie Mülldeponien sowie sonstigen Bodenverschmutzungen und deren Rückbau.

Natürlich muss jeder Jäger auch über das EU-Recht und internationale Abkommen (z. B. FFH-Richtlinie, EU-Vogelschutzrichtlinie, Washingtoner Artenschutzübereinkommen und das europäische Biotopverbundsystem „Natura 2000") in Grundzügen Bescheid wissen. Näheres dazu im Kapitel „Naturschutz".

Das Tierschutzgesetz

Das *Tierschutzgesetz* (TierschG) regelt den *Umgang mit Tieren* generell. § 1 des Gesetzes besagt: *Zweck dieses Gesetzes ist es, aus Verantwortung des Menschen für das Tier als Mitgeschöpf dessen Leben und Wohlbefinden zu schützen.* Damit ist das Tier aus der juristischen Betrachtung der reinen „Sache" zum „Mitgeschöpf" erhoben worden.

Ein weiterer, wichtiger Grundsatz des TierschG ist der, dass niemand einem Tier ohne vernünftigen Grund Leiden, Schmerzen oder Schäden zufügen darf. Erlaubte tierschutzgerechte und waidgerechte Jagdausübung ist unbestritten ein „vernünftiger Grund" zum Töten (Nahrungsbeschaffung, Lebensmittelproduktion). Aus dem TierschG ergeben sich auch Vorschriften über die *Tierhaltung*, z. B. die Haltung von Jagdhunden (Hundehaltungs-VO), welche angemessen ernährt, gepflegt und verhaltensgerecht untergebracht werden müssen. Speziell für die Hundehaltung (wie auch für andere Tierarten) wurden Verordnungen zum Tierschutzgesetz erlassen, die wichtige Vorgaben für artgerechte Tierhaltungsbedingungen enthalten. Das TierschG nennt auch einige verbotene Handlungen, welche die Jagd mit Hunden betreffen:

▶ *Es ist verboten, ein Tier an einem anderen lebenden Tier auf Schärfe abzurichten oder zu prüfen.*

▶ *Es ist verboten, ein Tier auf ein anderes Tier zu hetzen, soweit dies nicht die Grundsätze weidgerechter Jagdausübung erfordern* (Nachsuche erlaubt, Hetzjagd im Sinne von Parforcejagd – also reine Sichthetze – verboten, Stöberjagd erlaubt).

Auch das *Töten von Wirbeltieren* ist im TierschG geregelt. So darf ein Wirbeltier *grundsätzlich nur unter Betäubung* getötet werden *oder sonst nur unter Vermeidung von Schmerzen*. Ein Wirbeltier darf zudem nur töten, wer die dazu notwendigen Kenntnisse und Fähigkeiten hat.

Auch ist es nach dem TierschG *verboten, Körperteile eines Wirbeltieres zu amputieren. Ausnahmen* sind beim *Kupieren* der

Rute *jagdlich zu führender Hunde* möglich, sofern dies *für die vorgesehene Nutzung unerlässlich* ist und *tierärztliche Bedenken nicht entgegenstehen.* Den *Eingriff* muss ein *Tierarzt* unter *Betäubung* des Hundes vornehmen.

Das Tiergesundheitsgesetz

Nach dem Tiergesundheitsgesetz (2014) hat jeder (Beteiligte) die Pflicht, den *Ausbruch* oder den *Verdacht des Ausbruches* einer *anzeigepflichtigen Tierseuche* der zuständigen Behörde (i. d. R. Kreisveterinärbehörde) anzuzeigen. Zu den meldepflichtigen Tierseuchen zählen auch seuchenhafte Erkrankungen des Wildes wie z. B. Tollwut, Schweinepest und andere. Für den Veterinär (Tierarzt) besteht außerdem eine *Meldepflicht* bei bestimmten Erkrankungen.

Tollwutverordnung
Im Falle des Ausbruchs der Tollwut tritt eine bundeseinheitliche Tollwutverordnung in Kraft. Auch hier gilt es für den Jäger, wichtige Inhalte zu erkennen: Sobald der Ausbruch oder der Verdacht der Tollwut amtlich festgestellt ist, erklärt die Behörde ein Gebiet von mindestens 5000 km² oder mit einem Radius von mindestens 40 km zum „*Tollwut gefährdeten Bezirk*". In einem solchen Bezirk dürfen *Hunde und Katzen nicht frei herumlaufen.* Ausgenommen davon sind *Hunde, die unter wirksamem Impfschutz* stehen und *von einer Person begleitet werden, der sie zuverlässig gehorchen, sowie Katzen, die wirksam geimpft* sind. Ein wirksamer Impfschutz liegt vor, wenn die Impfung im Falle der Erstimpfung mindestens 30 Tage zurückliegt, im Falle einer Wiederholungsimpfung entsprechend der Empfehlung des Impfstoffherstellers durchgeführt worden ist.

Der *Jagdausübungsberechtigte* hat im gefährdeten Bezirk dem *seuchenverdächtigen Wild unverzüglich nachzustellen, es zu erlegen* und *unschädlich zu beseitigen. Ausgenommen* von der Beseitigung ist das *Untersuchungsmaterial,* das auf Anordnung der Behörde abgeliefert werden muss. Bis zur Größe eines Fuchses ist dabei das ganze Tier, bei größeren Tieren nur der Kopf abzuliefern.

Darüber hinaus ist in der Tollwutverordnung auch geregelt, dass Hunde, die sich außerhalb geschlossener Räume aufhalten, mit einem Halsband o. Ä. gekennzeichnet sein müssen, welches mit Namen und Anschrift des Besitzers oder der Steuermarke versehen ist.

Ebenso gibt es eine Schweinepestverordnung mit entsprechenden Vorschriften, welche auch die Jäger und die Jagd betreffen. Spätestens wenn ein Jagdausübungsberechtigter davon mit seinem Revier betroffen ist, muss er sich die genauen Gesetzestexte besorgen und sich einschlägig informieren. Wichtiger Ansprechpartner ist stets der zuständige Amtstierarzt.

Fleischhygiene-Vorschriften
(vgl. S. 237 ff.)

Rechtsvorschriften
EU-Verordnungen i. W. drei:
▶ Verordnung (EG) 178/2002 (Basisverordnung) – Allgemeine Grundsätze des Lebensmittelrechts
▶ Verordnung (EG) 852/2004 – Allgemeine Lebensmittelhygiene; anzuwenden seit 1.1.2006

▶ Verordnung (EG) 853/2004 – Spezielle Hygienevorschriften für Lebensmittel tierischen Ursprungs; anzuwenden seit 1.1.2006

Nationales Recht
▶ Lebensmittel- und Futtermittelgesetzbuch (LFGB) in der Fassung vom 3.6.2013; es ersetzt das bisherige deutsche Fleischhygienegesetz (FIHG)
▶ Verordnung zur Durchführung von Vorschriften des gemeinschaftlichen Lebensmittelhygienerechts, zuletzt geändert am 5.12.2014. Sie besteht aus mehreren Artikeln nebst diversen Anlagen. Wichtig v. a.:
  Artikel 1: Lebensmittel-Hygiene-Verordnung (LMVH)
  Artikel 2: Tierische Lebensmittelhygieneverordnung (Tier-LMVH) und
  Artikel 3: Tierische Lebensmittel-Überwachungsverordnung (Tier-LMÜV)

Grundsätze
▶ Lebensmittel müssen *sicher* sein.
▶ Jeder Jäger gilt als Lebensmittelunternehmer und trägt damit die Hauptverantwortung für von ihm in Verkehr gebrachtes Wild.
▶ Kleine Mengen von Wild oder von Fleisch erlegten Wildes dürfen gemäß Tier-LMVH nur von *ausreichend geschulten* Personen (s. u.) abgegeben werden; bei Abgabe an einen zugelassenen Wildbearbeitungsbetrieb darf Wild ohne Beigabe des Hauptes und der Eingeweide nur nach einer Erstuntersuchung durch eine *kundige* Person i. S. der VO (EG) 853/2004 abgegeben werden.
▶ Zum Erlegen und Ausweiden von Wild (= Primärproduktion) durch den Jäger bedarf es weder einer Registrierung noch einer Zulassung.

▶ Zum Zerwirken von Wild bedarf es einer Registrierung als Lebensmittelunternehmer (unbürokratisch – dient nur einer möglichen Kontrolle durch die Behörde).
▶ Zum Verarbeiten von Wild zu Schinken, Salami, Pasteten usw. bedarf es, sofern die Produkte nicht für den eigenen Haushalt bestimmt sind, i. d. R. einer Zulassung als Wildbearbeitungsbetrieb (wegen hoher Anforderungen für den normalen Jägerhaushalt nicht anzustreben). Die Rückverfolgbarkeit der Abgabe von Wildbret muss gesichert sein.

Verbote
Es ist verboten,
▶ Fleisch von Wild, das nicht durch Erlegen getötet worden ist, in den Verkehr zu bringen (gilt z. B. für verunfalltes sowie für von Hunden zur Strecke gebrachtes Wild);
▶ Wild mit bedenklichen Merkmalen vor der Durchführung der amtlichen Fleischuntersuchung an den Endverbraucher abzugeben;
▶ Wild vor einer erforderlichen amtlichen Trichinenuntersuchung an den Endverbraucher abzugeben;
▶ Wild unausgeweidet an den Endverbraucher abzugeben;
▶ erlegtes Wild in der Decke bzw. im Federkleid einzufrieren.

Die amtliche Fleischuntersuchung
Grundsätzlich unterliegt erlegtes Wild, das für den menschlichen Verzehr bestimmt ist, der amtlichen Fleischuntersuchung.
Diese kann unterbleiben, wenn keine Merkmale (weder vor noch nach dem Erlegen) festgestellt wurden, die das Fleisch für den menschlichen Genuss bedenklich erscheinen lassen, und

1. das Fleisch im privaten, häuslichen Bereich verwendet wird oder
2. in *kleinen Mengen* an den Endverbraucher,
3. an nahe gelegene Einzelhandelsgeschäfte mit unmittelbarer Abgabe an den Endverbraucher oder
4. an Gastronomiebetriebe, die Wildgerichte zum Verzehr herstellen, abgegeben wird.

Erläuterungen zu Pkt. 2:
▸ Unter „kleinen Mengen" ist die Strecke eines Jagdtages zu verstehen.
▸ „Nahe gelegen" ist ein Betrieb im Bereich des Wohnortes oder Erlegungsortes des Jägers (100 km Umkreis).
▸ Zunächst ist nur die Abgabe von Primärerzeugnissen (= Wild ausgeweidet in der Decke/Schwarte) zulässig.
▸ Die Abgabe von zerwirkten Einzelteilen an örtliche Einzelhandelsunternehmer oder Privatpersonen ist ebenfalls möglich. Voraussetzung ist jedoch, dass der Jäger als Lebensmittelunternehmer registriert ist (s. o.) und dass er ausreichend geschult ist oder zum Kreis der so genannten kundigen Personen zählt.

„Ausreichend geschulte" und „kundige" Personen

Ausreichend geschult sind Personen, die entsprechend geschult sind
▸ in Anatomie, Physiologie und Verhalten des Wildes,
▸ im Erkennen krankhafter Veränderungen, die Wildfleisch für den menschlichen Verzehr bedenklich erscheinen lassen (*bedenkliche Merkmale*),
▸ in der hygienischen Behandlung von Wild (Ausweiden, Zerlegen, Lagern, Befördern, ...).

Bei Personen, die nach dem 01.02.1987 die Jägerprüfung abgelegt haben, wird eine ausreichende Schulung vermutet. Als nachgewiesen gilt sie, wenn die Jägerprüfung nach dem 08.08.2007 absolviert wurde. Wer vor dem 01.02.1987 die Jägerprüfung abgelegt hat, gilt nicht per se als ungeschult, muss aber im Zweifelsfall seine Sachkenntnis nachweisen. Die Teilnahme an einer Schulung ist ratsam.

Wer als *kundige Person* im Sinne der EU-Verordnung 853/2004 gelten will, muss in jedem Fall eine entsprechende Schulung, z. B. Jägerausbildung, durchlaufen.

Abgabe von Schalenwild an Wildbearbeitungsbetriebe – besondere Bestimmungen

▸ Wurden bei der Erstuntersuchung durch eine kundige Person keinerlei bedenklichen Merkmale festgestellt, muss darüber eine mit einer fortlaufenden Nummer versehene Erklärung abgegeben werden, die auch Datum, Zeitpunkt und Ort des Erlegens enthält (Wildbegleitzettel, Wildursprungsschein, Lieferschein, Rechnung). In diesem Fall muss nur der Wildkörper so bald wie möglich im Wildverarbeitungsbetrieb angeliefert werden.

▸ Wurden bei der Erstuntersuchung jedoch bedenkliche Merkmale festgestellt, muss die kundige Person dies der Behörde mitteilen. In diesem Fall müssen dem Körper des Wildes auch das Haupt (außer Hauer, Geweih, Hörner) und alle Einge-

---

Definitionen

Großwild = Schalenwild

Kleinwild = Nichtschalenwild, z. B. Hase, Kaninchen, Fasan, Rebhuhn, Ente etc.

Muster eines Wildursprungsscheins (Landesrecht beachten)

Die Trichinenuntersuchung

- Fleisch von Tieren, die Träger von Trichinen sein können (z. B. Wildschwein, Fuchs, Dachs, Bär, Nutria) unterliegt stets der Trichinenuntersuchungspflicht, sofern es für den menschlichen Verzehr bestimmt ist.
- Das Wild ist zur Trichinenuntersuchung beim für den Erlegungsort oder Wohnort des Jagdscheininhabers zuständigen amtlichen Tierarzt anzumelden.
- Der Amtstierarzt entnimmt die Probe (jeweils mindestens 10 Gramm vom Zwerchfellpfeiler oder Lecker sowie mindestens 10 Gramm Vorderlaufmuskulatur).
- Einem eigens geschulten Jagdausübungsberechtigten (je nach Bundesland auch bestätigten Jagdaufsehern u. a.) kann die Probennahme durch die Veterinärbehörde gestattet werden, sofern das Wild im eigenen Jagdbezirk erlegt wurde. Zusammen mit einem speziellen Wildursprungsschein sind dann diese Proben beim dem für den Erlegungsort zuständigen amtlichen Tierarzt abzugeben. Das Wild ist mit einer speziellen Wildmarke zu kennzeichnen. Es darf erst nach Durchführung der Trichinenschau zusammen mit dem von der Untersuchungsstelle übermittelten Wildursprungsschein abgegeben werden.
- Eine Abtretung der Anmeldepflicht zur Trichinenuntersuchung kann nur erfolgen bei Abgabe an den örtlichen Einzelhandel, den zugelassenen Wildhandel oder an Jagdscheininhaber.

weide (außer Magen und Gedärme) einschließlich Schlund und Drossel beigefügt werden. Dies gilt auch, wenn für die Erstuntersuchung keine kundige Person zur Verfügung steht.

Schalenwild mit bedenklichen Merkmalen in anderen Fällen:
- Das Wild ist vor der Abgabe direkt zur amtlichen Fleischuntersuchung bei dem für den Jagdbezirk oder den Wohnort des Erlegers zuständigen amtlichen Tierarzt anzumelden und mit den zugehörigen Eingeweiden vorzulegen.
- Falls das Wild an den örtlichen Einzelhandel (Gastronomie) oder an Jagdscheininhaber abgegeben werden soll, kann eine Abtretung der Anmeldung zur amtlichen Fleischbeschau an den Empfänger erfolgen. In diesem Fall ist das Wild einschließlich der Eingeweide unter Mitteilung der festgestellten bedenklichen Merkmale abzugeben.

Nachweispflichten
- Wer kleine Mengen von Wild an den örtlichen Einzelhandel oder an den Endverbraucher abgibt, hat Nachweise über Art, Menge und Tag der Abgabe zu führen.
- Die Nachweise sind zwei Jahre lang aufzubewahren und auf Verlangen der zuständigen Behörde vorzulegen.

Nicht zum Verzehr geeignetes Wild/Zerwirkabfälle

Nach dem *Tierische-Nebenprodukte-Beseitigungsgesetz* (TierNebG) sind fremde oder herrenlose Körper von Wild,

- wenn sie auf einem Grundstück anfallen, von dem Grundstücksbesitzer,
- wenn sie auf öffentlichen Straßen oder Plätzen anfallen, von dem Straßenbaulastträger,
- wenn sie in Gewässern anfallen, von dem zur Unterhaltung Verpflichteten unverzüglich der zuständigen Entsorgungseinrichtung zu melden. Das Wild wird dann über eine Tierkörperverwertungsanlage o. Ä. entsorgt. Den Jagdausübungsberechtigten trifft die Meldepflicht nur dann, wenn er von seinem Aneignungsrecht Gebrauch macht. Er kann also verendetes Wild bzw. Fallwild ignorieren (liegen lassen), wenn keine anders lautende behördliche Anordnung (denkbar z. B. in Schweinepestgebieten) existiert.

Da es bislang an einer entsprechenden Verordnung fehlt, ist die einzige eindeutig rechtskonforme Entsorgung von Abfällen wie Decken, Schwarten, Knochen, Aufbrüchen usw. die Abgabe an eine Tierkörperverwertungsanlage oder vergleichbare Einrichtung. Die bisher praktizierte Möglichkeit des Vergrabens sehen die Rechtsvorschriften derzeit jedenfalls nicht ausdrücklich vor, untersagen dies aber auch nicht.

Vorgeschriebene Versicherungen

Im Zusammenhang mit der Jagd gibt es zwei Versicherungen, welche vom Gesetzgeber verpflichtend vorgeschrieben sind: die von jedem Jäger beim Antrag auf Erteilung eines Jagdscheines nachzuweisende **Jagdhaftpflichtversicherung** und die für Revierinhaber *gesetzlich vorgeschriebene* **Unfallversicherung** *bei der landwirtschaftlichen Berufsgenossenschaft.*

1. Die Jagdhaftpflichtversicherung

Wie oben bereits dargelegt, ist es *für die Erteilung eines Jagdscheines* unabdingbar notwendig, dass der Bewerber den *Abschluss einer Jagdhaftpflichtversicherung* nachweist. Die hierbei vorgeschriebenen *Mindestdeckungssummen* belaufen sich auf *50 000 Euro* für *Sachschäden* und *500 000 Euro* für *Personenschäden*.

Wer einem anderen schuldhaft einen Schaden zufügt, ist nach BGB dem Geschädigten zum Ersatz des Schadens verpflichtet. Da die Jagd, ähnlich wie das Führen von Kraftfahrzeugen, eine schadensträchtige Angelegenheit sein kann, hat der Gesetzgeber den Jäger zum Abschluss einer entsprechenden Versicherung verpflichtet. Diese deckt also *Schäden ab*, die der Versicherte *schuldhaft einem anderen* zufügt, nicht jedoch die Schäden, die er selbst erleidet. Im Falle dieser Fremdschäden tritt die Jagdhaftpflichtversicherung sowohl für Sach- als auch für Personenschäden ein, sofern dieselben im Zusammenhang mit der Jagdausübung entstanden sind. Automatisch *mitversichert* sind i. d. R. auch *diejenigen Schäden, die ein Jagdhund einem Dritten zufügt.*

Die Angebote der Versicherer beinhalten unterschiedliche Zusatzleistungen. Es lohnt sich vor Abschluss ein Leistungsvergleich.

2. Die Gesetzliche Unfallversicherung

Anders als bei Haftpflichtversicherungen treten Unfallversicherungen bei *Eigenschäden des Versicherungsnehmers* ein, also bei Schäden, die er selbst erleidet. Versicherungsnehmer ist in diesem Falle nicht jeder Jäger, sondern nur der *Revierinhaber* (Unternehmer), also Pächter oder Inhaber eines Eigenjagdbezirkes. Dieser ist *automatisch Zwangsmitglied*

Vorschriften für Sicherheit und Gesundheitsschutz (VSG 4.4) Jagd

Unfallverhütungsvorschriften für den Jagdbetrieb (UVV Jagd) – Auszüge –

- Es dürfen nur Schusswaffen verwendet werden, die den Bestimmungen des Waffengesetzes entsprechen und nach dem Bundesjagdgesetz für jagdliche Zwecke zugelassen sind. Die Waffen müssen funktionssicher sein und dürfen nur bestimmungsgemäß verwendet werden.
- Flintenlaufgeschosspatronen müssen so mitgeführt werden, dass Verwechslungen mit Schrotpatronen ausgeschlossen sind.
- Schusswaffen dürfen nur während der tatsächlichen Jagdausübung geladen sein. Die Laufmündung ist stets – unabhängig vom Ladezustand – in eine Richtung zu halten, in der niemand gefährdet wird. Nach dem Laden ist die Waffe zu sichern.
- Beim Besteigen von Fahrzeugen und während der Fahrt muss die Schusswaffe entladen sein. Beim Besteigen oder Verlassen eines Hochsitzes, beim Überwinden von Hindernissen oder in ähnlichen Gefahrenlagen müssen die Läufe (Patronenlager) entladen sein.
- Bei Gesellschaftsjagden hat der Jagdleiter den Schützen und Treibern die erforderlichen Anordnungen für den gefahrlosen Ablauf der Jagd zu geben. Er hat insbesondere die Schützen und Treiber vor Beginn der Jagd zu belehren und ihnen die Signale bekannt zu geben.
- Sofern der Jagdleiter nichts anderes anordnet, ist die Waffe erst auf dem Stand zu laden und nach Beendigung des Treibens sofort zu entladen.
- Bei Standtreiben haben der Jagdleiter oder die von ihm zum Anstellen bestimmten Beauftragten den Schützen ihre jeweiligen Stände anzuweisen und den jeweils einzuhaltenden Schussbereich genau zu bezeichnen. Nach Einnehmen der Stände haben sich die Schützen mit den jeweiligen Nachbarn zu verständigen. Bei fehlender Sichtverbindung hat der Jagdleiter diese Verständigung sicherzustellen. Sofern der Jagdleiter nichts anderes bestimmt, darf der Stand vor Beendigung des Treibens weder verändert noch verlassen werden. Verändert oder verlässt ein Schütze mit Zustimmung des Jagdleiters seinen Stand, so hat er sich vorher mit seinen Nachbarn zu verständigen.
- Wenn sich Personen in Gefahr bringender Nähe befinden, darf in diese Richtung weder angeschlagen noch geschossen werden. Ein Durchziehen mit der Schusswaffe durch die Schützen- und Treiberlinie ist unzulässig.
- Mit Büchsen- oder Flintenlaufgeschossen darf nicht in das Treiben geschossen werden. Ausnahmen kann der Jagdleiter nur unter besonderen Verhältnissen zulassen, sofern hierdurch eine Gefährdung ausgeschlossen ist.

> - Die Waffe ist außerhalb des Treibens stets ungeladen, mit geöffnetem Verschluss und mit der Mündung nach oben oder abgeknickt, zu tragen. Bei besonderen Witterungsverhältnissen kann der Jagdleiter zulassen, dass Waffen geschlossen und mit der Mündung nach unten getragen werden, wenn sie entladen sind.
> - Durchgeh- und Treiberschützen dürfen während des Treibens nur entladene Schusswaffen mitführen. Dies gilt nicht für Feldstreifen und Kesseltreiben.
> - Bei Gesellschaftsjagden müssen sich alle an der Jagd unmittelbar Beteiligten deutlich farblich von der Umgebung abheben.
> - Das Übungsschießen ist nur auf zugelassenen Schießständen erlaubt.

bei der Unfallversicherung. Beitragsfrei *mitversichert* sind *alle im Jagdbetrieb Angestellten* (angestellte Jäger, Jagdaufseher) sowie *alle diejenigen, die wie Angestellte im Jagdbetrieb tätig* sind (Ehepartner, Kinder, Treiber, Helfer beim Hochsitzbau etc.). *Nicht mitversichert* sind *Jagdgäste bei der Jagdausübung*.

Im Gegensatz zur Haftpflichtversicherung tritt die Unfallversicherung jedoch nicht bei Sachschäden, sondern *nur bei Körperschäden* ein. Im Falle von Körperschäden zahlt sie beispielsweise Arztkosten, Heilmittelkosten, Verdienstausfall bis hin zur Rente. *Träger dieser Versicherung* ist die *Landwirtschaftliche Berufsgenossenschaft*, welche eine *Körperschaft des öffentlichen Rechts* darstellt. Damit möglichst wenig Unfälle passieren, haben die Landwirtschaftlichen Berufsgenossenschaften Unfallverhütungsvorschriften erlassen, die Vorschriften für Sicherheit und Gesundheitsschutz (VSG).

Das Bundesjagdgesetz (BJG)

Anmerkung: Das Bundesjagdgesetz wurde als Rahmengesetz erlassen, ist aber aus dem Katalog der Rahmengesetze aufgrund einer Grundgesetzänderung entlassen worden. Der Bund hat sich das „Recht der Jagdscheine" vorbehalten. Es ist sichergestellt, dass die Jägerprüfung im gesamten Bundesgebiet gilt und anerkannt wird, egal in welchem Bundesland diese abgelegt wurde. Ebenso gilt z. B. der in Bayern gelöste Jagdschein auch in Hessen usw. Die Länder können ohne wesentliche Bindung an den Inhalt des ehemaligen „Rahmengesetzes" weitgehend eigene Jagdgesetze erlassen, was in Baden-Württemberg, Rheinland-Pfalz, Saarland, Sachsen und Schleswig-Holstein bereits geschehen ist und in Nordrhein-Westfalen noch in 2015 erfolgen soll. Andere Länder wie Hessen arbeiten zurzeit daran. Niedersachsen und andere haben ihre gesetzlichen Regelungen ergänzt, um auf den aktuellen Sachstand zu kommen.

Die bisher vorliegenden Gesetze lassen erkennen, dass zahlreiche Details neu geregelt wurden, das Grundkonzept des Bundesjagdgesetzes aber weitgehend erhalten blieb.

Infolge einer Entscheidung des Europäischen Gerichtshofs für Menschenrechte wurde dem BJG der § 6a hinzugefügt. Näheres dazu später.

Das Jagdrecht

BJG § 1 Inhalt des Jagdrechts

(1) Das Jagdrecht ist die ausschließliche Befugnis, auf einem bestimmten Gebiet wild lebende Tiere, die dem Jagdrecht unterliegen (Wild), zu hegen, auf sie die Jagd auszuüben und sie sich anzueignen. Mit dem Jagdrecht ist die Pflicht zur Hege verbunden.

Erläuterung:
- **Bestimmtes Gebiet:** Hiermit sind die *Jagdbezirke* gemeint. Das sind von Gesetzes wegen definierte Flächen, auf denen die Jagd ausgeübt werden darf.
- **Wild:** Mit diesem Begriff werden die *Tierarten bezeichnet, die dem Jagdrecht unterliegen*. Diese Tierarten sind unterteilt nach Haarwild und Federwild (§ 2). Wild zählt wie alle frei lebenden Tiere zu den herrenlosen Sachen gem. BGB (vgl. S. 15). Tiere, die nicht dem Jagdrecht unterliegen, verbleiben im Rechtskreis Naturschutz.
- **Hege:** Die Hege hat zum Ziel die Erhaltung eines *angepassten, artenreichen* und *gesunden Wildbestandes*, sowie die *Sicherung seiner Lebensgrundlagen*. Sie muss so durchgeführt werden, dass Wildschäden

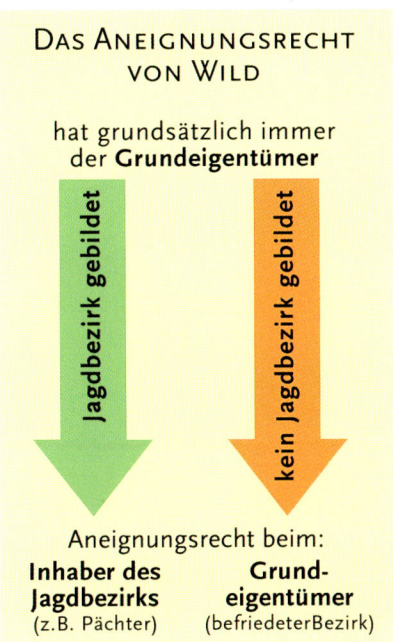

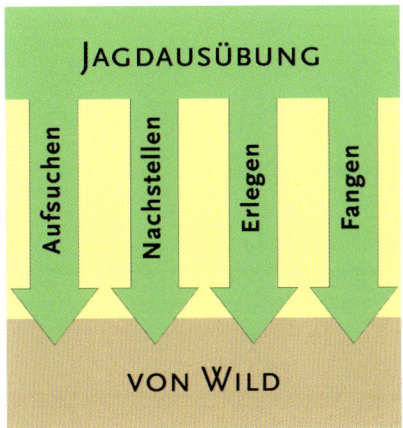

möglichst vermieden werden. Den Begriff „Hege" haben einige LJGs durch „Wildbewirtschaftung" ersetzt.
- **Jagdausübung:** Diese erstreckt sich auf das *Aufsuchen* (Hingehen, wo man Wild erwartet), das *Nachstellen* (wird mit einer Jagdart praktiziert, z.B. Pirsch, Ansitz, Fallenjagd), das *Erlegen* (Töten) und *Fangen* von Wild. Die Abgrenzung zwischen Aufsuchen und Nachstellen ist wichtig, da der objektive Tatbestand der Wilderei durch Aufsuchen noch nicht erfüllt wird (vgl. S. 16).
- **Aneignung:** durch Aneignung (= *Inbesitznahme durch einen Berechtigten*) wird Eigentum begründet, die Herrenlosigkeit des Wildes also beendet. Dazu muss der Berechtigte *mindestens an das Wild herantreten*, d.h. ein Herrschaftsverhältnis begründen (vgl. S. 15).

(2) Hege: s.o.

(3) Bei der Jagdausübung sind die allgemein anerkannten Grundsätze Deutscher Weidgerechtigkeit zu beachten
Erläuterung:
Bei den Grundsätzen der Deutschen Weidgerechtigkeit handelt es sich um einen so genannten *unbestimmten Rechtsbegriff*, d. h. der Inhalt dieses Begriffes wird im Gesetz nicht näher bestimmt. Aus der Tradition der deutschen Jagdethik heraus kann man jedoch ableiten, dass es sich hierbei um *Grundsätze* handelt, die im Wesentlichen *dazu dienen, dem Wild eine Chance zu lassen* (sich ritterlich fair zu verhalten, modern: „fair play") und dem Wild *unnötige Qualen (tierschutzgerechte* Jagd) *zu ersparen*.

Auf diese beiden Grundsätze sind insbesondere die so genannten **Sachlichen Verbote** (§ 19 vgl. S. 48) zurückzuführen, die den Grundgedanken einer weidgerechten Jagd in bestimmten Einzelfällen konkretisieren. Über diese im Gesetz verankerten Regeln hinaus hat der Jäger im Einzelfall aber auch nicht ausdrücklich verbotene Handlungen zu unterlassen, die den beiden oben genannten Grundsätzen widersprechen. So gibt es in unseren Jagdgesetzen weder Vorschriften über die Verwendung von Schrotstärken beim Schuss auf Niederwild, noch schreibt das Gesetz in irgendeiner Form vor, auf welche Distanzen unser Wild beschossen werden darf. An diesen beiden Beispielen wird deutlich, dass der Jäger jederzeit gefordert ist, individuelle Entscheidungen zu treffen, damit die genannten Grundsätze gewahrt werden.

Als erstes Bundesland hat Baden-Württemberg im neuen Jagd- und Wildtiermanagementgesetz (JWMG) in § 8 den Begriff der Waidgerechtigkeit definiert:

Waidgerechtigkeit ist die gute fachliche Praxis der Jagdausübung. Eine Jagdausübung ist nur waidgerecht, wenn sie allen rechtlichen Vorgaben sowie allen allgemein anerkannten, geschriebenen oder ungeschriebenen Regelungen und gesellschaftlichen Normen zur Ausübung der Jagd, insbesondere im Hinblick auf den Tierschutz, die Tiergesundheit, den Schutz der natürlichen Lebensgrundlagen, das Verhalten gegenüber anderen Inhaberinnen und Inhabern des Jagdrechts, jagdausübungsberechtigten Personen und der Bevölkerung sowie im Hinblick auf die Jagdethik, entspricht.

§ 2 Tierarten

(1) Tierarten, die dem Jagdrecht unterliegen:
1. Haarwild: Wisent, Elch, Rotwild, Damwild, Sikawild, Rehwild, Gamswild, Steinwild, Muffelwild, Schwarzwild, Feldhase, Schneehase, Wildkaninchen, Murmeltier, Wildkatze, Luchs, Fuchs, Steinmarder, Baummarder, Iltis, Hermelin, Mauswiesel, Dachs, Fischotter, Seehund.
2. Federwild: Rebhuhn, Fasan, Wachtel, Auer-, Birk-, und Rackelwild, Haselwild, Alpenschneehuhn, Wildtruthahn, Wildtauben, Höckerschwan, Wildgänse, Wildenten,

Säger, Waldschnepfe, Blässhuhn, Möwen, Haubentaucher, Großtrappe, Graureiher, Greife, Falken, Kolkrabe.
(2) Die Länder können weitere Tierarten bestimmen, die dem Jagdrecht unterliegen.
Erläuterung:
Die hier aufgeführten Tierarten unterliegen dem Jagdrecht und dem Naturschutzrecht, im Gegensatz zu allen anderen wild lebenden Arten, die ausschließlich dem Naturschutzrecht unterliegen. Der Katalog des BJG wurde von den Ländern z. T. gekürzt und/oder um Arten ergänzt. Die dem Jagdrecht unterliegenden Arten werden mit dem Begriff „Wild" zusammengefasst. Dies bedeutet jedoch noch nicht, dass diese Arten allesamt erlegt werden dürfen. Das Erlegen ist nur erlaubt, wenn die betreffende Art auch eine Jagdzeit hat. Viele Wildarten sind jedoch ganzjährig geschont (z. B. Greife, Falken). Diese dürfen zwar nicht erlegt werden, allerdings darf sich der Jagdausübungsberechtigte tot aufgefundene Exemplare dieser Arten aneignen. Überdies greift auch bei diesen Arten die Verpflichtung zur Hege, also für gesunde, angepasste Dichten zu sorgen und Lebensgrundlagen zu sichern.

Infolge der Änderungen verschiedener Landesjagdgesetze und Verordnungen wurden die Kataloge der jagdbaren Tiere in den Ländern teilweise neu gefasst. Einige Arten wurden aus dem Jagdrecht entlassen, andere ihm unterstellt. Auch das Aneignungsrecht des Jagdausübungsberechtigten für Wildtiere wurde z. B. in Baden-Württemberg teilweise beschnitten. Wegen der konkurrierenden Gesetzgebung können die Länder – nicht nur gemäß der alten Rahmengesetzgebungsvorgabe – abweichende Bestimmung treffen. Im Kap. „Service" (S. 519 ff.)

> **Jagdbare Tiere** (Wild): Anwendung findet das *Jagdgesetz* (und, sofern erforderlich, das Naturschutzgesetz)
> **Geschützte Tiere:** Anwendung findet das *Naturschutzgesetz.*
> **Geschonte Tiere:** Jagdbare Tiere (Wild), die ganz oder teilweise mit der Jagd zu verschonen sind.
> **Tiere ohne Schonzeit:** Jagdbare Tiere (Wild), die ganzjährig erlegt werden (z. B. in einigen Bundesländern: Jungkaninchen, nicht führende Frischlinge (Schwarzwild).

sind die jagdbaren Arten nach dem Bundesjagdgesetz und den Bestimmungen der Bundesländer aufgeführt. Beachten Sie den für Sie gültigen Katalog!

BJG §3 Inhaber des Jagdrechts, Ausübung des Jagdrechts

(1) Das Jagdrecht steht dem Eigentümer auf seinem Grund und Boden zu. Es ist untrennbar mit dem Eigentum an Grund und Boden verbunden ...
(2) ...
(3) Das Jagdrecht darf nur in Jagdbezirken ausgeübt werden.
Erläuterung:
Das Jagdrecht in der hier beschriebenen Form ist ein ausschließlich aus dem Eigentum an Grund und Boden abgeleitetes Recht. Sobald eine Person oder Personengemeinschaft im Grundbuch als Eigentümer eintragen ist, steht ihr auch das Jagdrecht zu. Diese Regelung hätte, wäre sie nicht eingeschränkt, ein so genanntes Parzellensystem zur Folge, welches vorübergehend in der Mitte des 19. Jahrhunderts erfolglos praktiziert

> **JAGDRECHT**
> steht dem Eigentümer
> von Grund und Boden zu

> **JAGDAUSÜBUNGSRECHT**
> steht dem Inhaber
> eines Jagdbezirks zu
>
> | **Eigenjagdbezirk:** | **Gemeinschaftsjagdbezirk:** |
> |---|---|
> | Eigentümer, Pächter oder der Benannte | Jagdgenossenschaft, Pächter oder Beauftragter |

wurde. Aus den Erfahrungen dieser Zeit entstand das heutige *Reviersystem*, welches sich darin äußert, dass der Gesetzgeber das oben beschriebene Jagdrecht in der Weise einschränkt, dass es nur in Jagdbezirken ausgeübt werden darf.

Wir müssen also das dem Eigentümer eines Grundstücks zustehende Jagdrecht vom Jagdausübungsrecht trennen.

Das Recht, die Jagd auf dem eigenen Grundstück auch tatsächlich ausüben zu dürfen, wird an bestimmte Voraussetzungen gebunden. Zu ihnen zählen insbesondere eine gewisse Mindestgröße des eigenen, zusammenhängenden Grundbesitzes.

In anderen Ländern wird neben dem Reviersystem auch das Lizenz- oder Patentsystem praktiziert, z. B. in Teilen der Schweiz, Italiens, Frankreichs sowie in Skandinavien, Nordamerika u. a. Dort erwirbt der Jäger eine Jagdlizenz und darf dann damit fast überall jagen. Die Jagdaufsicht und das Wildtiermanagement obliegen dort – mit entsprechenden Kosten – dem Staat. Das erlegte Wild gehört dem Jäger.

Revier- und Lizenz- bzw. Patentsystem haben ihre Vor- und Nachteile. Bei uns hat sich kulturhistorisch das Reviersystem entwickelt und bewährt.

Jagdbezirke und Hegegemeinschaften

BJG § 4 Jagdbezirke
Jagdbezirke, in denen die Jagd ausgeübt werden darf, sind entweder Eigenjagdbezirke oder gemeinschaftliche Jagdbezirke.

> **JAGDBEZIRKE**
>
> | **Eigenjagdbezirke:** | **Gemeinschaftliche Jagdbezirke:** |
> |---|---|
> | Flächen, die Personen, Personengemeinschaften oder dem Staat gehören | Alle Flächen einer Gemeinde oder Gemarkung, den Eigentümern jagdlich nutzbarer Grundflächen gehörend, die selbst keinen Eigenjagdbezirk bilden |
> | Mindestgröße **75 ha** (lt. BJG*) | Mindestgröße **150 ha** (lt. BJG*) |
>
> *Bestimmungen der Länder siehe Tabelle S. 523ff.

BJG § 5 Gestaltung der Jagdbezirke

(1) Jagdbezirke können durch Abtrennung, Angliederung oder Austausch von Grundflächen abgerundet werden, wenn dies aus Erfordernissen der Jagdpflege und Jagdausübung notwendig ist.

(2) Natürliche und künstliche Wasserläufe, Wege, Triften und Eisenbahnkörper sowie ähnliche Flächen bilden, wenn sie nach Umfang und Gestalt für sich allein eine ordnungsgemäße Jagdausübung nicht gestatten, keinen Jagdbezirk für sich, unterbrechen nicht den Zusammenhang eines Jagdbezirkes und stellen auch den Zusammenhang zur Bildung eines Jagdbezirkes zwischen getrennt liegenden Flächen nicht her.

Anmerkung: Jagdeinrichtungen wie Fütterungsanlagen, Ansitzeinrichtungen usw. darf der Jagdausübungsberechtigte mit Erlaubnis des Grundeigentümers errichten. Sie sind Eigentum des Jagdausübungsberechtigten. Bei Zerstörung z. B. durch Jagdgegner handelt es sich um Sachbeschädigung. Die Einrichtungen müssen, sofern der Jagdnachfolger sie nicht übernehmen möchte, nach Beendigung der Jagdpachtperiode auf Verlangen der Jagdgenossenschaft meist innerhalb einer bestimmten Frist beseitigt werden oder gehen in das Eigentum der Jagdgenossenschaft bzw. des Grundeigentümers über. Näheres regeln das Landesrecht oder die Vereinbarungen im Jagdpachtvertrag.

Fütterungen zählen zu den Jagdeinrichtungen.

Hochsitze sind Jagdeinrichtungen.

BJG § 6 Befriedete Bezirke; Ruhen der Jagd

Auf Grundflächen, die zu keinem Jagdbezirk gehören, und in befriedeten Bezirken ruht die Jagd. Eine beschränkte Ausübung der Jagd kann gestattet werden. Tiergärten fallen nicht unter die Vorschriften dieses Gesetzes.

Erläuterung:
Durch Landesrecht wurden diese Flächen näher definiert. Es sind im Wesentlichen, kraft Gesetz:

1. Gebäude die zum Aufenthalt von Menschen dienen und mit diesen räumlich zusammenhängen
2. Hofräume und Hausgärten in Zusammenhang mit Ziffer 1
3. Friedhöfe (je nach Land auch Bestattungswälder, Autobahnen, Zoos und Ähnliches)

Parks können auf Antrag zum befriedeten Bezirk erklärt werden.

Gebäude, die dem Aufenthalt von Menschen dienen, Hofräume und Hausgärten sind befriedete Bezirke kraft Gesetz.

Damwildgehege (Damwildgatter) dienen der Fleischproduktion und haben mit Jagd nichts zu tun.

4. Kleingartenanlagen
5. *Kraft Verwaltungsaktes* (durch die Untere Jagdbehörde – UJB) für befriedet erklärte Flächen. Dies können, je nach Bundesland, z. B. sein: Öffentliche Anlagen, Parks, Grünflächen, Sportanlagen, Wildparks, Wildfarmen, Naturschutzgebiete, Fischzuchtanlagen, vollständige eingefriedete Grundflächen ohne Einsprünge für Wild, innerhalb bebauter Ortsteile oder innerhalb eines Bebauungsplanes gelegene Flächen.

BJG § 6a Befriedung von Grundflächen aus ethischen Gründen

(1) Kleinflächen, die zu einem gemeinschaftlichen Jagdbezirk gehören und im Eigentum einer natürlichen Person stehen, sind auf Antrag des Eigentümers zu befriedeten Bezirken zu erklären (Befriedung), wenn der Eigentümer glaubhaft macht, die Jagdausübung aus ethischen Gründen abzulehnen. Eine Befriedung ist ausgeschlossen, soweit Tatsachen die Annahme rechtfertigen, dass ein Ruhen der Jagd auf der vom Antrag umfassten Fläche bezogen auf den gesamten jeweiligen Jagdbezirk die Belange
1. der Hege, insbesondere des Schutzes der Land-, Forst- und Fischereiwirtschaft gegen Wildschäden,
2. des Tierschutzes, des Naturschutzes und der Landschaftspflege,
3. des Schutz vor Wildseuchen sowie
4. der Abwendung sonstiger Gefahren für die öffentliche Sicherheit und Ordnung gefährdet.
Kleinflächen im Sinne des Satzes 1 sind Grundstücke, deren Befriedung auf Grund ihrer räumlichen Ausdehnung und Lage die Durchführung von Bewegungsjagden nicht unzumutbar erschwert.
Ethische Gründe nach Satz liegen nicht vor, wenn der Antragsteller

BEFRIEDETE BEZIRKE*
(hier ruht die Jagd)

Kraft Gesetz
sind grundsätzlich befriedet:

Alle Gebäude, die dem Aufenthalt von Menschen dienen
Alle Hofräume
Hausgärten**
Friedhöfe
Zoos und Tiergehege
Bundesautobahnen u. a. Flächen

Kraft Verwaltungsakt
können von der Jagdbehörde auf Antrag für befriedet erklärt werden:

Öffentliche Anlagen
Naturschutzgebiete
Vollständig eingefriedete Grundflächen***
geschlossene Gewässer
u. a. Flächen

* Landesrecht beachten!
** Hausgärten, sofern sie an eine Behausung unmittelbar anstoßen und eingefriedet sind.
*** ohne Einsprünge, wenn die Zugänge gegen menschlichen Zutritt absperrbar sind.

1. selbst die Jagd ausübt oder die Ausübung der Jagd durch Dritte auf einem ihm gehörenden Grundstück duldet oder
2. einen Jagdschein gelöst oder beantragt hat.
Der Antrag ist schriftlich oder zur Niederschrift bei der zuständigen Behörde zu stellen. Der Entscheidung über den Antrag hat neben der Anhörung des Antragstellers eine Anhörung der Jagdgenossenschaft, des Jagdpächters, benachbarter Grundeigentümer, des Jagdbeirats sowie der Träger öffentlicher Belange vorauszugehen.
(2) ...
Erläuterung:
Die Befriedung „aus ethischen Gründen" war infolge eines vor dem EUGH erstrittenen Urteils zu klären. Sie könnte gravierende Eingriffe in das Reviersystem und das Eigentumsrecht der übrigen Anlieger bedeuten. Derzeit zeichnet sich jedoch ab, dass sie, gemessen an der Ge-samtjagdfläche der BRD, nahezu bedeutungslos ist.

BJG § 7 Eigenjagdbezirke
(1) Zusammenhängende Grundflächen mit einer land-, forst- oder fischereiwirtschaftlich nutzbaren Fläche von 75 Hektar, die im Eigentum ein und derselben Person oder einer Personengemeinschaft stehen, bilden einen Eigenjagdbezirk ...
(2) ...
(3) ...
(4) In einem Eigenjagdbezirk ist jagdausübungsberechtigt der Eigentümer. An Stelle des Eigentümers tritt der Nutznießer, wenn ihm die Nutzung des ganzen Eigenjagdbezirkes zusteht.

BJG § 8 Gemeinschaftliche Jagdbezirke
(1) Alle Grundstücke einer Gemeinde oder abgesonderten Gemarkung, die nicht zu ei-

nem Eigenjagdbezirk gehören, bilden einen gemeinschaftlichen Jagdbezirk, wenn sie im Zusammenhang mindestens 150 Hektar umfassen.
(2) Zusammenhängende Grundflächen verschiedener Gemeinden, die im Übrigen zusammen den Erfordernissen eines gemeinschaftlichen Jagdbezirkes entsprechen, können auf Antrag zu gemeinschaftlichen Jagdbezirken zusammengelegt werden.
(3) Die Teilung gemeinschaftlicher Jagdbezirke in mehrere selbstständige Jagdbezirke kann zugelassen werden, sofern jeder Teil die Mindestgröße von 250 Hektar hat.
(4) Die Länder können die Mindestgrößen allgemein oder für bestimmte Gebiete höher festsetzen.
(5) In gemeinschaftlichen Jagdbezirken steht die Ausübung des Jagdrechts der Jagdgenossenschaft zu.

Erläuterung:
Jagdbezirke entstehen kraft Gesetzes mit Erreichen der jeweiligen Mindestvoraussetzungen. So entsteht ein Eigenjagdbezirk, wenn die Flächen, die einer Person oder mehreren Personen gemeinschaftlich gehören, mindestens 75 ha groß sind. Hierbei ist es jedoch wichtig, dass nur zusammenhängende Flächen zählen, die zudem bejagbar sein müssen. Die Tatsache, dass z. B. ein 100 ha großes landwirtschaftliches Anwesen, das einem einzigen Landwirt gehört, von einer im Eigentum des Landes stehenden Straße durchschnitten wird, ist hierbei nicht von Belang (§ 5 Abs. 2, vgl. S. 33).

Alle nicht zu einem Eigenjagdbezirk gehörenden Grundflächen bilden auf Gemeindeebene einen *gemeinschaftlichen Jagdbezirk*, sofern die Flächen im Zusammenhang *mindestens 150 ha* umfassen (Abweichungen nach Landesrecht möglich). Sofern eine Gemeinde die Mindestgröße nicht erreicht, können mehrere Gemeinden zu einem gemeinschaftlichen Jagdbezirk zusammengelegt werden. Umgekehrt können die Flächen sehr großer Gemeinden auch in mehrere Jagdbezirke geteilt werden. Hierbei wurde jedoch die Mindestgröße, welche die einzelnen neu entstehenden Jagdbezirke erreichen müssen, mit 250 ha festgesetzt. Bleibt also zunächst festzuhalten, dass vom Grundsatz her alle Flächen einer Gemeinde, also auch nicht bejagbare Flächen wie z. B. die bebaute Ortslage einen gemeinschaftlichen (auch davon gibt es Ausnahmen) Jagdbezirk bilden.

Ausgenommen sind nur die Eigenjagdbezirke. Die Mindestgröße eines Eigenjagdbezirkes wurde mit 75 ha sehr viel kleiner angesetzt, wobei hier jedoch nur die land-, forst- oder fischereiwirtschaftlich nutzbaren, also die letztlich bejagbaren Flächen von Bedeutung sind.

Auch wenn alle Flächen einer Gemeinde einen Jagdbezirk bilden, heißt das selbstverständlich nicht, dass alle Flächen bejagt werden können. Neben der Tatsache, dass die Jagd überall verboten ist, wo die öffentliche Ruhe, Ordnung, Sicherheit oder Menschenleben gefährdet werden (vgl. § 20, S. 52), kennen wir so genannte *befriedete Bezirke*, auf denen die *Jagd ruht*. Welche Flächen dazu gehören, bestimmt sich nach den Landesjagdgesetzen. Im *Regelfall* zählen zu diesen Flächen *Gebäude, Hofräume* und *unmittelbar an Behausungen anstoßende eingefriedete Hausgärten*, sowie *Friedhöfe*, in einigen Ländern auch *Bundesautobahnen, Tiergehege* und *andere*.

Jagdausübungsberechtigter ist in einem *Eigenjagdbezirk* vom Grundsatz her der *Eigentümer*, der dieses Recht in der letzten Konsequenz jedoch nur wahrnehmen

JAGDGÄSTE
–Voraussetzung: Gültiger Jagdschein–

In Begleitung des Revierinhabers oder bestätigten Jagdaufsehers:	**Ohne Begleitung** des Revierinhabers oder bestätigten Jagdaufsehers:
Keine weiteren Erfordernisse • Begleitung muss im Revier anwesend und erreichbar sein • bei mehreren Pächtern müssen alle einverstanden sein	**Schriftlicher Jagderlaubnisschein** aller Jagdausübungsberechtigter (Pächter) ist notwendig • Jagd kann allein ausgeübt werden

kann, wenn er einen Jagdschein besitzt. Ist dies nicht der Fall, tritt an seine Stelle ggf. ein Pächter (evtl. Pächtergemeinschaft), dem der Eigentümer das Jagdausübungsrecht verpachtet, oder ein *Benannter*.

Im *gemeinschaftlichen Jagdbezirk* ist *jagdausübungsberechtigt* vom Grundsatz her die *Gemeinschaft der Grundstückseigentümer*. Diese bilden kraft Gesetzes die so genannte *Jagdgenossenschaft*, welche ebenfalls in der Regel das Jagdausübungsrecht an einen oder mehrere Pächter verpachtet. Es wäre aber auch eine Eigenbewirtschaftung z. B. durch Benannte (angestellte Jäger) möglich.

BJG § 9 Jagdgenossenschaft

(1) Die Eigentümer der Grundflächen, die zu einem gemeinschaftlichen Jagdbezirk gehören, bilden eine Jagdgenossenschaft. Eigentümer von Grundflächen, auf denen die Jagd nicht ausgeübt werden darf, gehören der Jagdgenossenschaft nicht an.
(2) Die Jagdgenossenschaft wird durch den Jagdvorstand gerichtlich und außergerichtlich vertreten. Der Jagdvorstand ist von der Jagdgenossenschaft zu wählen. Solange die Jagdgenossenschaft keinen Jagdvorstand gewählt hat, werden die Geschäfte des Jagdvorstandes vom Gemeindevorstand wahrgenommen.
(3) Beschlüsse der Jagdgenossenschaft bedürfen sowohl der Mehrheit der anwesenden und vertretenen Jagdgenossen als auch der Mehrheit der bei der Beschlussfassung vertretenen Grundfläche.

Erläuterung:
Zur Jagdgenossenschaft, welche die Jagd im gemeinschaftlichen Jagdbezirk nutzt, gehören *nur* die *Eigentümer der bejagbaren Flächen des Jagdbezirkes*. Diese bilden nach den Vorschriften der Landesjagdgesetze eine *Körperschaft des öffentlichen Rechts*, verbunden mit einer *Zwangsmitgliedschaft*. Die Eigentümer können der Jagdgenossenschaft nicht beitreten, sondern gehören ihr kraft Gesetzes an (Ausnahme BJG § 6a „Befriedung aus ethischen Gründen" beachten). Der Tatsache, dass die Mitglieder sehr unterschiedlich große Grundflächen besitzen, wird dadurch Rechnung getragen, dass *bei Abstimmungen* neben der *Personenmehrheit auch eine Flächenmehrheit* für das

Zustandekommen eines Beschlusses *erforderlich* ist.

Organ der Jagdgenossenschaft ist die Genossenschaftsversammlung. Sie hat eine Satzung aufzustellen. Vertreten wird die Jagdgenossenschaft durch den Jagdvorstand. Bis zu dessen Wahl werden die Geschäfte vom Gemeindevorstand (Gemeinderat, Bürgermeister) geführt. Die Jagdgenossenschaft hat ein *Jagdkataster* (Grundflächenverzeichnis) der Mitglieder zu führen.

BJG § 10 Jagdnutzung

(1) Die Jagdgenossenschaft nutzt die Jagd in der Regel durch Verpachtung. Sie kann die Verpachtung auf den Kreis der Jagdgenossen beschränken.

(2) Die Jagdgenossenschaft kann die Jagd für eigene Rechnung durch angestellte Jäger ausüben lassen. Mit Zustimmung der zuständigen Behörde kann sie die Jagd ruhen lassen.

(3) Die Jagdgenossenschaft beschließt über die Verwendung des Reinertrages der Jagdnutzung. Beschließt die Jagdgenossenschaft, den Ertrag nicht an die Jagdgenossen nach dem Verhältnis des Flächeninhaltes ihrer beteiligten Grundstücke zu verteilen, so kann jeder Jagdgenosse, der dem Beschluss nicht zugestimmt hat, die Auszahlung seines Anteils verlangen. Der Anspruch erlischt, wenn er nicht binnen einem Monat nach der Bekanntmachung der Beschlussfassung schriftlich oder mündlich zu Protokoll des Jagdvorstandes geltend gemacht wird.

Erläuterung:

Die Verpachtung einer Jagd durch die Jagdgenossenschaft geschieht in der Regel durch öffentliche Versteigerung, Einholung schriftlicher Gebote (Submission), freihändige Vergabe oder Verlängerung bestehender Pachtverhältnisse.

BJG § 10a Bildung von Hegegemeinschaften

(1) Für mehrere zusammenhängende Jagdbezirke können die Jagdausübungsberechtigten zum Zwecke der Hege des Wildes eine Hegegemeinschaft (Bewirtschaftungsbezirke) als privatrechtlichen Zusammenschluss bilden.

(2) ...

(3) Das Nähere regeln die Länder.

Erläuterung:

Im Wissen, dass wegen zu kleiner Reviere die Hege einzelner Schalenwildarten nur durch den Zusammenschluss mehrerer Revierinhabern sinnvoll ist, hat der Gesetzgeber die *Hegegemeinschaft* im Gesetz verankert. Natürlich bleibt jeder Revierinhaber in seinem Revier sein eigener Herr. Sinn machen Hegemaßnahmen für z. B. Rotwild aber nur in größeren „Bewirtschaftungsbezirken", für die Hegegemeinschaften zu bilden sind. Da dies auf freiwilliger Basis nicht zufriedenstellend geschah, hat nun in den einzelnen Ländern der Gesetzgeber die betroffene Revierinhaber zur Bildung von Hegegemeinschaften verpflichtet. Die Bewirtschaftungsbezirke für Rotwild schwanken von ca. 2000 ha bis 30 000 ha Größe. Die Aufgaben der Hegegemeinschaften sind im Wesentlichen: Gemeinsame Aufstellung eines Gesamtabschussplans, der dann auf die beteiligten Reviere in Teilabschusspläne heruntergebrochen wird, gemeinsame Hegemaßnahmen im Bereich der Lebensraumgestaltung, bei Bedarf Erarbeitung gemeinsamer Fütterungskonzepte und vieles mehr. Dies drückt sich auch in den Begriffen Wildbestandsbewirtschaftung, Wildtiermanagement, ökologische Wildtierbewirtschaftung u. Ä. aus. Hegegemeinschaften werden gebildet für die Hege von

Rotwild, Damwild und Sikawild, für andere Wildarten ist es möglich.

Beteiligung Dritter an der Ausübung des Jagdrechts

BJG § 11 Jagdpacht
(1) Die Ausübung des Jagdrechts in seiner Gesamtheit kann an Dritte verpachtet werden. Ein Teil des Jagdausübungsrechts kann nicht Gegenstand eines Jagdpachtvertrages sein; jedoch kann sich der Verpächter einen Teil der Jagdnutzung, der sich auf bestimmtes Wild bezieht, vorbehalten. Die Erteilung von Jagderlaubnisscheinen regeln, unbeschadet des Absatzes 6 Satz 2, die Länder.
Erläuterung:
Es ist nicht möglich, in einem bestimmten Jagdbezirk die Rotwildjagd an Pächter A, die Hasenjagd an Pächter B usw. zu verpachten. Der Verpächter, z. B. der Eigentümer eines Eigenjagdbezirkes, kann jedoch die Jagd in seiner Gesamtheit an einen Pächter verpachten, sich selbst aber die Bejagung des Rotwildes vorbehalten. Ein Jagdbezirk kann auch an mehrere Pächter gemeinschaftlich verpachtet werden. Die dabei höchstzulässige Anzahl von Pächtern ist von der Größe des Jagdbezirkes abhängig und bestimmt sich nach den Vorschriften der Landesjagdgesetze (s. Tab. S. 523 ff.).

Neben den Jagdausübungsberechtigten eines Jagdbezirkes können auch Jagdgäste zur Jagd eingeladen werden. Ein *Jagdgast* benötigt zur *legalen Jagdausübung* neben einem *gültigen Jagdschein* auch eine *Jagderlaubnis aller Jagdausübungsberechtigten*. Sofern ein Gast *die Jagd nicht in Begleitung des Jagdausübungsberechtigten* oder ggf. eines *bestätigten Jagdaufsehers* ausübt *(unselbstständiger Jagdgast)*, muss diese *Erlaubnis schriftlich erteilt* werden. Diese schriftliche Jagderlaubnis, die zur selbstständigen Jagdausübung berechtigt, nennen wir *Jagderlaubnisschein* (ugs. „Begehungsschein").

Ein Jagderlaubnisschein kann gegen Bezahlung erteilt werden (= *entgeltlicher* Jagderlaubnisschein) oder als reine Gefälligkeit (*unentgeltlicher* Jagderlaubnisschein). Die Zahl der unselbstständigen Jagdgäste, die in Begleitung in einem Jagdbezirk jagen, ist nicht beschränkt. So kann ein Pächter beliebig viele Jagdscheininhaber zu einer Treibjagd einladen. In welchem Maße er jedoch Jagdlaubnisscheine erteilen darf, regeln die Landesjagdgesetze. In den meisten Bundesländern dürfen nur so viele *entgeltliche Jagderlaubnisscheine* ausgegeben werden,

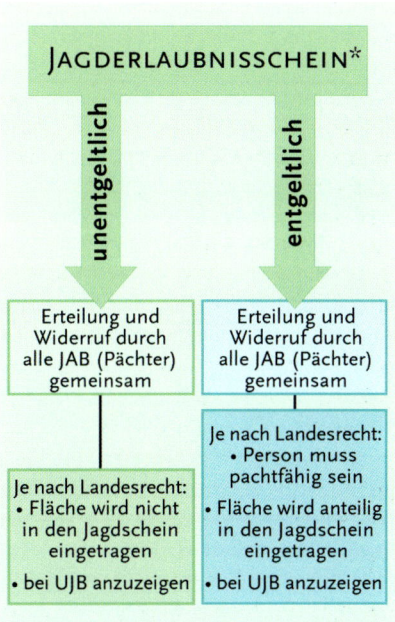

* In manchen Bundesländern (z. B. RP, NS) keine Unterscheidung und/oder Beschränkung

Unentgeltlicher Jagderlaubnisschein

Hiermit ermächtige(n) ich /wir *) mit dem Recht des jederzeitigen Widerrufs *)
Herrn / Frau *) _____
wohnhaft in _____
auf meinem/unserem *) in der Gemeinde _____
gelegenen Jagdrevier _____
die Jagd vom _____ bis _____
als Jagdgast selbständig auszuüben.
Die Jagd darf im Rahmen der gesetzlichen Bestimmungen ausgeübt werden auf Raubwild, Kaninchen und Tauben *).
Die Jagd darf im Rahmen der gesetzlichen Bestimmungen - desweiteren *) - ausgeübt werden auf _____
Der Jagderlaubnisschein ist nur gültig in Verbindung mit einem gültigen Jagdschein.
Dem Jagdgast wird die Befugnis erteilt, im Rahmen der gesetzlichen Bestimmungen Hunde und Katzen zu töten.

Die Anzeige an die Untere Jagdbehörde ist erfolgt.

_____
Unterschriften sämtlicher Jagdpächter oder Eigenjagdbesitzer

*) Nichtzutreffendes streichen

Die Ausstellung eines Jagderlaubnisscheines ist der Jagdbehörde unverzüglich anzuzeigen.

Der Jagderlaubnisschein ist nur gültig, wenn sämtliche Pächter diesen unterschrieben haben. Ebenso kann er nur von allen Pächtern gemeinsam widerrufen werden. Der Widerruf eines einzelnen Mitpächters allein ohne die Zustimmung der übrigen Mitpächter berührt die Gültigkeit des Jagderlaubnisscheines nicht.

Bei Ausübung der Jagd, insbesondere auch beim Abschuss von wildernden Hunden und Katzen, ist der Jagderlaubnisschein stets mitzuführen und ggfs. vorzuzeigen.

Der Jagderlaubnisschein berechtigt den Inhaber, im Rahmen der erteilten Erlaubnis die Jagd selbständig auszuüben.

Unentgeltliche Jagderlaubnisscheine dürfen nur zu der gesetzlich bestimmten Höchstzahl ausgegeben werden. Die Untere Jagdbehörde kann aus Gründen der Jagdpflege und der öffentlichen Sicherheit die Erteilung der Jagderlaubnis beschränken oder untersagen.

Der Jagdgast ist nicht Jagdausübungsberechtigter und auch nicht Jagdschutzberechtigter.

Muster Jagderlaubnisschein

wie neben den bereits vorhandenen ggf. noch Pächter zulässig wären. Zuletzt stellten einige Länder diese Frage auch ins Ermessen der Beteiligten (Verpächter, Pächter), ohne diesbezügliche Rechtsvorschriften zu erlassen.

(2) Die Verpachtung eines Teils eines Jagdbezirkes ist nur zulässig, wenn sowohl der verpachtete als auch der verbleibende Teil bei Eigenjagdbezirken die gesetzliche Mindestgröße, bei gemeinschaftlichen Jagdbezirken die Mindestgröße von 250 Hektar haben ...

Erläuterung:
Für die Verpachtung eines Teiles eines Jagdbezirkes gelten die gleichen Regeln wie für die Teilung eines Jagdbezirkes (vgl. §8 Abs. 3, S. 36). Während bei der Teilung eines gemeinschaftlichen Jagdbezirkes die ursprüngliche Jagdgenossenschaft erlischt und an ihrer Stelle zwei neue Jagdgenossenschaften entstehen, bleibt bei der Verpachtung in Teilen die Jagdgenossenschaft in ihrer ursprünglichen Form bestehen.

(3) Die Gesamtfläche, auf der einem Jagdpächter die Ausübung des Jagdrechts zusteht, darf nicht mehr als 1000 Hektar umfassen; hierauf sind Flächen anzurechnen, für die dem Pächter aufgrund einer entgeltlichen Jagderlaubnis die Jagdausübung zusteht. Der Inhaber eines oder mehrerer Eigenjagdbezirke mit einer Gesamtfläche von mehr als 1000 Hektar darf nur zupachten, wenn er Flächen mindestens gleicher Größenordnung verpachtet; der Inhaber eines oder mehrerer Eigenjagdbezirke mit einer Gesamtfläche von weniger als 1000 Hektar darf nur zupachten, wenn die Gesamtfläche, auf der ihm das Jagdausübungsrecht zusteht, 1000 Hektar nicht übersteigt. Für Mitpächter, Unterpächter oder Inhaber einer entgeltlichen Jagderlaubnis gelten Satz 1 und 2 entsprechend mit der Maßgabe, dass auf die Gesamtfläche nur die Fläche angerechnet wird, die auf den einzelnen Mitpächter, Unterpächter oder auf den Inhaber einer entgeltlichen Jagderlaubnis, ausgenommen die Erlaubnis zu Einzelabschüssen, nach dem Jagdpachtvertrag oder der Jagderlaubnis anteilig entfällt. Für bestimmte Gebiete, insbesondere im Hochgebirge, können die Länder eine höhere Grenze als 1000 Hektar festsetzen (Höchstpachtfläche Bayern: im Hochgebirge mit Vorbergen 2000 ha, ansonsten 1000 ha).

Erläuterung:
Ähnlich wie es nach Landesrecht für einen Jagdbezirk je nach Größe Höchstzahlen für Pächter und Jagderlaubnisscheine gibt, so gibt es auch für Pächter und Inhaber von Eigenjagdbezirken Höchstflächen zu beachten, auf denen ihnen das Jagdausübungsrecht zustehen darf. Diese so genannte Höchstpachtfläche beträgt 1000 ha.

Sofern *mehrere Pächter gemeinsam einen Jagdbezirk pachten,* wird *jedem einzelnen nur die jeweilige Anteilfläche auf die 1000 ha angerechnet.* In einem 900 ha großen Jagdbezirk werden so z. B. den drei Pächtern jeweils 300 ha angerechnet, so dass alle drei noch z. B. einen 700 ha großen Jagdbezirk alleine pachten könnten.

In diesem Zusammenhang werden Inhaber von entgeltlichen Jagderlaubnisscheinen, obwohl sie Jagdgäste sind, wie Pächter behandelt.

(4) Der Jagdpachtvertrag ist schriftlich abzuschließen. Die Pachtdauer soll mindestens neun Jahre betragen. Die Länder können die Mindestpachtzeit höher festsetzen. Ein laufender Jagdpachtvertrag kann auch auf kürzere Zeit verlängert werden. Beginn und Ende der Pachtzeit soll mit Beginn und Ende des Jagdjahres (1. April bis 31. März) zusammenfallen.

Erläuterung:
Angesichts einer steigenden Wildschadensproblematik, vor allem durch Schwarzwild, wurde zunehmend eine Reduzierung der Mindestpachtdauer gefordert, um das wirtschaftliche Risiko für die Pächter und die Verpächter zu minimieren. Dieser Forderung haben einzelne Länder bereits Rechnung getragen (siehe Tab. S. 523 ff.): Saarland 5 Jahre, Rheinland-Pfalz 8 Jahre (Ausnahmen bis 5 Jahre möglich), Baden-Württemberg 6 Jahre.

(5) Pächter darf nur sein, wer einen Jahresjagdschein besitzt und schon vorher einen solchen während dreier Jahre in Deutschland besessen hat. Für besondere Einzelfälle können Ausnahmen zugelassen werden ...

JAGDPACHT
Jagdverpachtung

Nur in seiner Gesamtheit
Schriftform
Mindestdauer: je nach Land 5–12 Jahre

Höchstpachtfläche: 1000 ha pro Pächter
Zulässige Anzahl der Pächter beachten
Pächter muss pachtfähig sein (3 Jahresjagdscheine oder mehr)

Ablauf nach Vertragsende

Vertrag ist **nichtig** bei Nichtbeachtung von:
- Pächterhöchstzahl
- Höchstpachtfläche
- Schriftform
- Pachtfähigkeit des Pächters*
- des uneingeschränkten Ausübungsrechts (z.B. nur Jagd auf Hasen)

*außer Sachsen

Erläuterung:
Ein Jungjäger kann nach Erteilung des ersten Jagdscheines noch keinen Jagdbezirk pachten, kann also die Jagd zunächst nur als Jagdgast ausüben, es sei denn, er besitzt einen Eigenjagdbezirk. Um Pächter zu werden, müssen *zwei Voraussetzungen* erfüllt sein (in Sachsen ist die Pachtfähigkeit entfallen): Der Bewerber muss zum Zeitpunkt der Vertragsunterzeichnung einen *gültigen Jahresjagdschein* besitzen und *vorher schon während dreier Jahre*, also insgesamt 36 Monate, einen solchen *besessen haben*. Diese drei Jahre müssen weder unmittelbar vor dem Jahr der Vertragsunterzeichnung liegen, noch müssen sie ununterbrochen nachgewiesen werden. Tagesjagdscheine und Jugendjagdscheine werden jedoch nicht angerechnet.

(6) Ein Jagdpachtvertrag, der bei seinem Abschluss Vorschriften des Absatzes 1 Satz 2 Halbsatz 1, des Absatz 2, des Absatzes 3, des Absatzes 4 Satz 1 oder des Absatz 5 nicht entspricht, ist nichtig. Das Gleiche gilt für eine entgeltliche Jagderlaubnis, die bei ihrer Erteilung den Vorschriften des Absatzes 3 nicht entspricht.

Erläuterung:
Zur Nichtigkeit führen folgende Mängel:
- Das Jagdausübungsrecht wurde *nicht in seiner Gesamtheit verpachtet*.
- Es wurde ein Jagdbezirk oder ein Teil davon verpachtet, der die *vorgeschriebene Mindestgröße* nicht erreicht.
- *Überschreitung der Höchstpachtfläche* von 1000 ha.
- Der Pachtvertrag wurde *nicht schriftlich* abgeschlossen.
- Der Pachtbewerber ist zum Zeitpunkt des Pachtvertragsabschlusses *nicht pachtfähig*.

(7) Die Fläche, auf der einem Jagdausübungsberechtigten oder Inhaber einer entgeltlichen Jagderlaubnis nach Absatz 3 die Ausübung des Jagdrechts zusteht, ist von der zuständigen Behörde in den Jagdschein einzutragen; das Nähere regeln die Länder.

BJG § 12 Anzeige von Jagdpachtverträgen
(1) Der Jagdpachtvertrag ist der zuständigen Behörde anzuzeigen. Die Behörde kann den Vertrag binnen drei Wochen nach Eingang der Anzeige beanstanden, wenn die Vorschriften über die Pachtdauer nicht beachtet sind oder wenn zu erwarten ist, dass durch eine vertragsgemäße Jagdausübung die Vorschriften des § 1 Abs. 2 (Hegeziel) verletzt werden.
(2) ...
(3) ...
(4) Vor Ablauf von drei Wochen nach Anzeige des Vertrages durch einen Beteiligten darf der Pächter die Jagd nicht ausüben, sofern nicht die Behörde die Jagdausübung zu einem früheren Zeitpunkt gestattet ...

BJG § 13 Erlöschen des Jagdpachtvertrages
Der Jagdpachtvertrag erlischt, wenn dem Pächter der Jagdschein unanfechtbar entzogen worden ist. Er erlischt auch dann, wenn die Gültigkeitsdauer des Jagdscheines abgelaufen ist und entweder die zuständige Behörde die Erteilung eines neuen Jagdscheines unanfechtbar abgelehnt hat oder der Pächter die Voraussetzungen für die Erteilung eines neuen Jagdscheines nicht fristgemäß erfüllt. Der Pächter hat dem Verpächter den aus der Beendigung des Pachtvertrages entstehenden Schaden zu ersetzen, wenn ihn ein Verschulden trifft.

BJG § 13a Rechtsstellung der Mitpächter
Sind mehrere Pächter an einem Jagdpachtvertrag beteiligt (Mitpächter), so bleibt der

Vertrag, wenn er im Verhältnis zu einem Mitpächter gekündigt wird oder erlischt, mit den übrigen bestehen; dies gilt nicht, soweit der Jagdpachtvertrag infolge des Ausscheidens eines Pächters den Vorschriften des § 11 Abs. 3 (Höchstpachtfläche) nicht mehr entspricht und dieser Mangel bis zum Beginn des nächsten Jagdjahres nicht behoben wird. Ist einem der Beteiligten die Aufrechterhaltung des Vertrages infolge des Ausscheidens eines Pächters nicht zuzumuten, so kann er den Vertrag mit sofortiger Wirkung kündigen. Die Kündigung muss unverzüglich nach Erlangung der Kenntnisnahme von dem Kündigungsgrund erfolgen.

BJG § 14 Wechsel des Grundeigentümers
(1) Wird ein Eigenjagdbezirk ganz oder teilweise veräußert, so finden die Vorschriften der §§ 571 bis 579 des Bürgerlichen Gesetzbuchs entsprechende Anwendung. ...
(2) Wird ein zu einem gemeinschaftlichen Jagdbezirk gehöriges Grundstück veräußert, so hat dies auf den Pachtvertrag keinen Einfluss; der Erwerber wird vom Zeitpunkt des Erwerbes an auch dann für die Dauer des Pachtvertrages Mitglied der Jagdgenossenschaft, wenn das veräußerte Grundstück an sich mit anderen Grundstücken des Erwerbers zusammen einen Eigenjagdbezirk bilden könnte. Das Gleiche gilt für den Fall der Zwangsversteigerung eines Grundstücks.
Erläuterung:
Bei Kauf oder Verkauf von Grundstücken gilt auch hier der Grundsatz „Kauf bricht nicht Pacht", der Erwerber eines Grundstückes bleibt also an den bestehenden Pachtvertrag gebunden. Auch bei Entstehung eines Eigenjagdbezirkes kann der Erwerber diesen erst nach Ablauf eines eventuell bestehenden Jagdpachtvertrages selbst nutzen.

Jagdschein

BJG § 15 Allgemeines
(1) Wer die Jagd ausübt, muss einen auf seinen Namen lautenden Jagdschein mit sich führen und diesen auf Verlangen den Polizeibeamten sowie den Jagdschutzberechtigten (§ 25) vorzeigen. Zum Sammeln von Abwurfstangen bedarf es nur der schriftlichen Erlaubnis des Jagdausübungsberechtigten. Wer die Jagd mit Greifen oder Falken (Beizjagd) ausüben will, muß einen auf seinen Namen lautenden Falknerjagdschein mit sich führen.
(2) Der Jagdschein wird von der für den Wohnsitz des Bewerbers zuständigen Behörde als Jahresjagdschein für höchstens drei Jagd-

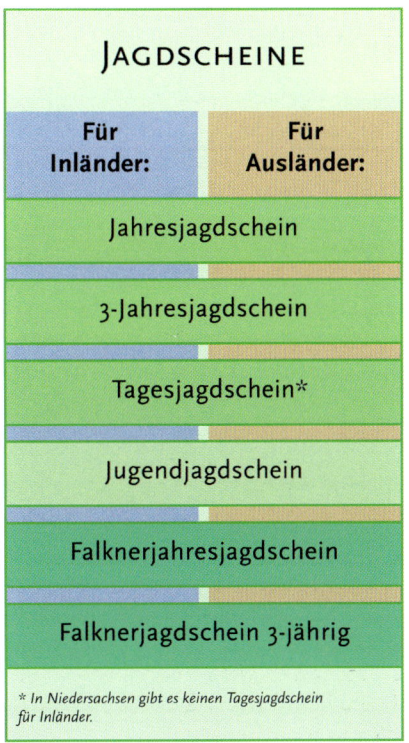

* In Niedersachsen gibt es keinen Tagesjagdschein für Inländer.

jahre (§ 11 Abs. 4) oder als Tagesjagdschein für vierzehn aufeinanderfolgende Tage nach einheitlichen, vom Bundesminister für Ernährung, Landwirtschaft und Forsten (Bundesminister) bestimmten Mustern erteilt.

Erläuterung:

In der Regel werden erteilt: Jahresjagdscheine mit Gültigkeitsdauer für ein Jagdjahr oder für drei Jagdjahre (Dreijahresjagdschein) Gültig sind diese jeweils vom 1. April bis zum 31. März bzw., falls nach dem 1. April ausgestellt, vom Datum der Ausstellung bis zum 31. März. Der Zeitraum für Tagesjagdscheine kann vorher jeweils für 14 Tage bestimmt werden.

(3) Der Jagdschein gilt im gesamten Bundesgebiet.
(4) ...
(5) Die erste Erteilung eines Jagdscheines ist davon abhängig, dass der Bewerber im Geltungsbereich dieses Gesetzes eine Jägerprüfung bestanden hat, die aus einem schriftlichen und einem mündlich-praktischen Teil und einer Schießübung bestehen soll; er muss in der Jägerprüfung ausreichende Kenntnisse der Tierarten, der Wildbiologie, der Wildhege, des Jagdbetriebes, der Wildschadensverhütung, des Land- und Waldbaues, des Waffenrechts, der Waffentechnik, der Führung von Jagdwaffen (einschließlich Faustfeuerwaffen), der Führung von Jagdhunden, in der Behandlung des erlegten Wildes unter besonderer Berücksichtigung der hygienisch erforderlichen Maßnahmen, in der Beurteilung der gesundheitlich unbedenklichen Beschaffenheit des Wildbrets, insbesondere auch hinsichtlich seiner Verwendung als Lebensmittel, und im Jagd-, Tierschutz- sowie Naturschutz- und Landschaftspflegerecht nachweisen; mangelhafte Leistungen in der Schießprüfung sind durch Leistungen in anderen Prüfungsteilen nicht ausgleichbar. Die Länder können die Zulassung zur Jäger-

Der Jagdschein: Er wird für ein oder für drei Jahre oder als Tagesschein für 14 aufeinanderfolgende Tage ausgestellt.

prüfung insbesondere vom Nachweis einer theoretischen und praktischen Ausbildung abhängig machen. Für Bewerber, die vor dem 1. April 1953 einen Jahresjagdschein besessen haben, entfällt die Jägerprüfung. Eine vor dem Tag des Wirksamwerdens des Beitritts in der Deutschen Demokratischen Republik abgelegte Jagdprüfung für Jäger, die mit der Jagdwaffe die Jagd ausüben wollen, steht der Jägerprüfung im Sinne des Satzes 1 gleich.
Erläuterung:
Grundvoraussetzung für die Erteilung eines Jagdscheines ist eine erfolgreich abgelegte Jägerprüfung in Deutschland. Diese gilt im gesamten Bundesgebiet. Egal in welchem Bundesland der Prüfling seine Jägerprüfung erfolgreich absolviert hat, muss ihm die für seinen Wohnsitz zuständige Untere Jagdbehörde einen Jagdschein erteilen, wenn keine Versagungsgründe gemäß § 17 vorliegen.

Das Mindestalter für die Zulassung zur Jägerprüfung ist nicht bundeseinheitlich geregelt. Die Länder lassen meist Jugendliche ab 15 Jahren (Saarland, Sachsen) oder 15 ½ Jahren (z. B. Rheinland-Pfalz, Niedersachsen) zur Jägerprüfung zu.

Anforderungen und Zulassungsbedingungen der Jägerprüfungen sind in den einzelnen Bundesländern sehr unterschiedlich. Der DJV bemüht sich um eine gewisse Vereinheitlichung.

(6) ...
(7) Die erste Erteilung eines Falknerjagdscheines ist davon abhängig, dass der Bewerber im Geltungsbereich dieses Gesetzes zusätzlich zur Jägerprüfung eine Falknerprüfung bestanden hat; er muss darin ausreichende Kenntnisse des Haltens, der Pflege und des Abtragens von Beizvögeln, des Greifvogelschutzes sowie der Beizjagd nachweisen. ...

Falkner mit Habicht: Wer die Falknerei ausüben will, benötigt einen Falknerjagdschein.

Erläuterung:
Zur Erlangung des Falknerjagdscheines muss der Bewerber sowohl die Jägerprüfung als auch die Falknerprüfung erfolgreich abgelegt haben.

Sofern er nur die Beizjagd ausüben möchte, kann er eine so genannte eingeschränkte Jägerprüfung ablegen. Diese ist insofern eingeschränkt, als die Prüfungsteile Schießen, Umgang mit Lang- und Kurzwaffen sowie Waffentechnik entfallen.

BJG § 16 Jugendjagdschein
(1) Personen, die das sechzehnte Lebensjahr vollendet haben, aber noch nicht achtzehn Jahre alt sind, darf nur ein Jugendjagdschein erteilt werden.
Erläuterung:
Ab einem Alter von 16 Jahren kann ein Jugendjagdschein erteilt werden, der mit Erreichen des 18. Lebensjahres in einen „normalen" Jagdschein umgewandelt wird. Eine erneute Prüfung muss dazu

nicht abgelegt werden. Es gibt nur eine Jägerprüfung.

(3) Der Jugendjagdschein berechtigt nur zur Ausübung der Jagd in Begleitung des Erziehungsberechtigten oder einer von dem Erziehungsberechtigten schriftlich beauftragten Aufsichtsperson; die Begleitperson muss jagdlich erfahren sein.
Erläuterung:
Jugendliche dürfen die *Jagd nur in Begleitung einer jagdlich erfahrenen Person* ausüben. Diese Person muss nicht im Besitz eines gültigen Jagdscheines sein, es genügt, dass sie einmal im Besitz eines solchen war. Da der Sinn der Begleitung in der *Aufsichtspflicht* über den Jugendlichen zu suchen ist, muss die Begleitung stets so gestaltet sein, dass eine *sofortige Einflussnahme* gewährleistet ist, d. h., im Regelfall muss die unmittelbare Nähe gegeben sein.

Die *Aufsichtspflicht* obliegt *grundsätzlich* den *Erziehungsberechtigten*. Diese können jedoch die Aufsichtspflicht einer anderen *jagdlich erfahrenen Person* übertragen. Diese Übertragung muss jedoch *schriftlich* erfolgen. Der Jugendliche kann keine eigenen Waffen erwerben. Es dürfen ihm nur die zur tatsächlichen Jagd, dem Übungsschießen etc. notwendigen Waffen überlassen werden.

(4) Der Jugendjagdschein berechtigt nicht zur Teilnahme an Gesellschaftsjagden.
Erläuterung:
Die Definition der Gesellschaftsjagd findet sich in den jeweiligen Landesjagdgesetzen. Meist wird sie definiert als eine gemeinsame Jagd, an der mehr als eine bestimmte Zahl (z. B. 4) Personen die Jagd als Schützen ausüben. Das *Verbot bezieht sich* im Übrigen *nur auf die Funktion eines Schützen*. Als Treiber dürfen Jugendliche daher an Gesellschaftsjagden durchaus teilnehmen.

BJG § 17 Versagung des Jagdscheines
(1) Der Jagdschein ist zu versagen (= muss versagt werden ohne Ausnahmen)
1. Personen, die noch nicht sechzehn Jahre alt sind;
2. Personen, bei denen Tatsachen die Annahme rechtfertigen, daß sie die erforderliche Zuverlässigkeit oder körperliche Eignung nicht besitzen;
3. Personen, denen der Jagdschein entzogen ist, während der Dauer der Entziehung oder einer Sperre (§§ 18, 41 Abs. 2);
4. Personen, die keine ausreichende Jagdhaftpflichtversicherung (500 000 Euro für Personenschäden und 50 000 Euro für Sachschäden) nachweisen; ...
(2) Der Jagdschein kann versagt werden ...
4. Personen, die gegen die Grundsätze des § 1 Abs. 3 schwer oder wiederholt verstoßen haben.
Erläuterung:
Eine Versagung des Jagdscheines kann bereits dann erfolgen, wenn der Betroffene die Grundsätze weidgerechter Jagdausübung missachtet, insbesondere wenn er dem Wild unnötige Qualen nicht erspart.

(3) Die erforderliche Zuverlässigkeit besitzen Personen nicht, wenn Tatsachen die Annahme rechtfertigen, dass sie
1. Waffen oder Munition missbräuchlich oder leichtfertig verwenden werden;
2. mit Waffen oder Munition nicht vorsichtig und sachgemäß umgehen und diese Gegenstände nicht sorgfältig verwahren werden;
3. Waffen oder Munition an Personen überlassen werden, die zur Ausübung der tatsächlichen Gewalt über diese Gegenstände nicht berechtigt sind.

(4) Die erforderliche Zuverlässigkeit besitzen in der Regel Personen nicht, die
1. *a) wegen eines Verbrechens* (also Mindeststrafe 1 Jahr Freiheitsentzug), *b) wegen eines vorsätzlichen Vergehens, das eine der Annahmen im Sinne des Absatzes 3 Nr. 1 bis 3 rechtfertigt, c) wegen einer fahrlässigen Straftat im Zusammenhang mit dem Umgang mit Waffen, Munition oder Sprengstoff, d) wegen einer Straftat gegen jagdrechtliche, tierschutzrechtliche oder naturschutzrechtliche Vorschriften, das Waffengesetz, das Gesetz über die Kontrolle von Kriegswaffen oder das Sprengstoffgesetz zu einer Freiheitsstrafe, Jugendstrafe, Geldstrafe von mindestens 60 Tagessätzen oder mindestens zweimal zu einer geringeren Geldstrafe rechtskräftig verurteilt worden sind, wenn seit dem Eintritt der Rechtskraft der letzten Verurteilung fünf Jahre nicht verstrichen sind; ...*
2. *wiederholt oder gröblich gegen eine in Nummer 1 Buchstabe d genannte Vorschrift verstoßen haben;*
3. *geschäftsunfähig oder in der Geschäftsfähigkeit beschränkt sind;*
4. *trunksüchtig, rauschmittelsüchtig, geisteskrank oder geistesschwach sind.*

Erläuterung:
Urteile neueren Datums haben die Jäger aufgeschreckt, insbesondere Alkohol und Jagdausübung mit der Schusswaffe betreffend. Es ist davon auszugehen, dass die Verwendung von Schusswaffen bei der Jagd nur mit 0,0 Promille zulässig ist. Auf den berühmten „kleinen Schluck" *vor* der Jagd sollte der verantwortungsbewusste Jäger ohnehin verzichten und muss es auch. Zu groß ist die Gefahr, die „Zuverlässigkeit" zu verlieren. Also: Jagd ist Jagd und Schnaps ist Schnaps!

BJG § 18 Einziehung des Jagdscheines
Wenn Tatsachen, welche die Versagung des Jagdscheines begründen, erst nach Erteilung des Jagdscheines eintreten oder der Behörde, die den Jagdschein erteilt hat, bekannt werden, so ist die Behörde in den Fällen des § 17 Abs. 1 und in den Fällen, in denen nur ein Jugendjagdschein hätte erteilt werden dürfen (§ 16), sowie im Falle der Entziehung gemäß § 41 verpflichtet, in den Fällen des § 17 Abs. 2 berechtigt, den Jagdschein für ungültig zu erklären und einzuziehen. Ein Anspruch auf Rückerstattung der Jagdscheingebühren besteht nicht. Die Behörde kann eine Sperrfrist für die Wiedererteilung des Jagdscheines festsetzen.

Erläuterung:
Wurde ein Jagdschein bereits erteilt und treten dann erst Versagungsgründe ein oder werden solche erst nach Erteilung bekannt, so wird der erteilte Jagdschein ohne Erstattung der Gebühren eingezogen.

BJG § 18a Mitteilungspflichten
Die erstmalige Erteilung einer Erlaubnis nach den §§ 15 und 16, das Ergebnis von Überprüfungen nach § 17 sowie Maßnahmen nach den §§ 18, 40, 41 und 41a sind der für den Vollzug des Waffengesetzes nach dessen § 48 Abs. 1 zuständigen Behörde mitzuteilen.

Erläuterung:
Erteilung von Jagdscheinen, Ergebnisse von Zuverlässigkeitsprüfungen, Entzug und Einziehung von Jagdscheinen sowie eine Anordnung des Verbotes der Jagdausübung sind den Waffenbehörden mitzuteilen. Dies hat zur Folge, dass ggf. auch die WBK bzw. sonstige waffenrechtliche Erlaubnisse widerrufen werden und die Waffen ggf. an einen Berechtigten überlassen bzw. unbrauchbar gemacht werden müssen. Dies gilt auch für

Auffälligkeiten z. B. im Zusammenhang mit Alkohol, häuslicher oder sonstiger Gewalt usw.

Jagdbeschränkungen, Pflichten bei der Jagdausübung und Beunruhigen von Wild

BJG § 19 Sachliche Verbote
(1) Verboten ist
1. *mit Schrot, Posten (= „Schrote" über 4 mm), gehacktem Blei, Bolzen (z. B. Armbrust) oder Pfeilen (Pfeil und Bogen), auch als Fangschuss, auf Schalenwild und Seehunde zu schießen;*
<u>Erläuterung:</u>
Im Umkehrschluss ist der Schuss mit den o. a. Geschossen auf alles andere Wild erlaubt, soweit dem Wild dadurch nicht unnötige Qualen zugefügt werden. Die Landesjagdgesetze verbieten jedoch i. d. R. den Schuss mit Pfeilen und Bolzen auf alles Wild. Den Fangschuss mit Schrot auf Schalenwild gestatten derzeit Rheinland-Pfalz und das Saarland.

2. a) *auf Rehwild und Seehunde mit Büchsenpatronen zu schießen, deren Auftreffenergie auf 100 m (E_{100}) weniger als 1000 Joule beträgt;*
<u>Erläuterung:</u>
Für den Schuss auf Rehwild und Seehunde wird kein Mindestkaliber vorgeschrieben. Die E_{100} der gängigen Patronen

Die kleinste (Kal. 222 Remington) und die „größte" (Kal. 9,3 × 72 R, alte „Försterpatrone") auf Rehwild zugelassenen Büchsenpatronen. Beider E_{100} liegt über 1000, aber unter 2000 Joule.

kann auf der kleinsten Verpackungseinheit i. d. R. abgelesen werden. Das Verbot bezieht sich nur auf Büchsenpatronen. Flintenlaufgeschosse sind keine Büchsenpatronen, also unabhängig von den genannten Energiewerten erlaubt.

b) *auf alles übrige Schalenwild mit Büchsenpatronen unter einem Kaliber von 6,5 mm zu schießen; im Kaliber 6,5 mm und darüber müssen die Büchsenpatronen eine Auftreffenergie auf 100 m (E_{100}) von mindestens 2000 Joule haben;*
<u>Erläuterung:</u>
Mindestkaliber und Mindestenergie sind vorgeschrieben. Auch hier bezieht sich das Verbot nur auf Büchsenpatronen. Baden-Württemberg gestattet für den Fangschuss Abweichungen von dieser Vorschrift, Nordrhein-Westfalen wird ähnlich verfahren.

c) *auf Wild mit halbautomatischen oder automatischen Waffen, die mehr als zwei Patronen in das Magazin aufnehmen können, zu schießen;*
<u>Erläuterung:</u>
Vollautomatische Waffen zählen nach dem Waffengesetz zu den verbotenen Gegenständen, kommen also generell nicht infrage. Bei halbautomatischen Waffen dürfen neben den zwei Patronen im Magazin noch eine ins Patronenlager geladen werden.

d) *auf Wild mit Pistolen oder Revolvern zu schießen, ausgenommen im Falle der Bau- und Fallenjagd sowie zur Abgabe von Fangschüssen, wenn die Mündungsenergie der Geschosse mindestens 200 Joule beträgt;*
<u>Erläuterung:</u>
Die Mündungsenergie von 200 Joule wird nur beim Fangschuss auf Schalenwild gefordert. Baden-Württemberg, Schleswig-Holstein und andere verlangen bei der Baujagd eine E_0 von 100 Joule. Andere

Länder schreiben für den Fangschuss auf Nichtschalenwild keine Mindestenergie vor, verlangen aber die Gewährleistung einer tierschutzgerechten Tötung.

3. *die Lappjagd innerhalb einer Zone von 300 Metern von der Bezirksgrenze, die Jagd durch Abklingeln der Felder und die Treibjagd bei Mondschein auszuüben;*

Erläuterung:
Bei der Lappjagd werden fehlende Schützen durch Lappen ersetzt. Letztere sind an Schnüren aufgehängte bunte Stofffetzen, die ein Ausbrechen des Wildes an den nicht mit Schützen abgestellten Flanken verhindern sollen. Beim „Abklingeln" der Felder ziehen zwei Personen eine Leine von ca. 50 Metern quer über die Felder. Im Abstand von ca. fünf Metern an der Leine befestigte kleine Glöckchen oder Ketten verursachen metallische Geräusche, die alles Wild aufschrecken.

4. *Schalenwild, ausgenommen Schwarzwild, sowie Federwild zur Nachtzeit zu erlegen; als Nachtzeit gilt die Zeit von eineinhalb Stunden nach Sonnenuntergang bis eineinhalb Stunden vor Sonnenaufgang; das Verbot umfasst nicht die Jagd auf Möwen, Waldschnepfen, Auer-, Birk- und Rackelwild;*

Erläuterung:
Baden-Württemberg erlaubt das Erlegen von weiblichem Rotwild und Rotwildkälbern in der Zeit von Sonnenuntergang bis 22 Uhr. Die Bejagung von Haarraubwild und Kaninchen zur Nachtzeit ist im Wesentlichen in allen Ländern gestattet, für Hasen gibt es unterschiedliche Regelungen. In vielen Ländern können die Jagdbehörden die Nachtjagd auf Rot-, Dam- und Muffelwild gestatten, wenn dies zur Abschussplanerfüllung erforderlich ist.

Büchsenpatronen, auf alles Schalenwild zugelassen: Das Kaliber liegt über 6,5 mm, die E_{100} beträgt mehr als 2000 Joule.

5. a) *künstliche Lichtquellen, Spiegel, Vorrichtungen zum Anstrahlen oder Beleuchten des Zieles, Nachtzielgeräte, die einen Bildwandler oder eine elektronische Verstärkung besitzen und für Schusswaffen bestimmt sind, Tonbandgeräte oder elektrische Schläge erteilende Geräte beim Fang oder Erlegen von Wild aller Art zu verwenden oder zu nutzen sowie zur Nachtzeit an Leuchttürmen oder Leuchtfeuern Federwild zu fangen;*

Erläuterung:
Alle genannten *Hilfsmittel* sind *nicht* etwa *bei der Jagdausübung* verboten, sondern lediglich *beim Fang und Erlegen von Wild*. Jagdausübung erstreckt sich darüber hinaus auch auf das Aufsuchen und Nachstellen. Daher darf sowohl auf dem Weg zum Hochsitz als auch bei der Nachsuche selbstverständlich eine Taschenlampe eingesetzt werden, ebenso beim Beobachten von Wild wie z. B. bei Besatzermittlung von Hasen (Scheinwerferzählung). Beim Fang und Erlegen ist ausdrücklich nicht nur die Verwendung der genannten Mittel verboten, sondern auch das Nutzen. Das heißt, dass es z. B. im Falle der künstlichen Lichtquellen keine Rolle spielt, ob der Jagdausübende selbst für die Helligkeit sorgt oder eine andere unbeteiligte Person oder ein sonstiger Umstand. Auch hier können die Länder abweichend bestimmen. Im Saarland z. B. darf Schwarzwild mit der

Die Ausübung der Lappjagd ist im BJG näher geregelt.

Nicht nur das Stellen von Schlingen, sondern auch deren Herstellung, Feilbieten und Erwerb sind verboten.

Taschenlampe bejagt werden, diese aber nicht fest mit der Schusswaffe verbunden sein.

b) Vogelleim, Fallen, Angelhaken, Netze, Reusen oder ähnliche Einrichtungen sowie geblendete oder verstümmelte Vögel beim Fang oder Erlegen von Federwild zu verwenden;

6. Belohnungen für den Abschuss oder den Fang von Federwild auszusetzen, zu geben oder zu empfangen;

7. Saufänge, Fang- oder Fallgruben ohne Genehmigung der zuständigen Behörde anzulegen;

Erläuterung:
Saufänge sind Einfriedungen aus Brettern oder Stangen (keine Sicht nach außen oder innen) von ca. 20 × 20 m Grundfläche. Mittels Futter angelockt, können Sauen durch Eingänge (Klappen) hinein-, aber nicht wieder herausgelangen. Das gefangene Schwarzwild kann dann getötet werden – eine aus Gründen der Waidgerechtigkeit und des Tierschutzes fragwürdige Angelegenheit. Ein unkontrollierbarer „Massenfang" von Tierarten ist verboten.

8. Schlingen jeder Art, in denen sich Wild fangen kann, herzustellen, feilzubieten, zu erwerben oder aufzustellen;

9. Fanggeräte, die nicht unversehrt fangen oder nicht sofort töten, sowie Selbstschussgeräte zu verwenden;

Erläuterung:
Die Fallenjagd wird in den einzelnen Bundesländern sehr unterschiedlich gesehen. Die Regelungen reichen vom Verbot der Tellereisen über ein Verbot aller Totfangfallen bis zur Erlaubnis nur noch spezieller Lebendfallen oder einem Fallentotalverbot (s. Regelungen im Kap. „Fangjagd", S. 230 ff.).

10. in Notzeiten Schalenwild in einem Umkreis von 200 Metern von Fütterungen zu erlegen;

Erläuterung:
Die Länder haben die Entfernung z. T. auf 300 m erweitert und das Fütterungsverbot auch mit Entfernungsangaben auf weitere Nichtschalenwildarten ausgedehnt.

11. Wild aus Luftfahrzeugen, Kraftfahrzeugen oder maschinengetriebenen Wasserfahrzeugen zu erlegen; das Verbot umfasst nicht das Erlegen von Wild aus Kraftfahrzeugen durch Körperbehinderte mit Erlaubnis der zuständigen Behörde;

Sachliche Verbote – Beispiele aus den Ländern

Die Jagdgesetze der Länder enthalten über das BJG hinaus eine Vielzahl weiterer Sachlicher Verbote: Jeder Jäger muss sich mit den für ihn geltenden Vorschriften vertraut machen. Die folgende beispielhafte Aufzählung sachlicher Verbote aus verschiedenen Landesjagdgesetzen gibt keineswegs sämtliche Verbote aller 16 Bundesländer wieder und gilt auch nicht in allen. Sie soll nur einen Überblick über das breite das Spektrum der Regelungen liefern:

- Treibjagd auf Rotwild
- Fallenjagd ohne entsprechende Qualifikation
- Das Wild durch „Lappen" daran hindern, in die Einstände zu wechseln
- Verwendung von Bleischrot bei der Jagd auf Wasserwild im Bereich des Gewässers
- Verwendung bleihaltiger Munition bei der Jagd auf Schalenwild
- Erlegen von Schwarzwild an Ablenkungsfütterungen
- Gesellschaftsjagden in Notzeiten
- Tötung von Katzen und Hunden
- Schuss auf Wild mit Vorderladerwaffen
- Verwendung von Tonbandgeräte o. Ä. beim Fangen oder Erlegen von Wild
- Teilnahme an Bewegungsjagden auf Schalenwild ohne Beleg der nötigen Schießfertigkeit (Schießleistungsnachweis)
- Schuss mit Schrot in Vogelgruppen
- Bewegungsjagden bei Nacht
- Baujagd im Naturbau

Erläuterung:
Luftfahrzeuge sind auch nicht motorisierte Fahrzeuge wie z. B. Heißluftballons. Aus nicht maschinengetriebenen Wasserfahrzeugen wie z. B. Ruderbooten darf Wild erlegt werden. Bei den verbotenen Fahrzeugen bezieht sich das Verbot auch auf den Schuss aus stehenden Fahrzeugen. Erlaubt ist also das sogenannte „Pirschfahren": durch das Revier fahren, Wild sehen, aussteigen, auf dem Fahrzeugdach auflegen und das Wild erlegen. Diese Jagdart sollte aber der Ausnahmefall bleiben!

12. die Netzjagd auf Seehunde auszuüben;
13. die Hetzjagd auf Wild auszuüben;

Erläuterung:
Bei der Hetzjagd handelt es sich klassischerweise um eine Jagdart, bei der Wild von Hunden bis zur Erschöpfung gehetzt (Sichthetze, nicht zu verwechseln mit Stöbern) und anschließend abgefangen wird (Parforcejagd).

14. die Such- und Treibjagd auf Waldschnepfen im Frühjahr auszuüben;

Erläuterung:
Dieses Verbot hat z. Z. keine praktische Bedeutung, da Waldschnepfen im Frühjahr Schonzeit haben.

Der Schuss aus dem Auto heraus – von Wilderer gern praktiziert – ist verboten. Bei körperbehinderten Jägern kann die Jagdbehörde Ausnahmen zulassen.

15. Wild zu vergiften oder vergiftete oder betäubende Köder zu verwenden;
16. die Brackenjagd auf einer Fläche von weniger als 1000 Hektar auszuüben;
Erläuterung:
Der Grund für dieses Verbot liegt in der potenziellen Beunruhigung der Nachbarreviere (überjagender Hund).
17. Abwurfstangen ohne schriftliche Erlaubnis des Jagdausübungsberechtigten zu sammeln;
18. eingefangenes oder aufgezogenes Wild später als vier Wochen vor Beginn der Jagdausübung auf dieses Wild auszusetzen.
(2) Die Länder können die Vorschriften des Absatzes 1 mit Ausnahme der Nummer 16 erweitern oder aus besonderen Gründen einschränken; ...

BJG § 19a Beunruhigen von Wild
Verboten ist, Wild, insbesondere soweit es in seinem Bestand gefährdet oder bedroht ist, unbefugt an seinen Zuflucht-, Nist-, Brut- oder Wohnstätten durch Aufsuchen, Fotografieren, Filmen oder ähnliche Handlungen zu stören. Die Länder können für bestimmtes Wild Ausnahmen zulassen.
Erläuterung:
Fällt eine Tierart gleichzeitig unter den „strengen Schutz" der Naturschutzgesetzgebung, sind diese Vorschriften anzuwenden. Baden-Württemberg hat für Wildtiere, die dem „Entwicklungsmanagement" oder dem „Schutzmanagement" zugeordnet sind, ebenfalls Vorschriften zu deren Schutz erlassen.

BJG § 20 Örtliche Verbote
(1) An Orten, an denen die Jagd nach den Umständen des einzelnen Falles die öffentliche Ruhe, Ordnung oder Sicherheit stören oder das Leben von Menschen gefährden würde, darf nicht gejagt werden.
Erläuterung:
Diese Verbote können überall greifen Hier kommt es jeweils auf den Umstand an, der gerade herrscht. So ist die Bejagung eines am Waldrand gelegenen Sportplatzes grundsätzlich erlaubt, verboten ist sie jedoch z. B., während ein Fußballspiel stattfindet.

(2) Die Ausübung der Jagd in Naturschutz- und Wildschutzgebieten sowie in National- und Wildparks wird durch die Länder geregelt.

BJG § 21 Abschussregelung
(1) Der Abschuss des Wildes ist so zu regeln, dass die berechtigten Ansprüche der Land-, Forst- und Fischereiwirtschaft auf Schutz gegen Wildschäden voll gewahrt bleiben sowie die Belange von Naturschutz und Landschaftspflege berücksichtigt werden. Innerhalb der hierdurch gebotenen Grenzen soll die Abschussregelung dazu beitragen, dass ein gesunder Wildbestand aller heimischen Tierarten in angemessener Zahl erhalten bleibt und insbesondere der Schutz von Tierarten gesichert ist, deren Bestand bedroht erscheint.
(2) Schalenwild (mit Ausnahme von Schwarzwild) sowie Auer-, Birk- und Rackelwild dürfen nur aufgrund und im Rahmen eines Abschussplanes erlegt werden, der von der

ABSCHUSSPLAN*
- Alles Schalenwild (außer Schwarz- u. länderweise Rehwild)
- Auer-, Birk- und Rackelwild
- Seehunde

*tlw. nur für Bewirtschaftungsbezirke

zuständigen Behörde im Einvernehmen mit dem Jagdbeirat (§ 37) zu bestätigen oder festzusetzen ist. ... In gemeinschaftlichen Jagdbezirken ist der Abschussplan vom Jagdausübungsberechtigten im Einvernehmen mit dem Jagdvorstand aufzustellen. Innerhalb von Hegegemeinschaften sind die Abschusspläne im Einvernehmen mit den Jagdvorständen der Jagdgenossenschaften und den Inhabern der Eigenjagdbezirke aufzustellen,

Der Abschussplan

Ursprüngliches Ziel des Abschussplans war, die nach Aufhebung des Reichsjagdgesetzes durch die Alliierten in 1949 niederliegenden Populationen unserer Schalenwildarten außer Schwarzwild wieder aufzubauen und für die Zukunft „nachhaltig" zu sichern. Dieses Ziel wurde mehr als erreicht, „Überpopulationen" von z. B. Rehwild, Rotwild, Damwild und Muffelwild waren die Folge. Um sie auf ein tragbares Maß für Forst-, Land- und Jagdwirtschaft zurückzuführen und dort zu halten, wurde nun der Abschussplan (eigentlich sinnentfremdet) eingesetzt. Wir sprechen heute von Wildhege, Wildtierbestandsbewirtschaftung, Wildtiermanagement u. Ä. Das Instrument „Abschussplan" begrenzt heute Wildtierpopulationen zahlenmäßig „nach oben".

Da Rehwild als gesichert gilt, haben einige Bundesländer den Abschussplan für diese Wildart abgeschafft (Baden-Württemberg, Brandenburg, Nordrhein-Westfalen, Rheinland-Pfalz, Saarland und Sachen; in Sachsen-Anhalt kann die Behörde darauf verzichten). Dies ist richtig, denn der ursprüngliche Zweck ist entfallen.

Wie funktioniert ein Abschussplan?

Auf Basis einer Wildzählung werden Zuwachs und Sommerbestand berechnet. Nach Abzug der Abgänge (Erlegung, Fallwild, Abwanderung) ergibt sich ein rechnerischer Frühjahrsbestand per 31.3. (Ende Jagdjahr). Unter Berücksichtigung des Überganges in höhere Altersklassen (Bockkitz wird zum Bock, Geiß- oder Rickenkitz zum Schmalreh) ergibt sich der Frühjahrsbestand am 1.4. (Beginn Jagdjahr), der den tatsächlichen Zahlen in etwa entsprechen sollte. Wissenschaftliche Erhebungen zufolge ist das bei Rehwild nicht der Fall. Ganz anders bei Rotwild: Eine relativ genaue Wildzählung und entsprechende Zukunftsprognosen sind bei dieser Wildart möglich. Bei angepasster Wilddichte gilt: Der Abschuss entspricht zahlenmäßig dem Zuwachs. Wird mehr als der natürliche Zuwachs erlegt, sprechen wir von einem Reduktionsabschuss.

Wichtiger Teil des Abschussplanes ist auch das Meldeverfahren (Abschussmeldung, Streckenliste usw.). Wenngleich der Abschussplan für Rehwild in einigen Bundesländern entfallen ist, sollen die Beteiligten (Verpächter und Pächter) dennoch Abschussvereinbarungen und -zielsetzungen o. Ä. über die notwenigen Abschusszahlen treffen. Dies gilt ggf. auch für Schwarzwild.

Die Erfassung allen erlegten Wildes und dessen Meldung an die Jagdbehörde, auch zu statistischen Zwecken, bleibt von einem Verzicht auf Abschusspläne stets unberührt (Näheres im Kap. „Wildbewirtschaftung", S. 441 ff.).

die der Hegegemeinschaft angehören. Das Nähere bestimmt die Landesgesetzgebung.

Der Abschussplan für Schalenwild muss erfüllt werden. Die Länder treffen Bestimmungen, nach denen die Erfüllung des Abschussplanes durch ein Abschussmeldeverfahren überwacht und erzwungen werden kann; sie können den körperlichen Nachweis der Erfüllung des Abschussplanes verlangen.

(3) Der Abschuss von Wild, dessen Bestand bedroht erscheint, kann in bestimmten Bezirken oder in bestimmten Revieren dauernd oder zeitweise gänzlich verboten werden.

(4) Den Abschuss in den Staatsforsten regeln die Länder.

BJG § 22 Jagd- und Schonzeiten

(1) Nach den in § 1 Abs. 2 bestimmten Grundsätzen der Hege bestimmt der Bundesminister durch Rechtsverordnung mit Zustimmung des Bundesrates die Zeiten, in denen die Jagd auf Wild ausgeübt werden darf (Jagdzeiten). Außerhalb der Jagdzeiten ist Wild mit der Jagd zu verschonen (Schonzeiten). Die Länder können die Jagdzeiten abkürzen oder aufheben; sie können die Schonzeiten für bestimmte Gebiete oder für einzelne Jagdbezirke aus besonderen Gründen, insbesondere aus Gründen der Wildseuchenbekämpfung und Landeskultur, zur Beseitigung kranken oder kümmernden Wildes, zur Vermeidung von übermäßigen Wildschäden, zu wissenschaftlichen Lehr- und Forschungszwecken, bei Störung des biologischen Gleichgewichts oder der Wildhege aufheben. Für den Lebendfang von Wild können die Länder in Einzelfällen Ausnahmen von Satz 2 zulassen.

(2) Wild, für das eine Jagdzeit nicht festgesetzt ist, ist während des ganzen Jahres mit der Jagd zu verschonen. Die Länder können bei Störung des biologischen Gleichgewichts oder bei schwerer Schädigung der Landeskultur Jagdzeiten festsetzen oder in Einzelfällen zu wissenschaftlichen, Lehr- und Forschungszwecken Ausnahmen zulassen.

(3) Aus Gründen der Landeskultur können Schonzeiten für Wild gänzlich versagt werden (Wild ohne Schonzeit).

(4) In den Setz- und Brutzeiten dürfen bis zum Selbstständigwerden der Jungtiere die für die Aufzucht notwendigen Elterntiere, auch die von Wild ohne Schonzeit, nicht bejagt werden. ...

Anmerkung: Die Jagdzeiten werden von den Ländern erlassen. Sie müssen sich also informieren. Als grobe Information, um überhaupt einmal ein Gefühl für das Jagdjahr und die Bejagungsaktivität zu bekommen, werden hier folgende Anhaltspunkte gegeben (ohne Gewähr für die Jägerprüfung):

1. Rotwild:
Rothirsche, weibliches Rotwild und Kälber vom 1. August bis je nach Land ca. Ende Januar
Schmalspießer und Schmaltiere vom 1. Juni bis je nach Land ca. Ende Januar
2. Rehwild:
Rehböcke vom 1. Mai bis 15. Oktober (in SL, RLP, BW, NS bis 31. Januar)
Schmalrehe vom 1. Mai bis meist Ende Januar
Weibliches Rehwild und Kitze vom 1. September bis meist Ende Januar
3. Schwarzwild:
Keiler und Bachen vom 1. Juli bis meist Ende Januar
nicht führende Überläufer und Frischlinge dürfen ganzjährig bejagt werden
4. Hasen: vom 1. Oktober bis meist Jahresende
5. Kaninchen: ganzjährig
6. Fasanen: vom 1. Oktober bis meist Jahresende oder in den Januar hinein

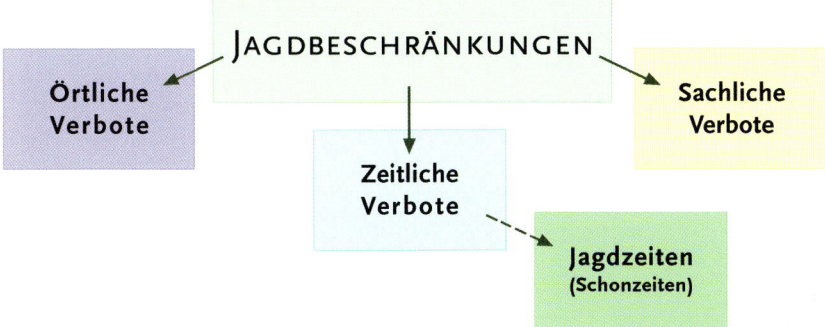

7. Rebhühner: vom 1. September bis Dezember (oft keine Jagdzeit mehr)
8. Stockenten: vom 1. September bis Jahresende oder Januar
9. Graugänse: 1. August bis meist Mitte oder Ende Januar
10. Füchse: meist ganzjährig, teilweise nur vom 16. August bis Februar
11. Steinmarder: vom 16. Oktober bis meist Ende Februar
12. Dachse: vom 1. August bis Ende Oktober (SL)/Dezember (RP, BW)/Januar (NS) In Baden-Württemberg herrscht ein *generelles Jagdverbot* im *März und April*, um dem Wild Ruhe zu gewähren.

Jagd- und Schonzeiten

Nach § 22 Abs. 1 können die Bundesländer von den in der Bundesjagdzeitenverordnung festgelegten Jagd- und Schonzeiten abweichen und diese den jeweiligen Erfordernissen anpassen. Von dieser Befugnis machen sie umfassend Gebrauch. Die jeweils aktuellen Jagd- und Schonzeiten können beim zuständigen Landesjagdverband oder Ministerium (Internet) in Erfahrung gebracht werden. Die Internetadressen finden Sie im Anhang.

BJG § 22a Verhinderung von vermeidbaren Schmerzen oder Leiden des Wildes
(1) Um krankgeschossenes Wild vor vermeidbaren Schmerzen oder Leiden zu bewahren, ist dieses unverzüglich zu erlegen; das Gleiche gilt für schwer krankes Wild, es sei denn, dass es genügt und möglich ist, es zu fangen und zu versorgen.
Erläuterung:
Schwer krankes Wild darf bzw. muss also auch in der Schonzeit erlegt werden. Beachten Sie den oben genannten § 22, Abs. 4 BJG.

(2) Krankgeschossenes oder schwer krankes Wild, das in einen fremden Jagdbezirk wechselt, darf nur verfolgt werden (Wildfolge),

WILDFOLGE

Verfolgung von
• **angeschossenem** Wild über die Reviergrenze hinaus

Verfolgung von
• **schwer krankem** Wild über die Reviergrenze hinaus

GRUNDSCHEMA WILDFOLGE (länderweise abweichend):
Wild wurde angeschossen und wechselt zum Nachbarn

Fall 1:
Schalenwild in Sichtweite (Schussweite) niedergetan
- Fangschuss anbringen (auch im Nachbarrevier)
- vor Ort: versorgen
- Liegenlassen
- Nachbarn verständigen

Fall 2:
Schalenwild nicht in Sichtweite (Schussweite)
- Nachbarn verständigen (er ist für die Nachsuche zuständig)
- ggf.* anerkannten Schweißhundführer hinzuziehen
  *wenn Nachbar nicht erreichbar

Fall 3:
Nicht Schalenwild z.B. Hase, Fasan, Ente, Fuchs, Kanin

In Sichtweite:
- mitnehmen, dem Nachbarn abliefern

Nicht in Sichtweite:
- Nachbarn verständigen, wenn nicht erreichbar: keine Wildfolge

---

Beim Jagdschutz ist die sofortige Spurensicherung wichtig! Sie kann später nicht mehr nachgeholt werden.

wenn mit dem Jagdausübungsberechtigten dieses Jagdbezirkes eine schriftliche Vereinbarung über die Wildfolge abgeschlossen worden ist. Die Länder erlassen nähere Bestimmungen, insbesondere über die Verpflichtung der Jagdausübungsberechtigten benachbarter Jagdbezirke, Vereinbarungen über die Wildfolge zu treffen; sie können darüber hinaus die Vorschriften über die Wildfolge ergänzen, erweitern oder auch ganz anders fassen.

Erläuterung:
Wildfolge ist also die *Verfolgung von angeschossenem* oder *schwer krankem Wild über die Jagdbezirksgrenze* hinaus, also auf fremdes Jagdgebiet. Sie ist *nur zulässig, wenn sie schriftlich vereinbart* wurde. In den LJGs finden wir neben Regelungen, die zum Abschluss von Wildfolgevereinbarungen verpflichten, auch exakte inhaltliche Mindestvorgaben dafür.

Durch alle Landesgesetze ist die tierschutzgerechte Erlegung (Fangschuss und/oder Nachsuche) sichergestellt. Der Verbleib von Wildbret, Trophäe und Abschussplananrechnung ist ganz unterschiedlich geregelt. Da Wildfolgeregelungen schriftlich zu vereinbaren sind, wurde für Rheinland-Pfalz ein Musterentwurf erstellt, der alle zu regelnden Details enthält. Er ist zusammen mit §35 des rheinland-pfälzischen Landesjagdgesetzes im Serviceteil des Buches (S. 531 ff.) bespielhaft wiedergegeben.

Bis solche oder ähnliche schriftliche Vereinbarungen getroffen sind, gelten natürlich die jeweiligen landesrechtlichen Vorgaben.

Jagdschutz

BJG § 23 Inhalt des Jagdschutzes
Der Jagdschutz umfasst nach näherer Bestimmung durch die Länder den Schutz des Wildes insbesondere vor Wilderern, Futternot, Wildseuchen, vor wildernden Hunden und Katzen sowie die Sorge für die Einhaltung der zum Schutz des Wildes und der Jagd erlassenen Vorschriften.

Erläuterung:
Beim Jagdschutz geht es v. a. um den *Schutz des Wildes* und um die *Überwachung*

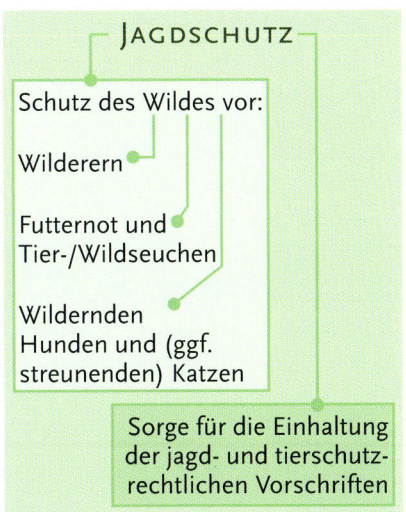

der Einhaltung jagdrechtlicher Vorschriften, also z. B. *der zeitlichen* (Nachtjagdverbot), *örtlichen* (vgl. S. 52) und *sachlichen Verbote* (vgl. S. 48). Der Schutz des Wildes vor wildernden Hunden und Katzen ist in den

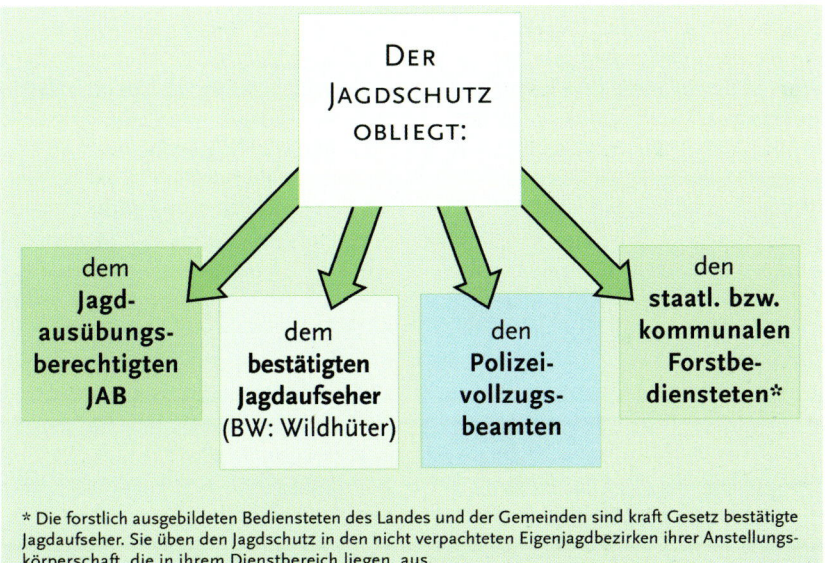

* Die forstlich ausgebildeten Bediensteten des Landes und der Gemeinden sind kraft Gesetz bestätigte Jagdaufseher. Sie üben den Jagdschutz in den nicht verpachteten Eigenjagdbezirken ihrer Anstellungskörperschaft, die in ihrem Dienstbereich liegen, aus.

Ländern sehr unterschiedlich geregelt, was Nichtjäger oft rügen. Die Ausübung dieses Wildschutzes verlangt Fingerspitzengefühl! Regelmäßig wird gefordert, den Jägern diese Befugnis zu entziehen. Erschießen dann einzelne Jäger unberechtigt überjagende oder zur Hetze geschnallte Schweißhunde, trägt das nicht zur Versachlichung des Themas bei.

Wildernde Hunde: Die Landesgesetze lassen die Tötung wildernder Hunde im Wesentlichen zu, Ausnahmen gelten für sogenannte *privilegierte* Hunde (z. B. Jagd-, Polizei-, Zoll-, Hirten-, Blindenhunde), sofern sie zum Dienst verwand wurden und sich dabei der Einwirkung seines Führers entzogen haben, und für sogenannte „Zierhunde", die auf Grund ihrer Größe etc. dem Wild nicht gefährlich werden können. In Baden-Württemberg und im Saarland dürfen Hunde nur im Einzelfall mit Genehmigung der Ortspolizeibehörde getötet werden.

Hunde dürfen auf Wegen meist frei laufen, sofern sie zuverlässig beaufsichtigt werden und gehorchen. Leinenzwang herrscht nur in einzelnen Bundesländern.

Wildernde oder streunende Katzen (= Hauskatzen in verwildernder Form): Viele Bundesländer gestatten eine Tötung durch den Jagdschutzberechtigten. Oft genügt es, dass eine Katze streunt, sie muss nicht wildern. Als streunend gilt eine Hauskatze, wenn sie in einer bestimmten Entfernung (oft 300 Meter) zum letzten bewohnten Haus angetroffen wird. In Rheinland-Pfalz muss die Katze beim tatsächlichen Wildern angetroffen werden, damit das Tötungsrecht des LJG greift, im Saarland ist eine Tötung nicht mehr möglich, in Baden-Württemberg darf eine verwilderte Hauskatze nur mit Genehmigung der Unteren Naturschutzbehörde getötet werden.

Haben sich Hunde und Katzen in Lebendfallen gefangen, sind in den meisten Bundesländern als Fundsache zu behandeln. Einige Bundesländer gestatten auch die Tötung. Beachten Sie immer das für Ihr Prüfungsbundesland gültige Recht. Es sind Änderungen zu erwarten. In diesem Buch ist der Stand 1.4.2015 wiedergegeben.

BJG § 24 Wildseuchen (= Tierseuchen i. S. d. Tiergesundheitsgesetzes)

Tritt eine Wildseuche auf, so hat der Jagdausübungsberechtigte dies unverzüglich der zuständigen Behörde anzuzeigen; sie erlässt im Einvernehmen mit dem beamteten Tierarzt die zur Bekämpfung der Seuche erforderlichen Anweisungen.

Erläuterung:

Grundsätzlich sind durch den Jäger die Vorschriften des Tiergesundheitsgesetzes zu beachten. Im Falle eines Auftretens von Tollwut oder Schweinepest treten regelmäßig bundeseinheitliche Verordnungen in Kraft wie z. B. die Tollwutverordnung (vgl. S. 21). Näheres siehe Kap. „Wildkrankheiten", S. 339 ff.

BJG § 25 Jagdschutzberechtigte

(1) Der Jagdschutz in einem Jagdbezirk liegt neben den zuständigen öffentlichen Stellen dem Jagdausübungsberechtigten ob, sofern er Inhaber eines Jagdscheines ist, und den von der zuständigen Behörde bestätigten Jagdaufsehern. Hauptberuflich angestellte Jagdaufseher sollen Berufsjäger oder forstlich ausgebildet sein.

Erläuterung:

Die zuständigen öffentlichen Stellen sind regelmäßig die *Polizeivollzugsbeamten* und nach Landesrecht meist auch die

JAGDAUFSEHER (in BW: Wildhüter)

Ohne Bestätigung der UJB	Mit Bestätigung der UJB
Voraussetzung: schriftl. Auftrag des JAB	Voraussetzung: Anstellung des JAS Fachliche Eignung (Jagdaufseher-Prüfung oder Berufsjäger- oder forstliche Ausbildung)
Rechte und Pflichten wie ein Jagdgast (keine Jagdschutzbefugnisse) (Jagderlaubnisschein)	Dienstausweis, Dienstabzeichen (Ausnahme: RP)
	Rechte und Pflichten wie JAB (ggf. weitere, je nach Ausbildung)

staatlichen und kommunalen *Revierförster*. *Berufsjäger* ist, wer die Jagd als Beruf erlernt hat, also einen *Gesellenbrief als Revierjäger* besitzt. Forstlich ausgebildet sind Personen mit einer abgeschlossenen forstlichen Universitäts- oder Fachhochschulausbildung.

Baden-Württemberg verwendet die Begriffe *Wildhüterin* und *Wildhüter* anstelle von Jagdaufseher und billigt ihnen zumeist weniger Befugnisse zu. Auch der Begriff „Jagdschutz" wird im Wesentlichen durch „Wildtierschutz" abgelöst. Auch hier gilt: Beachten Sie die in Ihrem Bundesland geltenden Jagdgesetze und Verordnungen.

Jagdausübungsberechtigter ist entweder im Eigenjagdbezirk dessen Inhaber mit gültigem Jagdschein bzw. in verpachteten Eigenjagd- oder Gemeinschaftlichen Jagdbezirken der/die Pächter.

(2) Die bestätigten Jagdaufseher haben innerhalb ihres Dienstbezirkes in Angelegenheiten des Jagdschutzes die Rechte und Pflichten der Polizeibeamten und sind Hilfsbeamte der Staatsanwaltschaft, sofern sie Berufsjäger oder forstlich ausgebildet sind. Sie haben bei der Anwendung unmittelbaren Zwanges die ihnen durch Landesrecht eingeräumten Befugnisse.

Erläuterung:
Bestätigt werden können volljährige Jagdscheininhaber, die fachlich geeignet und zuverlässig sind. Näheres dazu regeln die Länder.

Sofern Berufsjäger oder forstlich ausgebildete Personen von der Jagdbehörde als Jagdaufseher bestätigt werden, dürfen bzw. müssen sie (Ausnahme: RP) in ihrem Dienstbezirk tätig werden wie ein Polizeibeamter, jedoch *nur, wenn* es um *Jagdschutzaufgaben* geht, also insbesondere um die Ahndung von Verstößen gegen die zum Schutz des Wildes und der Jagd erlassenen Vorschriften. Die Bestätigung erfolgt in den meisten Bundesländern durch Aushändigung eines Jagdschutzabzeichens und eines Dienstausweises. Einige Bundesländer gehen dazu über, Letztere ersatzlos abzuschaffen. Eine Ausweisung (Legitimation) der Betroffenen erfolgt dann durch ein Ermächtigungsschreiben des Jagdausübungsberechtigten.

Wild- und Jagdschaden
1. Wildschadensverhütung

BJG § 26 Fernhalten des Wildes
Der Jagdausübungsberechtigte sowie der Eigentümer oder Nutzungsberechtigte eines Grundstückes sind berechtigt, zur Verhütung von Wildschäden das Wild von den Grundstücken abzuhalten oder zu verscheuchen. Der Jagdausübungsberechtigte darf dabei das Grundstück nicht beschädigen, der Eigentümer oder Nutzungsberechtigte darf das Wild weder gefährden noch verletzen.
Erläuterung:
§ 26 erlaubt es dem Jagdausübungsberechtigten, z. B. fremde Grundstücke zur Wildschadensabwehr einzuzäunen.

BJG § 27 Verhinderung übermäßigen Wildschadens
(1) Die zuständige Behörde kann anordnen, dass der Jagdausübungsberechtigte unabhängig von den Schonzeiten innerhalb einer bestimmten Frist in bestimmtem Umfange den Wildbestand zu verringern hat, wenn dies mit Rücksicht auf das allgemeine Wohl, insbesondere auf die Interessen der Land-, Forst- und Fischereiwirtschaft und die Belange des Naturschutzes und der Landschaftspflege, notwendig ist.
(2) Kommt der Jagdausübungsberechtigte der Anordnung nicht nach, so kann die zuständige Behörde für dessen Rechnung den Wildbestand vermindern lassen. Das erlegte Wild ist gegen angemessenes Schussgeld dem Jagdausübungsberechtigten zu überlassen.

BJG § 28 Sonstige Beschränkungen in der Hege
(1) Schwarzwild darf nur in solchen Einfriedungen gehegt werden, die ein Ausbrechen des Schwarzwildes verhüten.
(2) Das Aussetzen von Schwarzwild und Wildkaninchen ist verboten.
(3) Das Aussetzen oder das Ansiedeln fremder Tiere in der freien Natur ist nur mit schriftlicher Genehmigung der zuständigen obersten Landesbehörde oder der von ihr bestimmten Stelle zulässig.
(4) Das Hegen oder Aussetzen weiterer Tierarten kann durch die Länder beschränkt oder verboten werden.
(5) Die Länder können die Fütterung von Wild untersagen oder von einer Genehmigung abhängig machen.
Erläuterung:
Insbesondere von den Absätzen 1 und 5 machen immer mehr Länder Gebrauch. Zu Fütterung/Kirrung siehe auch Kap. „Wildhege und Fütterung", S. 428 ff.

2. Wildschadensersatz

BJG § 29 Schadensersatzpflicht
(1) Wird ein Grundstück, das zu einem gemeinschaftlichen Jagdbezirk gehört oder einem gemeinschaftlichen Jagdbezirk angeschlossen ist (§ 5 Abs. 1), durch Schalenwild, Wildkaninchen oder Fasanen beschädigt, so hat die Jagdgenossenschaft dem Geschädigten den Wildschaden zu ersetzen. Der aus der Genossenschaftskasse geleistete Ersatz ist von den einzelnen Jagdgenossen nach dem Verhältnis des Flächeninhalts ihrer beteiligten Grundstücke zu tragen. Hat der Jagdpächter den Ersatz des Wildschadens ganz oder teilweise übernommen, so trifft die Er-

satzpflicht den Jagdpächter. Die Ersatzpflicht der Jagdgenossenschaft bleibt bestehen, soweit der Geschädigte Ersatz von dem Pächter nicht erlangen kann.

Erläuterung:
Ersatzpflichtig ist Wildschaden also *nur*, wenn er durch *Schalenwild, Wildkaninchen* oder *Fasane* verursacht wurde. Weiterhin muss er entstanden sein *an Grundstücken*, wozu auch *alle mit dem Grundstück fest verbundenen Einrichtungen* zählen (z. B. Zäune, Bewuchs). Gem. § 31 (s. u.) wird die Ersatzpflicht erweitert auf *Erzeugnisse des Grundstücks* (Früchte), die *zwar* schon *vom Grundstück getrennt* sind (z. B. ausgegrabene Kartoffeln oder Rüben), *soweit sie noch nicht eingeerntet sind*, also z. B. dauerhaft im Keller, in der Scheune oder in einer Miete eingelagert wurden. Grundsätzlich muss *die Jagdgenossenschaft* den *Schaden ersetzen*. Diese Verpflichtung wird i. d. R. *vertraglich* (Pachtvertrag) *auf den Pächter abgewälzt*.

(2) *Wildschaden an Grundstücken, die einem Eigenjagdbezirk angegliedert sind* (§ 5 Abs. 1), hat der Eigentümer oder der Nutznießer des Eigenjagdbezirkes zu ersetzen. Im Falle der Verpachtung haftet der Jagdpächter, wenn er sich im Pachtvertrag zum Ersatz des Wildschadens verpflichtet hat. In diesem Falle haftet der Eigentümer oder der Nutznießer nur, soweit der Geschädigte Ersatz von dem Pächter nicht erlangen kann.

BJG § 30 Wildschaden durch Wild aus Gehege

Wird durch ein aus einem Gehege ausgetretenes und dort gehegtes Stück Schalenwild Wildschaden angerichtet, so ist ausschließlich derjenige zum Ersatz verpflichtet, dem als Jagdausübungsberechtigtem, Eigentümer oder Nutznießer die Aufsicht über das Gehege obliegt.

Erläuterung:
Diese Schäden fallen unter die so genannte *Tierhalterhaftung*. § 29 greift hier nicht, da es sich *nicht* um *herrenlose Tiere* handelt. Sobald jedoch aus Gehegen ausgebrochene Tiere wildschadensersatzpflichtiger Arten herrenlos werden, gilt § 29. Herrenlos wird gemäß BGB ein ausgebrochenes Gehegetier, sobald der Halter die Verfolgung aufgibt oder gar nicht erst aufnimmt.

Sonderkultur Tabak: Ohne Schutzmaßnahmen keine Ersatzpflicht!

Sonderkultur Kohl: Ohne Schutzmaßnahmen keine Ersatzpflicht!

BJG § 31 Umfang der Ersatzpflicht

(1) Nach den §§ 29 und 30 ist auch der Wildschaden zu ersetzen, der an den getrennten, aber noch nicht eingeernteten Erzeugnissen eines Grundstücks eintritt.

(2) Werden Bodenerzeugnisse, deren voller Wert sich erst zurzeit der Ernte bemessen lässt, vor diesem Zeitpunkt durch Wild beschädigt, so ist der Wildschaden in dem Umfange zu ersetzen, wie er sich zurzeit der Ernte darstellt. Bei der Feststellung der Schadenshöhe ist jedoch zu berücksichtigen, ob der Schaden nach den Grundsätzen einer ordentlichen Wirtschaft durch Wiederanbau im gleichen Wirtschaftsjahr ausgeglichen werden kann.

BJG § 32 Schutzvorrichtungen

(1) Ein Anspruch auf Ersatz von Wildschaden ist nicht gegeben, wenn der Geschädigte die von dem Jagdausübungsberechtigten zur Abwehr von Wildschaden getroffenen Maßnahmen unwirksam macht.

(2) Der Wildschaden, der an Weinbergen, Gärten, Obstgärten, Baumschulen, Alleen, einzeln stehenden Bäumen, Forstkulturen, die durch Einbringen anderer als der im Jagdbezirk vorkommenden Hauptholzarten einer erhöhten Gefährdung ausgesetzt sind, oder Freilandpflanzungen von Garten- oder hochwertigen Handelsgewächsen entsteht, wird, soweit die Länder nicht anders bestimmen, nicht ersetzt, wenn die Herstellung von üblichen Schutzvorrichtungen unterblieben ist, die unter gewöhnlichen Umständen zur Abwendung des Schadens ausreichen. Die Länder können bestimmen, welche Schutzvorrichtungen als üblich anzusehen sind.

Erläuterungen:

Die o. a. Kulturen sind so genannte *Sonderkulturen*. Hier besteht eine Ersatzpflicht nur, wenn der Geschädigte selbst *Abwehrmaßnahmen* getroffen hat. Als übliche Schutzvorrichtung gelten i. d. R. Wildzäune mit einer bestimmten Mindesthöhe (vgl. Kap. „Wild- und Jagdschäden").

3. Jagdschaden

BJG § 33 Schadensersatzpflicht

(1) Wer die Jagd ausübt, hat dabei die berechtigten Interessen der Grundstückseigentümer oder Nutzungsberechtigten zu beachten, insbesondere besäte Felder und nicht abgemähte Wiesen tunlichst zu schonen. Die Ausübung der Treibjagd auf Feldern, die mit reifender Halm- oder Samenfrucht oder mit Tabak bestanden sind, ist verboten; die Suchjagd ist nur insoweit zulässig, als sie ohne Schaden für die reifenden Früchte durchgeführt werden kann.

(2) Der Jagdausübungsberechtigte haftet dem Grundstückseigentümer oder Nut-

Nicht eingeerntete Rüben, bereit zum Abtransport:
Hier bestünde Wildschadensersatzpflicht.

Hier bestünde keine Ersatzpflicht: Eingemietete Rüben,
auch im Feld, gelten als eingeerntet.

zungsberechtigten für jeden aus missbräuchlicher Jagdausübung entstehenden Schaden; er haftet auch für den Jagdschaden, der durch einen von ihm bestellten Jagdaufseher oder durch einen Jagdgast angerichtet wird.
Erläuterung:
Anders als zu Wildschäden werden *Jagdschäden* durch an der Jagdausübung im weitesten Sinn beteiligte *Personen (Jäger, Treiber, Helfer)* angerichtet. Ersatzpflichtig sind nur *Schäden an Grundstücken* und den *damit fest verbundenen Einrichtungen* (z. B. Bewuchs), jedoch *nur, wenn Missbrauch vorliegt.* Häufiges Beispiel: das Bergen von Wild mit Kraftfahrzeugen aus einem bestellten Acker. Missbrauch liegt dann vor, wenn das Grundstück dabei aus Bequemlichkeit beschädigt wird.

4. Gemeinsame Vorschriften

BJG § 34 Geltendmachung des Schadens
Der Anspruch auf Ersatz von Wild- oder Jagdschaden erlischt, wenn der Berechtigte den Schadensfall nicht binnen einer Woche (Saarland zwei Wochen), nachdem er von dem Schaden Kenntnis erhalten hat oder bei Beobachtung gehöriger Sorgfalt erhalten hätte, bei der für das beschädigte Grundstück zuständigen Behörde anmeldet. Bei Schaden an forstwirtschaftlich genutzten Grundstücken genügt es, wenn er zweimal im Jahr, jeweils bis zum 1. Mai oder 1. Oktober (länderweise abweichend), bei der zuständigen Behörde angemeldet wird. Die Anmeldung soll die als ersatzpflichtig in Anspruch genommene Person bezeichnen.
Erläuterung:
Wird der Schaden nicht innerhalb der vorgeschriebenen Frist gemeldet, endet jede Ersatzpflicht. Die gehörige Sorgfalt setzt voraus, dass der Grundstückseigner sein Grundstück im Feld regelmäßig,

Sonderkultur Wein: Ohne Schutzmaßnahmen keine Ersatzpflicht!

Ordnungsgemäßes Bergen von Wild ist grundsätzlich zulässig. Bei unangemessenem Fahren auf Feldern (missbräuchliche Jagdausübung) kann aber ersatzpflichtiger Jagdschaden entstehen.

d. h. je nach Gefährdungsgrad mindestens einmal im Monat kontrolliert.

BJG § 35 Verfahren in Wild- und Jagdschadenssachen
Die Länder können in Wild- und Jagdschadenssachen das Beschreiten des ordentlichen Rechtsweges davon abhängig machen, dass zuvor ein Feststellungsverfahren vor einer Verwaltungsbehörde (Vorverfahren) stattfindet, in dem über den Anspruch eine vollstreckbare Verpflichtungserklärung (Anerkenntnis, Vergleich) aufzunehmen oder eine nach Eintritt der Rechtskraft vollstreckbare Entscheidung (Vorbescheid) zu erlassen ist. Die Länder treffen die näheren Bestimmungen hierüber.
Erläuterung:
Zur Entlastung der Gerichte ist eine Klage i. d. R. erst möglich, wenn unter der

Federführung des Bürgermeisters ein Vorverfahren mit dem Erlass eines Vorbescheides abgeschlossen wurde.

Inverkehrbringen und Schutz von Wild

BJG § 36 Ermächtigungen
(1) Der Bundesminister wird ermächtigt, durch Rechtsverordnung mit Zustimmung des Bundesrates, soweit dies aus Gründen der Hege, zur Bekämpfung von Wilderei und Wildhehlerei, aus wissenschaftlichen Gründen oder zur Verhütung von Gesundheitsschäden durch Fallwild erforderlich ist, Vorschriften zu erlassen. ...

Jagdbeirat und Vereinigungen der Jäger

BJG § 37
*(1) In den Ländern sind Jagdbeiräte zu bilden, denen Vertreter der Landwirtschaft, der Forstwirtschaft, der Jagdgenossenschaften, der Jäger und des Naturschutzes angehören müssen.
(2) Die Länder können die Mitwirkung von Vereinigungen der Jäger für die Fälle vorsehen, in denen Jagdscheininhaber gegen die Grundsätze der Weidgerechtigkeit verstoßen (§ 1 Abs. 3).*

Straf- und Bußgeldvorschriften

BJG § 38 Straftaten
*(1) Mit Freiheitsstrafen bis zu fünf Jahren oder mit Geldstrafe wird bestraft, wer
1. einer vollziehbaren Anordnung nach § 21 Abs. 3 zuwiderhandelt (Abschuss von im Bestand bedrohten Wildarten trotz Verbot).
2. entgegen § 22 Abs. 2 Satz 1 Wild nicht mit der Jagd verschont (Abschuss von ganzjährig geschonten Wildarten).
3. entgegen § 22 Abs. 4 Satz 1 ein Elterntier bejagt (Abschuss von zur Aufzucht notwendigen Elterntieren).*

<u>Erläuterung:</u>
Sämtliche anderen Schonzeitvergehen wie auch die Verstöße gegen sonstige jagdrechtliche Vorschriften stellen i. d. R. Ordnungswidrigkeiten dar, welche ggf. mit einem Bußgeld entsprechend geahndet werden.

Jagdrechtliche Begriffe

Gesellschaftsjagden: In den Ländern unterschiedlich definiert. Meist Jagden, an denen mehr als 3, 4 oder 8 Personen teilnehmen. Die jagdrechtliche Definition hat also nichts mit dem „Charakter" der Jagd zu tun.

Treibjagden: In den Ländern ebenfalls unterschiedlich definiert. Beispielhaft Baden-Württemberg: „Treibjagd im Sinne dieses Gesetzes und des Feiertagsgesetzes ist die Jagd, bei der mehr als 15 Personen als Treiberinnen oder Treiber oder als Schützinnen oder Schützen teilnehmen."

Bewegungsjagden: Auch hier beispielhaft die Formulierung Baden-Württembergs: „Bewegungsjagd ist eine Gesellschaftsjagd, bei der Wildtiere für einen kurzen Zeitraum beunruhigt und in Bewegung gesetzt werden. Sie dient insbesondere der Regulierung einer Wildtierpopulation nach wildtierökologischen Erkenntnissen."

Wildtiermonitoring: Fortlaufende, systematische Erfassung, Beobachtung und Überwachung der Wildtiere zu dem Zweck, die tatsächlichen Grundlagen für Maßnahmen des Wildtiermanagements unter Einbeziehung der Lebensgrundlagen und Lebensräume zu ermitteln.

Fütterung/Kirrung: siehe Kap. „Wildhege und Fütterung", S. 428 ff.

Haarwild

Wildbiologie ◄ 66	Hunde ◄ 126
Schalenwild (Paarhufer) ◄ 69	Kleinbären ◄ 130
Echte Marder ◄ 117	Hasenartige ◄ 131
Stinkmarder ◄ 122	Nagetiere ◄ 136
Katzen ◄ 124	

Wildbiologie

Wildbiologie und Wildtierkunde (Jagdtierkunde) befassen sich mit der Biologie der in Deutschland nach dem Jagdgesetz genau definierten „jagdbaren Tiere" sowie weiterer freilebend vorkommender Säugetiere und Vögel. Dabei kommt es des Öfteren zu unterschiedlichen Aussagen und Verwechslungen, weil insbesondere Zoologen eine andere Terminologie als die Jäger verwenden. Spricht ein Jäger vom „Rotwild", so meint er damit die Art „Rothirsch" gemäß zoologischer Nomenklatur. Mit der Bezeichnung „Rothirsch" meint der Jäger nur das männliche Tier. Das weibliche bezeichnet er als „Alttier" und das Kalb als „Hirschkalb" oder „Wildkalb". In der Zoologie hingegen meint man mit „Rothirsch" die zoologische „Art" und nicht etwa nur das männliche Tier. Wir verwenden hier im Wesentlichen die Begriffe der „Jägersprache".

Systematik
Die zoologische Systematik beschreibt die verwandtschaftlichen Beziehungen (z. B. Klasse, Ordnung, Familie etc.) zwischen den Tierarten, die durch gemeinsame Merkmale begründet werden. Die Art ist die kleinste Einheit innerhalb dieser Systematik (zum Beispiel Rehwild,

Das Tierreich und seine Systematik

- Das Tierreich wird unterteilt in **Klassen:** z. B. Säugetiere, Vögel, Fische, Reptilien, Amphibien, Insekten etc.
- Die Klassen werden wiederum unterteilt in verschiedene **Ordnungen**, die Klasse der Säugetiere z. B. in Paarhufer, Raubtiere, Nagetiere, Hasentiere. Teilweise gibt es dann noch eine weitere Unterteilung in Unterordnungen, bei Paarhufern z. B. in Wiederkäuer und Nichtwiederkäuer.
- Die **Unterordnungen** werden weiter in Familien unterteilt, die Wiederkäuer in Cerviden (Geweihträger) und Boviden (Hornträger). Auch hier kann es eine weitere Unterteilung in Unterfamilien geben, z. B. bei den Cerviden in echte und unechte Hirsche.
- Die **Familien** werden unterteilt in **Arten**, die Cerviden z. B. in Rotwild, Sikawild, Damwild, Rehwild etc.
- Die Art ist die kleinste Einheit, definiert als Individuen, die miteinander fruchtbare Nachkommen hervorbringen können.

Rotwild, Steinmarder). Im Normalfall ist nur innerhalb einer Art eine fruchtbare Fortpflanzung der Individuen möglich. Ausnahmen bilden z. B. das Rot- und Sikawild, bei denen der Verwandtschaftsgrad bis heute nicht endgültig geklärt ist. Betrachten wir eine Art innerhalb einer bestimmten, weitgehend abgegrenzten Fläche, so sprechen wir von einer Population (zum Beispiel das Gamswild im Schwarzwald).

Säugetiere
Alle Säuger ernähren ihre lebend geborenen Jungtiere in den ersten Lebenswochen mit Muttermilch. Wie die Vögel weisen die Säuger eine relativ konstante Körpertemperatur auf – im Gegensatz zu den wechselwarmen Fischen, Amphibien und Reptilien, deren Körpertemperatur von der Umgebungstemperatur abhängt.
Haarkleid: Säuger haben ein typisches Haarkleid, das im Winter dichter und länger ist als im Sommer. Mit dem Haarwechsel ändert sich auch zum Teil die Haarfarbe, so dass wir Jäger beim Haarwechsel vom „Verfärben" reden. Der Wechsel vom Winter- zum Sommerhaar findet zwischen Mai und Juni, der vom Sommer- zum Winterhaar im September und Oktober statt. Dabei spielen Alter und Gesundheitszustand des jeweiligen Individuums eine maßgebende Rolle. Im Allgemeinen gelten die Regeln beim
Verfärben: Jung vor alt und gesund vor krank. Trächtige Muttertiere z. B. verfärben aufgrund ihres beanspruchten Stoffwechsels oft als Letzte. Das Verfärben dient aber ebenso der Anpassung an die jahreszeitlich wechselnden Landschaftsveränderungen (z. B. Alpenschneehase, Hermelin).

Wirbeltiere

Bei den Wirbeltieren unterscheidet man fünf Klassen:
- Säugetiere (insbesondere Haarwild)
- Vögel (insbesondere Federwild)
- Amphibien (Lurche)
- Reptilien (Kriechtiere)
- Fische

Die Säuger werden weiter unterteilt in Ordnungen.
In nachfolgender Aufzählung sind die durch das Jagdgesetz erfassten Arten hinzugestellt.
- **Paarhufer** (Schalenwild): Wisent, Elch, Rotwild, Damwild, Sikawild, Rehwild, Gamswild, Steinwild, Muffelwild, Schwarzwild
- **Raubtiere:** Wildkatze, Luchs, Fuchs, Steinmarder, Baummarder, Iltis, Hermelin, Mauswiesel, Dachs, Fischotter
- **Hasenartige:** Feldhase, Schneehase, Wildkaninchen
- **Nager:** Murmeltier

Gebiss: Säuger besitzen ein Gebiss mit artspezifisch vielen Zähnen (Zahnformel). Die Gebisstypen mit den jeweiligen ausgeprägten Zahnformen sind abhängig von der Nahrung und der Form des Nahrungserwerbs. Wir unterscheiden deshalb z. B. Wiederkäuer-, Allesfresser-, Raubtier-, Hasentier- und Nagergebisse.
Gliedmaßen: Säuger besitzen zwei Gliedmaßenpaare. Dabei werden unterschiedliche Fuß- bzw. Handknochen auf dem Boden aufgesetzt. Man unterscheidet: Zehenspitzengänger (alle Paarhufer), Zehengänger (z. B. Hund, Katze,

HAARWILD

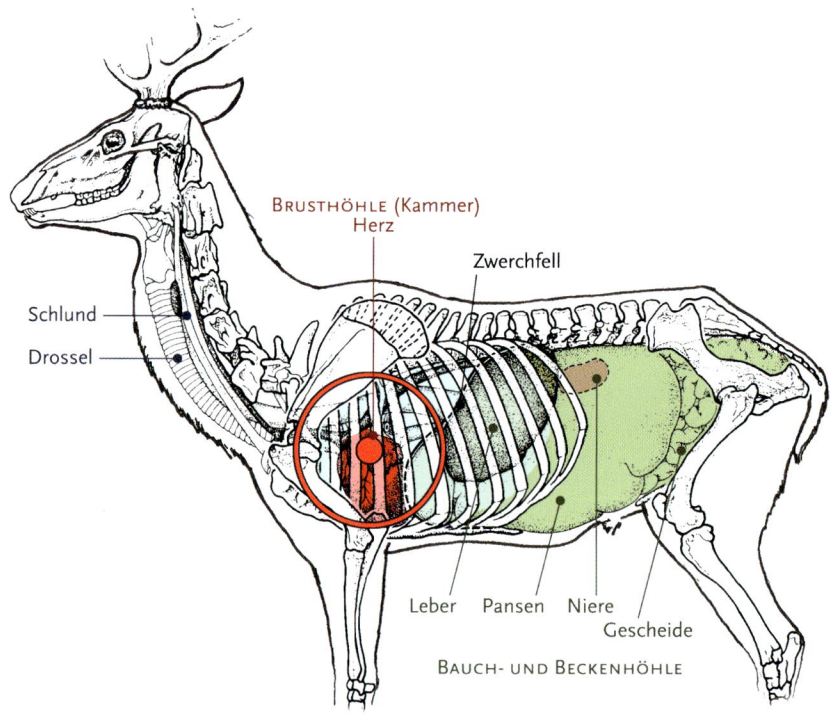

BRUSTHÖHLE (Kammer)
Herz
Zwerchfell
Schlund
Drossel
Leber Pansen Niere
Gescheide
BAUCH- UND BECKENHÖHLE

Tränengrube beim Rotwild

Fuchs), Sohlengänger (z. B. Dachs, Bär) und Halbsohlengänger (z. B. Waschbär). **Fortpflanzung:** In der Regel befruchtet bei den Säugern ein männliches Tier mehrere weibliche Stücke (Polygamie). Die männlichen Tiere sind zum Teil deutlich größer und schwerer als die weiblichen Partner und tragen bei den

Kennzeichen der Säuger

- lebend gebärend
- Jungen werden gesäugt
- Fell mit Haaren
- Schädel-, Rumpf- und Gliedmaßenskelett
- Schädelskelett mit Zähnen
- Zwerchfell (trennt Brusthöhle von Bauchhöhle)
- Harnblase
- Gallenblase (nicht bei Cerviden)

Paarhufern teilweise einen prächtigen Kopfschmuck, den wir Jäger als Trophäe gewinnen (Geschlechtsdimorphismus).
Lebensweise: Die Anpassungsfähigkeit der Säugetiere an die menschliche Zivilisation ist sehr unterschiedlich. Während zum Beispiel Fuchs, Steinmarder, Rehwild und Wildkaninchen in unmittelbarer Nachbarschaft zum Menschen leben (Kulturfolger), haben sich einige Arten wie Rotwild und Baummarder in ruhige, große zusammenhängende Wälder zurückgezogen (Kulturflüchter).

Haarwild
Zum Haarwild zählen alle Säugetiere, die dem Jagdrecht unterliegen. Dies sind gemäß den Vorschriften des Bundesjagdgesetzes § 2: Wisent, Elch, Rotwild, Damwild, Sikawild, Rehwild, Gamswild, Steinwild, Muffelwild, Schwarzwild, Feldhase, Schneehase, Wildkaninchen, Murmeltier, Wildkatze, Luchs, Fuchs, Steinmarder, Baummarder, Iltis, Hermelin, Mauswiesel, Dachs, Fischotter, Seehund.

Die Länder können weitere Tierarten für jagdbar erklären. Das haben sie bisher im Wesentlichen mit folgenden Tieren getan: Waschbär, Enok (Marderhund), Nutria.

Schalenwild (Paarhufer)

Schalenwild wird nach der Ernährungsweise in Wiederkäuer und Allesfresser untergliedert.

Die Unterordnung der Wiederkäuer unterteilt man u.a. nach ihrem Kopf-

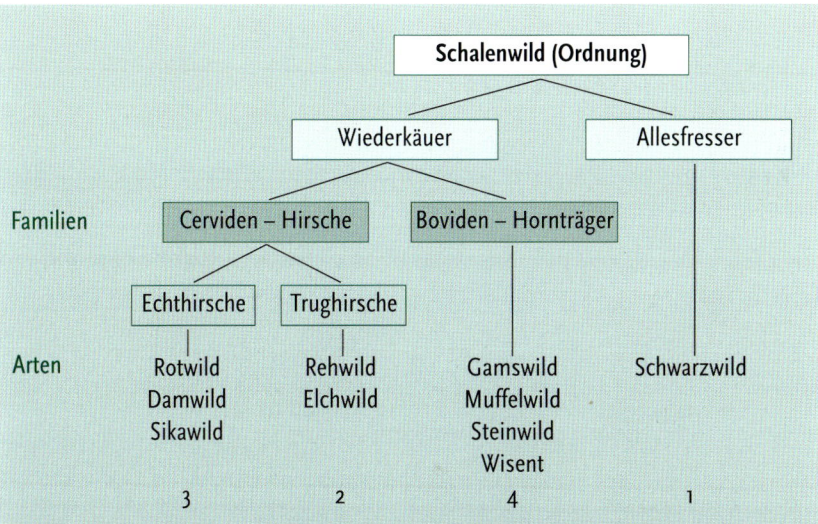

Merke: In der Summe haben wir also 10 Schalenwildarten. Sie können die Schalenwildarten an Ihren Fingern abzählen: 5 Cerviden an einer Hand (Rot-, Dam- Sika-, Reh-, Elchwild), 4 Boviden (Wisent, Stein-, Muffel-, Gamswild) und 1 Allesfresser (Schwarzwild) an der anderen.

Kennzeichen der Wiederkäuer

- reine Pflanzenfresser
- Wiederkäuermagen
- Wiederkäuergebiss

schmuck in die Geweihträger (Cerviden) und die Hornträger (Boviden).

Innerhalb der Cerviden kann man die Echthirsche von den Trughirschen unterscheiden. Ihr eigentliches Unterscheidungsmerkmal liegt am Kanonenbein (Mittelhand- bzw. Mittelfußknochen). Weiterhin bilden die Trughirsche bereits im ersten Lebensjahr ihr erstes Geweih, die Echthirsche tun dies dagegen erst im zweiten Jahr. Weiterhin ist bei den Echthirschen die deutlich sichtbare Tränengrube ein markantes Merkmal.

Wiederkäuer

Wiederkäuermagen: Er untergliedert sich in vier Teilmägen: Pansen, Netz-, Blätter-, Labmagen.

- *Pansen:* Sammel- und Gärkammer, Pansenzotten, mit Verdauungsbakterien und weiteren Mikroorganismen
- *Netzmagen:* Sortierung (Grobes wird wiedergekäut)

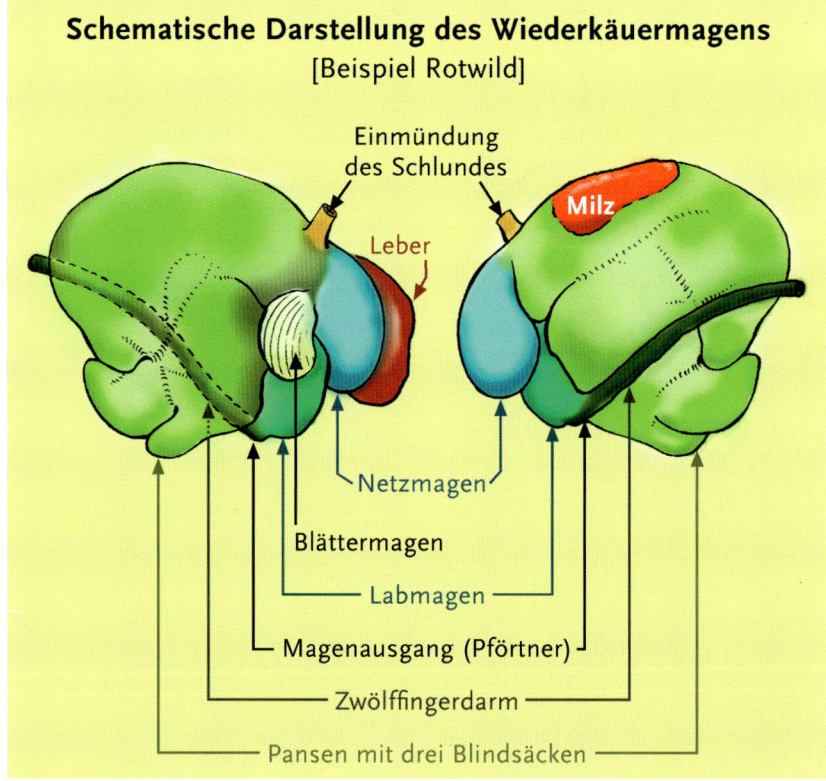

Schematische Darstellung des Wiederkäuermagens [Beispiel Rotwild]

SCHALENWILD 71

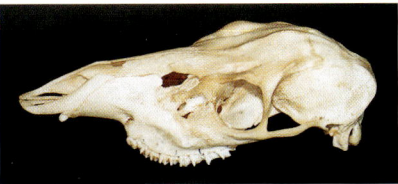

Wiederkäuerschädel: Im Oberkiefer fehlen die Schneidezähne, Eckzähne sind z. T. wie hier beim Rotwild vorhanden.

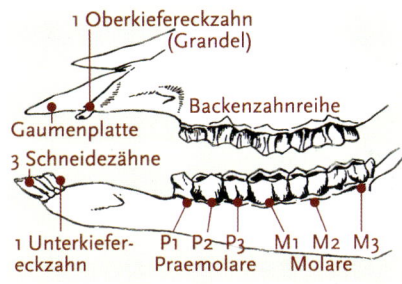

▸ *Blättermagen:* Entzug von Wasser und Mineralstoffen
▸ *Labmagen:* Eigentliche Verdauung durch körpereigene Enzyme, Drüsenmagen
Hauptäsungstypen: Man unterscheidet je nach Zusammensetzung der Nahrung
▸ *Konzentratselektierer:* Nehmen leicht verdauliche Pflanzen- und Pflanzenteile auf (Reh- und Elchwild)
▸ *Raufutterfresser:* Verwerten auch rauhe, zähe, harte Äsung (Muffel- u. Steinwild)
▸ *Mischäser:* Nehmen sowohl leicht verdauliche als auch rauhe, zähe Pflanzenteile auf (Rot-, Dam-, Sikawild, Gamswild)
Wiederkäuergebiss: Alle Schalenwildarten – mit Ausnahme des alles fressenden Schwarzwilds – besitzen ein Wiederkäuergebiss mit folgenden typischen Merkmalen:
▸ im Oberkiefer keine Schneidezähne (Gaumenplatte)
▸ im Oberkiefer zum Teil Eckzähne als Grandeln (Rot- und Sikawild)
▸ im Unterkiefer Eckzahn zu einem 4. Schneidezahn umgebildet
▸ große Lücke zwischen Schneide- u. Backenzähnen (Diastema)

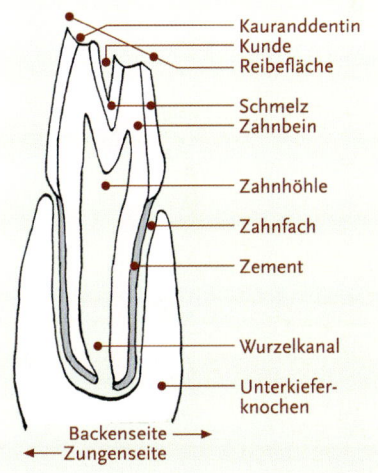

Hauptäsungstypen bei Wiederkäuern

Je nach ihren Äsungsgewohnheiten unterteilt man die Wiederkäuer in:

Konzentratselektierer

Reh- und Elchwild

• geringes Pansenvolumen

• benötigen **leicht verdauliche Nahrung** (faserarme, eiweißreiche Nahrung)

• benötigen **energiereiche Nahrung** (z.B. Knospen) (konzentrierter Nährstoff- und Mineralgehalt)

Mischäser (Zwischentyp)

Rot-, Dam-, Sika- und Gamswild

Raufutterfresser

Muffel- und Steinwild

• großes Pansenvolumen

• können **schwer verdauliche Nahrung** verarbeiten (faserreiche, eiweißarme Nahrung)

• können **energiearme Nahrung** verwerten (z.B. Heu)

Kennzeichen der Cerviden – Boviden

Cerviden (Geweihträger)
- nur männliche Stücke mit Kopfschmuck (Geweih) (Ausnahme: Rentier)
- Geweih aus Knochensubstanz (v. a. Kalk)
- Bast umgibt das wachsende Geweih
- Steuerung des Geweihwachstums über Hormone
- jährliches Abwerfen und Fegen
- Geweih wächst auf Rosenstock (Stirnbeinfortsatz)
- keine Gallenblase
- Zu den Cerviden zählen: Echthirsche (Rot-, Dam- und Sikawild) und Trughirsche (Reh- und Elchwild)

Boviden (Hornträger)
- dauerhaftes Wachstum der Hörner (basales Wachstum)
- Altersbestimmung am Horn anhand der „Jahresringe" möglich
- stärkstes Hornwachstum in den ersten Lebensjahren
- männliche und weibliche Tiere tragen Kopfschmuck (Ausnahme: Muffel)
- lange Zahnentwicklung (über 40 Monate)
- keine Grandeln (32 Zähne)
- Gallenblase an der Leber
- Zu den Boviden zählen: Steinwild, Muffelwild, Gams und Wisent

- hochkronige, gefurchte Backenzähne (mit Kunden); 32 oder 34 Zähne

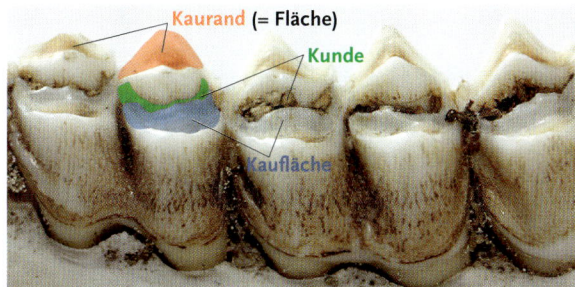

Rotwild

Kennzeichen
Färbung: Sommerdecke rotbraun (Aalstrich), Winterdecke graubraun

- **Wildbretgewichte** (aufgebrochen, nicht Lebendgewichte): starke Hirsche 100–150 kg, mittlere Hirsche 80–110 kg, Alttiere 60–80 kg, Schmaltiere 40–60 kg, Kälber 20–60 kg. „Geburtstag" hat Schalenwild (Ausnahme: Schwarzwild) jeweils am 1. April jedes auf die Geburt folgenden Jahres. Die Gründe sind darin zu sehen, dass das Jagdjahr jeweils vom 1. April bis zum 31. März des Folgejahres definiert ist, also vom üblichen Kalenderjahr abweicht. Man spricht auch vom „Übergang in höhere Altersklassen".

Lebensraum
Ursprünglich Bewohner der Steppe und halboffenen Landschaften, heute überwiegend in großen geschlossenen Wald-

HAARWILD

Labels on stag:
- Licht
- Tränengrube
- Windfang
- Äser
- Kragen od. Mähne
- Blatt
- Stich
- Lauscher
- Träger
- Widerrist
- Rumpf
- Ziemer
- Wedel
- Spiegel
- Keule
- Kurzwildpret
- Brunftfleck
- Brunftrute
- Dünnung
- Hinterläufe

Junge Hirsche im Bastgeweih

gebieten (auch im Mittel- und Hochgebirge). Verdrängung durch Menschen (Zivilisation) in ruhige Gebiete. Rotwildgebiete werden durch den Menschen (in vielen Bundesländern per Rechtsverordnung festgelegt. Nur dort darf dann Rotwild gehegt werden. An diese Kerngebiete angrenzende Reviere nennt man Rotwildrandgebiete.

Lebensweise

Rotwild lebt gesellig in Rudelverbänden. Man unterscheidet Kahlwild-, Hirsch- und Brunftrudel.

Kahlwildrudel: Treten ganzjährig auf. Sie bestehen aus Tieren, Kälbern, Schmalspießern (Hirsche vom 1. Kopf) und Schmaltieren, die vom Leittier (meist führend mit Kalb) angeführt werden.

Hirschrudel: Außerhalb der Brunftzeit. In den Rudeln meist Hirsche ähnlicher Altersklassen oder -stufen. Die Rudel älterer Hirsche sind oft klein. Sehr alte Hirsche neigen zum Einzelgängertum. Die jüngeren Hirsche treten im Regelfall als Erste zur Äsungsaufnahme aus.

Brunftrudel: Bildet sich nur zur Brunft (September/Oktober) und besteht aus Kahlwildrudel plus Platzhirsch. Der Platzhirsch verteidigt das Rudel gegenüber Beihirschen und weiteren Konkurrenten. Geringe Hirsche, so genannte „Schneider", werden geduldet. Das Brunftrudel wird vom Leittier angeführt.

Streifgebiete

Bei einer Untersuchung wurde festgestellt, dass diese bei Hirschen im Durchschnitt ca. 2350 ha betragen. Die Werte wurden mit 1000 bis 3000 ha, in einem Ausnahmefall mit 14 000 ha ermittelt. Bei den Alttieren betrug der Durchschnitt ca. 700 ha, mit Werten von 200 bis 1200 ha und einer Ausnahme von 3800 ha.

Fortpflanzung

Brunftzeit: Mitte September bis Anfang/Oktober

Verhalten: Alte Hirsche verlassen Anfang September den Sommereinstand und ziehen in die Brunftgebiete, wo sie nach Kahlwild suchen. Letzeres lockt durch Mahnen und Duftsekrete. Das Schreien der Hirsche (Brunftaktivität) ist u. a. abhängig vom Wetter: je kälter umso aktiver und intensiver. Platzhirsche verteidigen „ihr" Kahlwild gegenüber Beihirschen (Röhren und Drohen). Zwischen etwa gleichstarken Konkurrenten kommt es zu Brunftkämpfen. Ein einzelnes Tier ist ungefähr zwei Tage brunftig. Bei großen Rudeln dauert die Brunft bis zu vier Wochen. Der Platzhirsch bleibt ungefähr 14 Tage beim Rudel. Hirsche verlieren in der Brunft stark an Gewicht.

Tragzeit: 34 Wochen

Setzzeit: Ende Mai und Juni, 1 (2) Kalb (wird bis in den Winter hinein gesäugt), Zwillingsgeburten sind selten.

Rotwildbrunftrudel in der Sommerdecke

Geweihbildung

Zeitlicher Ablauf

▶ Geburt eines Hirschkalbes (im 1. Lebensjahr), es trägt keine Rosenstöcke und kein Geweih.

▶ Februar/März: Bildung der Rosenstöcke mit ca. 8 Monaten.

▶ April bis Juni: Wachstum des Erstlingsgeweihs ohne Rosen (Spieße),

Brunftkampf

Bezeichnungen in Abhängigkeit vom Alter

	Männlich	Weiblich (= Kahlwild)
im 1. Lebensjahr	Hirschkalb	Wildkalb
im 2. Lebensjahr	Schmalspießer (1. Kopf)	Schmaltier
im 3. Lebensjahr	Hirsch vom 2. Kopf	Alttier
im 4. Lebensjahr	Hirsch vom 3. Kopf	Alttier

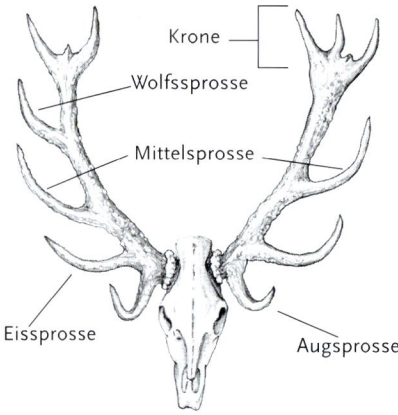

Das Rothirschgeweih

"gut veranlagt" = viel Masse im oberen Geweihteil

"schlecht veranlagt" = wenig Masse oben

Schmalspießer = Hirsch vom 1. Kopf (1. Geweih), Schmalspießer ist einjährig, aber im 2. Lebensjahr
- September: Fegen des Erstlingsgeweihes
- April/Mai: Abwurf des Erstlingsgeweihes und Schieben des 2. Geweihes, Hirsch vom 2. Kopf = 2 Jahre alt

Abwurf- und Fegetermine: Grundregel „alt vor jung"

- Abwerfen: alte Rothirsche Februar/März, junge Rothirsche vom 1. Kopf April/Mai
- Verfegen: alte Rothirsche Juli, junge Rothirsche August, Schmalspießer September

Geweihaufbau: Er dauert ungefähr fünf Monate und erfolgt (je nach Abwurftermin) vom zeitigen Frühjahr bis in die äsungsreiche Sommerzeit hinein.

Kolbenhirsche: Hirsche im Bast, tragen Streitigkeiten mit Vorderläufen aus

Merke
- Nur der Hirsch vom 1. Kopf (also mit seinem ersten Geweih) hat keine Rosen. Alle Folgegeweihe, also ab dem 2. Kopf, haben stets Rosen.
- Beim Rothirschgeweih sprechen wir vom Sechser, Achter, Zehner, Zwölfer. Danach verwenden wir den Begriff „Ender", also Vierzehn-Ender, Sechzehn-Ender usw.
- Die Anzahl der Enden sagt nichts, aber auch überhaupt nichts über das Alter eines Hirsches aus!

Petschaft, Rose

Geweihbezeichnungen beim Rothirsch

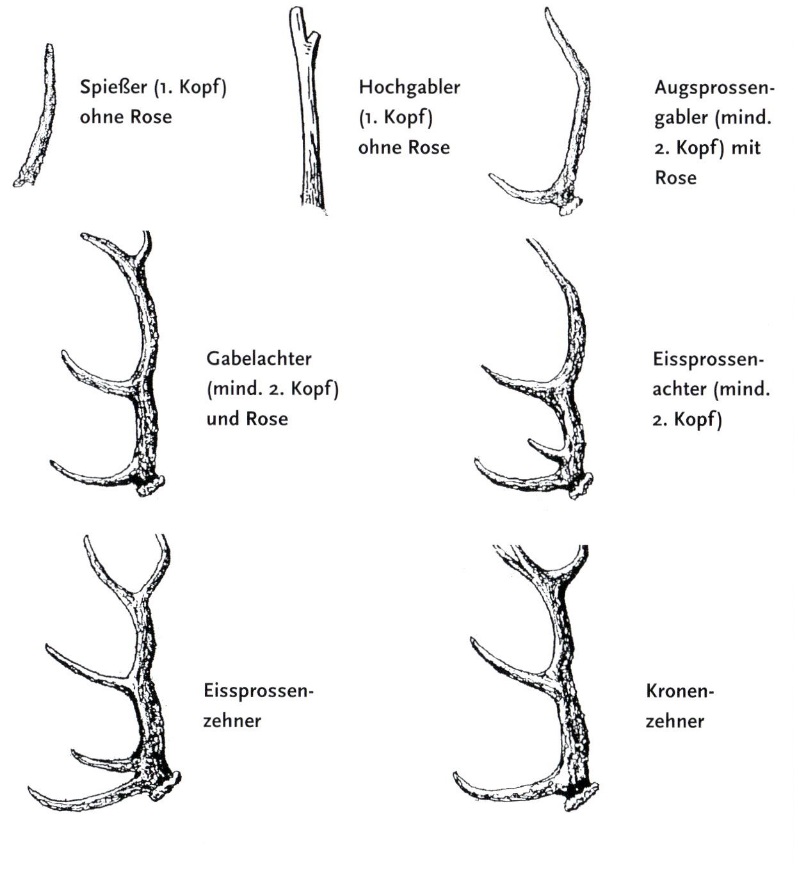

Spießer (1. Kopf) ohne Rose

Hochgabler (1. Kopf) ohne Rose

Augsprossengabler (mind. 2. Kopf) mit Rose

Gabelachter (mind. 2. Kopf) und Rose

Eissprossenachter (mind. 2. Kopf)

Eissprossenzehner

Kronenzehner

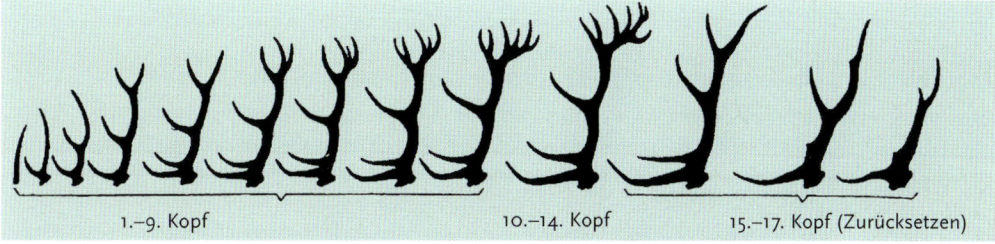

1.–9. Kopf   10.–14. Kopf   15.–17. Kopf (Zurücksetzen)

Schematische Darstellung einer möglichen Geweihentwicklung, von li. nach re.: Spießer, Augsprossengabler, Sechser, Gabelachter, Eissprossenzehner, Zwölfer, 14-Ender, 16-Ender, 20-Ender – nach Zurücksetzen ab 15. Kopf Eissprossenzehner, Sechser

Zahnwechsel beim Rotwild

Geburt **Wildkalb im Juni**	(0 Monate):	0 0 0 0
		3 1 0 0
Wildkalb im Dezember	mit **6 Monaten**:	0 1 3 I
1. Lebensjahr („0" Jahre alt)	**M I vorhanden**	3 1 3 I
Schmalspießer, -tier im Dezember	mit **18 Monaten**:	0 1 3 II
2. Lebensjahr (1 Jahr alt)	**M II vorhanden**	III 1 3 II
Alttier bzw. Hirsch im Dezember	mit **31 Monaten**:	0 1 III III
3. Lebensjahr (2 Jahre alt) und älter	**M III vorhanden**	III 1 III III

Die Zahnentwicklung ist mit ca. **31 Monaten** abgeschlossen **(34 Zähne)**

Merke: Rotwild wird gesetzt nur mit den Schneidezähnen und den Unterkiefereckzähnen, jedoch ohne Grandeln (Milchgebiss). Rehwild wird gesetzt mit den Schneidezähnen, Eckzähnen und den Praemolaren (komplettes Milchgebiss).

Das Geweih

Bezeichnung des Hirsches nach dem Geweih: Regel: Verdopplung der Zahl der Enden der endenreichsten Stange (Ende = alles über 3 cm Länge) z. B. endenreichste Stange hat sechs Enden = Zwölfer. Darüber hinaus wird noch unterschieden zwischen „gerade" (= beide Stangen weisen gleiche Anzahl Enden auf) und „ungerade" (= eine Stange weist weniger Enden auf als die andere), sowie zwischen jungen, „gut veranlagten" Hirschen (= viel Masse im oberen Teil) und „schlecht veranlagten" Hirschen (= wenig Masse im oberen Teil).
Petschaft: Abwurffläche der Geweihstange („Bruchstelle"), mit deren Hilfe eine **grobe Altersschätzung** möglich ist (je flacher, desto älter!), genetischer „Fingerabdruck" (Zuordnung von Passstangen möglich).

Ernährung

In Abhängigkeit von seiner Ernährung weist das Rotwild einen ganz charakteristischen Magen- und Gebissaufbau auf. Es besitzt als reiner Pflanzenfresser einen Wiederkäuermagen und ein Wiederkäuergebiss.
Äsungstyp: Rotwild ist ein Mischäser (Intermediärtyp).
Nahrung: Gräser, Kräuter, Klee, Triebe, Knospen, Rinde, Mast, Getreide etc. Die tägliche Nahrungsmenge schwankt zwischen 8 kg bis 20 kg. Im Winter wird weniger Nahrung aufgenommen als im Sommer. Der Magen verkleinert sich im Winter um bis ca. 40 %. Es benötigt in 24 Stunden 6 bis 8 ungestörte Nahrungsaufnahmezeiten.
Wildschäden: Im Wald Verbiss-, Schäl-, Fege- und Schlagschäden; im Feld Fraß-, Schlag- und Trampelschäden

Altersschätzung anhand des Unterkiefers
Kalb: (0 Jahre alt/im 1. Lebensjahr) nur MI vorhanden, MII mit 6 Monaten.
Schmalspießer, -tier: (1 Jahr alt/im 2. Lebensjahr), MI und MII vorhanden, MII mit 18 Monaten, PIII noch dreiteilig.

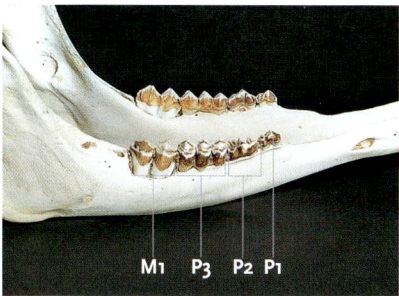

Ca. 6 Monate: 1. Molar vorhanden

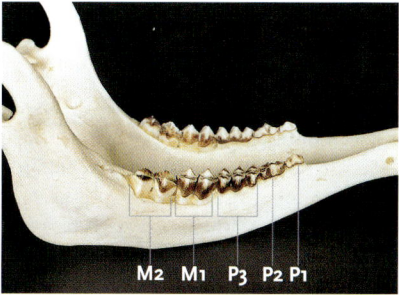

Ca. 18 Monate: 2. Molar vorhanden

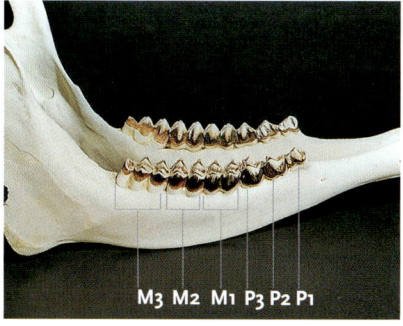

Ca. 31 Monate: 3. Molar vorhanden

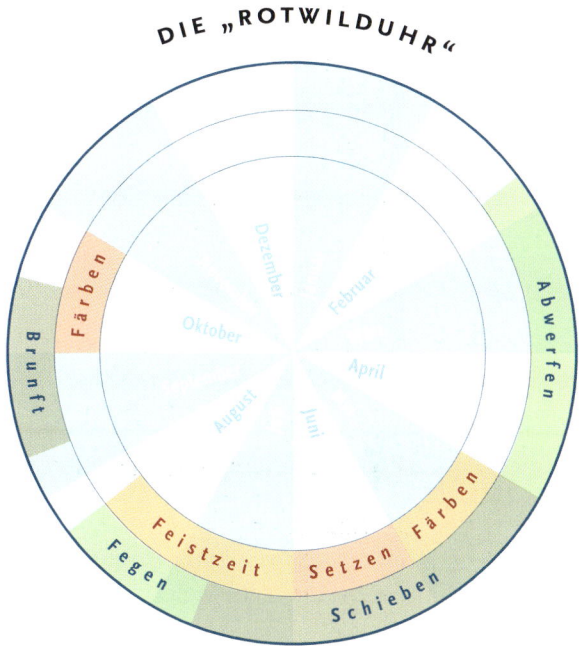

Alter Hirsch mit starkem Träger

> **Merke**
> Die Zahl der Geweihenden sagt nichts über das Alter aus. Mit zunehmendem Alter nimmt die Geweihmasse in der Regel zu.

„Hirschgerechte Zeichen" – Beispiele

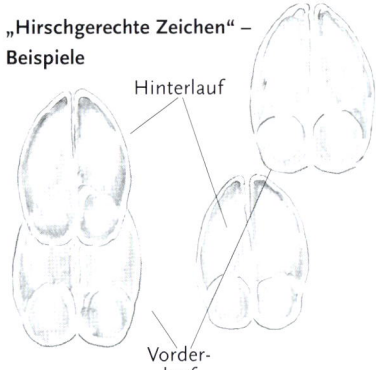

Übereilen   Zurückbleiben

Hirsch (Tier): (2 Jahre alt und älter) MI, MII und MIII vorhanden, MIII mit 31 Monaten, P III jetzt zweiteilig.

Wechsel vom dreiteiligen PIII zum zweiteiligen PIII mit 22–25 Monaten!

Nach Abschluss der Zahnentwicklung grobe Altersschätzung anhand des Abschliffs der Kunden am MI (ältester Zahn im Gebiss: Beim reifen Hirsch (ca. 10. Kopf) Kunde am MI verschwunden, beim Hirsch deutlich unter dem 10. Kopf Kunde am MI deutlich vorhanden, beim sehr alten Hirsch (deutlich über 10. Kopf) Kunden am MI, MII und MIII nicht mehr erkennbar.

Altersschätzung beim lebenden Hirsch:
Altersmerkmale: Körperbau (Körpermasse), Verlagerung des Gewichtes mit zunehmendem Alter auf die Vorderhand, Haltung des Trägers (je älter umso waagerechter), Hängebauch beim alten, reifen Hirsch, Erstlingsgeweih ohne Rosen, im hohen Alter (über 14 bis 16 Jahre) Zurücksetzen des Geweihes.

Altersklassen gemäß Abschussplan: Diese Ausführungen sind als Beispiel zu verstehen. Leider sehen die Rotwildrichtlinien der einzelnen Bundesländer hier unterschiedliche Definitionen vor. (Die Beispiele beziehen sich auf die Rotwildrichtlinien des Saarlandes.)
▶ Klasse IV: Hirschkälber
▶ Klasse III: 1. bis 3. Kopf (Abschussziel
▶ Klasse III+IV: 65%), schlanke Figur, schmales Haupt, „hochläufig", Haupt und Träger aufrecht.

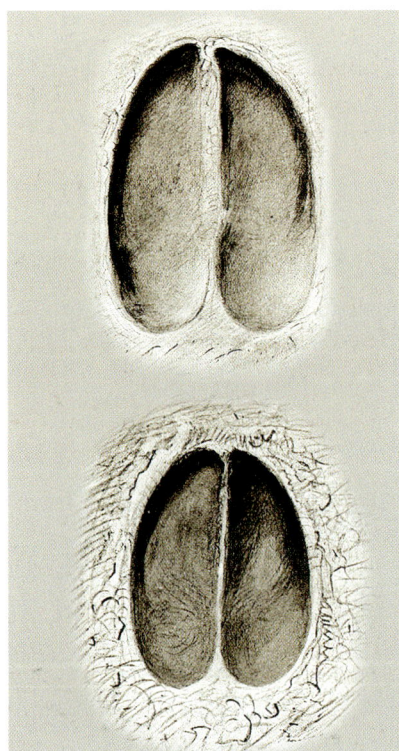

Trittsiegel des Rothirsches

Trittsiegel des Rottieres

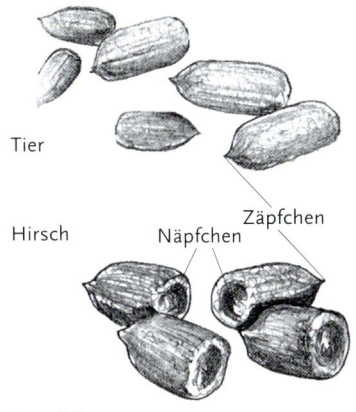

Rotwildlosung

- Klasse II: 4. bis 9. Kopf (Abschussziel: 20%)
- Kasse I: 10. Kopf und älter (Abschussziel 15%), breiter Träger mit starker Brunftmähne, waagerechte Kopf- und Trägerhaltung, Hängebauch, insgesamt Verlagerung der Masse nach vorne.

Besonderheiten
„**Hirschgerechte Zeichen**": (= Zeichen, die Rückschlüsse auf Geschlecht, Alter, Anwesenheit im Revier etc. zulassen). Die alte Jägerei kannte 72 hirschgerechte Zeichen. Einige wenige haben auch heute noch Bedeutung und werden vom hirschgerechten Jäger angewandt.
Fährte: Ballen nehmen ca. ¼ (25 bis 30%) des Gesamtabdruckes ein. Die Schalenfläche eines Rothirsches ist beim Vorderlauf größer als beim Hinterlauf.
- *Schrittlänge:* Hirsch 70 cm, Tier 57 cm
- *Schrank:* (Hirsch 14 cm, Tier 7 cm)
- *Übereilen:* jung, Hinterlauf vor Vorderlauf
- *Zurückbleiben:* alt, Vorderlauf vor Hinterlauf
- *Blenden:* Hirsch täuscht mehr vor, Hinterlauf in Vorderlauf
- *Kreuztritt:* Hinterlauf kreuzt Vorderlauf

Rothirsch nach dem Schlammbad: Die Anlage von Suhlen stellt eine Hegemaßnahme in Rotwildrevieren dar.

Losung: Nach alter Theorie Hirsch mit Näpfchen und Zäpfchen, Tier nur mit Zäpfchen. Die Sommerlosung ist mehr breiig. Die „alte Theorie" trifft nicht immer, aber öfter zu. Also: Je nach Jahreszeit in unterschiedlicher Form und Konsistenz. Kotbeeren etwa 20 bis 25 mm lang.

Suhle: Schlammbad, Körperpflege, Kühlung. Wenn sich ein Hirsch gesuhlt hat, so findet man häufig die Abdrücke seiner Stangen am Rande der Suhle im weichen Boden. Man kann hieraus unter Umständen sogar die Stärke, ja die ungefähre Endenzahl des Hirsches erkennen. Danach reibt sich der Hirsch mit dem Körper am Malbaum. An der Höhe der Scheuerflächen und den Haaren kann man erkennen, ob ein Hirsch oder ein Keiler in der Suhle war (Keilerhaare gespalten).

Scherzen: Hirsch fährt mit dem Geweih in die Erde und wirft dabei Gras hoch. Aber auch das zaghafte Kämpfen besonders bei geringen Hirschen wird als Scherzen bezeichnet.

Himmelszeichen: Hirsch beschädigt oder wendet beim Ziehen durch dichte Bestände Blätter und Zweige mit dem Geweih. Mit „Himmelspur" bezeichnete die alte Jägerei die Fegestelle des Rothirsches.

Lautäußerungen:
Brunftlaute der Hirsche:
- *Orgeln, Röhren, Melden, Schreien* (nur Hirsche) sind lang gezogene ansteigende und dann abfallende Brunftschreie, die bei starker Erregung und/oder in Bewegung ausgestoßen werden.
- *Jüngern* (nur Hirsche) nennt man den Brunftschrei junger Hirsche, deren Melodie zum Abschluss nach oben ansteigt.
- *Trenzen* (nur Hirsche) sind kurze, schnell hintereinander ausgestoßene Laute in Erregung, wenn beispielsweise ein Nebenbuhler vertrieben wird.
- *Knören* (nur Hirsche) klingt ähnlich dem Trenzen, aber ohne Erregung, meist im Sitzen ausgestoßen.

Weitere Lautäußerungen der Hirsche während der Brunft sind dem Jäger be-

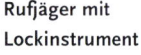
Rufjäger mit Lockinstrument

Weidmännische Ausdrücke beim Rotwild

Aalstrich	dunkler Strich entlang des Rückgrats	Brunftplatz	freier Platz (Kahlfläche, Wiese usw.), auf dem sich der Brunftbetrieb abspielt
abschlagen	den Nebenbuhler verjagen		
Abwurf	abgeworfene Geweihstange		
Afterklauen	Geäfter (s. u.)	Brunftrute	Glied des Hirsches
Alttier	weibliches Stück R. nach dem ersten Setzen	Brunftschrei	kräftige Lautäußerung des brunftigen Hirsches
annehmen	an einer Futterstelle angebotenes Futter aufnehmen; einen Menschen oder Hund annehmen, ihn angreifen	Brunftwild	das brunftende Wild im Allgemeinen
		Decke	Haut mit Haaren, Fell
		Drossel	Luftröhre
äsen	Nahrung aufnehmen, fressen	Drosselknopf	Kehlkopf
Äser	Maul	Dünnung	Flanke, Bauchseite
Äsung	Nahrung	eingehen	an einer Krankheit oder an Altersschwäche sterben
Aufbruch	alle inneren Organe (in Bayern: nur Herz, Lunge, Leber, Milz und Nieren)		
		Einstand	bevorzugter Aufenthaltsort des Wildes im Revier
aufmüden	Schalenwild aus dem Wundbett aufjagen		
		Enden (Sprossen)	Geweihenden
aufnehmen	Aufnehmen von Nahrung		
aufwerfen	schnelles Hochheben des Hauptes	Fährte	Spur, Schalenabdrücke
äugen	schauen, sehen	Fallwild	durch Krankheit oder natürliche Umstände zu Tode gekommenes Wild
Bast	Nährhaut, die das Geweih während des Wachstums umgibt		
		Federn	Rippen (auch die Dornfortsätze der Rückenwirbel)
Beihirsch	jüngerer, schwächerer Hirsch in der Nähe des Brunftrudels (vom Platzhirsch geduldet)		
		fegen	den Bast von Geweih an Ästen und Sträuchern abreiben
Beschlag	Begattungsakt	Feist	Fett unmittelbar unter der Decke
beschlagen	begatten	feist	gut genährt
Blatt (Bug)	Schulterblatt; zwischen Schulterblättern und einer in der Verlängerung des Vorderlaufes gedachten Linie liegende Körperregion, die im Wesentlichen Herz, Lunge und große Blutgefäße enthält	Feisthirsch	gut genährter Hirsch vom August bis zur Brunft
		Feistzeit	Zeit, in der die Hirsche Feist (Fett) angesetzt haben (August bis zur Brunft)
		Feuchtblatt	äußeres weibliches Geschlechtsteil
		flüchtig	schnelle Fortbewegungsart (Galopp)
Brunft (Brunftzeit)	Begattungszeit	forkeln	das Zufügen von Verletzungen mit dem Geweih (wird der Hirsch verletzt oder getötet, wird er geforkelt)
brunften (brunftig)	zur Begattung bereit		
Brunftband (Brunftfleck)	dunkler Fleck um die Brunftrute herum während der Brunftzeit (eine Verunreinigung aus Samenflüssigkeit, Erde usw., verstärkt sich während der Brunft immer mehr)	Geäfter (Oberrücken, Afterklauen)	rückwärts am Lauf oberhalb der Schalen angesetztes kleines Schalenpaar (zweite und fünfte Zehe)
		Gelttier	Alttier, das wegen des hohen Alters nicht mehr aufnimmt
Brunftgeruch	typischer Geschlechtsgeruch während der Brunftzeit	Geräusch	Herz, Lunge, Leber, Milz und Nieren (in Bayern auch Aufbruch genannt)
Brunfthirsch	ein in der Brunft stehender, meist stärkerer Hirsch	gering	klein, jung, schwach
		Gesäuge (Spinne)	Euter
Brunftkragen	Brunftmähne (s. u.)		
Brunftkugeln (Kurzwildbret)	Hoden	Gescheide, großes und kleines	Eingeweide des Wildes: Magen und sonstige Gedärme
Brunftmähne (Mähne, Kragen, Brunftkragen)	lange Haare am Träger (Unterseite) des Hirsches	Grandeln (Haken, Hirsch- oder Stuckgrandeln)	Eckzähne im Oberkiefer

Weidmännische Ausdrücke beim Rotwild (Fortsetzung)

Grind	Kopf (Haupt)	niedertun	sich hinsetzen
Hächse (Hesse)	Sehne oberhalb des Knies an der Vorderseite des Vorderlaufes und oberhalb des Sprunggelenks an der Hinterseite des Hinterlaufes	Oberrücken	Geäfter (s. o.)
		orgeln (schreien)	Rufen des Hirsches während der Brunftzeit
		Pansen	Weidsack (s. o.)
Haken	Grandeln (s. o.)	Passstangen	zusammengehörende Abwurfstangen eines Hirsches
Haupt	Grind (s. o.)		
Hirschbart	Hutschmuck, gebunden aus Haaren der Brunftmähne des Hirsches	Petschaft (Siegel)	Bruchstelle der Abwurfstange
Hirschgrandeln	Grandeln (s. o.)	Pinsel	Haarbüschel an der Brunftrute
		Plattkopf	Mönch (s. o.)
Hirschkalb	männliches R.-Kalb	Platzhirsch	der das Brunftrudel beherrschende stärkste Hirsch eines Brunftplatzes
hochbeschlagen	weibliches R. kurz vor dem Setzen		
		Querfall	Zwerchfell
hochwerden	sich erheben, aufstehen	rinnen	schwimmen
Inselt	Unschlitt (s. u.)	röhren	orgeln (s. o.)
Kahlwild	weibliches R. und Kälber beiderlei Geschlechts	Rosenstock	Stirnbeinfortsatz, auf dem die Geweihstange aufsitzt
Kalb	R. vom Setzen bis zum 31. März des auf das Setzen folgenden Jahres	Rotspießer (Schmalspießer)	Hirsch von ersten Kopf (im 2. Lebensjahr)
Kälbertier (süddeutsch: Kalberstuck)	weibliches R. mit Kalb		
		Rudel	mehrere Stück R.
		Schalen	Klauen der dritten und vierten Zehe
Kammer	Brusthöhle	schälen	Abschälen von Rinde
Kastanien	Haarbürsten unter dem Sprunggelenk der Hinterläufe	schlagen	Bäume und Sträucher mit dem Geweih bearbeiten
Keule (Schlegel)	Oberschenkel	Schlaghaar	Haar vom Ausschuss
		Schlegel	Keule (s. o.)
Klagen	Schmerzgeschrei	Schloss	Verbindung der beiden Beckenknochen
Knören	leiser, kurzer Ruf des Brunfthirsches		
Kolbenhirsch	Hirsch, dessen Geweih noch nicht vereckt und noch von Bast (der Nährhaut) umgeben ist	Schlund	Speiseröhre
		Schmalspießer	Rotspießer (s. o.)
Kragen	Brunftmähne (s. o.)	Schmaltier (süddeutsch: Schmalstuck)	weibliches Stück R. im 2. Lebensjahr, das noch nicht gesetzt hat
kümmern	kränkeln, nicht gesund sein		
Kurzwildbret	Brunftkugeln (s. o.)		
Lager	Bett	Schneider	geringer Hirsch
Lauf	Bein	Schnitthaar	abgeschossene Haare vom Einschuss
Lauscher	Ohren		
Lecker	Zunge	schonen	Schalenwild schont den verletzten Lauf
Leittier	das ein R-Rudel anführende weibliche Stück		
		Schrank	Abweichung der Tritte in der Fährte von der Körpermittellinie
Lichter	Augen		
lösen (sich lösen)	koten, Kot absetzen	schrecken	kurze, tiefe, hallende Warnlaute
		schreien	Orgeln (s. o.)
Losung	Kot	Schweiß	aus Wildkörper ausgetretenes Blut
Mähne	Brunftmähne (s. o.)	Sensel	Schalenrand
mahnen	kurzer näselnder Laut (Lockruf) des weiblichen R.	setzen	gebären
		sichern	aufmerksames Beobachten der Umgebung
melden	Brunftlaut des Hirsches		
Mönch (Plattkopf)	Hirsch, der kein Geweih schiebt	Siegel	Petschaft (s. o.)
		sitzen	liegen
nässen	Harn absetzen	Spiegel	helle Haare um das Weidloch

Weidmännische Ausdrücke beim Rotwild (Fortsetzung)

Spießer	Hirsch, dessen Geweih nur zwei Spieße hat	verenden	durch einen Schuss zu Tode kommen
Spinne	Gesäuge (s. o.)	verfärben	Haarwechsel
sprengen	Treiben (Verfolgen) des Tieres oder eines Beihirsches durch den Platzhirsch	vergrämen	vertreiben
		verhoffen	kurz stehen bleiben
Sprengruf	Lautäußerung des Hirsches beim Vertreiben eines Nebenbuhlers oder beim Beitreiben eines brunftigen Tieres	verkämpfen	sich beim Kampf mit dem Geweih ineinander verfangen
		vernehmen	hören
		vertraut	unbekümmert
Sprossen	Enden (s. o.)	Vorschlag	Stich (s. o.)
Standwild	Wild, dessen Lebensraum im Revier ist	Wände	gesamte Rippenteile (Brustseite) beim Zerwirken (s. u.)
Stich (Vorschlag)	Brustspitze, vorgeschobener Brustkasten	wechseln (ziehen)	gehen
Stuck (Tier)	weibliches R.	Wechselwild	Wild, das nicht ständig im Revier steht
Stuckgrandeln	Grandeln (s. o.)	Wedel	Schwanz
Suhle	Schlammbad	Weidloch	After
Tracht	Gebärmutter	Weidsack (Pansen)	Magen
Träger	Hals		
trenzen	Knören (s. o.) im Troll (s. u.)	Wildbret (Wildpret)	Wildfleisch
Trittsiegel	einzelner Schalenabdruck		
trollen	traben	Wildkalb	weibliches R-Kalb
Trupp	kleines Rudel (wenige Stücke)	winden	riechen
überfallen	Überspringen eines Hindernisses	Windfang	Nase
Übergehentier	Schmaltier, das bei der Brunft nicht aufgenommen hat	Wundbett	Lager eines krankgeschossenen Wildes
Unschlitt (Inselt)	das Fett an den inneren Organen des Schalenwildes	zeichnen	Reaktion des Wildes im Schuss
		zerwirken	Zerteilen des Wildbrets
verbeißen	Knospen und Triebe abbeißen	ziehen	Wechseln (s. o.)
vereckt	Das fertige, verfegte Geweih ist gut oder schlecht vereckt, d. h. ausgebildet.	Ziemer	Rücken

kannt. Durch Deutung können Rückschlüsse auf den Brunftbetrieb und weitere Entscheidungen für die Bejagung (mit dem Hirschruf) getroffen werden.

▶ *Mahnen* ist der Locklaut des Tieres, auch Warnruf für Kälber und Angstruf (selten auch vom Hirsch zu hören).

▶ *Klagen* (Schmerzlaut beider Geschlechter)

Jagdarten

Ansitz: Ansitzjagd ist die wichtigste Art der Bejagung von Rotwild. Zu beachten sind Windrichtung, Lichtverhältnisse (Gegenlicht) und die Erreichbarkeit der Ansitzeinrichtung. Bei richtiger Anwendung der Ansitzjagd erfolgt keine Störung und Beunruhigung (Jagddruck) im Revier.

Pirsch: Die Pirsch ist die Krone der Jagdarten auf Rotwild. Man pirscht in die Einstände des Wildes hinein, wenn das Wild noch auf den Läufen ist. Auch wenn man kein Rotwild in Anblick bekommt, stellt doch die menschliche Spur des Jägers im Einstand einen starken Beunruhigungsfaktor dar. Es entsteht Jagddruck. Normalerweise kann ein Jäger mit weidgerechten Jagdarten kein Revier leer schießen – ein Rotwildrevier hingegen leer zu pirschen passiert schneller als man glaubt.

▶ **Drückjagd:** (Ansitzbewegungsjagd)
Rufjagd: Die Rufjagd auf den Brunfthirsch stellt hohe Ansprüche an den Jäger. Er muss die Situation des Brunftgeschehens richtig einschätzen und dementsprechend die richtigen „Töne" finden. Stets sollte versucht werden, einen geringeren Hirsch nachzuahmen, sonst könnte es passieren, dass der Platzhirsch nicht den Mut aufbringt, dem Jäger zuzustehen. Als Lockinstrument wird gerne der Hirschruf, das Herakleum oder die Tritonmuschel verwendet.

Die nähere Beschreibung der Jagdarten ist im Kapitel Jagdbetrieb dargestellt. Grundsätzlich sollte jedoch stets mit erfahrenen, ortskundigen Jägern auf Rotwild geweidwerkt werden.

Krankheiten
Tollwut, Leberegel, Lungenwürmer, Magen- und Darmwürmer.

Allgemein ist festzustellen, dass bei angemessener Wilddichte keine wesentlichen Populationsbeeinträchtigungen durch Krankheiten erfolgen. Näheres siehe im Kapitel Krankheiten.

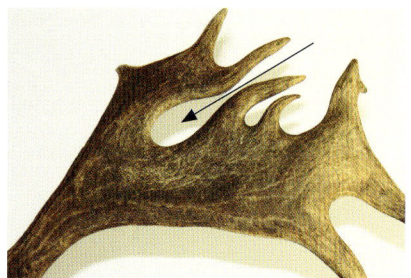

Krebsschere bei Damwild

Damwild

Kennzeichen
Haarkleid: Im Sommer rehbraun mit weißen Flecken (Aalstrich), im Winter dunkelgrau/graubraun ohne Flecken. Weiße Bauchseite. Starke Farbvariationen möglich, neben wildfarbenen auch häufiger schwarze oder weiße Stücke auftretend.
Wildbretgewichte: Hirsche etwa 45 bis 100 kg, Tiere 35 bis 50 kg, Kälber 15 bis 25 kg
Besonderheiten: Prellsprünge. Langer Wedel, der häufig in Bewegung ist.

Lebensraum
Vor der letzten Eiszeit bei uns beheimatet, wieder eingebürgert aus Kleinasien bzw. Mittelmeerraum. Bevorzugt offene parkähnliche Landschaften. Größere Vorkommen in Brandenburg, Niedersachsen, Schleswig-Holstein und Mecklenburg-Vorpommern.

Lebensweise
Lebt gesellig in Rudeln, getrennt nach Geschlechtern. Alte, reife Damschaufler sind mitunter Einzelgänger. Damwild ist auch heute noch vermehrt tagaktiv (äugt sehr gut) und relativ unempfindlich gegenüber Störungen (Haltung zur

Geweihformen des Damhirsches

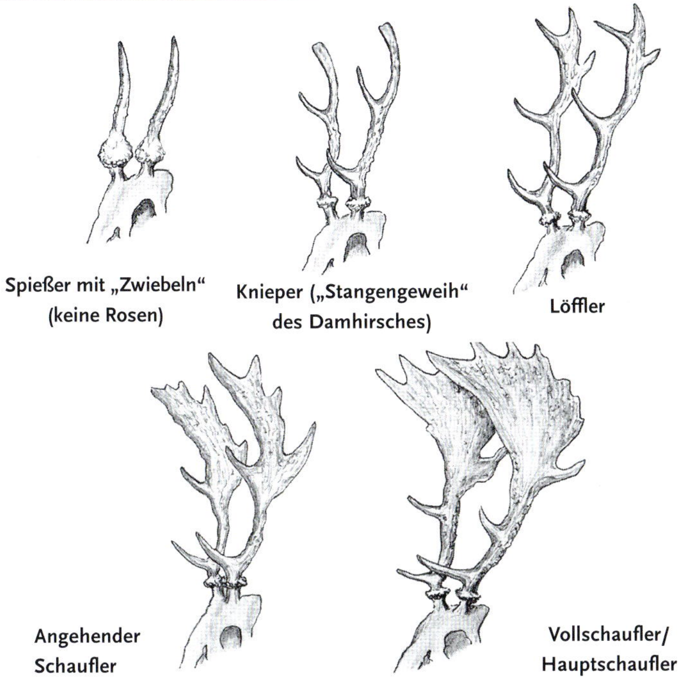

Spießer mit „Zwiebeln" (keine Rosen)

Knieper („Stangengeweih" des Damhirsches)

Löffler

Angehender Schaufler

Vollschaufler/ Hauptschaufler

Damtier mit Kalb in der Sommerdecke

Fleischproduktion). Anpassungsfähiger als Rotwild (Kulturfolger). Damwild suhlt nicht. Die saisonalen Aktionsräume betragen ca. 100 bis 400 ha. Die durchschnittlichen Gesamtaktionsräume betrugen bei einer Untersuchung bei den Hirschen ca. 1500 ha, bei den Tieren ca. 320 ha.

Fortpflanzung
Brunft: Mitte Oktober bis Anfang November (etwa vier Wochen nach Rotwild)
Verhalten: Hirsche ziehen zuerst zu den Brunftplätzen und schlagen Brunftkuhlen, die sie verteidigen. Kahlwild zieht zu den Brunftplätzen und lässt sich im Zen-

trum des Hauptbrunftplatzes von den stärksten Schauflern beschlagen „Damenwahl").
Brunftlaute: Knören und Schreien (rollendes Rülpsen) als Brunftschrei des männlichen Tieres
Setzzeit: v. a. im Juni, 1 Kalb (Zwillingsgeburten sind selten)
Tragzeit: 32 Wochen

Geweih
Entwicklung
▸ Bildung der Rosenstöcke im Winter des 1. Lebensjahres (ab ca. 6 Monaten).
▸ Bildung des Erstlingsgeweihes (meist Spieße) ab Februar/März des auf die Geburt folgenden Jahres; Damspießer vom 1. Kopf besitzen keulenartige Wülste

Damhirsch im Winterhaar

Trittsiegel von Rothirsch (li.) und Damhirsch. Der Ballenanteil ist bei Letzterem deutlich größer.

(„Zwiebeln") an der Basis, die aber keine Rosen sind.
▸ Abwurf und Fegetermine: ungefähr vier Wochen später als Rotwild. Ausnahme: Hirsche vom 1. Kopf fegen häufig zuerst.
Abwerfen: April/Mai
Verfegen: August/September
Ernährung
Das Damwild ist ein reiner Pflanzenfresser und zählt zu den Wiederkäuern mit einem Wiederkäuergebiss (es besitzt 32 Zähne und hat in der Regel keine Grandeln). Nach seinem Ernährungstypus wird das Damwild zu den Mischäsern gerechnet (s. Rotwild), die gleichermaßen leicht verdauliche Kost wie auch Raufutter (Gräser, Kräuter, Blätter, Triebe, Knospen, Rinden) zu verwerten in der Lage sind.

Zahnformel
o	o	III	III
III	I	III	III

Die Zahnentwicklung des Damwilds ist mit ungefähr 28–31 Monaten abgeschlossen.

Wildschäden: Verbiss-, Fege-, Schäl- und Schlagschäden

Die wichtigsten weidmännischen Ausdrücke beim Damwild

Damwildkalb	weibliches D. im ersten Lebensjahr
Damhirschkalb	männliches D. im ersten Lebensjahr
Damschmaltier	weibliches D. im zweiten Lebensjahr
Damtier	weibliches Stück
Damhirsch	männliches Stück
Damspießer	männliches D. vom ersten Kopf
Sprossler	Damhirsch vom zweiten Kopf
Knieper	Damhirsch vom zweiten Kopf
Zweiköpfer	Damhirsch vom zweiten Kopf
Dreiköpfer	Damhirsch vom dritten Kopf
Löffler	Damhirsch vom dritten Kopf
Halbschaufler	Damhirsch vom vierten oder fünften Kopf
angehender Schaufler	Damhirsch vom vierten oder fünften Kopf
Schaufler	Damhirsch ab dem vierten Kopf
guter (starker) Schaufler	Damhirsch ab dem fünften Kopf
Kapital- oder Hauptschaufler	Damhirsch ab dem siebten Kopf
Dorn (Schauflerhaken, Sporn)	das hintere, unterste Ende einer Schaufel, wenn es von dieser durch eine Rille abgesetzt ist
Krebsschere	O-förmige Einkerbung der Schaufel (nicht erwünscht)
Schaufel	verbreiterter Geweihteil mit den Enden
Winkelspross	ein hinteres, höher gelegenes Ende, wenn es senkrecht zur Schaufel nach innen gebogen ist
Mahnen (Gluchsen)	Lautäußerung der Tiere und Kälber
Brunftkuhlen (Brunftbetten)	Kuhlen (Vertiefungen), die der brunftende Damhirsch mit den Vorderläufen schlägt, in die er nässt und sich dann darin niedertut

Die übrigen weidmännischen Ausdrücke sind dieselben wie beim Rotwild

Altersbestimmung

Kennzeichen eines alten Schauflers sind lange Pinselhaare, Drosselknopf stark ausgeprägt und tief sitzend, breites, bulliges Haupt, massiger schwerer Träger und Wildkörper, Massenverlagerung vor die Vorderläufe.

Sonstiges

Fährte: Ballen nehmen ca. die Hälfte des Trittsiegels ein (spitze Schalen)
Jagdarten: Ansitz, Ansitzbewegungsjagd, Pirsch (schwierig, Damwild äugt gut!)
Krankheiten: Tollwut, Leberegel, Magen-Darmwürmer u. a.

Sikawild

Sikahirsch in der Sommerdecke (oben), im Winter mit Tier und Kalb (Mitte)

Prellsprung des Sikawilds (unten)

Kennzeichen
Gewicht: 30–80 kg (abhängig von Rasse)
Haarkleid: Sommerhaar rotbraun mit weißen Flecken (ähnlich Damwild), Winterhaar dunkelbraun (ohne Flecken oder Flecken angedeutet, verblasst). Hirsch mit starker Brunftmähne. Wenig bewegter, langer Wedel. Weiße Laufbürsten am Hinterlauf (bei Damwild nicht vorhanden)

Lebensraum
Stammt ursprünglich aus Ostasien (Japan, China, Korea, Taiwan, Vietnam), bei uns in Waldgebieten (Mittelgebirgslandschaften) eingebürgert. Größere Vorkommen in Nordrhein-Westfalen, Schleswig-Holstein und Südbaden (Klettgau)

Lebensweise
Lebt ähnlich wie Rotwild gesellig in Rudelverbänden. Sikawild suhlt.

Fortpflanzung
Brunftzeit: Oktober, relativ variabel, Mitte September bis November
Verhalten: Brunftschrei des Hirsches = Pfeifton (auch Pfeifen als Warnlaut). Brunftverhalten ähnlich dem Rotwild.
Setzzeit: Juni (Mai bis Juli, s. Brunft), 1 Kalb
Tragzeit: 32 Wochen
Kreuzungen mit Rotwild möglich, aber unerwünscht; Verwandtschaftsgrad zum Rotwild ungeklärt

Geweihentwicklung
Verläuft ähnlich wie beim Rotwild, Achter ist aber meist die Endstufe.
Abwerfen: April/Mai
Verfegen: Juli bis September

Ernährung und Gebiss
Sikawild zählt zu den Wiederkäuern und ist vom Ernährungstyp her ein Mischäser (Knospen, Triebe, Rinde, Gräser, Kräuter, Mast etc., s. Rot- und Damwild). Es besitzt 34 Zähne mit Grandeln (wie

Rotwild), das Dauergebiss ist mit ca. 30 Monaten vorhanden.

Zahnformel

0	I	III	III
III	I	III	III

Wildschäden: Verbiss-, Schäl-, Fege- und Schlagschäden

Rehwild

Kennzeichen
Bock: Gehörn, Pinsel, nierenförmiger Spiegel im Winter, Durchschnittsgewicht 16–20 kg, Furchung im Unterkiefer (unsicheres Geschlechtsmerkmal)
Geiß: herzförmiger Spiegel mit Schürze im Winter, Gesäuge (Spinne), Durchschnittsgewichte 14–18 kg, keine Furchung im Unterkiefer
Haarkleid: Jung verfärbt vor alt, aber Gesundheitszustand bzw. Kondition häufig ausschlaggebender als Alter! Der Frühjahrshaarwechsel findet im Mai/Juni statt, die Decke bekommt eine rötliche Färbung. Der Herbsthaarwechsel findet im September/Oktober statt, die Decke bekommt eine graubraune Färbung. Der Haarwechsel beginnt deutlich sichtbar am Träger. Daher kann an einer Rehdecke erkannt werden, ob sie vom Frühjahrshaarwechsel oder vom Herbsthaarwechsel stammt. Frühjahr: Haupt und Träger rot, Körper grau. Herbst: Träger grau, Körper rot.

Lebensraum
Flächendeckendes Auftreten in Deutschland von der Küste bis in alpine Lagen (Baumgrenze). Wilddichte in Abhängigkeit von Äsung und Deckung jedoch sehr verschieden. Gute Lebensräume bilden abwechslungsreiche Wald-Feldgebiete (Grünland) mit vielen Grenzlinien zwischen Wald und Offenland. Ursprünglich war das Rehwild ein Bewohner der „Buschrandzone" (deckungsreiche Feldflur). Kulturfolger!

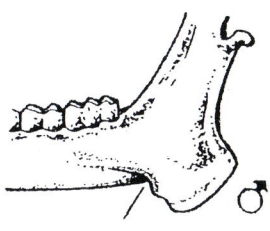

Furche ♂

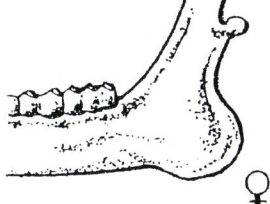

♀

Rehbock

HAARWILD

♂ keine Schürze   ♀ Schürze

Rehwild in der Winterdecke: Deutlich ist die Schürze des weiblichen Stücks rechts zu erkennen.

Lebensweise
Weitgehend standorttreuer (geringer Aktionsradius) Einzelgänger mit jahreszeitlich territorialer Lebensweise (v. a. Böcke). Im Winter bilden sich im freien Feld (Offenland) „Sprünge" (Zusammenschluss zu Notgemeinschaften ohne feste Rangordnung (Feindvermeidung). Soziale Bindung überwiegend nur zwischen Ricken und ihren Kitzen bzw. einjährigen Rehen. Territorien der Böcke werden im Frühjahr (März/April) nach Auflösen der Sprünge und nach Verfegen des Gehörns abgegrenzt. Markierung der Territorien durch „Fegen" und „Plätzen" v. a. im Frühjahr und in der Brunft. Duftdrüsen sitzen an der Stirnlocke, zwischen den Schalen und am Sprunggelenk des Hinterlaufes (= Kastanie mit dunkler Hinterlaufbürste). Das Rehwild ist ein typischer Kulturfolger (sehr anpassungsfähig).

Rehwild ist ein Kurzstreckenflüchter mit hinten überbauter Kruppe, man spricht vom „Ducker" oder „Schlüpfer". Rehe sind mit herkömmlichen Methoden kaum zählbar, so dass vor allem in Waldrevieren eine annähernd zutreffende Bestandsermittlung fast nicht möglich ist.

Duftdrüsenorgane des Rehs und anderer Wildarten:
1 Ballendrüsen, 2 Analdrüse, 3 Viole, 4 Voraugendrüse, 5 Wedeldrüse, 6 Haarbürste (Kastanie), 7 Brunftfeigen, 8 Zwischenschalendrüsen (4 Stck.), 9 Haarbürste (Kastanie), 10 Stirnlockendrüse

Fortpflanzung
Blattzeit: Etwa Mitte Juli/Anfang (Mitte) August (die sehr selten beschriebene Nachbrunft im Dezember, dann ohne Eiruhe, kann wissenschaftlich nicht bestätigt werden, da Rehböcke bereits ab Mitte September nicht mehr fortpflanzungsfähig sind (keine Spermienbildung mehr)
Brunftverhalten: Einzelbrunft: 1 Bock und 1 Ricke/1 Schmalreh zusammen (Kitze werden meist separat abgelegt). Den „Brunftplatz" geben die Ricken und

> **Merke**
> Je höher die Wilddichte, desto größer der Stress innerhalb der Population, desto geringer die Wildbretgewichte, desto geringer die Vermehrung. Zuwachs und Wildbretgewichte sind daher gute Populationsweiser beim Reh.

Schmalrehe durch ihre Lebensraumnutzung vor. Bock verlässt während der Brunft, vor allem in der Endphase auch sein Territorium. Er folgt Duftspuren und Fieplauten der Ricke und treibt sie oft mehrere Stunden (Bildung von „Hexenringen"). Eine Ricke ist nur 2 –3 Tage brunftig. Eigentliche „Blattjagd" (mit Buchenblatt oder Blatter) am Ende (in der zweiten Hälfte) der Brunft am erfolgreichsten. Bei schwülwarmer Witterung sind Böcke am aktivsten.

Brunftlaute:
- Fiepen der Ricke (und Schmalreh) = Locklaut
- Keuchen des Bockes (beim Treiben)
- Sprengfiep der vom Bock getriebenen Ricke
- Angstgeschrei der in Bedrängnis geratenen Ricke

Besonderheit bei Embryonalentwicklung: Eiruhe, Keimruhe, (embryonale Diapause) d.h. nach der Befruchtung erfolgt zunächst (kein), lediglich ein stark verlangsamtes, kaum wahrnehmbares Wachstum des Embryos. Sinn der Eiruhe ist, Brunft und auch Setzzeit in die äsungsreiche Zeit zu schieben (bessere Überlebenschance).

Tragzeit: 40 bis 42 Wochen, davon Vortragzeit etwa 18 Wochen (Eiruhe) und Austragszeit ca. 24 Wochen (ab Dezember, Steuerung über Tageslichtlänge)

Setzzeit: Mai/Juni, 1–3 (meist 2) Kitze, vorjährige Kitze werden abgeschlagen. Kitze werden bis in den Winter (November/Dezember) gesäugt, nehmen aber bereits nach wenigen Tagen Gründsung auf.

Gehörn und Gehörnentwicklung
Der Aufbau des Gehörns erfolgt im Gegensatz zum Rotwild in der äsungsarmen Winterzeit.

Entwicklung des Erstlings- und des Jährlingsgehörns

Mai/Juni: Bockkitz wird ohne Anzeichen von Rosenstöcken geboren

August: mit ca. 3 Monaten Bildung der Rosenstöcke

Herbst: Schieben des Erstlingsgehörns (ohne Rosen)

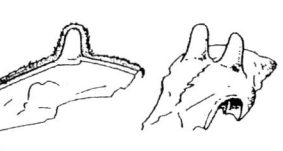

Dezember/Januar: Fegen der Knöpfe

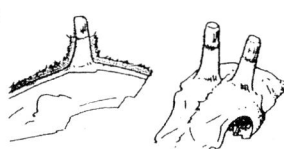

Januar/Februar: Abwurf des Erstlingsgehörns

1. April: Bockkitz wird zum Jährling

Fegen des Jährlingsgehörns

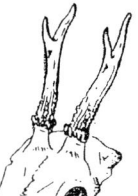

Dezember: Abwurf des Jährlingsgehörns

HAARWILD

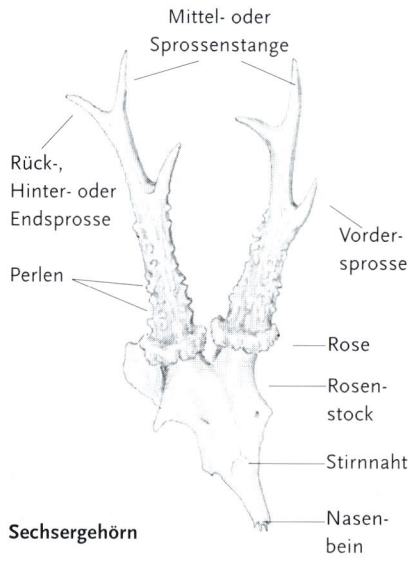

Sechsergehörn

Labels: Mittel- oder Sprossenstange, Rück-, Hinter- oder Endsprosse, Perlen, Vordersprosse, Rose, Rosenstock, Stirnnaht, Nasenbein

Seltener Anblick: Drillingskitze

Zeitlicher Ablauf:
- Mai/Juni: Bockkitz wird ohne Anzeichen von Rosenstöcken geboren
- August: mit ca. 3 Monaten Bildung der Rosenstöcke
- Herbst: Schieben des Erstlingsgehörns (kleine Spieße, Knöpfe ohne Rosen)
- Dezember/Januar: Fegen der Knöpfe
- Januar/Februar: Abwurf des Erstlingsgehörns, Schieben des 2. Gehörns
- April: Das Bockkitz wird zum Jährling!
- Mai/Juni: Fegen des Jährlingsgehörns (2. Gehörn: Spießer, Gabler oder Sechser)
- Dezember: Abwurf des Jährlingsgehörns

Verfegen: März bis Mai (ältere Böcke vor Jährlingen!)
Abwerfen: November bis Dezember
Perückengehörne: Wucherung des Bastgeweihes nach Verletzung des Kurzwildbrets (Hormonstörung). Perückengehörne werden weder gefegt noch abgeworfen.
Gehörne (= Geweihe): unabhängig vom Alter als Spießer, Gabler oder Sechser (selten darüber hinaus) möglich!
Einflussfaktoren: Populationsfaktoren (Wilddichte, Altersklassenaufbau), Umweltfaktoren (Ernährung, Witterung, Klima), Genetik (genetische Veranlagung zum Sechsergehörn ist bei fast allen Böcken vorhanden), Stressfaktoren – auch innerartlicher Stress (Territorialverhalten, Wilddichte!) – sind oft entscheidend. Das bedeutet für den Jäger: Die Trophäenqualität (Trophäenstärke) kann von Jahr zu Jahr stark schwanken, Böcke sind in den Folgejahren schwer wiederzuerkennen.

Ernährung:
Das Reh ist ein Konzentratselektierer, d.h., es nimmt leicht verdauliche, faserarme (cellulosearme) und nährstoffreiche (hoher Mineral- und Eiweißgehalt) Nah-

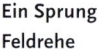

Ein Sprung Feldrehe

Gehörnbezeichnungen beim Rehbock

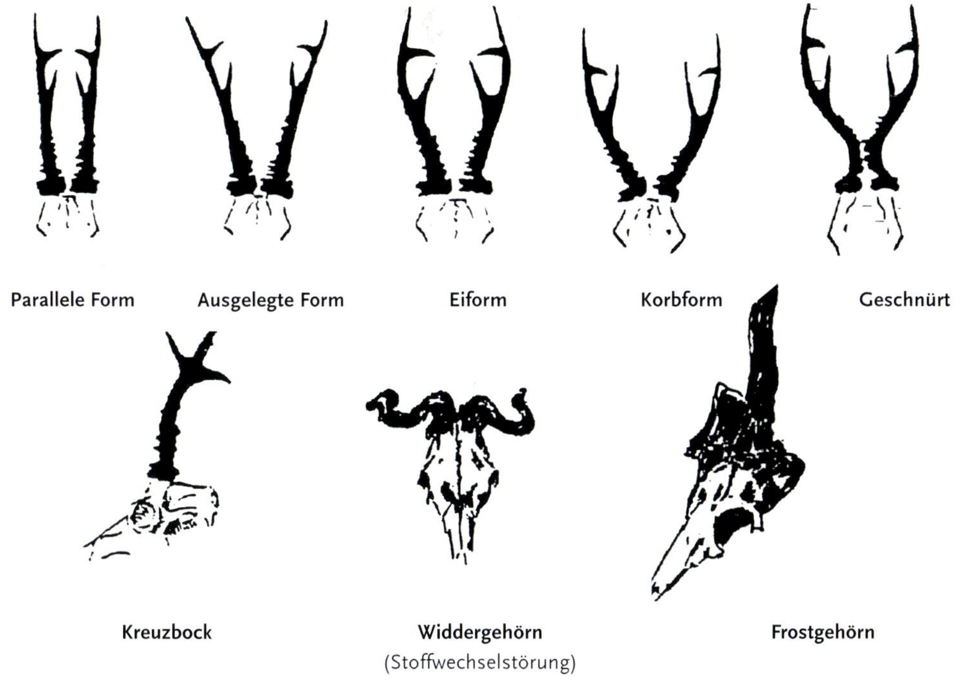

Parallele Form — Ausgelegte Form — Eiform — Korbform — Geschnürt

Kreuzbock — Widdergehörn (Stoffwechselstörung) — Frostgehörn

rung in vielen Äsungsperioden (6–12 je Tag) auf. Sein Wiederkäuermagen zeichnet sich durch einen relativ kleinen Pansen mit vielen Pansenzotten aus. Täglich werden ca. 4 kg Grünäsung aufgenommen, wobei der überwiegende Teil auf das mit der Grünäsung aufgenommene Wasser (ca. 3 kg) entfällt. Rehe selektieren ihre Äsungspflanzen mit ihrem hoch entwickelten Geruchssinn. Grasfresser benutzen dazu ihren Geschmackssinn auf dem kräftigen Lecker.

Bevorzugte Äsungspflanzen:
- Süßgräser und Kräuter: Schafgarbe, wilde Möhre, Kleearten
- Schlagflora: Waldweidenröschen, Himbeere, Brombeere,

Gehörnabnormitäten

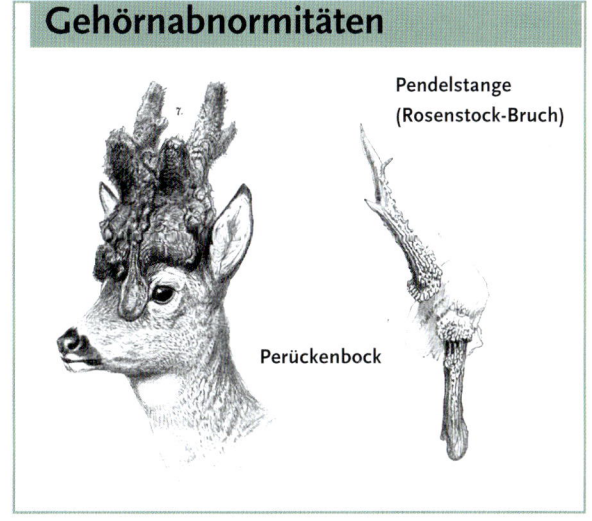

Pendelstange (Rosenstock-Bruch)

Perückenbock

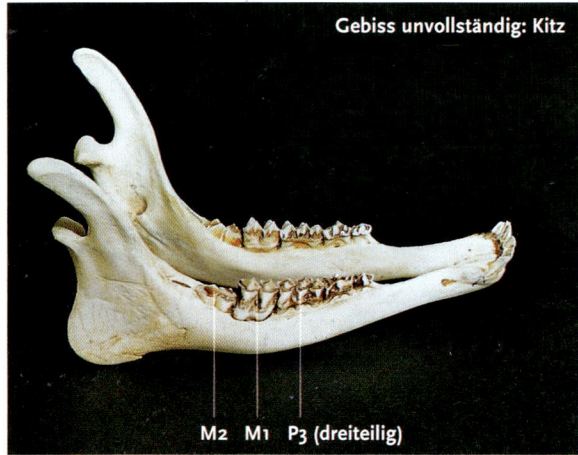

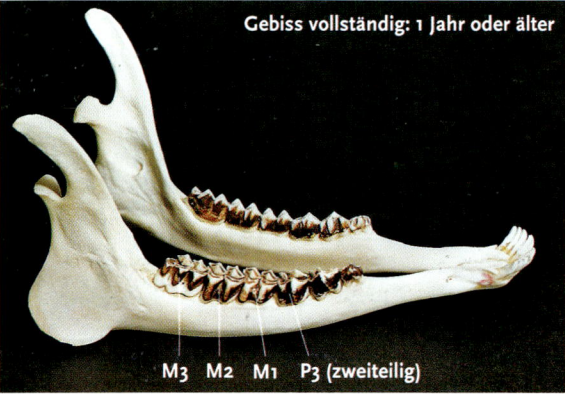

Rehwild im Zahnwechsel: Der 3. Milchprämolar ist bis ca. 1 Jahr noch dreiteilig (oben), der bleibende 3. Prämolar dann zweiteilig.

M I mit 3 Monaten, M II mit 6 Monaten, M III mit 12 Monaten. Wechsel des P III vom Milchgebiss (dreiteilig) zum P III Dauergebiss (zweiteilig) mit 12–13 Monaten. Dauergebiss mit ca. 13 Monaten vorhanden (Rotwild erst mit 31 Monaten)

Hinweis: Die von Jägern bezeichneten Zähne P 1, P 2 und P 3 entsprechen nicht den *wissenschaftlichen* Bezeichnungen. Wissenschaftlich handelt es sich um die Zähne P 2, P 3 und P 4. Entwicklungsgeschichtlich ist also nicht P 4 weggefallen, sondern P 1. Wir bleiben aber in der Jägerei bei der üblichen Betrachtung.

Altersstufen beim Rehwild:
Die Hege- und Abschussrichtlinien der einzelnen Bundesländer definieren die Klassen leider nicht einheitlich. Was in dem einen Bundesland Klasse I darstellt,

▸ Forstpflanzen: Tanne, Eiche, Buche, Kirsche, Esche, Ahorn (v. a. Triebe u. Knospen)
Wildschäden: Fege-, und Verbissschäden, keine Schälschäden!
Gebiss: 32 Zähne (nur ausnahmsweise Grandeln)

Zahnformel

0	0	III	III
III	I	III	III

Altersabschätzung nach Zahnabschliff

Die Altersschätzung nach dem Zahnabschliff ist und bleibt eine „Schätzung"! Das genaue Alter nach dem Zahnabschliff ist wissenschaftlich nur durch Markierung der Kitze festzustellen. Jagdliche Institute nehmen Altersbestimmungen auf Wunsch vor. Hierbei werden das Zementzonenverfahren (Jahresringe an den Schneidezähnen) und verschiedene Vergleichsverfahren angewandt. Auch die Dentinfarbe wird berücksichtigt, wobei dunkles Dentin auf einen härteren Zahnschmelz hinweist, helles Dentin auf weicheren Zahnschmelz. Beim Abschliff kommt es jedoch auf die Herkunft des Kiefers an (Sandboden: starker Schleifeffekt).

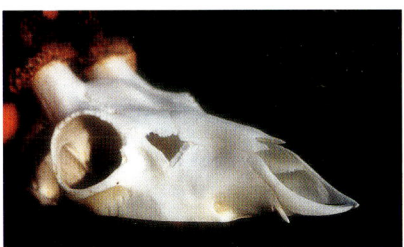

Ausgesprochen selten: Grandeln beim Rehwild

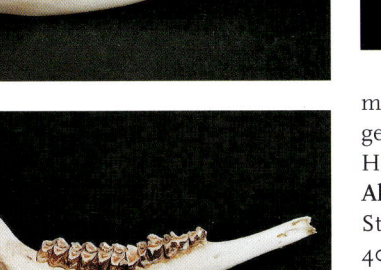

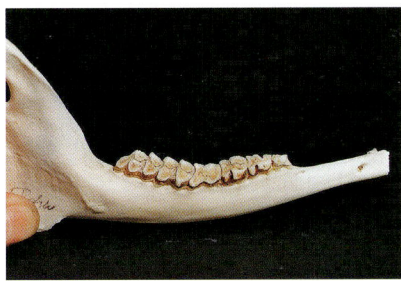

Abschliff an Unterkieferzähnen, von o. nach u.: 2–4 Jahre (Kunden vorhanden), 5–7 Jahre (vordere Kunde des M1 verschwunden) und über 8 Jahre (alle Kunden fast verschwunden) alt

ist in einem anderen Bundesland Klasse III. Deshalb sollten Sie sich nach den Vorschriften der Region, die Sie betrifft, erkundigen. Am einfachsten geht dies über die örtliche Vereinigung der Jäger oder über die Untere Jagdbehörde.

Jugendklasse: Kitze (Bock- u. Geißkitze), Jährlinge u. Schmalrehe. Abschussprozent mindestens 60 %. Erkennungsmerkmale junger Stücke: schmaler Träger, zierliche Figur, hoch getragenes Haupt

Altersklasse: Zweijährige und ältere Stücke. Abschussprozent höchstens 40 %, mittelalte 10–15 %, alte: 25–30 %.

Erkennungsmerkmale alter Stücke: breiter Träger, breites Haupt, starker Vorschlag

Altersschätzung: Am lebenden Stück im Gegensatz zum Rotwild extrem schwierig. Schätzung des Alters in Altersstufen bei Einbeziehung aller Alterskriterien (Fegen, Verfärben, Körperbau, Gesichtsausdruck, Verhalten, Figur etc.) entsprechend der Bewirtschaftungsrichtlinien mit Abstrichen möglich

Knopfböcke: In der Regel schwach entwickelte Jährlinge (teilweise mit Erstlingsgehörn), jedoch in jeder Altersstufe möglich. Ursache: zu hohe Wilddichte, frühzeitiger Verlust der Ricke, überalterte Ricken, Stress, Krankheiten

Jugendklasse: Jährling und Schmalreh

Sonstiges
Anpassung an den Winter: Absenken des Stoffwechsels und der Aktivität, Anlage von Feist im Herbst (v. a. Nierenfeist), Reduzierung des Pansenvolumens und der Zahl und Größe der Pansenzotten
Lautäußerungen:
▶ Fiepen der Ricken (lockt den Bock oder das Kitz)
▶ Fiepen der Kitze (lockt die Geiß)
▶ Sprenglaut (vom Bock getriebene Geiß)
▶ Angstgeschrei (getriebene, nicht brunftige Ricke)
▶ Keuchen des Bockes (beim Treiben)
▶ Schrecken (Unmutsäußerung z. B. bei Störungen)
▶ Klagen
Krankheiten: Tollwut, Strahlenpilz, Rachenbremsen, Hautdassheln, Magen- u. Darmwürmer, Zecken
Jagdarten: Ansitz, Pirsch, Ansitzbewegungsjagd, Blattjagd (= Lockjagd in der Blattzeit)

Die wichtigsten weidmännischen Ausdrücke beim Rehwild

Altgeiß (Altreh)	weibliches Reh nach dem ersten Setzen
abspringen	davonlaufen, flüchtig werden
blatten	Nachahmen des Fieptons der brunftigen Geiß
Bastbock (Kolbenbock)	Bock während des Geweihwachstums
Blattzeit	Begattungszeit
Blume	Wedel (s. u.)
Bock (Rehbock)	männliches Rehwild
Bockkitz	männliches Kitz
Feuchtblatt	Geschlechtsteil des weiblichen R.
fiepen	Lautäußerung
führend	weibliches Wild, wenn es ein Kitz hat
Gabler (Gabelbock)	Bock mit zwei Enden an jeder Geweihstange
Gehörn (Gewicht)	Kopfschmuck des Bockes (Gehörn ist ein gebräuchlicher, aber unzutreffender Ausdruck, biologisch richtig ist die Bezeichnung Geweih)
Gais	österr. Schreibweise für Geiß (s. u.)
Geiß	süddt. Ausdruck für ein weibliches Reh
Geißkitz	süddt. Ausdruck für ein weibliches Kitz
Geltgeiß	unfruchtbare Geiß oder Ricke (Rehe sind bis ins hohe Alter fortpflanzungsfähig, eine nicht führende Geiß ist deshalb in den seltensten Fällen gelt, d. h. unfruchtbar)
Grind	süddeutscher Ausdruck für Gesicht
Jährling	einjähriger Rehbock

Die wichtigsten weidmännischen Ausdrücke beim Rehwild (Fortsetzung)

Kitz (Rehkitz)	R. vom Setzen bis zum 31. März des auf das Setzen folgenden Jahres
Kitzbock	süddt. und österr. Bezeichnung für Bockkitz (s. o.): männliches Kitz
Kitzgeiß	weibliches Reh, das ein Kitz führt
Kolbenbock	Bastbock (s. o.)
Mörder	Bezeichnung für einen älteren Bock mit langen dolchartigen Spießen (nicht jeder Spießer ist ein Mörder, ein Mörder aber fast immer ein Spießer)
Muffel (Windfang)	Nase
Muffelfleck	heller Fleck über dem Windfang
Pinsel	Geschlechtsteil des männlichen R.
plätzen	kleine Bodenmulde scharren
Ricke	weibliches R.
Rickenkitz	weibliches Kitz
schmälen	Lautäußerung
Schmalreh	weibliches R. vom 1. April des auf das Setzen folgenden Jahres bis zum 31. März des auf das Setzen folgenden 2. Jahres
schrecken	Lautäußerung
Schürze (Wasserzeichen)	helle Haare am weiblichen Geschlechtsteil
Sechser	Bock mit drei Enden an jeder Geweihstange
Spiegel	heller Fleck um das Weidloch
Spießer	Bock mit einfachen Spießen als Kopfschmuck
Sprung	Ansammlung mehrerer Rehe
übersetzen	Überspringen eines Hindernisses
Wasserzeichen	Schürze (s. o.)
Wedel (Blume)	ca. 2 cm langer, im Haar versteckter Wedel (Schwanz)
Windfang	Muffel (s. o.)

Die übrigen weidmännischen Ausdrücke sind – soweit anwendbar – dieselben wie beim Rotwild.

Elchwild

Kennzeichen

Elchwild zählt zu den Trughirschen und ist mit dem Rehwild näher verwandt als der Rothirsch.

Der Elch ist die größte europäische Cervidenart (300–500 kg). Er hat einen dunkelbraunen Wildkörper mit hellen, sehr hohen Läufen. Die Kälber des Elchwilds sind ohne Flecken. Die Schalen sind weit spreizbar.

100 HAARWILD

Elchhirsch oder Schaufler

Elchtier

Geweihstufen des Elchhirsches

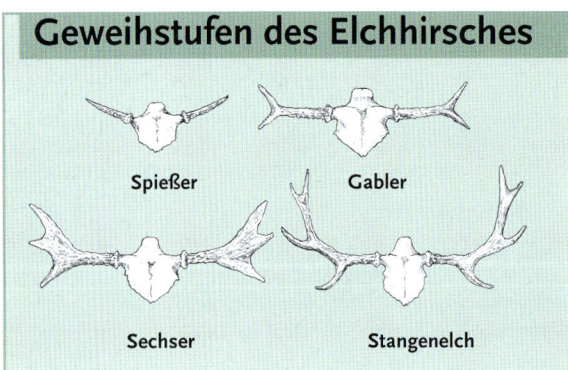

Spießer — Gabler — Sechser — Stangenelch

Lebensraum
Feuchte Waldgebiete, Moore, Sümpfe, Erlenbrüche v. a. in Skandinavien, Russland, Karelien, Polen (Nordamerika), teilweise aber auch in Brandenburg, Bayern und gelegentlich in anderen Bundesländern

Lebensweise
Im Sommer weitgehend Einzelgänger, im Winter Bildung von kleinen Gruppen, teilweise auch im Sommer kleinere Hirschgruppen, die aber nicht als Rudel im eigentlichen Sinne gelten können

Fortpflanzung
Brunftzeit: September/Oktober
Verhalten: Einzelbrunft (keine Brunftrudel), nasales Stöhnen der Hirsche, Brunftkuhlen
Tragzeit: 8 Monate, 1–2 Kälber

Ernährung
Der Elch ist wie das Reh ein Konzentratselektierer. Er bevorzugt Gräser, Kräuter, Wasserpflanzen und Weichhölzer.

Geweih
Nach der Ausbildung des Geweihs unterscheidet man Schaufelelch und Stangenelch.
Verfegen: August
Abwerfen: November bis Januar

Gebiss
Das Elchgebiss besteht aus 32 Zähnen (ohne Grandeln). Mit 18–20 Monaten ist das Dauergebiss vollständig.

Muffelwild (Wildschaf)

Kennzeichen
Nur Widder tragen Schnecken, Schafe nur teilweise mit kleinen „Stümpfen" (bis 20 cm lang). Widder ab dem 2. Lebensjahr meist mit deutlichem Sattelfleck (Schabracke, teilweise auch bei Jährlingen und Widderlämmern); heller Spiegel
Gewichte: Widder 30–40 kg, Schafe 20–30 kg, Lämmer: 10–15 kg

Lebensraum
Die ursprüngliche Heimat des Muffelwildes ist Kleinasien (Stammform ausgestorben). In der Jungsteinzeit gelangten Mufflons mit dem Menschen nach Europa, auch auf Korsika und Sardinien. (von dort Ausbreitung durch den Menschen, auf dem Festland vorher wieder ausge-

> **Merke**
> Wenn Jäger oder Jägerin von Wildbretgewichten sprechen, reden sie nicht vom Lebendgewicht, sondern immer vom Gewicht aufgebrochen (ausgeweidet) mit Haupt.

Muffelwidder

Widder und Muffelschafe

storben). Sehr anpassungsfähig, ausschlaggebend sind vor allem die Zahl der Schneetage und die durchschnittliche Schneehöhe. Es bevorzugt trockenwarme Regionen mit felsigem Untergrund. Sehr standorttreu. Die kopfstärksten Vorkommen in Deutschland leben in Rheinland-Pfalz, Brandenburg, Thüringen, Sachsen-Anhalt, Sachsen, Nordrhein-Westfalen und Niedersachsen.

Lebensweise
Das Muffelwild lebt sozial in Rudelverbänden. Die Rudel sind meist nach Ge-

Weidmännische Ausdrücke beim Muffelwild

bähen	Lautäußerung (dem Blöken des Hausschafes ähnlich)
Einwachser	männliches Stück mit abnormem Schneckenwuchs in Richtung Träger oder Äser
flehmen	Der brunftende Widder hebt das Haupt und öffnet den Äser, dabei gibt er einen brummenden Ton von sich
Geltschaf	weibliches, nicht führendes oder unfruchtbares Stück
Kragen (Vlies)	Haare am Träger des Muffelwidders
lämmern (setzen)	gebären
meckern	Lautäußerung der Lämmer und Schafe
muffeln	Bewegung der Lefzen und Kiefer, wobei ein seltsamer Laut entsteht
Sattelfleck (Schneefleck, Schabracke)	heller bis fast weißer Fleck an den Seiten des Rückens (beim Widder), der sich im Alter von etwa zweieinhalb Jahren bildet
Schaf (Wildschaf)	weibliches Stück
Schaflamm	weibliches Jungtier bis zum 31. März des auf die Geburt folgenden Jahres
Schläuche	einzelne Hörner
Schmalschaf	weibliches Stück vom 1. April des auf die Geburt folgenden Jahres bis zum Setzen des ersten Lammes
Schnecke	der ganze Hauptschmuck des Muffelwidders
Schneefleck	Sattelfleck (s. o.)
Stümpfe	gelegentlich vorkommende kleine Hörner beim weiblichen M.
Vlies	Kragen (s. o.)
Weißarsch	alter Ausdruck für M.
Widder	männliches Stück (Widder sind ein-, zwei-, dreijährig, dann gut, stark, kapital)
Widderlamm	männliches Junges bis zum 31. März des auf die Geburt folgenden Jahres
Wildschaf	Schaf (s. o.)

Die übrigen weidmännischen Ausdrücke sind – soweit anwendbar – dieselben wie beim Rotwild.

Unerwünschte Hornwachstumsformen

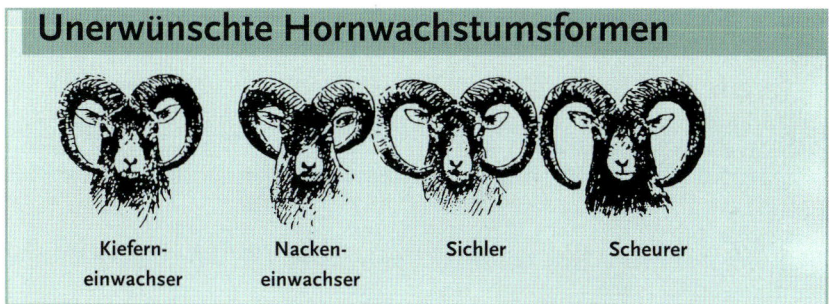

Kiefern-einwachser   Nacken-einwachser   Sichler   Scheurer

schlechtern getrennt. Ältere Widder bilden häufig kleine Trupps. Muffelwild ist tagaktiv (äugt hervorragend).

Fortpflanzung
Brunftzeit: Oktober bis November (Dezember)
Verhalten: Frontalkampf der Widder, bei dem sie die Stirnplatten und Schnecken gegeneinanderrammen
Setzzeit: April, 1 (2) Lamm, eventuell Herbstlämmer (Frühjahrsbrunft)

Ernährung
Äsungstyp: Das Muffelwild ist ein typischer Gras- bzw. Raufutterfresser.
Gebiss: 32 Zähne, Dauergebiss mit ca. 46 Monaten vollständig
Wildschäden: Verbissschäden, Schälschäden

Hornwachstum
Die erste Hornbildung beginnt zwischen dem 3. und 5. Lebensmonat. Der älteste Hornteil sitzt an der Spitze (Basiswachstum). Das stärkste Wachstum erfolgt in den ersten 3 Lebensjahren. Mit ca. 7 Jahren sollte die Schnecke Augenhöhe erreichen.
Einwachser: Schneckendrehung nach innen, die Schnecken wachsen in den Träger des Widders ein

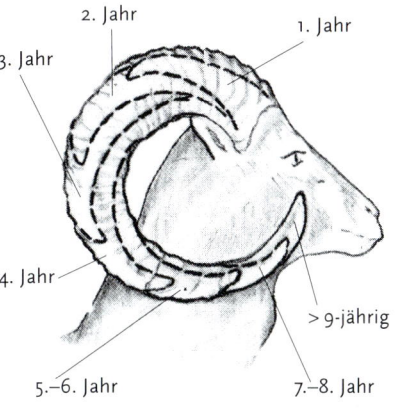

Wachstum der Widderschnecke

Scheurer: Schneckendrehung nach innen, Schnecken scheuern am Träger

Sonstiges
Krankheiten: Moderhinke (bakteriell), Schalenauswüchse, Einwachser, Scheuerer, Tollwut
Jagdarten: Ansitz (Muffelwild ist sehr unstet), Bewegungsdrückjagd, Pirsch (Muffelwild äugt sehr gut)

Gamswild (Gämsen)

Kennzeichen
Haarkleid: Sommerhaar fahlgelb mit dunklem Aalstrich, Winterhaar dunkelgrau bis tiefschwarz (Kohlgams). Zügel

HAARWILD

Gamsrudel im typischen Lebensraum

im Gesicht (je älter, umso verwaschener)
Böcke: Stark gehakelte Krucken (180°, Spitze zeigt auf Haupt oder Träger), runder Querschnitt der Krucken, starker Durchmesser der Krucken, Pinsel (Alterskennzeichen), 25–40 kg Wildbretgewicht
Geißen: Schwache Krümmung der Krucken (90–130°, Spitze zeigt auf Rücken oder Keulen), Geißkrucke ovaler Querschnitt und meist geringerer Durchmesser. Zum Teil mit Gesäuge. 20–30 kg Wildbretgewicht

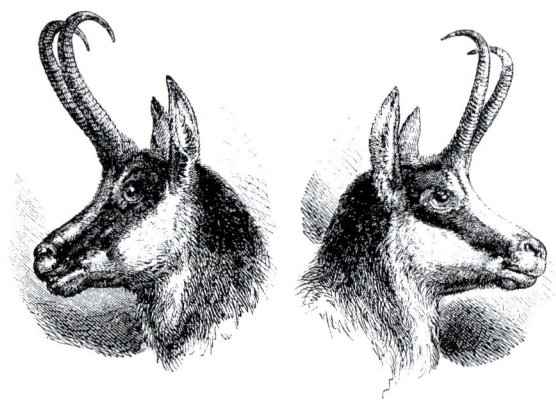

Die Krucken der Gamsgeiß (re.) sind in der Regel schwächer gehakelt (ca. 130°) als die des Gamsbocks (li., ca. 180°).

Gamsbock

GAMSWILD

Lebensraum
Gamswild kommt in alpinen Hochlagen vor. In Deutschland findet man es in den bayrischen Alpen und im Hochschwarzwald.

Lebensweise
Das Scharwild (Geißen und Jungwild) ist gesellig. Junge Böcke bilden oft kleine Trupps, Altböcke sind meist Einzelgänger. Gamswild ist tagaktiv.

Fortpflanzung
Brunftzeit: November bis Dezember
Verhalten: Mitunter wilde Verfolgungsjagden unter den Böcken im Tiefschnee. Dadurch haben Böcke einen hohen Energieverbrauch während der Brunft. Nach der Brunft ist keine Feistanlage mehr möglich (Nahrungsangebot), weshalb Böcke eine geringe Lebenserwartung haben und es unter ihnen zu beachtlichen Verlusten kommen kann.
Geschlechtsreife: Geißen führen häufig erst im 4. Lebensjahr ihr erstes Kitz.
Setzzeit: Mai bis Juni, 1, selten 2 Kitze

Hornentwicklung
Beginn des Hornwachstums mit ca. 3 Monaten. Die Höhe der Krucke ist im Wesentlichen mit 4–5 Jahren festgelegt, anschließend nur noch „Millimeterringe". Die Höhe der Krucke ist unabhängig vom Geschlecht.

Ernährung
Ernährungstypus: Die Ernährung des Gamswilds umfasst eine sehr breite Äsungspalette. Im Sommer werden Grä-

Gamsgeiß mit Kitz

Gebundener Gamsbart

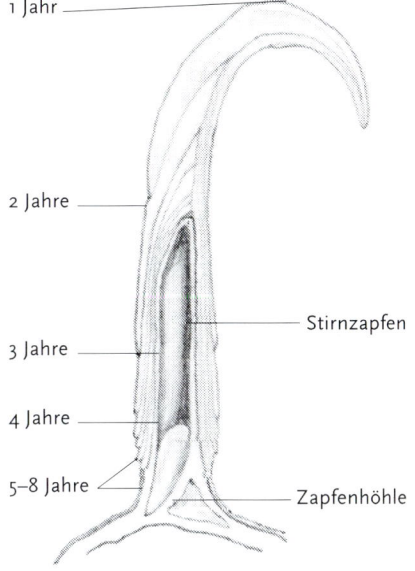

Gamskrucke im Längsschnitt

- 1 Jahr
- 2 Jahre
- 3 Jahre
- 4 Jahre
- 5–8 Jahre
- Stirnzapfen
- Zapfenhöhle

Weidmännische Ausdrücke beim Gamswild

Bartgams	Gamsbock mit Bart im Winterhaar
Bezoare	Gamskugeln (s. u.)
blädern	Brunftlaut des Bockes
Bockkitz	männliche Gams (s. u.: Gamskitz) im ersten Lebensjahr
Brunftfeigen	eine beim Gamswild während der Brunft anschwellende und am Hinterhaupt (hinter den Krucken) liegende Drüse. Sie schwillt vor allem beim Bock stark an und scheidet ein fettiges, übel riechendes Sekret aus.
Faselzeug	Geraffel (s. u.)
Gamsbart	lange Haare entlang des Rückgrats
Gamsbock	männliche Gams nach Vollendung des ersten Lebensjahres
Gamsgeiß	weibliche Gams nach Vollendung des ersten Lebensjahres
Gamskitz	junges G. bis zum 31. März des auf das Setzen folgenden Jahres
Gamskugeln	verklebte, harzige Pflanzenhaar- und Tierhaarbälle im Pansen
Geißkitz	junge, weibliche Gams bis zum 31. März des auf das Setzen folgenden Jahres
Geraffel (Faselzeug, Scharwild, Scharl)	Rudel, bestehend aus Geißen, Kitzen und noch nicht geschlechtsreifen Böcken
Gratgams	Gams der Hohen Bergregion
Grind	Haupt
Haberl (Standerl, Steherl)	Verhoffen, kurzes Stehenbleiben flüchtiger Gämsen
hakeln	Kampf und Abwehr mit der Krucke
hornen	Reiben der Krucken an Ästen, Büschen und Bäumen; s. u.: Pechkrucke
Kitzgeiß	führende Geiß, Geiß mit Kitz
Kohlgams	besonders dunkel gefärbte Gams im Winterhaar
Krickel (Krucke)	Hauptschmuck
Latschenbock	Bock, der im Sommer in den Latschen steht
Laubbock (Laubgams, Stoßbock)	Bock (Gams), der (das) im Sommer in tieferen Lagen (im Wald) steht
Leitgeiß (Leitgams)	die eine Gruppe Gämsen anführende Geiß
meckern	Lockruf der Geiß oder des Kitzes
Pechbock	Bock, dessen Krucken mit Latschen-Pech (Harz) belegt sind
Pechkrucke	Krucke mit Latschen-Pechbelag; s. o.: hornen
pfeifen	Lautäußerung bei Erregung, Unsicherheit und zur Warnung
Reim (Reif)	helle Spitzen der Gamsbarthaare. Der Gamsbart ist angereimelt.
Scharwild (Scharl)	Geraffel (s. o.)

Weidmännische Ausdrücke beim Gamswild
(Fortsetzung)

Schlauch	einzelnes Horn des Hauptschmuckes
schlagen	Bearbeiten von Büschen mit der Krucke
Schmalgeiß	weibliche Gams vom Beginn des zweiten Lebensjahres (1. April) bis zum ersten Setzen
Standerl (Steherl)	Haberl (s. o.)
Sommergams	Gams vor dem herbstlichen Haarwechsel
Stoßbock	Laubbock (s. o.)
verfärben	Haarwechsel
Wachler	Gamsbart, aber auch Gamsbock mit starkem Bart
Waldgams	die Waldregion bewohnende Gams
Zapfen	zapfenförmiger Schädelfortsatz, auf dem der Schlauch aufsitzt
Zügel	braunschwarze Streifen, die durch die helle Gesichtsfärbung über die Backe vom Äser zu den Lichtern verlaufen und mit den Jahren verblassen

Die übrigen weidmännischen Ausdrücke sind – soweit anwendbar – dieselben wie beim Rotwild.

ser und Kräuter der alpinen Hochrasen (Almwiesen) geäst – Konzentratselektierer. Im Winter besteht die Nahrung aus Trieben und Knospen der Waldbäume – Raufutterfresser. Man kann also bei Betrachtung des gesamten Jahreskreislaufes von einem Mischäser sprechen.
Gebiss: 32 Zähne, Dauergebiss mit ca. 42 Monaten vollständig
Wildschäden: Vor allem Verbissschäden in Waldregionen (Schutzwald)

Sonstiges
Krankheiten: Gamsblindheit, Gamsräude (Milben)
Jagdarten: Vor allem Pirsch bei Tage, früher auch Riegeljagd (= Drückjagd unter Ausnutzung von Zwangswechseln)
Trophäe: Gamsbart (möglichst mit „Reif") bei Winterböcken (hintere Rückenlinie), Gamskrucke (bei Bock und Geiß)
Lautäußerungen: Pfeifen (Warnlaut), Meckern, Blädern (Brunft)
Brunftfeigen: Duftdrüsen hinter der Krucke (s. S. 92), schwellen beim Bock zur Brunftzeit stark an (Moschusduft)

Steinwild (Wildziegenart)

Kennzeichen
Hell- bis dunkelbraun: „Fahlwild"; Böcke: 80–100 kg, bis 100 cm Hornlänge; Geißen: 20–50 kg, bis 30 cm Hornlänge

Lebensraum
Bis auf die Population im italienischen Aostatal sind sämtliche heutigen europäischen Vorkommen auf Wiederein-

HAARWILD

Weidmännische Ausdrücke beim Steinwild

Steinbock	männliches Stück
Steingeiß (Steinziege)	weibliches Stück
Steinbockkitz	junges männliches Stück bis zum 31. März des auf das Setzen folgenden Jahres
Steingeißkitz	junges weibliches Stück bis zum 31. März des auf das Setzen folgenden Jahres
Steinkitz	junges Stück unbestimmten Geschlechts bis zum 31. März des auf das Setzen folgenden Jahres
Herzkreuz	der Herzknorpel, die verknöcherte Sehne des Herzmuskels
Gehörn (Horn)	Hauptschmuck
Schmuckwülste (Knoten, Schocke)	Wülste auf dem Horn

Die übrigen weidmännischen Ausdrücke sind – soweit anwendbar – dieselben wie beim Gamswild.

bürgerungen oder Einbürgerungen zurückzuführen (zuvor ausgerottet). Steinwild lebt überwiegend in den Hochlagen der Alpen, meist oberhalb der Baumgrenze (oberhalb der Gams), mitunter aber auch in tiefer gelegenen Waldregionen.

Lebensweise
Lebt gesellig in nach Geschlechtern getrennten Rudeln

Fortpflanzung
Brunft: Dezember/Januar
Setzzeit: Juni, 1

Starke Steinböcke

Steingeiß mit Lamm

Tragzeit: 150–180 Tage

Besonderheiten
Bezoare: fest verfilzte Haar- und Faserballen im Magen
Herzkreuzl: Herzknorpel (kreuzförmige Verknöcherung der Aorta)

Wisent (Wildrind)

Kennzeichen
Größte Wildrindart Europas (bis zu 1000 kg)

Lebensraum
Unterholzreiche Mischwälder (Waldrind), Vorkommen in Polen und Russland

Lebensweise
Wisente leben gesellig in Rudeln.

Fortpflanzung
Brunft August bis September (Oktober), Tragzeit etwa 9 Monate (Körpergröße und lange Tragzeit korrelieren), geringe Vermehrungsrate, späte Geschlechtsreife, erreichen ein hohes Alter

Wisentherde

Färbung: Sommerhaar meist silbrig-hell, Winterhaar meist dunkel (braun bis schwarz), Frischlinge bis etwa 3–4 Monate mit dunkelbraunen Streifen und meist rötlich brauner Färbung im ersten Winter. Charakteristisch sind die gespaltenen Deckhaare (Federn).
Wildbretgewichte: Stark schwankend und unabhängig vom Alter! Starker Keiler 100–200 kg, starke Bache 50–100 kg, Überläufer (= 1-jährig) 25–80 kg, Frischling bis 50 kg und darüber

Schwarzwild

Kennzelchen
Schwarzwild ist die einzige jagdlich relevante Schalenwildart, die ein Allesfresser ist und nicht wiederkäut. Das Wildschwein ist die Stammform des Hausschweins (Kreuzungen zwischen beiden sind noch möglich.)
Körperbau: Schwarzwild besitzt einen gedrungenen Körper, einen langen Wurf und dreieckige, spitze „Teller" (Ohren)

Wisentbulle

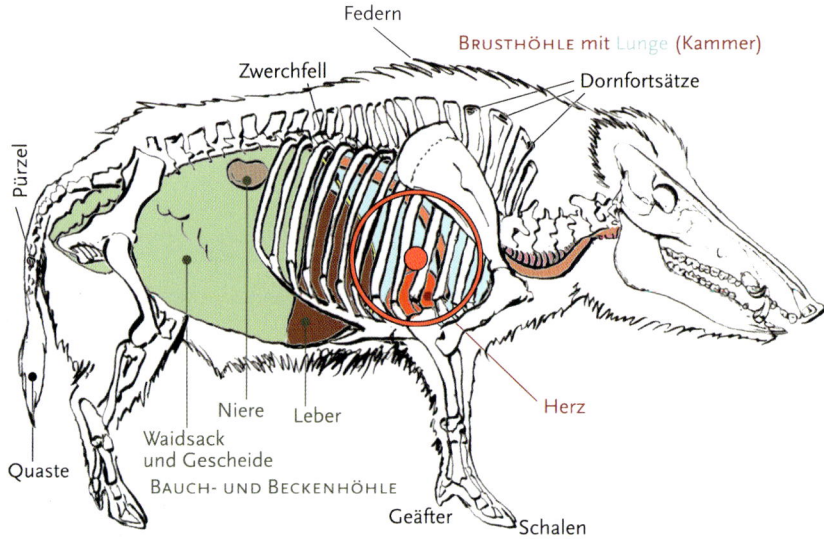

Lebensraum

Ursprünglich war das Schwarzwild ein Bewohner von Sumpflandschaften, heute kommt es in Deutschland fast flächendeckend in sämtlichen Lebensräumen vor (hohe Schäden in Agrargebieten). Bevorzugt werden Laubmischwälder mit hohem Anteil an Eichen und Buchen (Mast) sowie angrenzende Felder (Getreide und Hackfrüchte). In den letzten Jahrzehnten hat sich sein Verbreitungsareal stark ausgedehnt.

Lebensweise

Ursprünglich tagaktiv, heute dämmerungs- und nachtaktiv. In ungestörten Gebieten wird Schwarzwild wieder tagaktiv mit einer nächtlichen Hauptruhezeit von mehreren Stunden.

Lebt gesellig in Rotten (Familienverbänden = meist Bachen plus Frischlinge plus Überläufer). Alle Mitglieder der Rotte sind miteinander verwandt. Überläuferkeiler müssen mit spätestens 18 Monaten die Rotte verlassen und bleiben anschließend meist noch ein halbes Jahr zusammen (Überläuferrotte). Spätestens ab dem 3. Lebensjahr sind Keiler reine Einzelgänger. Die Überläuferbachen bleiben häufig in der Rotte, die von einer Leitbache geführt wird. Die Leitbache ist stets das älteste Stück in der Rotte (unab-

Keiler

Keiler von vorn mit auffällig spitzen Tellern

SCHWARZWILD

Bache mit noch gestreiften Frischlingen, Striche (Zitzen) deutlich zu erkennen

Überläuferrotte

hängig vom Gewicht). Die Altersstruktur entscheidet über soziale Stellung innerhalb der Rotte. Schwarzwild suhlt und besucht anschließend Malbäume.

Streifgebiete

Bei einer Untersuchung wurde festgestellt, dass eine Rotte in einer Nacht zwischen einem und zehn, im Durchschnitt vier Kilometer zurücklegen kann. Die mittlere Größe des Hauptstreifgebietes von Familienrotten betrug 320 ha, die der Überläufer 540 ha. In Ausnahmefällen dehnte das Schwarzwild diese Hauptstreifgebiete auf 770 ha aus. Die Bandbreite der Raumnutzung variierte in einem großen Rahmen von 150 ha bei Rotten bis 2500 ha bei Überläuferbachen und sogar über 3000 ha bei Keilern. Bei der Wanderbereitschaft gibt es Unterschiede zwischen dem Geschlecht und Alter sowie der Jahreszeit. Die Streifgebiete sind im Winter und Frühjahr kleiner als im Sommer.

Fortpflanzung

Rauschzeit: November bis Januar (z. T. regional ganzjährig = Rauschchaos).

Geschlechtsreife: 8–10 Monate (abhängig vom Gewicht sind Frischlinge an der Rausche bereits beteiligt).
Verhalten: Keiler schließen sich den Rotten an. Es kommt z. T. zu erbitterten Kämpfen zwischen Keilern.
Ablauf: Leitbache für „Rauschsynchronisation" verantwortlich, d. h., sie soll ein Sekret absondern, sodass alle Bachen einer Rotte genau zum gleichen Zeitpunkt rauschig werden. Dadurch ergäbe sich ein gleicher Frischtermin innerhalb der Rotte, daher entstehen gleiche Überlebenschancen für alle Frischlinge. Bei Verlust der Leitbache kann es zum „Rauschchaos" kommen, also rauschen zu allen Jahreszeiten, was zum ganzjäh-

Schwarzwild-Malbaum

Bezeichnungen in Abhängigkeit vom Alter

	männlich	weiblich
im 1. Lebensjahr	Frischlingskeiler	Frischlingsbache
im 2. Lebensjahr	Überläuferkeiler	Überläuferbache
ab 3. Lebensjahr	Keiler	Bache

rigen Frischen führt. Zeitliche Schwankungen gibt es zwischen Rotten desselben Lebensraumes (Einstandsgebietes).
Tragzeit: Etwa 4 Monate (Merke: 3 Monate, 3 Wochen, 3 Tage)

Schwarzwildschädel mit bleibendem Gebiss (44 Zähne)

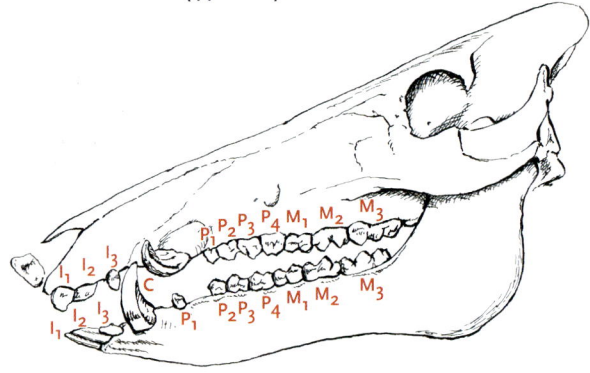

Frischzeit: Überwiegend Februar bis Mai (ganzjährig). Bache sondert sich kurz vor dem Frischen von der Rotte ab (Einzelgänger). Anlage eines Wurfkessels aus Zweigen, Farn, Gras (höhere Temperaturen).
Wurfstärke: Abhängigkeit vom Alter, jüngere Bachen 2–4 Frischlinge, ältere Bachen 6–10 Frischlinge. Frischlinge kommen sehend und behaart zur Welt.
Säugezeit: 3–4 Monate. Wildschweine haben im Gegensatz zu Hausschweinen nur 8 produktionsfähige Zitzen. (Striche). Frischlinge saugen nach wenigen Tagen meist „zitzentreu" (bevorzugt hintere Zitzen), daher sind nur 8 Frischlinge überlebensfähig. Verwaiste Frischlinge werden meist in der Rotte geduldet, aber oft nicht gesäugt, aber Adoption ist möglich.

Ernährung
Schwarzwild zählt zu den Allesfressern (Nahrungsgeneralist und -opportunist). Es besitzt ein Allesfressergebiss mit 44 Zähnen sowie einen Allesfressermagen, d.h. einen großen, einkammrigen sackartigen Drüsenmagen (Weidsack). Die Nahrungszusammensetzung richtet sich nach dem Angebot (Jahreszeit) und individuellen Gewohnheiten.
Vorzugsnahrung:
- Baummast: Eicheln, Bucheckern, Esskastanien
- Getreide: Mais, Weizen, Hafer (insbesondere zur Milchreife)
- Kartoffeln
- tierische Nahrung, z. B. Engerlinge, Würmer, Mäuse, Aas, Gelege, Säugetiere bis Rehkitzgröße

Wildschäden: Überwiegend Feldschäden, Fraßschäden (Getreide, Kartoffeln), Wühlschäden durch Brechen im Grünland (Suche nach Regenwürmern und Engerlingen)

Gebiss
Allesfressergebiss: 44 Zähne, Mittelstellung zwischen Raubtiergebiss (spitze, scharfe Zähne im vorderen Teil) und

SCHWARZWILD

Aufgesetzte Keilerwaffen

Aufgesetzte Bachenhaken

Wiederkäuergebiss (breite Mahlzähne im hinteren Teil). Milchgebiss mit 28 Zähnen, bei der Geburt bereits kleine Schneidezähne vorhanden

Zahnformel

III	I	IV	III
III	I	IV	III

Zahnwechsel: Ausbildung von MI, MII, und MIII
MI: 6 Monate = Frischling (erstes Lebensjahr)
MII: 14 Monate = Überläufer (zweites Lebensjahr)
MIII: 24 Monate = grobe Sau (drittes Lebensjahr und älter)
Mit 24 Monaten ist der Zahnwechsel abgeschlossen.
Gewaff: Unten offene, hohle Eckzähne bei Keiler. Gewehre im Unterkiefer, Haderer im Oberkiefer

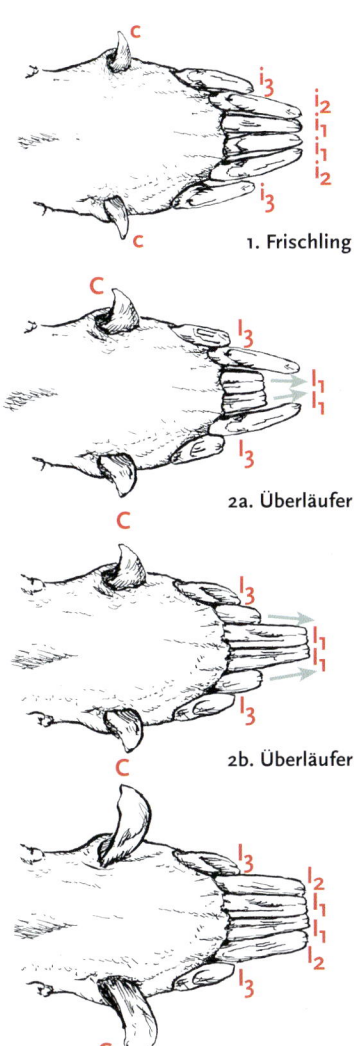

1. Frischling
2a. Überläufer
2b. Überläufer
3. ab ca. 24 Monate

Zahnwechsel beim Schwarzwild:
1. Milchgebiss des Frischlings bis ca. 11 Monaten mit nur stiftartigen Eckzähnen;

2. Überläufer ab 13 Monaten mit dauerhaften Eck- und äußeren Schneidezähnen, während des Wechsels der inneren (2a) und dann der mittleren Schneidezähne (2b) sind diese vier auffallend ungleich lang;

3. Ab ca. 24 Monaten stehen die vier mittleren Schneidezähne auf gleicher Höhe.

Haken: Unten geschlossene, massive Eckzähne der Bachen

Altersschätzung anhand der Zähne
- Frischlinge bis ca. 11 Monate dünne Stifte als Eckzähne (Milchzähne)
- Überläufer ab ca. 12 Monaten (1 Jahr alt) Dauerzähne als Eckzähne, vier mittlere Schneidezähne noch unterschiedlich lang (bilden noch keine meißelförmige Front)
- ab 24 Monaten (2 Jahre alt) vier mittlere Schneidezähne gleich lang
- ältere Keiler: Schätzung nach der Brandtschen Formel: bis ca. 5 Jahre Basisdurchmesser der Gewehre größer als Durchmesser an den Schleifecken, ab ca. 5 Jahren beide Durchmesser gleich. Die Keilerwaffen stecken bis zu ca. zwei Dritteln im Kiefer.

Sonstiges
Sinnesorgane: Vernimmt und wittert sehr gut, äugt vermutlich schlecht

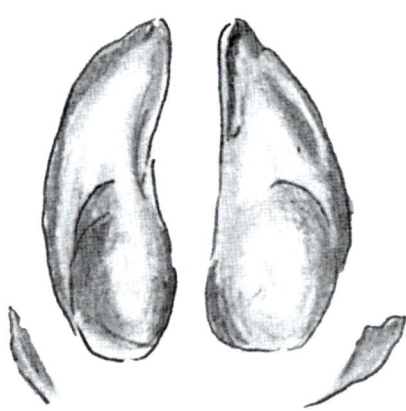

Trittsiegel eines Hauptschweins

Weidmännische Ausdrücke beim Schwarzwild

abschwarten	Abziehen der Haut
angehendes Schwein	männliches Schwarzwild, drei bis vier Jahre alt oder angehender Keiler
Bache	weibliches Schwarzwild ab dem 1. April des auf die Geburt folgenden zweiten Jahres
Basse	alter, starker Keiler; s. u.: Hauptschwein
blasen	schnauben
Blatt	Schulter (s. u.: Schild)
Borste (Borsten)	Haar, Haare
brechen	Nahrungssuche
Bürzel (Pürzel, Federlein)	Schwanz
einkesseln	im Kessel niedertun
einschieben	im Lager niedertun
Federn	Borsten der vorderen Rückenpartie des Keilers im Winter, die zum Saubart gebunden werden
Feuchtglied (mit Pinsel)	männliches Geschlechtsteil
Fraß	Nahrung
frischen	gebären

Weidmännische Ausdrücke beim Schwarzwild
(Fortsetzung)

Frischling	junges Schwarzwild beiderlei Geschlechts von der Geburt bis zum 31. März des auf die Geburt folgenden Jahres
Frischlingsbache	weiblicher Frischling, der zum Ende des ersten Lebensjahres bereits beschlagen (begattet) wurde
Gebräch (Gebrech, Gebreche)	bei der Nahrungssuche durchwühlter Boden
Gebrech (Ober- und Untergebrech)	Vorderkopf, Maul
geringer Keiler	zwei- bis dreijähriger Keiler (analog geringe Bache)
Gewaff (Waffen)	je zwei Eckzähne im Ober- und Unterkiefer des Keilers (s. u.: Gewehre und Haderer)
Gewehre (Hauer, Wetzer)	Eckzähne im Unterkiefer des Keilers (in Süddeutschland werden auch Ober- und Unterkiefereckzähne – die Waffen – als Hauer bezeichnet).
grobes Schwein (grobe Sau)	Schwarzwild ab drittem Lebensjahr (Der Begriff grober Keiler steht jedoch für einen alten starken Keiler, und mit grobe Bache ist eine Bache ab dem vierten Lebensjahr gemeint.)
gutes Schwein	hauendes Schwein (s. u.)
Haderer	Eckzähne im Oberkiefer des Keilers
Haken	je zwei Eckzähne im Ober- und Unterkiefer der Bache
Hamer	Keule (seltener: Schulterblatt)
hauendes Schwein (gutes Schwein)	fünf- bis sechsjähriges männliches S.
Hauer	Gewehre (s. o.)
Hauptschwein	männliches S. ab dem siebten Lebensjahr (s. o. Basse)
Hosenflicker	junger, angriffslustiger, zwei- bis dreijähriger Keiler (scherzhafte Bezeichnung)
Kamm	oberer Teil des Halses
Keiler	männliches Schwarzwild
Kessel	Lager einer Rotte
klagen	quieken
Klötze	Hoden
Kopf (nicht Haupt)	Kopf
körnen	Kirren, Anlocken der Sauen
Kurzwildbret	äußere Geschlechtsteile des Keilers
Lager	Ruhestätte eines einzelnen Stückes

Weidmännische Ausdrücke beim Schwarzwild
(Fortsetzung)

Magen (nicht Pansen)	Magen
Malbaum	nahe der Suhle stehender Baum, an dem sich die Sauen ihre Schwarte reiben
Ohrpinsel (Pinsel)	lange Borsten an den Tellern (Ohren)
Panzer	Schild (s. u.)
Panzerschwein	Schwarzwild mit dicker Kruste (Schild) aus Schlamm und Harz auf den Blättern
Pinsel	Haare am Geschlechtsteil des Keilers (s. o.: Ohrpinsel)
Pürzel	Bürzel (s. o.)
Quaste	Quaste am Schwanz
rauschen	begatten
Rauschknospe	weibliches Geschlechtsteil
Rauschzeit	Begattungszeit
Rotte	mehrere Stück Schwarzwild (Gruppe)
Saubart	Hutschmuck aus den gebundenen Borsten (im Winter) der vorderen Rückenpartie des Keilers
Scheibe (Wurf)	Maulspitze, Nase
Schild (Panzer, Blatt)	dicke Kruste aus Schlamm und Harz auf den Blättern
Schwarzkittel	scherzhafte Bezeichnung für Schwarzwild
Schüsseln	Teller (s. u.)
Schwarte	Haut mit Haaren
Teller (Schüsseln)	Ohren
Überläufer (Überlaufkeiler und -bache, überlaufender Keiler, überlaufende Bache)	Schwarzwild vom 1. April des auf die Geburt folgenden ersten Jahres bis zum 31. März des auf die Geburt folgenden zweiten Jahres
Waffen	Gewaff (s. o.)
Weißes	Fett
wetzen	Aufeinanderschlagen der Waffen eines wütenden Keilers
Wetzer	seltener Ausdruck für Hauer (s. o. Gewehre)
Wurf	Scheibe (s. o.)
Zunge (nicht Lecker)	Zunge

Die übrigen weidmännischen Ausdrücke sind – soweit anwendbar – dieselben wie beim Rotwild.

Schalenwild auf einen Blick

▸ Brunftzeiten
Rehwild: Juli/August
Rotwild: September/Oktober
Damwild: Oktober/November
Sikawild: Oktober/November
Muffelwild: Oktober/November
Gamswild: November/Dezember
Schwarzwild: November/Januar

▸ Tragzeiten
32 Wochen
Ausnahmen: Schwarzwild 17 Wochen (3/3/3)
Muffelwild 22 Wochen
Rehwild 42 Wochen (Eiruhe)

▸ Setzzeiten
Mai/Juni
Ausnahmen: Schwarzwild März/April
Muffelwild April

▸ Zuwachs
1 Jungtier (selten 2)
Ausnahmen: Schwarzwild: 2–8
Rehwild: 1–3 (2)

▸ Anzahl der Zähne
Schwarzwild 44
Rotwild, Sikawild 34
alle übrigen 32

Fährte: Geäfter auch bei ruhig ziehendem Stück erkennbar! Geäfter den Schalenabdruck stets seitlich überragend!
Lautäußerungen: Blasen, Quietschen, Grunzen, Klagen, Wetzen
Krankheiten: Schweinepest, Trichinen, Räude, Tollwut, Würmer, Pseudowut
Jagdarten: Ansitz (v. a. an Schadensflächen und an Kirrungen), Treibjagd, Drückjagd, Bewegungsdrückjagd (tlw. nach so genanntem „Kreisen" bei Schnee)

Familie Marder

Echte Marder
▸ Steinmarder
▸ Baummarder
▸ Dachs
▸ Kleines Wiesel
▸ Fischotter

Stinkmarder
▸ Iltis
▸ Großes Wiesel (Hermelin)
▸ Kleines Wiesel (Mauswiesel)
▸ Europäischer Nerz
▸ Amerikanischer Nerz (Mink)

Echte Marder

Kennzeichen der Raubtiere (Haarraubwild)
▸ Raubtiergebiss: Fangzähne (= lang ausgebildete 4 Eckzähne = Canini) und Reißzähne (= spitze, hohe Backenzähne: 4. Prämolar im Oberkiefer und 1. Molar im Unterkiefer)
▸ Raubtiermagen: außerordentlich dehnbarer, einhöhliger Magen

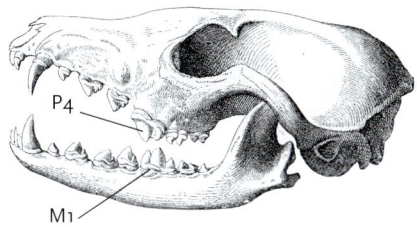

Raubtierschädel (hier Fuchs) mit Reißzähnen

HAARWILD

Steinmarder („gegabelter", weißlicher Kehlfleck)

> Jungtiere: „Nesthocker", sie kommen blind und leicht behaart zur Welt.

Steinmarder (Weißkehlchen, Hausmarder)

Kennzeichen: Weißer, gegabelter Kehlfleck, braunes Fell mit weißer (heller) Unterwolle, fleischfarbene Nase, Sohlen nicht behaart, letzter Molar im Oberkiefer eingekerbt (merke: Stein – ein)

Kennzeichen der Raubtiere (Haarraubwild)

> Raubtiergebiss: Fangzähne (= lang ausgebildete 4 Eckzähne = Canini) und Reißzähne (= spitze, hohe Backenzähne: 4. Prämolar im Oberkiefer und 1. Molar im Unterkiefer)
> Raubtiermagen: außerordentlich dehnbarer, einhöhliger Magen
> Jungtiere: „Nesthocker", sie kommen blind und leicht behaart zur Welt.
> Endglieder der Nahrungskette, dies verlangt relativ große Aktionsräume.

Lebensraum: Lebt an Waldrändern, aber auch im Wald, in Feldgehölzen ergänzt durch Agrarflächen, Siedlungen und Gehöften. Tagesverstecke findet er in Schuppen, Scheunen, Stein- oder Holzhaufen

Brantenabdruck

Mardergebisse

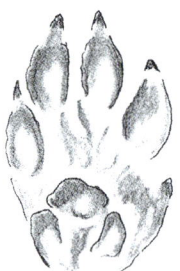

Steinmarder (kaum Zwischenzehenbehaarung: klares Spurbild)

Baummarder (starke Zwischenzehenbehaarung: „verwischtes" Spurbild)

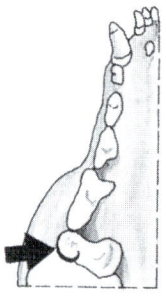

Baummarder (vorgewölbt)

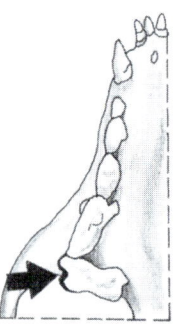

Steinmarder (eingebuchtet)

Gemeinsamkeiten von Stein- und Baummarder

- Lebensweise: territorial (Einzelgänger)
- Ranzzeit: Juli/August
- Eiruhe: bis Januar/Februar
- Setzzeit: April (2–6 Junge, blind und behaart)
- Säugezeit: 8 Wochen
- Marderpaarsprung (Steinmarder-Ballen nicht verwischt)
- 38 Zähne
- aber: Kreuzungen zwischen Stein- und Baummarder sind nicht möglich!

sowie in Baumhöhlen, Greif- und Rabenvogelhorsten sowie Erdhöhlen.
Lebensweise: Der Steinmarder lebt territorial (Revier 20–200 ha) und nachtaktiv. Er ist ein Kulturfolger („Automarder").
Ernährung: Der Steinmarder frisst Kleinsäuger (Ratten, Mäuse, Junghasen), Eier, Hausgeflügel, Kleinvögel (inkl. Federwildküken) Obst, Beeren.

Baummarder (Gelbkehlchen, Waldmarder)

Kennzeichen: Meist gelblicher, ovaler Kehlfleck (nicht gegabelt), braunes Fell mit gelber Unterwolle, kaffeebraune Nase, Sohlen behaart (Spur verwischt), letzter Molar im Oberkiefer ausgebuchtet (merke: Baum – aus).

Baummarder (nicht „gegabelter", gelblicher Kehlfleck)

Weidmännische Ausdrücke bei den Mardern (Stein- und Baummarder)

aufbaumen (aufholzen)	auf einen Baum klettern
Aufstieg	die Stelle, an der der M. hinaufklettert
abbaumen	von einem Baum herunterspringen
Abstieg (Absprung)	die Stelle, an der der M. herunterklettert
Fahne	Rute (s. u.)
fortbaumen (fortholzen)	sich von Baum zu Baum fortbewegen
Rute oder Fahne	Schwanz

Die übrigen weidmännischen Ausdrücke sind dieselben wie beim Fuchs

HAARWILD

Marderlosung

Dachs („Verkehrtfärbung")

Lebensraum: Der Baummarder ist überwiegend Waldbewohner.
Lebensweise: Der Baummarder lebt territorial (Aktionsräume: 300–3000 ha, durchschnittlich größer als Steinmarder) und ist vor allem in nahrungsarmen Jahren zum Teil auch tagaktiv. Er ist im Gegensatz zum Steinmarder eher Kulturflüchter.
Ernährung: Der Baummarder lebt von Eichhörnchen, Kleinsäugern (bis Hasen), Vögeln, Obst, Beeren (siehe auch Steinmarder).

Dachs

Kennzeichen: Kurze Läufe, kleine Ohren, kurzer Pürzel, „Verkehrtfärbung" (oberseits hell, Bauchseite dunkel), weißer Kopf mit schwarzen Zügeln, Gewicht 10–20 kg, Sohlengänger (5 Krallen; der Dachs „nagelt")

Baueinfahrten von Fuchs (ohne Rinne) und Dachs (mit Rinne)

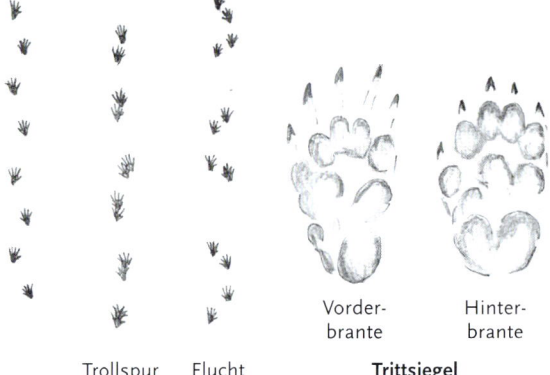

Dachstritte (der Dachs „nagelt")

Trollspur | Flucht | Vorderbrante | Hinterbrante

Trittsiegel

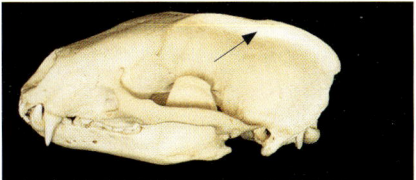 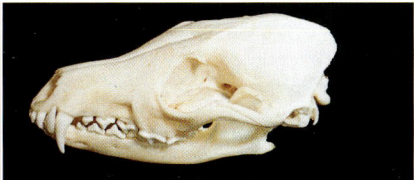

Dachsschädel (li.) mit deutlichem Knochenkamm auf der Oberseite, Fuchsschädel ohne

Lebensraum: Der Dachs lebt in Wäldern (Laubmischwäldern) des Flach- und Hügellandes bis in die Mittelgebirge, mittlerweile auch in Feld-Misch-Revieren.

Lebensweise: Dachse leben gesellig in Familienverbänden und territorial. Das Revier wird u. a. durch Stempeln (Analdrüsen) geruchlich markiert.

Weidmännische Ausdrücke beim Dachs

Borsten	Haare
brummen (fauchen, murren)	Lautäußerung
Bürzel (Pürzel, Zain, Zein, Rute)	Schwanz
Branten (Pranten)	Pfoten
Dachsbär	der männliche D. (selten)
Dachsweiß (Weißes, Schmalz)	Fett
Einfahrt (Geschleife)	die Zugänge zum Bau (Röhren)
Grimbart	Name des D. in der Fabel
Kern	Dachskörper ohne Schwarte
Klauen	Zehen
Milchdachs	Dächsin, die ein Geheck im Bau hat
Nägel	Krallen
poltern	rumpeln im Bau, bevor der D. ihn verlässt
Schmalzröhre (Stinkloch, Saugloch)	Drüse in einer quer zwischen dem Weidloch und dem Bürzel liegenden Hauttasche
Schwarte	Fell
stechen	mit der Vorderbrante nach Fraß graben
stempeln	Setzen der Duftmarken. Der D. drückt sein Hinterteil auf den Boden und dreht sich um die eigene Achse, dabei sondert er aus der Schmalzröhre ein Sekret ab. Dieses dient der Reviermarkierung.
totschlagen	den D. totschlagen, d. h. ihm mit einem Knüppel auf die Nase bzw. gegen den Kehlkopf schlagen
weiden (er nimmt Weide, weidet sich oder geht zur Weide)	Nahrung suchen bzw. aufnehmen
wurzeln	wühlen in der Laubdecke auf der Suche nach Fraß
Zügel	Streifen im Gesicht

Weitere weidmännische Ausdrücke wie beim Fuchs

Der Dachs lebt im Gegensatz zum Fuchs fest an den Bau gebunden (daher Opfer der Vergasungsaktionen zur Tollwutbekämpfung in den 1960er- und 1970er-Jahren) mit ausgepolstertem Kessel (= zentrale Wohnkammer). Der Dachs hält bei tiefen Minusgraden Winterruhe (nicht Winterschlaf). In milderen Wintern fast durchgehend aktiv.
Fortpflanzung: Ranz: Juli/August (Jungfähen) bzw. Februar/März (Altfähen); Tragzeit: variabel mit Eiruhe; Setzzeit: Februar/März, 2–4 Junge (behaart und blind). Wegen der langen Tragzeit setzen Dächsinnen teilweise ein Jahr mit der Fortpflanzung aus.
Ernährung: Dachse sind „Allesfresser". Ihre Hauptnahrung besteht häufig aus Regenwürmern. Darüber hinaus nehmen sie Obst, Mast, Kleinsäuger, Gelege, Insekten, Mais etc., wobei es starke saisonale Unterschiede gibt. Er gilt eher als Sammler als wie aktiver Jäger.
Gebiss: Raubtiergebiss mit 38 Zähnen
Besonderheiten: Geschleife, Dachsrinne, Dachsaborte, Dachsfett, Unterkiefer mit Oberkiefer fest verbunden
Jagdarten: Ansitz am Bau („Wer den Bau hat, hat den Dachs"), Luderplatz

Fischotter

Kennzeichen: Schwimmhäute, wasserabweisendes Fell, lange Rute
Lebensraum: Der Fischotter ist an klare, saubere Fließ- und Stillgewässer gebunden (Bioindikator). Er ist Kulturflüchter und noch immer stark bedroht, auch wenn sich die Besätze in den zurückliegenden Jahren leicht erholt haben.
Lebensweise: Der Fischotter hat große Aktionsräume. Er nutzt selbstgegrabene Baue in der Uferböschung, gelegentlich Biberburgen und Fuchsbaue sowie natürliche Uferüberhänge als „Unterkunft". Der Zugang ist oft nur durch das Wasser zu erreichen.
Fortpflanzung: Variabel, nicht jahreszeitlich gebunden
Gebiss: Raubtiergebiss mit 36 Zähnen
Ernährung: Hauptnahrung sind Fische, nimmt aber auch Wasservögel, Kleinsäuger sowie gelegentlich Krebse, Amphibien und Reptilien, Insekten etc.

Stinkmarder

Iltis

Kennzeichen: „Verkehrtfärbung", dunkle Augenbinde, fast weiße Nase, Rüden deutlich stärker als Fähen (Geschlechtsdimorphismus)
Lebensraum: Besiedelt sowohl Wälder als auch die freie Landschaft. Auch in Siedlungen. Bevorzugt kleine Gehölze, Feuchtgebiete und dicht bewachsene Uferzonen von Fließ- und Stillgewässern.
Lebensweise: Der Iltis lebt territorial und nachtaktiv. Tagsüber in Verstecken

Fischotter

(Dachs- oder Kaninchenbaue, Holzhaufen, selbst gegrabene Baue, Feldscheunen etc.)
Fortpflanzung: Ranzzeit Februar/März, keine Eiruhe, Tragzeit 6 Wochen, 3–7 Junge
Ernährung: Amphibien (Frösche, Lurche, Unken, Molche), Kleinsäuger (Mäuse, Ratten), Vögel, Eier und Aas, Reptilien (Eidechsen, Blindschleichen). Der Iltis lähmt gelegentlich seine Beute (v. a. Frösche) durch Nackenbiss und legt Vorräte an („Lebendkonservierung").
Besonderheiten: Das Frettchen ist die domestizierte Form des Iltis.

Großes Wiesel (Hermelin)

Kennzeichen: Sommerhaar braune Oberseite, weiße Unterseite mit dunkler Rutenspitze; Winterhaar weiß mit dunkler Rutenspitze (Hermelin). Rüden stärker als Fähen (Geschlechtsdimorphismus).
Lebensraum: Das Große Wiesel lebt in offener Landschaft und Feldflur, gern in Gewässernähe.
Lebensweise: Territorialer, überwiegend tagaktiver Einzelgänger

Iltis („Verkehrtfärbung")

Fortpflanzung: Ranzzeit April bis Juli, Tragzeit variabel (8–12 Monate, im Mittel 280 Tage) mit Eiruhe, Setzzeit März/April, 4–7 Junge
Ernährung: Kleinsäuger (v. a. Mäuse), Eier, Obst, Kleinvögel, Würmer, Insekten, Beeren

Mauswiesel (Kleines Wiesel)

Kennzeichen: Das Mauswiesel ist ganzjährig braun mit weißer Bauchseite, hat keine schwarze Rutenspitze (Unterscheidungsmerkmal zum Hermelin), Geschlechtsdimorphismus (Rüden stärker).

Hermelin im Winter (mit dunkler Rutenquaste)

Hermelin im Sommer (mit dunkler Rutenquaste)

Mauswiesel (Luntenspitze nie dunkel abgesetzt, sondern wie Körperfarbe)

Es ist das kleinste Raubsäugetier der Erde.
Lebensraum: Lebt in offenen Landschaften (Hecken, Brachflächen)
Lebensweise: territorial
Fortpflanzung: Ranz Februar bis Mai (kann sich bis in den Herbst ausdehnen), Tragzeit 5 Wochen, 4–7 Junge
Ernährung: Kleinsäuger (v. a. Mäuse), Eier, Beeren, Obst, Würmer, Insekten

Luchs

Pinselohren

Katzen

Luchs

Kennzeichen: Stummelrute, schwarzbraune Flecken, Pinselohren, 28 Zähne, Gewicht 20–40 kg, größte europäische Katzenart, ganzjährig geschont
Lebensraum: Braucht große, ruhige Waldgebiete (z. B. Alpen, Harz, Fichtelgebirge, Bayrischer Wald, Pfälzerwald, Vogesen, Karpaten). Aktionsräume etwa zwischen 20 000 und 30 000 Hektar (teilweise überlappend). Großraubwild wie Luchs und Wolf (kein „Wild" nach BJG) sind als Spitzenpredatoren Endglieder der Nahrungskette und brauchen große Aktionsräume.
Lebensweise: territorial
Fortpflanzung: Ranz im Februar/März, Tragzeit 10 bis 11 Wochen, 2 bis 3 (4) Junge
Ernährung: Reiner Fleischfressser, Säugetiere bis Rotwildkalb, Schwerpunkt Rehwild; benötigt pro Woche ca. 1 Reh, Nager, Vögel bis Auerwildgröße, gelegentliche Risse von Haustieren (Schafe und Ziegen). Überwiegend Ansitz- und gelegentlich Pirschjäger, sehr kurze Hetze (keine längeren Verfolgungen).

Im Harz sollen derzeit (2013) ca. 30 frei lebende Luchse vorkommen.

Wildkatze

Kennzeichen: Geringelte Rute (3–5 schwarze Ringe mit dunkler Endbinde, aber leider kein sicheres Ansprechmerkmal!), buschige, schwarze Rutenspitze. Verwechslungen mit verwilderten Hauskatzen möglich. Die genaueste Unter-

Wildkatze

Wildkatzen-Blendling

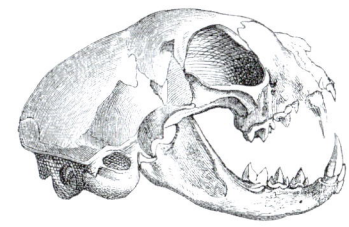
Katzenschädel

scheidung ist am Darm möglich, da aufgrund unterschiedlicher Ernährung die Darmlänge variiert (Wildkatze: ca. 1,5 m/ Hauskatze ca. 1,8 m). Kreuzungen zwischen Wild- und Hauskatze sind in seltenen Fällen möglich. Bei den sogenannten Blendlingen handelt es sich um wildfarbene Hauskatzen. Eine genaue Unterscheidung ist nur mittels einer DNA-Analyse möglich. Die Wildkatze ist jedoch nicht Stammform unserer Hauskatze (Falbkatze)!

Weidmännische Ausdrücke beim Luchs

Hirschluchs	ausgewachsener L. im Sommerbalg
Kalbluchs	ausgewachsener L. im Winterbalg
Kätzin (Luchsin)	weiblicher L.
Katzluchs	junger L.
Kuder	männlicher L.
Läufe	Beine
Ohrpinsel	Haarbüschel auf den Ohren
Branken (Pranten, Pranken)	Füße
Stummelrute	kurzer Schwanz
Waffen	Krallen

Schädel: runde Form mit großer, nach vorn gerichteter Augenhöhle, nur noch 30 Zähne.
Spur: ohne Krallen (werden beim Laufen eingezogen)
Lebensraum: Lebt in reich strukturierten Laub- und Nadelwäldern (Mittelgebirge). Ansteigende Besätze und Verbreitung
Lebensweise: Territorialer Einzelgänger, Reviergröße 300–3000 ha, auch tagaktiv
Fortpflanzung: Ranzzeit Februar/März, Tragzeit etwa 62 bis 65 Tage, 2–7 Junge, blind und behaart
Ernährung: Frisst fast ausschließlich Fleisch (v. a. Mäuse, Kleinvögel etc.), Nahrungsspezialist

Hunde

Wolf

Wolf

Der Wolf ist die Stammform des Hundes. In Deutschland kommt er (reproduzierend) wieder vor in Brandenburg und Sachsen. Gelegentliche Zuwanderungen u. a. in Niedersachsen, Mecklenburg-Vorpommern und Schleswig-Holstein.

Wölfe leben in Rudeln (Familienverbände). Beutefang allein oder im Rudel, abhängig vom Sozialstatus und der Beutetiergröße. Ranzzeit hauptsächlich im Februar (Dezember bis März). Der Wolf hat wie der Hund eine Tragzeit von 63 Tagen. Er ist durch das Naturschutzgesetz „streng" geschützt und zählt nur in Sachsen zum Wild.
Vorkommen: In Sachsen (Schwerpunkt Lausitz), in Mecklenburg-Vorpommern, Brandenburg, Niedersachen und anderen Bundesländern gelten derzeit (2013) 24 Wolfsrudel als bestätigt.

Fuchs

Kennzeichen: Lange behaarte Lunte, Vorderseite der Läufe und Rückseite der Gehöre schwarz
Gewicht: 5–10 kg. Es treten verschiedene Farbvariationen (Rot-, Birk-, Kohl-, Kreuzfuchs) auf.
Gebiss: Raubtiergebiss mit 42 Zähnen;

Zahnformel

III	I	IV	II
III	I	IV	III

Lebensraum: flächendeckendes Vorkommen von der Küste bis ins Hochgebirge.

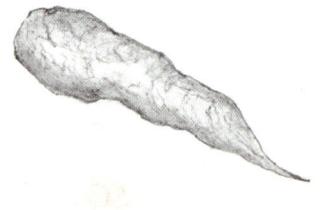

Fuchslosung

FUCHS

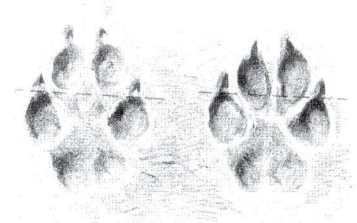

Der Tritt des Fuchses (li.) ist ovaler als der des Hundes. Seine Außenzehenballen ragen nicht über den Hinterrand der Innenzehenballen hinaus.

Der Fuchs ist ein typischer Kulturfolger (bis hinein in die Städte).
Lebensweise: Territorialer Einzelgänger gesellig nur zur Ranz- und Aufzuchtzeit. Reviermarkierung durch Losung und Viole. Der Fuchs ist überwiegend dämmerungs- und nachtaktiv, lebt wenig baugebunden (bei schlechter Witterung, Aufzuchtzeit und Ranz), Der Kessel im Bau wird nicht ausgepolstert. Füchse sind „grabfaul" und überlassen das Graben z. B. gern dem Dachs, mit dem sie in

Weidmännische Ausdrücke beim Fuchs

anhorchender F.	F., der zum Bau schnürt (s. u.)
Balg	Fell
Bau	Unterschlupf, Wohnung
befahrener Bau	bewohnter Unterschlupf
bellen	Lautäußerung
Betze	Fähe (selten) (s. u.)
Blume	helle Spitze an der Lunte
Branten	Pranten (s. u.)
dick gehen	trächtig sein
einfahren	in den Bau kriechen
Fähe (Fähin, Föhe, Betze)	weiblicher F. (von Foha, weibliche Form von vulpes = Fuchs)
Fang	Maul
Fangzähne (Fänge)	Eckzähne
Feige	Schnalle (s. u.)
Fett (nicht Feist)	Fett
Fraß	Nahrung
Fruchtglied	Rute (s. u.)
füchseln	Geruch während der Ranzzeit
Fuchsfeuchte	Fuchsräude
Geheck	Gesamtheit der Jungen
Gehöre	Ohren
Geilen	Geschröte (s. u.)
Gescheide	Gedärme
Geschröte (Geilen)	Hoden
Grannen	lange Haare des Winterbalges
keckern	Lautäußerung
Kern	abgebalgter F.-Körper

Weidmännische Ausdrücke beim Fuchs (Fortsetzung)

klagen	Lautäußerung bei Schmerz
Klauen	Zehen mit Nägeln
Kreuzfuchs	eine Farbvariante des Fuchses
Läufe	Beine
Losung	Kot
Lunte (Standarte, Stange)	Schwanz
mausen	Mäuse fangen
Nelke	Viole (s. u.)
Nuss	Schnalle (s. u.)
Pranten (Branten)	Füße
Ranzbrille	dünne behaarte Stellen auf der Schulterpartie in Brillenform während des Haarwechsels im Februar (hat mit der Ranz nichts zu tun)
Ranzzeit (Rollzeit)	Begattungszeit
Raub	Beute
reißen	lebende Tiere töten
Reißzähne	vierter Backenzahn im Oberkiefer und fünfter Backenzahn im Unterkiefer
reizen	Lockjagd mit Hasenquäke oder Mauspfeife
Riss	vom Fuchs gerissenes (getötetes) Wild
Röhre	Gang zum Bau
Rüde	männlicher F.
Rute (Fruchtglied)	männliches Geschlechtsteil
Schnalle (Nuss, Feige)	weibliches Geschlechtsteil
schnüren	leichter Trab
Seher	Augen
sprengen	den Fuchs mit dem Hund aus dem Bau treiben
springen	der Fuchs flüchtet aus dem Bau
Standarte (Stange)	Lunte (s. o.)
streifen	Balg abziehen
verhären	Haarwechsel
verklüften	verschanzen im Bau
vernehmen	hören
Viole (Nelke)	Talgdrüse (Duftdrüse) auf der Schwanzwurzel (von lat. Viola, Veilchen)
Welpen	Jungfüchse
werfen (wölfen)	Junge bringen
wittern	riechen

einem Bau leben. Ebenso Nutzung von natürlichen „Höhlen" und „Kulturverstecken".
Fortpflanzung: Ranzzeit Januar/Februar, Tragzeit 53 Tage, Wölfzeit ganz überwiegend im April, 4–6 Welpen (blind und behaart/Superfekundation), werden ca. 8 Wochen gesäugt, Geschlechtsreife mit 9–10 Monaten. Rüden z. T. an Aufzucht beteiligt.
Ernährung: Nahrungsgeneralist (Opportunist). Welpen werden ca. 3 Wochen ausschließlich gesäugt, ab der 3. Woche beginnt die Zufütterung mit erbrochener, anschließend mit zugetragener Nahrung: Säugetiere (Mäuse bis Rehkitz), Vögel (auch Hausgeflügel), Luder, Aas, Insekten, Regenwürmer, Obst und Beeren.
Besonderheiten: Sinnesorgane sind extrem gut ausgeprägt (reaktionsschnelle Umsetzung), Trittsiegel oval (Hund rund), schnürt. Losung wird gerne auf Erhöhungen abgesetzt.
Krankheiten: Tollwut, Kleiner Fuchsbandwurm, Räude, Staupe
Jagdarten: Ansitz am Bau oder Luderplatz, Baujagd, Reizjagd, Fallenjagd, Drückjagd, Treibjagd

Marderhund (Enok)

Marderhunde (auch „Sibirischer Fuchs") sind kein jagdbares Wild nach BJG, wohl aber in zahlreichen Bundesländern und können darüber hinaus im Rahmen des Jagdschutzes erlegt werden.
Kennzeichen: Im Winterbalg langes, zottiges Haar, dunkle Gesichtsmaske, einfarbige Rute (heller Backenbart); Sommerbalg deutlich kürzer (der Wildkörper wirkt „kleiner"), fast kreisrunde Trittsiegel (s. S. 140).
Lebensraum: Die ursprüngliche Heimat des Marderhundes ist Ostasien. Er wurde u. a. in Russland ausgesetzt und breitete

Marderhund

Waschbären

sich weiter westwärts aus. Als Lebensraum bevorzugt er Au- und Mischwälder, Schilf und Röhrichtgürtel, dringt aber auch in die freie Feldflur vor.
Lebensweise: Tagsüber im Bau (Fuchs und Dachsbaue, Schilfnester), ganz überwiegend nachtaktiv (heimlich). Hält witterungsabhängig Winterruhe etwa von Oktober bis Anfang Februar und lebt in dieser Zeit vornehmlich von seinen Fettreserven (s. Dachs). Klettert nicht.
Fortpflanzung: Monogam, Ranz im Februar/März, Tragzeit etwa neun Wochen, 4 bis 8 (10) Junge
Ernährung: Nahrungsgeneralist (Allesfresser mit Raubtiergebiss), 42 Zähne; die Zusammensetzung des Fraßes ändert sich nach Verfügbarkeit, abhängig von Jahreszeiten und Landschaftstypen. Hauptfraßbestandteile sind Kleinsäuger, Vögel, Amphibien, Insekten und Pflanzen. Seine Ernährungsstrategie ähnelt der des Dachses, er ist eher Sammler und weniger aktiver Jäger. Ein hoher Anteil der Nahrung besteht aus vegetarischer Kost wie Früchten und Mais.

Kleinbären

Waschbär

Waschbären zählen nicht zum Wild nach BJG, wohl aber in zahlreichen Bundesländern. Sie sind davon abgesehen nach dem Naturschutzrecht nur allgemein geschützt, können also im Rahmen des Jagdschutzes erlegt werden.
Kennzeichen: Geringelte Rute, schwarze Augenbinde
Lebensraum: Die ursprüngliche Heimat des Waschbären ist Nordamerika. In Deutschland wurde er ausgesetzt. Besiedlung mittlerweile fast flächendeckend, wenn auch in stark unterschiedlicher Dichte. Er lebt in waldreichen Gebieten, in Gewässernähe und z. T. auch

Trittsiegel Waschbär

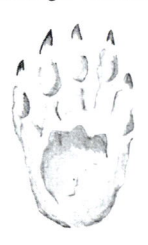 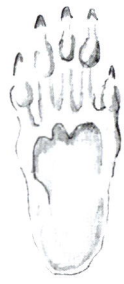

Vorderfuß　　　　　Hinterfuß

auf Mülldeponien sowie in Siedlungen und Städten.
Lebensweise: Nachtaktiver Einzelgänger, guter Schwimmer und ausgezeichneter Kletterer. Er hält – wie Dachs und Marderhund – eine Winterruhe. Typischer Kulturfolger.
Fortpflanzung: Ranzzeit Februar/März, Tragzeit etwa 63 Tage, 2 bis 5 Jungbären
Ernährung: 50 % tierische (Kleinsäuger, Vögel, Gelege, Fische) und 50 % vegetarische (Früchte sowie Beeren, Getreide und Obst) Nahrung
Gebiss: Raubtiergebiss mit 40 Zähnen

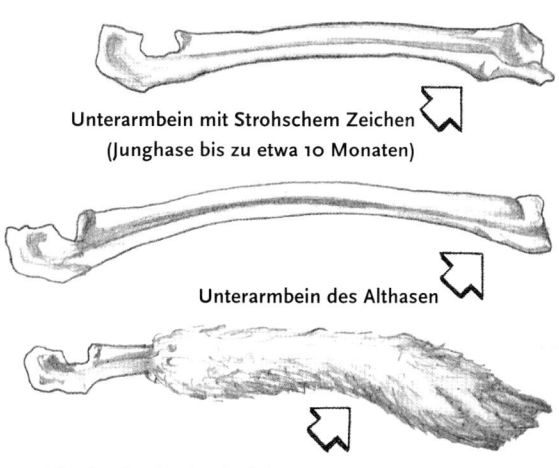

Hasenartige

Feldhase

Kennzeichen: Balg meliert (Hasenpfeffer), helle Unterwolle, schwarze Löffelspitzen, helles Auge (Iris gelborange, Pupille schwarz) lange Löffel, dunkelrotes Fleisch, lange Hinterläufe, 3–5 kg Lebendgewicht, weiße Bauchseite, runde, breite Gaumenöffnung.
Lebensraum: Der Feldhase war ursprünglich Steppenbewohner, er bevorzugt mildes, warmes und niederschlagsarmes Klima. Die höchsten Besätze leben in Nordrhein-Westfalen, Niedersachsen und Bayern. Relativ geringe Vorkommen in geschlossenen Waldgebieten.
Lebensweise: Der Feldhase ist Einzelgänger, lebt aber nicht territorial und liebt durchaus die Nähe der Artgenossen. Der Feldhase lebt über der Erde und ruht in der Sasse. Feldhasen sind Langstreckenflüchter (lange Hinterläufe!).
Fortpflanzung: Rammelzeit Januar bis August (September), Tragzeit 42 Tage, Junghasen 3–4 Sätze mit je 2–3 Jungen (im Schnitt 3 × 3), Nestflüchter (sehend und behaart), Säugezeit etwa 4 Wochen, gesäugt wird 1–2 mal in 24 Stunden. Geschlechtsreife nach ca. 8 Monaten.

Superfötation möglich (erneute Befruchtung etwa ab dem 36. Trächtigkeitstag)
Gebiss: 28 Zähne mit Stiftzähnen (I2) im Oberkiefer
Ernährung: Der Feldhase ist ein reiner Pflanzenfresser. Gräser, eine Vielzahl von Kräutern Klee, landwirtschaftliche Früchte (z. B. Rüben, Kohl) im Winter auch Triebe, Knospen und Rinde (Prossholz).

Kennzeichen der Hasenartigen

- reine Pflanzenfresser
- Stiftzähne im Oberkiefer (kleiner, wurzelloser Schneidezahn)
- nagerähnliches Gebiss mit 28 Zähnen

HAARWILD

Feldhase

Feldhase in der Sasse

Hasenschädel

Altersschätzung:
- Strohsches Zeichen: knorpelartige Verdickung an der Außenseite kurz über dem Handwurzelgelenk am Vorderlauf bis ungefähr zum 7. (8.) Monat fühlbar
- Eindrücken des Augendorns: bis ungefähr zum 7. Monat eindrückbar
- Einreißen der Löffel: ungenau!

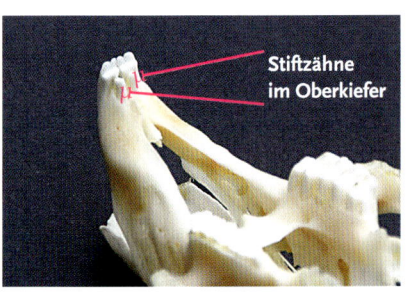

Weidmännische Ausdrücke beim Hasen

abbalgen (streifen)	Fell abziehen
abschlagen	den erbeuteten, noch nicht verendeten H. durch einen Schlag hinter die Löffel töten (Genickbruch)
abschneiden	abbeißen (z. B. Halme)
Absprung	Sprung aus der Spur zur Seite, bevor der H. sich in der Sasse lagert
aufstehen	Der H. verlässt sein Lager freiwillig.
Auslauf	vom Wald zum Feld führender Hasenpass
ausweiden (auswerfen)	Entfernen des Gescheides
Balg	Fell, Haut
Besatz	Hasenbestand eines Reviers
Blume	Schwanz

Weidmännische Ausdrücke beim Hasen (Fortsetzung)

Dreiläufer	etwa drei bis vier Monate alter H.
drücken, sich	sich in der Sasse klein machen
einhessen	Man schärft die Hauptsehne eines Hinterlaufes frei und steckt den zweiten hindurch, um den H. aufhängen zu können
Einlauf	vom Feld zum Wald führender Hasenpass
entnässen	Ausdrücken der Blase
festliegen	erst im letzten Moment aus der Sasse fahren
Geäse	Mund
Haken schlagen	Ändern der Fluchtrichtung
Halbhase	etwa zwei bis drei Monate alter H.
hält gut	Der H. lässt den Jäger nahe an die Sasse kommen, bevor er die Flucht ergreift.
Hasenbart	Barthaare
Hasenkammer	Teil des Reviers, in dem es viele H. gibt
Hasensteige (Hexensteige)	Hasenpässe, die der H. sich freibeißt (z. B. im Getreide)
Häsin (Satzhase, Setzhase)	weiblicher H.
herausstoßen (hochmachen)	aus seinem Lager aufscheuchen
Hinterläufe (Sprünge)	Hinterbeine
hochmachen	herausstoßen (s. o.)
hocken (sitzen)	aufrechtes Sitzen mit Vorder- und Hinterläufen auf der Erde
hoppeln	langsame Fortbewegungsart
innehaben	Die Häsin ist trächtig
Junghase	bis zu zehn Monate alter H.
Kegel machen	Der H. steht auf den Sohlen der Hinterläufe mit angezogenen Vorderläufen (die Blume befindet sich dabei auf dem Boden).
Klagen	Angstgeschrei
Lager (Sasse)	Vertiefung, die der H. sich scharrt (er hat mehrere Sassen)
sich lagern	sich niedertun in der Sasse
locker liegen	früh aus der Sasse fahren
Löffel	Ohren
Männchen machen	hoch aufgerichtet, auf den Spitzen der Hinterläufe stehend
Mümmelmann	Bezeichnung für den H.
Pass	Wechsel, Weg
Quäken	Klagelaut
Quarthase	ein bis zwei Monate alter H.
Rammelwolle	Hasenhaar, das bei den Kämpfen der Rammler zurück bleibt
Rammelzeit	Begattungszeit

Weidmännische Ausdrücke beim Hasen (Fortsetzung)

Rammler	männlicher H.
rinnen	schwimmen
zu Felde rücken	aufs Feld ziehen
zu Holze rücken	in den Wald ziehen
rutschen	langsames Vorwärtsbewegen beim Äsen
Sasse	Lager (s. o.)
Satz	eine Gruppe zusammen geborener Junghasen
Satzhase	Häsin (s. o.)
Seher	Augen
setzen	gebären, zur Welt bringen
Setzhase	Häsin (s. o.)
sitzen	hocken (s. o.)
Sprünge	Hinterläufe (s. o.)
Spur	Abdrücke der Fußballen
streifen	Abbalgen (s. o.)
trommeln	Schlagen auf den Boden mit den Hinterläufen
Widergang	in der eigenen Spur zurückgehen
Wolle	die Haare des H.

Besonderheiten:
- Coecotrophie (Koprophagie): Vitaminreiche Blinddarmlosung wird direkt aufgenommen.
- Spur: Hinterlauf vor Vorderlauf
- Dreiläufer: junger, dreiviertel ausgewachsener Hase

Krankheiten: Coccidiose, Pseudotuberkulose, EBHS = europäisches Braunhasensyndrom (Europaen Brown Hare Syndrom), Pseudotuberkulose (Hasenseuche), Tularämie

Jagdarten: Streife, böhmische Streife, Kesseltreiben, Standtreiben im Feld, Suche, Buschieren, Brackieren, Ansitz

Einflussfaktoren auf Besatz: Krankheiten, Witterung, Landwirtschaft, Verkehr, Beutegreifer, Jagd

Trophäe: Hasenbart, Blume, geleg. auch getrocknete Löffel

Alpenschneehase

Kennzeichen: Sommerhaar graubraun mit weißer Unterseite und schwarzer Löffelspitze, Winterhaar schneeweiß mit schwarzer Löffelspitze (Löffel kürzer als beim Feldhasen)

Lebensraum: lebt in den Hochlagen der Alpen oberhalb der Waldgrenze

Fortpflanzung: Rammelzeit Februar bis Juni, 2 Sätze je Jahr mit je 2–4 Jungen (im

„Hasenhochzeit" in der Rammelzeit

WILDKANINCHEN

Alpenschneehase

Schnitt 2 × 2–3), knapp 50 Tage Tragzeit, Kreuzungen mit Feldhasen möglich (selten)

Wildkaninchen

Kennzeichen: Balg graubraun, dunkle Unterwolle, keine schwarze Löffelspitze, kurze Löffel, wippende Blume bei der Flucht, helles Fleisch und dunkles Auge, kurze Hinterläufe, 1,2–2,5 kg, graue, helle Bauchseite, ovale, schmale Gaumenöffnung

Wildkaninchen

Lebensraum: Das Wildkaninchen war ursprünglich im Mittelmeerraum beheimatet (Nordafrika, Spanien) und wurde von den Römern als Haustier gezüchtet. Es bevorzugt freies Feld mit Feldgehölzen und ist an lockere, leichte, grabfähige Böden gebunden (Bau). Es braucht mildes Klima und lebt häufig auf Friedhöfen, in Parks, Grünanlagen, Dünen,

Kaninchenkolonie

Hasen- und Kaninchenschädel im Vergleich

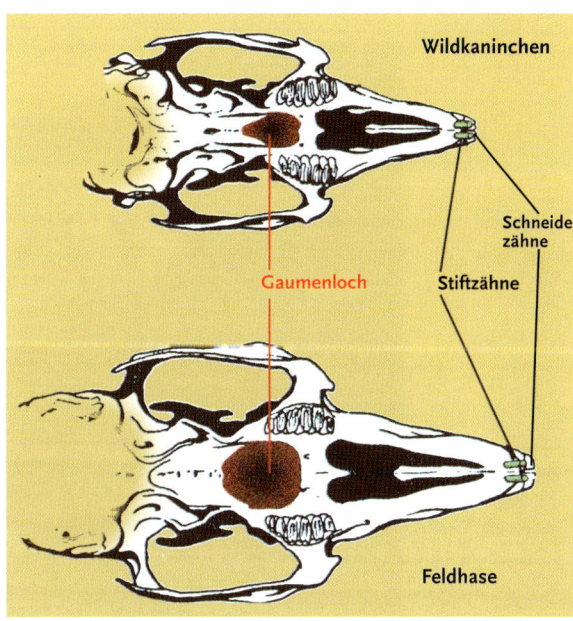

Böschungen, Bahndämme etc. (Kulturfolger).
Lebensweise: Wildkaninchen leben gesellig in Familienverbänden und Kolonien und haben ein ausgeprägtes Sozialverhalten (Rangordnung). Das Kaninchen lebt im Bau. Es sind Kurzstreckenflüchter (Baunähe) und sie warnen bei Gefahr durch Trommeln mit den Hinterläufen.
Fortpflanzung: Rammelzeit Februar bis September, Tragzeit 28 Tage, Jungtiere 3–6 Sätze möglich mit je 5–10 Jungen (im Schnitt 6 × 6), hohe Jugendsterblichkeit, Nesthocker (nackt und blind), Geburt in Mutterbau und Setzröhre abseits des Hauptbaues, Setzröhre ausgepolstert und abgedeckt, Geschlechtsreife im 1. Lebensjahr (nach ca. 6–8 Monaten). Keine Kreuzungen mit Feldhasen möglich.
Ernährung: Weitgehend anspruchslos, Gräser, Kräuter, Kulturpflanzen, Triebe, Knospen, Rinde, jedoch Randzonenfraß um Deckung und Bau (in schneereichen Wintern bei hoher Wilddichte erhebliche Schälschäden)
Krankheiten: Myxomatose, RHD (Chinaseuche), Coccidiose

Nagetiere

Mit Ausnahme des Murmeltieres zählen die Nager nicht zum Wild.

Alpenmurmeltier

Kennzeichen: 3–8 kg Lebendgewicht, nackte Sohlen. Haarwechsel nur im Frühjahr
Bezeichnungen: Mankei (allgemein), Bär (männliches Tier), Katze (weibliches Tier), Affen (Jungtiere). Warnung durch Pfeifen.

Alpenmurmeltier

Weidmännische Ausdrücke beim Murmeltier

Affen (Aff)	Junge (Junges)
Bär	männliches M.
Bärzeit	Begattungszeit
Gehöre	Ohren
Katze	weibliches M.
Mütterin (Muttei)	führende Katz
pfeifen	Warnlaut
M.-Grandeln	orange- bis braunrote obere Schneidezähne
Schwartl (Schwertel)	Balg (Fell)

Die übrigen weidmännischen Ausdrücke sind – soweit anwendbar – dieselben wie beim Hasen.

Lebensraum: Vegetationsreiche Felsregionen und Almen. Grabfähiger Boden (Bau). Unterschieden wird zwischen Sommer- und Winterbau.
Lebensweise: Das Murmeltier lebt gesellig in Sippen. Murmeltiere sind tagaktiv. Winterschlaf mit Wachphasen ohne Nahrungsaufnahme bzw. Winterruhe in Gesellschaft von Oktober bis April. Die Körpertemperatur sinkt auf ca. 4 Grad ab, die Herztätigkeit wird stark reduziert.
Fortpflanzung: Bärzeit (Ranz) April/Mai, Tragzeit ca. 34 Tage, 2–6 Junge kommen nackt und blind zur Welt (Nesthocker).
Ernährung: Murmeltiere sind reine Vegetarier und leben von Alpengräsern und -kräutern und Wurzeln.

Kennzeichen der Nagetiere

- kein Stiftzahn
- große Nagezähne
- Vegetarier (Murmeltier, Bisam) oder Allesfresser (Ratten, Bilche)
- können die vorderen Gliedmaßen geschickt als „Hände" einsetzen

Nutria (Sumpfbiber)

Die Nutria stammt ursprünglich aus Südamerika. In Deutschland wurde sie zur Pelzgewinnung eingeführt, aus Pelztierfarmen ausgebrochene und gezielt

Nutria

freigelassene Tiere konnten überleben und sich ausbreiten. Nutrias sind überwiegend Vegetarier. Charakteristisch ist ihr runder Schwanz, sie wiegen bis 8 kg. Die Nutria ist nur allgemein geschützt. Zählt länderweise zum Wild.

Fortpflanzung: ganzjährig, Tragzeit 17 bis 19 Wochen, 4–7 Junge (sehend, behaart)

Bisam

Der knapp kaninchengroße Bisam (0,6–1,3 kg) stammt ursprünglich aus Nordamerika, Vorkommen in Europa gründen sich auf gezielte Aussetzungen sowie auf Gefangenschaftsflüchtlinge. Der Bisam ist weitgehend Vegetarier, gelegentlich auch tierische Kost wie Muscheln, Krebse und Insekten (Trichinenschau). Selbstgegrabene Baue in Ufern und Dämmen, in Flachwasserzonen und Sümpfen Burgen aus Schilf und anderen Wasserpflanzen.

Obwohl er oft auch Bisamratte genannt wird, ist er keine Ratte, sondern zählt zu den Wühlmäusen. Teilweise erhebliche Schäden an Dämmen und Ufern! Charakteristisch ist sein seitlich abgeflachter Schwanz. Der Bisam ist nur allgemein geschützt. Kein Wild.

Fortpflanzung: Paarungszeit sehr variabel, März bis September, selten im Winter (Höhepunkt im April und Mai), Tragzeit 28–30 Tage, 4–8 Junge

Biber

Der Biber ist eine besonders geschützte Tierart und unterliegt nicht dem Jagdrecht (kein Wild).

Kennzeichen: Typisch ist sein abgeplatteter Schwanz, die so genannte Biberkelle (Bisam = seitlich abgeflachter Schwanz, Nutria = runder Schwanz), Gewicht 20–35 kg.

Lebensraum: Der Biber lebt in Flusslandschaften, sein häufigstes Vorkommen liegt im Einzugsgebiet der Elbe. Er wurde aber auch an zahlreichen Flüssen in Deutschland erfolgreich wieder eingebürgert wie z. B. an der Donau.

Lebensweise: Typisch ist die Anlage von Biberburgen aus Schilf und Reisig, deren Eingänge sich unter Wasser befinden. Er baut zur Regulierung des Wasserstandes Dämme aus Ästen und Bäumen. Biber leben gesellig.

Ernährung: Biber leben fast gänzlich vegetarisch von Schilfstängeln und weiteren Pflanzen der Uferzonen, Baumrinde, Zweigen und Trieben, auch stärkeren Ästen und Feldfrüchten. Sie fällen auch Bäume, um an junge Triebe und Knospen zu gelangen. Die am Mageneingang befindliche Kardiakaldrüse ermöglicht es ihm, auch sehr schwer verdauliche Nahrung (Holz) aufzuschließen.

Bisam

Biber

Besonderheiten: Bibergeil (Drüsensekret) fand früher als Heilmittel Verwendung.

Fortpflanzung: Monogam, Paarungszeit Januar bis April, Tragzeit etwa 15 Wochen, 2–3 Junge (sehend und behaart)

Biberburg

Spurbilder

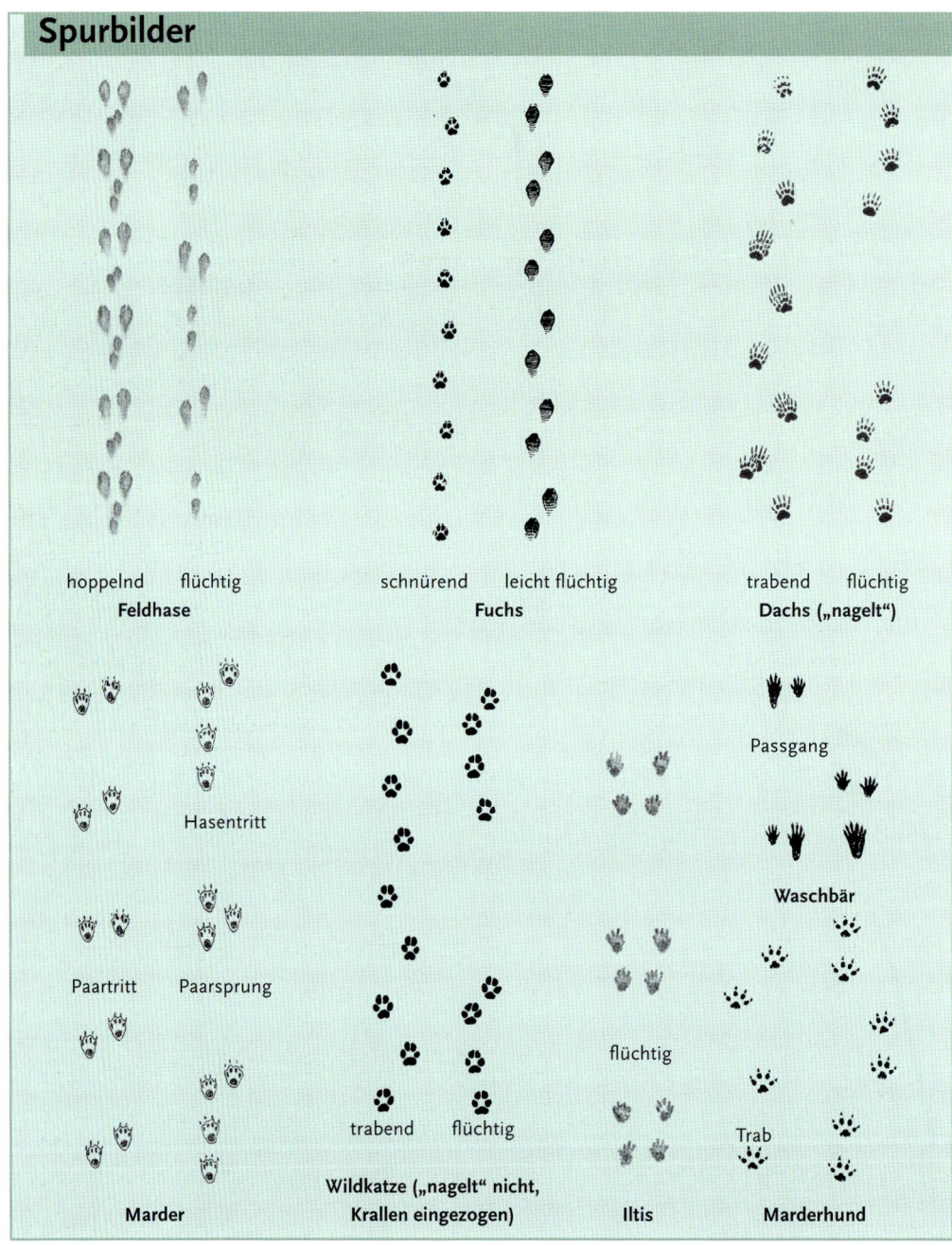

Federwild

Morphologie – äußerer Aufbau der Vögel ◄ 141
Anatomie – innerer Aufbau der Vögel ◄ 144
Lebensweise und Verhalten ◄ 146
Wildtauben ◄ 149
Hühnervögel ◄ 151
Greifvögel ◄ 162
Eulen ◄ 171
Rabenvögel ◄ 177
Schnepfenvögel ◄ 179
Möwen ◄ 182
Wildenten ◄ 183
Säger ◄ 190
Wildgänse ◄ 190
Wildschwäne ◄ 193
Ruderfüßer ◄ 193
Lappentaucher ◄ 194
Kranichvögel ◄ 195
Schreitvögel ◄ 197

Federwild

Unter Federwild verstehen wir nur die Vögel, die dem Jagdrecht unterliegen (§ 2 BJG).
Mit Ausnahme von Auerwild, Steinadler und Seeadler zählt das Federwild zum Niederwild.

Morphologie – äußerer Aufbau der Vögel

Skelett
Die Flügel- und Beinknochen bestehen überwiegend aus dünnwandigen Röhrenknochen, was eine Gewichtsreduktion bewirkt. Ein großer Brustbeinkamm dient als Ansatz für die Flugmuskulatur.

Gliedmaßen
Die vorderen Gliedmaßen sind zu Flügeln umgewandelt. Vögel besitzen nur noch drei Finger und vier Zehen. Die 4. Zehe ist z. B. bei Fischadler und Eulen als Wendezehe ausgebildet.

Schnabel
Im Gegensatz zu den Säugern besitzen Vögel einen Schnabel ohne Zähne. In Abhängigkeit von der Nahrung und dem Nahrungserwerb sind die Schnabelformen jedoch recht unterschiedlich. Wir unterscheiden Nahrungsgeneralisten (Allesfresser) mit einem großen, breiten Nahrungsspektrum wie zum Beispiel die Enten und die Rabenvögel und Nahrungsspezialisten mit einem sehr engen Nahrungsspektrum. Hierzu zählen zum Beispiel der Wespenbussard oder der Kormoran (Fischspezialist).

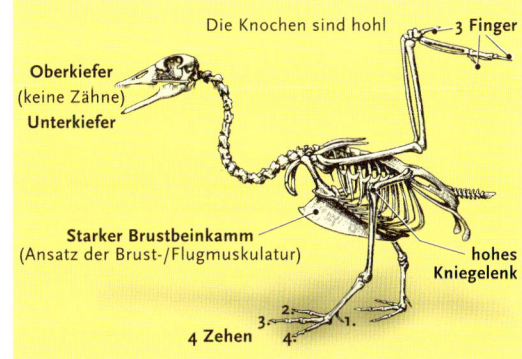

Schnabelformen

Bezeichnung	Aussehen	Nahrung	Vogelgruppe
Pickschnabel, Körnerfresserschnabel	kurz, kräftig	Körner	Hühnervögel Tauben
Stecher	lang, dünn	Würmer	Schnepfen
Rupfschnabel	gezähnt	Gras	Gänse
Seih- oder Filterschnabel	flach, breit mit Lamellen	Allesfresser	Enten
Reißhakenbeißschnabel	gebogen, kräftig	Fleischfresser	Falken Eulen
Reißhakenschneideschnabel	gebogen, kräftig	Fleischfresser	Greifvögel (Habichte)

Federn

Statt mit Haaren wie bei Säugern, ist der Körper der Vögel mit Federn (Gefieder) bedeckt. Auch diese sind wie der Schnabel Hornbildungen der Haut. Das Federkleid unterteilt sich in ein Großgefieder (Schwung- und Stoßgefieder) und in ein Kleingefieder (Deckfedern und Daunen). Die Funktionen der einzelnen Federn sind sehr verschieden. So dienen die Schwungfedern überwiegend zum Fliegen, während der Vogel mit den Stoßfedern lenken kann. Die Deckfedern, die den ganzen Körper abdecken, schützen vor Wasser und Kälte, die Dunen wärmen.

Die Federn nutzen sich als tote Gebilde ab und müssen daher erneuert werden. Dies geschieht in der Mauser. Vollzieht sich die Großgefiedermauser in nur kurzer Zeit (wenige Wochen), so bezeichnet man es als eine Sturzmauser. Die

Schwungfedern

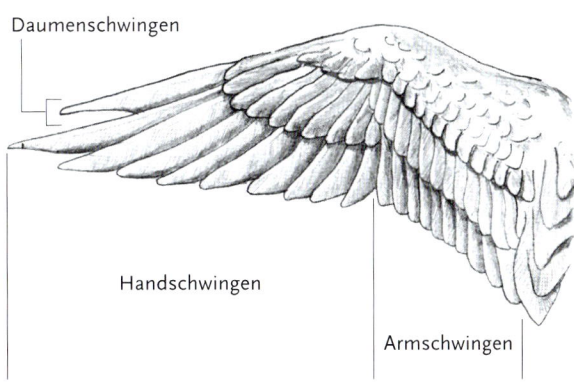

Daumenschwingen

Handschwingen

Armschwingen

Vögel sind in dieser Phase flugunfähig (Brandenten verbringen diese Zeit u. A. auf verschiedenen Nordseeinseln), oder zumindest stark flugbehindert wie z. B. der Stockerpel. Andere Vogelarten wie die meisten Greifvögel müssen zum

Dune und Stoßfeder

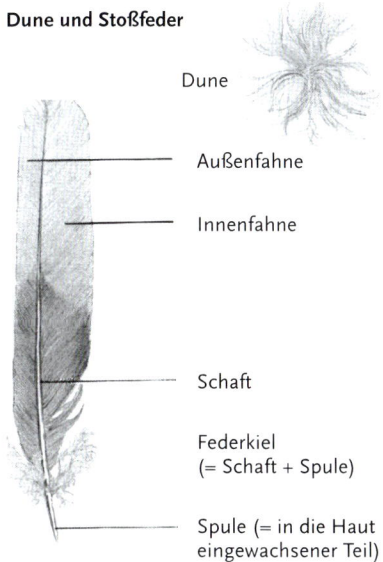

Dune

Außenfahne

Innenfahne

Schaft

Federkiel (= Schaft + Spule)

Spule (= in die Haut eingewachsener Teil)

Stoßfeder

Darum können Vögel fliegen

Strategie Leichtbauweise
- kein Zwerchfell (eine Leibeshöhle)
- keine Harnblase und Harnröhre
- nur drei Finger
- nur vier Zehen
- hohle Knochen (Gliedmaßen)
- keine Zähne
- tragen keine Embryonen aus
- sehr leistungsfähige Lungen mit Anhängen (Brust- und Bauchluftsäcke)

Weitere Gründe
- Flügel
- starkes Brustbein als Ansatz der kräftigen Flugmuskulatur
- Schwungfedern

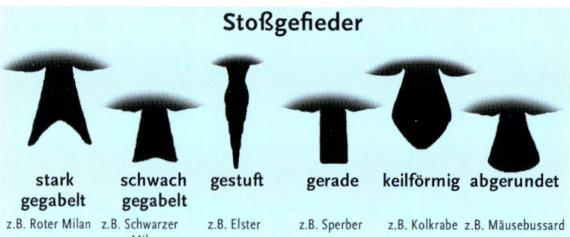

Stoßgefieder

stark gegabelt z.B. Roter Milan | schwach gegabelt z.B. Schwarzer Milan | gestuft z.B. Elster | gerade z.B. Sperber | keilförmig z.B. Kolkrabe | abgerundet z.B. Mäusebussard

Nahrungserwerb dagegen stets flugfähig sein. Sie wechseln daher ihre Schwungfedern sehr langsam in einer festgelegten Reihenfolge. Puderdaunen wachsen ständig nach und zerfallen an der Spitze zu feinstem Puder. Sie werden nicht gewechselt und treten zum Beispiel bei den Tauben auf.

Um das Gefieder vor Austrocknung und Durchnässung zu schützen, fetten es die meisten Vögel mit Bürzelöl (Sekret) ein, das in der Bürzeldrüse produziert wird. Bei einigen Vogelgruppen ist die Bürzeldrüse stark zurückgebildet oder gar nicht mehr vorhanden. Dazu zählen u. A. die Tauben.

Auch Kormorane besitzen keine bzw. eine verkümmerte Bürzeldrüse. Ihr Gefieder wird beim Tauchen vollständig durchnässt und damit schwer (begünstigt Tauchvermögen, anschl. Trocknungsstellung).

Anatomie – innerer Aufbau der Vögel

Verdauung

Vögel nehmen ihre Nahrung weitgehend unzerkleinert über den Schnabel auf (keine Zähne). Die Nahrung wird in den Schlund abgeschluckt und gelangt in den Kropf. Dieser dient der Speicherung und Einweichung der Nahrung (bei Tauben und Hühnervögeln als Körnerfresser stark ausgeprägt).

Im Drüsenmagen erfolgt die Beimischung von Verdauungssäften und eine Aufspaltung der Nahrung. Im nachfolgenden Muskelmagen wird die Nahrung mechanisch zerkleinert, zum Teil unter-

Der Weg der Nahrung durch den Vogelkörper

Schnabel → Aufnahme der Nahrung, bleibt unzerkaut (keine Zähne)
↓
Schlund → Abschlucken der Nahrung
↓
Kropf → Einweichung (bei Körnerfressern stark ausgeprägt)
↓
Drüsenmagen → Aufspaltung der Nahrung
↓
Muskelmagen → mechanische Zerkleinerung, z. T. durch Magensteine (v. a. bei Körnerfressern mit zahlreichen Magensteinchen)
↓
Darm → Nährstoffentzug, Eindicken durch Wasserentzug
↓
Kloake → Ausscheidung von Kot und Urin (keine Harnröhre und -blase) als Gestüber

stützt durch Magensteine (bei Hühnervögeln besonders stark ausgeprägt). Im Vogeldarm findet ein weiterer Nährstoff- und Wasserentzug statt. Harn und Kot werden gemeinsam über die Kloake als „Gestüber" ausgeschieden. Vögel „nässen" nicht!

Neben der Losung scheiden alle Fisch und Fleisch sowie Insekten fressenden Vögel Gewölle (Speiballen) aus. Hierbei handelt es sich um unverdauliche Nahrungsreste, die im Muskelmagen zu Ballen geformt und über den Schnabel ausgewürgt werden. In den Gewöllen befinden sich neben Federn, Insektenpanzern, Fischgräten und -schuppen – insbesondere bei Eulen – auch Knochenreste von den Skeletten der Beutetiere.

Vögel haben zwei paarig angeordnete Blinddärme, die z. B. bei Hühner- und Entenvögeln relativ lang, bei Tauben dagegen kurz ausgebildet sind.

Atmung

Vögel besitzen im Unterschied zu den Säugetieren kein Zwerchfell, das Brusthöhle und Bauchhöhle voneinander trennt. Die Lunge befindet sich in so genannten Luftsäcken (Lungensäcken), die im übertragenen Sinne als „Atemmuskeln" fungieren.

Fortpflanzung

Bei Vögeln sind i. d. R. keine äußerlich sichtbaren Geschlechtsteile vorhanden (Ausnahme bei Enten- und Gänsevögeln). Die Begattung erfolgt, indem der männliche Vogel seine Kloake fest auf die des weiblichen presst. Nach der Eiablage entwickelt sich durch die Brutwärme der Embryo, der durch das Eiweiß (Eiklar) und den Dotter mit Nährstoffen versorgt wird.

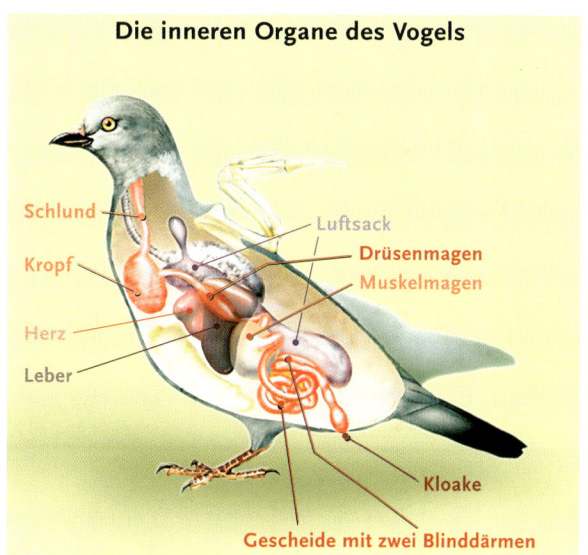

Die inneren Organe des Vogels

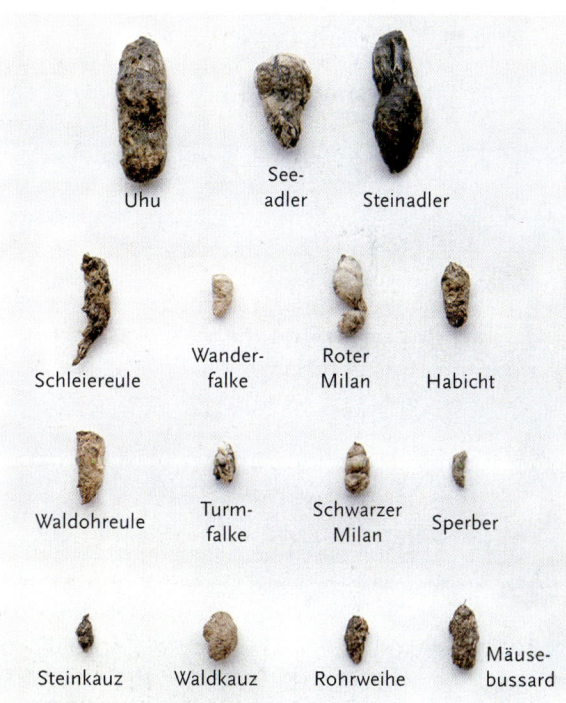

Greifvogel- und Eulengewölle

> **Geschlechts-dimorphismus**
>
> Lassen sich die Geschlechter z. B. aufgrund der Gefiederfärbung (Pracht- und Tarngefieder bei Erpel und Ente) oder der Körpergröße (Habichtterzel und Habichtweib) gut voneinander unterscheiden, so bezeichnet man dies als Geschlechtsdimorphismus.

Lebensweise und Verhalten

Balz
Die Paarungszeit der Vögel nennt man Balz. Sie findet meist im Frühjahr und Sommer, entweder einzeln (z. B. Auerhahn) oder gruppenweise (z. B. Birkhahn: Arenabalz) statt.

Verpaarung
Die häufigste Form der Paarbildung bei Vögeln ist die Monogamie (Einehe), d. h., ein Männchen verpaart sich über einen mehr oder minder langen Zeitraum mit einem Weibchen. Sofern die Partner überleben, kann diese Bindung für eine Brutsaison, ein ganzes Jahr oder lebenslang Bestand haben (Halbjahres-, Jahres- und Lebensehe).

Polygamie (Vielehe) tritt dagegen nur bei wenigen Arten auf wie z. B. bei Fasan, Wachtel, Auerwild, Birkwild und Waldschnepfe. Bei einigen Arten findet vor der eigentlichen Frühjahrsbalz eine Verlobungsphase im Herbst statt (z. B. Stockente, Haselhuhn).

Brut
Gebrütet wird entweder einzeln oder in Gemeinschaft mit anderen Artgenossen in Kolonien (z. B. Saatkrähe, Dohle, Reiher und Kormoran). Nach den Brutorten unterscheiden wir zwischen Boden-, Felsen-, Baum- und Höhlenbrütern (Baum- oder Erdhöhlen). Die Mehrzahl der Bodenbrüter wie Hühner- und Entenvögel sind Nestflüchter, die meisten Baum- und Höhlenbrüter dagegen Nesthocker (z. B. Wildtauben und Greifvögel).

Anpassungsfähigkeit
Nach der Fähigkeit ihrer Anpassung an Umweltveränderungen unterscheiden wir Kulturfolger (z. B. Stockente, Rabenkrähe) und Kulturflüchter (z. B. Auerwild, Schwarzstorch).

Zugverhalten
Findet eine Art während des ganzen Jahres genügend Nahrung in ihrem Lebens-

> **Entwicklungszustand der Jungvögel nach dem Schlüpfen**
>
> **Nestflüchter**
> - schlüpfen sehend
> - mit Daunenkleid
> - folgen sofort den Altvögeln
> - fressen selbstständig
> - sind schnell flugfähig (1–3 Wochen)
>
> **Nesthocker**
> - schlüpfen i. d. R. blind
> - i. d. R. unbefiedert
> - folgen den Altvögeln nicht
> - werden gefüttert (geatzt)
> - sind erst spät flugfähig

LEBENSWEISE UND VERHALTEN

Gänse in typischer Keilflugformation

Zoologische Einteilung der Vögel

- Tauben
- **Hühnervögel:** Waldhühner, Feldhühner
- **Greifvögel:** Habichtartige, Falkenartige
- **Eulen:** Schleiereulen, Kauzeulen
- **Singvögel:** z. B. Rabenvögel
- **Wat- und Möwenvögel:** Schnepfenvögel, Möwen
- **Enten- und Gänsevögel:** Enten, Säger, Gänse, Schwäne
- **Ruderfüßer:** z. B. Kormoran
- **Lappentaucher:** z. B. Haubentaucher
- **Kranichvögel:** Trappen, Kraniche, Rallen
- **Stelzvögel:** Reiher, Dommeln, Störche

Begriffserklärung Vögel

Balz: Paarungszeit bzw. Begattungszeit der Vögel meist im Frühjahr, bei einigen Arten Verlobung bereits im Herbst (z. B. Stockente, Haselhuhn)
Monogamie: „Einehe", Männchen sucht nur einen weiblichen Partner; häufigste Eheform der Vögel
Jahresehe: Partner bleiben ein Jahr lang zusammen (z. B. Rebhuhn, Tauben)
Saisonehe (Halbjahresehe): Partner bleiben ca. ein halbes Jahr oder kürzer (v. a. Brutzeit) zusammen (z. B. Stockente)
Lebensehe: Partner bleiben ein Leben lang zusammen (z. B. Graugans, Schwäne, Steinadler)
Polygamie: „Vielehe", ein Männchen paart sich mit mehreren weiblichen Partnern (z. B. Fasan, Waldschnepfe, Auerhahn, Birkhahn)
Kolonienbrüter: Mehrere Paare brüten gemeinsam an einem Brutort (z. B. Graureiher, Kormoran, Saatkrähe, Dohle)
Bodenbrüter: brüten am Boden (z. B. Hühnervögel, Entenvögel, Schnepfen, Weihen)
Baumbrüter: brüten auf Bäumen (z. B. Rabenvögel, Tauben, Reiher, Kormoran, Greife außer Weihen)
Höhlenbrüter: brüten in Erdhöhlen (z. B. Brandente) oder Baumhöhlen (z. B. Käuze, Hohltaube, Schellente, Spechte)

Begriffserklärung Vögel (Fortsetzung)

Felsenbrüter: brüten in Felswänden (z. B. Steinadler, Wanderfalke, Uhu)
Nestflüchter: schlüpfen sehend und befiedert, folgen sofort den Eltern, fressen selbstständig (z. B. Hühner, Entenvögel, Schnepfen)
Nesthocker: schlüpfen blind und nackt, folgen den Eltern nicht, werden gefüttert (z. B. Tauben) oder geatzt (z. B. Greife)
Kulturfolger: sehr anpassungsfähig an Umweltveränderungen durch den Menschen (z. B. Feldhühner, Stockente, Weißstorch, Türkentaube)
Kulturflüchter: passen sich an Umweltveränderungen durch den Menschen kaum an, werden verdrängt (z. B. Waldhühner, Schwarzstorch)
Geschlechtsdimorphismus: Geschlechter lassen sich anhand unterschiedlichen Aussehens (Farbe, Größe) unterscheiden (z. B. Fasan, Enten, Auerwild, Birkwild, Habicht).
Standvögel: verbringen das ganze Jahr im Brutgebiet (z. B. Hühner außer Wachtel, Habicht, Sperber, Turmfalke, Mäusebussard)
Zugvögel: verlassen im Herbst ihr Brutgebiet und überwintern im Süden
Sommergäste: Zugvögel, die im Sommer bei uns, im Winter im Süden leben (z. B. Wespenbussard, Baumfalke, Störche, Wachtel)
Wintergäste: Zugvögel, die im Winter bei uns, im Sommer im Norden leben (z. B. Raufußbussard, viele Gänse)
Teilzieher: Nur ein Teil der Population zieht weg, ein anderer bleibt im Brutgebiet (z. B. Waldschnepfe).
Strichvögel: ziehen im Winter nicht weg, wechseln nur an günstigere Standorte im näheren Umfeld (z. B. Graureiher, Mäusebussard)
Kloake: Letzter Teil des Enddarmes, in den bei Vögeln auch Ei- bzw. Samenleiter münden. Über die Kloake werden Kot und Urin gemeinsam ausgeschieden (Gestüber). Geschlechtsakt erfolgt durch Aneinanderpressen der Kloaken.
Gewölle: ausgewürgte unverdauliche Nahrungsreste bei Fisch und Fleisch fressenden Vögeln, bestehend aus Federn, Haaren, Zähnen, Chitinpanzern, teilweise auch Knochen (z. B. bei Eulen)
Mauser: Gefiederwechsel der Vögel (Großgefieder einmal im Jahr, Kleingefieder teilweise zweimal)
Sturzmauser: Mauser vollzieht sich in kurzer Zeit (wenige Wochen), Vögel sind daher in dieser Zeit flugunfähig oder zumindest flugbehindert (z. B. Stockerpel/Stockente).
Bürzeldrüse: Am Stoßansatz, oberhalb der Schwanzwurzel sitzende Hautdrüse, die als Sekret das Bürzeldrüsenfett (Bürzelöl) produziert. Dieses Öl wird mit dem Schnabel auf dem Gefieder verteilt. Das Gefieder wird damit wasserabweisend.
Puderdaunen: Tauben besitzen Puderdaunen, die ständig wachsen und an den Spitzen in kleinste Teilchen zerfallen. Mit diesen Teilchen wird das Gefieder eingepudert (produzieren kein Bürzelöl).

Adulte Ringeltaube mit weißem Halsring (re.) und juvenile ohne.

raum und verbringt den Winter deshalb auch in ihrem Brutgebiet, so bezeichnet man sie als Standvogel. Zugvögel hingegen verlassen ihr Brutgebiet im Herbst und überwintern im Süden. Bei Teilziehern verlässt nur ein Teil der Population das Brutgebiet (z. B. Waldschnepfe). Strichvögel verlassen nicht das Brutgebiet, sondern wechseln nur in Abhängigkeit von Witterung und Nahrungsangebot an günstigere Standorte im näheren Umfeld, z. B. in wärmere Flussniederungen.

Der Vogelzug kündigt sich durch das Sammeln der Zugvögel an und vollzieht sich oft in arttypischen Formationen wie z. B. der Keilformation (z. B. Gänse und Kraniche) oder Reihen-Schrägformation (z. B. Enten und Schwäne). Diese Formationen werden gewählt, um energiesparend zu fliegen. Windschatten, Aerodynamik etc. werden ausgenutzt.

Wildtauben

Stammform der Haustauben ist die heute noch z. B. im Mittelmeerraum, in Schottland und Irland wildlebend vorkommende Felsentaube.

Ringeltaube

Lebensraum: Wälder, Agrarlandschaften, Parks u. Siedlungen in ganz Deutschland, häufigste Wildtaube, Kulturfolger, Baum- und Nischenbrüter

Gemeinsamkeiten der Wildtauben

- unterliegen alle dem Jagdrecht, Ringel- und Türkentaube mit Jagdzeit
- monogam (Saisonehe)
- Baumbrüter in einfachsten Nestern (Hohltaube: Baumhöhlenbrüter)
- 2–3 (4) Bruten/Jahr
- meist 2 Eier je Brut (Eikonstanz)
- etwa 17 Tage Brutdauer
- ca. 10 Tage werden Junge mit Kropfmilch beider Eltern ernährt
- Nesthocker
- Schachtelbrut: Bei gutem Nahrungsangebot. Der Tauber versorgt Ästlinge (s. S. 172), während die Täubin erneut brütet
- keine Gallenblase
- können Wasser saugend aufnehmen

Türkentaube

Turteltaube

Hohltaube

Balz: Tauber mit typisch wellenförmigem Balzflug und Flügelklatschen, Balzlaut: „Ku Kuh Ku Ku Ku"
Ernährungsweise: Anfangs Kropfmilch, später Sämereien, Kräuter, Getreide, Mast und Insekten (Körnerfresserschnabel)
Altersunterscheidung: Jungtauben fehlt in den ersten Monaten u. A. der weiße Halsfleck.
Besonderheiten: Größte Wildtaube („Pfundstaube"), klatschender Flügelschlag beim Abstreichen (Wegfliegen), Lockjagd mit Attrappen auf Stoppelfeldern (aus guter Deckung: Tauben haben „auf jeder Feder ein Auge"), im Frühjahr Balzjagd auf den Tauber durch Nachahmung des Nebenbuhlers möglich („Auerhahn des kleinen Mannes"). Ringeltauben haben nach BJG nur noch vom 1.11. bis 20.02. Jagdzeit! Ausnahmen regeln die Landesjagdgesetze.

Türkentaube

Herkunft Balkan, Standvogel, Baumbrüter, fast ausschließlich in Siedlungsnähe, typischer Kulturfolger, deshalb kaum bejagbar, charakteristisch: dunkler Nackenstreif

Turteltaube

Kleinste Wildtaube, Baumbrüter, Zugvogel, charakteristisch: weißer Halsfleck mit schwarzen Streifen

Hohltaube

Höhlenbrüter (Schwarzspechthöhlen) in alten Laub-Mischwäldern, charakteristisch: purpurfarbener Halsfleck

Hühnervögel

Hühnervögel werden in Waldhühner (Raufußhühner) und Feldhühner (Glattfußhühner) unterteilt. Zu den Waldhühnern/Raufußhühnern zählen Auerwild, Birkwild, Rackelwild, Alpenschneehuhn und Haselwild. Zu den Feldhühnern/Glattfußhühnern gehören Rebhuhn, Fasan, Wachtel und Steinhuhn.

Waldhühner (Raufußhühner)

Auerwild (Großer Hahn, Urhahn)

Lebensraum/Vorkommen: Lichte (Plenter-)Wälder der Mittelgebirge und Hochlagen mit üppiger Beerkrautschicht (Alpen, Harz, Bayr. Wald, Fichtelgebirge, Schwarzwald).
Lebensweise: polygam

Hühnervögel

Gemeinsamkeiten aller Hühnervögel
- Bodenbrüter
- Nestflüchter
- Küken fressen in den ersten drei Wochen überwiegend tierische Nahrung (Insekten, Würmer, Schnecken)
- Körnerfresser (Pickschnabel)
- Stark ausgeprägter Kropf
- Starker Muskelmagen mit Waidkörnern
- scheiden Blinddarmlosung („Balzpech") separat aus
- Scharren zur Nahrungssuche (Scharrfüße)
- Standvögel (Ausnahme: Wachtel)
- Überwiegend am Boden, gute Läufer

Gemeinsamkeiten der Waldhühner
- 6–10 Eier Gelegegröße
- 28 Tage Brutdauer (Merke: 4 Wochen, aber Ausnahme Alpenschneehuhn)
- Rosen über den Augen
- Kulturflüchter
- Im Winter Balzstifte an den Zehen (Schneeschuhfunktion)
- Ständer(Beine) voll befiedert (vgl. Name „Raufuß")

Gemeinsamkeiten der Feldhühner
- 8–15 (bis 20) Eier (Merke: ca. 10–20)
- 24–26 Tage Brutdauer (Merke: ca. 3½ Wochen, aber Ausnahme Wachtel)
- Rosen um die Augen
- Kulturfolger
- Ständer unbefiedert

Auerhahn in Ruhestellung

Auerhahn bei der Bodenbalz

Bildbeschriftung: Rose, Fächer, Brocker, Schaufeln (einzelne Stoßfedern), Kehlbart, Schild, Spiegel

Balz: Einzelbalz März–Mai; Es gilt die Jägerweisheit: Buchenlaub raus – Hahnenbalz aus. Hahn beginnt in der Morgendämmerung mit Baumbalz, lockt die Hennen mit einer Balzarie: Knappen-Trillern-Hauptschlag-Schleifen oder Wetzen. Reitet dann ab und streicht zu den Hennen, die am Boden getreten (s. S. 161) werden (Bodenbalz). Während des Wetzens (auch Schleifen), ist der Hahn für wenige Sekunden fast taub und kann vom Jäger angesprungen werden.

Ernährungsweise: Küken nehmen in den ersten Wochen überwiegend tierische Nahrung (Insekten, Würmer, Schnecken), später auch Beeren, Knospen, Früchte, Nadeln und Kräuter auf.

Altersunterscheidung: Ältere Hähne (3 Jahre und älter) tragen einen stärkeren Oberschnabel (Broker) und längere und eckigere Schaufelfedern (Stoß).

Bejagung: Wo erlaubt (z. B. Österreich), Verhören und Anspringen in der Balz.

Trophäen: Stoß oder ganzer Hahn als Präparat, sowie die besonders großen, schön gefärbten Waidkörner (Grit)

Besonderheiten/Sonstiges: Hochwild – abschussplanpflichtig – Nachtjagd erlaubt – Schlafbäume – Kreuzung mit Birkwild möglich (= Rackelwild) – stark gefährdet (fehlende Lebensräume, hoher Freizeitdruck, genetische Isolation, Räuberdruck von Raubwild, Schwarzwild) – ganzjährig geschont

Birkwild
(Kleiner Hahn, Spielhahn)

Lebensraum/Vorkommen: Eher locker durchsetzte Landschaften. Im Flachland Moore und Heiden (Lüneburger Heide), im Mittelgebirge offene Kammflächen (Rhön), im Hochgebirge über der Baumgrenze, auf Lawinenbahnen und in der Mattenregion (Alpen)

Lebensweise: polygam

Balz: Arenabalz März–Mai auf offenen Flächen, Hähne kämpfen zunächst um günstigen, d. h. mittigen Balzplatz. Hähne fallen in der Morgendämmerung ein und beginnen mit auffälligem Imponiergehabe und Balzgesang: Kullern und

Die Sicheln des alten Birkhahns (li.) sind deutlich stärker gekrümmt als die des jungen.

Balzender Birkhahn

Seltene Aufnahmen: Balzender Rackelhahn

Fauchen. Hennen streichen danach zu den Hähnen („Damenwahl").
Ernährungsweise: ähnlich Auerwild
Altersunterscheidung: Je älter der Hahn, desto mehr (jung 4, alt 8) und gekrümmter die Sicheln (Stoßfedern)
Bejagung: Wo erlaubt, Ansitz aus Erdschirm am Balzplatz und Nachahmung des Nebenbuhlers (Balzjagd)
Trophäen: Spiel (Stoß) oder ganzer Hahn als Präparat
Besonderheiten/Sonstiges: abschussplanpflichtig – Nachtjagd erlaubt – Kreu-

Alpenschneehuhn im Sommer

Alpenschneehuhn

Lebensraum/Vorkommen: Hochgebirge oberhalb der Baumgrenze (Mattenregion) – Alpen
Lebensweise: monogam; Jahresehe (Saisonehe)
Balz: April–Mai und Juni
Ernährungsweise: Küken zunächst tierische Nahrung, später auch Knospen, Beeren, Latschennadeln, Flechten, Kräuter. Scharren bei hoher Schneelage Gänge zur Nahrungssuche unter dem Schnee und als Wärmekammern
Besonderheiten/Sonstiges: Färbung beider Geschlechter im Sommer braunweiß, im Winter weiß (Hahn mit schwarzen Zügeln, s. S. 174) – sehr starke Befiederung der Zehen (Schneeschuhfunktion) – Feinde: Steinadler, Uhu und Fuchs (Kolkrabe) – stark gefährdet – ganzjährig geschont

zung mit Auerwild möglich (= Rackelwild) – stark gefährdet – ganzjährig geschont

Rackelwild

Kreuzung zwischen Auer- und Birkwild. Selten. Rackelwild-Vorkommen sind deshalb auf die Gegenden beschränkt, in denen sich die Populationen beider Arten überschneiden.

Abschussplanpflichtig – Nachtjagd erlaubt – ganzjährig geschont

Haselwild

Haselhahn

Lebensraum/Vorkommen: Unterholzreiche Laub- und Mischwälder der Mittelgebirge, besonders Niederwälder, Eichen-Hainbuchen-Wälder, gerne im Buschwerk (Haelsträucher – vgl. Name!)
Lebensweise: monogam (Jahresehe), sehr heimlich
Balz: Verlobung im Herbst, Balz unauffällig im Frühjahr
Ernährungsweise: ähnlich Birk- und Auerwild (keine Nadeln)
Geschlechtsunterscheidung: Hahn mit schwarzem Kehlfleck (Schwarzkehlchen), beide Geschlechter mit aufrichtbarem Kopfgefieder (Holle)
Besonderheiten/Sonstiges: gefährdet – ganzjährig geschont – Familienverband

Weidmännische Ausdrücke bei den Raufußhühnern

abbaumen (abdonnern, abreiten, abstoßen, abstreichen)	vom Baum wegfliegen
abfallen (absteigen)	vom Baum auf die Erde fliegen
anspringen	sich auf den balzenden Hahn während des Schleifens (s. u.) rasch zubewegen
Äsung	Nahrung
Aufbruch	alle Innereien
Augen	Augen
äugen	sehen
ausfallen	Schlüpfen der Küken
Balz	Begattungszeit (zu unterscheiden sind: Vor-, Haupt-, Nach-, Früh-, Sonnen- und Abendbalz)
Balzarie (Setzl)	Reviergesang des Hahnes; die Balzarie besteht aus vier Teilen: dem Knappen, dem Triller, dem Hauptschlag und dem Schleifen oder Wetzen.
Balzgräten (Balzfedern, -stifte, Zehenfedern, -stifte)	kleine, beiderseits der Zehen angeordnete, verhornte Federn. Sie verbreitern die Lauffläche und ermöglichen dem Auerwild, sich besser im Schnee zu bewegen. Sie fallen mit der Frühjahrsmauser aus und wachsen erst im August wieder nach. Mit der Balz haben sie nichts zu tun.
Balzkragen	die gesträubten Halsfedern des Auerhahns beim Balzen
Balzlosung (Balzpech, Falzlosung, Falzpech)	zähflüssige, dunkle Blinddarmlosung beider Geschlechter, die neben der normalen Losung das ganze Jahr über abgesetzt wird
Balzrosen (Rosen)	rote Haut oberhalb der Augen, die während der Balzzeit anschwillt
Bart (Feder-, Kehlbart)	verlängerte Kehlfedern
brocken	äsen an Beerensträuchern
Brocker	Schnabel
bröseln	koten
einfallen	anfliegen und sich auf der Erde niederlassen
einschwingen	auf den Baum setzen
Fächer	der gesamte Stoß
Fährte	Fußabdrücke des Auerhahns
Flammen	Balzrosen (s. o.)
fußen	auf einem Baum sitzen

Weidmännische Ausdrücke bei den Raufußhühnern (Fortsetzung)

Füße	die Füße des Auerwilds
Geilen	Hoden des Auerhahns
Geläuf	Fußabdrücke der Auerhenne
Gelege	Eier
Gesetzl (Gsetzl)	Balzarie (s. o.)
Gesperre	die Jungen einschließlich der Henne
gocken	das Locken der Henne (öfter hintereinander: warnen)
Grandln	kleine Federn vor der ersten Handschwinge am Schwingenbug
großer Stoß (Oberstoß)	die langen Schwanzfedern
Hahn (Mehrzahl: Hahnen)	männliches Auerwild
Hahnenbart	Bürzeldrüsenfedern
Hauptschlag	Lautäußerung, ein Teil der Balzarie (s. o.)
Henne	weibliches Auerwild
hudern	Staubbad nehmen
Huderplatz (Pfanne)	Platz, an dem das Staubbad genommen wird
kleiner Stoß (Unterstoß)	die unteren Schwanzfedern
knappen (schnalzen, schnakeln)	Lautäußerung, ein Teil der Balzarie (s. o.)
kröchen	Warn- oder Schrecklaut
Läufe	Beine
Losung	Kot (nur beim Auerhahn, bei den übrigen Raufußhühnern Gestüber)
Mauser (Raue)	Federwechsel
melden	Balzlaut
Morgengebet	das Verstummen des Hahns bei Tagesanbruch
nadeln	Abäsen von Fichten-, Kiefern- und Tannennadeln
Nägel	Zehennägel
Nesterl	kleiner Stoß (s. o.)
Pfanne	Huderplatz (s. o.)
prossen	Laubholz abäsen
Rauhe	Mauser (s. o)
Rosen	Balzrosen (s. o.)
Ruder	der ganze Stoß
Schaufel	einzelne Stoßfeder des Auerhahns (Oberstoßfedern)
Schild	stahlblaufarbener Brustfleck des Auerhahns und brauner Brustfleck der Auerhenne

Weidmännische Ausdrücke bei den Raufußhühnern (Fortsetzung)

schleifen (wetzen)	letzter Teil der Balzarie (s. o.) des Auerhahns
schnalzen (schnakeln)	knappen (s. o.)
Schneider	junger Hahn
Schwingen	Flügel
Sonnenbalz	Balz nach Tagesanbruch (Bodenbalz)
Spiegel	weißer Fleck auf der Schwingenbeuge (auch beim Birkhahn)
Stingel	Hals
Stoß	Schwanz
Triller	zweiter Teil der Balzarie (s. o.)
überstellen (umstellen)	von einem Ast zum anderen treten oder fliegen (wechseln)
verbeißen	svw. äsen, Nahrung aufnehmen
verhören (verlosen, verlusen)	Stand-, Schlaf- und Balzbäume des Auerwilds bestätigen (ausmachen)
vernehmen	hören
verschweigen	das Balzlied abbrechen
verstreichen	das Revier verlassen
vertreten	den Hahn bei der Balz vertreiben, vergrämen (stören)
Weidkörner	Grit, Magensteine, das sind kleine, zum Zermahlen fester Nahrung im Magen aufgenommene Steine
wetzen	schleifen (s. o.)
worgen (wörgen)	2- bis 6-silbige krächzende Laute
Zehenfedern (Zehenstifte)	Balzstifte (s. o.)
Zunge	Zunge

(Alt- und Jungvögel) bleibt bis Herbst zusammen, danach erneute Paarbildung.

Feldhühner (Glattfußhühner)

Rebhuhn

Lebensraum/Vorkommen: Im Flachland und Mittelgebirge bis 600 m. Gute Lebensräume bieten kleinparzellierte und damit grenzlinienreiche offene Kulturlandschaften mit Brachflächen (heute selten). Frühere Dreifelder-Wirtschaft mit Fruchtfolge Getreide – Hackfrucht – Brache war optimal. Ähnlich positiv für die Verbesserung des Lebensraumes waren jahrzehntelang Flächenstilllegungsprogramme, die mit dem Ende der Stilllegungsprämie leider zum Erliegen gekommen sind. Vorkommen gibt es zwar

Rebhahn (li.) mit Henne

Rebhühner kommen nur im Feld vor, nicht im Wald.
Lebensweise: monogam (Jahresehe bis mehrjährig)
Balz: Einzelbalz im Frühjahr, Kette = Familie, bleibt über Winter zusammen, löst sich im Frühjahr auf, anschließend neue Paarbildung (Paarhühner), Volk = Zusammenschluss mehrerer Kleinfamilien im Winter
Ernährungsweise: Küken zunächst tierische Nahrung (Brachflächen wichtig, da ungespritzt), später auch Kräuter, Samen, Feldfrüchte (Stoppelfelder)
Geschlechtsunterscheidung: Flügeldeckfedern der Henne mit Querbänderung. Hennen häufig mit hellem Überaugenstreif. Dunkles Brustschild bei beiden Geschlechtern möglich!
Bejagung: Suche mit Vorstehhund nach vorherigem Verhören (Lockrufe), oder nach Bestätigung anhand von Geläufen, Gestüber oder Huderplätzen (wegen Bestandsrückgang meist keine Jagd).

noch in fast ganz Deutschland, doch sind die Rebhuhnvorkommen in zahlreichen Regionen und Revierkomplexen annähernd oder vollständig erloschen. *Merke*:

Altersmerkmal 1. und 2. Handschwinge

Altes Rebhuhn — rundlich

Junges Rebhuhn — spitz

Flügeldeckfedern von Rebhahn und -henne, Letztere mit feinen, hellen Querbinden

FELDHÜHNER (GLATTFUSSHÜHNER)

Altersunterscheidung beim Rebhuhn

	Schnabel	Ständer	Handschwingen	Rosen
Jung	schwarz	gelb	spitz auslaufend	fehlen
Alt	grau	grau	stumpf auslaufend	vorhanden

Besonderheiten/Sonstiges: Hahn bewacht Kette (Alt- und Jungvögel). Beide Elterntiere führen die Küken, sie überwintern dicht gedrängt (gesellig, Erwärmung, Feinderkennung = kleine Ketten, große Sorgen!) im freien Feld. Mehrere Ketten im Revier sind notwendig, weil sich verwandte Rebhühner innerhalb einer Kette nicht paaren.
Hegemaßnahmen: Förderung von Brachflächen oder das Belassen der Stoppel sowie Altgrasflächen und -streifen bis zum Frühjahr. Fütterung im Winter (Schüttung) mit Druschabfall im freien Feld (keine Ansitzmöglichkeiten für Greifvögel, Standorttreue beachten), intensive Raubwildbejagung.

Fasanenhenne

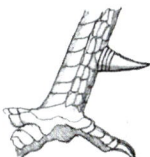

Sporn des Fasanenhahns

Fasan

Lebensraum/Vorkommen: Kleinparzellierte, grenzlinienreiche Kulturlandschaft mit Hecken und Feldgehölzen. Man spricht von den 6-W-Ansprüchen:
- Wald, Feldgehölze (= Bäume zum Aufbaumen, Deckung, Klimaschutz)
- Wiese (Sämereien, Kräuter, Insekten)
- Wasser (Trinken)
- Weizen (Deckung, Nahrung)
- Wurzeln (Hackfrüchte, Insekten)
- Wärme (bis 600 m überall ist Vorkommen möglich, sie lieben Weinbauklimate)

Lebensweise: polygam (Geschlechterverhältnis 1:4–6 wird angestrebt)

Böhmischer Jagdfasan (ohne Halsring)

Die wichtigsten weidmännischen Ausdrücke beim Fasan

Bukett	mehrere, zusammen aufstehende F.
enthahnen	Regulierung des Geschlechterverhältnisses durch den Abschuss von Hähnen
Federohren	s. u.: Hörner
Gesperre	Henne mit Jungen
himmeln	senkrechtes Aufsteigen bei einem Lungenschuss
Hörner (Federohren)	Federbüschel am Kopf
Krönchen	s. u.: Sporn
Infanterist	zu Fuß laufender F.
Rosen	roter Hautwulst um die Augen des Hahnes
Spiel	Stoß (Schwanz) beim Hahn
Sporn (Krönchen)	spitzer Dorn an der Hinterseite des Ständers beim Hahn

Geläuf des Fasans

Balz: Einzelbalz März–April (Mai). Abgrenzung der Balzreviere durch laute Balzrufe der Hähne (Gocken) mit schwirrendem Schwingenschlag. Verteidigung gegenüber Nebenbuhlern mit Flügelschlagen und Treten mit Krallen und Sporn.

Brutverhalten: Nur Henne brütet, Hahn bewacht sein Revier, Hähne sind am Brutgeschäft nicht beteiligt. Gesperre (Henne und Jungvögel) bleibt nur bis zur Herbstmauser zusammen (bis die Junghähne ihr Prachtgefieder bekommen, d. h. „Ausschildern")

Ernährungsweise: Küken fressen zunächst vor allem Insekten, später auch Kräuter, Samen, Mast und Feldfrüchte, besonders keimendes Getreide und Mais.

Altersunterscheidung: Je älter der Hahn, desto länger der Sporn (unsicheres Merkmal).

Bejagung: Vorstehtreiben, Buschieren, Suche, Scherentreiben, Waldtreibjagd, Stöbern

Besonderheiten/Sonstiges: Brutparasitismus: Henne legt manchmal Eier in fremde Nester (z. B. Rebhuhngelege) – wildschadensersatzpflichtig (keimendes Getreide) – Herkunft aus Asien, durch die Römer bei uns eingebürgert (viele verschiedene Rassen u. A. mit und ohne Halsring), häufigste Rassen sind der Böhmische Jagdfasan (ohne Halsring)

Wachtel

Die wichtigsten weidmännischen Ausdrücke bei den Feldhühnern

aufstehen	wegfliegen
ausfallen	ausschlüpfen
äsen (weiden)	Nahrung aufnehmen
einfallen	sich nach dem Flug niederlassen
Feldhahn/Feldhenne	Rebhahn/Rebhenne
festliegen	fest auf dem Boden sitzen
Gabelhuhn	nicht ausgewachsenes Rebhuhn, dessen Stoß nur die äußeren Federn aufweist, so dass dieser gabelförmig ist
Geläuf	Spur
Gestüber	Kot
halten	den Hund und den Jäger nahe herankommen lassen
hudern	1. im Sand oder Staub baden; 2. Henne nimmt ihre Jungen unter die Flügel, um sie zu wärmen oder zu schützen
Kette	Familie
Kragen	Hals
locken (rufen)	Laut des Rebhahnes und Mutterruf der Hennen nach Jungen
Paarhühner	Rebhahn und Rebhenne im Frühjahr
paaren	begatten
Rebhahn/Rebhenne	das männliche/weibliche Stück bei den Rebhühnern
rufen	Locken (s. o.)
Schild	hufeisenförmiger, rotbrauner Fleck auf der Brust des Rebhahnes und der Rebhenne
schildern	Federwechsel der jungen Rebhähne
schlagen	Lautäußerung des Wachtelhahnes
Schüttung	Fütterungseinrichtung
schnippen	zucken mit dem Stoß (Rebhühner)
stäuben	hudern (s. o. 1.)
streichen	fliegen
treten	begatten
Volk	mehrere Ketten zusammen
vollschwänzig	ist das Rebhuhn, wenn es ausgewachsen ist und der Stoß die endgültige Form aufweist (Gabelhuhn)
verhören	aufgrund der Lautäußerung den Standort feststellen
warnen	Lautäußerung des Hahns
weiden	äsen (s. o.)
Weidkörner	Magensteine

und der Chinesische Ringfasan (mit Halsring), heute nicht mehr klar zu trennen – Schlafbäume – laufender Hahn = „Infanterist"; mehrere aufstehende Fasanenhähne bezeichnet man als Bukett; wenn ein Jäger mehrere Fasanenhähne am Hühnergalgen trägt, sprechen wir von einem „Strauß" Fasanen.
Hegemaßnahmen: Anlage von Hecken und Feldgehölzen. Winterfütterung mit Druschabfall unter einer Schütte (allseits offenes, abgeschrägtes Pultdach)

Wachtel

Lebensraum/Vorkommen: Grenzlinienreiches Kulturland, v. a. Getreideschläge.
Lebensweise: Nur bis Brutbeginn paarweise, Zugvogel (Nordafrika)
Balz: März–April, auffälliger Balzruf „Pick-We-Rick" (Wachtelschlag)
Ernährungsweise: Auch Altvögel nehmen überwiegend Insekten, deshalb Überwinterung in Afrika.
Geschlechtsunterscheidung: Männchen mit schwarzem Kehlbereich
Besonderheiten/Sonstiges: Bestand stark schwankend, gilt als gefährdet, obwohl er

> ## Wachtelkönig, Wiesenralle (kein Hühnervogel)
> Verwechslungsgefahr mit Wachtel!
> **Unterscheidungsmerkmale:**
> ▸ größer als Wachtel, daher auch „Wachtelkönig" genannt
> ▸ lässt im Flug wie alle Rallen die Ständer hängen
> ▸ Achtung: Die Wiesenralle ist nicht jagdbar, sondern unterliegt dem Naturschutzrecht!

ein Invasionsvogel ist – ganzjährig geschont – gelegentlich mit Wiesenralle (vgl. Kasten oben) vergesellschaftet

Steinhuhn

Alpenbewohner der Mattenregion – etwas größer als Rebhuhn – monogam – unterliegt Naturschutzrecht

Greifvögel

Beuteflug
Nach der Art des Jagens (Beuteflug) unterscheiden wir Gleitstoßgreifer, Späh- oder Stoßfluggreifer und Pirschfluggreifer.
Gleitstoßgreifer: Alle außer Habichte, echte Falken und Fischadler (z. B. Mäusebussard); breite unspezialisierte „Segelschwingen", kurzer Stoß, keine schnellen Verfolgungsflüge, Bewohner offener Landschaften (Feldmark), ausdauernde Segler, oft kreisender Gleitflug oder von Ansitzwarte aus, schlagen ihre Beute am Boden

Steinhuhn

GREIFVÖGEL 163

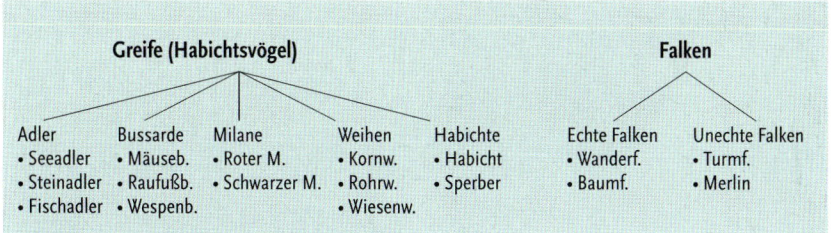

Gemeinsamkeiten der Greifvögel

- tagaktiv
- monogam (Jahres-, Lebensehe)
- 2–4 Eier (Gelegegröße)
- Je nach Art 28 bis 42 Tage Brutzeit (merke: ca. 30–40 Tage)
- Junge schlüpfen sehend und bedunt
- Nesthocker (ca. 30 Tage Nestlinge anschl. ca. 30 Tage Ästlinge)
- Lahnen = Bettelruf der Jungvögel
- extrem gutes Sehvermögen
- Fleischfresser, meist lebende Beute (bei Vögeln: Rupfung)
- Horstfrieden im Horstfeld (vgl. Fuchs und Burgfrieden)
- Gewölle ohne Knochen (starke Magensäure)
- Männchen z. T. ein Drittel kleiner als Weibchen, daher Terzel genannt
- Manteln = Abschirmen der Beute
- unterliegen dem Jagdrecht
- ganzjährig geschont

Späh- oder Stoßfluggreifer: Echte Falken und Fischadler, z. B. Wanderfalke; lange, schmale und spitze Schwingen, Lebensraum offene Feldmark, Stoßflug mit angelegten Schwingen (über 300 km/h möglich), schlagen ihre Beute in der Luft

Art des Tötens
Nach der Art des Tötens unterscheiden wir Grifftöter und Bisstöter.
Grifftöter (alle Greifvögel außer Falken: töten durch Verletzung lebenswichtiger

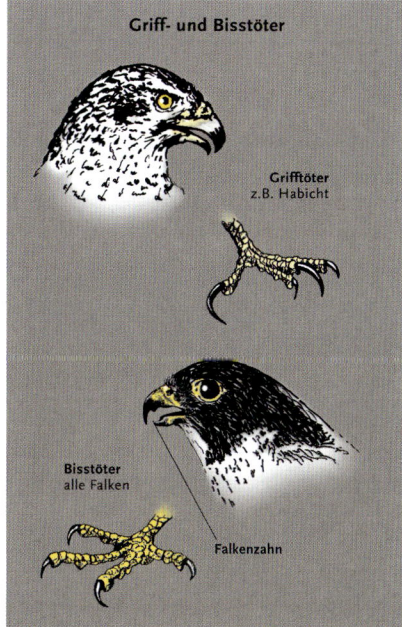

Grifftöter (z. B. Habicht): Reißhaken*schneide*schnabel, vordere Mittelzehen- und Hinterzehenkralle auffallend kräftig ausgebildet; Bisstöter (alle Falken): Reißhaken-*beiß*schnabel mit „Falkenzahn", alle 4 Zehenkrallen gleich kräftig

Pirschfluggreifer: Nur Habichte: Habicht und Sperber , relativ kurze, abgerundete Schwingen, langer Stoß, Bewohner von Wald und Waldrändern, Überraschungsflug von Ansitzwarte aus, sehr wendig durch langen Stoß, schlagen am Boden und in der Luft

Beuteflugarten der Greifvögel

Organe, Fänge mit langen Waffen (Krallen), töten am Boden (Habichte auch in der Luft), Reißhaken-Schneideschnabel (mit dem scharfkantigen Schneideschnabel können sie auch Nistmaterial zurechtschneiden). Grifftöter sind Horstgestalter.

Bisstöter (nur Falken): töten durch Aorta- oder Genickbiss, halten Beute mit Händen (kurze Krallen), Reißhaken-Beißschnabel mit Falkenzahn im Oberschnabel, schlagen in der Luft (außer Turmfalke), töten am Boden, können kein Nistmaterial gewinnen. Bisstöter sind Horstbenutzer.

Adler

Alle Adler sind Grifftöter.

Seeadler

Größter Adler, Hochwild, Baum-, selten Felsenbrüter, Nord- und Ostdeutschland (Küste/Binnenseen), Standvogel, keilförmiger Stoß, Gleitstoßgreifer, Flügelspannweite ca. 240 cm.

Seeadler

Bussarde

Bussarde sind Gleitstoßgreifer und Grifftöter (Ausnahme Wespenbussard).

Mäusebussard

Häufigster Greif, Stand- bzw. Strichvogel, Baumbrüter der offenen Kulturlandschaft, Kulturfolger, Horst wird begrünt (wie bei fast allen baumbrütenden Greifen), sehr anpassungsfähig, Beute überwiegend Kleinsäuger wie Mäuse (Name!), frisst auch Aas, Farbvarianten von weiß, beige bis dunkelbraun;

Steinadler

Steinadler

Geringfügig kleiner als Seeadler, Hochwild, Baum- oder Felsenbrüter, Alpen, Horst wird begrünt, Beute bis Rehgröße, Beizvogel, Gleitstoßgreifer, Spannweite ca. 220 cm.

Fischadler

Vermutlich kleinster Adler, Systematik ungeklärt, Baum- und Mastbrüter, Nord- und Nordostdeutschland, an fischreichen Gewässern, Zugvogel, hellbläuliche (graublaue) Fänge, Wendezehe, gewinkelte Schwingen, weiße Bauchunterseite, Rüttelflug, Stoßfluggreifer, Flügelspannweite ca. 160 cm.

Mäusebussard (Stoß und angelegte Schwingen sind etwa gleich lang)

Fischadler

Unterscheidungsmerkmale der Bussarde

- **Mäusebussard:** dunkles Auge, Stoß mit 8–12 Querbinden, rüttelnd; Stoß und angelegte Schwingen etwa gleich lang
- **Raufußbussard:** dunkles Auge, 1 Quer(End)binde, Ständer befiedert
- **Wespenbussard:** gelbschwarzes Auge, 3 Querbinden, langer Hals (taubenähnlich), „Schuppen" im Gesicht

Raufußbussard, seine Ständer sind befiedert („rau", „behost")

rüttelt gelegentlich; Spannweite ca. 130 cm.

Raufußbussard

Wintergast, Baumbrüter in Skandinavien, Ständer voll befiedert (Name!), rüttelt häufig, Flügelspannweite ca. 140 cm.

Wespenbussard

Sommergast, Baumbrüter, begrünt Horst, Nahrungsspezialist (Wespen u. a. Insektenlarven), harte Schuppenfedern im Gesicht und Hornplatten an Fängen schützen vor Stichen, Spannweite ca. 130 cm.

Milane

Milane sind Gleitstoßgreifer und Grifftöter. Mitunter benutzen sie Stoff-, Plastik- und Papierreste zum Nestbau („Lumpensammler"). Milane jagen anderen Greifen gerne die Beute ab (Schmarotzer), darüber hinaus Kleinsäuger, Amphibien, Reptilien, Fische, Aas etc.

Schwarzer Milan

Zugvogel, meist an größere Gewässer gebunden, Stoß leicht gegabelt, Oberseite schwärzlich (Name!), gilt als weltweit häufigster Greif mit riesigem Verbreitungsgebiet, „notorischer" Beuteschmarotzer, viel Aas, Flügelspannweite ca. 150 cm.

Roter Milan

Zugvogel, häufig an Flußauen, Stoß tief gegabelt (daher irreführend auch „Gabelweihe"), Oberseite rötlich (Name!), Anteil selbst erjagter Beute höher als beim Schwarzen Milan, Flügelspannweite ca. 160 cm.

Wespenbussard (typisch ist der „Taubenkopf")

Schwarzer Milan (leicht gegabelter Stoß)

HABICHTE

Roter Milan (tief gegabelter Stoß)

Weihen

Weihen sind Gleitstoßgreifer und Grifftöter. Sie zeichnen sich durch einen schlanken Körper und lange, dünne Ständer sowie einen relativ langen Stoß aus. Sie besitzen ein eulenartiges Gesicht mit Federkranz. Ihr Flug ist in Bodennähe meist schaukelnd.

Weihen sind Bodenbrüter, aber wie alle Greife Nesthocker. Sie zeigen einen deutlichen Geschlechtsdimorphismus. Die Weihen leben im offenen Gelände von Mooren, Sümpfen und anderen Feuchtgebieten sowie in Heide- oder Brachlandschaften (Kornweihe) und sind Zugvögel.

Rohrweihe

Größte Weihe, Männchen v. a. im Flug „dreifarbig", hell, grau, Weib braun mit heller Kopfplatte, Flügelspannweite ca. 120 cm.

Kornweihe

Weißer Bürzelfleck bei beiden Geschlechtern, Weib braun, Terzel grau, Flügelspannweite ca. 115 cm.

Wiesenweihe

Kleinste Weihe, Weib braun mit weißem Bürzelfleck, Terzel grau, Flügelspannweite ca. 110 cm.

Habichte

Habichte sind Pirschfluggreifer und Grifftöter. Der Terzel ist ein Drittel kleiner als das Weib, daher haben sie ein unterschiedliches Beutespektrum. Habichte sind Waldbewohner. Nur das Weib brütet

Junghabicht mit getropfter Brust

Althabicht mit quer gestreifter (gesperberter) Brust. Der Stoß zeigt 3–5 breite Querbinden.

Männliche Rohrweihe

Weibliche Rohrweihe

Männliche Kornweihe

Weibliche Kornweihe

Weibliche Wiesenweihe

Männliche Wiesenweihe

(Brutmauser), der Terzel schlägt Beute, Atzung der Jungen nur durch Weib.

Habicht

Meist in deckungsreichen Waldlandschaften und Mischrevieren, Horst im oberen Kronenbereich, mehrere Horste im Brutrevier, von denen der jeweils genutzte begrünt wird, Terzel schlägt Beute bis Fasan, Weib bis Hase, Weib ist oft getragener Beizvogel. Junghabicht = Rothabicht, da die Brust rötlich, dunkelbraun getropft (= Schutzkleid – Territorialverhalten), Auge gelb. Althabicht grau und quer gebändert (gesperbert), Auge gelb oder orange, Flügelspannweite Weibchen ca. 115 cm, Terzel bis 95 cm

Sperber

Überwiegend am Waldrand; Horst im mittleren Kronenbereich, jährlich neu, nicht begrünt; Jugend- und Alterskleid gesperbert, Männchen heißt Sprinz (bunt gefärbt). Kleinvogelspezialist: Sprinz schlägt bis Drossel, Weib bis Taube bzw. Rebhuhn, jagt auch in menschlichen Siedlungen und Gärten. Spannweite Weibchen ca. 70 cm, Sprinz bis 60 cm.

Das Sperbermännchen (Sprinz) ist deutlich kleiner als das Weib.

Falken

Falken sind Bisstöter. Man unterscheidet:
- „Echte" Falken: Sämtliche heimischen Falken zählen zur Unterfamilie der Eigentlichen Falken. Wanderfalke und Baumfalke schlagen ihre Beute in der Luft.
- „Unechte" Falken: Turmfalke und Merlin; der Turmfalke schlägt am Boden, der Merlin in der Luft und am Boden.

Gemeinsamkeiten aller Falken

- Bisstöter (Falkenzahn)
- Horstbenutzer
- töten am Boden
- dunkle Augen
- Falkenbart
- Flugbild: „Pfeil und Bogen"

Sperberweibchen mit Jungen

Adulter Wanderfalke: quer gestreifte Brust

Baumfalke (gut erkennbar die roten „Hosen")

Wanderfalke

Größter Falke (Beizvogel), Felsenbrüter, Jagdrevier bis 6000 ha (Name!), Beute fast ausschließlich Vögel (besonders Tauben), Flügelspannweite 80–110 cm.

Turmfalken-Männchen (kl. Bild) und Turmfalken-Weibchen

Baumfalke

Baumbrüter, rote Hosen, Zugvogel, Beute überwiegend Kleinvögel und Insekten, Flügelspannweite 65–80 cm

Merlin-Männchen, ein seltener Wintergast

Turmfalke

Häufigster Falke, Kulturfolger, Baum und Felsnischenbrüter, häufig rüttelnd („Rüttelfalke"), kann nur am Boden schlagen, Hauptnahrung: Mäuse; Terzel: graue Kopfplatte und breite Stoßbinde; Weib: brauner Kopf und viele Stoßbinden; Flügelspannweite ca. 75 cm.

Merlin

Kleinster europäischer Falke, Boden- und Baumbrüter der Taiga und Wald-Tundrengebiete der Nordhalbkugel, Winter-

Flugbilder wichtiger Greifvögel

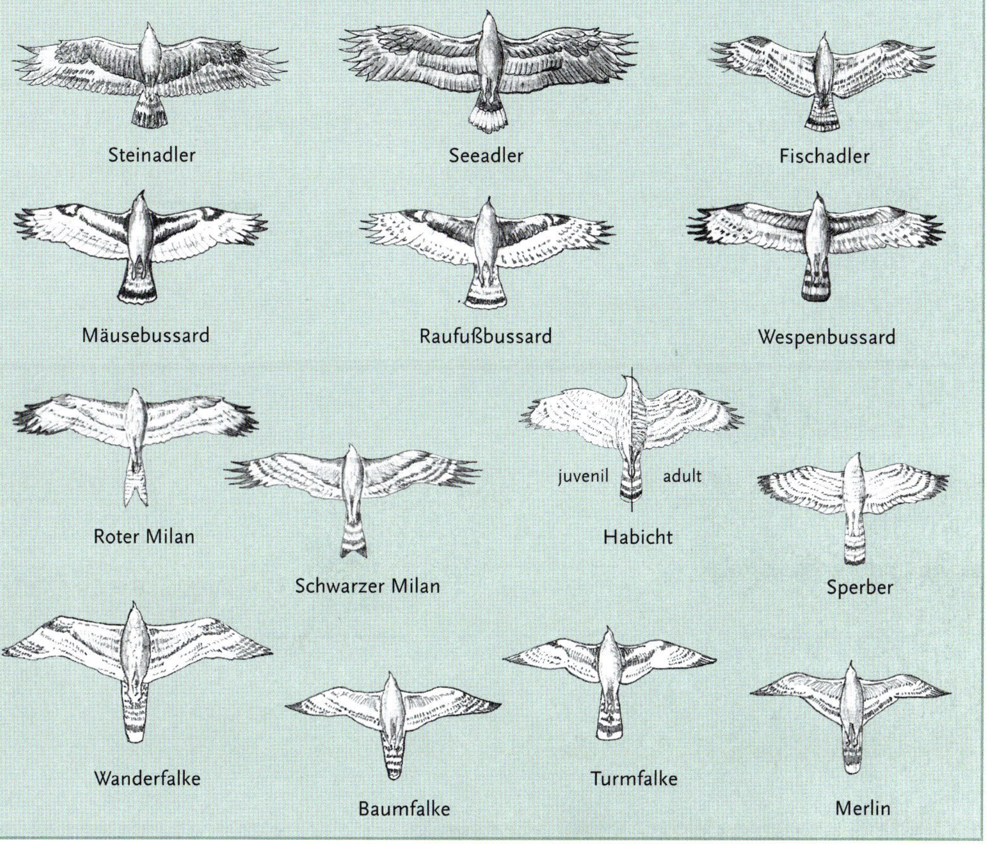

Steinadler — Seeadler — Fischadler

Mäusebussard — Raufußbussard — Wespenbussard

Roter Milan — Schwarzer Milan — Habicht (juvenil, adult) — Sperber

Wanderfalke — Baumfalke — Turmfalke — Merlin

gast, Beute besteht überwiegend aus Kleinvögeln, die meist in der Luft oder aber deckungssuchend am Boden geschlagen werden. Flügelspannweite ca. 60 cm.

Eulen

Eulen sind keine Greifvögel, sonst würden sie dem Jagdrecht unterliegen. Sie unterliegen dem Naturschutz.

Schleiereulen

Weidmännische Ausdrücke für Greifvögel und Eulen

(Die Tabelle umfasst auch die wichtigsten Falkner-Ausdrücke: (F) = Falknersprache)

abtragen (F)	zum Beizvogel abrichten
Ästling	Jungvogel, der sich auf den Ästen um den Horst herum bewegt und noch nicht voll flugfähig ist
atzen	Füttern von jungen G.
Atzklaue (F)	die vordere Innenzehe von G.
Atzung	Nahrung der G. und Beizvögel, auch Fütterungsvorgang
Auf	Uhu, der für die Hüttenjagd benutzt wird
aufatzen (F)	Füttern des Beizvogels; s. o.: atzen
aufblocken (aufbaumen, aufhaken)	sich auf einem Baum, Pfahl, Fels, Gemäuer, selbst auf den Boden niederlassen (Fuß fassen)
aufdecken (entkappen) (F)	dem Falken (Beizvogel) die Kappe abnehmen
auffußen	Niederlassen größeren Federwildes (auch Auer- und Birkwild) auf den Boden oder auf einen Baum
aufhauben (F)	dem Falken (Beizvogel) die Kappe (Haube) aufsetzen
aufschirren (F)	dem Beizvogel Geschüh, Fesseln, Drahlen und Bellen anlegen
Augen	Augen
Augenstern	Stern (s. u.)
Balzflug	Flugspiele der G. zur Paarzeit
Beck (F)	Schnabel des Falken
behost	sind die Fänge im oberen Drittel (befiedert)
beireiten (F)	das Zurückkehren des Beizvogels zum Falkner
Beize (Baize)	Beizjagd (s. u.)
Beizjagd (Beize, Baize) (F)	das Jagen mit allen abgetragenen (gezähmten und abgerichteten) Beizvögeln, nicht nur mit G.; hierzu gehören auch abgetragene Kolkraben und Würger.
Bell (F)	kleine, runde Schelle am Fuße des Beizvogels
binden (greifen)	Beute greifen und festhalten
Dach (F)	Rücken des Falken
Diehn (Plur.: Diehen) (F)	Oberschenkel des Beizfalken
Eier	Eier (Gelege)
einschwingen	sich auf einen Baum niederlassen
entkappen (F)	Aufdecken (s. o.)
Falkenkammer (F)	Unterbringungsraum für Falken
Falkenzahn	Höcker an beiden Seiten des Oberschnabels
Fänge	Füße

Weidmännische Ausdrücke für Greifvögel und Eulen (Fortsetzung)

Fittiche	Flügel
Fraß	die Nahrung (tote Tiere)
Gelege	Eier im Horst
Geschmeiß	der Kot der G.
Geschüh (F)	die beiden kurzen Lederriemen an den Füßen des Beizvogels
Gewaff	die Krallen der G
Gewölle	unverdaubare Nahrungsteile (Speiballen)
greifen	Binden (s. o.)
Habichtler (F)	Falkner, der nur Habichte und Sperber abträgt
Haken	die krumme Spitze des Schnabels
Hände (F)	die Fänge der abgetragenen Falken
Handschwingen	die äußersten Flügelfedern
hocken	sitzen, warten
Horst	Nest der G. (auch der Kraniche, Reiher, Störche, Raubvögel, Eulen)
Horstfeld	Brutrevier
Horstzeit	Brutzeit
Hosen	Federn an den Schenkeln
kälken	Kot abgeben
klaftern	mit ausgebreiteten Schwingen umspannen (Entfernung von Schwingenspitze zu Schwingenspitze)
Kleid	Gefieder
kröpfen	fressen, verzehren
lahnen	Lautäußerung, auch um Nahrung betteln
locken (F)	den Beizvogel an die Faust gewöhnen oder ihn durch Ruf, Pfiff, Atzung oder Federspiel zurückrufen
madriert (F)	mehrmals gemausert
manteln	die Beute mit den Schwingen abdecken
Nestlinge	junge G. Im Horst
Raub	die lebend gefangene Beute
Ring (F)	die Wachshaut am Schnabel des Beizvogels
rupfen	Ausreißen der Federn des Beutevogels
Rupfung	Reste von Federwild oder herumliegenden Federn von der Beute eines G.
rütteln	in der Luft stehen (durch rasche Bewegungen der Fittiche)
Schellen (F)	die Augenlider der Beizvögel
schlagen	die Beute fassen

Weidmännische Ausdrücke für Greifvögel und Eulen (Fortsetzung)

schmeißen	Koten der G.
Schmelz (F)	der Kot der Beizvögel
schmelzen (F)	Koten der Beizvögel
schreien	Lautäußerung
Sprinz	der männliche Sperber
Stern (Augenstern)	der farbige Ring (Iris), der die Pupille des G.-Auges umschließt
Stoß	Schwanz
stoßen	steiles Herabfliegen (Herabstoßen) auf die Beute (Raub)
streichen	abstreichen, zustreichen, svw. fliegen
Terzel	jeder männliche Greifvogel mit Ausnahme des Sperbermännchens (Sprinz)
Waffen	Krallen
warten	auf Beute lauern
wecken (F)	das Hochmachen von Wild vor dem Beizvogel
werfen (F)	den Beizvogel zur Jagd abwerfen
Wildfang (F)	ein Falke oder Habicht, der, nachdem er schon selbstständig gejagt und Beute gemacht hat, eingefangen wird, aber noch das Jugendkleid trägt
Zahn	s. o.: Falkenzahn
Zügel	ein farbiger Streifen, der sich bei einigen Arten vom Schnabelwinkel bis zum Hinterkopf zieht

Uhu

Schleiereule

Halbhöhlenbrüter in Scheunen und Gemäuern, deutlicher, herzförmiger Gesichtsschleier, dunkle Augen. Unterliegen wie alle Eulen dem Naturschutzrecht.

Uhu

Größte Eule weltweit, unverwechselbar, Nischenbrüter (Felswände, Sandgruben etc.), Auge orange, Beutetiere bis Hasengröße, durch Wiedereinbürgerungen zunehmend. Früher als lebender Lockvogel

Gemeinsamkeiten der Eulen

- meist nachtaktiv
- dicker Kopf mit starren Augen
- Kopf bis 270° drehbar
- gutes Dämmerungs- und Nachtsehen
- Ohren asymmetrisch, (Hauptsinnesorgan) wichtig zum Orten der Beute in der Dunkelheit
- Federschleier als Schalltrichter
- Zahnartig gesägte Schwungfedern und Flaum für geräuschlosen Flug (Strömungsabriss)
- Bisstöter und Horstbezieher (wie Falken)
- Wendezehe (wie Fischadler)
- frühe Balz ab Januar/Februar
- weiße, fast runde Eier
- Junge schlüpfen mit geschlossenen Augen (Greife sind sehend)
- unterliegen dem Naturschutzrecht
- Wichtiger Nahrungsbestandteil sind Mäuse
- Gewölle mit Knochen (wenig Magensäure)

Sumpfohreule

Seltener Brutvogel in Moor-, Dünen- und Heidelandschaften, Bodenbrüter, meidet Wald, tagaktiv, Federohren nur unscheinbar, Auge gelb.

Waldkauz

Größter Kauz, häufigste Eule, Baumhöhlenbrüter in Wäldern und Kulturlandschaften, dunkle Augen. Ruf „kuwitt, kuwitt" wurde ebenso wie beim Steinkauz früher als „komm mit..." gedeutet, deshalb galten beide Arten als „Totenvögel". Nimmt wie der Rauhfußkauz gern Nistkästen an, der Steinkauz Niströhren.

Steinkauz

Baumhöhlenbrüter u. a. in alten Streuobstwiesen, Beute vor allem Insekten, Würmer etc. (Mäuse). Auge gelb.

(Auf) zur Krähenbejagung benutzt (Hütten- oder Aufjagd), da alle Rabenvögel auf ihn „hassen".

Waldohreule

Baumbrüter in geschlossenen Waldungen, ist zur Brut auf Krähen- und Greifvogelhorste angewiesen. Typische äußerliche Kennzeichen sind die deutliche Federohren (sie können angelegt werden) und die orangefarbenen Augen. Im Winter nutzen Waldohreulen oft gesellig gemeinsame Ruhebäume.

Waldohreule

Raufußkauz

Sumpfohreule

Waldkauz
(ca. 40 cm)

Steinkauz (ca. 21 cm)

Raufußkauz

Größe etwa wie Steinkauz aber gedrungener, Baumhöhlenbrüter (Folgebrüter Schwarzspecht), Ständer und Fänge auffallend weiß befiedert.

Sperlingskauz

Der Sperlingskauz ist die kleinste europäische Eulenart (starengroß); Baumhöhlenbrüter; nimmt Kleinsäuger, Kleinvögel und Insekten.

Sperlingskauz
(ca. 16 cm)

Rabenvögel

Kolkrabe

Größter Rabenvogel, etwa Bussardgröße, keilförmiger Stoß, kräftiger, klobiger Schnabel mit „Bart", Baum- oder Felsenbrüter, wird bis 40 Jahre alt, „Wotansvogel". Unterliegt länderweise dem Jagdrecht, ganzjährig geschont. Er ist unser größter „Singvogel".

Kolkrabe

Rabenkrähe

Häufigster Rabenvogel, westl. Unterart der Aaskrähe (westl. der Elbe). Schnabelansatz befiedert. Im Winter und Frühjahr („Junggesellen") oft in großen Schwärmen, Baumbrüter. Zählt länderweise zum Wild.

Rabenkrähe
(westl. Vertreter der Aaskrähe)

Nebelkrähe

Östliche Unterart der Aaskrähe (östlich der Elbe). Bis auf Kopf und Schwingen nebelgraues Gefieder. Kreuzungen zwischen Raben- und Nebelkrähe kommen regelmäßig in den Übergangsgebieten beider Areale vor (Unterarten). Zählt in einigen Bundesländern zum Wild.

Nebelkrähe
(östl. Vertreter der Aaskrähe)

Saatkrähe

In Deutschland regelmäßiger Brutvogel, häufig in Dörfern und Städten, Bestand steigend. Ab 2. Jahr Schnabelansatz nackt (grauer Grind). Baumkoloniebrüter, zudem Wintergast in großen Schwärmen, im Winter Massenschlafplätze. Frisst v. a. Pflanzenfresser und Kleintiere.

Gemeinsamkeiten der Rabenvögel

- gehören zur Ordnung der Singvögel
- 3–6 Eier
- 17–21 Tage Brutzeit
- sehr anpassungsfähig, hohes Lernvermögen, intelligent
- überwiegend Kulturfolger
- „Allesfresser" (Nahrungsgeneralisten): Jungvögel, Gelege, Aas, Getreide, Würmer, Sämereien

FEDERWILD

Saatkrähe

Dohle

Elster

Eichelhäher

Dohle

Runder, grauer Kopf (schwarze Stirn), helles Auge. Koloniebrüter in Baumhöhlen (meist in Buchenbeständen, Folgebrüter Schwarzspecht) oder in Felsnischen, oft in Kirchtürmen.

Elster

Schwarzweißes Gefieder, langer, stufiger Stoß. Die Stoßfedern glänzen je nach Lichteinfall (bläulich, grünlich etc, Strukturfarben). Bevorzugt heckenreiche Landschaften und mittlerweile Ortschaften (auch zur Brut). Baut oft mehrere kugelförmige Nester, verwendet dazu auch Zivilisationsmüll („diebische Elster"). Zählt länderweise zum Wild.

Eichelhäher

Waldvogel, auch Parks und Siedlungen. Bunt gefärbt (Schwingenbug mit blauschwarzen Federn, Trophäen). „Hähersaat": sammelt Eicheln und versteckt sie im Boden. Wellenförmiger Flug, rätschender Warnruf („Markwart"). Baumbrüter, meist in Stammnähe.

Tannenhäher

Alpendohle: gelber Schnabel, rote Ständer, Vorkommen auf Alpen beschränkt

Alpenkrähe: roter Schnabel, rote Ständer, Vorkommen auf Alpen beschränkt

Tannenhäher

In Deutschland seltener Brutvogel der Nadelwälder im Mittel- und Hochgebirge, Wintergast in der Ebene, Skandinavien, Osteuropa, „Nussrabe", getropftes Gefieder, Invasionsvogel, wie Eichelhäher wellenförmiger Flug.

Schnepfenvögel

Waldschnepfe

Lebensraum/Vorkommen: Laub- Mischwälder, Erlen-Eschen-Brüche, Auwälder; in ganz Deutschland im Flachland und den Mittelgebirgen
Lebensweise: polygam (aber kein Geschlechtsdimorphismus), Teilzieher (Lagerschnepfen), v. a. dämmerungsaktiv
Balz: März bis April mit der Rückkehr aus den Überwinterungsgebieten
Balzflug = Schnepfenstrich: Die Männchen suchen in der Morgen- und Abenddämmerung fliegend nach den am Boden sitzenden, lockenden Weibchen, oft an Waldrändern und über Waldblößen. Trippelnde Bodenbalz der Hähne um die Hennen.
Balzruf: Männchen quorren und puitzen, Weibchen puitzen, am Boden leise Pieptöne.

Gemeinsamkeiten der Schnepfenvögel

- Ordnung der Wat- und Möwenvögel
- Bodenbrüter
- Nestflüchter
- Eikonstanz (i. d. R. 4 Eier Gelegegröße)
- 19–21 Tage Brutdauer (Ausnahme: Großer Brachvogel, 4 Wochen)
- Kulturflüchter
- bei den hier beschriebenen Arten langer dünner Schnabel (Stecher)
- hohe Ständer
- suchen ausschließlich nach tierischer Nahrung im Boden (Würmer ...)
- an Feuchtgebiete gebunden (Ausnahme Waldschnepfe!)
- Zugvögel (Waldschnepfe Teilzieher)

Waldschnepfe: (Kopfoberseite quer gebändert)

Bekassine: (Kopfoberseite längs gestreift)

Ernährungsweise: Stechen im Boden nach Würmern und Insekten. Stecher: Tastorgan mit beweglicher Spitze des Oberschnabels (Pinzette)
Bejagung: Wo erlaubt, Frühjahrsjagd auf Männchen möglich, in Deutschland verboten! Waldtreiben, Stöbern und Buschieren im Herbst auf rastende Vögel und Lagerschnepfen (überwinternde).
Trophäen: Ganzpräparat, Malerfeder (= 1. verkümmerte Handschwinge) und Schnepfenbart (Federbüschel am Bürzel)
Wildbret: Früher wurden auch die inneren Organe mit Gescheide als „Schnepfendreck" zubereitet.
Sonstiges: Jagdzeit nur im Herbst, obwohl beim Schnepfenstrich gezielt Männchen erlegt werden könnten. Während Jagdzeit Nachtjagd erlaubt, brauchbarer Jagdhund muss mitgeführt werden. Augen sehr weit seitlich angeordnet. „Vogel mit dem langen Gesicht" – Zick-Zack-Flug bei Gefahr – Kopfgefieder im Gegensatz zur Bekassine quer gebändert.

Bekassine

Lebensraum/Vorkommen: feuchte Wiesen, Moore, Sümpfe, offene Landschaften
Lebensweise: Je nach Anzahl der Weibchen monogam oder polygam
Balz: März bis April. Im Frühjahr typischer Balzflug des Männchens: Es spreizt die äußeren Stoßfedern zur Seite, dadurch entsteht ein meckerndes Geräusch („Himmelsziege").
Besonderheiten/Sonstiges: Kopfgefieder im Gegensatz zur Waldschnepfe längs gebändert – unterliegt dem Naturschutzrecht – gefährdet durch Verlust geeigneter Lebensräume (Feuchtgebiete), nur etwa halb so groß wie Waldschnepfe

Weidmännische Ausdrücke bei den Schnepfen

Bürzel	Schwanz
einfallen	sich auf den Boden niederlassen
Geläuf	Spur
Grandl	Malerfeder (s. u.)
Lagerschnepfe	überwinternde Waldschnepfe
liegen	auf dem Boden sitzen
Malerfeder (Grandl)	harte, kleine, sehr spitze Feder am Schwingenbug
meckern	von den Bekassinen mit den Stoßfedern verursachtes Geräusch
Morgenstrich	Morgenflug der Schnepfe
Murkerich	Schnepfenmännchen
murksen (quorren)	Balzlaut des Hahnes (Waldschnepfe)
puitzen	Lautäußerung der Waldschnepfe
quorren	murksen (s. o.)
Schnepfenbart	Federbüschelchen auf der Bürzeldrüse
Schnepfenstrich (Strich, Schnepfenzug)	Balzflug (Suchflug) der Schnepfen
Ständer	Beine
stechen (wurmen)	Suche nach Würmern im Erdreich (mit dem langen Stecher s. u.)
Stecher	Schnabel
streichen	fliegen
Strich	Schnepfenstrich (s. o.)
vernehmen	hören
wurmen	stechen (s. o.)

Großer Brachvogel (Kronschnepfe)

Lebensraum/Vorkommen/Lebensweise: etwa wie Bekassine

Balz: März bis April, flötender Ruf (zur Balz ebenso wie herbst- und winterlichen Rast- und Schlafplätzen)

Besonderheiten/Sonstiges: Typisch sind der sehr lange, abwärts gebogene Schnabel und der „melancholische" Ruf. Er ist stark gefährdet und unterliegt dem Naturschutzrecht (kein „Wild").

Großer Brachvogel, der größte Vertreter unserer Schnepfenvögel. Typisch ist der gebogene Stecher.

Möwen

Sturmmöwe

Heringsmöwe

Lachmöwe im Brutkleid

Lachmöwe im Winterkleid

Adulte Silbermöwe

Juvenile Silbermöwe

Mantelmöwe

Wildenten

Stockente (Märzente)

Lebensraum/Vorkommen: Fließ- und Stillgewässer fast aller Art, Parkgewässer, in ganz Deutschland, auch in Großstädten

Lebensweise: Zug- und Standvogel bzw. Teilzieher, ab Oktober große Zahlen von Wintergästen und Rastvögeln aus Nord- und Osteuropa, Kulturfolger, auch in Siedlungsbereichen

Stockerpel mit gründelnder Ente

Gemeinsamkeiten der Möwenvögel

- gehören zur Ordnung der Wat- und Möwenvögel
- Kolonienbrüter, meist 3 Eier Gelegegröße
- Bodenbrüter, Nestflüchter
- Nahrungssuche auf Wasser und auf Feldern
- Kulturfolger
- Allesfresser (Gewölle)
- Nesträuber
- monogam

Brut: Ab März (daher auch „Märzente") Bodenbrüter, auch auf halbhohen Reisighaufen und Baumstubben („Stockente") oder in Brutkörben und -kisten (Halbhöhlen) sowie Balkonen mitunter weit vom Wasser entfernt. Küken lassen sich aus höher gelegenen Nestern herausfal-

Gemeinsamkeiten aller Enten

- gehören zur Ordnung der Enten- und Gänsevögel
- Bodenbrüter (Ausnahmen: Brand-, Schell- und Stockente)
- Nestflüchter, Küken sind sofort schwimmfähig, nach 6–8 Wochen flugfähig
- monogam (Halbjahresehe)
- 8–14 Eier Gelegegröße
- Je nach Art 21–30 Tage Brutdauer (merke: ca. 3 ½ Wochen)
- Reihzeit: Februar–März
- Allesfresser (Schnabel mit Seih- und Filterapparat)
- Mauser des Erpels verläuft in drei Phasen: Kleingefieder – Großgefieder – Kleingefieder
- Gelege wird in Brutpausen durch Ente abgedeckt

Stockente mit Jungvögeln („Schof")

len. Erpel nicht am Brutgeschäft beteiligt (Ente + Jungvögel = Schof – mehrere Schofe = Flug)
Ernährungsweise: „Allesfresser". Gründeln nach pflanzlicher Nahrung, nehmen aber auch Insekten (bes. die Küken, s. Hühnervögel!), Würmer, Kleinfische, Mast (Eicheln!), Laich etc. auf. Weiden auch gerne auf Wiesen oder Stoppelfeldern
Altersunterscheidung: Junge Erpel erst ab Herbst im Prachtkleid. Im ersten Jahr mit grünem statt gelbem Schnabel und nur 2 statt 4 Erpellocken (Bürzelfedern)
Bejagung: Entenstrich (vom Ruhe- zum Nahrungsgewässer oder vom Gewässer auf Land), Lockjagd mit Attrappen oder Lockrufen, Stöbern, brauchbare Jagdhunde sind mitzuführen
Besonderheiten/Sonstiges: Erpel im Schlichtkleid der weiblichen Ente sehr ähnlich, mausern ihr Großgefieder im Juni bis August = Sturzmauser. Der so genannte Rauerpel ist dann flugunfähig. Enten mausern erst im August und sind flugbehindert und deshalb häufig in Deckung. Natürliche Feinde neben Raubwild auch Wanderratte und Hechte. Die Stockente ist Stammform der Hausente. Sehr anpassungsfähig, in Parks sehr häufig Kreuzungen mit Hausenten, dadurch Farbabweichungen aller Art (Fehlfarben)

Weitere Entenarten

Enten

Wir unterscheiden:
- Schwimmenten
- Tauchenten (Meeresenten)
- Brandenten (Halbenten/Halbgänse)

Erkennungsmerkmale der Schwimmenten (Erpel)
Stockente: blauer Spiegel, grüner Kopf
Spießente: spießartiger, langer Stoß und weiße „Spieße" an Kopfseiten
Schnatterente: unruhiges Gefieder, weißer Spiegel, geringer Geschlechtsdimorphismus
Krickente: grünes Augenband, grüner Spiegel, „Halbente", Brutvogel
Knäkente: weißes Augenband, mattgrüner Spiegel, „Halbente", Brutvogel
Löffelente: löffelförmiger Schnabel, blauer Spiegel, grüner Kopf
Pfeifente: Heller cremefarbener Scheitel („Blondschopf"), schwarze Schnabelspitze, pfeifender Ruf
Merksatz: „3S, 2K, 1L – auf den Rest pfeif ich!"

Knäkerpel (zählt zu den „Halbenten", da nur halb so groß wie Stockente)

Erkennungsmerkmale der Tauchenten (Erpel)
Kolbenente: rostroter Kopf mit rotem Schnabel („Lötkolben") (merke: Ko–rot)
Tafelente: häufigste Tauchente, roter Kopf, rotes Auge mit grau-schwarzem Schnabel (merke: Ta–schwarz)
Moorente: sehr selten, dunkelbraun mit weißem Flügelband, Geschlechter sehr ähnlich, helle Unterschwanzdecken
Reiherente: häufig, Reiherfeder am Hinterschopf, Flanken weiß, Rücken schwarz
Bergente: Hals schwarz, Flanken weiß, Rücken grau
Schellente: Baumhöhlenbrüter, klingendes Fluggeräusch, weißer Wangenfleck
Merksatz: „KoTaMoReiBergSchell"

Erkennungsmerkmale der Meeresenten
Eiderente: fast gänsegroß, keilförmiger grünlicher Schnabel, brütet regelmäßig im Nordseeraum an der Eider (Fluß)
Eisente: kleiner als Stockente, schwarz-weiß, langer Stoß (Spieß)
Samtente: weißer Spiegel, helles Auge, gelber Oberschnabel, sonst ganz schwarz
Trauerente: ganz schwarz mit Höcker am Schnabelansatz, gelber Nasenbereich

Brandente
Nimmt als Halbgans oder Halbente eine systematische Sonderstellung ein. Brütet in wassernahen Erdhöhlen und Vertiefungen (auch in Fuchs- oder Kaninchenbauen); die Geschlechter gleich auffällig (schwarz-weiß-rot) gefärbt, Erpel mit Schnabelhöcker; Küstenvogel im Wattenmeer, tritt zur Brutzeit aber auch im Binnenland auf, frisst überwiegend tierische Nahrung.

Spießerpel und -ente (kleines Foto)

Schnattererpel (li.) und -ente

Krickerpel und -ente (kleines Foto), ebenfalls „Halbenten"

Pfeiferpel (re.) mit Ente

Nilgans

Zählt wie die Brandente zu den Halbgänsen. Hat sich in verschiedenen Bundesländern eingebürgert und wurde teilweise bereits für jagdbar mit Schusszeit erklärt. Die Nilgans zeigt anderen Wasservogelarten gegenüber ein auffallend aggressives Verhalten. Ob sie den heimischen Arten zu einer potenziellen Gefahr werden kann, bleibt abzuwarten.

Löffelerpel und -ente (kleines Foto)

Nilgans

Schwimm- und Tauchenten: Unterscheidungsmerkmale

Schwimmenten
- Hinterzehe ohne Schwimmlappen, Mittelzehe länger als Außenzehe
- Ruderansatz etwa in Körpermitte
- Schwimmend liegt Körper nur teilweise im Wasser, Stoß deutlich darüber
- bei Nahrungssuche am Gewässerboden (Gründeln) tauchen nur Kopf, Hals und Brust ab
- Senkrechter Aufstieg aus dem Wasser

Tauchenten
- Hinterzehe mit Schwimmlappen, alle 3 Vorderzehen etwa gleich lang
- Ruderansatz etwa vor dem letzten Körperdrittel
- Schwimmend liegt ganzer Körper flach auf dem Wasser, Stoß z. T. unter Wasser
- bei Nahrungssuche meist vollständiges Abtauchen
- Aufstieg aus dem Wasser nach Anlauf

WILDENTEN

Kolbenerpel und -ente (kleines Foto)

Tafelerpel und -ente (kleines Foto)

Moorerpel

Reihererpel und -ente (kleines Foto)

Bergenten-Erpel

Schellerpel und -ente (kleines Foto)

FEDERWILD

Eidererpel und -ente (kleines Foto)

Eisenten-Erpel

Samtenten-Erpel

Trauerenten-Erpel

Brandenten-Erpel und Brandente (kleines Foto)

Weidmännische Ausdrücke für Wildenten und Wildgänse

abstreichen	wegfliegen
äsen	Nahrung aufnehmen
Äsung	Nahrung
aufstehen	sich in die Luft erheben
Augen	Augen
äugen	sehen
beflogen	flügge
Draller (Entenschneckerln, Erpelringel, Hakeln, Locken)	spiralförmige Stoßfedern des Stockerpels
einfallen	sich niederlassen
Ente	weibliche Ente
Entenschneckerln	Draller (s. o.)
Entenstrich	morgendliches und abendliches Streichen der Ente von und zu den Äsungsplätzen
Erpel (Entvogel)	männliche Ente
Erpelringel	Draller (s. o.)
Flug	mehrere Schofe (s. u.) zusammen
Gans	weibliche Gans
Ganter	männliche Gans
Gefieder	Federkleid
Geheck	Ente mit Jungen
Geläuf	Spur
Gehege	Eier im Nest
gering	klein
Gescheide	Gedärm
Gestüber	Kot
Gössel	junge, noch nicht flugfähige Wildgänse
Grandl	kleine Feder am Flügelbug
gründeln	mit dem Kopf unter Wasser und dem Steiß nach oben nach Nahrung suchen
Hakeln	Draller (s. o.)
Latschen	Zehen mit den Schwimmhäuten
liegen	auf dem Wasser schwimmen
Locken	Draller (s. o.)
locken	Mutterruf nach den Jungen
Magen	Magen
Mauser (Raue)	Federwechsel

Weidmännische Ausdrücke für Wildenten und Wildgänse (Fortsetzung)

Nagel	harte Schnabelspitze
Raue	Mauser (s. o.)
Rauerpel (Mausererpel)	Erpel in der Mauser
reihen	mehrere Erpel folgen einer Ente
Reihzeit	Paarungszeit, Begattungszeit
rudern	schwimmen
rufen	Lautäußerung
Schar	Vereinigung von mehreren Flügen (s. o.: Flug)
Schof (Schoof)	eine kleine Gesellschaft
Schwingen	Flügel
Spiegel	farbiger oder weißer Fleck auf den Schwingen
stark	groß
streichen	fliegen
Strich	morgendlicher und abendlicher Zielflug zu den Äsungsstellen
Stürzen	in Gründelstellung gehen, (s. o.: gründeln)
Tritt	Latschenabdruck
vernehmen	hören
weiden	Nahrungsaufnahme auf dem Lande
ziehen	weite Strecken fliegen
züchten	begatten

Säger

Gemeinsamkeiten der Säger

- gehören zur Ordnung der Enten- und Gänsevögel
- schlanker Körper
- tief im Wasser
- Ruder weit hinten
- Schnabel schmal mit scharfen Hornzähnen und scharfkantiger Oberschnabelspitze (Nagel)
- Unterwasserjagd auf Fische, Krebse und Kleintiere (Insekten)

Wildgänse

Unterscheidung der Feldgänse
Graugans: heimischer Brutvogel, Stammform der Hausgans, fleischfarbener Schnabel
Saatgans: arktischer Brutvogel, häufiger Wintergast, gefleckter Schnabel
Blessgans: arktischer Brutvogel, häufiger Wintergast, Schnabelansatz mit weißer Blesse

Meeresgänse
Kanadagans: aus Nordamerika eingebürgerter Brutvogel, Standvogel, weißes Kehlband

Gemeinsamkeiten der Wildgänse

- gehören zur Ordnung der Enten- und Gänsevögel
- kräftiger, relativ kurzer Schnabel mit seitlichen Hornzähnen zum Weiden
- weiden fast ausschließlich tagsüber auf Wiesen und Feldern
- nachts zum Ruhen auf dem Wasser
- Lebensehe, Männchen bewachen die Brut und führen mit
- fliegen in Keilformation
- Bodenbrüter
- Nestflüchter
- 4–8 Eier Gelegegröße
- je nach Art etwa 24–28 Tage Brutdauer (merke: ca. 4 Wochen)
- kaum oder kein Geschlechtsdimorphismus

Gänsesäger-Männchen (re.) und -Weibchen

Wildgänse

Wir unterscheiden

Feldgänse
- Graugans, Saatgans, Blessgans
- braungraue Färbung
- Ruder und Schnabel rötlich
- überwiegend im Binnenland

Meeresgänse
- Kanadagans, Ringelgans, Weißwangengans
- schwarzweiße Färbung
- Ruder und Schnabel schwarz
- Vorkommen überwiegend in Küstennähe (Ausnahme Kanadagans)

Mittelsäger-Männchen (im Schlichtkleid)

Zwergsäger-Männchen

Graugans

Kanadagans

Saatgänse

Weißwangengans (Nonnengans)

Blessgans

Ringelgans: arktischer Brutvogel, häufiger Wintergast, weißer Halsring, kleinste Gans

Weißwangengans (= Nonnengans): Wintergast, brütet auch in Deutschland, weiße Gesichtsmaske

Ringelgänse

Höckerschwan

Wildschwäne

Gemeinsamkeiten der Wildschwäne

- gehören zur Ordnung der Enten- und Gänsevögel
- langer Hals, im Flug waagerecht
- fliegen in Reihenformation
- Alterskleid weiß, Jugendkleid grau
- Lebensehe
- werden bis 40 Jahre alt
- Bodenbrüter
- Nestflüchter
- kaum oder kein Geschlechtsdimorphismus

Zwergschwan

Ruderfüßer

Jagdlich interessant in der Ordnung der Ruderfüßer ist die Familie der Kormorane, zu denen Kormoran, Zwergscharbe und Krähenscharbe gehören. Lediglich der Kormoran ist heimischer Brutvogel mit einem täglichen Bedarf von ca. 0,5 kg Fisch (Koloniebrüter) mit steigenden Populationen. Als spezialisierter Fischfresser kann er für die Fischereiwirtschaft, auch in kleinen Fischzuchtanlagen, zu

Singschwan (re. juveniler Vogel). Erkennungsmerkmal: die gelbe Schnabelbasis

Kormoran beim Trocknen des Gefieders

Gemeinsamkeiten der Kormorane

- Schnabel mit scharfkantigem Nagel
- Ruder weit hinten
- Tauchen wird durch Flügelschlag unterstützt
- Trocknung der Schwingen durch Ausbreiten (Kormorane haben nur eine verkümmerte Bürzeldrüse)
- überwiegend Fische als Nahrung
- Kolonienbrüter auf Bäumen oder Felsen
- unterliegen dem Naturschutzrecht

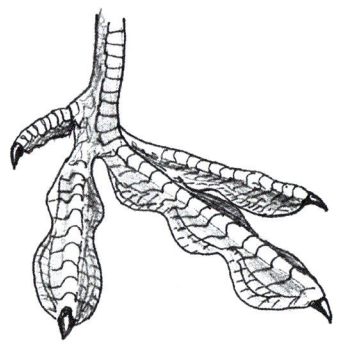

Lappenfuß

einem bedeutenden Problem werden. Vor diesem Hintergrund haben einige Bundesländer bereits Jagdzeiten verordnet, andere stellen Sondergenehmigungen zum Abschuss aus.

Lappentaucher

Haubentaucher: Der Haubentaucher unterliegt als einziger Taucher dem Jagd-

Gemeinsamkeiten der Lappentaucher

- Ruder extrem weit hinten, an Land kaum bewegungsfähig
- Schwimmlappen zwischen den Zehen (Name!)
- Tauchen wird durch Flügelschlag unterstützt
- kurzer dolchartiger Schnabel,
- Beute: Fische, Amphibien (kaulquappen, Krebse, Wasserinsekten
- Nestflüchter
- bauen im Schilf schwimmfähige Nester aus verrottendem Material (Zentralheizungseffekt), sogenannte Schwimmnester
- beide Eltern tragen Küken oft im Rückengefieder „huckepack"
- kein Geschlechtsdimorphismus

Haubentaucher

recht und ist ganzjährig geschont. Auffallend ist sein Kopfgefieder (Haube).
Weitere Lappentaucherarten: Zwergtaucher, Rothalstaucher, Schwarzhalstaucher

Kranichvögel

Kranich: Bodenbrüter, Nestflüchter, monogam, Hals im Flug waagerecht, unterliegt dem Naturschutzrecht.
Großtrappe: Die Hähne zählen mit dem Höckerschwan zu den schwersten flugfähigen Vögeln weltweit (10–15 kg), Bodenbrüter (ursprünglich) in Steppengebieten, heute in landwirtschaftlich genutzten Gebieten mit Ackerbau und Grünland, stark bedroht, polygam, auffallende Balz der Hähne, unterliegt dem Jagdrecht, ganzjährig geschont.

Rallen

Blesshuhn: größte Ralle, Schwimmlappen, territorial, aggressive Verteidigung der Brutreviere, unterliegt als einzige Ralle dem Jagdrecht, im Bodenseegebiet auch Belchen genannt
Grünfüßiges Teichhuhn: grüne Ständer, rote Stirn, überwiegend in Schilfregion
Wachtelkönig, Wiesenralle: graubraun, ähnlich Wachtel, gelegentlich mit Wachteln vergesellschaftet („Wachtelkönig"). als einzige Ralle nicht wassergebunden (Name!)
Wasserralle: schwarz-weiße Querbänderung an den Flanken, langer Schnabel

Gemeinsamkeiten der Rallen

- lassen im Flug die Ständer hängen
- leben in Feuchtgebieten (Ausnahme Wiesenralle)

FEDERWILD

Kraniche

Grünfüßiges Teichhuhn

Großtrappe

Blesshuhn

Wachtelkönig (Wiesenralle)

Wasserralle

Schreitvögel

Reiher und Dommeln

Grau- oder Fischreiher: dünner Hals im Flug S-förmig, Koloniebaumbrüter, gelegentlich am Boden, monogam, füttert Junge mit ausgewürgter Nahrung, Teilzieher, jagt ruhig stehend in seichten Gewässern Fische und Amphibien, im Grünland Mäuse und andere Kleinsäuger, Schlafplätze meist in hohen Bäumen, problematisch in Fischzuchtanlagen, ganzjährig geschont (Abschussgenehmigungen können erteilt werden)

Purpurreiher

Seiden-, Purpur-, Nachtreiher: unterliegen dem Naturschutzrecht
Große Rohrdommel, Zwergdommel: v. a. in Schilf und Röhricht, Brutvögel, Große Rohrdommel Teilzieher, Stand- oder

Graureiher

Nachtreiher

Seidenreiher

Große Rohrdommel

Foto innen:
Zwergdommel

Strichvogel, monogam, Bodenbrüter, nehmen bei Gefahr Pfahlstellung ein. Die Große Rohrdommel wird auch „Moorochse" (Ruf!) genannt. Die Zwergdommel ist ein Zugvogel.

Störche

Weißstörche am Horst

Weißstorch: Kulturfolger, monogam, Zugvogel, in der Balz mit Schnabel klappernd (Klapperstorch), im Flug Hals waagerecht, Nest als charakteristisch hoher Horst, z. B. auf Wagenrädern und anderen Nisthilfen in Dörfern und anderen menschlichen Siedlungen

Schwarzstorch: scheuer Waldvogel, Kulturflüchter, Zugvogel, monogam, Baumbrüter, gefährdet

Schwarzstörche

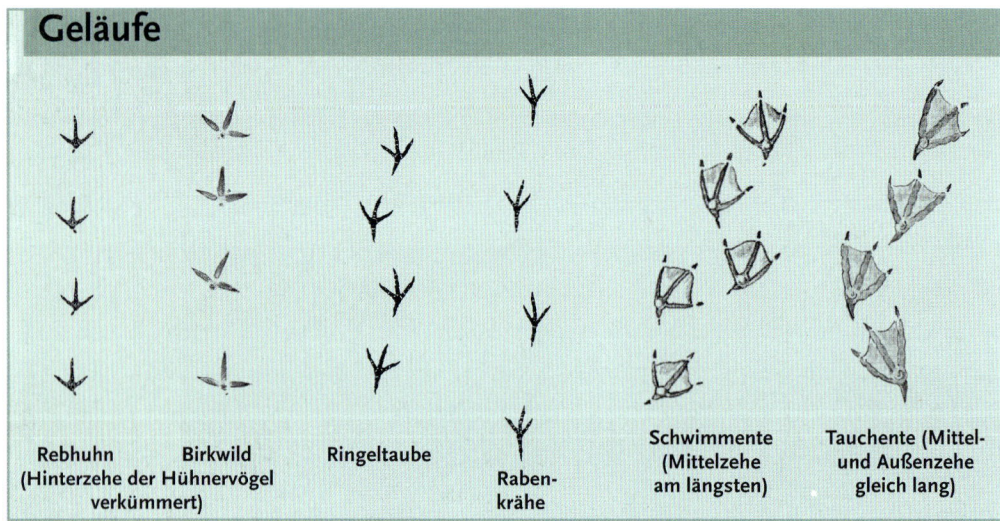

Geläufe

Rebhuhn (Hinterzehe der Hühnervögel verkümmert) | Birkwild | Ringeltaube | Rabenkrähe | Schwimmente (Mittelzehe am längsten) | Tauchente (Mittel- und Außenzehe gleich lang)

Praktischer Jagdbetrieb

Weidgerechtigkeit ◄	199	Jagdarten – Einzeljagd ◄	215
Das Brauchtum ◄	200	Jagdarten mit Hunden ◄	221
Vor und nach dem Schuss ◄	206	Lockjagd ◄	223
Schusszeichen ◄	208	Gesellschaftsjagdarten ◄	225
Pirschzeichen ◄	209	Die Fallenjagd – Fangjagd ◄	230
Losung und weitere Wildzeichen ◄	211	Fallen für den Lebendfang ◄	231
Behandlung nicht tödlich		Fallen für den Totfang ◄	234
getroffenen Wildes ◄	213	Behandlung des erlegten Wildes ◄	237

Weidgerechtigkeit

Nach Bundesjagdgesetz (BJG) sind bei der Jagdausübung die allgemein anerkannten Grundsätze deutscher Weidgerechtigkeit zu beachten. Nach BJG kann der Jagdschein Personen versagt werden, die schwer oder wiederholt gegen die Grundsätze deutscher Weidgerechtigkeit verstoßen haben.

Der Begriff Weidgerechtigkeit steht als Sammelbegriff für alle geschriebenen und ungeschriebenen Regeln, die der Jäger insbesondere aus der Achtung vor dem Wild, seinen Mitjägern und den Interessen anderer Mitbürger (Tierschutz, Naturschutz, Umweltschutz) beachten muss. Dazu gehören folgende Grundsätze:

▶ dem Wild unnötige Qualen zu ersparen
▶ dem Wild eine Chance zu geben
▶ das Wild als Mitgeschöpf der Natur zu achten
▶ sich als Jäger anständig zu verhalten gegenüber Mitjägern
▶ dem Ansehen der Jäger in der Öffentlichkeit nicht zu schaden

Zu den beiden erstgenannten Grundsätzen finden wir in den Katalogen der sogenannten „sachlichen Verbote", die sowohl im BJG als auch ergänzend in den Landesjagdgesetzen zu finden sind, eine Vielzahl von Verboten, die auf den Grundsätzen der Weidgerechtigkeit basieren. Diese dienen entweder dazu, dem Wild eine Chance zu geben, oder ihm unnötige Qualen zu ersparen. Ba-

Sachliche Verbote (Beispiele)

Unnötige Qualen ersparen	Chancen geben
Es ist verboten:	Es ist verboten:
▶ Schalenwild mit Schrot zu erlegen, (ausgenommen Fangschuss in z. B. RP u. SL)	▶ Wild mit vollautomatischen Selbstladewaffen zu erlegen,
▶ mit Bolzen und Pfeilen auf Wild zu schießen,	▶ Wild aus Kraftfahrzeugen zu erlegen,
▶ Wild mit Schlingen zu fangen.	▶ Wild durch Lappen am Aufsuchen der Einstände zu hindern.

den-Württemberg hat in seinem Landesjagdgesetz den Begriff im obigen Sinne definiert (siehe auch Kap. „Jagdrecht und verwandte Rechtsgebiete", S. 9 ff.).

Das Brauchtum

Jagdliches Brauchtum ist Kulturgut. Wir Jäger wollen dieses bewahren und kennen. Selbstverständlich ist manch Altüberliefertes heute ohne praktische Bedeutung oder sogar lächerlich. Wir müssen uns hüten, hier zu übertreiben. Doch wäre die Jagd ohne Brauchtum, das ja auch den Charakter, die Anständigkeit und Fairness des Einzelnen widerspiegelt, ein armseliges, unwürdiges Unterfangen. Jagdliches Brauchtum anzuwenden heißt, an Altüberliefertem traditionsreich festzuhalten, sich Neuem gegenüber aufgeschlossen zu zeigen und notwendige Veränderungen mitzugestalten und mitzutragen.

Der Schutzpatron der Jagd ist der heilige Hubertus. Hubertustag ist jährlich am 3. November. Zu diesem Tag werden vielerorts Hubertusmessen sowie Hubertusjagden veranstaltet. Diana ist die Göttin der Jagd.

Bruchzeichen

Bruchzeichen sind abgebrochene Zweige, die der lautlosen Verständigung der Jäger untereinander dienen. Es werden i. d. R. nur Zweige dieser fünf bruchgerechten Holzarten verwendet: Kiefer, Fichte, Tanne, Eiche und Erle. In Ermangelung derselben aber sind auch andere Zweige möglich!

Wir unterscheiden armlange und halbarmlange Brüche, abgeastete (Äste teilweise entfernt) und nicht abgeastete Brüche sowie befegte (Rinde abgeschabt) und unbefegte Brüche.

Jagdliches Brauchtum

- Bruchzeichen: abgebrochene grüne Zweige als Mittel einer lautlosen Verständigung
- Jagdsignale als Mittel, den Jagdablauf zu koordinieren (Jagd-Leitsignale) oder nur zur Dekoration (dekorative Signale)
- Jagdarten als Einzel- und Gesellschaftsjagden
- Gebräuche nach dem Schuss (versorgen, transportieren, Strecke legen)
- Jägersprache (und Jägerlieder)
- Jagdkunst

Bruchgerechte Holzarten

Eiche
Fichte
Erle
Kiefer
Tanne

Merke: **EFEKT**

Verständigungsbrüche
sind Gegenstand der Jägerprüfung!
1 Hauptbruch
- „Achtung", deutet auf irgendetwas Wichtiges hin, z. B. auf einen Anschuss.
- armlang und befegt (Oberseite des Mitteltriebes)

2 Leitbruch (oder Folgebruch)
- Aufforderung, der gewachsenen Spitze zu folgen (oft in Verbindung mit Standplatzbruch)
- halbarmlang und befegt

Bruchzeichen

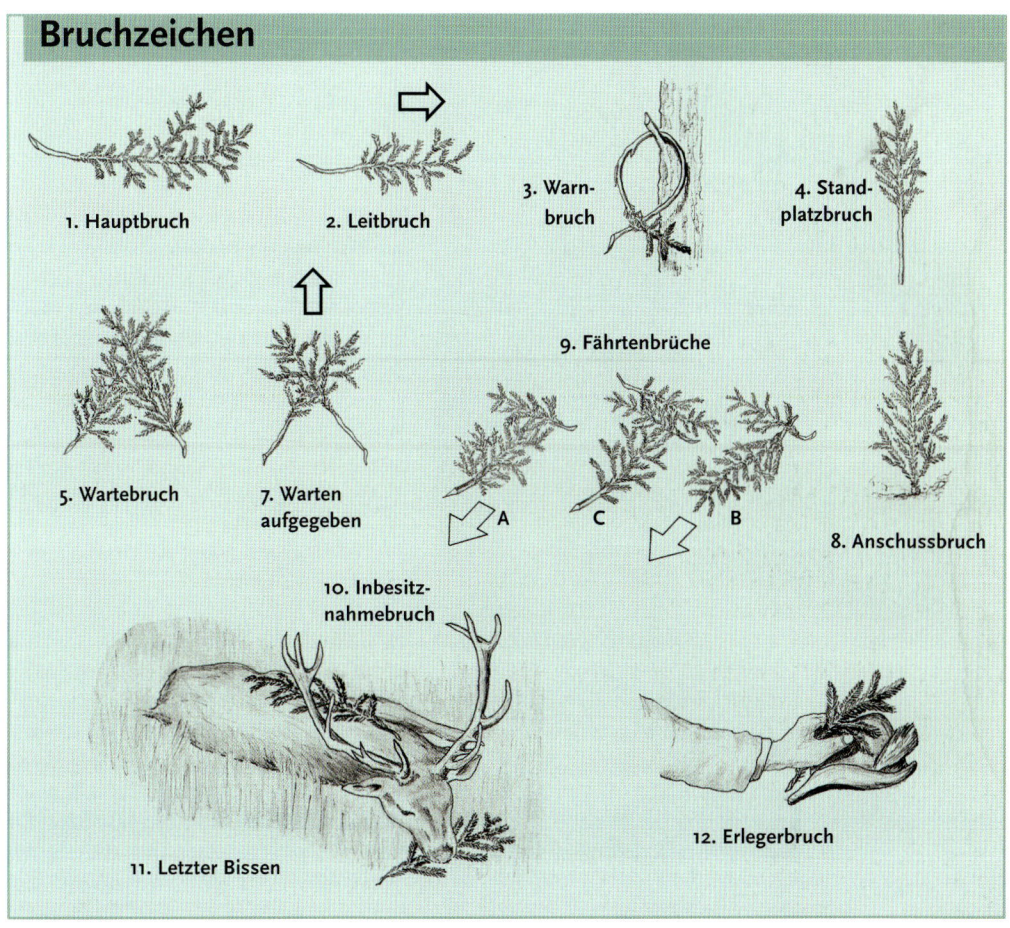

3 Warnbruch
- Warnung vor einer Gefahr (z. B. gebrochene Leitersprosse)
- mindestens armlang, mit Ausnahme der Spitze abgeastet und rundum befegt, zu einem Kreis gebogen und aufgehängt (gut sichtbar!)

4 Standplatzbruch
- markiert den Standplatz (Schützenstand bei Gesellschaftsjagd)
- armlang, mit Ausnahme der Spitze abgeastet, in den Boden gesteckt

5 Wartebruch
- Aufforderung, an der Stelle zu warten
- zwei armlange, unbearbeitete Zweige, über Kreuz auf den Boden gelegt

6 Sammelplatzbruch
- markiert einen Sammelplatz
- drei Wartebrüche, nebeneinander auf den Boden gelegt

7 Warten aufgegeben
- Warten wurde aufgegeben, der Wartende hat sich in Richtung der Winkelhalbierenden der gewachsenen Spitzen entfernt

Nach der erfolgreichen Nachsuche bekommt auch der Schweißhund einen Bruch an die Halsung.

▶ aus Wartebruch entstanden, also armlang, jedoch mit Ausnahme der Spitze abgeastet

8 Anschussbruch
▶ markiert den Anschuss
▶ halbarmlang, unbearbeitet, in den Boden gesteckt
▶ heute meist Farbband, da auffälliger

9 Fährtenbruch
▶ Markierung der Fluchtrichtung angeschweißten Wildes
▶ viertelarmlanger Bruch, auf den Boden gelegt und mit kleinem Querbruch geäftert (Querbruch liegt entgegen der Fluchtrichtung). Unterschieden werden:
A männliches Wild: gebrochene Spitze zeigt in Fluchtrichtung
B weibliches Wild: gewachsene Spitze zeigt in Fluchtrichtung
C Fluchtrichtung unbekannt: doppelt geäftert (2 kleine Querbrüche)

Verbrechen von Anschüssen
Anschüsse werden meist markiert, indem folgende Brüche kombiniert werden: Anschussbruch, Fährtenbruch, einfache oder doppelte Äfterung.

Sonstige Brüche
10 Inbesitznahmebruch
▶ Zeichen, dass Wild in Besitz genommen wurde
▶ kleiner Bruch auf der linken Körperseite des Wildes
▶ männliches Wild: gebrochene Spitze zeigt Richtung Haupt; weibliches Wild: gewachsene Spitze zeigt Richtung Haupt

11 „Letzter Bissen"
▶ „Ehrung" des erlegten Schalenwildes
▶ kleiner Bruch, unbearbeitet längs in Äser gesteckt

12 Schützen- oder Erlegerbruch
▶ Anerkennung für den erfolgreichen Jäger
▶ kleiner Bruch, der durch den Jagdleiter auf dem Hut oder auf der blanken Klinge mit dem Gruß „Weidmannsheil" überreicht und vom Schützen mit der Erwiderung „Weidmannsdank" genommen und an die rechte Hutseite gesteckt wird.

13 Bruch für den Jagdhund
▶ Anerkennung für erfolgreiche Nachsuche
▶ kleiner Teil des Schützenbruches, der dem Hund an die Halsung gesteckt wird.

> **Hinweis**
>
> Auf S. 540 finden Sie QR-Codes zu ausgewählten, wichtigen Jagdsignalen, mit denen Sie sich die Melodien am Computer anhören und/oder aus dem Internet herunterladen können.

Jagdhörner

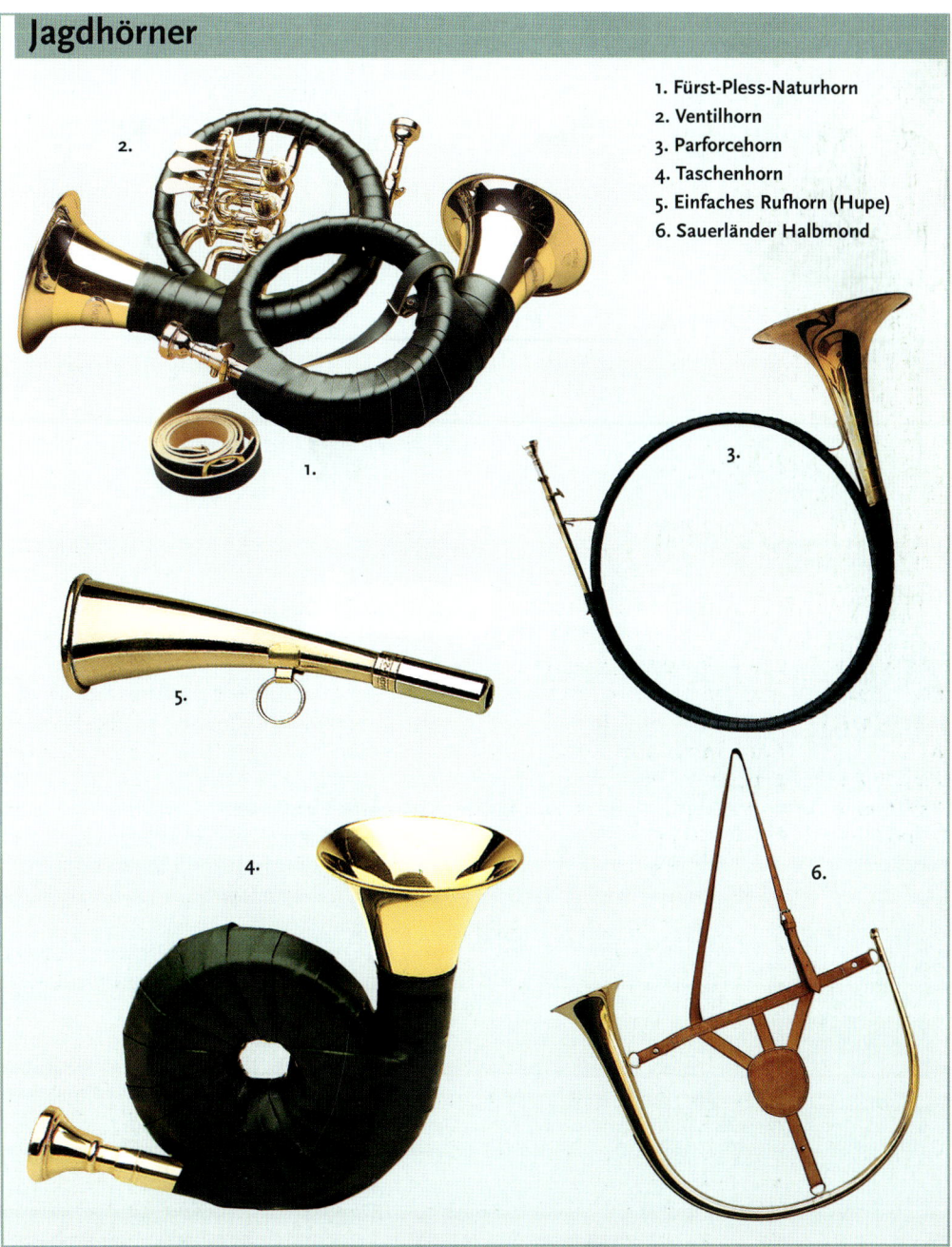

1. Fürst-Pless-Naturhorn
2. Ventilhorn
3. Parforcehorn
4. Taschenhorn
5. Einfaches Rufhorn (Hupe)
6. Sauerländer Halbmond

Jagdsignale (mit Merkversen von W. Frevert)

Sammeln der Jäger

Jä-gers-leu-te ver-sam-melt Euch, hab' Euch et-was zu sa-gen!

Das Ganze*

Hört al - le her!

Anblasen des Treibens

Trei-ber geht lang-sam vor-an! Trei-ber geht lang-sam vor-an!
Trei-ber geht lang-sam vor-an! Trei - ber fangt an!

Treiber in den Kessel

Trei - ber rein, Trei - ber rein! Al - le Schüt - zen halt!

Aufhören zu schießen (Abblasen des Treibens)

Hahn in Ruh, Hahn in Ruh!

Notruf

Helft, bin in Not!

* „Das Ganze" zeigt an, dass das nachfolgende Signal für die ganze Gesellschaft gilt. Heute wird es nur noch dem „Anblasen des Treibens" vorangestellt. Letzteres besteht also aus „Das Ganze" plus sofort „Anblasen des Treibens".

Dekorative Signale

Zu den *dekorativen Jagdsignalen* zählen:
Begrüßung – Aufbruch zur Jagd – alle Totsignale – Jagd vorbei/Halali – Zum Essen.
Konzertante Jagdmusik sind z. B. Jagdfanfaren und -märsche oder auch Hubertusmessen.

Regeln für das Streckelegen

▸ Alles Wild liegt auf der rechten Körperseite.
▸ Der Jagdherr (Jagdleiter) steht vor der Strecke.
▸ Schützen stehen mit geöffneter Waffe und Hut (auf dem Kopf) hinter dem Jagdherrn.
▸ Bläser stehen hinter der Strecke.
▸ Treiber stehen hinter den Bläsern.
▸ Das Legen der Strecke erfolgt reihenweise der Stärke nach (bei Schalenwild wird das männliche Wild vor das weibliche Wild gelegt).
▸ Hochwild wird vor Niederwild, Haarwild vor Federwild gelegt, Feldhühner werden vor Wasserwild gelegt.
▸ Beim Niederwild wird jedes zehnte Stück in der Reihe um eine halbe Wildlänge vorgezogen.

Jagd-Leitsignale

Jagd-Leitsignale dienen dem reibungslosen, sicheren Ablauf einer Gesellschaftsjagd. Kommando-Signale oder Jagd-Leitsignale (Aufforderungen) sind:
▸ Anblasen (als Hupsignal: 1 × Hupen)
▸ Abblasen („Hahn in Ruh'") (als Hupsignal: 2 × Hupen)
▸ Treiber in den Kessel (als Hupsignal: 3 × Hupen)
▸ Treiber zurücktreiben (als Hupsignal: 3 × Hupen)
▸ Sammeln der Jäger
▸ Jägernotruf

Die ersten drei oder vier Signale müssen Jäger und Jagdscheinaspiranten kennen.

DAS BRAUCHTUM 205

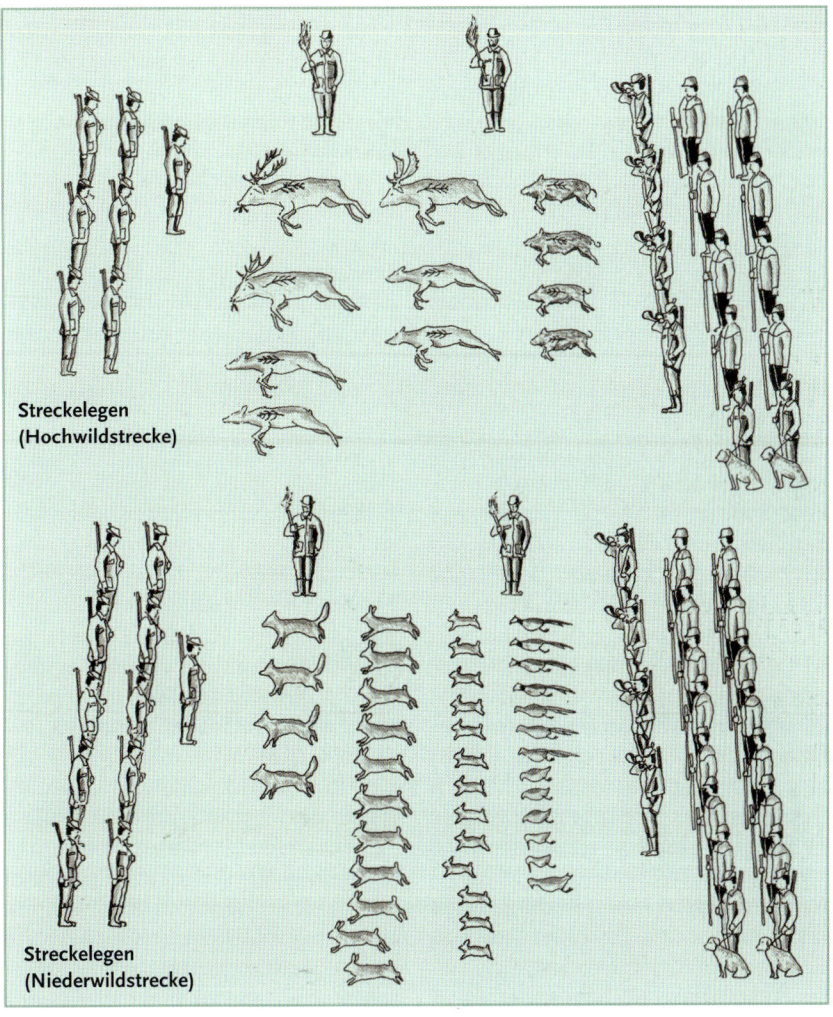

Brauchtumgerechtes Streckelegen von Hoch- und Niederwild. Ob der Fuchs heute noch zum Niederwild gelegt wird, muss jeder Jagdleiter mit Blick auf die Wildbrethygiene selbst entscheiden.

Streckelegen
(Hochwildstrecke)

Streckelegen
(Niederwildstrecke)

Die Melodien sollten sie summen oder pfeifen können. Hilfreich sind dabei die Merkverse von Walter Frevert.

Streckelegen
Nach einer Gesellschaftsjagd wird das erlegte Wild in einer traditionell festgelegten Form abgelegt (s. Kasten ggü.). Dann lässt der Jagdherr den Tag Revue passieren und dankt den Beteiligten. Anschließend erhalten die erfolgreichen Schützen die Erlegerbrüche und die Strecke wird verblasen (Totsignale). Zum Ausklang trifft man sich i. d. R. zum „letzten Treiben", dem „Schüsseltreiben", einem gemütlichen Beisammensein.

Achtung: Der „Trieb" hat nichts mit dem „Treiben" der Jäger gemein!

Vor und nach dem Schuss

Nach den Grundsätzen der Weidgerechtigkeit ist es unser oberstes Gebot, dem Wild unnötige Qualen zu ersparen. Das Wild sollte also nach Möglichkeit tödlich getroffen werden und vor Ort schnell verenden. Da dies nicht immer gelingt, gilt es, auch bereits vor dem Schuss Vorkehrungen zu treffen, die das Auffinden des Wildes nach einer Flucht erleichtern.

Waffe und Entfernung

Zum obersten Gebot, dem Wild unnötige Qualen zu ersparen, gehört auch, dass die Waffen in Ordnung sind, dass die Flinte dem Schützen passt und dass Büchsen ordnungsgemäß eingeschossen sind. Bei Büchsen ist es unabdingbar, dass ihre Treffpunktlage regelmäßig überprüft wird. Dies ist stets nötig, wenn neue Munition angeschafft wurde (auch bei gleicher Laborierung) und wenn die Waffe oder das Zielfernrohr irgendwo angeschlagen wurden oder gar umgefallen sind. Unabhängig davon sind sie jedoch mindestens einmal jährlich (z. B. vor Beginn der Bockjagd) zu kontrollieren. Ein weidgerechter Jäger trainiert seine Schießfertigkeit darüber hinaus regelmäßig auf dem Schießstand, insbesondere den Büchsenschuss stehend freihändig auf flüchtiges Wild (laufender Keiler).

Mit der Flinte schießen wir nicht weiter als 35 m (gilt auch für Flintenlaufgeschosse), bei Verwendung von sogenanntem „Stahlschrot" sogar nur bis 28 m. Beim Büchsenschuss hängt die maximale Schussentfernung vom Kaliber der Waffe und den individuellen Fähigkeiten des Schützen ab. Der Schuss auf ein breit stehendes Reh vom Hochsitz aus sollte jedem Jäger auf Entfernungen bis 120 m möglich sein. Geübte Schützen schießen auf größeres Wild auch bis 200 m.

Vor dem Schuss Sicherheitsaspekte beachten!

▶ „Ziel angesprochen und erkannt"
Das Wild muss nach Art, Geschlecht und Altersstufe angesprochen und eindeutig zugeordnet werden (verhindert, dass z. B. Wild in der Schonzeit erlegt wird oder dass zur Führung und Aufzucht notwendige Elterntiere erlegt werden).

▶ „Vordergelände und Hintergelände sind frei"
Es befinden sich keine Personen bzw. Hindernisse zwischen Mündung und Wild (Vordergelände) oder zwischen Wild und Kugelfang (Hintergelände)! Hindernisse wie Bäume, Äste, aber auch Steine usw. können zu gefährlichen Abprallern führen. Da man im Zielfernrohr nahe am Objektiv befindliche Hindernisse nicht wahrnimmt, wird die Waffe erst nach der Überprüfung in Anschlag gebracht.

▶ „Natürlicher Kugelfang ist gegeben."
Ein Büchsengeschoss, das den Wildkörper durchschlägt oder gar verfehlt, muss ohne Gefährdung des Hinterlandes aufgefangen werden. Da Bäume, Steine usw. zu Abprallern führen können, gilt nur der gewachsene Boden als sicherer Kugelfang. Es ist zu beachten, dass der Ausschuss aus Geschosssplittern (ähnlich einem Schrotschuss) besteht, die auch seitlich versetzt stehendes Wild oder Hunde gefährden können. Größere Geschossreste können noch mehrere Hundert Meter weit fliegen.

Möglichst schnell tötender Schuss!

▶ Beim *Schuss mit Flinten* (Schrot oder Flintenlaufgeschoss) insbesondere die *Schussentfernung* beachten! Schüsse *über*

35 m (Weicheisenschrot über 28 m) sind oft nicht tödlich und somit nicht weidgerecht. Vor allem bei hoch in der Luft fliegendem Wild ist das Entfernungsschätzen sehr schwierig. Als Vergleichsmaß kann eine Baumlänge, dies sind 30 m herangezogen werden.

▸ Beim *Büchsenschuss* sollte dem Wild auf die *Kammer* (Brusthöhle) geschossen werden, wenn es *breit* und mit *erhobenem Haupt* steht. Herz und Lunge werden zerstört und ein schneller Tod hervorgerufen. Breit stehen sollte das Wild, damit das Geschoss beim Durchdringen des Wildkörpers keine Verletzungen des Magen-Darm-Traktes hervorruft, was für die spätere Verwertung bedenklich sein kann. Das Schießen bei erhobenem Haupt soll verhindern, dass sich nach dem Schuss durch das Heben des Hauptes die Decke über Ein- und Ausschuss schiebt (führt zu weiteren Fluchten, da die Lunge nicht so schnell kollabiert, und verhindert das Austreten von Schweiß, so dass eine Nachsuche erschwert wird). Ein kurzer Pfiff unmittelbar vor der Schussabgabe veranlasst das Wild in der Regel aufzuwerfen (das Haupt zu heben).

Stets mit einer Nachsuche rechnen!
Dazu muss man den Anschuss möglichst schnell finden, also sich bereits vor dem Schuss genau den Standort des Wildes einprägen (Schussrichtung, Entfernung, Geländemerkmale)!

Im Moment der Schussabgabe

Für den Fall einer Nachsuche ist es entscheidend, wo das Wild getroffen wurde. Nur bei schnell tödlichen Schüssen ist es weidgerecht, sofort nach dem Schuss nachzusuchen („Totsuche"). Grundsätzlich merken wir uns, dass eine schnelle Nachsuche (nach ca. 30 Minuten) nur bei

Entscheidend: Der Moment der Schussabgabe

Kammer- und Laufschüssen erfolgen darf. In allen anderen Fällen sollte man mit der Nachsuche nicht vor Ablauf von drei bis vier Stunden beginnen, da das Wild in Ruhe ins Wundbett gehen und ohne weiteres Aufmüden verenden soll. Bereits im Moment der Schussabgabe gibt es Indizien, die auf den Sitz der Kugel hindeuten.

Das „Abkommen": Dies ist die Stellung der Visiereinrichtung (z. B. Fadenkreuz) zum Ziel im Moment der Schussabgabe. Um erkennen zu können, wo man abgekommen ist, ist es erforderlich, „durch das Feuer zu schauen", also nicht die Augen zuzukneifen.

Der Kugelschlag: Beim Auftreffen auf das Wild kann man zumindest bei weiteren Schussdistanzen manchmal den Kugelschlag vernehmen. Beim Blattschuss klingt er klatschend, beim Weidwundschuss dumpf, bei Knochenschüssen hell.

Unmittelbar nach dem Schuss – Schusszeichen

Neben dem Abkommen und dem Kugelschlag kann auch die Reaktion des Wildes im Schuss Rückschlüsse auf den Sitz des Geschosses und damit auf den geeigneten Zeitpunkt einer Nachsuche zulassen. Man nennt diese Zeichen Schusszeichen.

Vor der Nachsuche – Pirschzeichen

Bevor man eine Nachsuche durchführt, ist der Anschuss genau zu untersuchen. Am Anschuss finden wir die so genannten Pirschzeichen, also Zeichen, die das Wild am Anschuss hinterlässt. Anhand dieser Pirschzeichen kann der Sitz der Kugel oft sehr exakt bestimmt werden.

Schusszeichen

Unter „Zeichen" versteht man die unmittelbare Reaktion des Wildes im Schuss. Viele Wildarten zeichnen bei bestimmten Schüssen charakteristisch. Diese Reaktion zu beobachten, ist wichtig. Auch dazu muss der Schütze „durchs Feuer schauen". In Dämmerung und Dunkelheit ist wegen des Mündungsfeuers das Zeichnen oft kaum zu erkennen, daher der Fährtenbruch „Fluchtrichtung unbekannt".

Schalenwild

Blattschuss: Tiefe Flucht, nach kurzer Zeit Zusammenbrechen (Wartezeit 15 Minuten bei Sichtweite, ansonsten 30 Minuten).
Hochblattschuss: Hohe Flucht, nach kurzer Zeit Zusammenbrechen (Wartezeit 15 Minuten bei Sichtweite, ansonsten 30 Minuten).
Laufschuss: Einknicken, Flucht auf drei Läufen, Baumeln des Laufes.
▸ *Variante A:* Wartezeit 3–4 Stunden mit dem Ziel, das Wild krank werden zu lassen, damit es ins Wundbett geht; dann Nachsuche mit Riemenarbeit beginnen, bis das Wild vor dem Hund wieder hoch wird, dann den Hund schnallen.
▸ *Variante B:* Sofern es sich um Rehwild handelt und der Jäger einen Hund dabei hat, der Rehwild niederzieht, mit

Schusszeichen beim Rehbock

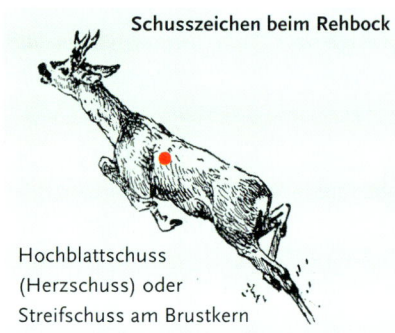

Hochblattschuss (Herzschuss) oder Streifschuss am Brustkern

Krellschuss durch die Dornfortsätze

Weidwundschuss (Schuss durch das kleine Gescheide)

Merke

Alle Nachsuchen auf Schalenwild, außer bei Kammer- und Lungenschuss, sind nur von erfahrenen Schweißhundeführergespannen vorzunehmen. Unterlassen Sie alle Experimente mit jungen, unerfahrenen Hunden und ebensolchen Hundeführern! Anschriften von erfahrenen Nachsuchespezialisten erhalten Sie über Ihre regionale DJV-Kreisgruppe.

der Nachsuche sofort beginnen, um die erste Unsicherheit des Wildes bei der Fortbewegung auf drei Läufen auszunutzen.
Krellschuss: Dornfortsätze der Wirbelsäule werden getroffen. Schnelles Zusammenbrechen und kurz darauf Flucht (Wartezeit 3–4 Stunden). Nachsuche als Riemenarbeit, also wie bei Laufschuss Variante A.
Leberschuss: Krummer Rücken, meistens Ausschlagen mit den Hinterläufen, unbeholfene langsame Flucht (Wartezeit 3–4 Stunden). Je nach Wildart und Witterung dauert es unter Umständen sehr lange, bis das Wild im Wundbett verendet. Ein Leberschuss führt immer zum Tod des Stückes. Je größer die Wildart, desto länger muss gewartet werden. Besonders lange lebensfähig bleibt das Wild bei geringen Frostgraden. Der zur Nachsuche eingesetzte Hund sollte insbesondere bei Nachsuchen auf Rehwild dieses zuverlässig niederziehen, anderes Wild schneidig stellen.
Weidwundschuss: Ausschlagen mit den Hinterläufen, oft krummer Rücken (Wartezeit 3–4 Stunden). Es muss oft mit sehr langen Nachsuchen mit hohem Schwierigkeitsgrad gerechnet werden.

Federwild
Brustschuss: Langsamer Flug, dann plötzliches Abstürzen
Geständert: Stück lässt Ständer hängen.
Kopf- oder Lungenschuss: Stück steigt in die Höhe (es „himmelt").
Schwingenverletzung (geflügelt): Stück gleitet langsam zu Boden und läuft meist davon.

Schusszeichen bei Federwild

Kopf, Auge oder Lunge getroffen: Fasan „himmelt" oder „türmt"

Ständer oder Rückgrat getroffen: „Segelflug"

Flügel getroffen: „Abtrudeln" über verletzte Seite

Pirschzeichen

Pirschzeichen nennen wir die Zeichen am Anschuss. Sie lassen Rückschlüsse auf den Sitz der Kugel und damit auf deren vermutliche Wirkung zu. An den Pirschzeichen können wir den geeigneten Zeitpunkt der Nachsuche und deren voraussichtlichen Verlauf (Totsuche, Hetze) ablesen. Finden sich Zähne oder Organteile am Anschuss, ist der Sitz der Kugel recht eindeutig.

Die Zeichen am Anschuss
Schweiß
- *Lungenschweiß:* hellrot und blasig
- *Leberschweiß:* braunrot und griesig
- *Weidwundschuss:* dunkler Schweiß, mit Panseninhalt („Spinat") durchsetzt

Lungenschweiß (Kammerschuss)

Winzige Tröpfchen Leberschweiß, griesig (Leberschuss)

Panseninhalt (Schuss durchs Gescheide)

Wildbretschweiß (z. B. Streifschuss)

Knochensplitter
- *Laufschuss:* Röhrenknochensplitter
- *Krellschuss:* Dornfortsatzsplitter (selten)

Haare
- *Schnitthaar:* abgeschnitten ohne Wurzel, entsteht beim Einschuss, besonders bei Scharfrandgeschossen
- *Schlaghaare:* mit Wurzel ausgerissene Haare, die vom Ausschuss stammen

Mithilfe einer Schnitthaar- bzw. Schlaghaarsammlung kann im Ernstfall der Sitz der Kugel sehr exakt bestimmt werden!

Knochensplitter am Anschuss (Laufschuss)

Losung und weitere Wildzeichen

Rothirsch

Rottier

Rehwild

Schwarzwild

Marder

Fuchs

Feldhase

Wildkaninchen

Wildzeichen – die Bestätigung von Wild im Revier

Fährten nennen wir die Abfolge von Trittsiegeln bei Schalenwild.
Spuren nennen wir sie bei Hasenartigen, Nagetieren und Haarraubwild.
Geläufe sind die Abfolge von Trittsiegeln des Federwilds (bei Enten auch Gelatsche).
Bei Auerwild sprechen wir, da es zum Hochwild zählt, von einer Fährte.
Losung ist die Bezeichnung für den Kot des Haarwildes.
Gestüber nennen wir die Ausscheidungen des überwiegend Pflanzen fressenden Federwildes.
Geschmeiß oder Schmelz ist die Ausscheidung von Fleisch fressendem Federwild.
Gewölle sind Ballen aus unverdaulichen Nahrungsresten (Haaren, Federn, Zähnen, Chitinpanzern), die das Fleisch fressende Federwild auswürgt (in Eulen-Gewöllen sind auch Knochen enthalten).
Suhlen nennen wir die Stellen, in denen Rot-, Sika-, oder Schwarzwild im Schlamm suhlt.
Malbäume sind Bäume, an denen sich die oben genannten Wildarten nach dem Suhlen reiben.
Fegestellen finden wir, nachdem die männlichen Cerviden ihr Geweih vom Bast befreit haben. Sie streifen dabei zugleich die Rinde junger Bäumchen ab.
Speziell beim Rehbock entstehen diese Bilder auch beim Markieren der Einstände mit Hilfe der Duftdrüse am Kopf (Stirnlocke).
Schlagstellen treten auf, wenn Rotwild mit dem bereits vom Bast befreiten Geweih junge Bäumchen bearbeitet (meist in der Brunft).
Schälschäden entstehen, wenn Cerviden (außer Rehwild) oder Boviden die Rinde von Bäumen lösen, um sie aufzuäsen.
Plätzstellen entstehen durch das Scharren der Rehböcke mit den Vorder- und Hinterläufen zur Markierung des Territoriums (häufig vor den Fegestellen). Der Bock hat Duftdrüsen zwischen allen 4 Schalen und an den Kastanien.
Sassen sind die Ruhestätten der Hasen (Mulde).
Huderplätze nennen wir die Orte, an denen Hühnervögel gehudert (ein Staubbad genommen) haben.
Rupfungen sind Stellen, an denen Greife Vögel geschlagen haben (unversehrte Federkiele).
Riss ist der Ort, an dem Haarwild ein Beutetier erbeutet hat (bei gefiederter Beute abgebissene Federkiele).
Hexenring nennen wir die kreisförmig niedergetretenen Flächen im Getreide oder in den Wiesen, die entstehen, wenn ein Rehbock die Geiß (Ricke) vor dem Beschlagen treibt.
Hexensteig nennen wir die vom Hasen ins Getreide geästen „Wege" (Pässe), die später, wenn das Getreide Ähren gebildet hat, „Hohlwege" bilden. Auf diesen kann sich der Hase, für einen Betrachter aus der Vogelperspektive unsichtbar, ins Feld begeben.

BEHANDLUNG NICHT TÖDLICH GETROFFENEN WILDES

Rupfung des Habichts (li., Federkiele unbeschädigt) und Riss des Fuchses (Kiele zerbissen bzw. gequetscht)

Eingriffe nennen wir die Schalenabdrücke, die wegen der jähen Flucht des beschossenen Stücks (Absprung) besonders tief in den Erdboden eingedrückt sind. Eingriffe kann man also auch nach Fehlschüssen finden!

Ausrisse sind Erdbröckchen oder auch Gras, Laub u. Ä., die aus den Eingriffen herausgeschleudert werden. Auch sie kann man also nach Fehlschüssen finden.

Kugelriss nennt der Jäger die Stelle, an der das Geschoss ins Erdreich gedrungen ist. Er ist oft ein Zeichen für einen Fehl- oder allenfalls Streifschuss.

Die wichtigsten Pirschzeichen sollten in der Jägerprüfung ebenso wie die in den Kapiteln Haarwild und Federwild gezeigten Trittsiegel, Spurbilder und Geläufe sowie weitere markante Wildzeichen (Fegestellen, Suhlen o. Ä.) erkannt werden. Gleiches gilt für die auf der nächsten Seite dargestellten wichtigsten Losungen. Mehr zu erkennen, ist kein Nachteil!

Behandlung nicht tödlich getroffenen Wildes

Grundsätze
▶ Keine Jagdausübung, ohne dass ein brauchbarer Jagdhund zur Verfügung steht!

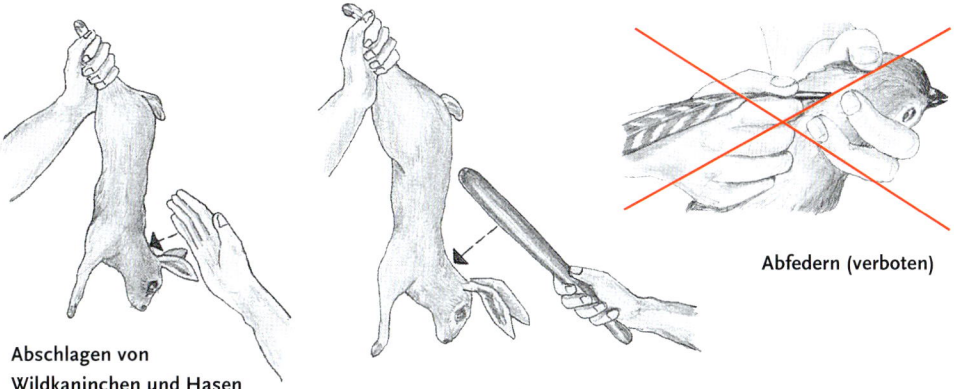

Abschlagen von Wildkaninchen und Hasen

Abfedern (verboten)

PRAKTISCHER JAGDBETRIEB

Anschussuntersuchung

▶ Bei Such-, Stöber-, Drück- und Treibjagden, bei Jagden auf Wasserwild und Waldschnepfen müssen brauchbare Jagdhunde in genügender Zahl zur Nachsuche mitgeführt und verwendet werden.

▶ Zur Nachsuche dürfen nur brauchbare Jagdhunde verwendet werden!
▶ Vor Abgabe eines Schusses stets Anschussstelle und nach dem Schuss Fluchtrichtung einprägen!

Verhalten bei Nichtschalenwild
Wild liegt am Anschuss, ist aber nicht verendet:
▶ Hase/Kaninchen: An den Hinterläufen aufnehmen und mit einem Stock oder Handkantenschlag hinter die Löffel abschlagen.
▶ Federwild: Schlag auf den Kopf mit Stock oder Nicker (Abfedern ist aus Tierschutzgründen abzulehnen!)
▶ Fuchs und Dachs: Fangschuss!

Nachsuche

Allgemein
Sofern das Wild nach dem Schuss flüchtet, ist stets eine Nachsuche zu veranlassen, es sei denn, man kann eindeutig einen Fehlschuss diagnostizieren, was in den meisten Fällen jedoch nicht möglich ist. Für die Nachsuche dürfen nur brauchbare Jagdhunde im Sinne der Landesjagdgesetze eingesetzt werden.

Nichtschalenwild
Bei Federwild, Haarraubwild und Hasenartigen wird umgehend ein brauchbarer Hund geschnallt, der das Wild suchen, finden, ggf. abtun (töten) und sicher bringen soll.

Schalenwild
Bei Schalenwild muss, um ein unnötiges Aufmüden zu vermeiden, stets eine gewisse Zeit abgewartet werden, bevor eine Nachsuche beginnt. Nur bei Lauf- und Äserschüssen kann es ratsam sein, den Hund auf schwaches Schalenwild (z. B. Rehwild) sofort zu schnallen, sofern es sich um einen hochläufigen Hund handelt, der das Wild sicher abwürgen kann. Bei sicheren Totsuchen (z. B. Kammerschüsse und Leberschüsse) sollte der Hund frühestens nach ca. einer Viertelstunde angesetzt werden. In allen anderen Fällen ist eine Wartezeit von mindestens 3 bis 4 Stunden angezeigt, damit das Wild die Chance hat, im Wundbett in Ruhe zu verenden.

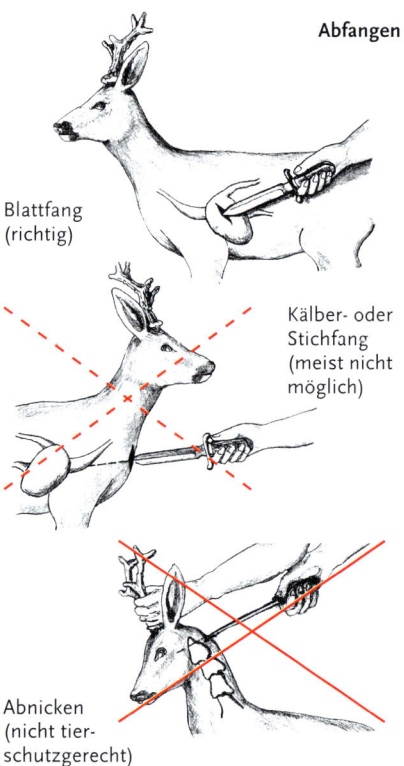

Abfangen

Blattfang (richtig)

Kälber- oder Stichfang (meist nicht möglich)

Abnicken (nicht tierschutzgerecht)

> **Merke**
> Der Fangschuss mit der Langwaffe hat aus Gründen der Tierschutz- und Weidgerechtigkeit immer Vorrang vor dem Schuss mit Kurzwaffen oder gar dem Abfangen, da es für ein Tier kaum größere Qualen gibt, als die Nähe des Menschen ertragen zu müssen oder sogar von ihm angefasst zu werden!

Wild liegt nicht am Anschuss: Grundsätzlich einen brauchbaren Jagdhund zum Verlorenbringen schnallen! Der hier eingesetzte Hund darf seine Arbeit nicht auf Sicht beginnen, sondern muss am Anschuss angesetzt werden.

Verhalten bei Schalenwild
Wild liegt in Sichtweite, ist nicht verendet: Sofern möglich, weiteren Fangschuss aus angemessener Distanz mit der Langwaffe antragen (Nähe des Menschen vermeiden = unnötige Qualen ersparen)! Wenn dies nicht möglich ist: Fangschuss mit der Kurzwaffe auf höchstens 15 m Entfernung aufs Blatt. Wenn Schusswaffengebrauch absolut nicht möglich: Abfangen durch Stich in die Kammer mit Weidblatt oder Hirschfänger.
Blattfang: Stich hinters Blatt. Von hinten an das Wild herantreten!
Kälberfang: Stich von vorn durch die Halsgrube.

Das früher bei Rehwild übliche *Abnicken* (*Genickfang*), d.h. die Trennung der Wirbelsäule durch einen Stich mit dem Jagdnicker zwischen Atlas und Hinterhauptbein sollte aus Gründen der Weidgerechtigkeit unterbleiben (erfordert sehr viel Übung am toten Stück).

Wild flüchtet außer Sichtweite: Anschuss untersuchen und verbrechen; in der Regel zwei bis drei Stunden warten (Stück krank werden lassen, um unnötiges Aufmüden und Hetze zu vermeiden). Nur bei Herz- und Lungenschuss kann bereits nach einer halben Stunde, nachgesucht werden. Wenn nötig, brauchbaren Jagdhund hinzuziehen (bei Nachsuchen dürfen nur brauchbare Jagdhunde verwendet werden)!

Keine Nachsuche bei Dunkelheit (außer sichere Totsuche, jedoch nie auf wehrhaftes Wild)! Immer zuerst Riemenarbeit – geschnallt wird erst, wenn das kranke Stück vor dem Hund aus dem Wundbett hoch wird. Stellt der Hund das Wild, gibt der Hundeführer (und nur der!) den Fangschuss!

Jagdarten – Einzeljagd

Im Laufe der Jahrhunderte haben sich verschiedene Techniken entwickelt, dem Wild in geeigneter Weise nachzustellen. Die Vielzahl der Jagdarten wird unterteilt in Einzeljagdarten und Gesellschaftsjagdarten. Unabhängig von der jagdpraktischen Bedeutung wird in den meisten Landesjagdgesetzen die Gesellschaftsjagd definiert als eine Jagdart, an der eine bestimmte Mindestanzahl, z.B. mehr als vier Personen, die Jagd als Schützen ausüben. Diese Mindestzahl ist jedoch nach Landesrecht verschieden festgelegt.

Ansitzjagd
Bei dieser Jagdart wird Wild von einer Ansitzeinrichtung aus erwartet. An Einrichtungen kommen dabei in Betracht: Sitzstock, einfacher Ansitzschirm (Erdsitz), Ansitzleitern (mit oder ohne Dach),

Offener Hochsitz

Geschlossene Kanzel

Unauffällig in den Waldrand eingebaute Kanzel

UVV-konform: Halbrunde Sprosse ist in Holm eingelassen und so nach unten abgestützt.

Falsch: Runde Sprosse wurde einfach auf Holm aufgenagelt.

Kanzeln (offene oder geschlossene). Wichtig ist, diese Einrichtungen so aufzustellen, dass man sie geräuschlos (evtl. über Pirschpfade) und gegen den Wind erreichen kann. Bei der Ansitzjagd kann der Erfolg beträchtlich erhöht werden, indem das Wild angelockt wird (Lockjagd). Die Ansitzjagd wird vorwiegend auf Schalenwild und Haarraubwild im Feld und im Wald ausgeübt.

Vorteile: Wenig Störung im Revier, natürlicher Kugelfang ist bei erhöhten Einrichtungen i. d. R. vorhanden; Zeit für Ansprechen und Schuss, gute Gewehrauflage

Nachteile: Kosten, Landschaftsbild, begrenztes Schussfeld, begrenzte Beobachtungsfläche

Zu beachten: Oft, aber nicht immer, 75/100 m (je nach den Vorschriften der unterschiedlichen Landesjagdgesetze) Grenzabstand außer mit schriftlicher Einwilligung des Jagdnachbarn einzuhalten, bei genutzten Grundstücken Einwilligung des Grundstückseigentümers,

Ansitzleiter mit Dach

UVV-konforme Leitersprossen-befestigung

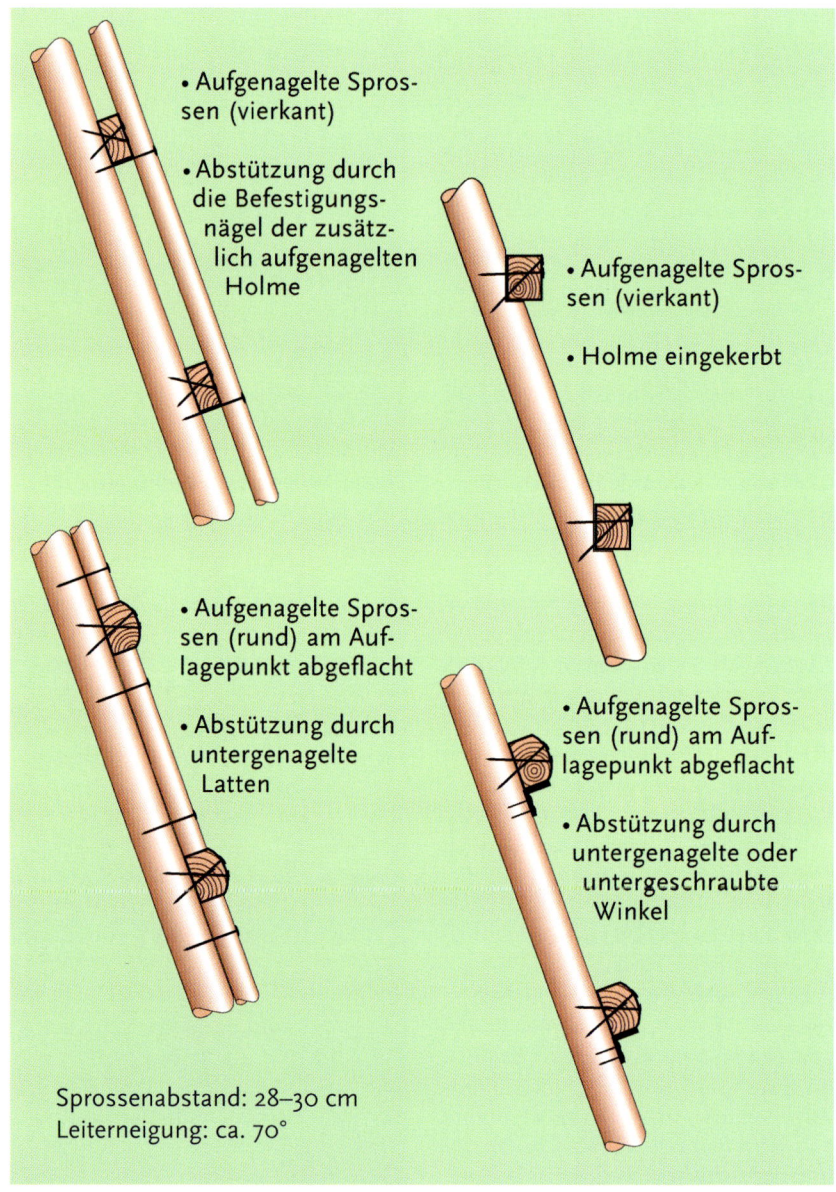

Kanzeln generell nur aus Holz, harmonisch in das Landschaftsbild einfügen, die Größe darf das notwendige Maß nicht übersteigen; UVV, Erreichbarkeit, Hauptwindrichtung, Wildwechsel und Lichtverhältnisse berücksichtigen.

Übliche Bodenhöhe sind bei Ansitzeinrichtungen 4 m. Je nach örtlichen Verhältnissen werden nur 2–3 oder ausnahmsweise bis 6 m gewählt. Größere Höhen sind Sache statistikerfahrener Fachleute. Oft bauen Jäger hoch, um „über dem Wind" zu sitzen. Merke: Passt der Wind nicht, ist auch die Höhe der Ansitzeinrichtung egal, denn auch Fallwinde, aufsteigende Winde, Thermik u. Ä. sind zu beachten.

Verwendet wird nur gesundes, entrindetes Baummaterial. Rundhölzer sollten an keiner Stelle 10 cm unterschreiten. Die Leiter wird mit einem Neigungswinkel von ca. 70° gestellt. Der Sprossenabstand beträgt 28 cm, maximal 30 cm. Die Sprossen sind nach unten abzustützen.

Pirsch

Der Jäger bewegt sich (pirscht) zum Wild, vor allem auf Schalenwild während der Äsungssuche. Schwierigste Jagdart, da das Wild die meisten Chancen hat.

Nachteile: Gefahr der Beunruhigung des Reviers (Jagddruck, Hinterlassen der eigenen Duftmarke im Einstand des Wildes), bei Wildkontakt wenig Zeit zum Ansprechen und Schießen, schwer zu schießen (das Wild ahnt die Gefahr), da keine Auflage (nur Pirschstock), im flachen Gelände kein Kugelfang.

Zu beachten: Möglichst gegen den Wind (Augenwind), möglichst geräuschlos, also nur auf sauberen Pirschpfaden langsam bewegen mit eng anliegender Kleidung aus Loden, Leder, Wolle oder Fleece (also Kleidung, die nicht raschelt).

Jagdarten bei Neuschnee

Ausneuen: Auf Marder bei einer „Neuen" (= Neuschnee auf Altschnee – der erste Schnee der Saison ist *keine* „Neue"). Der Jäger verfolgt die Marderspur (Paarsprung) morgens bis zu dessen Tagesversteck. Hier wird der Marder dann vom Jäger ausgepocht (aus hohlen Bäumen, Holzhaufen u. Ä.) oder von Hunden aufgemacht (aus Strohhaufen u. Ä.) und mit Schrot erlegt. Die Spur von Baum- und Steinmarder kann man unterscheiden: Wegen der stärkeren Prantenbehaarung des Baummarders erscheint dessen Spurbild stärker verwischt.

Kreisen: Auf Schwarzwild bei Neuschnee. Der Jäger umkreist die bekannten Tageseinstände (Dickungen) morgens und kann anhand der Anzahl der Fährten, die in die Dickung oder aus der Dickung führen, feststellen, ob Sauen sich eingeschoben haben. Das Kreisen dient also zunächst nicht dem Erlegen, sondern lediglich dem „Festmachen" (= Bestätigen) von Sauen.

Nachdem der Jäger Sauen festgemacht hat, wird im Verlauf des Tages die Dickung von Jägern umstellt und die Sauen in Form einer Treibjagd mit wildscharfen Hunden (z. B. Terriern) bejagt.

Der Erfolg dieser Jagdart liegt darin begründet, dass Sauen „nachtaktiv" sind und morgens ihren Tageseinstand (Tagesversteck) aufsuchen. Man darf also nicht zu früh mit diesen Jagdarten beginnen.

Ansitzeinrichtungen müssen sich harmonisch ins Landschaftsbild einpassen.

Entenstrich

Nahrungsflug der Ente vor allem im Sommer und Herbst: Der Jäger stellt sich entweder morgens im Feld auf den Äsungsflächen oder abends am Wasser an (bei Gänsen umgekehrt). Achtung: beim Schuss aufs Gewässer besteht Gefahr von Abprallern, die Menschen gefährden können. Nicht die erste Ente beschießen (Enten fliegen vorn, Erpel hinten)! Nicht die „Kundschafter" schießen, sonst ist der Jagderfolg gefährdet. Bei der Jagd auf Wasserwild sind stets brauchbare Jagdhunde für die Nachsuche in genügender Zahl mitzuführen. Am Wasser ist gem. LJG Bleischrot verboten.

Schnepfenstrich

Früher übliche Jagdart auf Waldschnepfen während des Balzfluges im Frühjahr. Da sich das Männchen bei der Balz überwiegend in der Luft (Suchflug) aufhält und quorrend und puitzend nach dem lockenden Weibchen sucht, konnten gezielt Männchen erlegt werden, was wegen der polygamen Lebensweise den Fortbestand nicht gefährdete. Heute ist in Deutschland die Frühjahrsjagd und damit die Jagd während des Schnepfenstrichs verboten. Waldschnepfen werden heute nur noch im Herbst erlegt, meist bei Stöber- und Treibjagden. Bei der Jagd auf Waldschnepfen sind stets brauchbare Jagdhunde für die Nachsuche in genügender Zahl mitzuführen

Balzjagd

Sie wird auf Auer- und Birkwild sowie Tauben (Schnepfen s. o.) ausgeübt. Das Wild wird „verhört" und angepirscht. Der Auerhahn lässt in der Balz zunächst vom Baum aus eine Balzarie erklingen (Baumbalz), bevor er noch vor dem Hellwerden auf den Boden abreitet (Bodenbalz). Beim letzten Teil der Balzstrophe, dem so genannten Schleifen oder Wetzen, ist der Hahn fast taub (jeweils 3–4 Sekunden lang). Der Jäger nutzt diese Phase, um den Hahn unbemerkt anzuspringen, d. h. er bewegt sich jeweils beim Schleifen ein bis zwei Schritte Richtung Hahn, bis er denselben erlegen kann.

Bei der Birkhahnbalz begibt sich der Jäger noch in der Dunkelheit in einen am Balzplatz vorbereiteten Schirm und erwartet dort die einstreichenden Hähne und Hennen. Er sitzt mitten im Balzgeschehen und kann so zielgerichtet handeln.

Bei der Balzjagd auf den Tauber übt der Jäger die Lockjagd mit dem Taubenlocker aus. Es heißt, der Tauber hat „auf jeder Feder ein Auge". Die Balzjagd auf den Tauber ist eine sehr schwierige, aber deshalb auch sehr reizvolle Jagdart.

Auer- und Birkwild sind zurzeit in Deutschland ganzjährig geschont. Durch die Jagdzeiten für Ringeltauben in den allermeisten Ländern (1.11.–20.2.) ist auch die Balzjagd auf den Tauber nicht mehr möglich.

Jagd am Wasser darf nie ohne brauchbare Hunde stattfinden.

Fallenjagd

Obwohl sich nahezu jede Wildart in Fallen fangen lässt, wird die Fallenjagd meist nur auf Haarraubwild und Raubzeug ausgeübt. Nach BJG dürfen dabei nur Fallen verwendet werden, die sofort töten oder unversehrt lebend fangen. Da in den meisten Bundesländern die Fallenjagd nur praktiziert werden darf, wenn der Jäger einen speziellen Fallenlehrgang besucht hat, werden hier nur die wichtigsten Fallen vorgestellt.

Lebendfangfallen: Kasten-, Röhren-, Wieselwippbrettfalle. Sie werden i.d.R. ohne Köder an Zwangspässen installiert. In Kasten- und Röhrenfallen werden je nach Größe alle genannten Arten gefangen, die Wieselwippbrettfalle wurde eigens für Wiesel konzipiert. Lebendfangfallen müssen täglich mindestens einmal (morgens früh) kontrolliert werden, Wieselfallen zweimal (am späten Vormittag und abends), da Wiesel tagaktiv sind. Länderweise existieren abweichende Vorschriften bereits (z.B. BW) bzw. sind zu erwarten (NRW).

Totschlagfallen: Früher kamen Marderschlagbaum, Scherenfalle, Rasen- und Knüppelfallen zum Einsatz, heute ist es fast ausschließlich Fangeisen und zwar i.d.R. Eiabzugseisen und der größere Schwanenhals. Sie werden meist verblendet und mit Ei oder Fleisch beködert in Fangbunkern oder -gärten aufgestellt, damit sich kein Unbefugter daran verletzen kann. Sofern Totfang überhaupt (u.U. mit Sondergenehmigung) noch zulässig bleibt, sind abweichende Landesregelungen zu erwarten. Siehe auch „Die Fallenjagd – Fangjagd", S. 230ff.

Beizjagd

Mit Greifvögeln u.a. wird auf Hase, Kaninchen, Fuchs, Fasan, Rebhuhn gejagt. Voraussetzung ist der Falknerjagdschein (Jäger- und Falknerprüfung!).

Jagdarten mit Hunden

Suchjagd

Im freien Feld auf Rebhuhn, Fasan, Hase und Kaninchen. Nur mit Vorstehhund! Der Hund sucht mit hoher Nase in Form einer systematischen Quersuche in Sichtweite des Führers das Gelände weiträumig gegen den Wind ab. Er zeigt Wildwitterung durch Vorstehen (Erstarren) an, worauf der Jäger sich zum Hund bewegt und dann das Wild herausstößt und beschießt. Der Hund muss durchstehen, soll ggf. nachziehen, jedoch nicht nachprellen! Bei jeder Suchjagd sind stets brauchbare Jagdhunde für die Nachsuche in genügender Zahl mitzuführen. Die klassische Form der Suchjagd ist die „Hühnersuche" (auf Rebhühner).

Buschieren

„Suche unter der Flinte" im leicht bewachsenen Gelände mit Vorsteh- oder

Suchjagd

Stöberhund gegen den Wind. „Unter der Flinte" heißt, der Hund sucht in Schrotschussentfernung (15–25 m) vor dem Schützen. Hierbei muss der Hund nicht unbedingt vorstehen, sondern kann das Wild auch herausstoßen (Stöberhunde stehen nicht vor).

Stöbern

Hunde suchen ohne Sichtverbindung zum Führer („im Dunkeln") dicht bewachsenes Gelände (z. B. Dickungen) ab. Stöber- und Vorstehhunde sowie Bracken, Teckel und Terrier kommen zum Einsatz. Sie müssen spurlaut das Wild dem Schützen zutreiben. Der Schütze erwartet das Wild am Dickungsrand, Wechsel bzw. Pass. Die Hunde müssen bogenrein jagen, d. h. sie dürfen das Wild nur bis zum Dickungsrand verfolgen und müssen dann selbstständig in dieselbe zurückkehren und weitersuchen. Bei jeder Stöberjagd sind brauchbare Jagdhunde für die Nachsuche in genügender Zahl mitzuführen.

Brackieren

Mit Bracken auf Hase (selten Fuchs). Bracken sind weitjagende Laufhunde mit großem Spurwillen, die den gestochenen Hasen ohne Sichtverbindung spurlaut verfolgen. Da die Bracken langsamer sind als Hasen, ist das keine Hetzjagd. Durch das spurlaute Jagen der Hunde wird der Hase veranlasst, zunächst wegzulaufen, um dann, seiner Gewohnheit (Standorttreue) folgend, wieder in die Nähe seines „Wohnortes" zurückzukehren. Der Jäger wartet hier (in der Nähe der Sasse), um den Hasen zu erlegen. Laut BJG ist das Brackieren nur zulässig auf Flächen über 1000 ha.

Baujagd

Auf Fuchs: Während der Ranz (Jagdzeiten beachten, oft 1.7.–28.2.) oder bei schlechtem Wetter („Sauwetter ist Bauwetter") mit 2–4 Jägern, die sich geräuschlos und gegen den Wind dem Bau auf Schrotschussentfernung nähern oder sich an den bekannten Pässen postieren. Nur der Hundeführer geht bis zum Bau und lässt den Hund (Teckel oder Terrier) einschliefen. Sobald der Fuchs springt, wird er in einiger Entfernung zur Röhre mit Schrot erlegt.

Auf Dachs (Jagdzeit 1.8.–31.10./31.12. je nach Bundesland): Wie beim Fuchs, allerdings springen Dachse i. d. R. nicht und müssen ausgegraben werden. Mithilfe einer Dachsgabel oder -zange werden sie zu Boden gedrückt und durch einen Fangschuss erlegt. Oft kommt es zum Verklüften, d. h. der Dachs gräbt den Hund ein, indem er Erdreich zwischen sich und den Hund schiebt.

Bei Bauhunden unterscheiden wir zwischen „Flieger" und „Steher". Ideal auf den Fuchs ist der „Flieger". Er attackiert, lässt aber wieder ab, um dem Fuchs das Verlassen des Bau zu ermöglichen. Am Dachs ist der „Steher" von Vorteil, weil er den Dachs (Fuchs) in einer Endröhre bindet, sodass der Einschlag gemacht werden kann. Um zielgenau graben zu können, sind Bauhundsender zum exakten Orten des Hundes sinnvoll.

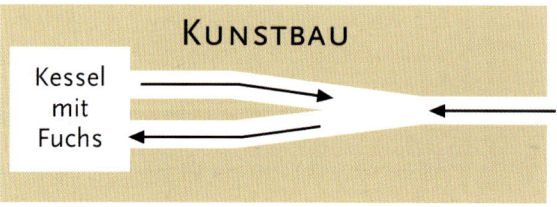

LOCKJAGD 223

Einschlag bei der Baujagd

Frettieren auf Kaninchen

Auf Kaninchen: Mit Frettchen (domestizierter Iltis) oder Kaninchenteckel. Das Frettchen bekommt oft einen Maulkorb angelegt, damit es im Bau kein Kaninchen reißen kann (Gefahr des anschließenden „Verdauungsschlafs"). Meist genügt das Anlegen von Glöckchen. Infolge des Klingelns verlassen die Kaninchen den Bau und können in Netzen gefangen oder mit Schrot erlegt werden. Auch die Beizjagd ist möglich.

Achtung: In Baden-Württemberg ist die Baujagd im Naturbau verboten, Nordrhein-Westfalen wird folgen und wahrscheinlich sogar Regeln für die Baujagd am Kunstbau erlassen!

Lockjagd

Hierunter versteht man alle Jagdarten, bei denen der Jäger das Wild anlockt.

Mit Nahrung (Geruch)
Schwarzwild-Kirrung (Ansitz): Je nach LJG erlaubt mit geringen Mengen Getrei-

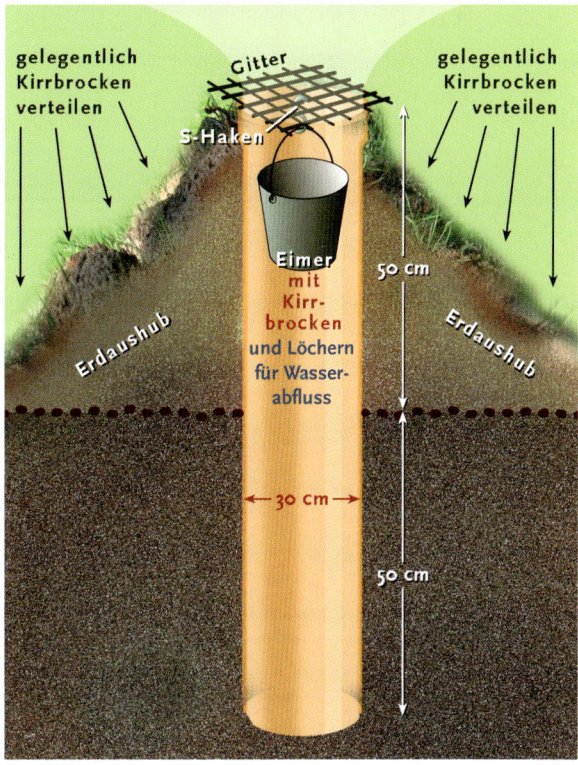

Luderplatzanlage

Diverse Rehlocker

Klassische Hirschrufinstrumente: 1 – Herakleumstängel, 2 – Tritonmuschel und 3 – Faulhaber Hirschruf

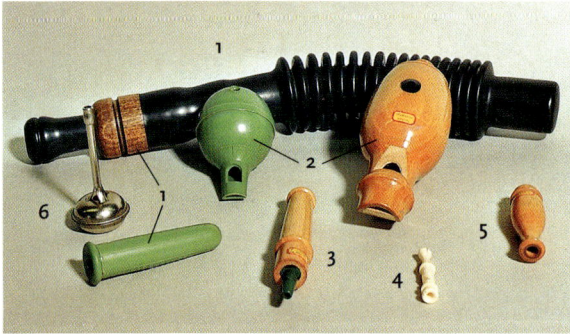

Lockinstrumente: 1 – Entenlocker, 2 – Taubenlocker, 3 – Hasenquäke mit 4 – Mauspfeifchen, 5 – Kaninchenklage, 6 – Birkhahnlocker

de, Kartoffeln, Äpfeln. Sonstiges Schalenwild nur mit Genehmigung!

Luderplatz auf Haarraubwild: Winterfuchs, Marder, Waschbär. Auf offenen Flächen oft mit Luderschacht, einem senkrecht eingegrabenen Betonrohr, das mit Aufbruch, oder Zerwirkabfällen von gesundem Wild bestückt wird. Die Lockwirkung kann durch sternförmig angelegte Schleppen gesteigert werden.

Enten-Kirrung: Getreide, Eicheln u. Ä. am Ufer eines Gewässers. Es darf sich hier um keine Fütterung handeln. Deshalb sind nur kleine Futtergaben zulässig. Auf keinen Fall darf hierbei die Gewässerqualität beeinflusst werden. Auch ist zu bedenken, dass keine Wanderratten usw. angelockt werden.

Mit Locklauten (akustisch)

Nachgeahmt werden Geschlechtspartner, Nebenbuhler oder Beutetiere.

Blattjagd auf den Rehbock: Am Ende der Blattzeit am erfolgreichsten. Lautäußerungen von Geiß, Schmalreh oder Kitz werden nachgeahmt. Früher mit Buchenoder Fliederblatt, heute auch mit künstlichen Fiepinstrumenten. Möglichst von niedrigen Erdsitzen oder Schirmen aus.

Fiepen: Ruf des brunftigen weiblichen Stückes, Bock steht zu

Kitzfiep: Geiß steht zu und Bock folgt (sofern bei der Geiß)

Sprengfiep: stößt getriebene Geiß aus, Platzbock steht zu

Angstgeschrei: Laut des nicht brunftigen, vom Bock bedrängten weiblichen Stücks, Platzbock steht evtl. zu

Rufjagd auf den Rothirsch: Zur Brunft in der Nähe der Brunftplätze. Beihirsch (Rivale) wird nachgeahmt, Platzhirsch soll zustehen! Lockinstrumente: Hirschruf, Tritonmuschel, Herakleumrohr.

Reizjagd auf Fuchs (evtl. Marder): Fuchs wird mit Hasen- bzw. Kaninchenklage oder Mauspfeifchen zum Zustehen gebracht.
Reizjagd: Imitation Laute von Beutetieren
Ringeltaubenjagd mit dem Taubenlocker während der Balz
Stockentenjagd mit dem Entenlocker

Mit Attrappen (optisch)
Entenjagd mit Lockenten
Gänsejagd mit Lockgänsen
Taubenjagd mit Locktauben
Rabenvögel mit künstlichem Hüttenuhu („Auf"), wo erlaubt

Gesellschaftsjagdarten

Gesellschaftsjagden sind allgemein Jagdarten, bei denen mehr als vier Personen die Jagd als Schützen ausüben (Anzahl der Personen nach Landesrecht verschieden). Wir unterscheiden hierbei Treibjagden, bei denen Wild von Treibern und/oder Hunden den Schützen laut zugetrieben wird, und Drückjagden, bei denen nur wenige ortskundige Helfer das Wild ruhig und meist ohne Hunde, zumindest jedoch ohne hochläufige Hunde, aus den Einstandsflächen drücken.

Bei Drückjagden soll das Wild nur veranlasst werden, den Einstand zu verlassen und ohne Panik in eher langsamer Gangart den nächsten Einstand anzunehmen. Da unser Schalenwild dabei meist bekannte Wechsel annimmt, werden die Schützen an diesen Wechseln abgestellt oder abgesetzt, so dass sie das eher vertraut ziehende Wild vernünftig ansprechen und erlegen können.

Begriffe
Gesellschaftsjagden: Je nach LJG Jagden, an denen mehr als vier Personen die Jagd als Schützen ausüben.
Treibjagden: Jagden, bei denen Wild von Treibern und/oder Hunden den Schützen laut zugetrieben wird.

Rechtsvorschriften für Gesellschaftsjagden

Auszug aus dem BJG/den LJGs (Landesgesetze beachten!):
- Teilnahme an Bewegungsjagden setzt jährlichen Leistungsnachweis im Flüchtigschießen mit der Kugel voraus (laufender Keiler oder Schießkino)
- Für die Federwildbejagung ist Schießnachweis im Schrotschießen Voraussetzung
- Treibjagd auf Feldern mit reifenden Halmfrüchten und auf Tabakfeldern verboten
- Gesellschaftsjagden in Notzeiten sind verboten
- Jugendjagdscheininhaber sind als Schützen auf Gesellschaftsjagden verboten.
- Treibjagd auf Schwarzwild in der Zeit vom 16. Januar bis 30. Juni verboten
- Treibjagd auf Rotwild grundsätzlich verboten, Drückjagd erlaubt, sofern nicht mehr als zehn Schützen und drei weitere Personen ohne stöbernde Hunde ruhig drücken; Ausnahme: Treibjagd auf Rotwild in der Zeit vom 16. Oktober bis 15. Januar als Ansitzbewegungsjagd auf einer zusammenhängenden Fläche von mindestens 200 ha zulässig (unabhängig von der Teilnehmerzahl)
- Bei Such-, Stöber-, Drück-, Treibjagden und der Jagd auf Wasserwild und Schnepfen sind brauchbare Jagdhunde in genügender Zahl zur Nachsuche mitzuführen.

Gesellschaftsjagden auf Schalenwild haben an Bedeutung gewonnen

Drückjagden: Jagden, bei denen nur wenige Helfer ohne stöbernde Hunde das Wild ruhig aus dem Einstand drücken.

(Ansitz-)Bewegungsjagd: Schalenwild wird in den Einständen zeitlich versetzt beunruhigt („bewegt"), damit es den Einstand möglichst ruhig verlässt. Die Schützen werden an Wechseln mit sicherem Schussfeld, meist auf „Ansitzböcken", seltener am Boden postiert. Baden-Württemberg hat den Begriff im Landesrecht festgeschrieben. Andere Länder werden diesem Beispiel folgen bzw. haben es schon getan.

Standtreiben: Auch Vorstehtreiben genannt. Dies sind Gesellschaftsjagden, bei denen die Jäger einen festen Standplatz einnehmen. Die Jäger stehen vor, Treiber treiben ihnen das Wild zu.

Folge: Richtung, in der die Schützen nach Beendigung des Treibens zum Sammelplatz finden.

Treiben: Gesamtfläche, die gerade bejagt (umstellt) wird.

Feldtreiben: In Form von Streife, Böhmischer Streife, Kesseltreiben, Vorsteh- oder Standtreiben.

Waldtreiben: Werden als Vorsteh- oder Standtreiben, Drück- oder Riegeljagd, Ansitzbewegungsjagd (Schalenwildbewegungsjagden) durchgeführt.

Feldtreiben
Streife
- Im Feld auf Hase, Kaninchen, Fasan, Rebhuhn.
- Schützen und Treiber gehen in einer Linie über das Feld, Abstand Schütze zu Schütze max. 70 m (doppelte Schrotschussentfernung).
- Sackbildung in der Schützen-/Treiberlinie ist unbedingt zu vermeiden!
- Schützen schießen i. d. R. nach vorne.

Böhmische Streife
- Wie Streife, aber Flanken werden besetzt (offenes Rechteck bewegt sich nach vorne).
- Flügelspitzen bilden Schützen
- Vor allem bei Hasenjagden üblich. Flanken verhindern seitliches Ausbrechen der Hasen.
- Schützen an den Flanken schießen i. d. R. nach außen.

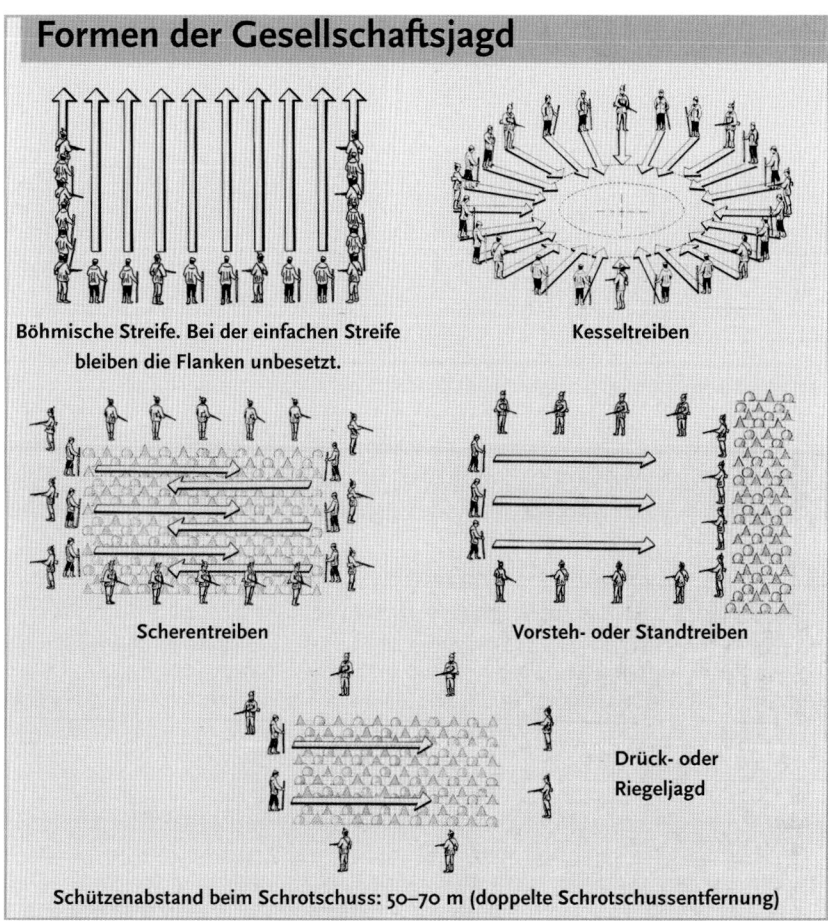

- Schützen in der Grundlinie schießen auch ins Treiben.

Kesseltreiben
- Nur in offenem, einsehbarem Gelände auf Hase (Fasan, Fuchs).
- Fläche wird kreisförmig von Treibern und Schützen umstellt.
- Mindestdurchmesser 600 m, i. d. R. 1000 m und mehr!
- Kesselmitte muss für jeden Teilnehmer sichtbar sein.
- Nach dem „Anblasen" bewegen sich alle Teilnehmer in Richtung Mittelpunkt, die Schützen schießen anfangs auch ins Treiben.
- Ab Kesseldurchmesser 350 m ertönt das Signal „Treiber in den Kessel". Ab sofort bleiben die Schützen stehen, drehen sich um und schießen nur noch nach außen, während die Treiber bis zum Mittelpunkt weitergehen.
- Wenn Treiber den Mittelpunkt erreicht haben, ertönt „Hahn in Ruh'"!

Lehr-Feldtreibjagd eines Jungjägerkurses: Auch das UVV-konforme Tragen von Signalkleidung gehört dazu.

Vorsteh- oder Standtreiben
- Jäger beziehen festen Stand (stehen vor).
- Schützen stehen, Treiber treiben Schützen das Wild zu.
- Im offenen Gelände möglich, gejagt wird auf Hase, Wildkaninchen, Fasan, Fuchs (aber auch Maisjagd auf Sauen).
- Gesamte Fläche (geschlossene Form) oder nur die Front (offene Form) wird von Schützen abgestellt.
- Treiber durchtreiben in einer Linie die Fläche mit dem Wind.
- Geschossen wird bei großen Treiben zunächst ins Treiben.
- Sind die Treiber in Gefahr bringender Nähe, wird nur noch nach außen geschossen.
- Beim Scherentreiben (v. a. bei Fasanenjagden) treiben zwei Treiberwehren gegeneinander.

Waldtreiben
Vorsteh- oder Standtreiben
- Wie im Feld sowohl in offener oder geschlossener Form als auch als Scherentreiben möglich.

Drückjagdbock: Der Schütze steht erhöht, hat Überblick und Kugelfang.

- Auch als reine Stöberjagd möglich (Hunde statt Treiber).
- Meist Dickungen o. Ä. (neben Hase, Fasan auch auf Sau und Reh).
- Schützen stehen mit dem Rücken zum Dickungsrand und schießen nur nach außen!

Vorbereitung einer Gesellschaftsjagd

Überlegungen des Revierinhabers:
- Welche Wildarten sind vorhanden und in welcher Zahl? Macht eine Gesellschaftsjagd also überhaupt Sinn?
- Welche Jagdarten sind geeignet (Wildart/Gelände)?
- Zeitpunkt? (Frühzeitig zu Beginn der Jagdzeit oder den ersten Frost abwarten? Vegetationszustand, Erntemaßnahmen usw.)
- Sind genügend Treiber, Schützen, Bläser, Hunde, Ansteller vorhanden?
- Werden besondere Stände benötigt (Drückjagdkanzeln)?
- Transport der beteiligten Personen und des erlegten Wildes?
- Abnehmer fürs Wild?
- Treffpunkt? Parkplätze?
- (Bänke, Feuer, Essen)?
- Nachsuchenorganisation
- Wildverwertung

Aufgaben (Ansprache) des Jagdleiters

Nach den UVV ist ein verantwortlicher Jagdleiter zu bestimmen.
Meist ist dies der Revierinhaber. Seine Aufgaben („Belehrung") sind:
- Jagdscheinkontrolle
- Hinweis auf Bestimmungen der UVV und dass jeder Schütze für seinen Schuss verantwortlich ist!
- Signalkleidung
- Welche Wildarten werden bejagt?
- Bekanntgabe der verwendeten Jagdsignale!
- Ab wann darf geschossen werden?
- Wann werden Hunde geschnallt?
- Wann, wo und von wem wird das Wild versorgt?
- Wer führt Nachsuchen durch?
- Vor jedem Treiben muss Standplatz, Richtung des Treibens, Schussrichtung und die Folge bekannt gegeben werden!

Drück- oder Riegeljagd
- Leise Jagdart auf Rot-, Dam-, Rehwild, Gams und Fuchs
- Wenig Treiber, keine stöbernden Hunde
- Schützen stehen in der Nähe der Tageseinstände an den bekannten Wechseln oder Pässen, auch Fernwechseln.
- Treiber gehen langsam und ruhig durch die Tageseinstände und bringen das Wild auf die Läufe (= anrühren).
- Bestgeeignete Gesellschaftsjagdart auf den Fuchs.
- Wild soll den Schützen nicht hochflüchtig, sondern möglichst vertraut kommen.

- Statt Jagdsignalen wird besser eine Uhrzeit für Beginn und Ende festgelegt.

Ansitzdrück- oder Ansitzbewegungsjagd
- Übergang zu „Bewegungsjagd" ist fließend
- Wie Drückjagd, aber großräumiger (mehrere 100 ha, ganze Reviere, oft revierübergreifend in mehreren Revieren!)
- Ansitz über mehrere Stunden z. B. an (Zwangs)Wechseln in Althölzern, Heideflächen und anderen prädestinierten Revierteilen
- Bezogen werden spezielle, oben offene Drückjagdkanzeln, von denen die Schützen im Stehen nach allen Richtungen schießen können.
- Keine Signale, Schützen haben keinen Sichtkontakt zueinander.
- Wenige ortskundige Treiber rühren zeitlich versetzt das Wild an.

UVV/VSG und Gesellschaftsjagd
Die Unfallverhütungsvorschriften der landwirtschaftlichen Berufsgenossenschaften regeln bezüglich der Gesellschaftsjagd klar deren Ablauf. Da es sich um eine „Betriebshandlung" – Jagdbetrieb – handelt, sind die UVV unbedingt genauestens einzuhalten.
- Es muss ein Jagdleiter bestimmt werden, dessen Anordnungen Folge zu leisten ist.
- Der Jagdleiter hat den Schützen und Treibern die erforderlichen Anordnungen und die Signale bekannt zu geben.
- Sofern nichts anderes angeordnet wird, ist die Waffe erst auf dem Stand zu laden und nach Beendigung des Treibens sofort zu entladen.
- Die Verantwortlichen haben den Schützen ihre Stände anzuweisen und den Schussbereich genau zu bezeichnen.
- Nach Einnehmen der Stände haben sich die Schützen mit ihren Nachbarn zu verständigen (sofern zu sehen).
- Sofern nichts anderes bestimmt wird, darf der Stand weder verändert noch verlassen werden, auch nicht für einen Fangschuss.
- Befinden sich Personen im Gefährdungsbereich, darf in diese Richtung weder angeschlagen noch geschossen werden.
- Ein Durchziehen durch die Schützen- und Treiberlinie ist unzulässig.
- Mit Büchsen- und Flintenlaufgeschossen darf ohne ausdrückliche Erlaubnis des Jagdleiters nicht ins Treiben geschossen werden, auch nicht für den Fangschuss auf krankes Wild.
- Bei Kesseltreiben darf nach dem Signal „Treiber in den Kessel" nicht mehr ins Treiben geschossen werden.
- Waffen sind außerhalb des Treibens stets ungeladen mit geöffnetem Verschluss und der Mündung nach oben oder abgeknickt zu tragen.
- Durchgeh- und Treiberschützen dürfen während des Treibens nur entladene Schusswaffen mitführen (Ausnahme: Feldstreifen und Kesseltreiben im Feld).
- Alle an einer Gesellschaftsjagd unmittelbar Beteiligten müssen sich farblich deutlich von der Umgebung abheben.
- Bei schlechten Sichtverhältnissen hat der Jagdleiter die Jagd einzustellen.
- Beim Überqueren von Geländehindernissen wie Gräben, Zäunen, auf rutschigem oder vereistem Gelände sind die Schusswaffen zu entladen.

Die Fallenjagd – Fangjagd

Grundsatz: Die Fangjagd ist keine Jagd für Anfänger. Diese Jagdart erfordert

> **Merke**
>
> Die Reduktion der aktuell sehr hohen Raubwildbesätze ist ein wichtiger Beitrag zum allgemeinen und speziellen Artenschutz (z. B. Bodenbrüter) sowie zum Erhalt und zur neuerlichen Aufstockung der vielerorts stark geschrumpften Besätze vor allem von Hase, Fasan und Rebhuhn. Allein mit der Waffe ist dieses Ziel regelmäßig nicht zu erreichen. Einhergehend mit einer intensiven Raubwildbejagung sollten stets lebensraumverbessernde Maßnahmen erfolgen (Biotophege).

große Erfahrung und insbesondere Kenntnis der zu fangenden Tierarten und deren Lebensgewohnheiten. Nur wer wie ein Fuchs denkt, handelt und fühlt, kann ihn mit der Falle überlisten – von Zufällen einmal abgesehen. Kein Jungjägerkurs oder Lehrbuch macht Sie zum erfolgreichen, tierschutz- und artenschutzgerechten Fallenjäger – das kann nur die Praxis. Suchen Sie sich einen Lehrprinzen und besuchen Sie die Lehrgänge der Landesjagdverbände. Viele Länder verlangen einen zusätzlichen Nachweis über die Qualifikation zur Fangjagd (Fangjagdlehrgang). Nachstehende Ausführungen bieten daher nur Mindestkenntnisse über die Fallenjagd.

> **Merke**
>
> In jedem Bundesland gelten andere Vorschriften für die Fallenjagd. In einigen Bundesländern sind nur Lebendfangfallen erlaubt. Informieren Sie sich im Vorfeld!

Gründe für die Fangjagd

▶ Raubwild (Raubzeug) ist vornehmlich nachtaktiv und somit schwer zu erlegen.

▶ Die Dezimierung von Faunenverfälschern (Neozoen) wie Waschbär und Marderhund ist mittels Abschuss kaum möglich, da sie überwiegend tagaktiv sind.

▶ Wegen Störung der öffentlichen Ruhe können die typischen Kulturfolger wie Fuchs und Steinmarder, aber auch Wildkaninchen in der Ortslage ohne besondere Genehmigung nicht mit Schusswaffen erlegt werden.

▶ Die starke Dezimierung von Raubwild als Begleitmaßnahme bei Wiedereinbürgerungen (z. B. Auerwild) ist im Einzelfall mit Schusswaffen nicht in erforderlichem Maße durchführbar.

Problematik der Fangjagd mit Totschlagfallen

▶ Totschlagfallen gewährleisten nicht immer ein weidgerechtes Töten (Brantenfänge).

▶ Selektiver Fang mit Totschlagfallen ist nur begrenzt möglich, so dass Fehlfänge ganzjährig geschonter oder besonders geschützter Tiere nie vollständig auszuschließen sind.

▶ Aus unsachgemäßem Aufstellen von Totschlagfallen entsteht eine Gefahr für Personen (kann Körperverletzung mit strafrechtlichen und zivilrechtlichen Folgen bedeuten).

Fallen für den Lebendfang

Fallen dieser Art müssen das Tier unversehrt fangen. Als Fallen für den Lebendfang dürfen nur Kasten-, Röhren- und Netzfallen sowie sonstige Fangvorrichtungen mit Ausnahmegenehmigung Verwendung finden.

Über diese Kriterien hinaus müssen lebend fangende Fallen
- dem gefangenen Tier einen ausreichend großen Freiraum bieten,
- im Innenraum so beschaffen sein, dass Verletzungsmöglichkeiten des gefangenen Tieres nahezu auszuschließen sind und
- so gebaut sein oder verblendet werden, dass das gefangene, nachtaktive Tier sich möglichst in völliger Dunkelheit befindet.

Unter diesen Voraussetzungen sind nachstehende Fallen geeignet:

Rechtsvorschriften zur Fallenjagd

Tierschutzgesetz
- Niemand darf einem Tier **ohne vernünftigen Grund** Leiden, Schmerzen oder Schäden zufügen.
- Ein Wirbeltier töten darf nur, wer die notwendigen **Kenntnisse und Fähigkeiten** hat.

Verbote gemäß BJG
- Es ist verboten, Saufänge, Fang- oder Fallgruben ohne Genehmigung der zuständigen Behörde anzulegen.
- Es ist verboten, Schlingen jeder Art, in denen sich Wild fangen kann, herzustellen, feilzubieten, zu erwerben oder aufzustellen.
- Keine Jagd in Schonzeiten (Fang ganzjährig geschonter Arten = Straftat!)
- Schutz der zur Aufzucht notwendigen Elterntiere (Verstoß = Straftat!)
- BJG erlaubt nur Fallen, die entweder unversehrt lebend fangen oder solche, die sofort töten.
- Beachten Sie die Vorschriften Ihres jeweiligen Landesjagdgesetzes!

UVV/VSG
- Fangeisen dürfen nur mit einer entsprechenden Vorrichtung gespannt und nur mit einem geeigneten Gegenstand ge- bzw. entsichert werden.
- Fangeisen dürfen fängisch nur so aufgestellt werden, dass keine Personen gefährdet werden.

BGB
§ 823 „Schadensersatzpflicht": Wer vorsätzlich oder fahrlässig das Leben, den Körper, die Gesundheit, die Freiheit, das Eigentum oder ein sonstiges Recht eines anderen widerrechtlich verletzt, ist dem anderen zum Ersatz des daraus entstehenden Schadens verpflichtet (z. B. Verletzung durch offen aufgestellte Totschlagfalle!).

StGB
§ 230 „Fahrlässige Körperverletzung" (Straftat!): Wer durch Fahrlässigkeit die Körperverletzung eines anderen verursacht, wird mit Freiheitsstrafe bis zu drei Jahren oder Geldstrafe bestraft.

Kastenfallen

Artenspektrum: Fuchs, Marderhund, Marder, Dachs, Iltis, Wiesel, Waschbär, Katze
Fangplätze: I. d. R. Zwangspässe wie Wasserläufe, Zäune, Mauern, Durchlässe, aber auch in Hecken oder Randfurchen von Getreidefeldern, ideal auf Brett über einem Bach
Material: Meist Holz; Draht auch möglich, aber wegen Verletzungsgefahr und weil das Wild in dunkler Umgebung weniger Stress erfährt, nicht empfehlenswert und länderweise verboten
Größe: Für Fuchs mindestens 1,30 × 0,25 × 0,25 m, für Marder und Iltis mindestens 1,00 × 0,15 × 0,15 m
Köder: Am Zwangspass nicht erforderlich, aber Erfolg kann erhöht werden, außerhalb von Zwangspässen nötig! Je nach Wildart: Obst, Schokolade, Backpflaumen u. a.
Kontrolle: Täglich in den frühen Morgenstunden (nachtaktives Wild); länderweise sind Abweichungen möglich
Töten des gefangenen Wildes: Mit gezieltem Kopfschuss aus kleinkalibriger Waffe, am besten in einem eigens gefertigten Fangschusskasten

Effektive Fuchsbejagung ist mit speziellen Jungfuchsfallen möglich!

Röhrenfallen

Artenspektrum: Insbesondere Fuchs, aber auch Katze, Waschbär, Marderhund etc.
Fangplätze: Trockene Gräben, künstliche/natürliche Zwangswechsel, Hecken und Waldränder; Einbau oder Verblenden mit Mist oder Stroh (zieht Mäuse an!)
Material: Beton (haltbarer als Holzkastenfallen, kein Durchnagen!)
Größe des inneren Fangraumes: 1,3 bis 2 m lang bei 0,25 m Durchmesser

Kastenfalle

Röhrenfalle

Nach dem Einbau muss die Röhrenfalle, z. B. durch einen Holzstoß, verblendet werden.

Fanggarten mit Röhrenfalle

Seitlicher Blick in eine Wieselwippbrettfalle

Wieselwippbrettfalle
Artenspektrum: Großes Wiesel
Fangplätze: Trockene Durchlässe, Steinhaufen, Holzstöße. Fallen stets verblenden und am Ende eines hindernisfreien Zulaufes aufstellen: „Glatter Gang, glatter Fang"
Material: Holz oder Kunststoff
Größe: Ca. 50 cm lang, 7 cm breit, 8 cm hoch am Einlauf, 13 cm hinten (ggf. mit Loch von 20–22 mm Durchmesser versehen, damit Mauswiesel entweichen können)
Köder: Wird nie beködert!
Kontrolle: Zweimal täglich, am späten Vormittag und am Abend (Wiesel sind tagaktiv)
Töten: Wiesel wird in einem Leinensack kräftig auf den Boden geschlagen

Köder: An Zwangspässen i. d. R. nicht nötig, aber durch ergänzenden Einsatz von Lockmitteln (z. B. Duftstoffen) kann der Fangerfolg erhöht werden.
Kontrolle: Täglich in den frühen Morgenstunden
Töten: Kopfschuss in Fangkasten

Fallen für den Totfang

Fangeisen
- Müssen stets auf Zug auslösen
- Je nach Größe für Marder, Iltis, Katze, Fuchs, Marderhund, Waschbär
- Werden stets beködert (z. B. Ei, Aas)
- Wo erlaubt, nur in Fangbunkern oder Fanggärten (Zaun) aufstellen

Eiabzugseisen: 46er Bügelweite mit zwei Federn zum Fang von Marder und Iltis, Fang nur über die Federachse. 37er Bügelweite mit einer Feder zum Fang von Marder, Fang nur über den losen Bügel
Schwanenhals: 70er Bügelweite für den Fang von Fuchs, Dachs, Marderhund und Waschbär, Fang nur über die Federachse. 56er/57er Bügelweite zum Fang von Fuchs, Dachs, Marderhund und Waschbär, Fang nur über den losen Fallenbügel

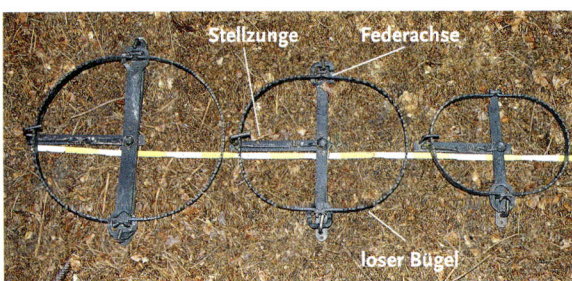

Fangeisen unterschiedlicher Bügelweite

100 %-ige Sicherheit: Mit dem Spannhebel (l.) wird das Fangeisen gespannt, mit einem Holz ent- und gesichert.

FALLEN FÜR DEN TOTFANG | 235

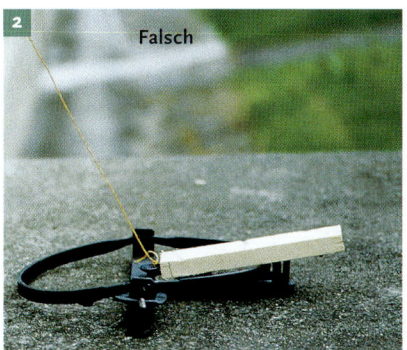

Fangeisen werden nur im Fangbunker gestellt und zwar so, dass das Raubwild (im Bild Holzstück) nur über den losen Bügel in die Falle gelangen kann. Bei Fang über die Stellzunge (2) wird das Tier herausgeschleudert (3), so dass Gefahr des Brantenfangs (4) besteht

Berliner Schwanenhals: Der Berliner Schwanenhals wird heute nicht mehr hergestellt. Es war jedoch früher der „Mercedes" unter den Fangeisen. In historischen Büchern wird viel über den Gebrauch der Eisen geschrieben. Fast alle Beschreibungen bezogen sich auf den Berliner Schwanenhals. Die Anwendung der alten Gebrauchsanleitungen auf unsere heutigen Eisen wäre wie die Reparatur der Autoelektronik mit dem Vorschlaghammer.

Drahtbügelschlagfalle z. B. Conibear: Konstruktion nur auf Abzug. Einsatz be-

Fangbunker für Fangeisen

Conibear-Falle mit Spannhebel

Berliner Schwanenhals

Marderschlagbaum

Tellereisen (verboten!)

Knüppelfalle

> **Merke**
> Die Fangjagd muss ordnungsgemäß durchgeführt werden:
> 1. tierschutzgerecht
> 2. artenschutzgerecht
> 3. ohne Gefahr für Menschen

vorzugt zum Fang von Fuchs, Waschbär und Marderhund; Bügelweite 28 × 28 cm, jedoch mit zwei extrastarken Federn (nach Norm). Zum Fang von Marder und Iltis Bügelweite 20 × 20 cm, jedoch mit zwei extrastarken Federn. Fangeisen müssen in manchen Bundesländern zum „Fallen-TÜV" und gekennzeichnet werden.

Sonstige Totschlagfallen
- Werden stets beködert
- Töten durch Erdrücken des Wildes

Marderschlagbaum: Zum Marderfang, löst nur auf Zug aus. Ca. 80 × 80 cm; Schlaggewicht 50 kg (mindestens 10faches Gewicht des stärksten zu fangenden Wildes).

Knüppelfalle/Rasenfalle: Bevorzugt zum Fang von Fuchs, Marder und Iltis, löst nur auf Zug aus. Maße ca. 90–100 × 100–120 cm; Schlaggewicht 60–80 kg (mindestens 10faches Gewicht des stärksten zu fangenden Wildes).

Scherenfalle: *Wird nicht empfohlen!* In vielen Ländern verboten.

Wegen der Vielzahl an Fanggeräten wird einschlägige Fachliteratur empfohlen.

Generell verbotene Fallen
Fanggeräte, die weder unversehrt fangen noch sofort töten, sind verboten!

Bekanntestes Beispiel sind die Tellereisen: Fangeisen, die mittels Druckplatte ausgelöst werden und somit Brantenfänge zur Folge haben. Ebenfalls verboten sind Schlingen und Leimruten (Vogelfang).

Behandlung des erlegten Wildes
(vgl. S. 21)

Rechtliche Vorschriften
Erlegen und Behandeln (aus der Decke schlagen, Zerwirken, in den Verkehr bringen, Entsorgen) von Wild darf nur unter Beachtung nachstehender EU- und nationaler Vorschriften erfolgen:

- Verordnung (EG) 178/2002 (Basisverordnung) – Allgemeine Grundsätze des Lebensmittelrechts
- Verordnung (EG) 852/2004 – Allgemeine Lebensmittelhygiene
- Verordnung (EG) 853/2004 – Spezielle Hygienevorschriften für Lebensmittel tierischen Ursprungs
- Lebensmittel- und Futtermittelschutzgesetzbuch (LFGB); es ersetzt das bisherige deutsche Fleischhygienegesetz (FIHG)
- Verordnung zur Durchführung von Vorschriften des gemeinschaftlichen Lebensmittelhygienerechts mit

Artikel 1: Lebensmittelhygiene-Verordnung (LMHV)

Artikel 2: Tierische Lebensmittel-Hygieneverordnung (Tier-LMHV)

- Artikel 3: Tierische Lebensmittel-Überwachungsverordnung (Tier-LMÜV)

Wildbehandlung vorschriftskonform
Beim Erlegen und Verarbeiten von Wild, das für den menschlichen Verzehr bestimmt ist, ist zu beachten:
- *Lebendbeschau*: Vor dem Schuss muss das zu erlegende Wild auf bedenkliche Merkmale hin angesprochen werden (Aussehen/Verhalten). Sofern bedenkliche Merkmale festgestellt werden, ist vor dem Verzehr eine amtliche Fleischuntersuchung notwendig.

  Die Wildbrethygiene beginnt bereits vor dem Schuss!
- *Erlegung*: Es ist ein sauberer, schnell tötender Schuss möglichst ohne Verletzung des Magen-Darm-Kanals anzutragen; Schalenwild sollte möglichst breit stehend mit erhobenem Haupt durch einen Schuss direkt hinter das Blatt erlegt werden.
- *Totbeschau*: Großwild ist unverzüglich, Kleinwild spätestens bei der Abgabe

Ausdrücken der Blase eines erlegten Hasen

aufzubrechen und auszuweiden (bei Hase und Kaninchen ist, wenn sie nicht sofort ausgeweidet werden, zumindest die Blase auszudrücken.) Das Enthäuten und eine Zerlegung von Schalenwild am Erlegungsort sind nur zulässig, wenn der Transport sonst nicht möglich ist.

▶ Zum Reinigen darf nur Wasser in Trinkwasserqualität Verwendung finden (keinesfalls mit Moos oder Gras auswischen)!

▶ Beim Aufbrechen und Zerwirken und weiteren Behandeln ist auf bedenkliche Merkmale (s. re. Kasten ggü.) zu achten.

▶ Großwild ist unmittelbar nach dem Aufbrechen und Ausweiden so aufzubewahren, dass es gründlich auskühlen und in den Körperhöhlen abtrocknen kann. Kleinwild (Hase, Kaninchen, Federwild) ist unmittelbar nach dem Erlegen so aufzubewahren, dass es gründlich auskühlen kann. (Ein Verhitzen ist unbedingt zu vermeiden. Zum Verhitzen des Wildbrets kommt es insbesondere aufgrund von Luft- und Temperaturstau z. B. bei längerem Transport im Rucksack oder Kofferraum.)

▶ Großwild muss alsbald nach dem Erlegen auf eine Innentemperatur von höchstens +7 °C, Kleinwild auf eine Innentemperatur von höchstens +4 °C abgekühlt sein; erforderlichenfalls ist das erlegte Wild dazu in eine geeignete Kühleinrichtung zu verbringen.

▶ Das Aus-der-Decke-Schlagen bzw. Zerwirken muss nach einer angemessenen Fleischreife (bei Schalenwild nach ausreichendem Abhängen in einer Kühlzelle bei 7 °C) in einer Wildkammer (Anforderungen an diese s. u.) stattfinden. Die Kühlkette darf nicht unterbrochen werden.

▶ Dabei dürfen das Fleisch und Fleisch enthaltende Behältnisse nicht unmittelbar mit dem Fußboden in Berührung kommen; weiterhin darf das Fleisch nicht mit Wild in der Decke bzw. Federkleid in Berührung kommen.

Wichtige Hygieneanforderungen an Personal, Arbeitsgeräte etc.

▶ Arbeitskleidung muss sauber, hell und leicht waschbar sein;

▶ Hände sind regelmäßig zu reinigen und zu desinfizieren;

▶ Einrichtungsgegenstände und Arbeitsgeräte müssen ständig sauber sein (regelmäßig reinigen und desinfizieren);

▶ Tische, Schneidunterlagen müssen aus glattem abrieb- und korrosionsfestem, ungiftigem leicht zu reinigendem Material bestehen (kein Holz!).

Wildkammern – Anforderungen

Folgenden wichtigen Anforderungen müssen Räume, in denen Wild bearbeitet wird, genügen:
▶ Fußböden und Wände müssen leicht zu reinigen, Wasser abstoßend und abriebfest sein und aus ungiftigem Material bestehen: Böden müssen so beschaffen sein, dass Wasser leicht in abgedeckte, geruchssichere Abläufe abfließen kann. Decken müssen so gebaut sein, dass sie abwaschbar und leicht zu reinigen sind;
▶ Fenster sind während der Fleischbearbeitung geschlossen zu halten bzw. zum Schutz gegen Insekten mit einem Insektengitter zu versehen;
▶ eine angemessene Beleuchtung muss vorhanden sein, welche die Farben nicht verändert und Abweichungen am Fleisch erkennen lässt;
▶ fließendes kaltes Wasser muss vorhanden sein;
▶ Einrichtungen zur Reinigung und Desinfektion der Hände mit warmem, fließendem Wasser sowie mit hygienischen Mitteln zum Händetrocknen müssen vorhanden sein.
▶ Arbeitsgeräte müssen durch Abkochen oder sonstige geeignete Verfahren desinfiziert werden können;
▶ Die Lagerung von Reinigungs- und Desinfektionsmitteln sowie der Umgang damit dürfen nicht zur Kontamination des Wildfleisches führen;
▶ Für eine sachgemäße Lagerung und Entsorgung von Schlachtabfällen ist Sorge zu tragen.

Bedenkliche Merkmale

Hierzu zählen z. B.
▶ abnorme Verhaltensweisen oder Störungen des Allgemeinbefindens;
▶ Fehlen von Zeichen äußerer Gewalteinwirkung (Schussverletzung) als Todesursache (Fallwild);
▶ Geschwülste oder Abszesse, wenn sie zahlreich oder verteilt in inneren Organen oder in der Muskulatur vorkommen;
▶ Schwellungen der Gelenke oder Hoden, Hodenvereiterungen, Leber- oder Milzschwellungen, Darm- oder Nabelentzündung; Entzündung des Herzens, des Drüsen- und Muskelmagens bei Federwild;
▶ fremder Inhalt in den Körperhöhlen, insbesondere Magen- und Darminhalt oder Harn, wenn Brust- oder Bauchfell verfärbt sind;
▶ erhebliche Gasbildung im Magen-Darmkanal mit Verfärbung der inneren Organe;
▶ erhebliche Abweichungen der Muskulatur oder der Organe in Farbe, Konsistenz oder Geruch (Brunftgeruch);
▶ offene Knochenbrüche, soweit sie nicht unmittelbar mit dem Erlegen in Zusammenhang stehen;
▶ erhebliche Abmagerungen;
▶ frische Verklebungen oder Verwachsungen von Organen mit Brust- oder Bauchfell;
▶ Geschwülste oder Wucherungen im Kopfbereich oder an den Ständern bei Federwild;
▶ verklebte Augenlider, Anzeichen von Durchfall, v. a. im Bereich der Kloake, Verklebungen und sonstige Veränderungen der Befiederung, Haut- und Kopfanhänge sowie Ständer bei Federwild

▶ sonstige erhebliche sinnfällige Veränderungen außer Schussverletzungen. Eingeweide, die Veränderungen aufweisen, sind so zu kennzeichnen, dass ihre Zuordnung zu dem betreffenden Wildkörper zweifelsfrei möglich ist. Sie müssen bis zum Ende der amtlichen Untersuchung beim Wildkörper verbleiben.

Wildverwertung in der Praxis – Begriffe

aus der Decke schlagen	Abziehen der Decke bei Schalenwild außer Schwarzwild
abschwarten	Abziehen der Schwarte bei Schwarzwild und Dachs
abbalgen	Abziehen des Balges bei Hase und Kaninchen
ringeln	Aufbrechmethode für Schalenwild: Nach ringförmigem Ablösen am Weidloch wird der Weiddarm Richtung Bauch aus dem Becken gezogen, das Schloss bleibt zu. Vorteile: kein Austrocknen des Wildbrets an den Keulen, geringere Verluste bei Weiterverarbeitung.
streifen	Abziehen des Balges bei Fuchs und Marder
zerwirken	Zerlegen von Schalenwild
Aufbruch	Innereien von Schalenwild (Organe + Gedärm); essbare Teile (Geräusch) stehen nach Brauchtum dem Aufbrechenden zu.
Geräusch	Organe von Schalenwild (Herz, Leber, Lunge, Nieren, Milz)
Großes Gescheide	Magen
Kleines Gescheide	Gedärme und Geschlechtsorgane
Vorschlag	Haupt plus Träger und erste drei Rippen bei Schalenwild
Kleines Jägerrecht	Aufbruch und Trophäe. Verzehrfähige Aufbruchteile (Geräusch) erhält nach altem Brauch der „Aufbrechende", die Trophäen nach dem Brauchtum (kein juristisch einklagbarer Anspruch) der Erleger.
Großes Jägerrecht	Kleines Jägerrecht inklusive Vorschlag und Decke (früher Entlohnung der Berufsjäger)
verhitzen	Wildbret verdirbt bei warmer Witterung aufgrund einer Gärung
Stich	Halsgrube
Schloss	Knorpelige Verbindung der beiden Beckenknochenhälften
Schlund	Speiseröhre
Drossel	Luftröhre
Drosselknopf	Kehlkopf
Ziemer	Rücken
Pinsel	Haarbüschel am Austritt der Brunftrute
Brunftkugeln	Hoden
Brandadern	Gut sichtbare Venen an der Innenseite der Keulen
lüften	Öffnen und Spreizen der Bauchdecke zum Auskühlen bis zum späteren Aufbrechen; bei Schwarzwild werden zusätzlich die Blätter unterseits vom Wildkörper gelöst (bleiben an Schwarte).

Aufbrechen

Es gibt viele Methoden des Aufbrechens. Ziel muss stets die hygienisch einwandfreie Behandlung des Lebensmittels Wildbret sein. Sofern möglich, ist das Aufbrechen des kopfunter hängenden („Schlachtermethode") oder auch am Unterkiefer aufgehängten Stückes in der Wildkammer immer die erste Wahl. Das sogenannte Ringeln hat dabei dem herkömmlichen Öffnen des Schlosses Vorteile (s. Kasten ggü.). Nachfolgend wird das oft noch notwendige klassische Aufbrechen im Revier dargestellt.

Auch die auf S. 245 bis 247 beschriebenen und z.T. in Fotos dargestellten Methoden des Zerwirkens von Schalenwild, Abbalgens von Hase/Kaninchen und Fuchs sowie des Versorgens von Federwild sind nicht die einzig möglichen.

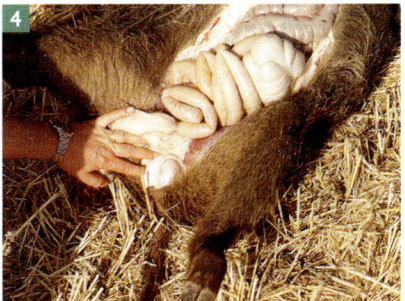

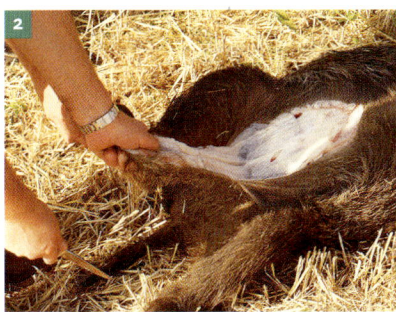

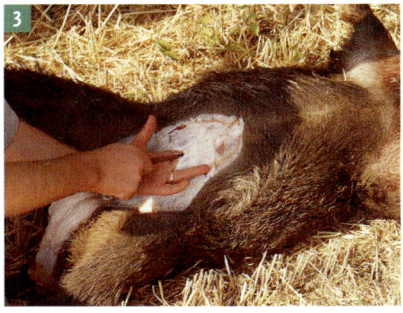

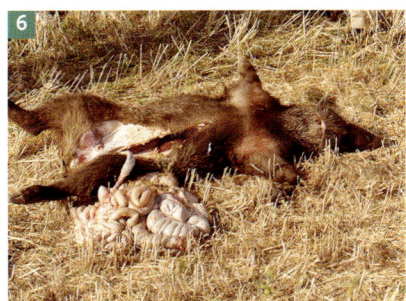

In der Bildserie S. 241 bis 243 wird ein Stück Schwarzwild aufgebrochen:
1. Mittels Querschnitt Drossel und Schlund durchtrennen (bei Wiederkäuern muss Schlund verknotet werden)
2. Brunftrute freilegen und wegklappen
3. Bauchdecke öffnen
4. Steine (Brunftkugeln) entfernen
5. Gescheide entnehmen, Schlund abdrücken und
6. nach rechts legen, Darm dabei aber nicht abreißen
7. Zwerchfell öffnen, Zwerchfellpfeiler (sitzen am Rücken) für die Trichinenuntersuchung stehen lassen (entfällt bei Wiederkäuern)
8. in die Brusthöhle greifen, Herzbeutel stumpf mit den Fingern vom Brustbein lösen, die Drossel herausziehen
9. Geräusch, bestehend aus (Drossel,)

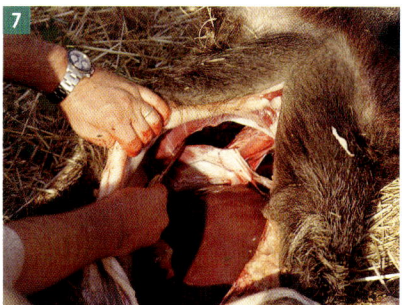
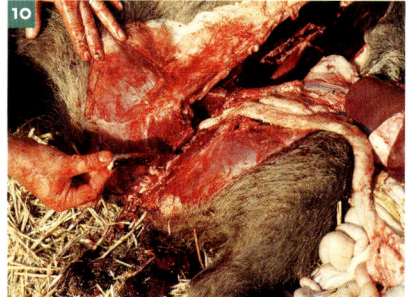
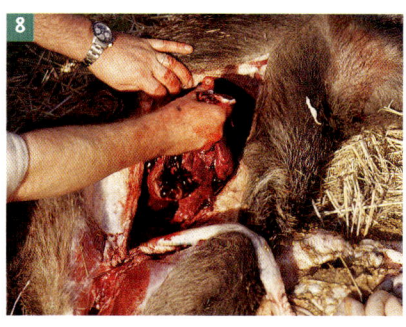
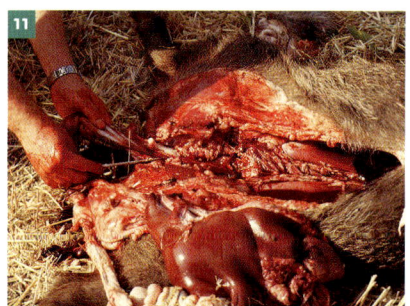
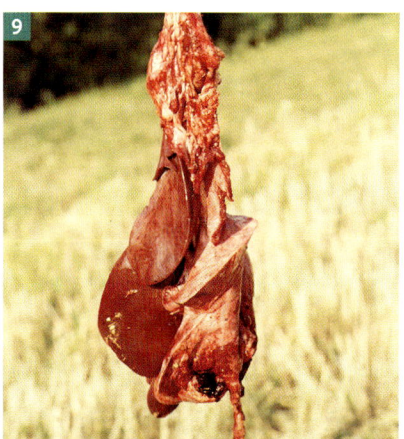
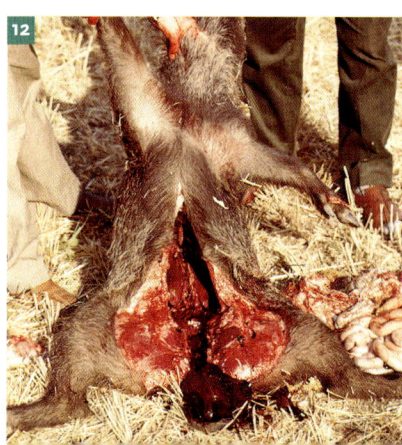

Herz, Lunge, (Teilen des Zwerchfells,) Leber und Nieren, zur Seite legen
10. Schloss öffnen
11. Weiddarm und Blase herauslösen
12. Stück anheben und Ausschweißen lassen, geronnenes Blut (im Wildkörper sprechen wir von Blut, außerhalb von Schweiß) herausnehmen. Stück auskühlen lassen, anschließend schneller, luftiger Transport (*nicht* in luftdichter

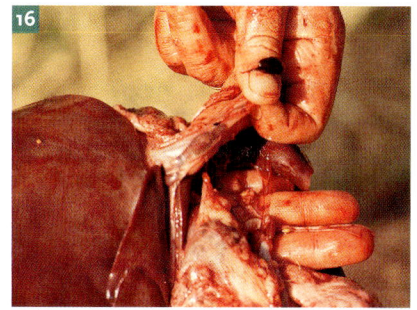

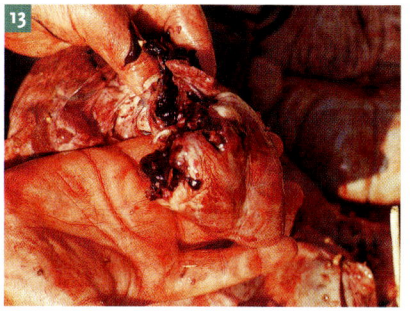

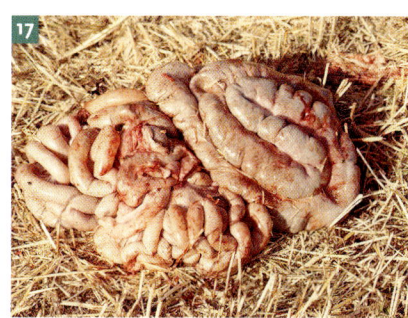

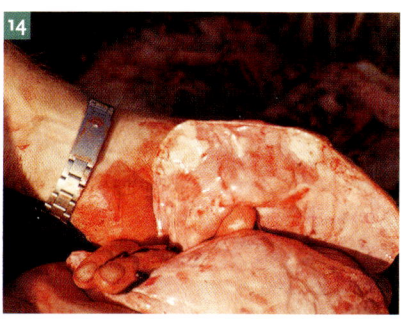

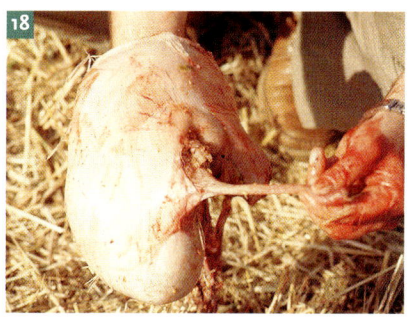

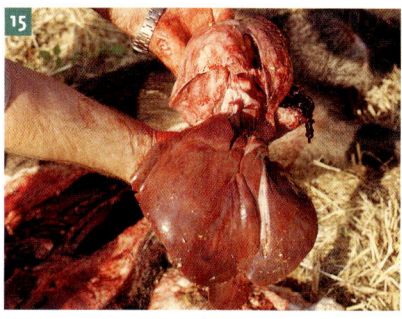

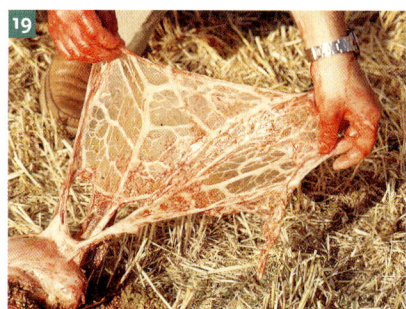

Schweißeinlage oder Plastiksack) in die klimatisierte Wildkammer

Zur Wildprethygiene gehört die Untersuchung des Aufbruchs und der Organe. Es dürfen keine bedenklichen Merkmale festgestellt werden, wenn das Stück ohne amtliche Fleischuntersuchung in den Verkehr gebracht werden soll (vgl. Kap. Wildkrankheiten):

13. Das Herz: Größe, Farbe, Konsistenz normal
14. Die Lunge: weist Befall mit kleinen Lungenwürmern auf
15. Die Leber: Größe, Farbe, Konsistenz normal; Gallenblase nicht prall gefüllt (wiederkäuendes Schalenwild, d.h. Cerviden, hat keine Gallenblase!)
16. Entfernen der Gallenblase
17. Das Gescheide (Gedärme): Größe, Farbe, Konsistenz normal
18. Der Weidsack: Größe, Farbe, Konsistenz normal
19. Das Netz, das Gescheide und Weidsack umschließt, muss auf Bandwurmfinnen untersucht werden (Hundebandwurm)

Abschlagen und Aufsetzen eines Geweihes (Bsp. Rehbock)

1. Haupt unmittelbar am Träger abschärfen
2. Decke grob entfernen und Unterkiefer heraushebeln
3. Oberkiefer mittels Gehörnsäge durchtrennen
4. Entfernen des Gehirns
5. Wässern des Oberschädels und Unterkiefers (24 Stunden)
6. Auskochen mit Wasser und etwas Spülmittel (Rosen nicht ins Wasser tauchen)
7. Entfernen der letzten Reste von Decke, Wildbret, Knochenhaut
8. Bleichen mit Wasserstoffperoxyd

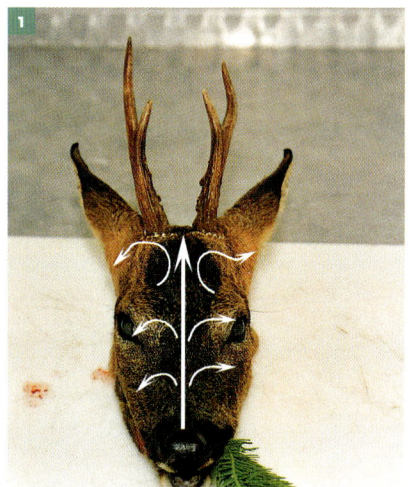
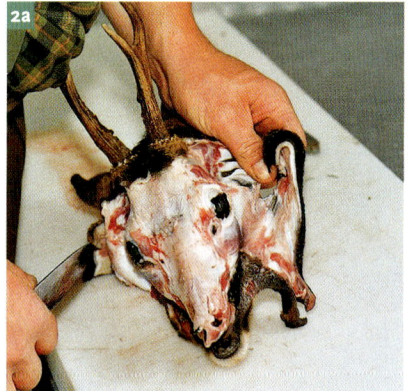
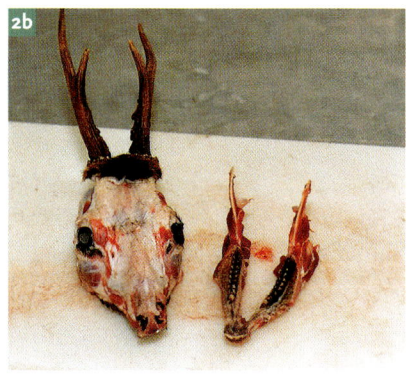

BEHANDLUNG DES ERLEGTEN WILDES | 245

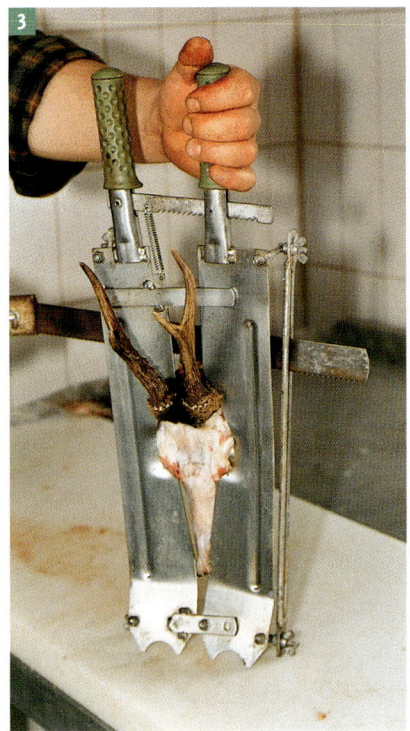

Gewinnen von Keilerwaffen
Gewehre: Bei Keilern bis ca. fünf Jahren Unterkiefer bei M I durchsägen, abkochen und Gewehre nach hinten herausziehen; ab ca. sechs Jahren Unterkiefer abkochen und Gewehre nach vorne herausziehen
Haderer (ebenso Haken der Bache): Abkochen und Zähne in Wachstumsrichtung herausziehen

Zerwirken von Schalenwild
Ideal: Stück liegt auf einem Tisch.
▸ Rundschnitt am rechten Vorderlauf oberhalb des Sprunggelenks
▸ Decke auf Laufinnenseite bis zum Brustbein aufschärfen
▸ Decke von Lauf, Brustbein, Blatt lösen

▸ Rechte Keule analog
▸ Linke Körperseite analog
Das Stück liegt nun auf seiner Decke und kann zerteilt werden in
▸ zwei Blätter
▸ zwei Keulen
▸ Rücken (Ziemer)
▸ zwei Flanken
▸ Träger

Abbalgen eines Hasen/Kaninchens
▸ Rundschnitt an beiden Hinterläufen.
▸ Schnitt von einem Hinterlauf zum anderen durch das Weidloch
▸ An beiden Hinterläufen aufhängen
▸ Balg Richtung Kopf ziehen
▸ Vorderläufe auslösen und am Vorderfußwurzelgelenk abtrennen

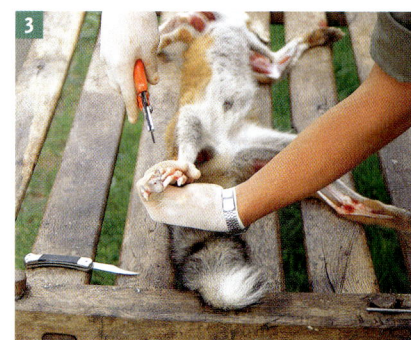
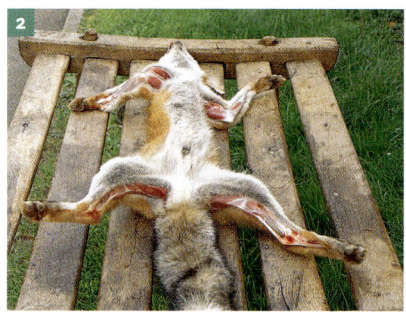
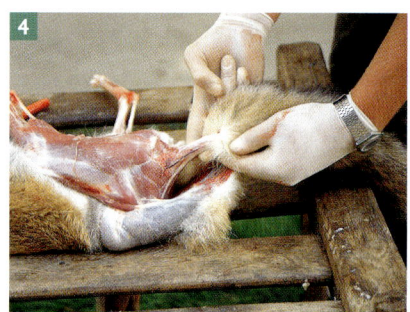

▸ Balg über Kopf ziehen, dabei an den Löffeln mit dem Jagdmesser nachhelfen
▸ Duftdrüsen am Weidloch abschärfen (entfällt beim Hasen)

Versorgen von Federwild
▸ Entfernen des Kropfes unmittelbar nach dem Schuss
▸ Öffnen der Bauchhöhle mittels kleinem Schnitt oberhalb der Kloake
▸ Herausnehmen sämtlicher Innereien einschließlich Magen und Leber mit zwei Fingern, anschließend Kloake rundum aufschärfen.
▸ Auskühlen (s. o.)
▸ Nach ca. 24 Stunden rupfen/häuten

Fuchs streifen
1. Schnitt vom linken Hinterlauf zum rechten durch das Weidloch
2. Schnittführung
3. Branten auslösen
4. Luntenwurzel freilegen
5. Lunte durch gegenläufiges Verdrehen von der Rübe lösen (außer Handschuhen möglichst auch Mundschutz tragen!)
6. Rübe auslösen mittels zweier Nägel (es geht auch ein gespaltenes Holzstück), welche gegen die Rübe gedrückt werden. Achtung: Nicht an der Lunte, sondern an der Rübe ziehen!
7. Lunte aufschärfen
8. Balg über den Kopf ziehen, nachdem Vorderläufe wie Hinterläufe ausgelöst wurden
9. Gehörknorpel auslösen
10. Balg auf Spannbrett aufziehen, Innenseite der Läufe, Lunte, Gehöre mit Papier auskleben, Balg lufttrocknen lassen, nach einigen Tagen wenden und klopfen

BEHANDLUNG DES ERLEGTEN WILDES

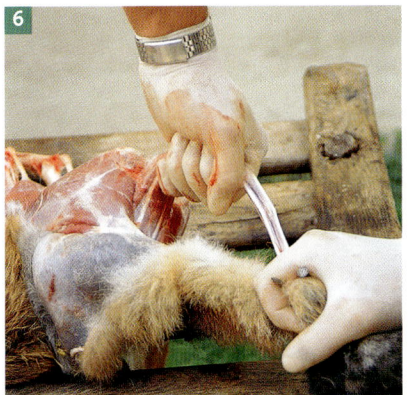

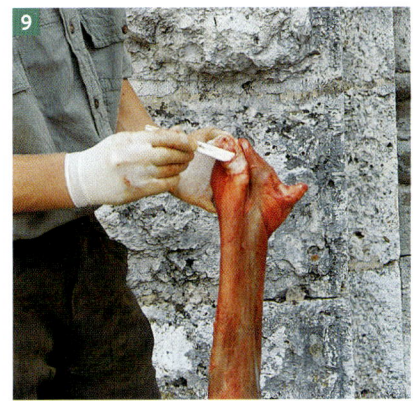

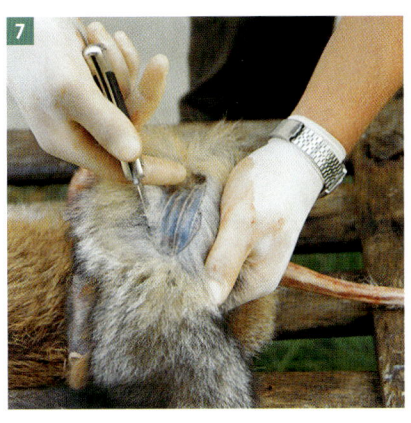

Jagdhundewesen

Die Körperteile des Jagdhundes
in der Weidmannssprache ◄ 248
Das Gebiss des Jagdhundes ◄ 249
Einsatzgebiete und
Verwendungsmöglichkeiten ◄ 249
Jagdhundrassen ◄ 251
Eigenschaften und Laute ◄ 259
Kauf eines Hundes ◄ 262
Haltung ◄ 264

Ausbildung und
Ausbildungsgegenstände ◄ 265
Hundekrankheiten ◄ 267
Die Zucht des Jagdhundes ◄ 268
Die Prüfungen unserer
Jagdhunde ◄ 271
Die Arbeit an der lebenden
Ente – Voraussetzungen ◄ 277

Die Körperteile des Jagdhundes in der Weidmannssprache:

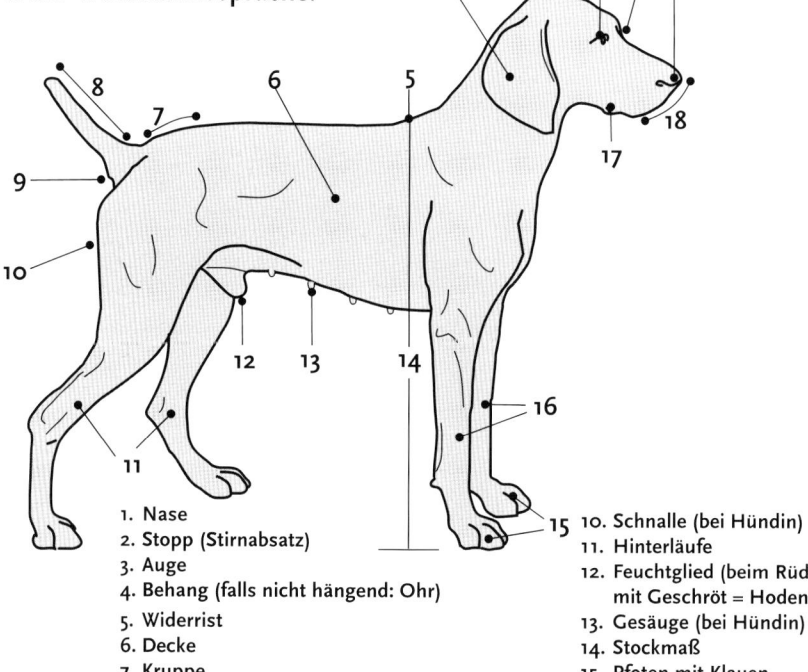

1. Nase
2. Stopp (Stirnabsatz)
3. Auge
4. Behang (falls nicht hängend: Ohr)
5. Widerrist
6. Decke
7. Kruppe
8. Rute (bei langhaarigen Hunden: mit Fahne)
9. Weidloch (mit Analdrüsen)
10. Schnalle (bei Hündin)
11. Hinterläufe
12. Feuchtglied (beim Rüden mit Geschröt = Hoden)
13. Gesäuge (bei Hündin)
14. Stockmaß
15. Pfoten mit Klauen
16. Vorderläufe
17. Lefzen
18. Fang

Das Gebiss des Jagdhundes

Das komplette Dauergebiss eines Hundes besteht aus 42 Zähnen, das Milchgebiss aus 28.

Der Zahnwechsel (i. d. R. zwischen dem 4. und dem 7. Monat) ist mit 9 Monaten abgeschlossen.

Zahnformel

Die Zahnformel des Dauergebisses lautet:

$$\frac{\text{III} \quad \text{I} \quad \text{IV} \quad \text{II}}{\text{III} \quad \text{I} \quad \text{IV} \quad \text{III}}$$

Raubtiergebiss

Der Hund besitzt ein typisches Raubtiergebiss. Merkmale eines Raubtiergebisses sind:
- die als Fangzähne ausgebildeten Eckzähne
- die Reißzähne = stärkste Backenzähne, oben P4, unten M1

Scherengebiss

Das korrekte Gebiss ist das so genannte Scherengebiss, bei dem die Zähne des Oberkiefers direkt vor denen des Unterkiefers stehen (wie bei einer Schere). Fehlerhaft wären Rückbeißer (Unterkiefer steht zu weit hinten) und Vorbeißer (Unterkiefer steht weit vor).

Einsatzgebiete und Verwendungsmöglichkeiten

Vor dem Schuss

Bei den Arbeiten vor dem Schuss sollen sie den Jagderfolg erhöhen, indem sie Wild z. B. im Feld suchen und durch Erstarren (= Vorstehen) anzeigen, damit der Jäger herantreten und das Wild be-

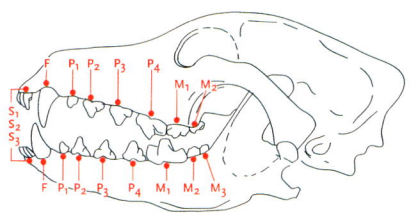

Das Gebiss des Hundes mit Schneidezähnen (S), Fangzähnen (F), Prämolaren (P) und Molaren (M).

schießen (= Suchjagd) kann. Im Wald sollen sie z. B. Dickungen durchstreifen und dabei die Spur oder die Fährte von Wild aufnehmen und spurlaut so verfolgen, dass sie das Wild dem am Dickungsrand stehenden Jäger zutreiben, damit dieser das Wild erlegen kann (Stöberjagd). Eine weitere Einsatzmöglichkeit vor dem Schuss ist die Baujagd, bei welcher der Hund den Fuchs aus dem Bau treibt (sprengt), damit der Jäger den Fuchs erlegen kann. Bei der Jagd auf Wasserwild werden Hunde ebenfalls vor dem Schuss eingesetzt. Dabei sollen sie z. B. Enten, die im Schilf liegen, aufstöbern.

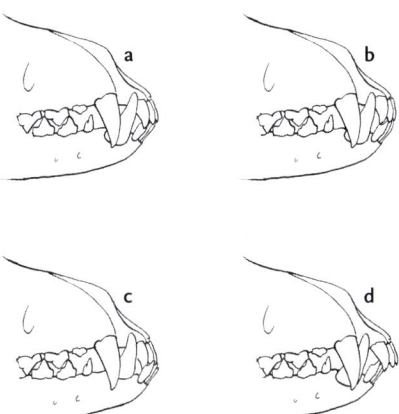

Gebissstellungen beim Hund: a = ideales Scherengebiss, b = Zangengebiss (bei manchen Rassen zuchtausschließend), c = Vorbiss (zuchtausschließend), d = Rückbiss (zuchtausschließend)

Baujagd – eine der Jagdhundearbeiten vor dem Schuss

Schweißarbeit

Nach dem Schuss

Bei den Arbeiten nach dem Schuss geht es darum, dass angeschossenes Wild möglichst schnell gestreckt wird, damit es keine unnötigen Qualen erleiden muss, bzw. darum, dass totes Wild schnell gefunden wird, damit seine Verzehrfähigkeit nicht infrage gestellt wird. Im Falle von Schalenwild muss der Hund dabei die Schweißfährte des Wildes ausarbeiten und das Wild, sofern es noch lebt, stellen. Dabei versperrt der Hund dem Wild den Weg und gibt Standlaut, damit der Jäger herantreten und den Fangschuss antragen kann. Im Falle von verendetem Wild muss der Hund das Wild finden und den Führer zum Stück führen (Totverweisen) oder bellend am Stück verbleiben, bis der Führer zur Stelle ist (Totverbellen). Sofern es sich um kleineres Wild handelt, soll der Hund das angeschossene Wild suchen, finden und in gutem Zustand bringen. Diese Arbeit nennen wir Verlorenbringen. Das Verlorenbringen muss ein guter Hund auch im Wasser beherrschen.

Ohne Schuss

Ohne Schuss wird bei der Jagd mit Greifen und Falken gearbeitet, der Hund sucht oder stöbert. Auch im Rahmen der Ausbildung bzw. bei Prüfungen kommt der Hund ohne Schuss zum Einsatz. So bei der Arbeit auf der künstlichen Schweißfährte, bei der eine Fährte mit Wild- oder Rinderschweiß getropft, getupft oder gespritzt wird – evtl. unter Zuhilfenahme eines Fährtenschuhes (Holz- oder Metallschuh mit in Sohle eingeklemmter Schale). Ebenso wird ohne Schuss die Schleppenarbeit bei der Ausbildung und bei vielen Prüfungen verlangt. Hierbei wird eine Schleppe mit einem toten Stück Wild gezogen, die der Hund ausarbeiten muss. Dies dient der Ausbildung im Fach Verlorenbringen. Künstliche Schweißfährten und Haarwildschleppen werden typischerweise im Wald ausgearbeitet, Federwildschleppen im Feld.

Jagdhundrassen

Da nicht jeder Jagdhund sämtliche geforderten Arbeiten in gleicher Weise bewältigen kann, haben sich im Laufe der Jahre durch Zucht verschiedene Rassen herausgebildet. Manche Rassen können eine Vielzahl der geforderten Fähigkeiten bewältigen (Vollgebrauchshunde), andere nur ganz bestimmte (Spezialisten).

Vorstehhunde

In Deutschland wurden die Vorstehhunde als Vollgebrauchshunde gezüchtet und sind, von der Bauarbeit abgesehen, für nahezu alle Arbeiten vor und nach dem Schuss einsetzbar. Ihre besondere Eigenschaft ist die Fähigkeit, bei der Feldarbeit das mit hoher Nase nach systematischer Quersuche gefundene Wild durch Erstarren (= Vorstehen) anzuzeigen. Diese Eigenschaft besitzen nur Vorstehhunde!

Apportieren von Haarraubwild

bern und bei der Schweißarbeit verwendet, sie bewältigen auch das Verlorenbringen kleinen Wildes.

Stöberhunde

Auch Stöberhunde sind nahezu Vollgebrauchshunde, die für fast alle Arbeiten eingesetzt werden können. Natürlich scheidet aufgrund ihrer Größe die Bauarbeit aus, und auch für die Suchjagd im Feld können sie nicht eingesetzt werden, da sie nicht vorstehen. Ihr spezielles Betätigungsfeld ist das Stöbern im bewachsenen Gelände, wobei sie dem Jäger das vorhandene Wild spurlaut zutreiben.

Erdhunde

Die Erdhunde werden auch Bauhunde genannt und sind kleine Hunde, die besonders für die Bauarbeit eingesetzt werden. Sie werden jedoch auch zum Stö-

Apportieren der Ente

Einsatzgebiete des Jagdhundes

Arbeiten vor dem Schuss

Feld:	Suche	„Quersuche" im freien Feld (hohe Nase)
	▸ Finden	Witterung aufnehmen
	▸ Vorstehen	bei Witterung: Erstarren (manche liegen vor!)
	▸ Durchstehen	nicht nachlaufen, wenn Wild aufsteht oder wegläuft
Wald:	Buschieren	Suche im leicht bewachsenen Gelände, unter der Flinte
	Stöbern	Wild spurlaut und bogenrein aus der Dickung dem Führer zutreiben
	Bauarbeit	Fuchsbau/Dachsbau (Kaninchenbau)
	Brackieren	auf Hase (Fuchs) spurlaut, nur bei mindestens 1000 ha Reviergröße
Wasser:	Stöbern	z. B. im Schilf

Arbeiten nach dem Schuss

Feld:	Verlorenbringen	i. d. R. Federwild: Suchen – Finden – Bringen
Wald:	Schweißarbeit	Schalenwild: Riemenarbeit, ggf. Schnallen
	▸ Totverweisen	Hund führt Führer zum Stück (Besonderheit Bringselverweiser: Bringsel im Fang zeigt Erfolg an)
	▸ Totverbellen	Hund bleibt am Stück und bellt, bis Führer da ist
	Verlorenbringen	i. d. R. Hase/Kanin/Haarraubwild: Suchen – Finden – Bringen
Wasser:	Verlorenbringen	i. d. R. Ente: Suchen – Finden – Bringen

Arbeiten ohne Schuss

Feld:	Beizjagd	Jagd mit Greifen und Falken, Hund sucht oder stöbert

Bracken

Man nennt sie auch jagende Hunde oder Laufhunde. Sie wurden insbesondere für das Brackieren gezüchtet. Es handelt sich hierbei um eine Jagdart auf den Hasen (selten auch auf Fuchs). Hierbei muss der Hund spurlaut und mit großer Ausdauer die Spur eines gestochenen Hasen mit tiefer Nase verfolgen, mit dem Ziel, dass der standorttreue Hase im großen Bogen zu seiner Sasse zurückkehrt, wo ihn der Jäger erwartet.

Da die besonderen Eigenschaften dieser Hunde in der Ausdauer, der guten Nase und dem enormen Spurwillen, gepaart mit einer exzellenten Spursicherheit, bestehen, eignen die Bracken sich auch zum Stöbern und für die Arbeiten nach dem Schuss.

Schweißhunde

Bei den Schweißhunden handelt es sich um reine Spezialisten, die nur für die Schweißarbeit gezüchtet wurden und auch ansonsten nicht eingesetzt werden. Ein Vertreter von ihnen ist der Hannoversche Schweißhund, der sogar nur auf Hochwild eingesetzt wird.

Apportierhunde

Sie werden auch Retriever genannt und sind ebenfalls Spezialisten, die i. d. R. nur zum Verlorenbringen eingesetzt werden.

Innerhalb dieser Jagdhundrassen haben sich *verschiedene Schläge* herausgebildet. Jeder Jagdscheinanwärter muss die wichtigsten Hunderassen anhand von Bildern erkennen und den entsprechenden *Schlägen* und damit den *Einsatzmöglichkeiten* zuordnen können.

DIE DEUTSCHEN VORSTEHHUNDE

Deutsch Kurzhaar (DK)
kurzhaarig, kupiert , bis 66 cm

Weimaraner kurzhaarig (WM)
kupiert, bis 70 cm

Weimaraner langhaarig (WM)
nicht kupiert, bis 70 cm

Deutsch Langhaar (DL)
langhaarig, nicht kupiert, bis 68 cm

Großer Münsterländer (GM)
langhaarig, nicht kupiert, bis 65 cm

Kleiner Münsterländer (KLM)
langhaarig, nicht kupiert, bis 56 cm

Deutsch Drahthaar (DD)
rauhaarig, kupiert, bis 67 cm

Deutsch Stichelhaar (DSt)
rauhaarig, kupiert, bis 66 cm

Korthals-Griffon (Gr)
rauhaarig, kupiert, bis 64 cm

Pudelpointer (PP)
rauhaarig, kupiert, bis 68 cm

ENGLISCHE VORSTEHHUNDE

English Setter (ES)
langhaarig, nicht kupiert, bis 68 cm

Gordon Setter (GS)
langhaarig, nicht kupiert, bis 66 cm

Irish Setter (IS)
langhaarig, nicht kupiert, bis 68 cm

Pointer (PA)
kurzhaarig, nicht kupiert, bis 69 cm

UNGARISCHE VORSTEHHUNDE

Magyar Vizsla (VK)
kurzhaarig und kupiert, auch rauhaarig und nicht kupiert, bis 60 cm

FRANZÖSISCHE VORSTEHHUNDE

Bretonischer Vorstehhund
mittelhaarig, kupiert, bis 50 cm

STÖBERHUNDE

Deutscher Wachtel (DW)
langhaarig, kupiert, bis 52 cm

Cocker Spaniel (CSp)
langhaarig, kupiert
bis 52 cm

English Springer Spaniel
bis 51 cm

ERDHUNDE (BAUHUNDE)

Teckel (Dachshund)
kurzhaarig, unkupiert (KT)

Teckel: rauhaarig, unkupiert (RT)

Teckel: langhaarig, unkupiert (LT)
ca. 20 cm (alle Teckel)

Deutscher Jagdterrier (DJT)
rauhaarig oder glatt, kupiert
bis 40 cm

Foxterrier (FxT)
drahthaarig oder glatt, kupiert
bis 40 cm

Brandlbracke
(„Vieräugl", Österreichische Bracke)
kurzhaarig, unkupiert, bis 58 cm

Parson Russell Terrier
glatt- oder rauhaarig, kupiert, bis 35 cm

Tiroler Bracke
glatt- oder rauhaarig, unkupiert, bis 58 cm

BRACKEN (LAUF-, JAGENDE HUNDE)

Deutsche (Olper, Westf., Sauerländer) Bracke
kurzhaarig, unkupiert, bis 45 cm

Steirische Rauhaarbracke
rauhaarig, unkupiert, bis 58 cm

Sauerländer Dachsbracke
kurzhaarig, unkupiert, bis 35 cm

Alpenländische Dachsbracke
stockhaarig, unkupiert, bis 42 cm

SCHWEISSHUNDE

APPORTIERHUNDE (RETRIEVER)

Bayrischer Gebirgsschweißhund
kurzhaarig, unkupiert, bis 52 cm

Golden Retriever
langhaarig, unkupiert, bis 61 cm

Hannoverscher Schweißhund
kurzhaarig, unkupiert, bis 60 cm

Labrador Retriever
kurzhaarig, unkupiert, bis 57 cm

Jagdhunde und Einsatzbereiche

Rassen	Arbeitsbereiche
Vorstehhunde	Alle Arbeiten vor und nach dem Schuss außer Bauarbeit und Brackieren (in Deutschland werden Vorstehhunde als Vollgebrauchshunde geführt)
Stöberhunde	Stöbern, Buschieren, Schweißarbeit, Wasserarbeit, Verlorenbringen
Erdhunde (Bauhunde)	Bauarbeit, Stöbern, Schweiß (Wasserarbeit, Apportieren von kleinem Wild)
Schweißhunde	Nur Schweißarbeit (Hannoverscher Schweißhund nur auf Hochwild)
Bracken (Laufhunde)	Schweiß, Brackieren (Stöbern)
Apportierhunde	Verlorenbringen

Eigenschaften und Laute

Es gibt eine Vielzahl von erwünschten Eigenschaften, welche ein guter Jagdhund aufweisen sollte. Viele davon sind angewölft (angeboren), andere sind das Ergebnis von Dressur. Zu den Letzteren zählt insbesondere der Gehorsam. Einige dieser Eigenschaften sollte jeder Jagdhund aufweisen, andere spielen nur bei ganz bestimmten Tätigkeiten eine Rolle, werden also auch nur bei ganz bestimmten Schlägen gefordert.

Eigenschaften, die jeder Jagdhund aufweisen sollte

Gehorsam: Hierzu zählt zum einen der allgemeine Gehorsam, also das Hören auf Ruf, Pfiff oder Sichtzeichen (= Appell), zum anderen aber auch das Verhalten am Stand während des Treibens (der Hund soll sich ruhig verhalten), die Leinenführigkeit (der Hund muss an der Leine dicht bei Fuß gehen), das Folgen frei bei Fuß (der Hund muss ohne Leine dicht bei Fuß gehen), das Ablegen (der Hund muss sich ruhig verhalten, wenn der Führer sich entfernt, auch bei Abgabe von Schüssen) und das Benehmen bei eräugtem Wild (der Hund muss sich, wenn er Wild eräugt, ruhig verhalten, darf nicht nachprellen).
Führigkeit (angewölft): Darunter verstehen wir die Fähigkeit eines Hundes, stets Kontakt zum Führer zu halten.
Wesensfestigkeit (angewölft): Wesensfest ist ein Hund, wenn er mit ungewohnten Situationen schnell zurechtkommt.
Härte (angewölft): Diese zeigt sich in der Unempfindlichkeit gegenüber äußeren Verletzungen.
Schärfe (angewölft): Ein Hund hat Schärfe, wenn er Mut zeigt am Wild (Wildschärfe) und am Raubzeug (Raubzeugschärfe).
Schussfestigkeit (angewölft): Ein Jagdhund darf sich bei Abgabe eines Schusses weder scheu noch hitzig (prellt sofort los) zeigen.
Wasserfreude (angewölft): Jagdhunde sollten Wasser stets bereitwillig annehmen.
Spurwille (angewölft): Ein guter Jagdhund zeigt einen Drang, eine vorhandene Spur auszuarbeiten.
Bringfreude (angewölft): Wir verstehen

Übung des Grundgehorsams

Wasserfreude ist angewölft.

Die Vorstehanlage zeigt sich früh.

darunter die Eigenschaft, gefundene Objekte, auch ohne speziellen Befehl, dem Führer zu bringen.

Gehorsam am Wild: Ein guter Jagdhund muss sich von Wild, welches er verfolgt, abrufen lassen.
Leinenführigkeit: Hund geht an der Leine ruhig und dicht bei Fuß.
Bogenreines Jagen: Hund verlässt z. B. beim Stöbern das Treiben nicht.
Rehreines Jagen: Hund verfolgt gesundes Rehwild nicht.
Hasenreines Jagen: Hund verfolgt gesunden Hasen nicht.
Gehorsam am Hasen: Hund lässt sich von einem gesunden Hasen abrufen.
Totverweisen: Hund verweist totes Wild, indem er den Führer zum Stück führt.

Erwünschte Eigenschaften bei Vorstehhunden

Vorstehen: Der Vorstehhund zeigt vorhandenes Wild durch Erstarren an.
Durchstehen: Ein Vorstehhund muss bei der Suchjagd so lange vorstehen, bis der Führer das Wild heraustritt.
Nachziehen: Der Vorstehhund soll, wenn das Wild sich während des Vorstehens entfernt, so dass der Hund keine Witterung mehr hat, dem Wild langsam nachziehen (er darf nicht nachprellen).

Sekundieren: Vorstehen des Hundes ohne Witterung aufgrund des Eräugens eines anderen vorstehenden Hundes
Mitstehen: Zwei oder mehr Hunde stehen mit Witterung gleichzeitig vor.

Erwünschte Eigenschaften bei Schweißhunden
Zuverlässige, sichere Riemenarbeit
Fährtentreue: Der Schweißhund darf sich nicht von Verleitfährten (Fährten von gesundem Wild) von der Wundfährte abbringen lassen.
Totverweisen/-verbellen: Der geschnallte (vom Riemen gelöste) Schweißhund soll den Führer zum toten Stück führen (er kann auch verbellen).
Ausdauer – gute Nase – Wildschärfe

Erwünschte Eigenschaften bei Stöberhunden
Bogenreines Verhalten: Der Stöberhund darf beim Stöbern in der Dickung diese nicht verlassen, d. h. er darf Wild, das er herausgestöbert hat, nicht weiter verfolgen, sondern soll in die Dickung zurückkehren und weitersuchen.

Erwünschte Eigenschaften bei Bracken
gute Nase – Spurwille – Spursicherheit – Spurtreue

Erwünschte Laute
Spurlaut: Der Hund gibt Laut auf der Spur von Hasen, Kaninchen, Haarraubwild (besonders wichtig beim Brackieren und Stöbern).
Fährtenlaut: wie Spurlaut, jedoch bei Schalenwild
Sichtlaut (Hetzlaut): Der Hund gibt Laut, wenn er Wild eräugt. Diese Eigenschaft ist nur bei der Schweißarbeit erwünscht, wenn der Schweißhund am letzten Wundbett geschnallt wird und das angeschossene Wild hetzen und stellen bzw. abtun (töten) soll.

Totverbellen

Vorliegelaut: Der Bauhund gibt Laut, wenn er z. B. im Bau vor dem Dachs liegt.
Standlaut: Bei Schweißhunden wichtig, wenn sie lebendes Wild gestellt haben.
Totverbellen: Schweißhunde, die nicht totverweisen, müssen am gefunden Stück so lange bellen, bis der Hundeführer zugegen ist.

Unerwünschte Eigenschaften bei allen Jagdhunden
Schussscheue: Der Hund zeigt deutliche Angst beim Schuss.
Schusshitze: Der Hund wartet bei einem Schuss den Such- bzw. Bringbefehl des Führers nicht ab, sondern stürmt (prellt) sofort los.
Handscheue: Der Hund kommt aus Angst vor Bestrafung nicht zum Führer (Ergebnis falscher Abrichtung – Hund wurde mit der Hand bestraft, also geschlagen).
Wasserscheue: Der Hund hat Angst vor Wasser.

Unerwünschte Eigenschaften bei Vorstehhunden
Nachprellen: Der Vorstehhund läuft abstreichendem Wild nach, statt ruhig nachzuziehen und erneut vorzustehen.

Angewölfte Eigenschaften

Angewölfte Eigenschaften = Anlagen
- Fährtenlaut: Hund gibt Laut auf der Fährte (Schalenwild)
- Spurlaut: Hund gibt Laut auf der Spur (Hasenartige/Haarraubwild)
- Spurwille: Drang, eine Spur auszuarbeiten
- Vorstehen: vorhandenes Wild anzeigen durch „Erstarren" (nur Vorstehhunde!)
- Wasserfreude: Hund geht gern ins Wasser
- Bringfreude: Drang, gefundenes Wild dem Führer zu bringen
- Arbeitsfreude: Drang nach Bewegung, jagdlicher Betätigung
- Führigkeit: Zusammenarbeit mit dem Führer/Fähigkeit, jederzeit Verbindung zum Führer zu halten
- Schussfestigkeit: Fähigkeit, auf Schüsse weder mit Scheue noch mit Schusshitze zu reagieren
- Härte: Unempfindlichkeit gegenüber äußeren Verletzungen
- Schärfe: Mut (Wildschärfe, Raubwildschärfe, Raubzeugschärfe, Mannschärfe)
- Wesensfestigkeit: Fähigkeit sich in neuen, ungewohnten Situationen schnell zurechtzufinden („Landhund" im dichten Stadtverkehr)

nicht angewölft: Gehorsam = Ergebnis von Dressur, also keine Anlage

Blenden: Ein Blender steht vor, ohne dass er Witterung von Wild aufgenommen hat.
Blinken: Ein Blinker weicht dem vorhandenen Wild aus, statt vorzustehen (z. T. auf Schussscheue zurückzuführen).

Unerwünschte Eigenschaften beim Verlorenbringen
Totengräber: Der Jagdhund vergräbt gefundenes Wild, statt es zu bringen;
Anschneider: Der Anschneider frisst gefundenes Wild an oder sogar auf, statt es zu bringen.
Knautschen: Der Knautscher packt das Wild beim Bringen so fest, dass es entwertet wird.

Unerwünschte Eigenschaften bei Schweißhunden
Changieren: Der Schweißhund wechselt von der Wundfährte auf eine kreuzende Gesundfährte.

Anschneiden: s. o.

Unerwünschte Laute
Waidlaut: Der Hund gibt Laut ohne jagdlichen Grund (Kläffer).
Baulaut: Wie Waidlaut, jedoch unter der Erde (im Fuchs- oder Dachsbau)

Kauf eines Hundes

Die Rassenwahl
Die Rassenwahl ist vor allem abhängig von den jagdlichen Einsatzmöglichkeiten (Apportierhund im reinen Hochwildrevier macht keinen Sinn!). Ferner ist die Auswahl abhängig von den vorwiegend bejagten Wildarten:
Hochwildrevier: Schweißhunde und Bracken sind besonders geeignet.
Niederwildrevier: Vorstehhunde und Stöberhunde sind besonders geeignet.

Wasserwild: Apportierhunde besonders geeignet
Gemischte Reviere: Vorstehhund als Vollgebrauchshund besonders geeignet

Auch die Unterbringungsmöglichkeiten müssen beachtet werden. Bei Unterbringung im Haus wählt man kleine und mittelgroße Hunde bis maximal Kleiner Münsterländer. Bei Unterbringung im Zwinger bzw. Haus und Zwinger sind alle Hunde geeignet. Halten Sie keinen großen Hund in einer kleinen Stadtwohnung!

Wo kaufen?

Nur bei anerkannten Züchtern (müssen Mitglied in einem anerkannten Zuchtverband des JGHV = deutscher Jagdgebrauchshundeverband sein). Nur so bekommen Sie Papiere (Ahnentafel) für den Hund und können ersehen, ob die Eltern bereits die geforderten Eigenschaften aufwiesen. Ohne Papiere keine Teilnahme an Verbandsprüfungen! Achtung: Es gibt auch Papiere (Ahnentafeln von Vereinen und Verbänden), die nicht vom JGHV anerkannt werden – bitte im Zweifelsfall Erkundigungen einholen.

Ausbildungsstand

Ideal ist der Welpenkauf, da der Jäger den Hund dann selbst seinen Erfordernissen entsprechend ausbildet und der Hund sich später nicht umgewöhnen muss. Nachteil dabei: Großer Zeitaufwand und für Anfänger schwierig, daher sollte zunächst ein Hundeführerlehrgang, möglichst mit allen Personen, welche mit dem Hund umgehen sollen, besucht werden.

Man kann auch einen bereits ausgebildeten Hund kaufen. Dies hat den Vorteil, dass die Eigenschaften bereits dokumentiert sind. Es ist jedoch mit hohen

Hundekauf

Wo?
- Bei einem anerkannten Züchter (Mitglied in einem Zuchtverband des JGHV)

Welpenkauf
- Erst ab einem Alter von 8 Wochen zulässig
- Vorteil: Der Jäger bildet selbst aus, was die Zusammenarbeit wesentlich erleichtert
- Nachteil: Großer Zeitaufwand und für Anfänger schwierig, daher zunächst Hundeführerlehrgang besuchen

Kauf eines ausgebildeten Hundes
- Vorteil: Ausbildung erfolgt bei erfahrenem Hundeführer, Eigenschaften und Fähigkeiten sind bereits dokumentiert
- Nachteil: hohe Kosten, Gewöhnungsprobleme

Unbedingt beachten
- Zwinger begutachten (Pflege, Sauberkeit), vor dem Kauf den gesamten Wurf begutachten und Welpen gezielt auswählen (Sozialverhalten, Durchsetzungsvermögen ...)
- Eltern anschauen (Anlagen, Leistungen, Prüfungen, Körperbau)
- Papiere kontrollieren: Ahnentafel (ohne Papiere keine Teilnahme an Verbandsprüfungen!), Impfnachweise

Beagle-Welpen in der Wurfkiste

Kosten und dem Problem der Umgewöhnung an einen neuen Führer und an eine neue Umgebung verbunden.

Haltung

Haus oder Zwinger?
Ideal ist das Halten im Haus (häufiger Kontakt) und Zwinger (Abhärtung) in unregelmäßigen Abständen.

Hundehaltungsverordnung
Zwingergröße: bis 50 cm Widerristhöhe: mindestens 6 m²; 50–65 cm Widerristhöhe: mindestens 8 m²; über 65 cm Widerristhöhe: mindestens 10 m² – Schutzraum jeweils nicht eingerechnet!
Zwingergestaltung: Schutzhütte muss im Zwinger vorhanden sein. Ein witterungsgeschützter, schattiger Liegeplatz muss außerhalb der Schutzhütte zur Verfügung stehen.
Schutzhütte: Muss aus wärmedämmendem und gesundheitsunschädlichem Material hergestellt und so groß sein, dass der Hund sich darin verhaltensgerecht bewegen kann. Der Hund muss den Innenraum mit seiner Körperwärme warm halten können.
Weitere Vorschriften: Dem Hund ist ausreichend Auslauf und Umgang mit Betreuungsperson zu gewähren. Dem Hund muss stets Wasser zur Verfügung stehen.

Verbote (Tierschutzgesetz)
Es ist verboten, einen Hund an einem anderen lebenden Tier auf Schärfe abzurichten oder zu prüfen. Es ist verboten, einen Hund auf ein anderes Tier zu hetzen, soweit dies nicht die Grundsätze weidgerechter Jagdausübung erfordern. Das Kupieren (Kürzen der Rute) darf nur unter Betäubung und nur durch einen Tierarzt erfolgen. Es ist nur bei jagdlich zu führenden Hunden zulässig, und auch bei ihnen nur dann, wenn es für die vorgesehene Nutzung unerlässlich ist und tierärztliche Bedenken nicht entgegenstehen.

Fütterung
Futtermittel: Entweder selbst gemischtes Futter aus Fleisch, zerkleinerten Kalbsknochen, Haferflocken, Reis und diversen Beigaben oder Fertigfutter, das den Vorteil hat, alle erforderlichen Spurenelemente zu enthalten.
Häufigkeit: Welpen ab ca. 3 bis 4 Wochen zunächst 3- bis 4-mal täglich füttern, reduzieren auf einmal je Tag ab einem Alter von 2 Jahren.
Zeitpunkt: Vorzugsweise abends, da der Hund nach dem Füttern eine Ruhephase benötigt. Bei heftigen Bewegungen nach dem Füttern besteht die Gefahr einer Magendrehung!

Ausbildung und Ausbildungsgegenstände

Erste Ausbildungsphase: Stubendressur

Diese findet ab der 10. Woche im Raum oder einem abgeschlossenen Garten statt, da der Hund in der gewohnten Umgebung weniger abgelenkt wird und sich der Einwirkung des Führers nicht entziehen kann. Diese Ausbildungsphase umfasst den allgemeinen Gehorsam (= Hören auf Ruf, Pfiff bzw. Zeichen) und die Stubenreinheit. Grundsatz: Jeder Befehl muss ausgeführt werden, notfalls unter Zwang.

Zweite Phase: Jagdliche Grundabrichtung

Mit ca. 6 Monaten beginnt die jagdliche Grundabrichtung, bei der im Jagdbezirk gearbeitet wird. Hierzu gehören:
- Schleppenarbeit als Training für das Verlorenbringen/Apportieren
- Feldarbeit (Suche, Vorstehen)
- Schweißarbeit
- Stöbern und Buschieren
- Wasserarbeit (Stöbern und Verlorenbringen)
- Vollendeter Gehorsam (Verhalten am Stand, Leinenführigkeit, Folgen frei bei Fuß, Ablegen etc.)

Teil der „Stubendressur": Sitz!

Grundausbildung Apport

Normale Führhalsungen

Stachelhalsung (li.) und Torquatus-Halsung

Apportiergegenstände: Apportiersack (o.), Apportierböcke (li.) und Dummys (re.)

Schweißriemen rund (o.) und flach (M.), Schweißhalsung mit Messingwirbelring (u.)

Fährtenschuhe, li. mit eingeklemmtem Schwarzwildlauf

„Fliegender Apportierbock" (Modell „Rapid Launcher")

Hundekrankheiten

Viruserkrankungen
Staupe: ähnlich Grippe; Husten, Erbrechen, Durchfall, Fieber; verschiedene Organe werden befallen: Magen-Darm/Lunge
Hepatitis: Leberentzündung; ähnlich Staupe
Parvovirose: „Katzenseuche"; Magen-Darm-Erkrankung; vor allem bei jungen Hunden; Fieber, Erbrechen, Durchfall
Tollwut: Tödlich! Zoonose! Anzeigepflichtig! Übertragung durch Biss; 3 Phasen: verändertes Verhalten/Tobsuchtsstadium/Endstadium mit Lähmung und Tod
Aujeszkysche Krankheit: „Pseudowut"; ähnlich Tollwut, tödlich; Übertragung durch Verzehr von rohem Schweinefleisch
Zwingerhusten: „Welpensterben"; Erkrankung der Atmungsorgane

Hundekrankheiten

Allgemeine Krankheitszeichen
- schlechter Allgemeinzustand
- verändertes Verhalten
- Fressunlust
- erhöhter Wasserbedarf
- trübe Augen
- stumpfes, struppiges Fell
- Speichelfluss
- Nasenausfluss
- Mattigkeit
- Husten, Fieber (Körpertemperatur eines Hundes: jung: 39 °C; alt: 37,5 °C)
- Schwäche
- Durchfall
- Erbrechen

Vorbeugen und Heilen

Auch bei Hundekrankheiten gilt wie beim Menschen: Vorbeugen ist besser als Heilen! Deshalb kommt der Vorsorge und einer artgerechten, hygienischen Haltung große Bedeutung zu. Gehen Sie mit Ihrem Hund im Zweifel immer zum Tierarzt.
- Vermeidung der Aujeszkyschen Krankheit: Kein rohes Schweinefleisch verfüttern!
- Würmer: Regelmäßige Wurmkuren (3. und 6. Lebenswoche, dann alle 3 Monate; viele Tierärzte empfehlen alle 6–8 Wochen)
- Außenparasiten: Reinigen von Hund, Lager, Hütte, Zwinger (Desinfektion)
- Gehörgangentzündung/Ohrenzwang, z. B. durch Milben: Reinigung des Gehörganges durch den Tierarzt
- Augenfehler: Bei Ektropium und Entropium Abhilfe schaffen, z. B. durch Operation
- „Schlittenfahren": Wurmkur; evtl. ist auch die Analdrüse verstopft, gefüllt oder entzündet!

Bakterielle Erkrankungen
Leptospirose („Stuttgarter Hundeseuche"): Nieren- bzw. Leberentzündung; Mattigkeit, Erbrechen, Durchfall
Salmonellose: Darmentzündung; Zoonose!
Borreliose: Gliederschmerzen

Parasitäre Erkrankungen
Endoparasiten (Innenparasiten): Bandwürmer/Spulwürmer („Hund fährt Schlitten")
Ektoparasiten (Außenparasiten):

Impfungen

▸ Grundimmunisierung im Alter von 6–8 Wochen (Impfbescheinigung): Sie erfolgt gegen Staupe (S), Hepatitis (H,) Leptospirose (L), Parvovirose (P), daher die so genannte 4-fach-Impfung (S – H – L – P)
▸ 4 Wochen später erfolgt i. d. R. eine zweite Impfung, die so genannte 5-fach-Impfung (S – H – L – P + Tollwut)
▸ Die 5-fach Impfung muss alle 12 Monate wiederholt werden.

Zecken: Entzündungen, Zoonosen (FSME/Borreliose); Flöhe; Läuse; Milben: verursachen Räude (Hauterkrankung) und Ohrenzwang (Hund schüttelt den Behang)

Nicht erregerbedingte Krankheiten
Magendrehung: Folge ist Darmverschluss

Körperfehler
Entropium: „Rolllid", nach innen gestülpte Augenlider
Ektropium: „offenes Auge", nach außen gestülptes Augenlid
Wolfsklaue: Afterzehe am Hinterlauf (i. d. R. nicht vorhanden)
Dackellähme: Bandscheibenvorfall
Hüftgelenkdysplasie (HD): Erbfehler; zu flache Gelenkpfanne; zuchtuntauglich; nur durch Röntgen und frühestens ab zwölf Monaten feststellbar
Kuhhessigkeit: X-Beine; meist angewölft; zuchtuntauglich
Faßbeinigkeit: O-Beine; meist angewölft; zuchtuntauglich

Hodenfehler: Fehlen eines oder beider Hoden
Gebissfehler: Vorbeißer, Rückbeißer, Zangengebiss, Fehlen von Zähnen

Die Zucht des Jagdhundes

Ziel der Zucht

Die Zucht von Jagdhunden ist eine zweckbestimmte Leistungszucht mit dem Ziel, dem Jäger einen vielseitigen Gebrauchshund für die Jagd zur Verfügung zu stellen. Ein Züchter muss in der Lage sein, den Körperbau eines Hundes zu beurteilen, denn die Leistung des Hundes ist weitgehend von seinem Körperbau und -zustand abhängig. Um dies zu gewährleisten, wachen Zuchtverbände und -vereine, die dem JGHV (Deutscher Jagdgebrauchshundverband) angeschlossen sind, über alle ordentlichen Zuchtvorgänge.

Zuchtvoraussetzung

Eine ordentliche Zucht ist nur mit vorheriger Zustimmung des Zuchtwartes des entsprechenden Vereines möglich. Ohne Zustimmung (= „Schwarzzuchten") werden für die Welpen keine Papiere ausgestellt. Voraussetzungen für die Genehmigung sind insbesondere:
▸ Ahnentafel (Abstammungsnachweis)
▸ Keine zuchtausschließenden Körperfehler (HD, Vorbeißer, Rückbeißer ...)
▸ Ordnungsgemäße Unterbringungsmöglichkeiten
▸ Leistungsnachweise der Elterntiere

Zuchtbuch

Das Zuchtbuch ist der vom jeweiligen Zuchtverein geführte schriftliche Nachweis über alle Zuchtvorgänge. Voraussetzung für die Eintragung ist die vom

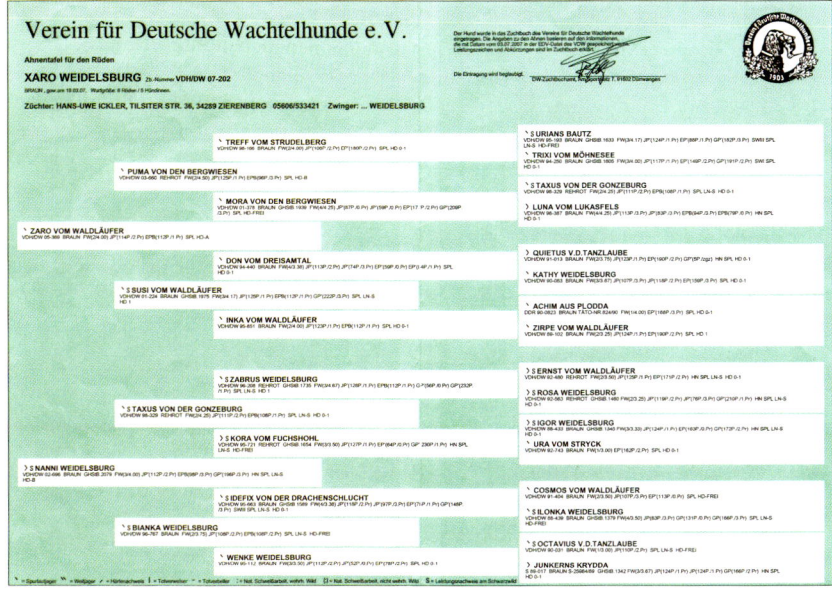

Die Ahnentafel weist die Abstammung nach, hier des Deutschen Wachtelhundes „Xaro Weidelsburg"

Zuchtwart erteilte Deckbescheinigung (nur erhältlich, wenn beide Elternteile ordnungsgemäß im Zuchtbuch eingetragen sind). Nach dem Werfen nimmt der Zuchtwart den Wurf ab, tätowiert die Welpen und trägt sie mit Namen ins Zuchtbuch ein. Neuerdings werden die Hunde auch teilweise mit Mikrochips zur Identifikation versehen. Für im Zuchtbuch ordnungsgemäß eingetragene Welpen erhält der Züchter anschließend jeweils eine Ahnentafel, die den Stammbaum des Hundes enthält (einschließlich Leistungszeichen der Ahnen) und als Nachweis der reinrassigen Abstammung dient. Diese Urkunde ist dem neuen Besitzer auszuhändigen.

Gebrauchshundestammbuch

Das Zuchtbuch darf nicht verwechselt werden mit dem Deutschen Gebrauchshund-Stammbuch, das vom JGHV geführt

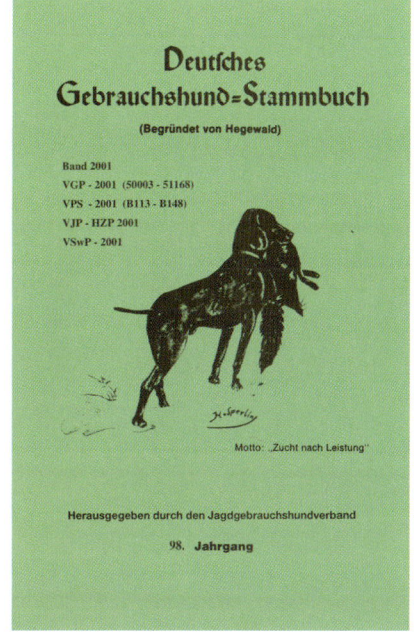

Das Deutsche Gebrauchshund-Stammbuch (DGStB), Band 2001

Zucht und Welpenentwicklung im Überblick

Geschlechtsreife
- tritt bei Rüden mit 6–12 Monaten ein
- tritt bei Hündinnen mit 6–8 Monaten ein

Zuchtreife
Sie wird erst mit 1,5 bis 2 Jahren (HD z. B. frühestens nach 12 Monaten feststellbar!) erreicht.

Die Hitze
- findet jährlich 2 × (Frühjahr und Herbst) statt
- Dauer: bis 24 Tage
- Erkennung: verändertes Verhalten, Schwellung der Schnalle, Ausfluss, Färben
- günstigste Zeit zum Belegen: 9. bis 14. Tag

Der Deckakt
Hunde hängen nach der Paarung 10 bis 30 Minuten lang (nicht gewaltsam trennen!) Besonderheit: Eireife geschieht schubweise, so dass in einem Wurf Welpen verschiedener Rüden möglich sind. Dieses Phänomen nennt man Superfekundation.

Tragzeit
Vom Deckakt bis zum Wölfen vergehen durchschnittlich 63 Tage.

Anzahl der Jungen
4 bis 8 Welpen werden behaart und blind geboren, ihre Augen öffnen sich nach 10–12 Tagen.

Abnahme des Wurfes
Die Abnahme des Wurfes und das Tätowieren der Welpen erfolgt durch den Zuchtwart des entsprechenden Vereins.

Säugezeit
Die Welpen werden 6–8 Wochen gesäugt.

Prägungsphase
In der 4. bis 7. Woche durchläuft der Welpe die so genannte Prägungsphase. Der Welpe lernt insbesondere durch Nachahmen der Mutter. Ungewohnte Situationen werden so sehr gut gemeistert. Der Züchter selbst kann die Mutter nicht ersetzen, daher darf ein Hund nicht vor oder während der Prägungsphase von der Mutter getrennt werden.

Trennung von der Hündin
Die Welpen werden mit frühestens 8–10 Wochen von der Mutterhündin getrennt und abgegeben.

Sozialisierungsphase
In der 8. bis 12. Woche lernt der Hund insbesondere seinen Herrn kennen und ihn als „Rudelführer" zu akzeptieren.

wird. Darin werden alle Hunde eingetragen, die eine Verbandsgebrauchsprüfung oder eine ihr gleichgestellte Prüfung erfolgreich absolviert haben.

Die Prüfungen unserer Jagdhunde

Wir unterscheiden zunächst zwei Arten von Prüfungen
▶ *Auf gesetzlicher Grundlage* durchgeführte Prüfungen: *Brauchbarkeitsprüfungen* (BP), die in einigen Ländern auch als *Jagdeignungsprüfungen* (JEP) bezeichnet werden. Dies sind die einzigen Prüfungen, an der in einigen Bundesländern auch Hunde ohne Ahnentafel teilnehmen können (auch Kreuzungen aus Jagdhunderassen).
▶ Vom *JGHV* (Jagdgebrauchshundverband) bzw. ihm angeschlossenen *Zucht-* und *Prüfungsvereinen* durchgeführte Prüfungen: Zugelassen werden nur Hunde aus ordentlicher (= genehmigter) Zucht mit Ahnentafel.

Die Brauchbarkeitsprüfung (BP)/ Jagdeignungsprüfung (JEP)

Grundlagen: Unsere Jagdhunde werden zu einem großen Teil für Arbeiten nach dem Schuss eingesetzt. Ihre Aufgabe ist es dabei, angeschossenes Wild schnell zu finden, damit dem Wild unnötige Qualen erspart werden können. Damit dies jederzeit gewährleistet werden kann, verlangen die Landesjagdgesetze, dass bei der Jagdausübung immer ein brauchbarer Hund für die Nachsuche zur Verfügung stehen – d. h. erreichbar sein – muss.

Da bei einigen Jagdarten Wild mitunter angeschossen flüchtet, verlangen die Gesetzgeber, dass bei diesen Jagdarten

brauchbare Hunde in genügender Zahl nicht nur erreichbar sind, sondern bereits vor Ort mitgeführt werden. Jagdarten, bei denen brauchbare Jagdhunde mitgeführt werden müssen (Landesrecht beachten!), sind Such-, Stöber-, Drück- und Treibjagden, Jagdarten auf Wasserwild und auf Waldschnepfen und jegliche Art von Nachsuchen, bei denen Hunde erforderlich sind.

Nachweis der Brauchbarkeit: Die Gesetzgeber fordern weiterhin, dass für Nachsuchen nur Hunde eingesetzt werden dürfen, die bereits ihre Fähigkeiten bzgl. der Arbeiten nach dem Schuss dokumentiert haben. Dazu haben die Gesetzgeber spezielle Prüfungen geschaffen, bei denen eben genau diese Arbeiten geprüft werden. Diese Prüfungen heißen je nach Bundesland Brauchbarkeitsprüfung oder Jagdeignungsprüfung. Damit ein Jagdhund bei jeglicher Art von Nachsuchen (Verlorenbringen, Schweißarbeit) eingesetzt werden darf, muss er an einer solchen Prüfung erfolgreich teilgenommen haben, also ein im Sinne des Gesetzes brauchbarer Jagdhund sein. Den Nach-

In die 4. bis 7. Lebenswoche fällt die Prägungsphase der Welpen.

weis der Brauchbarkeit kann ein Jagdhund jedoch auch dadurch erbringen, dass er bestimmte Prüfungen des Jagdgebrauchshundeverbandes erfolgreich absolviert hat, sofern diese Prüfungen mindestens die Leistungen abfordern, die bei einer Brauchbarkeitsprüfung verlangt werden. Es gehören dazu in jedem Fall die so genannten „Meisterprüfungen" unserer Jagdhunde (bei Vorstehhunden ist dies die Verbandsgebrauchsprüfung, bei anderen Rassen sind es die Gebrauchsprüfungen).

Prüfungsbestandteile der Brauchbarkeitsprüfungen/Jagdeignungsprüfungen sind
- **Schweißarbeit:** Ausarbeiten einer künstlichen Schweißfährte, meist 400 m (Länge länderweise unterschiedlich), mit zwei Haken;
- **Verlorenbringen:** erfolgreiches Arbeiten einer Haarwild- und Federwildschleppe, teilweise auch die
- **Frei-Verlorensuche:** Finden eines abgelegten Stückes ohne Schleppe;
- **Wasserarbeit:** Bringen einer toten Ente aus dem Wasser;
- **Gehorsam** einschließlich Schussfestigkeit): Grundvoraussetzung für einen brauchbaren Jagdhund.

Schussfestigkeit wird auch auf den Anlageprüfungen geprüft.

Die genauen Prüfungsbestimmungen sind in den entsprechenden *Landesjagdgesetzen* bzw. *Verordnungen* nachzulesen.

Die Prüfungen des JGHV
Anlageprüfungen (z. B. bei den Vorstehhundrassen): Anlageprüfungen sollen

Nachweis der Brauchbarkeit

Neben der BP/JEP gelten je nach Bundesland auch verschiedene Verbandsprüfungen als Nachweis der Brauchbarkeit:
- die Verbandsgebrauchsprüfung VGP (= „Meisterprüfung" der Vorstehhunde)
- die Gebrauchsprüfung GP (= „Meisterprüfung" für andere Rassen)
- die Eignungsprüfung Brauchbarkeit (EPB) für Deutsche Wachtelhunde
- die Vielseitigkeitsprüfung VP für Teckel
- die Verbandsprüfung nach dem Schuss VPS (für alle Jagdhunde)
- Vorprüfung (VP)/Hauptprüfung (HP) für Schweißhunde

Der Hund muss nur die in der BP enthaltenen Prüfungsteile bestehen! Sofern ein Jagdhund eine sonstige Verbandsprüfung absolviert hat, die nicht alle Fächer der BP beinhaltet, muss er für die Bestätigung der Brauchbarkeit im Rahmen einer Brauchbarkeitsprüfung nur die fehlenden Fächer absolvieren: Z. B. muss ein Vorstehhund mit Verbandsherbstzuchtprüfung (HZP) auf der BP nur noch die Schweißarbeit einschließlich Anschneideprüfung und den Gehorsam (Verhalten am Stand und Riemenführigkeit) dokumentieren.

DIE PRÜFUNGEN UNSERER JAGDHUNDE

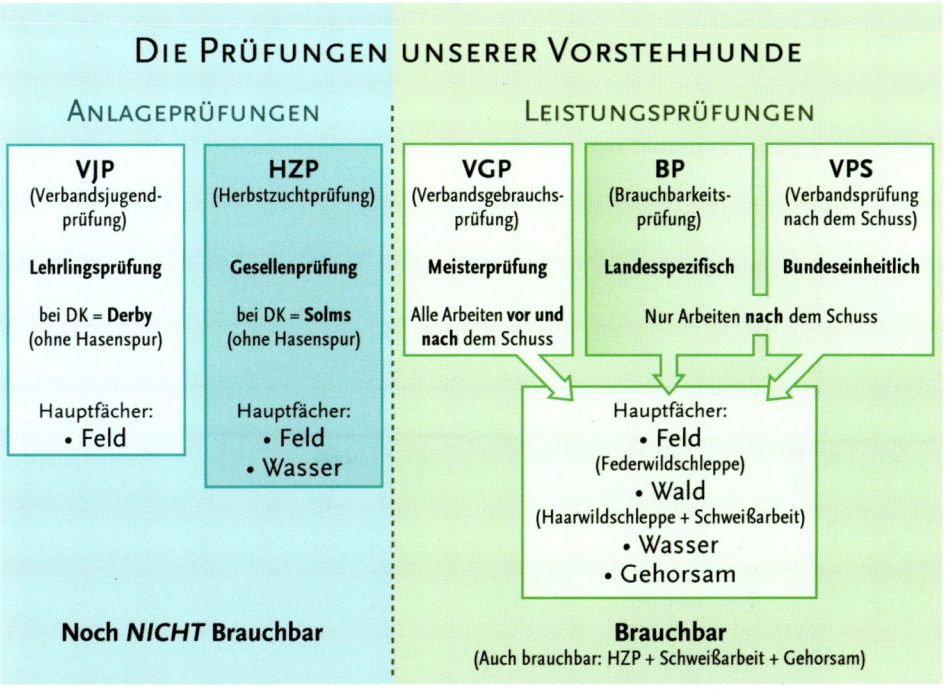

Die Prüfungen der Jagdhunde im Überblick

	VSwP	BP	Btr	Vbr	VJP	HZP	VGP	VP	GP	VP/HP
Vorstehhunde	X	**X**	X	X	X	X	**X**			
Stöberhunde	X	**X**	X	X					X	
Terrier	X	**X**	X						X	
Teckel	X	**X**	X					X	X	
Bracken	X	**X**	X	X					X	
Schweißhunde										X
Apportierhunde	X	**X**	X	X					X	

Fett gedruckte und unterstrichene Prüfungen führen je nach Bundesland zur uneingeschränkten Brauchbarkeit:
BP = Brauchbarkeitsprüfung, VGP = Verbandsgebrauchsprüfung, VP = Vielseitigkeitsprüfung der Teckel,
GP = Gebrauchsprüfung verschiedener Rassen
Fett gedruckte, aber nicht unterstrichene Prüfungen führen zur eingeschränkten Brauchbarkeit nur für die Schweißarbeit auf Schalenwild: VSwP = Verbandsschweißprüfung, HP = Hauptprüfung der Schweißhunde
Nicht fett gedruckte Prüfungen führen nicht zur Brauchbarkeit: Btr = Bringtreueprüfung, Vbr = Verlorenbringerprüfung, VJP = Verbandsjugendprüfung der Vorstehhunde, HZP = Herbstzuchtprüfung der Vorstehhunde

die angewölften jagdlichen Eigenschaften für eine spätere Eignung und Verwendung im Jagdbetrieb feststellen.
▸ Verbandsjugendprüfung –VJP („Lehrlingsprüfung")
▸ Herbstzuchtprüfung – HZP („Gesellenprüfung")
Leistungsprüfungen
▸ Verbandsgebrauchsprüfung – VGP („Meisterprüfung" der Vorstehhunde)

Die Prüfungen der Vorstehhunde im Überblick

DK absolvieren Derby und Solms: identisch mit VJP u. HZP, nur ohne Hasenspur

Prüfungsfächer der Anlageprüfungen			Leistungsprüfungen		
		VJP	HZP	VGP	BP
Feld	Hasenspur	X	X		
	Nase	X	X	X	
	Suche	X	X	X	
	Vorstehen	X	X	X	
	Führigkeit	X	X	X	
	Federwildschleppe		150 m	150 m	150 m
	Schussfestigkeit	X	X	X	X
	Haarwildschleppe		300 m		
Wald	Schweißarbeit + Anschneideprüfung			400 m, 2–5 Std.	400 m, 2–5 Std.
	Haarwildschleppe Hase oder Kanin			300 m	200 m
	Fuchs über Hindernis			X	
	Fuchsschleppe			X	
	Stöbern			X	
	Buschieren			X	
Wasser	Schussfestigkeit am Wasser		X	X	X
	Verlorenbringen aus tiefem Schilfwasser		X	X	X
	Stöbern hinter der lebenden Ente[1]		X	X[2]	
	Stöbern ohne Ente				
Gehorsam	Verhalten auf dem Stand			X	X
	Leinenführigkeit			X	X
	Folgen frei bei Fuß			X	
	Ablegen mit Schuss			X	
	Allgemeiner Gehorsam		X	X	X
	Vollendeter Gehorsam			X	

[1] in einigen Bundesländern verboten   [2] nur, wenn nicht bereits bei der HZP nachgewiesen

- Vielseitigkeitsprüfung – VP („Meisterprüfung" der Teckel)
- Gebrauchsprüfung – GP („Meisterprüfung" sonstiger Rassen)

Leistungsprüfungen bzw. -nachweise
- Verbandsprüfung nach dem Schuss (VPS) (vergleichbar mit der BP)
- Verbandsschweißprüfungen (VSwP): 0,25 l Schweiß auf 1000 m, Stehzeit 20 bzw. 40 Stunden
- Bringtreueprüfung (Btr): mindestens 2 Stunden vorher ausgelegter kalter Fuchs muss ohne besonderen Bringbefehl gefunden und gebracht werden.
- Verlorenbringerprüfung (Vbr): natürliche Wundspur eines kranken Hasen oder Fuchses über 300 m verfolgen, Stück finden und bringen (anlässlich einer Jagd).
- Bauleistungsnachweis bei Erdhunden
- Schärfe- oder Härtenachweis (im praktischen Jagdbetrieb);

Zuchtausleseprüfungen
- Hegewald-Zuchtprüfung für DD
- Internationale Kurzhaarprüfung (IKP) für DK
- Schorlemer-HZP für DL

Die Prüfungen unserer Vorstehhunde

VJP = Verbandsjugendprüfung („Lehrlingsprüfung"): Die VJP findet im Frühjahr statt. Zugelassen werden zur VJP nur Vorstehhunde, die im Jahr zuvor gewölft wurden bzw. maximal drei Monate älter sind (Höchstalter). Geprüft werden die angewölften Eigenschaften des Junghundes. Die Prüfung findet ausschließlich im Feld statt.

Bei Deutsch Kurzhaar heißt diese Prüfung Derby. Beim Derby fehlt im Unterschied zur VJP die Hasenspur.

HZP = Herbstzuchtprüfung („Gesellenprüfung"): Die HZP findet im Herbst statt. Zugelassen sind nur Vorstehhunde, die zwei Jahre zuvor nach dem 1. Oktober gewölft wurden (Höchstalter). Zu den reinen Anlagefächern der VJP treten nun die ersten Abrichtfächer – Wasserarbeit, Haar- und Federwildschleppe sowie allgemeiner Gehorsam – hinzu. Die Prüfung findet im Feld und am Wasser statt. Die Benotung erfolgt nach dem 12-Punkte-System, wobei 12 Punkte für die beste Arbeit vergeben werden.

Bei Deutsch Kurzhaar heißt diese Prüfung Solms. Bei der Solms fehlt im Unterschied zur HZP die Hasenspur. Bei Deutsch-Drahthaar gibt es vergleichbar die Hegewald-Zuchtprüfung, bei Deutsch-Langhaar Schorlemer-Prüfung. Beide beinhalten die Hasenspur:

VGP = Verbandsgebrauchsprüfung („Meisterprüfung"): Die VGP findet im Herbst statt und dauert zwei Tage. Zugelassen sind alle Vorstehhunde, ausgenommen diejenigen, die im gleichen Jahr gewölft wurden (Mindestalter). Die Prüfung findet im Feld, Wald und am Wasser statt. Neben den Waldfächern tritt nun auch der vollendete Gehorsam als Prüfungsinhalt hinzu. Die Hasenspur wird nicht mehr geprüft und die Haarwildschleppen finden bei der VGP grundsätzlich im Wald statt, Federwildschleppen weiterhin im Feld. Die Benotung erfolgt je Fach nach folgenden Zensuren:

0 = ungenügend
1 = mangelhaft
2 = ausreichend
3 = gut
4 = sehr gut
4h = hervorragend

Die Noten der einzelnen Leistungen werden je nach Wichtigkeit mit Fachwertziffern (1 bis 8) multipliziert und je nach erreichter Gesamtpunktzahl werden I.,

Die Arbeit hinter der lebenden Ente ist nicht in allen Bundesländern erlaubt.

II. oder III. Preise vergeben. Die bestandene Prüfung wird sowohl in der Ahnentafel als auch im Deutschen Gebrauchshund-Stammbuch vermerkt.

Btr = Bringtreueprüfung: Ein ausgelegter (kalter) Fuchs muss ohne speziellen Bringbefehl gefunden, gebracht und ausgegeben werden!

Vbr = Verlorenbringerprüfung: Der Hund muss im praktischen Jagdbetrieb zweimal einen kranken Hasen oder Fuchs über mindestens 300 m verfolgen, finden und zutragen.

Schärfenachweis: Der Hund muss im praktischen Jagdbetrieb an Raubwild oder Raubzeug Schärfe zeigen.

BP = **Brauchbarkeitsprüfung** (allg. Brauchb./Brauchb. i. Schalenwildrevier)
VSwP = **Verbandschweißprüfung**
VFSPO = **Verbandsfährtenschuhprüfung**
VstPO = **Verbandsstöberprüfung**

Spezielle Leistungsprüfungen für andere Rassen

GP = **Gebrauchsprüfung** („Meisterprüfung") der Erd- und Stöberhunde, Bracken u. a.
VP = **Vielseitigkeitsprüfung** der Teckel)
VP/HP = **Vorprüfung/Hauptprüfung** der Schweißhunde
Bauprüfungen im Natur- und Kunstbau, an Fuchs und Dachs.

Die Arbeit an der lebenden Ente – Voraussetzungen

Gesetzliche Vorschriften

§ 27 SJG (Saarländisches Jagd-Gesetz): *Ausbildung und Prüfung an lebenden Tieren ... ist nur durch eine von der VJS (Vereinigung der Jäger des Saarlandes) anerkannte Person zulässig ... Ausbildung und Prüfung an lebenden Tieren ist nur so lange zulässig, als keine von der obersten Jagdbehörde anerkannte alternative Methode entwickelt wurde.* (In anderen Bundesländern existieren ähnliche Vorschriften, in einigen ist die Arbeit an der lebenden Ente auch verboten – informieren Sie sich!)

Derzeit anerkannte und praktizierte Regeln

Ein und dieselbe Ente darf nie mehrmals eingesetzt werden. Jeder Hund darf nur einmal an der lebenden Ente geprüft werden. Das Ergebnis dieser Prüfung wird bei späteren Prüfungen, auf denen der Hund geführt wird, gegebenenfalls übernommen.

Ente

Die Ente muss aus kontrollierter Zucht stammen, wassergewohnt, schwimmerfahren, ausgewachsen und voll befiedert sein. Sie ist nach der „Methode Prof. Müller" mittels einer Papiermanschette flugunfähig zu machen. Sie ist zu erlegen, sobald die Arbeit des Hundes beurteilt werden kann bzw. eine sinnlose Sichthetze absehbar ist.

Gewässer

Es muss mindestens 2500 m² groß sein und über reichlich Deckung verfügen. Es muss so tief sein, dass die Ente jederzeit tauchen kann und dass der Hund schwimmen muss.

Hund

Der Hund muss das Wasser selbstständig annehmen und sicher schwimmen, ohne Ente eine Deckung ordentlich absuchen, sicher aus dem Wasser apportieren und schussfest im Wasser sein. Diese Fähigkeiten muss er in einer so genannten „Vorprüfung" unter Beweis stellen, bevor er an einer lebenden Ente geprüft oder ausgebildet wird.

Begriffe aus dem Jagdhundewesen

abdocken	Schweißriemen ablaufen lassen (analog: Aufdocken)
ablegen	Hund befehlen, sich niederzulegen und zu verharren
abtragen	Hund von der Fährte nehmen, um Arbeit zu unterbrechen (keine Bestrafung!)
abtun	Töten von Wild durch den Jagdhund
abziehen	Hund von der Verleitfährte wegziehen (= Bestrafung!)
Appell	allgemeiner Gehorsam des Hundes (Hören auf Ruf und Pfiff)
Apport!	Befehl, sichtiges Wild aufzunehmen und zu bringen
Such verloren – Apport!	Befehl, nicht sichtiges Wild zu suchen, finden und bringen
Aus! (Gib aus!)	Sich mit dem Wild im Fang vor dem Führer setzen und dieses (Nutzwild muss lebend gebracht werden) erst auf das Kommando „Aus" loslassen

Begriffe aus dem Jagdhundewesen

Behang	Herabhängende Ohren beim Jagdhund; Altersbezeichnung bei Schweißhunden: 1. Behang = einjährig = im 2. Lebensjahr
Bei Fuß	Folgen auf der linken Seite, Kopf in Höhe des Knies des Hundeführers
Down!	Befehl, sich flach niederzulegen = absolute Unterordnung; kann statt mit dem Wort auch durch Trillern auf der Hundepfeife „gesagt" werden. Sichtzeichen Arm hoch über den Kopf heben mit offener Handfläche zum Hund zeigend.
Fährtenschuh	„Holzschuh" mit Schalen von Rotwild (o. a.) zur Herstellung künstl. Schweißfährten
Fangzähne	Eckzähne von Hunden und anderen Raubtieren
färben	Bluten der läufigen Hündin aus der Schnalle
fassbeinig	O-Beine
Feld	Altersangabe bei Vorstehhunden: 1. Feld = einjährig = im 2. Lebensjahr
Formbewertung	Bewertung von Körperbau und Haar
führig	Hund, der sich leicht dirigieren lässt
Gebäude	Körperbau des Hundes
Geläut	Bellen der Hunde auf Fährte oder Spur
genossen machen	Verabreichung von Innereien an den Hund nach erfolgreicher Arbeit (= Belohnung)
gestromt	durchlaufende oder unterbrochene Querzeichnung bei einigen Hunderassen (z. B. HS)
kuhhessig	X-Beine
Kynologie	Lehre vom Hundewesen
lancieren	Ausarbeiten einer Gesundfährte beim Hirsch
leinenführig	Hund geht ruhig an der Leine
Scheinträchtigkeit	Hündin verhält sich wie trächtig (Gesäuge schwillt, Milch schießt ein), ohne trächtig zu sein
schliefen	Einkriechen der Erdhunde in den Bau
Sitz!	Der Hund muss sich setzen. Sichtzeichen: erhobener Zeigefinger.
sprengen	Fuchs und Dachs aus dem Bau treiben
Such verwundt!	Kommando für die Schweißarbeit
verklüften	Dachs verklüftet den Hund, wenn er denselben verschüttet; Hund hat sich verklüftet, wenn er sich nicht mehr aus dem Bau befreien kann
Vieräugl	Brandlbracke
Welpen	bis 10 Wochen alte Hunde
Wolfskralle	beim Hund vorkommende hoch angesetzte 5. Zehe am Hinterlauf

# Landbau

Nutzung der Natur ◄ 279
Grundlagen des
Pflanzenwachstums ◄ 279
Die Bodenarten ◄ 281

Pflanzenschutz ◄ 283
Landwirtschaftliche
Kulturpflanzen ◄ 285

Nutzung der Natur

Der Jäger übt die Jagd in der Feldmark in der Regel auf landwirtschaftlich genutzten Flächen der Grundeigentümer oder Pächter aus. Deshalb hat er die Interessen der Landwirte zu beachten. Er muss folglich über landwirtschaftliche Grundkenntnisse verfügen, ohne die kein Miteinander, kein Dialog möglich sind.

Landbau – Definition und Bedeutung

Unter Landbau verstehen wir den Teil der Landwirtschaft, der sich mit dem Anbau von Pflanzen beschäftigt. Ziel ist die Produktion von Nahrungsmitteln für den Menschen bzw. für das Nutzvieh. Darüber hinaus spielt der Landbau heute eine wichtige Rolle für den Erhalt der Kulturlandschaft. Der Landwirt sorgt als „Landschaftspfleger" dafür, dass unsere unbebaute Landschaft aus einem abwechslungsreichen Mosaik aus landwirtschaftlich und forstwirtschaftlich genutzten Flächen besteht. Ohne eine funktionierende Landwirtschaft würden sich im Zuge der einsetzenden Sukzession auf nahezu allen Flächen Waldbestände etablieren.

Die *Nutzung der Natur* durch den Menschen erfolgt in vielschichtiger Form:
▸ Nutzung durch die *Landwirtschaft*
▸ Nutzung durch die *Forstwirtschaft*
▸ Nutzung durch die *Fischereiwirtschaft*
▸ Nutzung durch die *Jagdwirtschaft*

Diese Nutzungsarten sind nicht selten miteinander verflochten und hängen direkt oder indirekt voneinander ab. Alle müssen an einem Strang ziehen, wollen sie erfolgreich sein.

Daneben erfolgt selbstverständlich noch die Nutzung der Landschaft durch menschliche Freizeitaktivitäten. Diese Nutzungsansprüche und Formen werden im Kapitel Naturschutz behandelt.

Grundlagen des Pflanzenwachstums

▸ **Licht:** Das Sonnenlicht liefert die Energie für die Photosynthese. Dabei werden in den grünen Pflanzenteilen (Chlorophyll) aus den anorganischen Verbindungen Wasser (H_2O) und Kohlendioxyd (CO_2) organisches Material (Zucker) und Sauerstoff (als Abfallprodukt) gebildet.
▸ **Luft:** Die Luft setzt sich zusammen aus ca. 78 % Stickstoff, 21 % Sauerstoff, 1 % Edelgasen und 0,03 % Kohlendioxid. Sie stellt also die Quelle für das CO_2 dar,

welches die Pflanze durch Spaltöffnungen an den Blättern einatmet und für das Nährelement Stickstoff, der i. d. R. über die Wurzeln mit dem Bodenwasser aufgenommen wird.

▸ **Wasser:** Wasser (H_2O) ist ein Grundbaustein der Photosynthese und wird mit den Wurzeln aus dem Boden aufgenommen. Mit dem Wasser werden auch viele darin gelöste Nährstoffe aufgenommen.

▸ **Boden:** Der Boden besteht aus einer mineralischen Komponente (entstanden aus „zermahlenem" Gestein) und aus einer organischen Komponente (entstanden aus abgestorbenen Tieren und Pflanzen, also Biomasse). Er dient der Pflanze als Standort, also zur Verankerung, sowie als Quelle für Wasser und Nährstoffe.

▸ **Nährstoffe** oder **Nährelemente** sind Elemente, die für das Pflanzenwachstum unentbehrlich sind. Sie werden unterteilt in Hauptnährelemente und Spurenelemente. Erstere müssen in größeren Mengen aufgenommen werden, die Spurenelemente nur in ganz geringen Mengen. Die Hauptnährelemente sind Stickstoff, Phosphor, Kalium, Calcium und Magnesium. Zu den Spurenelementen zählen Eisen, Zink, Kupfer, Mangan.

Die Hauptnährelemente

▸ **Stickstoff** gilt als Motor und Peitsche des Pflanzenwachstums. Er hat als Grundbaustein des Eiweiß eine zentrale Funktion für den Aufbau von Pflanzenmasse. Er stammt aus der Luft, kann aber von den Pflanzen nur über das Wurzelwerk in Form von wässrigen Lösungen aufgenommen werden. Eine Besonderheit stellen die so genannten Leguminosen dar. Diese Schmetterlingsblütler (Fabaceen/Hülsenfrüchte) wie Bohnen, Erbsen, Wicken und Kleearten (auch Ginster und Robinien) leben in Symbiose mit Knöllchenbakterien, welche an den Wurzeln sitzen. Diese Bakterien können elementaren Stickstoff aus der Bodenluft direkt aufnehmen, einlagern und der Pflanze zur Verfügung stellen.

▸ **Phosphor** ist insbesondere in den Blüten, Früchten und Zellkernen zu finden. Auch Phosphor kann von der Pflanze nur in gelöster Form aus dem Boden aufgenommen werden.

▸ **Kalium** ist insbesondere wichtig für die Standfestigkeit und Widerstandsfähigkeit (z. B. Frostresistenz) der Pflanzen.

▸ **Calcium** beeinflusst das Wurzel- und Längenwachstum der Pflanzen positiv. Ein Calcium-Mangel, der zu Wachstumsschäden führt, ist eher selten. Die meisten Böden sind ausreichend versorgt. Eine wichtigere Rolle spielt Calcium als Bestandteil des Kalks (CaO bzw. $CaCO_3$). Kalkdüngemittel sind überaus wichtig, um die Bodenfruchtbarkeit insgesamt zu erhalten, da Kalk die Bodenstruktur und die biologische Aktivität im Boden verbessert. Eine zunehmende Bedeutung erlangten Kalkdüngemittel daher als Säurepuffer. Durch Kalkdüngung kann der pH-Wert von sauren Böden angehoben werden (s. Kasten ganz re.).

Wir unterscheiden Branntkalk (schwere Böden) und kohlesauren Kalk (leichte Böden). Branntkalk reagiert rascher. Eine

Bodenkalkung

Gesetz des Minimums

Das Pflanzenwachstum und damit der Ertrag richten sich nach dem Gesetz des Minimums. Justus von Liebig fand heraus, dass das Wachstum sich nach dem Nährstoff richtet, von dem am wenigsten vorhanden ist. Ein Überschuss anderer Nährstoffe ruft kein zusätzliches Wachstum hervor.

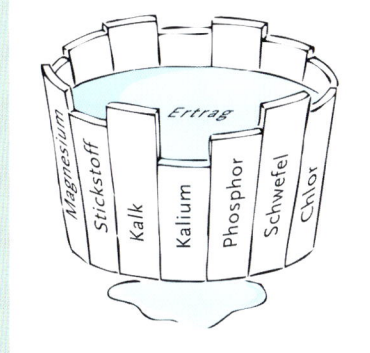

Grundkalkung wird mit ca. 30–100 dt/ha vorgenommen. Weitere Kalkungen alle 3–5 Jahre, je nach dem Ergebnis der Bodenproben. Gekalkt wird i. d. R. nach der Getreideernte, im Spätherbst und Frühwinter, ist aber auch zu anderen Zeiten möglich.

▸ **Magnesium** ist das Zentralatom des Chlorophylls und zusammen mit anderen Nährstoffen wichtig für den Wasserhaushalt der Pflanzen.

Die Bodenarten

Für die Nährstoffversorgung der Pflanzen spielt die *Bodenart* eine entscheidende Rolle. Bodenarten werden nach vorherrschenden Korngrößen unterteilt in *Tonböden* (sehr fein), *Schluffböden* (mittlere Korngrößen) und *Sandböden* (grob). Die Korngrößenstruktur ist jedoch auch wichtig für die Bearbeitung, die Durchwurzelung, die Wasserhaltefähigkeit und die Fähigkeit eines Bodens, sich schnell zu erwärmen.

▸ **Sandböden** sind grobe Böden, leicht zu bearbeiten und gut durchwurzelbar. Sie erwärmen sich schnell, trocknen jedoch sehr schnell aus und sind nährstoff-

pH-Wert

Der pH-Wert gibt den Säuregrad an. Die Werte-Skala reicht von 0 bis 14. Ein neutraler Boden weist einen pH-Wert von 7 auf, saure Böden unter 7, basische (oder alkalische) über 7. Sofern der pH-Wert eines Bodens aufgrund des Eintrages von Säurebildnern (saurer Regen) deutlich unter 5 sinkt, sterben die Bodenlebewesen zunehmend ab mit der Folge, dass die Humusbildung nicht mehr in ausreichendem Maße funktioniert. Bei Waldböden ist dies z. B. daran erkennbar, dass Blätter und Nadeln in dicken Schichten unzersetzt am Boden liegen. Gleichzeitig werden auf Grund chemischer Prozesse im Boden die meisten Hauptnährstoffe im Boden gebunden, mit der Folge, dass diese zwar vorhanden, aber nicht mehr pflanzenverfügbar sind. Gleichzeitig wird beispielsweise Aluminium freigesetzt, welches auf das Pflanzenwachstum toxisch wirkt. Mittels Kalkdüngung kann der pH-Wert wieder angehoben werden. Für die meisten unserer landwirtschaftlichen Kulturpflanzen liegt der optimale pH-Wert bei 5,5 bis 6,5.

Kartoffeln lieben leichte Sandböden.

Heidelandschaft. Die Pflanzen deuten auf nährstoffarme, saure Böden hin.

arm, da die Nährstoffe leicht ausgewaschen werden.

▸ **Tonböden** sind sehr feine Böden, schwer zu bearbeiten und nur schwer durchwurzelbar. Sie erwärmen sich langsam, können Wasser sehr gut halten und sind nährstoffreich.

▸ **Schluffböden** nehmen eine Mittelstellung ein.

▸ **Lehmböden** bestehen aus einer Mischung der drei genannten Korngrößen und stellen daher insgesamt einen idealen Boden dar.

▸ **Lössböden** sind unsere fruchtbarsten Böden überhaupt. Es handelt sich dabei um Lehmböden, die nach den Eiszeiten durch Winde verweht und mancherorts in meterdicken Schichten abgelagert wurden.

Humus – Entstehung und Bedeutung

Unter Humus verstehen wir die organischen Bestandteile unserer Böden. Im Gegensatz zu den Mineralen besteht der Humus aus abgestorbener Biomasse, also Pflanzen und Tieren, die nach dem Absterben von Bodenorganismen zersetzt werden und damit die in ihnen enthaltenen Nährstoffe wieder pflanzenverfügbar machen. Die Summe aller dafür verantwortlichen Bodenlebewesen (von Mikroorganismen bis hin zum Regenwurm) nennen wir *Edaphon*. Den Vorgang nennen wir *Humifizierung*. Diese ist stark abhängig vom pH-Wert, da das Edaphon in stark sauren Böden abstirbt.

Voraussetzung für die Fruchtbarkeit unserer Böden

Die Fruchtbarkeit und damit die Ertragsfähigkeit unserer Böden ist im Wesentlichen abhängig von der Bodenart (Korngrößenverteilung) und dem Humusgehalt. Die Humusbildung wiederum ist abhängig vom pH-Wert, also dem Säuregrad des Bodens. Da durch die Ernte unserer landwirtschaftlichen Produkte stets Nährstoffe entzogen werden, können wir nur über kurze Zeiträume auf einer Fläche vernünftige Erträge erwirtschaften.

Blaukorn (NPK-Dünger) – umgangssprachlich auch „Volldünger"

Der Mangel, der auf diesen Flächen entsteht, muss durch Düngung ausgeglichen werden. Nur in natürlichen, nicht genutzten Ökosystemen, wie z. B. den Urwäldern, funktioniert der Nährstoffkreislauf ohne Düngung, da die von den Pflanzen bzw. Tieren aufgenommenen Nährstoffe vor Ort nach dem Absterben dem Boden in Form von Humus und somit in pflanzenverfügbarer Form wieder zurückgeführt werden.

Düngung
Auf landwirtschaftlich genutzten Flächen muss also das durch Austrag entstehende Defizit an Nährstoffen stets durch Düngung ausgeglichen werden. Bei den Düngerarten unterscheiden wir organische und mineralische Dünger.
Organische Dünger: Organische Düngemittel sind solche, die aus Biomasse entstanden sind. Zu ihnen gehören die in der Viehzucht anfallenden so genannten Wirtschaftsdünger wie Jauche (Urin), Stallmist (Kot) und Gülle (mit Wasser verdünnte Mischung aus Jauche und Stallmist). Weiterhin gehören zu den organischen Düngemitteln Kompost und die so genannte Gründüngung. Bei Letzterer werden Pflanzen angebaut, die später untergepflügt werden. Organische Düngemittel führen dem Boden nicht nur Nährstoffe zu, sondern verbessern auch die Bodeneigenschaften, da sie Humus bildend sind.
Mineralische Dünger: Mineralische Düngemittel, auch Handelsdünger oder „Kunstdünger" genannt, werden meist in Kornform gestreut und können sowohl als Kombinationsdünger (Mehrnährstoffdünger) oder als Einzeldünger ausgebracht werden. Da diese Düngemittel teilweise sehr teuer sind, ist es erforderlich, vor einer Düngung den Boden untersuchen zu lassen und die fehlenden Nährstoffe gezielt zuzufügen.

Pflanzenschutz

Neben dem Nährstoffmangel hemmen auch andere Faktoren das Pflanzenwachstum. Hierzu gehören Krankheitserreger wie Pilze, Bakterien und Viren, aber auch tierische Organismen wie unsere Schalenwildarten, Mäuse, Insekten u. a. sowie der Einfluss von Konkurrenzvegetation (Unkräuter). Um den verschiedenen Gefahren zu begegnen, bieten sich mechanische, chemische und biologische Maßnahmen sowie Kombinationen in Form des so genannten integrierten Pflanzenschutzes an.
Mechanischer Pflanzenschutz: Hierzu zählt die Bekämpfung von unerwünschten Wildkräutern durch Pflügen, Eggen und Fräsen ebenso wie die Errichtung von Wildschutzzäunen, Knallapparaten, Vogelscheuchen u. a.
Chemischer Pflanzenschutz: Beim chemischen Pflanzenschutz werden Pestizide eingesetzt, die vergleichsweise schnell wirken und mit geringem Arbeitsaufwand eingesetzt werden können.

Biologischer Pflanzenschutz: Greifvogeljule zum Aufblocken für die Mäusebekämpfung

Landwirtschaftliche Geräte und Maschinen

Die Bodenbearbeitung hat im landwirtschaftlichen Betrieb einen hohen Stellenwert. Oft werden aufgrund der technischen Weiterentwicklung verschiedene Arbeitsgänge in einem Durchlauf erledigt. Die Bodenstruktur soll möglichst verbessert werden. Dies geschieht durch Lockern, Krümeln, Mischen und Wenden.

Grundbodenbearbeitung
Pflüge
Grubber
Bodenfräsen

Stoppelbearbeitung und Stroheinarbeitung
Schälpflüge
Schälgrubber
Spatenrolleggen
Scheibeneggen
Bodenfräsen und deren Kombinationen

Erdfräse

Saatbeetbereitung
Eggen
Walzen
Feingrubber

Pflug

Bestelltechnik
Drillsämaschinen
Spezielle Sägeräte z. B. für Rüben, Mais usw.
Pflanzmaschinen z. B. für Kartoffeln usw.

Düngung
Düngerstreuer mit Schleuderscheibe
Pneumatische Düngerstreuer
Flüssigdüngerstreuer
Stalldungstreuer für Festmist
Anbauspritzen

Scheibenegge

Mähwerke
Balkenmäher: Fingermähwerke, Doppelmessermähwerke
Rotierende Mähwerke: Kreiselmäher, Trommelmäher, Scheibenmäher, Schlegelmähwerke (Mulchen)
Wildretter

Kreiselmäher

Landwirtschaftliche Geräte und Maschinen

Erntemaschinen
Mähdrescher für Getreide (und Mais)
Maishäcksler
Kartoffelsammelroder
Futterpflanzenrollenernter
Rübenvollerntemaschinen

Es stehen dabei verschiedene Wirkstoffe zur Verfügung, wie beispielsweise *Bakterizide* (gegen Bakterien), *Akarizide* (gegen Milben), *Fungizide* (gegen Pilze), *Herbizide* (gegen Unkräuter), *Insektizide* (gegen Insekten), *Rodentizide* (gegen Nager) u. a. Wegen der Gefahren für den Anwender, aus Gründen des Artenschutzes und wegen der potenziellen Belastung unserer Nahrungsmittel sind bei der Ausbringung die Gebrauchsanweisungen unbedingt zu beachten. Es dürfen auch nur nach dem Pflanzenschutzmittelverzeichnis zugelassene Präparate verwendet werden. Besondere Vorschriften sind in Wasserschutzgebieten und im Hinblick auf den Bienenschutz zu beachten.

Biologischer Pflanzenschutz: Beim biologischen Pflanzenschutz werden gezielt Nützlinge gefördert oder ausgebracht bzw. die Fortpflanzungsfähigkeit von Schadorganismen unterbunden. Bekanntes Beispiel ist das Aufstellen von Julen (Ansitzmöglichkeiten für Greife) zur Abwendung von Mäuseschäden oder das Aufhängen von Blumentöpfen in Obstbäumen zur Förderung von Ohrwürmern, die Blattläuse und andere Insekten vertilgen. Aber auch das Aufhängen von Nistkästen zur Förderung von Meisen (vertilgen große Mengen Insektenraupen) ist ein typisches Beispiel. Es gibt auch Spritzmittel auf biologischer Basis, wie z. B. Bakterienkulturen, die Schadinsekten befallen.

Integrierter Pflanzenschutz: Beim integrierten Pflanzenschutz versucht man, den Einsatz von Pestiziden auf ein Minimum zu beschränken, indem man zunächst alle anderen Möglichkeiten (biologische und mechanische) des Pflanzenschutzes ausschöpft. Zu den Maßnahmen im integrierten Pflanzenanbau zählen auch alle Maßnahmen, die die Anfälligkeit unserer Kulturpflanzen für Krankheiten herabsetzen wie z. B. optimale Bodenbearbeitung, Auswahl resistenter Sorten, Fruchtfolgen u. v. m. Allein durch gezielte Fruchtfolgen kann das Auftreten von Massenvermehrungen bestimmter Schädlinge unterbunden werden. Dies gilt insbesondere für Schädlinge, welche im Boden leben und nur ganz bestimmte Pflanzen befallen.

Landwirtschaftliche Kulturpflanzen

Als landwirtschaftliche Kulturpflanzen werden angebaut Getreidearten, Hackfrüchte, Hülsenfrüchte, Futterpflanzen, Zwischenfrüchte und Sonderkulturen.

Getreidearten

Die wichtigsten Getreidearten sind Weizen, Gerste, Hafer, Roggen, Triticale und Mais. Bei Weizen, Gerste, Hafer und Roggen wird zwischen Winter- und Sommergetreide unterschieden. Mais hingegen wird nur als Sommergetreide angebaut. Wintergetreide wird bereits im Herbst gesät, überwintert also als grüne Pflanze auf dem Feld, während Sommergetreide im Frühjahr gesät wird. Die Ernte erfolgt in beiden Fällen im Sommer (Juli/August).

Beim Getreide unterscheiden wir zwischen der Grünreife (Milchreife) und der Gelbreife (Körner).

▸ **Weizen** ist die flächenstärkste Getreideart in Deutschland (insbes. Winterweizen) und stellt an den Boden die höchsten Ansprüche. Verwendet wird er überwiegend als Brotgetreide und zu Brauzwecken.

▸ **Gerste** steht flächenmäßig an zweiter Stelle in Deutschland, stellt an den Boden geringere Ansprüche als der Weizen. Die eiweißärmere Sommergerste wird überwiegend zu Brauzwecken, die Wintergerste als Futtermittel angebaut.

▸ **Hafer** stellt die geringsten Ansprüche an den Boden und findet nahezu

Weizen

Weizen

Gerste

Gerste

Hafer

Hafer

ausschließlich als Futtergetreide Verwendung.
- **Roggen** ist auch eher anspruchslos. Er wird überwiegend als Winterroggen angebaut und dient als Brotgetreide.
- **Triticale** ist eine Kreuzung aus Weizen und Roggen (überwiegend Futtergetreide).
- **Mais** nimmt eine Sonderstellung ein. Er stammt aus Südamerika und wird, da

Roggen

er zum Keimen viel Wärme benötigt, erst Ende April/Anfang Mai als Drillsaat ausgebracht. Entsprechend spät erfolgt auch die Ernte erst im Oktober/November. Verwendung findet er überwiegend als Futtermittel in Form von Körnermais oder als Silage sowie zur Bioenergieerzeugung.
- **Dinkel** ist der schon in prähistorischer Zeit angebaute Vorläufer des Weizens.

Hackfrüchte

Hackfrüchte nennt man landwirtschaftliche Erzeugnisse, bei denen der Boden zur besseren Entwicklung der Pflanzen sowie zur Beseitigung von überwachsenden Wildkräutern während der ersten Wachstumsphase mehrfach gehackt werden muss. Heute werden die Wildkräuter meist maschinell oder durch Herbizide entfernt.
- **Kartoffeln:** Man unterscheidet Futter- und Speisekartoffeln.
- **Topinambur** zählt zur Gattung der Sonnenblumen (Helianthus) und ist eine mehrjährige Pflanze, die im Sommer Grünäsung und Deckung, im Winter Knollenäsung bietet und daher eine sehr beliebte Wildackerpflanze darstellt.
- **Rüben:** Angebaut werden Zucker- bzw. Futterrüben.

Roggen

Buchweizen

Hirse

Kartoffeln

Sojabohnen

Topinambur

Futterrüben

Zuckerrüben

Hülsenfrüchte
Hülsenfrüchte zählen wie die Kleearten zu den Leguminosen, die mithilfe von Knöllchenbakterien Stickstoff aus der Luft sammeln können.
- Futtererbsen
- Sojabohnen
- Ackerbohnen

Ölfrüchte
Ölfrüchte dienen der Ölgewinnung.
- **Raps:** Man unterscheidet Winterraps und Sommerraps.
- Sonnenblumen
- Ölrettich

Grünland
Grünland meint die Produktion von Futtermittel in Form von Weiden (Weidetierhaltung) und Mähwiesen (Heu- und Silagegewinnung). Angebaut werden Gräser und Kräuter oder Klee-Gras-Gemische. Die gängigsten Gräserarten sind Welchsches Weidelgras, Einjähriges Weidelgras, Deutsches Weidelgras, Bastardweidelgras, Lieschgras, Knaulgras, Wiesenschwingel, Rotschwingel, Glatthafer, Wiesenfuchsschwanz. Häufige Kleearten sind Rotklee, Weißklee, Schwedenklee, Perserklee, Inkarnatklee, Alexandrinerklee sowie als Verwandte des Klees die Luzerne.

Winterraps

Sommerwicken

Zwischenfruchtanbau

Der Zwischenfruchtanbau erfolgt zwischen zwei Hauptanbauphasen und dient dem Erosionsschutz, der Futtergewinnung, der Bodenlockerung, der Unkrautbekämpfung und – nach Unterpflügen der Pflanzen – der Gründüngung. Angebaut werden hier Raps, Lupinen, Ölrettich, Senf, Rübsen, Sommerwicken, verschiedene Kleearten (z. B. Rotklee) und Phacelia.

Heu in Rundballen

Sonderkulturen

Unter diesem Sammelbegriff werden alle hochwertigen Handelsgewächse zusammengefasst. Wildschadensersatz wird nur dann erstattet, wenn ordnungsgemäße Schutzvorrichtungen vorhanden sind. Zu den Sonderkulturen zählen Wein, Tabak, Hopfen und alle Arten Gemüse.

Sonderkultur: Hopfen

Energiepflanzen

gewinnen immer mehr an Bedeutung. Hierunter fallen z. B. Raps, Chinaschilf (Miscanthus), Bambus und andere. Für Biogasanlagen werden auch Mais, Gräser und sonstiges Getreide verwendet. Auch mit Wildpflanzenmischungen aus Arten wie Rainfarn, Flockenblumen und verschiedenen Malven wird experimentiert. Kurzumtriebsplantagen (KUP) aus

Sonderkultur: Tabak

Silage

Sonderkultur: Spargel (hier durchgewachsen)

Streuobstwiesen nützen auch zahlreichen, nicht jagdbaren Vogelarten.

Pappeln und Weiden (siehe Waldbau) scheinen sich ebenfalls zu bewähren. Im Jahr 2010 dienten ca. 18 % der Ackerfläche der Erzeugung von pflanzlichen Rohstoffen für Energiegewinnung und Industrie.

Landbau und Jagd: Probleme und Schadensbegrenzung

Probleme
- Verlust von Lebensräumen durch stets größer werdende Flächeneinheiten, das Beseitigen von Hecken und Feldgehölzen und durch den Wegfall von Feldrainen
- Verlust von Äsung und Deckung durch großflächige, kurzfristige Ernte mit anschließendem Vollumbruch (früher oft Stoppelbrache)
- häufiger Pestizideinsatz
- Gefährdung von Bodenbrütern und Rehkitzen durch Kreiselmäher

Schadensbegrenzung
- Belassen von Brachflächen
- Grenzlinienanteil erhöhen durch Ackerrandstreifen (Raine)
- Trittsteinbiotope schaffen, Lebensraum vernetzen
- Erhalt von Streuobstwiesen
- Biologischer Landbau (Verzicht auf Pestizideinsatz)
- Anlage von Wildäckern, Hecken und Remisen
- Absuchen von Wiesen vor der Mahd zur Rettung von Kitzen
- Mahd erst ab Mitte Juni
- wildfreundlicher Zwischenfruchtanbau zur Bereitstellung von Äsung und Deckung im Herbst

Waldbau

Der Wald ◄ 291
Waldbewirtschaftung ◄ 295
Der Schutz des Waldes ◄ 298
Die wichtigsten Nadelhölzer ◄ 299
Die wichtigsten Laubhölzer ◄ 300
Die wichtigsten Sträucher ◄ 305

Der Wald

Unter Wald verstehen wir alle mit Forstpflanzen bestockten Grundflächen. Einzeln stehende Bäume, Streuobstwiesen, Alleen u. Ä. stellen daher keinen Wald dar. Sehr wohl zählen zum Wald auch alle Flächen, die innerhalb von Waldflächen liegen und der Waldbewirtschaftung dienen, auch wenn sie nicht mit Forstpflanzen bestockt sind, wie z. B. vorübergehend kahlgeschlagene Grundflächen, Waldwege, Holzlagerplätze, Waldwiesen u. Ä.

Durch eine Änderung des Bundeswaldgesetzes 2010 wurde festgelegt, dass „Kurzumtriebsplantagen" (KUP) nicht als Wald gelten, wenn ihr Umtriebsalter nicht mehr als 20 Jahre beträgt, und auch nicht Flächen mit einem Baumbestand, die gleichzeitig dem Anbau landwirtschaftlicher Produkte dienen (agroforstliche Nutzung). Letzteres bedeutet, dass landwirtschaftliche Flächen mit Flächen mit Pappeln und Weiden zur Energienutzung (Holzschnitzel und -Pellets) bestockt werden können.

Wald in seiner ursprünglichen Form

Ohne den Einfluss des Menschen fänden wir in Mitteleuropa auf über 90 % der Fläche einen von Rotbuchen dominierten Urwald vor. Durch Rodungen wurde der Wald zunehmend auf Hanglagen und wenig fruchtbare Gebiete verdrängt. Die Rodungsflächen wurden zumeist in landwirtschaftliche Nutzflächen umgewandelt, um den Nahrungsbedarf der ständig wachsenden Bevölkerung zu decken.

Wald in seiner heutigen Form

Heute finden wir in Mitteleuropa überwiegend Wirtschaftswälder vor, die z. B. in Deutschland nur noch gut 30 % der Fläche bedecken. Hierbei überwiegen mit einem

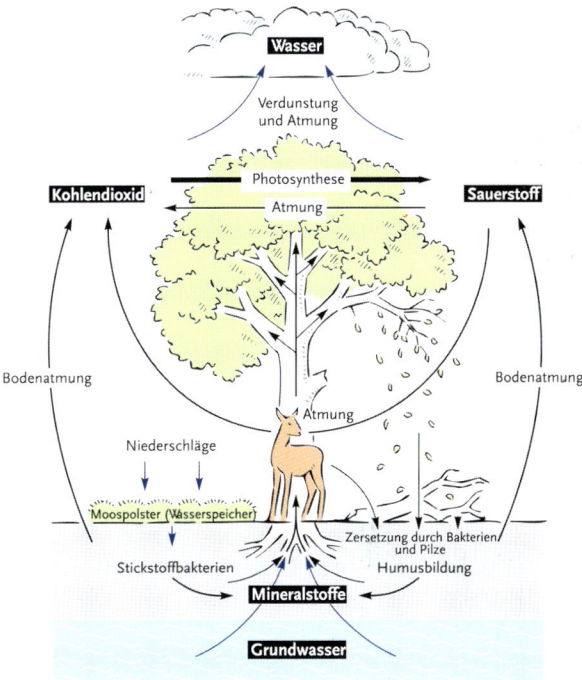

Beispiel Ökosystem Wald:
Die grünen Pflanzen stehen als Sauerstofflieferanten und Nahrungsgrundlage im Zentrum.

Die Funktionen des Waldes

Der Wald erfüllt verschiedene wichtige Funktionen und ist daher möglichst zu erhalten. Die Umwandlung z. B. in Ackerflächen bedarf stets einer Genehmigung. Zu den Funktionen des Waldes gehören im Einzelnen:

Nutzfunktion
- Holzproduktion

Schutzfunktionen
- Bodenschutz (Erosionsschutz),
- Lawinenschutz,
- Wasserschutz (Waldflächen erhöhen das Grundwasserangebot, da Waldböden eine gute Versickerung bei geringem Oberflächenabfluss gewährleisten)
- Klimaschutz (Erhöhung der Luftfeuchtigkeit, Ausgleich von Temperaturschwankungen, Reduzierung von Windbewegungen)
- Lärmschutz
- Sichtschutz

Erholungsfunktion

Vertikale Gliederung von Waldbeständen

Sieht man von einschichtigen Monokulturen einmal ab, so finden wir in einem gut strukturierten Bestand eine Oberschicht, bestehend aus Bäumen, die den Kronenbereich ausfüllen, darunter eine Mittelschicht aus zwischen- und unterständigen Bäumen sowie eine Strauchschicht.

Anteil von ca. 70 % die Nadelhölzer, insbesondere Fichte und Kiefer. Derzeit nimmt die Waldfläche in Deutschland wieder zu.

Waldeigentumsarten und Betretungsrecht

In Deutschland ist der Wald zu
- ca. 34 % Staatswald (Eigentümer sind meist die Bundesländer),
- ca. 20 % Kommunalwald (Eigentümer sind meist die Gemeinden),
- ca. 46 % Privatwald.

Die Sperrung von Waldwegen sorgt für eine Beruhigung der Wildeinstände.

DER WALD 293

Das Betreten des Waldes ist grundsätzlich jedermann auf eigene Gefahr zum Zwecke der Erholung gestattet (gilt auch für Privatwald). Das Betreten in Form von Reiten, Radfahren u. Ä. ist in der Regel nach Landesrecht nur auf Waldwegen erlaubt. Gegebenenfalls sind diese Wege durch Schilder gekennzeichnet. Nur in besonderen Fällen kann das Betreten durch den Eigentümer untersagt werden, z. B. bei Holzfällungsarbeiten. Eine solche Beschränkung des Betretungsrechts durch den Eigentümer bedarf meist jedoch einer behördlichen Erlaubnis.

Waldentstehung

Grundsätzlich unterscheiden wir verschiedene Möglichkeiten der Waldentstehung bzw. Waldverjüngung:

▶ **Kunstverjüngung** durch Pflanzung, Saat, oder Stecken. Das Stecken funktioniert besonders gut bei den Weiden (außer Salweide) und den Pappeln (außer Zitterpappel). Hierbei werden Zweige einfach in den Boden gesteckt. Diese bilden Wurzeln und treiben aus.

▶ **Naturverjüngung** erfolgt, indem die Samen der Bäume auf den Boden gelangen und keimen. Hierbei unterscheiden wir *Aufschlag* bei schwersamigen Baumarten wie Buche, Eiche, Kastanie u. a. sowie *Anflug* bei Baumarten mit flugfähigen Samen, die vom Wind weit verfrachtet werden können, wie Birke, Weiden, Pappeln u. a.

▶ **Stockausschlag** ist eine weitere Möglichkeit der Verjüngung, die jedoch auf Laubholz beschränkt ist. Hierbei werden Bäume auf den Stock gesetzt, d. h. am Boden abgeschnitten und verwertet. Die Stöcke (Stubben) schlagen danach vielfach aus und die Bäume wachsen mit einem sehr starken Höhenwachstum wieder nach. Wegen der oft hohen Stammzahl, die meist in gekrümmter Form aus dem Stubben wachsen, eignet sich diese Verjüngungsform nicht zur Wertholz-, sondern nur zur Brennholzgewinnung.

Naturverjüngung ist ein Merkmal naturnaher Waldwirtschaft. Auch die Eiche (Foto li.) muss sich ohne Schutzmaßnahmen natürlich verjüngen können.

Dickung

Altholz ist die Bezeichnung für einen Bestand, der die Hiebsreife bereits annähernd erreicht hat.

Einteilung der Bäume

▶ **Lichtbaumarten** sind Baumarten, die zum Wachstum relativ viel Licht benötigen, also im Schatten eines Altbestandes kaum Überlebenschancen haben. Sie wachsen daher insbesondere auf Kahlflächen. Zu ihnen gehören Birken, Weiden, Pappeln, Erlen, Eichen, Kiefern und Lärchen.

▶ **Schattbaumarten** sind Baumarten, die zum Wachstum nur wenig Licht benötigen und daher am liebsten im Schatten oder Halbschatten älterer Bäume wachsen. Zu ihnen zählen die Rotbuche, die Tanne, Linden und Hainbuchen.

▶ **Pionierbaumarten** sind Baumarten, die sich als Erstbesiedler auf natürliche Weise auf z. B. Kahlschlagflächen ansamen. Sie zählen alle zu den Lichtbaumarten. Da nur solche Baumarten infrage kommen, die sich auf natürliche Weise weit verbreiten können, sind es insbesondere Baumarten mit flugfähigen Samen bzw. mit Samen, die von Vögeln gern aufgenommen und/oder verfrachtet werden. Dies sind vor allem die anspruchslosen Baumarten wie Birken, Weiden, Zitterpappeln, Ebereschen und Kiefern. Diese bilden dann oft einen so genannten Vorwald, in dessen Schutz sich später Schattbaumarten etablieren können.

▶ **Flachwurzler** sind Baumarten, deren Wurzeln nicht tief in den Boden reichen, sondern sich nur in Oberflächennähe flach ausbreiten. Das bekannteste Beispiel ist die Fichte, die aufgrund dieser Eigenschaft auf feuchten, wenig Halt bietenden Böden bei Stürmen der Gefahr des Windwurfs ausgesetzt ist. Beim

Baumholz

Entwicklungsstadien eines Waldes

Unabhängig von der Art der Entstehung durchläuft ein auf größerer Fläche neu begründeter Bestand verschiedene Entwicklungsstadien:

▶ **Jungwuchs** nennen wir das Stadium von der Begründung, z. B. durch Pflanzung bis zu dem Zeitpunkt, da die einzelnen Bäumchen sich gegenseitig berühren, also bis der Bestand „dicht" wird.

▶ **Dickung** ist das zweite Stadium, das mit der gegenseitigen Astberührung einsetzt und endet, sobald die unteren Äste aufgrund von Lichtmangel absterben.

▶ **Stangenholz** ist das Stadium, das mit der einsetzenden Schaftreinigung beginnt und bei einem durchschnittlichen Brusthöhendurchmesser (gemessen in 1,3 m Höhe) von ca. 20 cm endet.

▶ **Baumholz** nennen wir Bestände ab einem Brusthöhendurchmesser von mehr als 20 cm. Wir unterscheiden hierbei geringes, mittleres und starkes Baumholz.

Entwicklungsstadien im heute unüblichen Altersklassenwald

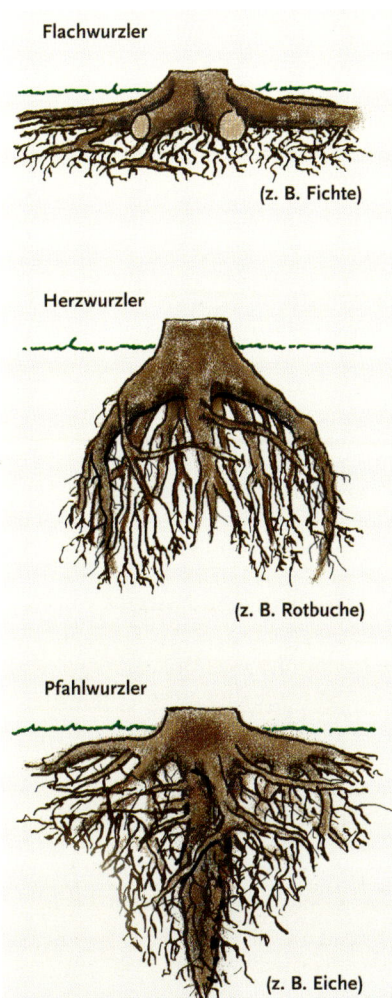

Wurzelsysteme unserer Bäume

gen unter Orkaneinfluss zum Windbruch, d. h. der Stamm bricht oberhalb der Wurzel ab.

▶ **Herzwurzler** nehmen eine Mittelstellung ein, d. h. mehrere gleich starke Wurzeln ziehen bogenförmig in den Boden, jedoch nicht so tief wie bei den Pfahlwurzlern. Vertreter sind Rotbuche und Ahorn.

▶ **Mast tragende Baumarten** sind Baumarten, die schwere, energiereiche Samen produzieren, wie Eiche, Buche und Kastanie. Diese Mast wurde früher zur Mast der Hausschweine genutzt, indem man die Schweine im Herbst in die Wälder trieb (Hütewald). Für die Ernährung vieler Wildarten spielt diese Baummast eine wichtige Rolle, so besonders für unser Schalenwild, das in Jahren mit üppigem Angebot (Vollmast) bessere Überlebenschancen im Winter hat und höhere Reproduktionsraten aufweist (insbesondere das Schwarzwild) als in mastarmen Jahren (Sprengmast).

Waldbewirtschaftung

Waldbetriebsarten
Je nachdem, wie ein Waldbestand entstanden ist, unterscheiden wir drei Waldbetriebsarten:

▶ **Hochwald** nennen wir unabhängig von Alter und Höhe jeden Wald, dessen Bäume direkt aus Samen erwachsen sind (Kernwüchse), also nach Naturverjüngung, Saat oder Pflanzung. Der Hochwald dient zur Nutzholzgewinnung und ist heute die wichtigste Waldbetriebsart.

▶ **Niederwald** nennen wir jeden Wald, dessen Bäume aus Stockausschlag entstanden sind. Aufgrund der Wuchseigenschaften dienen Niederwälder fast ausschließlich der Brennholzgewinnung.

Windwurf werden die Bäume mitsamt dem Wurzelteller umgeworfen.

▶ **Pfahlwurzler** sind Baumarten, die ein Wurzelsystem ausbilden, das von einer sehr tief in den Boden reichenden Hauptwurzel beherrscht wird. Zu den bedeutendsten Beispielen zählen Tanne, Kiefer und Eiche. Diese Baumarten nei-

▸ **Mittelwald** ist eine Mischung aus Nieder- und Hochwald, besteht also aus Kernwüchsen und Stockausschlägen.

Klassische Hochwaldwirtschaft
Bei der klassischen *Hochwaldwirtschaft* (*Altersklassenwald*) wurden die Bestände nach Erreichen der so genannten *Umtriebszeit* flächig geerntet, also kahl geschlagen. Die Umtriebszeit ist die Zeit von der Begründung eines Bestandes bis zur Ernte. Aufgrund der unterschiedlichen Wuchsdynamik und Verwendungsmöglichkeiten unserer Baumarten können die Umtriebszeiten zwischen 50 (Pappel) und 300 Jahren (Furniereichen) liegen. Nach dem Kahlschlag wurden die Flächen in der Regel geräumt und neu aufgeforstet. Meist wurden nur eine oder wenige Baumarten gepflanzt. Aufgrund der Sonneneinstrahlung und der dadurch beschleunigten Streuzersetzung ist das Nährstoffangebot (insbesondere an Stickstoff) auf diesen Flächen zunächst sehr hoch. Da dies nicht nur den Forstpflanzen, sondern auch vielen anderen Pflanzen, die sich natürlich ansamen, zugute kommt, mussten die Forstpflanzen bei dieser Bewirtschaftungsart meist von diesen Konkurrenten freigestellt werden. Dies war oft mit einem hohen Aufwand verbunden, da diese so genannte *Schlagflora* oft sehr üppig wächst. Typische Beispiele sind Sträucher wie Holunder, Brombeere und Himbeere, aber auch krautige Pflanzen wie das Weidenröschen oder Farne und verschiedene Gräser. Als Folge dieser *Kahlschlagwirtschaft* entstanden so genannte Altersklassenwälder, deren Bestände auf großen Flächen gleichaltrig, oft einschichtig und baumartenarm waren.

Naturnahe oder naturgemäße Waldwirtschaft
Aufgrund der ungünstigen Strukturen und der kostenintensiven Begründung

Umtriebszeiten und Maßeinheiten

Umtriebszeiten
Fichte: 80 bis 100 Jahre
Buche: 120 bis 150 Jahre
Eiche: 180 bis 300 Jahre

Maßeinheiten für den Holzverkauf
Langholz (Rohholz) wird nach der Mittenstärkensortierung mit Güteklassen verkauft. Der Preis bezieht sich auf Festmeter = Kubikmeter.
Schichtholz wird als Raummeter aufgeschichtet und verkauft, Industrieholz meist nach Gewicht.

Langholz

Schichtholz

Stockausschlag (hier der Weide) ist typisches Merkmal der Niederwaldwirtschaft

und Pflege der nach Kahlschlägen begründeten Bestände werden die Waldflächen heute weitgehend *naturnah* bewirtschaftet. Man verzichtet auf Kahlschläge und erntet stattdessen einzelstammweise nach dem Prinzip der *Zielstärkennutzung*. Dabei werden keine Bestände großflächig nach Erreichen der Umtriebszeit geerntet, sondern einzelne Bäume nach Erreichen eines vorgegebenen Zieldurchmessers. Durch die Ernte einzelner Bäume entstehen „Löcher" in den Beständen, in denen sich auf dem Weg der Naturverjüngung neue Bäume ansamen, die im Schutze des umgebenden Altholzes ohne großen Konkurrenzdruck durch die Schlagflora heranwachsen können. Aufgrund der langen Verjüngungszeiträume entstehen ungleichaltrige vielschichtige Bestände, die sich je nach Standort aus vielen standortgerechten Baumarten zusammensetzen. Diese Art der Bewirtschaftung ist wirtschaftlicher, da weniger arbeitsintensiv, und führt zu stabileren Beständen, die gegenüber Stürmen und anderen schädigenden Einflüssen (Kä-

ferplagen) weniger anfällig sind. Früher wurden oft Bauernwälder so bewirtschaftet. Die Nutzungsform wurde als *Plenterwaldnutzung* bezeichnet.

Niederwaldwirtschaft

Bei der Niederwaldwirtschaft wurden früher zur Brennholzerzeugung ausschlagfähige Laubhölzer nach jeweils 20 bis 40 Jahren Umtriebszeit *auf den Stock gesetzt*. Die Baumstubben schlugen in der nächsten Vegetationsperiode aufgrund des bereits vorhandenen Wurzelwerkes mit einem sehr schnellen Anfangswachstum wieder aus, so dass nach relativ kurzer Umtriebszeit wieder brennholzfähige Bäume wuchsen. Da man bei dieser Form der Bewirtschaftung insbesondere auf gute Brennholzeigenschaften und auf die Stockausschlagfähigkeit großen Wert legte, bestanden diese Niederwälder je nach Standort überwiegend aus Eichen, Hainbuchen, Eschen, Ahornen und Kastanien. Nadelhölzer schie-

Verbiss an Eiche

Borkenkäferfalle: Sie dient dem Monitoring, nicht der Bekämpfung.

Insektenschäden

1. Borkenkäfer
Verschiedene Arten: ca. 1 mm bis ca. 1 cm lang, dunkelbraun bis schwarz, walzenförmig; leben entweder in der Bastschicht zwischen Rinde und Splint (= Rindenbrüter: braunes Bohrmehl) oder im Holzkörper (= Holzbrüter: weißes Bohrmehl); Rindenbrüter unterbrechen durch ihre Fraßgänge die Leitbahnen des Baumes und damit den Saftstrom.

- **Buchdrucker:** ca. 5 mm langer Rindenbrüter an dickborkigen Stammteilen v. a. älterer, geschwächter Fichten („Sekundärschädling")
- **Kupferstecher:** 2–3 mm langer Rindenbrüter, vor allem an dünnborkigem Material (Kulturen, Dickungen und in Kronen älterer Fichten)
- **Großer Waldgärtner:** v. a. an Kiefern, höhlt junge Triebe aus (Wipfeldürre)
- **Gestreifter Nutzholzborkenkäfer:** Holzbrüter, bohrt sich in gefälltes Nadelholz (radial verlaufende Leitergänge)

2. Sonstige Schadinsekten
- **Großer, brauner Rüsselkäfer:** 8–13 mm, schädigt Nadelholzkulturen
- **Kiefernspanner:** Raupen verursachen Kahlfraß an Kiefernkronen
- **Kiefernspinner:** Raupen verursachen Kahlfraß an Kiefern, oft bis zum Baumtod
- **Nonne:** Raupenfraß an Kronentrieben und Nadeln von insbesondere Fichte und Kiefer (Fichte stirbt bei 80 % Nadelverlust)
- **Eichenwickler:** verursacht Kahlfraß an Eichen

den wegen mangelnder Ausschlagfähigkeit aus. Andere ausschlagfähige Baumarten wie Pappel und Weide wurden zurückgedrängt zu Gunsten von Baumarten mit besseren Brenneigenschaften. Die Rotbuche, die ein sehr gutes Brennholz liefert, spielte keine Rolle in der Niederwaldwirtschaft, da sie keine überlebensfähigen Ausschläge bildet. Die mit Abstand wichtigste Baumart des Niederwaldes war die Eiche, da neben der Brennholzerzeugung die Rinde (Lohe) zur Gewinnung von Gerbstoffen für die Lederverarbeitung vermarktet wurde.

Der Schutz des Waldes

Dem Wald drohen Gefahren durch den Menschen, das Klima, das Wild und durch tierische Schädlinge und Pilze.
Gefahren durch den Menschen: Waldbrände, Reiten, Fahren, Mountainbikes, Beunruhigen der Wildbestände und daraus resultierende Wildschäden, Immissionsschäden (Luftverschmutzung)

Windwurf und Windbruch

Klimaeinflüsse und Naturgewalten: Trockenzeiten, Hitze, Frostschäden, Sturmschäden (Windbruch – Windwurf), Schneedruck, Raureif, Hagelschäden
Wildschäden: Schälschäden, Verbissschäden, Fege- und Schlagschäden (s. Kap. „Wild- und Jagdschäden", S. 307 ff.)

Tierische Schädlinge: Mäuseschäden, Insektenschäden (Borkenkäfer)
Schäden durch Pilzbefall: Von waldwirtschaftlicher Bedeutung sind Rotfäule bei der Fichte durch Stammverletzung (z. B. Rückeschäden, Schälschäden vom Rotwild) sowie Blaufäule bei der Kiefer.

Die wichtigsten Nadelhölzer

Fichte
Erkennung: Nadeln spitz, hart, stechend, Zweige ringsum benadelt
Standorte: Mittelgebirgslagen
Besonderheiten: Flachwurzler, Umtriebszeit 80 bis 100 Jahre, stark schälgefährdet, kaum verbissgefährdet

Weißtanne
Erkennung: Nadeln stumpf, Spitze eingekerbt, unterseits zwei helle Streifen, Zweige nur seitlich benadelt
Standorte: nährstoffreiche, tiefgründige Mittel- und Hochgebirgslagen
Besonderheiten: Pfahlwurzler, Schattbaumart, stark verbissgefährdet

Douglasie
Erkennung: Nadeln spitz, weich, Orangenduft
Standorte: tiefgründige, frische Böden vom Flach- bis Bergland
Besonderheiten: nicht heimisch (aus Nordamerika)

Waldkiefer
Erkennung: zweinadelig (3–7 cm)
Standorte: nährstoffarme Standorte, Sandböden
Besonderheiten: Pfahlwurzler, Lichtbaumart, Pionierbaumart, kaum verbissgefährdet

Schwarzkiefer
Erkennung: zweinadelig (8–10 cm)
Standorte: nahezu alle Standorte, besonders Extremstandorte
Besonderheiten: Pfahlwurzler, Lichtbaumart, nicht heimisch (aus Nordamerika)

Weymouthskiefer
Erkennung: fünfnadelig
Standorte: nahezu alle Standorte von nährstoffarmen, durchlässigen Böden bis zu staunassen Böden
Besonderheiten: Pfahlwurzler, Lichtbaumart, nicht heimisch (aus Nordamerika)

Europäische Lärche
Erkennung: 20–30 Nadeln an kurzen Seitensprossen
Standorte: tiefgründige, frische Böden
Besonderheiten: Lichtbaumart, Pionierbaumart, winterkahl

Eibe
Erkennung: Nadeln spiralig, unterseits heller
Standorte: anspruchslos, extrem schattenertragend
Besonderheiten: Schattbaumart, alle Teile außer rotem Samenmantel giftig

Die wichtigsten Laubhölzer

Bergahorn
Erkennung: Blatt fünflappig, gegenständiges Wachstum
Standorte: frische, nährstoffreiche Gebirgsstandorte
Besonderheit: verbissgefährdet durch Rehwild

Spitzahorn
Erkennung: Blatt fünflappig, spitz auslaufend, gegenständiges Wachstum
Standorte: anspruchslos, auch flachgründige, steinige Böden

Feldahorn
Erkennung: Blatt fünflappig, klein, abgerundet
Standorte: trockene und frische Mineralböden
Besonderheit: ideal für Hecken und Verbissgehölze

Die Blätter von Bergahorn (li.), Feldahorn (Mi.) und Spitzahorn

Stieleiche (Foto)
Erkennung: Blatt kurz gestielt, Frucht lang gestielt
Standorte: frische, nährstoffreiche Standorte, v. a. Auwälder
Besonderheiten: Pfahlwurzler, Mast tragend, Niederwaldbaumart, Umtriebszeit 180–300 Jahre, stark verbissgefährdet (Rehwild)

Traubeneiche (ohne Foto)
Erkennung: Blatt lang gestielt, Früchte traubenförmig an kurzem Stiel
Standorte: warme, eher trockene Lagen
Besonderheiten: wie Stieleiche

Roteiche
Erkennung: Blatt deutlich größer als andere Eichen
Standorte: nicht zu trockene, nährstoffreiche Böden
Besonderheiten: Mast tragend, nicht heimisch (aus Nordamerika)

Rotbuche
Erkennung: Blatt ganzrandig, dunkelgrün (Winter: sehr lange, spitze Knospen)
Standorte: frische, nährstoffreiche Böden von der Küste bis ca. 1700 m Höhenlage

Besonderheiten: Schattbaumart, Herzwurzler, Mast tragend, Umtriebszeit: 120–150 Jahre, einst wichtigste Baumart im mitteleuropäischen Urwald

Robinie
Erkennung: Blatt gefiedert, ganzrandig, Dornen
Standorte: lockere, nährstoffreiche (auch trockene) Böden
Besonderheiten: Lichtbaumart, Pionierbaumart, Leguminose (Stickstoffsammler), sehr robust, hartes Holz

Esche
Erkennung: Blatt gefiedert, gesägt, schwarze Knospen
Standorte: frische Standorte, Auwälder
Besonderheiten: verbissgefährdet (Rehe)

Vogelbeere (Eberesche)
Erkennung: Blatt gefiedert, gesägt
Standorte: anspruchslos, trockene, arme bis staunasse Standorte
Besonderheiten: Lichtbaumart, Pionierbaumart, rote Beeren, ideal für Hecken und Verbissgehölze

Pappel (ohne Foto)
Erkennung: Blatt unterseits hell
Standorte: nährstoffreiche, frische Böden (Auwälder, Niederungen)
Besonderheiten: Lichtbaumart, Pionierbaumart, Stecklingsvermehrung, ideales Verbissgehölz

Zitterpappel (Aspe, Espe) (Foto li.)
Erkennung: Blatt eirund, zittert im Wind
Standorte: nahezu alle, von sandigen bis zeitweise überschwemmten Böden
Besonderheiten: Lichtbaumart, Pionierbaumart

Erle
Erkennung: Blatt eiförmig
Standorte: Feuchte Standorte (Auwälder)
Besonderheiten: Lichtbaumart, Stickstoffsammler

Linde
Erkennung: Blatt schief, herzförmig, gesägt
Standorte: nicht zu trockene Böden
Besonderheit: weiches Holz (Schnitzholz)

Hainbuche
Erkennung: Blatt gesägt, Blattadern deutlich
Standorte: frische, feuchte, nährstoffreiche Böden
Besonderheiten: Birkengewächs, Niederwaldbaumart, Schattbaumart, sehr hartes Holz

Edelkastanie
Erkennung: Blatt länglich, gezähnt
Standorte: warme Standorte (Weinbauklima)
Besonderheiten: Mast tragend, Niederwaldbaumart

Rosskastanie
Erkennung: Blatt handförmig
Standorte: tiefgründige, nährstoffreiche Lehm- und Sandböden
Besonderheit: Mast tragend

Birke
Erkennung: Blatt dreieckig, gesägt
Standorte: nahezu alle Standorte
Besonderheiten: Lichtbaumart, Pionierbaumart

Salweide (ohne Foto)
Erkennung: Blatt oval-eiförmig mit behaartem Stiel
Standorte: wenig anspruchsvoll, trockene Sande bis extreme Nassstandorte
Besonderheiten: Lichtbaumart, Pionier

Schmalblättrige Weide (Foto)
Erkennung: Blatt schmal
Standorte: alle Standorte (je nach Art)
Besonderheiten: Lichtbaumart, Pionierbaumart, ideales Verbissgehölz, Stecklingsvermehrung

Haselnuss
Erkennung: Blatt herzförmig, gesägt, Blatt behaart an behaartem Stiel
Standorte: meist tiefgründige, feuchte bis frische Mineralböden
Besonderheiten: Mast tragend, Niederwaldbaumart

Die wichtigsten Sträucher

Schwarzer Holunder (Foto)
Erkennung: Blatt unpaarig gefiedert, helles Mark, schwarze Beeren
Besonderheiten: Pionierpflanze, ideale Heckenpflanze

Roter Holunder (ohne Foto)
Erkennung: dunkles Mark, rote Beerfrüchte
Besonderheiten: Pionierpflanze, ideale Heckenpflanze

Weißdorn
Erkennung: Blatt 5- bis 7-lappig, gebuchtet, rote Früchte, lange Dornen
Besonderheiten: Pionierpflanze, ideale Heckenpflanze

Schwarzdorn
Erkennung: Blatt lanzettlich, blaue Früchte (Schlehe)
Besonderheiten: Pionierpflanze, ideale Heckenpflanze

Brombeere
Erkennung: Blatt gezähnt, stachelige Stiele, dunkle Früchte
Besonderheiten: Pionierpflanze, ideale Heckenpflanze mit grünen Blättern im Winter (wichtige Winteräsung, besonders für Rehwild)

Himbeere
Erkennung: Blatt gezähnt, unterseits hell, schwach stachelige Stiele, rote Früchte
Besonderheiten: liefert ebenfalls wichtige Winteräsung durch ihre Blätter (nicht Beeren), die gern von Rehwild genommen werden

Stechpalme (Ilex)
Erkennung: Blatt derb mit stacheligen Spitzen
Besonderheit: immergrünes Schattgehölz

Sanddorn (ohne Foto)
Erkennung: Blatt lanzettartig, Stacheln
Besonderheit: auf Sandböden und trockenen Standorten, auch an der Küste vorkommend

Wild- und Jagdschäden

Begriffsbestimmungen ◂ 307
Ersatzpflichtige Wildschäden
im Feld und im Wald ◂ 309
Fragen zu Verbissschäden ◂ 311
Fragen zu Schälschäden ◂ 313
Fragen zu Fegeschäden und
Schlagschäden ◂ 315
Schutzmaßnahmen gegen
Wildschäden im Wald ◂ 315

Begriffsbestimmungen

Wildschäden

Wildschäden sind zunächst *alle* von Wild verursachten Schäden. *Ersatzpflichtig* (nach BJG) sind jedoch nur Schäden an Grundstücken und den damit fest verbundenen Einrichtungen (z. B. Bewuchs) sowie an getrennten, noch nicht eingeernteten Erzeugnissen, soweit von Schalenwild, Fasan oder Wildkaninchen angerichtet. Die Ersatzpflicht besteht in *voller Höhe*, also so, wie er sich zur Zeit der Ernte tatsächlich darstellt (Abweichung in Baden-Württemberg: Schwarzwildschaden nur in Höhe von 80 %). Ermitteln Sie also zunächst den *Schadensverursacher* und ggf. weitere, nicht der Schadensersatzpflicht unterliegenden *Mitverursacher*. Dazu müssen Sie die *Zeichen des Wildes* (Losung, Spuren, Schadens- und Verbissart etc.) erkennen.

Bei *Sonderkulturen* (Weinberge, Gärten, Obstgärten, Baumschulen, Alleen, einzeln stehende Bäumen etc.: Katalog siehe BJG) besteht eine Ersatzpflicht nur, wenn der Eigentümer selbst die Kultur in „üblicher Weise" (Landesregelungen beachten!) geschützt hat. Ausnahmen: In Baden-Württemberg sind Wildschäden in *Weinbergen auch ohne Schutzvorrichtungen* ersatzpflichtig. Auch bei Streuobstwiesen gelten länderweise unterschiedliche Regelungen. Wildschäden in befriedeten Bezirken werden nicht ersetzt, da dort die Jagd ruht.

Jagdschäden

Jagdschäden sind Schäden an Grundstücken und deren Einrichtungen, die in

WILDSCHADEN ersatzpflichtiger Wildarten (alles Schalenwild, Wildkaninchen, Fasan)	
Im Feld	**Im Wald**
Meldung innerhalb einer Woche (tlw. zwei, z. B. SL) nach Kenntnisnahme	Nach BJG Meldung zum 1.5. und 1.10., in Ländern tlw. nur einmal jährlich (BW z. B. zum 15.5.)

Zusammenhang mit jagdbetrieblichen Tätigkeiten entstehen.

Ersatzpflichtige Jagdschäden sind *nur* solche, die *missbräuchlich* entstehen. Wird z. B. ein erlegter Keiler auf kürzestem Weg aus einem Maisacker gezogen, so handelt es sich nicht um Missbrauch. Wird jedoch zum Bergen aus Bequemlichkeit ein Geländewagen eingesetzt, so besteht Ersatzpflicht.

Ersatzpflichtiger Wild- und Jagdschaden, Meldefristen

Ersatzpflichtiger ist im Falle eines *Jagdschadens* stets der *Jagdausübungsberechtigte*, im Falle von *Wildschäden* ist es *in gemeinschaftlichen Jagdbezirken* zunächst die Jagdgenossenschaft, die jedoch diese Ersatzpflicht im Rahmen des Pachtvertrages in aller Regel auf den oder die Pächter abwälzt. Im Rahmen der Vertragsfreiheit kann auch vereinbart werden, dass die Wildschadensersatzpflicht eingegrenzt oder erweitert, z. B. auf weitere Wildarten ausgedehnt wird.

Meldefristen: Der Geschädigte muss den Wild- bzw. Jagdschaden binnen einer Woche (Saarland: zwei) nach Kenntnisnahme bzw. nachdem er bei gehöriger Sorgfalt hätte Kenntnis erlangen können (regelmäßige Kontrolle nötig) bei der für das Grundstück zuständigen Gemeinde melden. Bei Schäden an Forstflächen genügt eine Meldung bei der Gemeinde zum 1. Mai und 1. Oktober (Baden-Württemberg: einmal zum 15. Mai). Im Rahmen der Vertrags-

Wildschadensverhütung

Wildschäden können auf verschiedene Weise verhindert werden:
- Wildbestandsreduktion (kann notfalls durch die Behörde angeordnet und sogar von ihr auf Kosten des Jagdausübungsberechtigten durchgeführt werden)
- Zur Regulierung von überhöhten Schalenwildbeständen haben sich auch revierübergreifende Schalenwildbewegungsjagden sehr bewährt
- Fernhalten des Wildes durch Flächen- oder Einzelschutzmaßnahmen. Dies ist sowohl dem Eigentümer als auch dem Ersatzpflichtigen gestattet. Ersterer darf hierbei aber das Wild nicht gefährden, Letzterer das Grundstück nicht beschädigen.

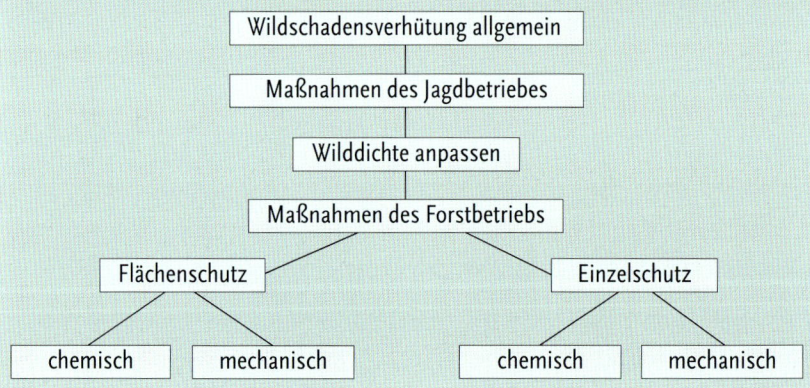

freiheit kann z. B. eine Erweiterung und/ oder Begrenzung der Ersatzpflicht hinsichtlich zu erstattender Summe oder auch Wildarten vereinbart werden.

Klageeinreichung
Vorverfahren: Die Länder haben das Beschreiten des ordentlichen Rechtsweges (Klageeinreichung) davon abhängig gemacht, dass zuvor ein außergerichtliches Feststellungsverfahren durch die Verwaltungsbehörde stattfindet. Dieses Vorverfahren läuft i. d. R. in folgenden Schritten ab (landesrechtliche Abweichungen beachten):
- *Meldung* des Schadens innerhalb der genannten Frist
- *Ortstermin* (Gemeinde, Geschädigter und Ersatzpflichtiger) mit dem Ziel einer gütlichen Einigung (Vergleich)
- Bei gütlicher *Einigung* wird durch die Gemeinde eine Niederschrift verfasst, die eine *vollstreckbare Verpflichtungserklärung* darstellt.
- Bei *Nicht-Einigung* wird im Regelfall ein *Wildschadensschätzer* (Sachverständiger) beauftragt, der ein Gutachten erstellt, aufgrund dessen der Bürgermeister einen *Vorbescheid* erlässt.
- Gegen den Vorbescheid können die Beteiligten innerhalb einer festgesetzten Frist *beim Amtsgericht Klage einreichen, andernfalls* stellt auch der Vorbescheid eine *vollstreckbare Entscheidung* dar.

Ersatzpflichtige Wildschäden im Wald

Man unterscheidet
- Verbissschäden
- Schälschäden
- Fegeschäden und Schlagschäden

Grünlandschaden durch Sauen ist ersatzpflichtig.

Ersatzpflichtige Wildschäden im Feld und im Wald

Maisschaden durch Rotwild

Schalenwild
Äsungsschäden (und Trampelschäden) sind durch alle Schalenwildarten möglich, insbesondere in Kartoffel-, Rüben- und Getreideschlägen, hier v. a. verursacht durch Rotwild, Damwild und Schwarzwild. Schwarzwild nimmt Getreide (vor allem Mais, Hafer und Weizen) insbesondere nach der Saat und vom Beginn der Milchreife bis zur Ernte. Nur Flächenschutz ist möglich in Form von

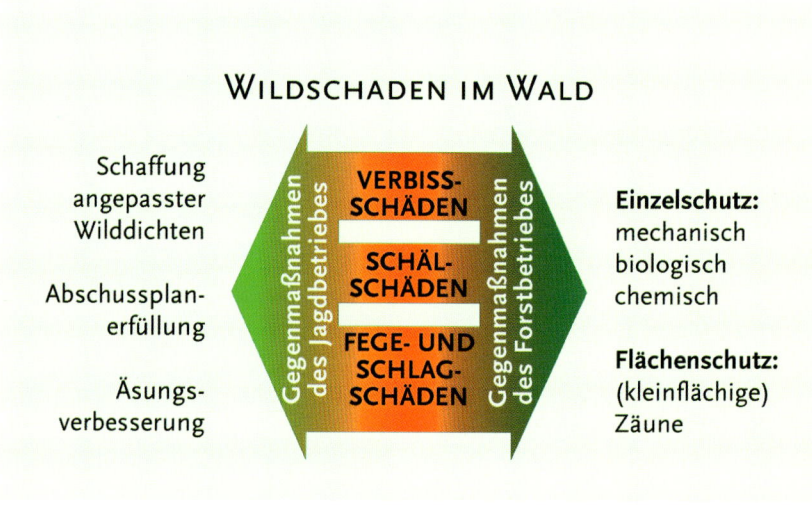

Zäunen (Elektrozaun bei Schwarzwild) oder Verstänkern, vorübergehend können auch Blinkleuchten und Knallapparate sowie so genannte Ablenkungsfütterungen (sollen dazu dienen, Schwarzwild möglichst lange im Wald zu beschäftigen) helfen. Schäden durch Brechen auf Grünlandflächen werden durch Schwarzwild verursacht, das bei der Suche nach tierischem Eiweiß (insbesondere Engerlingen, Regenwürmern, Insekten und Mäusen) v. a. im Frühjahr Wiesen und Weiden regelrecht umpflügt. Auch hier hilft nur Flächenschutz.

Kaninchen
Neben Äsungsschäden (z. B. an Hackfrüchten) spielen beim Kaninchen auch Wühlschäden eine Rolle. Bei den Äsungsschäden tritt beim Kaninchen ein Randzonenverbiss ein, beim Hasen wäre der Schaden gleichmäßig verteilt. Auch an der Losung lässt sich der Verursacher nachweisen. Sofern Kaninchenschäden in größerem Umfang auftreten, hilft nur eine Besatzreduktion. Wenn Zäune errichtet werden, müssen diese je nach Landesrecht mindestens 20 cm (30 cm) in dem Boden eingegraben werden und darüber hinaus eine Mindesthöhe von 1,0–1,3 m aufweisen.

Fasane
Fasane können bei hoher Besatzdichte Schäden vor allem an keimendem Saatgut anrichten.
Als Abwehrmaßnahmen können Störungen (z. B. durch Knallapparate u. Ä.), Ablenkungsfütterungen und ggf. das Beizen des Saatgutes dienen.

Weitere Tierarten
Selbstverständlich richten weitere Tierarten Wildschäden im Felde an. Diese sind

Die Körner von gebeiztem (re.) und ungebeiztem Mais.

FRAGEN ZU VERBISSSCHÄDEN

Zwieselbildung an einer Fichte infolge Verbiss

Terminal- und Seitentriebverbiss durch Schalenwild an einer Weißtanne

> **Merke**
> Die schlimmste Folge von Verbissschäden ist die Entmischung (Extremfall: Verfichtung) unserer Wälder durch den selektiven Verbiss der Wiederkäuer, insbesondere unseres Rehwilds.

Verbiss an Kiefer

jedoch nicht ersatzpflichtig für den Jagdausübungsberechtigten, es sei denn, er hat sich z. B. im Jagdpachtvertrag ausdrücklich zum Ersatz bereit erklärt. Infrage kommen Schäden, die durch Wildgänse, Wildtauben, den Dachs und ähnliche Arten verursacht wurden.

Fragen zu Verbissschäden

Wer verursacht im Wald Verbissschäden? – Alle Wiederkäuer (Boviden und Cerviden) sowie die Hasenartigen

Hasenverbiss. Der Hase schneidet die Triebe glatt ab, Rehwild quetscht sie ab.

Maßnahmen gegen Verbissschäden

- verstärkte Bejagung
- Flächenschutzmaßnahmen (Zaun)
- Einzelschutzmaßnahmen, mechanisch (Drahthosen, Wuchshüllen) oder chemisch (Spritz- und Streichmittel)

In welchem Entwicklungsstadium des Waldes treten Verbissschäden vor allem auf? – Im Jungwuchsstadium!

Welche Pflanzenteile werden bevorzugt verbissen? – Vor allem Terminaltriebe mit ihren Knospen (Spitzentriebe), da diese besonders nährstoffreich sind (Bäume „investieren" mehr ins Höhen- als ins Seitenwachstum).

Verbissene Keimlinge und Kleinstpflanzen sind meist spurlos verschwunden. Dieser unsichtbare Verbiss kann nur durch einen Vergleich der Jungwaldentwicklung innerhalb und außerhalb von wildfrei gehaltenen Kontrollzäunen (20–100 m^2) sichtbar gemacht werden.

In diesem Zusammenhang sei erwähnt, dass zwischen Verbiss (Verbisshäufigkeit) und Verbissschaden zu unterscheiden ist. Nicht jeder verbissene Baum bedeutet Schaden für den Waldbestand. Ein Schaden ergibt sich erst, wenn zu wenige Bäumchen für eine gesunde Waldentwicklung übrig bleiben.

Welche Folgen hat der Terminaltriebverbiss für die Bäumchen? –
- Zuwachsverlust (Trieb stirbt unterhalb der Bissstelle ab)
- Zwieselbildung: Im Normalfall übernimmt der stärkste Seitentrieb (Ersatztrieb) die Führung, oft jedoch wachsen zwei gleich starke Seitentriebe weiter, was zu einem enormen Wertverlust führt.
- Der gravierendste Schaden liegt jedoch in der Entmischung unserer Wälder durch selektiven Verbiss vor allem durch Rehwild!

Was ist unter der Entmischung durch selektiven Verbiss zu verstehen? – Unser Schalenwild, allen voran Rehwild, verbeißt nicht alle Baumarten gleichermaßen, sondern bevorzugt ganz bestimmte Baumarten. Dies führt dazu, dass bestimmte Baumarten über mehrere Jahre hinweg wiederholt verbissen werden und somit im Wachstum zurückbleiben, was zur Folge hat, dass die unverbissenen Baumarten die im Wuchs zurückgebliebenen auf Dauer überwachsen und dieselben ausdunkeln.

Welche Baumarten sind beim Rehwild besonders beliebt? – Es sind dies vor allem Eiche, Weißtanne, Ahorn, Esche und Kirsche.

Schälschaden mit deutlichen Zahnspuren des Rotwilds

Alter Schälschaden durch Rotwild

Wie kann sich dieses Phänomen im Extremfall auf die Waldvegetation auswirken? – Im Extremfall bleiben nur einige weniger beliebte Baumarten wie Fichte oder Kiefer im Bestand übrig.

Wie unterscheiden sich Verbissschäden bei Wiederkäuern und Hasenartigen? – Da Wiederkäuer im Oberkiefer keine Schneidezähne besitzen (nur Gaumenplatte) werden die Triebe abgequetscht, was zu einem faserigen Abriss führt. Bei Hasenartigen hingegen werden die Triebe glatt abgeschnitten.

Wie unterscheidet sich Kaninchenverbiss (ersatzpflichtig) vom Hasenverbiss (nicht ersatzpflichtig)? – In der Höhe der verbissenen Zonen. Ferner weiden Kaninchen regelrecht um den Bau herum (Kolonien, Randzonenfraß) und hinterlassen Losung in handtellergroßen Häufchen. Bei Hasen (Einzelgänger) finden wir Verbissspuren weiträumig verteilt und die Losung eher vereinzelt.

Wie erkennt man den Verbiss durch Mäuse? – Der Verbiss durch Mäuse an Jungpflanzen ist natürlich nicht ersatzpflichtig (Mäuse sind kein Wild). Nageschäden durch die Erdmaus lassen deren waagerechte Zahnspuren an der Rinde erkennen. Typisch ist das „Ringeln", das bei Schneelage in entsprechender Höhe am Stämmchen erfolgt. Die Rötelmaus benagt die Rinde junger Stämmchen bis in mehrere Meter Höhe. Kennzeichnend sind die schmalen, den Splint nur schwach furchenden, meist schräg stehenden Zahnspuren. Die Rötelmaus nagt plätzeweise und lässt Teile des Basts am Holz.

Fragen zu Schälschäden

Was verstehen wir unter Schälschäden? – Schälschäden sind die schlimmsten Schäden, die Wild im Wald verursacht. Beim Schälen löst das Wild die Rinde von

Schlagschaden durch Rotwild an einer Rotbuche

den Bäumen, um sie anschließend aufzuäsen (faserreiche Nahrung). Geschält werden insbesondere Fichten und Buchen.

Welche Wildarten schälen? – Alle Wiederkäuer außer Rehwild können Schälschäden verursachen. Beim Konzentratselektierer Reh gehört die faserreiche Rinde nicht zum Nahrungsspektrum, beim Rotwild hingegen ist Rinde ein wichtiger Nahrungslieferant. Die umfangreichsten Schälschäden verursacht daher das Rotwild vor allem dann, wenn es wegen starker Beunruhigung die Einstände kaum verlassen kann.

Wie erfolgt der Schälvorgang? – Von unten nach oben: Da unsere Wiederkäuer nur im Unterkiefer Schneidezähne besitzen, haken sie diese von unten in die Rinde ein und ziehen diese dann in Streifen nach oben ab.

Maßnahmen gegen Schälschäden

▶ verstärkte Bejagung
▶ Flächenschutz (Zaun)
▶ Einzelschutz (Kunststoffumwickelung, Grüneinband, Trockeneinband, Streichmittel, Spritzmittel und bei Nadelhölzern biologisch-mechanische Behandlung mit Rindenritzer, Rindenhobel)

Verstänkern hilft zeitweilig gegen Wildschäden.

Welche Schadbilder werden beim Schälen unterschieden? – Wir unterscheiden Sommer- und Winterschäle. Bei der Sommerschäle steht der Baum im Saft, die Rinde lässt sich leicht in langen Streifen abziehen. Bei der Winterschäle steht der Baum nicht im Saft, die Rinde ist nur schwer lösbar mit der Folge, dass das Wild die Rinde nur kleinflächig (handtellergroß) abknabbert. Später entstehen aus diesen Wunden so genannte „Überwallungen". Dort können Pilze, Wasser und Insekten eindringen und den Baum schädigen.

In welchem Altersstadium werden unsere Bäume geschält? – Geschält werden die Bäume, solange die Rinde noch nicht verborkt ist, also vor allem im Stangenholzalter, bei einigen Baumarten auch noch im Baumholzstadium.

Welche Folgen haben Schälschäden für den Baum? – An der entrindeten Stelle dringen Pilze ins Holz ein und verursachen Fäulnis. Das bedeutet, dass der untere und wertvollste Stammteil fault und damit stark entwertet wird.

Was bewirkt die Behandlung mit Rindenritzer (-kratzer) und Rindenhobel? – Bei harzhaltigen Bäumen (Nadelhölzern) wird Harzfluss hervorgerufen, so dass die Rinde vom Wild verschmäht wird, daher ist das Kratzen nur bei Nadelholz anwendbar! Weiterhin bewirkt diese Behandlung auch eine schnellere Verborkung.

Maßnahmen gegen Fegeschäden

- verstärkte Bejagung
- Flächenschutz (Zaun)
- Einzelschutz (Wuchshüllen, Drahthosen, Fegeschutzspiralen, Stachelbaum, Fegeschutz nach Ohlsen, Streich- und Spritzmittel etc.)

Fragen zu Fegeschäden und Schlagschäden

Was sind Fegeschäden? – Von Fegen reden wir, wenn männliche Cerviden mit ihrem Geweih bzw. der Rehbock mit seinem Gehörn die Rinde von jungen Bäumchen abstreift.

Warum fegen männliche Cerviden? – Sie fegen, um ihr Geweih vom Bast zu befreien. Sie tun dies, indem sie nach Beendigung des Geweihwachstums das Geweih an jungen Bäumchen reiben. Dabei befreien sie nicht nur das Geweih vom Bast, sondern reiben auch die Rinde von den Bäumchen.

Gibt es noch andere Gründe, weshalb Cerviden fegen? – Ja. Rehböcke fegen auch noch, nachdem das Gehörn bereits vom Bast befreit ist, zum Zwecke der Reviermarkierung. Sie tun dies über den ganzen Sommer hinweg, indem sie mit der Stirnlocke an jungen Baumstämmchen reiben, um ein Duftsekret abzusondern. Da sie auch dabei mit ihrem Gehörn die Rinde abstreifen, können die durch Rehböcke verursachten Fegeschäden erhebliche Ausmaße annehmen. In diesem Falle sprechen wir Jäger jedoch von „Schlagschäden". Auch Rotwild verursacht Schäden, indem es mit dem bereits vom Bast befreiten Geweih junge Bäumchen bearbeitet. Diese Schäden werden ebenfalls als Schlagschäden bezeichnet.

In welchem Altersstadium der Bäume treten Fegeschäden auf? – Im Jungwuchsstadium.

Welche Folgen hat das Fegen für den Baum? – Da die Rinde in der Regel nahezu komplett abgelöst wird, führt das Fegen häufig zum Absterben des Baumes.

Schutzmaßnahmen gegen Wildschäden im Wald

Zunächst muss die Schalenwilddichte den Lebensbedingungen (Lebensraum) angepasst werden. Die richtige Wilddichte kann dann als erreicht gelten, wenn die waldbaulichen Ziele ohne Schutzmaßnahmen des Forstbetriebes gewährleistet sind. Erst wenn die Maßnahmen zur Schaffung einer ausgeglichenen Wilddichte erfolgreich durchgeführt wurden, folgen die Maßnahmen des Forstbetriebes.

Fegender Rehbock

Rothirsch-Fegeschaden an einer Kiefer

Drahthose: Schutz gegen Verbiss und Fegen

Rehbock-Fegeschaden an einer Fichte

Chemischer Einzelschutz

gegen Verbiss	gegen Schälschaden	gegen Fege- und Schlagschäden
Spritz- und Streichmittel: Es werden der Terminaltrieb und beim Spritzen auch die Seitentriebe mit geschützt.	Einstreichen der Stämme; es werden nur die besten („Z-Stämme") geschützt.	Verstänkern der zu schützenden Fläche; hilft leider oft nur kurzfristig.

Tauchverfahren: Es werden die Mitteltriebe in das Schutzmittel getaucht, ggf. auch die ganze Pflanze vor dem Ausbringen.

Es kommen „Hausmittel", bestehend aus z. B. Jauche, Rinderblut und Kalk, oder chemische Mittel, auch Baumteer genannt, zum Einsatz.

Chemischer Einzelschutz: gestrichene Fichten

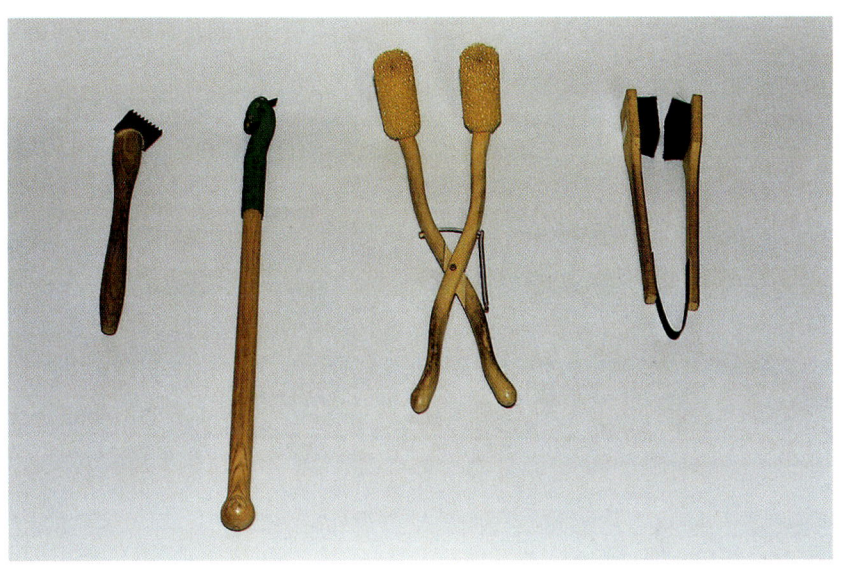

Arbeitsgeräte für Einzelschutzmaßnahmen (von li. nach re.): Rindenkratzer, Rindenhobel, Streichrolle, Streichbürsten

Einzelschutz mechanisch

gegen Verbiss	gegen Schälschäden	gegen Fege- und Schlagschäden
Drahthosen, Wuchshüllen	Grüneinband, Trockeneinband	Einzäunung durch Drahtkorb, Eingatterung mit Latten oder Brettern (Fegebock)
Ausbringen von Schafwolle, Hanf oder Menschenhaar auf den Mitteltrieb	gewickelte Kunststoffnetze	Kunststoffspirale
Plastikbänder, die um den Mitteltrieb angebracht werden und selbsttätig verrotten	künstlichen Harzfluss herbeiführen (Verborkung) mit Rindenhobel oder Rindenkratzer (biologisch-mechanisch)	Wuchshüllen
	Wildschutzspirale	Fegeschutz durch Aluminiumfolie
		Fegeschutzspirale
		Stachelbaum, Eichenspaltlinge
		Trockene Fichtenwipfel, beidseitig des zu schützenden Baumes umgekehrt in den Boden gesteckt

Kunststoffmanschette gegen Terminaltrieb-Verbiss

Mechanischer Flächenschutz

Hierunter sind Wildzäune zu verstehen. Zäune müssen unbedingt wilddicht gehalten werden. Sie sind regelmäßig zu kontrollieren. Eingesprungenes Wild ist herauszutreiben oder ggf. im Zaun zu erlegen. Die Zaunhöhe ist gesetzlich vorgeschrieben, jedoch leider nicht in allen Bundesländern gleich. Als Richtwerte mögen dienen:
▶ **Rotwild, Damwild, Sikawild:** 1,80 m Mindesthöhe

- **Muffelwild:** 2,50 m Mindesthöhe
- **Rehwild:** 1,50 m Mindesthöhe
- **Schwarzwild:** 1,30 m Mindesthöhe, davon 20 bzw. 30 cm im Erdreich oder teilweise unten befestigt.

Informieren Sie sich in Ihrem Landesjagdgesetz!

Ein wesentlicher Nachteil der Wildzäune ist die Abgrenzung von Lebensraum, der dem Wild entzogen wird.

Chemischer Flächenschutz

Der chemische Schutz größerer Flächen durch Verwitterungsmittel hat sich im Wald nur über kurze Zeiträume als wirksam erwiesen und ist daher keine zufriedenstellende Maßnahme. Deshalb wird er nur noch in Ausnahmefällen als Sofortmaßnahme angewendet, bis andere Maßnahmen eingeleitet werden können.

Wald und Wild – kein Gegensatz

Jedes Tier hat seinen Platz im Ökosystem. Deshalb müssen wir zur Kenntnis nehmen, dass Wildtiere nicht nur „Schäden" anrichten, sondern auch in vielfältiger Hinsicht „nützen". Denken wir nur an die Greifvögel, an Fuchs und Wildschwein als Gesundheitspolizei. Schwarzwild sorgt durch das Brechen im Waldboden dafür, dass die Samen Mast tragender Bäume auf den Mineralboden gelangen und somit erfolgreich keimen können. Außerdem vertilgt das Schwarzwild Forstschädlinge. Die Waldnutzung durch z. B. Reh- und Rotwild, die an die Vorgänge im Wald angepasste Regulatoren sind, stiften auch Vorteile für den Wald wie die Waldgenesung, Anflug und Aufforstung, also für die Erhaltung natürlicher und gesunder Waldentwicklungsprozesse. Der Wald braucht das Wild. Wichtig ist hierbei aber – wie letztlich in allen Bereichen des Lebens – das richtige Maß und Gleichgewicht.

Mechanische Einzelschutzmaßnahmen gegen Fegen

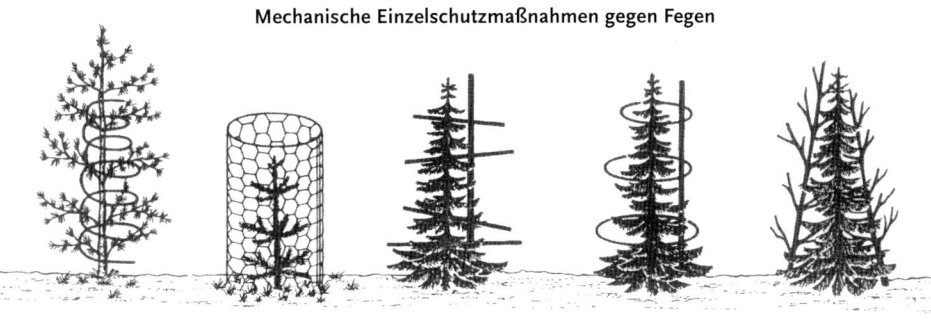

| Fegeschutzspirale | Drahthose | Stachelbaum (Metall) | Stab mit Runddrähten | zwei trockene Kiefern- oder Fichtenwipfelstücke |

Naturschutz

Naturschutzrecht ◄ 320
Fragen zum Naturschutz ◄ 322
Fragen zum Artenschutz ◄ 322
Biotopschutz ◄ 328
Fragen zu Eingriffen in die Natur ◄ 336
Fragen zu Jagd und Naturschutz ◄ 338

Naturschutzrecht

Wie im Jagdrecht ist auch im Naturschutzrecht an die Stelle der Rahmengesetzgebungskompetenz des Bundes die konkurrierende Gesetzgebung getreten. Dennoch regelt das 2010 erlassene Bundesnaturschutzgesetz viele Dinge bundeseinheitlich. Über weitere in Ihrem Bundesland geltende Gesetze und Verordnungen müssen Sie sich informieren!

Naturschutzgesetze
Der Naturschutz wird geregelt durch:
- Bundesnaturschutzgesetz
- Bundesartenschutzverordnung
- Landesnaturschutzgesetze und Verordnungen
- EG-Verordnungen und EG-Richtlinien (z. B. Vogelschutz- und FFH-Richtlinie)
- Gesetz zum Washingtoner Artenschutzübereinkommen: regelt weltweit Ein- und Ausfuhr von bedrohten Arten – Zollbehörden sind zuständig

Naturschutzbehörden
- Oberste Naturschutzbehörde = Ministerium für Umwelt o. Ä. auf Landesebene
- Obere Naturschutzbehörde = Bezirksregierung (wenn dreigliederiger Verwaltungsaufbau)
- Untere Naturschutzbehörden = Landkreise (bzw. kreisfreie Städte)

Behördenberatung
Beraten wird
- die *Oberste Naturschutzbehörde* (teilweise auch als Höchste Naturschutzbehörde bezeichnet) vom *Landesnaturschutzbeauftragten* (sofern vorgesehen) und dem *Landesnaturschutzbeirat*,
- die Obere bzw. Höhere Naturschutzbehörde vom Regierungsnaturschutzbeauftragten (sofern vorgesehen) und dem Landesnaturschutzbeirat,
- die Untere Naturschutzbehörde ggf. vom Kreisnaturschutzbeauftragten und dem Kreisnaturschutzbeirat,
- die Gemeinde von dem Naturschutzbeauftragten (falls vorgesehen).

Zu hören sind die so genannten *29er-Verbände* (anerkannte Naturschutzverbände wie z. B. NABU, BUND, teilweise auch Landesjagdverbände)

Ziele des Naturschutzes
sind, Natur und Landschaft aufgrund ihres eigenen Wertes und als Lebensgrundlage des Menschen ... im besiedelten und unbesiedelten Bereich so zu schützen, zu pflegen, zu entwickeln und, soweit erforderlich, wiederherzustellen, dass
- die Leistungs- und Funktionsfähigkeit des Naturhaushaltes
- die Regenerationsfähigkeit und nachhaltige Nutzungsfähigkeit der Naturgüter (Land- und Forstwirtschaft, Jagd etc.)

Ökologische Grundbegriffe

- **Ökologie:** Lehre von den Beziehungen zwischen den Lebewesen und ihrer Umwelt; Lehre vom „Haushalt der Natur" (belebte und unbelebte Komponenten).
- **Biodiversität:** Bezeichnet die biologische Vielfalt gemäß internationalen Übereinkommen. Es sind: die Vielfalt der *Arten auf der Erde*, die *genetische Vielfalt* und die *Vielfalt von Ökosystemen*.
- **Art:** Gruppe von Individuen, die miteinander fruchtbare Nachkommen hervorbringen können oder zumindest könnten, wenn nicht natürliche Schranken dies verhindern würden.
- **Population:** Alle Individuen einer Art in einem bestimmten Lebensraum, die eine Fortpflanzungsgemeinschaft bilden.
- **Biozönose:** Lebensgemeinschaft der Individuen aller Tier- und Pflanzenarten in einem bestimmten Areal.
- **Biotop:** Lebensstätte einer Biozönose, gekennzeichnet durch unbelebte Eigenschaften.
- **Ökosystem:** Summe aus Biotop (unbelebter Lebensraum) und Biozönose (Gesamtheit aller in einem Biotop lebenden Organismen), z. B. Wald, Wattenmeer.
- **Biosphäre:** Gesamtlebensraum der Erde
- **Habitat:** Der spezielle Wohnort einer Tierart, an dem die Art regelmäßig anzutreffen ist.
- **Symbiose:** Zusammenleben artverschiedener Organismen mit wechselseitiger, positiver Beeinflussung, z. B. Mikroorganismen im Wiederkäuermagen, Knöllchenbakterien an den Wurzeln der Leguminosen, Mykorrhiza (Symbiose zwischen Pilzen und Pflanzen insbesondere im Wurzelbereich der Bäume).
- **Photosynthese:** Aufbau von Stärke aus CO_2 und Wasser mithilfe der Energie des Sonnenlichts. Dabei wird Sauerstoff als „Abfallprodukt" freigesetzt! Dieser Vorgang vollzieht sich in den grünen Blättern (Chlorophyll) bei Tage. Nur Pflanzen können auf diese Weise organische Substanz aufbauen.
- **Eutrophierung:** Nährstoffübersättigung z. B. bei Gewässern vor allem aufgrund von Phosphat- und Stickstoffeinträgen (z. B. aus der Landwirtschaft).
- **Schadstoffe:** Stoffe, die pflanzliche und tierische Organismen schädigen (können), dazu gehören z. B. Schwermetalle, chlorierte Kohlenwasserstoffe, Kohlenmonoxid, Stickoxide, Schwefeldioxid u. a.
- **Bioindikatoren:** Organismen, die durch ihr Vorhandensein, ihr Fehlen, ihre Vitalität oder ihr Verhalten Rückschlüsse auf die Qualität der Umwelt erlauben, z. B. Fischotter und Flusskrebse als Indikatoren für sauberes Wasser.
- **Zeigerpflanzen:** Pflanzen, deren Vorkommen auf ganz bestimmte Standorteigenschaften hinweisen, z. B. Brennnessel und Löwenzahn: stickstoffreicher Boden; Heidel-, Preiselbeere und Heidekraut: saurer Boden; Sumpfdotterblume, Hahnenfuß und Schwertlilie: feuchte Standorte.
- **Randlinieneffekt:** = Grenzlinienwirkung. Rand- bzw. Grenzlinien sind alle Bereiche, an denen verschiedene Vegetationsformen aufeinanderstoßen, z. B. Grenzen zwischen Wald/Weide/Gewässer/Wiesen/Hecken, aber auch zwischen Halmfrucht/Hackfrucht/Brache usw.
Randlinienreiche Lebensräume weisen eine vergleichsweise höhere Besiedlungsdichte und Artenvielfalt auf als randlinienarme.

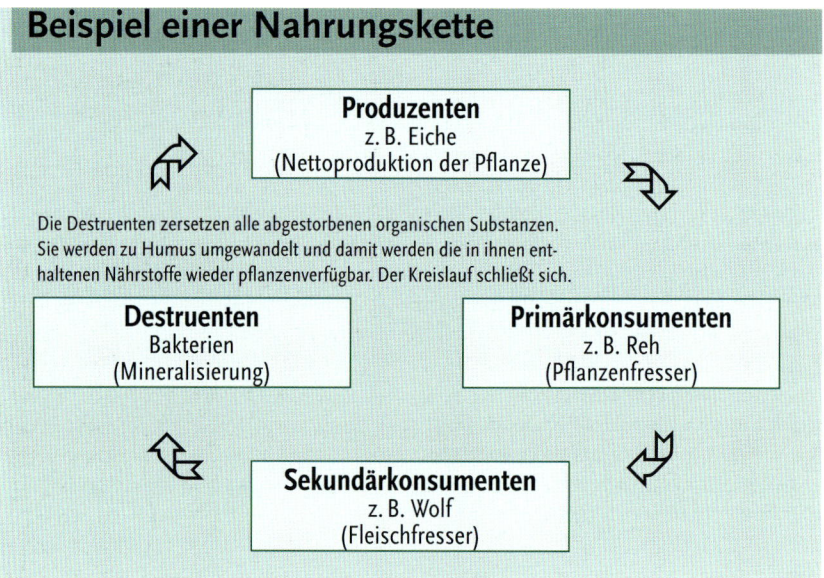

- die Tier- und Pflanzenwelt einschließlich ihrer Lebensstätten und Lebensräume (= Arten- und Biotopschutz)
- die *Vielfalt*, *Eigenart* und *Schönheit* sowie der *Erholungswert* von Natur und Landschaft auf Dauer gesichert sind.

Fragen zum Naturschutz

Wie ist nach dem Bundesnaturschutzgesetz z. B. der Wald zu bewirtschaften? – Es sind naturnahe Wälder aufzubauen und diese ohne Kahlschläge nachhaltig zu bewirtschaften. Ein hinreichender Anteil an standortgerechten Forstpflanzen ist einzuhalten.

Wie wird Artenschutz praktiziert? – Zunächst durch Verbote, z. B. bestimmte Tier- und Pflanzenarten zu töten, in Besitz zu nehmen, zu vermarkten oder zu beunruhigen.

Genügen diese Verbote, um einer Art das Überleben zu sichern? – Nein! In der Regel werden Arten in erster Linie durch fehlende Lebensgrundlagen bzw. deren Degradierung und Zerstörung bedroht.

Welches Instrument des Artenschutzes ist daher wichtiger als die genannten Verbote? – Der Schutz bzw. die Schaffung von Lebensräumen (= Biotopschutz, s. S. 328) und ggf. die Wiedereinbürgerung ausgestorbener Arten, sofern dazu die laut IUCN geforderten Voraussetzungen gegeben sind.

Fragen zum Artenschutz

Welche gesetzlichen Schutzkategorien kennt der Artenschutz? – Das Naturschutzgesetz unterscheidet drei verschiedene Schutzkategorien:

▶ **Allgemeiner Schutz:** Alle Pflanzen und Tiere sind zumindest allgemein geschützt (Artenliste daher entbehrlich).
▶ **Besonderer Schutz:** in der Bundesartenschutzverordnung aufgelistet
▶ **Strenger Schutz:** in der Bundesartenschutzverordnung gekennzeichnet (= vom Aussterben bedrohte Arten)

Welche Verbote betreffen die nur allgemein geschützten Arten? – Es ist verboten, dieselben ohne vernünftigen Grund zu fangen, zu verletzen, zu töten oder mutwillig zu beunruhigen. Zum Fangen, Verletzen, Töten usw. benötigt man also nur einen vernünftigen Grund und keine behördliche Genehmigung. Vernünftige Gründe können sein: jagdliche Nutzung, Jagdschutz, Nahrungserwerb, Schädlingsbekämpfung etc. So ist auch das Sammeln von allgemein geschützten Kräutern, Pilzen usw. zum eigenen Verbrauch zulässig, wenn der Bestand am Ort durch die Entnahme nicht gefährdet wird.

Welche Säugetiere sind lediglich allgemein geschützt? – Schermaus, Rötelmaus, Erdmaus, Feldmaus, Hausmaus, Wanderratte, Bisam, Nutria, Marderhund, Waschbär, verwilderte Hauskatze, der amerikanische Nerz und die Mehrzahl der Wildarten, die dem Jagdrecht unterliegen. (Von den ganzjährig geschonten Arten sind einige besonders geschützt.)

Welche der nur allgemein geschützten Tierarten darf der Jäger erlegen? – Die Wildarten mit Jagdzeit (Jagd ist ein „vernünftiger Grund") und alle sonstigen Arten, soweit sie dem Wild gefährlich werden können (Jagdschutz, also der Schutz des Wildes, ist ein „vernünftiger Grund").

Bei welchen der allgemein geschützten Tiere greift der Jagdschutz? – Nur bei denen, die dem Wild gefährlich werden können (Raubtiere), also Waschbär und Marderhund (soweit diese nicht ohnehin dem Landesjagdrecht unterliegen), Wanderratte, Amerikanischer Nerz und die verwilderte Hauskatze. Reine Vegetarier, wie z. B. den Bisam, darf der Jäger nicht abschießen, sehr wohl darf aber ein Teichbesitzer den Bisam fangen und töten, da er die Dämme durchwühlt und beschädigt.

Welche Verbote betreffen die besonders geschützten Arten? – Es ist generell verboten, diesen nachzustellen, sie zu fangen, zu verletzen, zu töten, in Besitz zu nehmen und zu vermarkten. (Ausgenommen ist z. B. die Inbesitznahme besonders geschützter Arten, um sie gesund zu pflegen. Weitere Ausnahmen können für Forschung und Lehre genehmigt werden.)

Welche Verbote betreffen die streng geschützten Arten? – Bei den streng geschützten Arten ist es sogar verboten, dieselben zu stören (z. B. Wolf, Braunbär, Biber, Fischotter, Fledermäuse). *Merke:* Übergeordnete Schutzkategorien schließen immer alle darunterliegenden ein!

Was verstehen wir unter den „Roten Listen"? – Von den Ländern werden die im Landesgebiet verdrängten oder in ihrem Bestand gefährdeten Arten und Lebensgemeinschaften unter Darstellung der wesentlichen Ursachen ihrer Verdrängung bzw. Gefährdung gekennzeichnet. Die Rote Liste ist also nur ein Beobachtungsinstrument, d.h. eine Aufzählung ohne rechtliche Konsequenzen für den Bürger. Wir haben bereits festgestellt, dass die Unterschutzstellung von be-

Geschützte Säugetiere (Beispiele)

- **Allgemein geschützt:** Schermaus, Rötelmaus, Erdmaus, Feldmaus, Hausmaus, Amerikanischer Nerz (Mink), Nutria, Marderhund (Enok), Bisam, Waschbär, Wanderratte, Hausratte
- **Besonders geschützt:** alle heimischen Arten mit Ausnahme derer, die nur allgemein geschützt sind. Besonders geschützt sind z. B. Igel, Spitzmaus, Maulwurf, Eichhörnchen, Bilche (Siebenschläfer, Gartenschläfer, Baumschläfer, Haselmaus)
- **Streng geschützt:** Wolf, Braunbär, Biber, Fischotter, Gemeiner Abendsegler (Fledermausart)

Gartenschläfer

Gemeiner Abendsegler

Haselmaus

Siebenschläfer

GESCHÜTZTE ARTEN | 325

Kleine Hufeisennase (Fledermaus)

Waldspitzmaus

Besonders geschützte Vögel (Beispiele)

Eisvogel

Raubwürger

Schwarzspecht

Rauchschwalbe

Wiedehopf

Haubenlerche

Rotkehlchen

Gartenrotschwanz

Buntspecht

GESCHÜTZTE ARTEN | 327

Besonders geschützte Reptilien und Amphibien (Beispiele)

Smaragdeidechse

Zauneidechse

Kreuzotter

Ringelnatter

Blindschleiche

Feuersalamander

Grasfrosch

Gelbbauchunke

Erdkröten bei der Paarung

Bergmolch

stimmten Arten deren Überleben nicht sicherstellen kann, da meist der fehlende Lebensraum die Existenz in Frage stellt.

Biotopschutz

Im Allgemeinen wird der Biotopschutz durch Unterschutzstellung seltener Lebensräume wie z. B. Hochmoore (durch Regenwasser versorgt) oder Niedermoore (durch Grundwasser versorgt), Trockenrasen, Auwälder u. a. realisiert.

Auwald – ein gesetzlich geschütztes Biotop

GESCHÜTZTE ARTEN | 329

Besonders geschützte Insekten (Beispiele)

Apollofalter

Schwalbenschwanz

Rote Waldameise

Admiral

Hirschkäfer

Blaugrüne Mosaikjungfer (Libelle)

Hummel

Blauflügel-Prachtlibelle

Im Besonderen können dazu folgende Schutzmaßnahmen gehören:
Vögel: Erhalt von Brutmöglichkeiten durch Belassen von Totholz für Höhlenbrüter oder durch späte Mahd (nicht vor dem 15. Juli!) für Bodenbrüter
Amphibien: Erhalt und Schaffung von Feuchtgebieten (z. B. Anlage von Tümpeln), Errichtung von Hindernissen an Verkehrsstraßen gegen das Überfahren von v. a. Kröten

Reptilien: Anlage von Steinhaufen als „Eidechsenburg"

Wie können z. B. Trockenrasen als Lebensraum für viele seltene Arten gefördert werden? – Durch ein regelmäßiges Beweiden mit Schafen, damit die natürliche Pflanzensukzession (= natürliche Entwicklung bis hin zum Waldstadium) unterbunden und der derzeitige Status quo erhalten wird.

Welche Möglichkeiten gibt es nach den Naturschutzgesetzen, Landschaftsteile zu schützen (= Biotopschutz)?
▶ Gesetzlich geschützte Biotope (früher nach den Paragrafen der alten Naturschutzgesetze 20c-Biotope oder 25er-Biotope genannt). Nach den Naturschutzgesetzen sind bestimmte Biotope generell kraft Gesetz geschützt und dürfen nicht zerstört werden. Zu diesen generell geschützten Biotopen zählen z. B. Moore, Sümpfe, Wacholderheiden, Trockenrasen, Auwälder, Felsenküsten etc. Diese Biotope sind in Karten dargestellt (Ergeb-

Geschützte Teile von Natur und Landschaft

Merkmale/Schwerpunkte	Einschränkungen	
Biosphärenreservate z. B. Pfälzer Wald	Großräumig; charakteristische Landschaftstypen; historisch gewachsene Kulturformen	
Nationalpark z. B. Berchtesgaden, Harz, Bayr. Wald, Wattenmeer	Großräumig; vom Menschen wenig beeinflusst	Nutzungsbeschränkungen, auch jagdliche Einschränkungen
Naturpark z. B. Saar-Hunsrück	Großräumig; v. a. für Erholung und Tourismus	
Landschaftsschutzgebiet	Nicht großräumig; Erhalt der Leistungsfähigkeit u. Nutzungsfähigkeit der Natur	Landschaftsbild ist besonders geschützt; Bebauung verboten
Naturschutzgebiet	Nicht großräumig; Schutz bestimmter Biotope bestimmter Tier- und Pflanzenarten	Strengster Schutz; teilweise Betretungsverbote, jagdliche Einschränkungen
Geschützte Landschaftsbestandteile (GLB)	Nicht großräumig; Gliederung des Orts- und Landschaftsbildes	
Naturdenkmal (ND)	Einzelschöpfungen der Natur	
Natura 2000	Ein europäisches Biotopverbundsystem. Ausgewiesen sind laut EU Gebiete bestimmter Lebensraumtypen und Arten gemäß FFH-Richtlinie und EG Vogelschutzrichtlinie	

Alte Sandgrube: schützenswertes Gebiet

Kopfweiden – schützbar als „Einzelschöpfungen der Natur". Sie sind wichtige Kleinstlebensräume.

Landschaftsschutzgebiete („relatives Veränderungsgebot") und Naturschutzgebiete („absolutes Veränderungsgebot"): Um zu wissen, was man darf, muss in die Rechtsverordnungen bzw. Schutzgebietsverordnungen Einblick genommen werden.

nis der so genannten Biotopkartierungen).
▶ Nach den Naturschutzgesetzen können kraft Verordnung verschiedene Landschaftsteile unter Schutz gestellt werden: Biosphärenreservate, Nationalparks, Naturparks, Landschaftsschutzgebiete, Naturschutzgebiete, Geschützte Landschaftsbestandteile, Naturdenkmale.

Wer erlässt die jeweilige Verordnung zur Erklärung zum Schutzgebiet? – Die zuständigen Naturschutzbehörden, beim Naturschutzgebiet z. B. die Oberste Naturschutzbehörde.

Welche weiteren Instrumente zum Schutz der Natur kennen die Naturschutzgesetze? – Weitere Instrumente sind:
▶ Betretungsbeschränkungen in der freien Landschaft
▶ Verbote bezüglich bestimmter Handlungen
▶ Genehmigungsvorbehalte bei allen Eingriffen in Natur und Landschaft

Geschützte Pflanzen (Beispiele)

Roter Fingerhut

Silberdistel

Geflecktes Knabenkraut

Leberblümchen

Mehlprimel

Frauenschuh

Trollblume

Frühlingsenzian

GESCHÜTZTE ARTEN

Gelber Enzian

Sonnentau (eine fleischfressende Pflanze)

Edelweiß

Aronstab

Wie ist das Betreten der freien Landschaft geregelt? – Das Betreten der freien Landschaft zum Zwecke der Erholung ist jedermann grundsätzlich auf eigene Gefahr gestattet. Es gelten jedoch folgende Einschränkungen:

▸ In der Zeit zwischen Bestellung und Ernte dürfen landwirtschaftliche Flächen nur auf vorhandenen Wegen betreten werden.

▸ Reiten, Radfahren, Ski- und Schlittenfahren ist im Wald nur auf Wegen erlaubt.

Fragen zu Eingriffen in die Natur

Welche Handlungen sind in der freien Landschaft verboten? –

▸ Das Abbrennen von Wiesen, Feldrainen, Hecken und Gehölzen, Röhrichten, Schilfbeständen, Stoppelfeldern, Brach- und Ödland ist während des ganzen Jahres verboten.

▸ In der Zeit vom 15. Februar bis 30. September ist es in der freien Landschaft verboten, z. B. Feuchtgebiete, Brach- und Ödland zu zerstören, Bäume, Hecken und sonstige Gehölze zu fällen, zu roden, ab- oder zurückzuschneiden, Bäume mit Horsten und Bruthöhlen sowie deren Standorte zu beseitigen, zu zerstören, zu beschädigen oder zu besteigen.

Darf die Artenvielfalt durch Aussetzen von gebietsfremden Tieren erhöht werden? – Ein solches Vorhaben ist nur mit Genehmigung der Obersten Naturschutzbehörde zulässig! (Bei Faunen- und Florenverfälschung muss die Genehmigung versagt werden.)

Charakteristik und Funktion geschützter Landschaftsteile

großräumig

▸ Nationalpark:
wenig beeinflusst, Erhaltung von Tier- und Pflanzenarten

▸ Biosphärenreservat:
historische Kulturformen, charakteristische Landschaftstypen

▸ Naturpark:
Erholung, Tourismus

kleinräumig

▸ Naturschutzgebiet:
Biotope bestimmter Tier- und Pflanzenarten, wissenschaftl./naturgeschichtl. Gründe

▸ Landschaftsschutzgebiet:
Leistungsfähigkeit, Nutzungsfähigkeit, Erholung (Landschaftsbild)

▸ Naturdenkmäler:
Einzelschöpfungen der Natur, z. B. Bäume, Felsen etc.

▸ Geschützte Landschaftsbestandteile:
Gliederung von Orts- und Landschaftsbild, z. B. Alleen, Hecken etc.

Ein als Naturdenkmal (ND) ausgewiesener Baum

Dürfen Tiergehege errichtet werden? – Die Errichtung von Tiergehegen bedarf der Genehmigung der Obersten Naturschutzbehörde. Die Untere Jagdbehörde ist vor der Entscheidung zu hören. (Landesregelung beachten!)
Definition: Tiergehege sind eingefriedete Grundflächen, auf denen Tiere wild lebender Arten im Freien gehalten werden (häufigste Form z. Z. Damwildgatter zur Fleischproduktion). Als Tiergehege gelten auch ortsfeste Anlagen zur Haltung von Greifvögeln und Eulen, jedoch nicht, wenn Greife zum Zwecke der Beizjagd (Genehmigung der Unteren Jagdbehörde) gehalten werden.

Tiergehege – Wildgehege

Tiergehege sind nicht zu verwechseln mit Wildgehegen! In Wildgehegen werden Tiere zu Jagdzwecken gehalten. Die Anlage von Wildgehegen ist nach Landesrecht (meist) verboten.
Achtung: Tiere in Wildgehegen sind Wild, also herrenlos! Tiere in Tiergehegen sind nicht herrenlos!

Was verstehen wir unter einem Eingriff in Natur und Landschaft? – Eingriffe sind alle Veränderungen der Gestalt oder Nutzung, welche die Leistungsfähigkeit oder das Landschaftsbild erheblich oder nachhaltig beeinträchtigen können, z. B. Kiesabbau, Aufschüttungen, Straßenbau, Flugplatzbau, Umwandlung von Wald, Versorgungs- und Entsorgungsleitungen etc.

Wann ist ein Eingriff nur zulässig? – Eingriffe bedürfen generell einer Genehmigung, vermeidbare Eingriffe sind zu unterlassen! Die erforderliche Genehmigung kann nur erteilt werden, wenn es Gründe gibt, hinter denen der Naturschutz zurückstehen muss, und wenn ein entsprechender Ausgleich für den Eingriff geschaffen wird.

Wie kann ein Eingriff (z. B. Bau einer Straße) ausgeglichen werden? – Indem man andere Flächen ökologisch aufwertet, d. h. wertvoller macht, z. B. indem man intensiv genutzte Wiesen in Streuobstwiesen umwandelt, Hecken anlegt, Feuchtbiotope schafft oder auch kanalisierte Gewässer renaturiert.

Ist die land- und forstwirtschaftliche Bodennutzung auch als Eingriff anzusehen? – Nein, sofern dabei die Ziele und Grundsätze des Naturschutzes beachtet werden.

Was verstehen wir unter den so genannten 29er-Verbänden? – Die nach dem alten § 29 BNatSchG anerkannten Verbände. Sie haben Anhörungsrechte bei z. B. Vorbereitungen zum Erlass von Verordnungen zu Schutzgebietsausweisungen. Zu den 29er-Verbänden gehören z. B. BUND, NABU, Schutzgemeinschaft Deutscher Wald, zahlreiche Landesjagdverbände u. a.

Fragen zu Jagd und Naturschutz

Was hat die Jagd mit Naturschutz zu tun? Welche Verpflichtungen hat ein Jäger?
▶ *Nach BJG:* Hegepflicht = Erhaltung artenreicher, gesunder, angepasster Wildbestände und Sicherung ihrer Lebensgrundlagen.
▶ *Nach Landesrecht:* weitergehende Pflichten wie wild lebende Tiere in ihrer natürlichen Vielfalt zu bewahren; Verbesserung der Lebensgrundlagen aller wild lebenden Tiere; Wildbestandsregulierung so, dass die Artenvielfalt nicht beeinträchtigt wird.

Was kann ein Jäger für den Artenschutz tun? – Hecken und Remisen schaffen, Feuchtbiotope anlegen, Nist- und Brutmöglichkeiten schaffen und erhalten, sich für späte Mahd (nach dem 15. Juli) einsetzen, für biologische Schädlingsbekämpfung werben, überhöhte Wildbestände regulieren etc.

Lebensraumhilfen für bedrohte Arten: Fledermauskasten (li.) und Steinkauzröhre

Wildkrankheiten

Wissen und Verantwortung ◄ 339	Die wichtigsten parasitären
Einteilung der Wildkrankheiten ◄ 340	Infektionen ◄ 345
Die wichtigsten Virusinfektionen ◄ 341	Endoparasiten ◄ 346
Die wichtigsten bakteriellen	Ektoparasiten ◄ 350
Infektionen ◄ 343	Kurzübersicht Wildkrankheiten ◄ 351

Wissen und Verantwortung

Der Jäger muss Grundkenntnisse über Wildkrankheiten beherrschen. Als „Erzeuger" und derjenige, der Wild in Verkehr bringt, muss er den Verbraucher vor Schäden bewahren. Die fachgerechte Behandlung des erlegten Wildes wurde im Kapitel Jagdbetrieb bereits dargestellt.

Gefahr erkennen und handeln

Der Jäger soll keine Diagnose stellen. Er muss jedoch sofort erkennen, wenn etwas nicht stimmt, er muss Verdacht auf das Vorliegen einer Wildkrankheit oder einer Tierseuche schöpfen. Genau dann muss er tätig werden und den Rat des Fachmannes, des Tierarztes und/oder der zuständigen öffentlichen Stellen hinzuziehen. Der Jäger muss die Gesetze zum Verbraucherschutz und die Vorschriften über Wildkrankheiten, Tierseuchen, Wildbrethygiene usw. kennen, die in den Kapiteln Jagdrecht, Jagdbetrieb, Haarwild und Federwild behandelt wurden.

Um seiner Verantwortung gerecht zu werden, muss der Jäger die Krankheiten kennen, mit denen er im heimischen Revier konfrontiert werden kann. Welche Bedeutung haben diese für das Wild und den Menschen? Wie erkenne ich sie? Genauer: Wann schöpfe ich Verdacht?

Begriffsbestimmung

Wir sprechen in diesem Kapitel von **Wild**krankheiten bzw. -seuchen, wenngleich es sich im juristischen Sinne natürlich um **Tier**krankheiten und **Tier**seuchen handelt.

Wildkrankheiten: Alle Krankheiten, die wild lebende Tiere befallen können.

Wildseuchen: Alle Wildkrankheiten, sofern sie seuchenartigen Umfang angenommen haben. Jagdausübungsberechtigter muss ihr Auftreten unverzüglich melden, Wildkörper sind, sofern sie nicht Untersuchungszwecken dienen, unschädlich zu beseitigen.

Zoonosen (Anthropo-Zoonosen): Tierkrankheiten, die auf den Menschen übertragbar sind. Dazu zählen insbesondere Tollwut, FSME, Borreliose, Trichinose, Ornithose, Echinokokkose. Achten Sie bei den Krankheitsbeschreibungen auf den Verweis Zoonose.

Inkubationszeit: Zeit zwischen Infektion (= Aufnahme des Erregers) und Ausbruch einer Krankheit

Weder überbewerten noch bagatellisieren
Die Bedeutung der Wildkrankheiten soll keinesfalls überbewertet werden. Für die Populationen einzelner Wildbestände haben sie, von einigen Wildseuchen (Tollwut, Schweinepest, Myxomatose usw.) abgesehen, keine größeren Folgen als andere natürliche Einflüsse.

Da von einigen Krankheiten unseres Wildes jedoch große Gefahr für den Menschen (z. B. Tollwut) oder für Haustiere (z. B. Schweinepest) ausgehen kann, wäre ein Bagatellisieren aber auch falsch.

Auch auf unser Wild sind die Bestimmungen des Tiergesundheitsgesetzes anzuwenden. Das Gesetz unterscheidet zwischen „anzeigepflichtigen" und „meldepflichtigen" Krankheiten.

Anzeigepflichtig bedeutet, dass bereits der Verdacht, aber auch der Ausbruch von Beteiligten (ggf. auch jedermann) der zuständigen Stelle anzuzeigen ist.

Meldepflichtig heißt, dass die Seuche oder Krankheit durch den zuständigen Veterinär (Tierarzt) zu melden ist, wenn sie bestätigt oder erwiesen ist.

Wir Jäger müssen also im Wesentlichen über die anzeigepflichtigen Wildkrankheiten Bescheid wissen. Dazu zählen unter anderem: *Aujeszkysche Krankheit* bei Hausrindern und Hausschweinen, *Blauzungenkrankheit*, *Brucellose*, *Geflügelpest* (Vogelgrippe), *Maul- und Klauenseuche*, *Milzbrand*, *Salmonellose*, *Schweinepest* und die *Tollwut*.

Einteilung der Wildkrankheiten

Erregerkrankheiten
Viruserkrankungen: Viren sind keine eigenständigen Lebewesen und lösen oft Seuchen aus.

Wildkrankheiten erkennen

Am lebenden Stück
▶ Verändertes Verhalten: Unsicherheit, Apathie, Vertrautheit etc.
▶ Verändertes Aussehen: verschmutzter Spiegel, verzögerter Haarwechsel, Husten, Abmagerung etc.

Am erlegten Wild
Hier müssen sämtliche Organe bei gutem Licht auf Größe, Farbe und Konsistenz überprüft und die Lymphknoten einer eingehenden Betrachtung unterzogen werden. Insbesondere die Milz (liegt an der linken Magenseite) stellt ein hoch empfindliches Abwehrorgan gegen Krankheiten dar. Vergrößerungen der Milz sind immer ein Alarmsignal!

Bei bedenklichen Merkmalen muss vor dem Verzehr eine amtliche Fleischuntersuchung erfolgen!

Bakterielle Krankheiten: Bakterien sind eigenständige Kleinstlebewesen.
Parasitäre Erkrankungen: Parasiten sind Lebewesen, die in oder auf einem Tier einer anderen Art leben, sich dort ernähren, entwickeln und sich fortpflanzen. Sie sind ohne Wirtstier nicht lebensfähig und schwächen ihren Wirt durch Nährstoffentzug und durch Ausscheiden von Stoffwechselprodukten. Tiere mit guter Kondition sind weniger anfällig und erholen sich schnell. Man unterscheidet:
▶ **Endoparasiten:** Sie parasitieren in den Körperorganen.
▶ **Ektoparasiten:** Sie parasitieren auf der Körperoberfläche.
Pilzerkrankungen = Mykosen: Kommen bei allen Wildarten vor, spielen jedoch eine untergeordnete Rolle.

Nicht erregerbedingte Krankheiten

Dazu zählen Vergiftungen, Verletzungen, Missbildungen etc.

Die wichtigsten Virusinfektionen

Allgemeine Bemerkungen

Bei einigen Erkrankungen sind Seuchenzüge typisch (Myxomatose, Schweinepest, Tollwut etc.) Bei überstandener Krankheit besteht weitgehender Schutz = Immunität. Schutzimpfungen sind bei Viruserkrankungen oft die einzige Möglichkeit der Bekämpfung. Bei Krankheiten mit langer Inkubationszeit wie z. B. Tollwut ist eine Impfung auch noch nach einer Infektion möglich, sofern die Krankheit noch nicht ausgebrochen ist.

Rehbock mit Tollwutverdacht (Scheuerstellen am Haupt)

Tollwut

- bei Erkrankung stets tödlich verlaufende Gehirnentzündung
- tritt bei allen Säugetieren auf
- Zoonose, also auf den Menschen übertragbar!
- Anzeigepflicht!
- befallenes Wild ist genussuntauglich!
- Hauptüberträger: Fuchs (jedoch kommen alle Säugetiere als Überträger in Frage, auch wenn diese selbst nicht alle erkranken)

Virusausscheidung: Mit dem Speichel infizierter Tiere
Virusübertragung: In der Regel durch Biss (oder offene Wunden), Virus wandert über Nervenbahnen zum Gehirn.
Krankheitsverlauf: Inkubationszeit 10 Tage bis 6 (9) Monate (abhängig von Entfernung der Bissstelle zum Gehirn und der Menge der Viren)
Dann entweder „Rasende Wut", eingeteilt in Phase 1: verändertes Verhalten, Verlust der Scheu – Phase 2: Beißphase (Merkmal der rasenden Wut) – Phase 3: Lähmungserscheinungen und Tod, oder „Stille Wut" ohne Beißphase (oft bei Reh).
Krankheitszeichen: Speichelfluss (mit Viren!), Verlust der Scheu, Hautabschürfungen (Kopf)
Bekämpfung: Tötung und unschädliche Beseitigung

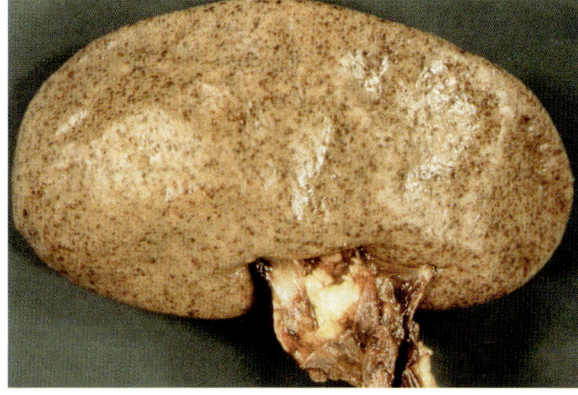

Niere eines Wildschweins mit Schweinepest

Prophylaxe: Radikaler Fuchsabschuss, Schutzimpfung von Füchsen u. a. (Tübinger Kunstköder), verdächtige Tiere nicht berühren (Schutzhandschuhe!)

Schweinepest
- Nur bei Schweinen
- Hochansteckend, v. a. für Hausschweine (die eigentliche Gefahr besteht in der Übertragung der Krankheit auf unsere Haustierbestände mit verheerender Wirkung und drastischen Vorsichtsmaßnahmen wie Keulen ganzer Bestände.)
- Wildbret genussuntauglich
- Anzeigepflichtig!

Virusausscheidung: Speichel, Kot, Urin
Virusübertragung: direkt durch Kontakt (Schleimhaut), Futter
Krankheitsverlauf: Akuter Verlauf führt nach 4–7 Tagen meist zum Tod; chronischer Verlauf führt oft erst nach Monaten zum Tod; bei überstandener Krankheit (i. d. R. ältere Tiere) Immunität, jedoch Übertragung der Krankheit möglich.
Krankheitsbild: Schwankender Gang (Fieber), Drang nach Wasser (Fieber), Punktförmige Blutungen v. a. an Kehlkopfdeckel, Niere und Harnblase
Bekämpfung: Abschuss verdächtiger Tiere; die Entsorgung darf ausschließlich über eine Tierkörperbeseitigungsanstalt erfolgen!
Prophylaxe: Schwarzwildbestände radikal reduzieren! Keine Schlacht- und Küchenabfälle füttern!

> **Merke**
> Die wichtigsten Viruskrankheiten sind (4+4=8):
> Tollwut, Schweinepest, Myxomatose, Geflügelpest (Vogelgrippe) = 4
> RHD, EBHS, FSME, MKS = 4 Abkürzungen

Myxomatose („Löwenkopfkrankheit")
- verlustreiche Seuche bei Kaninchen
- Wildbret genussuntauglich!

Virusübertragung: Durch Kontakt und Stich Blut saugender Insekten. Die Myxomatose ist auf den Menschen nicht übertragbar, jedoch fungiert der Mensch als Überträger (Schuhe).
Verlauf: Tod nach 8–10 Tagen möglich, nicht zwingend
Krankheitsbild: Schwellungen an allen Köperöffnungen, „Löwenkopf"
Bekämpfung: Abschuss verdächtiger Tiere, Beseitigung über Tierkörperbeseitigungsanstalt
Prophylaxe: angepasste Besatzdichten

RHD (Rabbit haemorrhagic disease/ Chinaseuche)
- verlustreiche Seuche bei Kaninchen (sehr selten auch bei Hasen)
- Leberschwellung, Lungenentzündung

Myxomatosekrankes Wildkaninchen mit Schwellungen am Kopf

mit Blutungen aus Nasenöffnung sowie Schwellung der Milz
- rafft innerhalb weniger Tage komplette Besätze dahin
- Inkubationszeit: ein Tag

EBHS (Europ. Braunhasensyndrom)
- nur bei Hasen
- Leberentzündung (gelbe Leber), Lungenentzündung, Blutungen aus Nase, Schwellung der Milz
- Wildbret genussuntauglich!

FSME (Frühsommer-Meningoenzephalitis)
- durch Zecken übertragene Hirnhautentzündung
- Zoonose!
- Hauptverbreitung der FSME liegt in Süddeutschland
- kann tödlich enden
- Schutzimpfung möglich

Virusübertragung: Zeckenbiss (Holzbock)
Krankheitsbild: Grippeähnliche Symptome (Kopfschmerzen, Fieber)

Geflügelpest/Vogelgrippe
- hauptsächlich bei Wildvögeln
- Wildbret genussuntauglich!
- Anzeigepflichtig! Gefahr der Übertragung auf Menschen (Pandemie)!

Virusübertragung: direkter Kontakt, über Futter und Kot
Krankheitsbild: Fressunlust, gesträubtes Gefieder, geschlossene Augen, schleimiges Sekret am Schnabel, Atemnot, Lähmungen, Tiere fallen um

MKS (Maul- und Klauenseuche)
Die MKS spielt bei Wildtieren nur eine untergeordnete Rolle. Die eigentliche Gefahr der MKS liegt in der Bedrohung unserer Nutzviehbestände durch die seuchenhaft verlaufende Krankheit.

Blauzungenkrankheit
- Virus für den Menschen ungefährlich
- Übertragung durch Stechmücken (nicht von Tier zu Tier)
- Anzeigepflicht!

Schmallenbergvirus
- Ausbreitung seit 2012, vor allem bei Schafen
- verursacht Missbildungen und/oder Totgeburten
- Übertragung auf Wildtiere ist wohl möglich, bislang aber nicht in bedeutsamem Umfang festgestellt worden

Die wichtigsten bakteriellen Infektionen

Borreliose (Lyme-Krankheit)
- Übertragung durch Zeckenbiss
- Zoonose!

Krankheitsbild: Wenige Tage nach dem Biss ringförmige, wachsende Hautrötungen, Gelenkentzündungen, Lähmungen, Sehstörungen
Prophylaxe: dicht schließende Kleidung, Zecke umgehend entfernen, Antibiotika im Frühstadium erfolgreich

Aktinomykose (Strahlenpilz)
- Einzeltiererkrankung, v. a. beim Reh
- Bakterielle Erkrankung, obwohl als Pilzerkrankung bezeichnet!
- Wildbret nach Entfernung der befallenen Teile i. d. R. genusstauglich

Erregeraufnahme: Über die Äsung bei vorhandenen Verletzungen der Mundschleimhaut (v. a. bei Zahnwechsel, Zahndurchbruch)
Krankheitsbild: Schwammartige Knochenwucherung im Unterkiefer, Zahnausfall und Zahnverschiebungen

WILDKRANKHEITEN

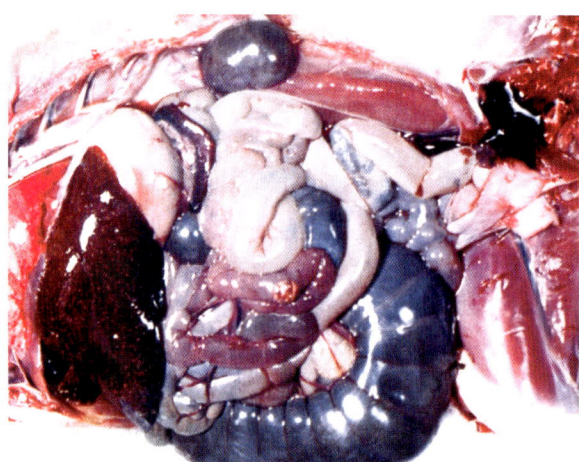

Pseudotuberkulose beim Hasen mit Veränderung der inneren Organe

Salmonellose
- häufige Erkrankung bei Säugetieren, Vögeln
- Zoonose!
- Wildbret genussuntauglich!

Erregerausscheidung: Kot, Urin, Milch
Erregeraufnahme: Mit der Nahrung
Krankheitsbild: Durchfall, Darmentzündung

Pseudotuberkulose (Rodentiose)
- insbesondere bei Hasenartigen und Nagern
- bei Feldhasen wohl verlustreichste bakterielle Krankheit
- Zoonose!
- Wildbret genussuntauglich!

Krankheitsbild: Abmagerung, Milzschwellung, Darmentzündungen, verkäste Herde in Leber, Milz u. Lunge

Gamsblindheit
- Lidbindehautentzündung insbesondere bei der Gams
- verursacht durch sehr kleine, zwischen Virus und Bakterien einzuordnende Mikroorganismen
- Wildbret i. d. R. genusstauglich!

Erregeraufnahme: Direkter Kontakt, evtl. über Fliegen
Krankheitsbild: Hornhauttrübung, Blindheit

Ornithose (Papageienkrankheit, Psittakose)
- durch bakterienähnliche Erreger übertragene Krankheit bei Vögeln und hier v. a. Tauben
- Zoonose!

Erregeraufnahme: Einatmung von erregerhaltigen Stäuben
Krankheitsbild: Beim Menschen Lungenentzündung; bei Vögeln gesträubtes Gefieder, Nasen- und Augenfluss, blutiger Durchfall
Prophylaxe: Vor dem Rupfen Gefieder nass machen, Mundschutz tragen

Weitere bakterielle Infektionen
Brucellose: Zoonose insbesondere bei Hasen/Wildschweinen (Entzündungen der Hoden oder Gebärmutter)
Tularämie: Zoonose bei Hasen, Kaninchen und Nagetieren
Pasteurellose: Bei Schalenwild, Hasen, Kaninchen, Hühnervögeln und Wassergeflügel (Lungenentzündung, Schwellungen der Leber und Milz, Darmentzündungen, Blutarmut, Gelenkschwellungen)
Tuberkulose: Zoonose bei allen Wirbeltieren (käsige Herde in inneren Organen)
Milzbrand: Zoonose bei Säugetieren (teerartige, nicht gerinnende Blutungen, Milzschwellung)

Beachte
Nagerseuche = Pseudotuberkulose
Hasenseuche = Pasteurellose
Hasenpest, Nagerpest = Tularämie

Die wichtigsten parasitären Infektionen

Allgemeine Bemerkungen

Es handelt sich bei diesen Infektionen um Krankheiten, die durch Parasiten (= Schmarotzer) verursacht werden. Ein Parasit ist ein Tier, das dauernd oder vorübergehend ein Leben zu Lasten eines anderen Lebewesens, seines Wirtstiers, führt. Zu unterscheiden sind generell
▶ **Endoparasiten:** parasitieren innerhalb des Wirtskörpers (z. B. Würmer)
▶ **Ektoparasiten:** parasitieren auf oder in der Außenhaut (z. B. Zecken, Flöhe.)

Entwicklungskreislauf

Die Entwicklung der meisten Parasiten vom Ei zum geschlechtsreifen Tier findet teilweise außerhalb des Wirtskörpers nach folgendem Grundschema statt (s. obere Abb. ggü.):
▶ Erregeraufnahme (z. B. Larven werden über die Äsung aufgenommen)
▶ Entwicklung im Wildkörper (z. B. über Larvenstadium zum geschlechtsreifen Tier)
▶ Ausscheidung (z. B. Eier werden über Losung ausgeschieden)
▶ Weiterentwicklung außerhalb des Wirts (z. B. vom Ei zur Larve)

Bei einigen Parasiten ist für die Entwicklung ein Zwischenwirt nötig. Die Weiterentwicklung außerhalb des Wirts erfolgt dann in einem oder mehreren Zwischenwirt(en) (s. untere Abbildung).

Merke

Wildbret von mit Parasiten befallenen Tieren ist in der Regel genusstauglich! Ausnahmen werden genannt. Bitte beachten!

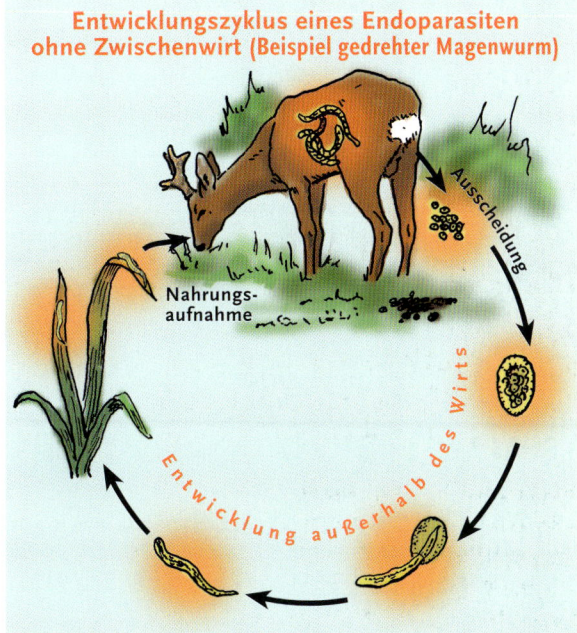

Entwicklungszyklus eines Endoparasiten ohne Zwischenwirt (Beispiel gedrehter Magenwurm)

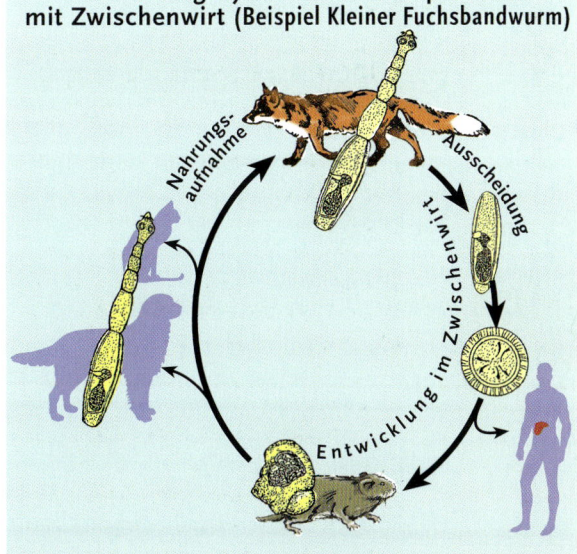

Entwicklungszyklus eines Endoparasiten mit Zwischenwirt (Beispiel Kleiner Fuchsbandwurm)

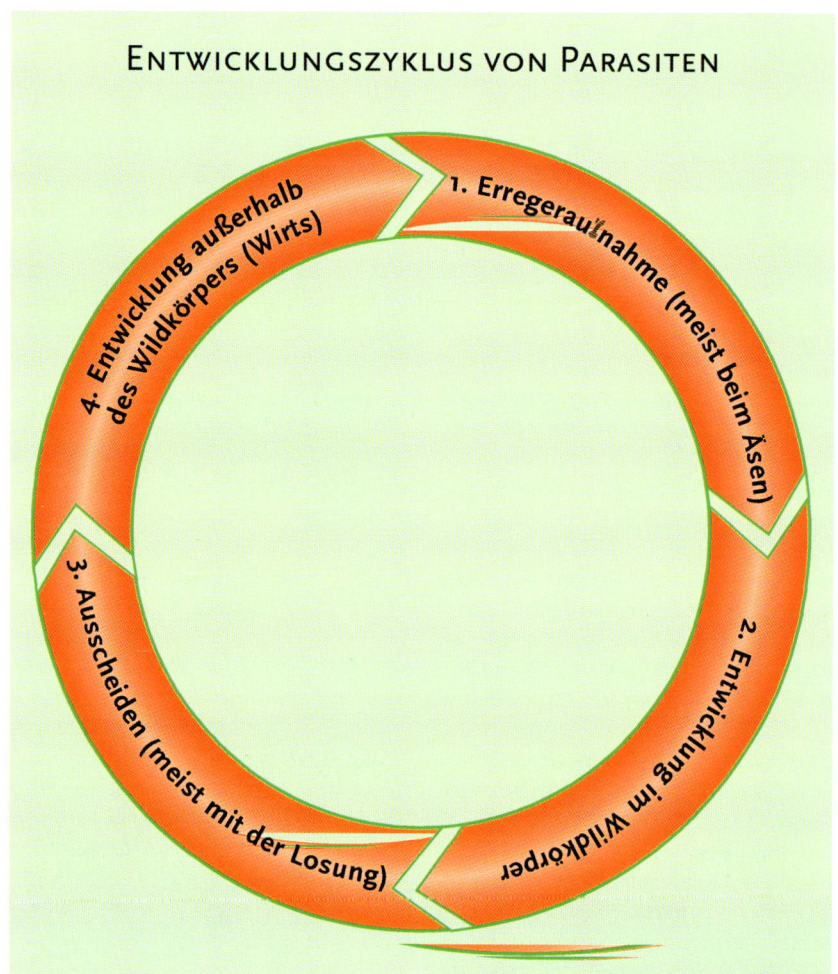

Endoparasiten

Magen-Darm-Würmer
▸ Verschiedene, meist wirtsspezifische Fadenwürmer kommen bei allen Wildarten vor.
▸ Entwicklung teilweise außerhalb des Wirts, bei einigen Arten mit Zwischenwirt
Entwicklungskreislauf: Grundschema ohne Zwischenwirt wie obere Abb.: Auf-

> **Merke**
>
> Bei vielen Parasiten findet eine Entwicklung außerhalb des Wildkörpers statt. Hier kann der Kreislauf durch Vertilgung der jeweiligen Zwischenstadien durch Vögel unterbrochen werden. Aktiver Vogelschutz trägt also zur Gesunderhaltung unserer Wildtierbestände bei.

ENDOPARASITEN

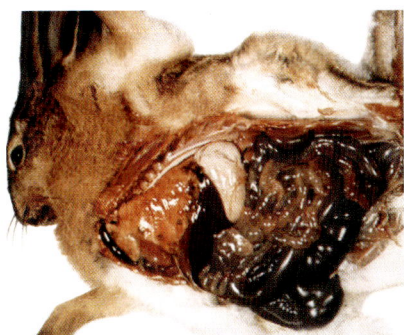

Hase mit Magen-Darm-Wurmbefall (und Lungenwürmern)

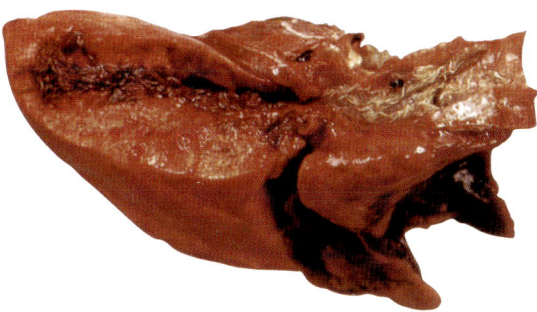

Lunge eines Jährlings, befallen vom Großen Lungenwurm

nahme der Larven mit der Äsung – im Magen wachsen Larven zu Würmern – Würmer legen Eier, die mit Losung ausgeschieden werden – aus Eiern entwickeln sich Larven, die mit der Äsung (Gräser) aufgenommen werden.
Krankheitsbild: Durchfall, Abmagerung, struppiges Haarkleid, Magen-Darm-Entzündung

Großer und Kleiner Lungenwurm
▶ bei allen Wildarten, besonders Schalenwild und Hasen
Krankheitsbild: Husten, Abmagerung, struppige Decke und Lungenschäden
Entwicklungskreislauf Großer Lungenwurm: Grundschema ohne Zwischenwirt: Aufnahme von Larven mit der Äsung (Gras) – Larven wandern in Lunge und werden zu geschlechtsreifen Würmern – Würmer legen Eier, aus denen Larven schlüpfen – Brut wird hochgehustet, abgeschluckt und gelangt über Losung ins Freie – Larven erklimmen Gräser und werden mit der Äsung aufgenommen.
Entwicklungskreislauf Kleiner Lungenwurm: Grundschema mit Schnecke als Zwischenwirt: Aufnahme von larvenhaltigen Schnecken (= Zwischenwirt) mit der Äsung – Larve wandert in Lunge, wird zum Wurm, der Eier legt, aus denen Larven schlüpfen – Larven werden aufgehustet, abgeschluckt und gelangen über Losung ins Freie – Larven dringen in Schnecken ein (Zwischenwirt) – Schnecken erklimmen Gräser und werden so mit Äsung aufgenommen. Bei Schwarzwild dient statt der Schnecke der Regenwurm als Zwischenwirt.

Großer und Kleiner Leberegel
▶ bei allen Wiederkäuern und Hasen
▶ Leber genussuntauglich!
Krankheitsbild: Selten Krankheitserscheinungen, bei starkem Befall Abmagerung, Bohrgänge in der Leber, Verdickung der Gallengänge

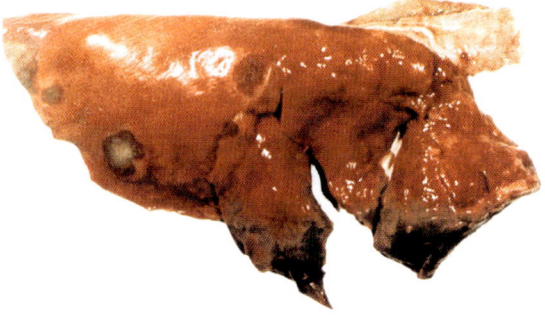

Rehlunge, befallen vom Kleinen Lungenwurm

Großer Leberegel (Muffelwildleber)

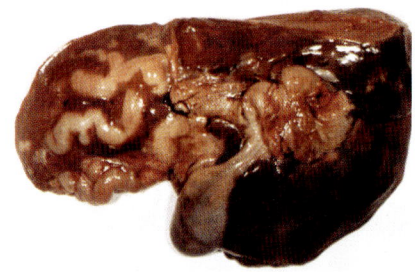

Entwicklungskreislauf Großer Leberegel: Grundschema mit Schnecke als Zwischenwirt: Aufnahme von Leberegelzysten (Larven) mit dem Futter – Magensaft löst deren Kapseln auf und Larven wandern zur Leber – die sich entwickelnden Egel legen Eier, die mit Galle in den Darm gelangen und ausgeschieden werden – aus den Eiern schlüpfen Flimmerlarven, die in die Zwergschlammschnecke eindringen – geschwänzte Larven verlassen Schnecken und kapseln sich ein (Zyste).

Entwicklungskreislauf Kleiner Leberegel: Grundschema mit Schnecke und Ameise als Zwischenwirten: Aufnahme von larvenhaltigen Ameisen mit der Äsung (befallene Ameisen beißen sich an den Spitzen von Pflanzen fest und verbleiben dort über Nacht) – Larven wandern vom Darm in die Leber, wo sie sich zum Egel entwickeln – Egel legt Eier, die mit Galle in den Darm gelangen und ausgeschieden werden – Schnecken nehmen Eier auf und scheiden später Larven aus – Larven werden von Ameisen aufgenommen und entwickeln sich weiter.

Bandwürmer

- artspezifische Plattwürmer bei allen Haus- und Wildtieren
- bei Hundebandwurm und Fuchsbandwurm Mensch als Fehlzwischenwirt möglich

Bedeutung für den Menschen: Mensch kann Fehlzwischenwirt sein und erkrankt an Echinokokkose! Übertragung erfolgt oral über die Hände oder durch schlichtes Einatmen der winzigen Eier z. B. beim Abbalgen eines Fuchses. Finne parasitiert in der menschlichen Leber, gelegentlich auch im Gehirn. Erkrankung kann tödlich sein! In der BRD erkranken derzeit (2009) jährlich ca. 25 Menschen. In einer Finne können sich bis zu 200.000 Bandwurmanlagen befinden, ohne dass das befallene Tier äußerlich erkennbare Krankheitsmerkmale aufweist. Ähnliches gilt für den Hundebandwurm. Ca. 10–70 % der Füchse gelten als befallen; Nord-Süd-Gefälle.

Schutzmaßnahmen: Beim Abbalgen von Füchsen Schutzhandschuhe und Mundschutz tragen, Balg nass machen; Hunde alle 6–8 Wochen, zumindest aber alle 3 Monate entwurmen; Hund davon abhalten sich in Kot zu wälzen oder Kot zu fressen; Füchse nur mit Handschuhen anfassen; nicht „Strecke legen" zusammen mit Wild, das als Lebensmittel dienen soll; niedrig wachsende Waldfrüchte vor dem Verzehr gründlich waschen; allgemeine Hygienemaßnahmen beachten

Kaninchenmagen mit Hundebandwurmfinnen

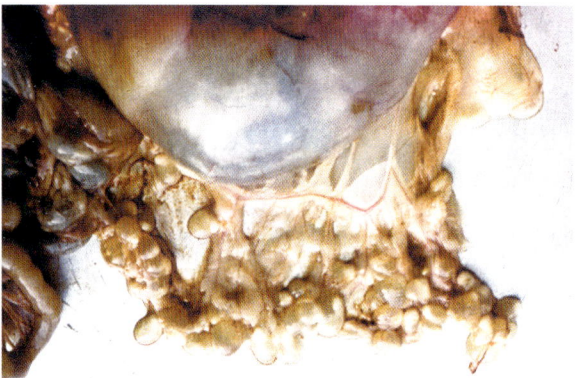

ENDOPARASITEN

Entwicklungskreislauf Fuchsbandwurm:
Grundschema mit Zwischenwirt Maus:
- Wirt = Fuchs: Bandwurm im Darm
- Zwischenwirt = Maus: Finne in der Leber
- Fehlzwischenwirt = Mensch: Finne in der Leber/im Gehirn

Bandwurm parasitiert als wenige Millimeter langer Wurm im Darm des Fuchses und scheidet Eier aus – Eier werden von Nagetieren (Mäusen) aufgenommen – aus den Eiern schlüpfen Larven, die sich in der Leber zu einer Finne entwickeln – Nager wird von Fuchs aufgenommen, im Darm entwickelt sich ein Bandwurm.

Trichinen
- Zoonose (Muskeltrichine) mit Todesfällen!
- Trichinenuntersuchungspflicht bei allen Fleisch- und Allesfressern, sofern für den menschlichen Verzehr vorgesehen!
- wichtigste Träger: Wildschwein und Fuchs
- wichtigste Ansteckungsquelle für Mensch: rohes Schweinefleisch

Entwicklungskreislauf: Ansteckung durch Verzehr von rohem, trichinenhaltigem (eingekapselte Larven) Fleisch (Erhitzen oder Gefrieren führen zum Tod der Larven) – Magensaft löst Kapsel auf – aus Larve entwickelt sich Wurm, der im Darm parasitiert („Darmtrichine") – Wurm gebiert in wenigen Tagen mehrere tausend Larven – Larven wandern über Blutweg in die Muskulatur und kapseln sich ein („Muskeltrichine").

Krankheitsbild: Fieber, Durchfall, Erbrechen (Darmtrichine); rheumatische Muskelbeschwerden (Muskeltrichine)

Erkennung: Muskeltrichine nur mikroskopisch nachweisbar, daher auch amtliche Untersuchung vorgeschrieben. Trichinenproben werden aus Zwerchfellpfeiler und Vorderlaufmuskulatur entnommen.

Kokzidien
- Sammelbezeichnung für eine Vielzahl von Erkrankungen, die durch einzellige Parasiten (Kokzidien) verursacht werden, z. B. Darmkokzidiose, Leberkokzidiose
- Befallen werden v. a. Hasen, Kaninchen, Geflügel, besonders Jungtiere.
- typische Herbsterkrankung bei Junghasen

Krankheitsbild: Schleimig wässriger Durchfall (Darmkokzidiose), verdickte, weiße Gallengänge (Leberkokzidiose)

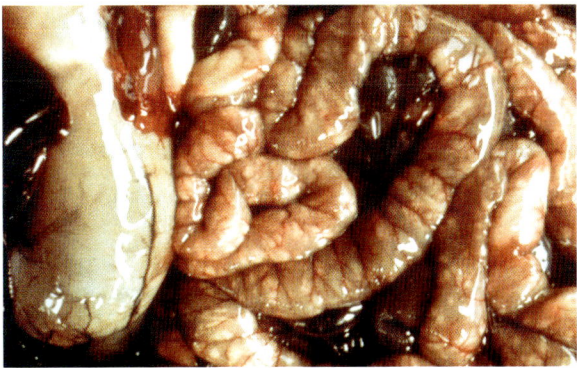

Kokzidienbefall bei Junghasen mit glasig verdicktem Dünndarm und durchscheinenden Herden.

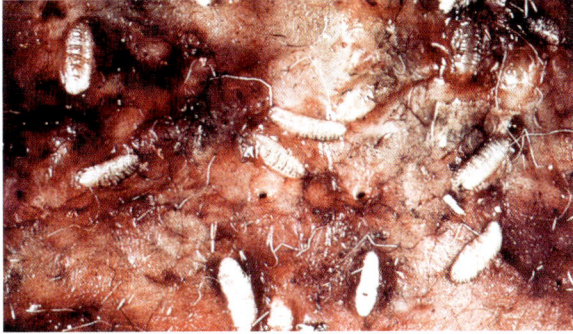

Hautdassellarven auf der Innenseite der Rückenhaut eines Rehs

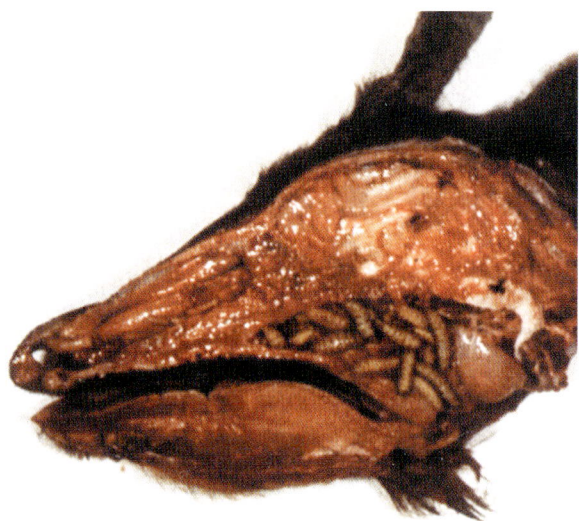

Rachendassellarven in einem Rehbockhaupt (Querschnitt)

Ektoparasiten

Hautdasseln
▸ Larven von Dasselfliegen, die in der Decke parasitieren
▸ insbesondere bei Reh- und Rotwild vorkommend
Entwicklungskreislauf: Fliege legt Eier auf der Decke von Schalenwild ab (Mai bis August) – aus Eiern schlüpfen Larven, die sich in die Haut des Wirts bohren – Larven wandern unter der Haut zur Rückenpartie, bohren sich dort ein Atemloch und bleiben bis März/April – von Dezember bis März sind Beulen auf dem Rücken des Wirts ertastbar – im März verlassen reife Dassellarven den Wirt und verpuppen sich am Boden – aus den Puppen schlüpfen wieder Fliegen, die Eier legen.

Rachendasseln
▸ Larven von Dasselfliegen (Rachenbremsen), die im Nasen-Rachenraum parasitieren
▸ Häufige Erkrankung bei Rehwild (Rotwild)
Entwicklungskreislauf: Von Juni bis August legen die Fliegen (lebendgebärend) Larven am Windfang ab – Larven wandern in Nasenhöhle, setzen sich fest und überwintern hier (bis 50 Larven) – wachsen hier bis zur Verpuppungsreife (2 bis 3 cm Länge) – werden im April/Mai ausgehustet, fallen zu Boden und verpuppen sich – nach 4–6 Wochen schlüpft die Fliege, die wiederum Larven absetzt.

Milben (Erreger der Räuden)
▸ wirtsspezifische Spinnentiere
▸ vor allem bei Gams, Fuchs (Schwarzwild)
Erregerübertragung: Kontakt
Krankheitsbild: Juckreiz, Haarausfall, Hautentzündungen, Abmagerung, Tod

Zecken
▸ Überträger von Borreliose (Bakterienerkrankung) und FSME (Viruserkrankung)

Läuse, Flöhe, Haarlinge, Federlinge, Insekten
▸ teilweise Überträger von Krankheiten
▸ ansonsten ohne besondere Bedeutung für unser Wild

Milben

Kurzübersicht Wildkrankheiten

Virusinfektionen

Krankheit	Wildart	Infektion	Merkmale	Besonderheit
Tollwut	Säugetiere	Biss	1. Verlust der Scheu 2. Beißphase (entfällt bei „Stiller Wut") 3. Lähmungserscheinungen/Tod	Zoonose, Anzeigepflicht
Schweinepest	Schweine	Kontakt Schleimhaut	Fieber, schwankender Gang, Blutungen an Blase, Kehlkopfdeckel	Anzeigepflicht
Myxomatose	Kaninchen	Äsung/Stich	Löwenkopf, Schwellungen der Körperöffnungen	
RHD	Kaninchen	Äsung	Innere Blutungen	
EBHS	Hasen	Äsung	Organentzündungen	
FSME	Säugetiere Schalenwild	Zeckenbiss Kontakt-Schmierinfektion	Hirnhautentzündung Bläschen an Hals und Klauen	Zoonose Zoonose
Geflügelpest/ Vogelgrippe	Wildvögel	direkter Kontakt	Fund (i. d. R. zahlreicher) toter Vögel	Übertragung auf Mensch (Pandemie)
Blauzungenkrankheit	Schalenwild außer Schwarzwild	Stechmücke	blaue Zunge intensität noch unklar	Verbreitungs-
Schmallenbergvirus	Schafe, ev. Wild	Stechmücken	Missbildungen, Totgeburten	Derzeit ohne größere Bedeutung für Wild

Bakterielle Infektionen

Krankheit	Wildart	Infektion	Merkmale	Besonderheit
Borreliose	Säuger	Zeckenbiss	Hautrötung/Lähmungen	Zoonose
Aktinomykose (Strahlenpilz)	Schalenwild (v. a. Reh)	Äsung/Mundverletzung	Kieferwucherung	Zoonose
Salmonellose	Säuger, Vögel	Äsung	Darmentzündung	Zoonose
Pseudotuberkulose	Hasenartige, Nager	Äsung	Gelbe Herde in Leber, Milz, Lunge	Zoonose

Kurzübersicht Wildkrankheiten (Fortsetzung)

Gamsblindheit	Gams	Kontakt/ Insekten	Hornhauttrübung	
Ornithose (Psittakose, Papageienkrankheit)	Vögel	Atmung Gefiederstaub	gesträubtes Gefieder/ verklebte Nasen	Zoonose, Anzeigepflicht

Endoparasiten

Krankheit	Wildart	Infektion	Merkmal	Besonderheit/ Zwischenwirt
Magen-Darm-Würmer	alle	Äsung	Durchfall	
Lungenwürmer	Säuger	Äsung	Husten Abmagerung	Kleiner L.: Schnecke, Regenwurm
Leberegel	Wiederkäuer/ Hasen	Äsung	Verdickung der Gallengänge	Großer L.: Schnecke Kleiner L.: Schnecke + Ameise
Bandwürmer Echinokokkose	Alle Wildarten	Äsung	Darmparasit	Zoonose Milben/Mäuse (Mensch)
Trichinen	Fleischfresser Allesfresser	Äsung	Durchfall, Muskelbeschwerden	Zoonose Darmtrichine, Muskeltrichine
Kokzidiose	Hasenartige/ Fasan u. a.	Äsung	Durchfall bei Junghasen	Herbsterkrankung

Ektoparasiten

Krankheit	Wildart	Infektion	Merkmal	Besonderheit
Hautdassel	Reh, Rotwild u. a.	Fliegen	Beulen am Rücken	
Nasen-Rachendassel	Reh u. a.	Fliegen	Husten	
Milben	Fuchs, Gams, Schwein	Kontakt	Haarausfall	Erreger der Räude
Zecken	Säuger Vögel	Biss		übertragen FSME, Borreliose

Waffenkunde

Grundbegriffe Waffenrecht und Waffentechnik ◄ 353
Erwerb und Besitz von Waffen und Munition ◄ 355
Führen und Schießen ◄ 362
Sonstige waffenrechtliche Vorschriften ◄ 364
Kalte Waffen ◄ 367
Langwaffen ◄ 368
Technische Waffenmerkmale ◄ 372
Schäfte ◄ 382

Visierungen, Optik und Montagen ◄ 384
Büchsenmunition ◄ 394
Flintenmunition ◄ 398
Geschosse ◄ 399
Ballistik ◄ 405
Kurzwaffen ◄ 412
Jagdliches Schießen ◄ 414
Pflege von Waffen und Optik ◄ 415
Waffenhandhabung ◄ 417

Grundbegriffe Waffenrecht und Waffentechnik

Waffen gehören zum täglichen Handwerkszeug des Jägers. Sachkunde im Bereich des Waffenrechts ist deshalb ebenso unverzichtbar wie solide Kenntnisse über die Technik der Jagdwaffen.

Schusswaffen

sind Gegenstände, die zum Angriff oder zur Verteidigung, zur Signalgebung, zur Jagd, zur Distanzinjektion, zur Markierung, zum Sport oder zum Spiel bestimmt sind und bei denen Geschosse durch einen Lauf getrieben werden. Nach dem Antrieb bzw. der Baulänge und der Schussfolge werden unterschieden:

▶ **Feuerwaffen:** alle Schusswaffen, bei denen zum Antrieb der Geschosse heiße Gase verwendet werden. Luftgewehre sind z. B. also Schusswaffen, aber keine Feuerwaffen.

▶ **Langwaffen:** Schusswaffen, deren Lauf und Verschluss in geschlossener Stellung insgesamt länger als 30 cm sind

Auch eine Feuerwaffe: historisches Steinschlossgewehr aus dem Deutschen Jagd- und Fischereimuseum, München

und deren kürzeste bestimmungsgemäß verwendbare Gesamtlänge 60 cm überschreitet.

▶ **Kurzwaffen:** alle Schusswaffen, die keine Langwaffen sind

▶ **Automatische Schusswaffen:** Schusswaffen, die nach Abgabe eines Schusses selbsttätig erneut schussbereit werden und bei denen aus demselben Lauf durch einmalige Betätigung des Abzuges meh-

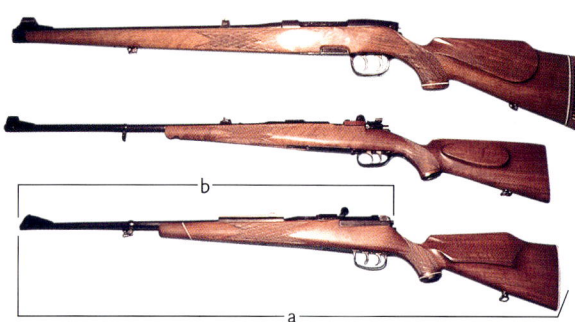

Langwaffen (oben ein Stutzen): „Gesamtlänge" (a) und die Länge von „Lauf mit Verschluss" (b) sind waffenrechtlich relevante Merkmale.

rere Schüsse (Vollautomaten) oder jeweils nur ein Schuss (Halbautomaten) abgegeben werden kann. (Double-Action-Revolver sind keine Halbautomaten, da nicht selbsttätig erneut gespannt!)

Gegenstände mit schusswaffenrechtlichem Status
Den Schusswaffen sind nach dem Waffenrecht die wesentlichen Teile einer Waffe gleichgestellt:
▸ der Lauf
▸ das Patronenlager, soweit es nicht bereits Bestandteil des Laufes ist
▸ der Verschluss
▸ bei Pistolen und Revolvern zusätzlich das Griffstück

Als Schusswaffen gelten rechtlich außerdem:
▸ Schalldämpfer: Schalldämpfer sind keine verbotenen Gegenstände! Zum Erwerb ist die Waffenbesitzkarte (WBK) erforderlich!
▸ tragbare Gegenstände zum Abschießen von Munition, z. B. mit Kartuschenmunition betriebene Bolzenschussapparate
▸ Armbrüste

Munitionsarten und Geschosse
Die Munitionsarten werden je nach Aufbau bzw. Bestandteilen in zwei Gruppen unterteilt.
▸ **Patronenmunition** besteht aus einer Patronenhülse und Ladung plus Geschoss. Hierzu zählen u. a. alle unsere Jagdbüchsen und Jagdschrotpatronen
▸ **Kartuschenmunition** besteht aus Hülse und Ladung, weist aber kein Geschoss auf.
Weitere Einteilung:
▸ **Pyrotechnische Munition**, also Munition mit Licht-, Schall- oder ähnlichen Effekten ohne Durchschlagskraft und
▸ **Hülsenlose Munition**
Geschosse sind für Schusswaffen bestimmte feste Körper sowie gasförmige, flüssige oder feste Stoffe in Umhüllungen.

Schusswaffen – Einteilung

	Langwaffen (Gewehre)	**Kurzwaffen (Faustfeuerwaffen)**
Bauliche Merkmale	▸ Lauf plus geschlossener Verschluss > 30 cm ▸ kürzeste bestimmungsgemäß verwendbare Gesamtlänge > 60 cm	Alle anderen Schusswaffen
Waffenarten	Büchsen, Flinten, kombinierte Waffen	Pistolen, Revolver

Arten des Schießens

Einschießen
Unter Einschießen verstehen wir die **Überprüfung** der Treffpunktlage einer Waffe **mit** anschließender **Korrektur der Visiereinrichtung** (z. B. Verstellung der Kimme bzw. des Zielfernrohres). Dies ist dem Jagdscheininhaber nach dem geltenden Waffenrecht **im Revier erlaubt.**

Anschießen
Unter Anschießen verstehen wir die Abgabe einiger Kontrollschüsse zur Feststellung der Treffpunktlage **ohne Korrektur der Visiereinrichtung.** Dies ist dem Jagdscheininhaber **im Revier erlaubt.**

Beschießen
Unter Beschießen verstehen wir die **Überprüfung** von **Schusswaffen** durch ein **staatliches Beschussamt.**

Erwerben und Besitzen

Diese beiden wichtigen Definitionen hängen eng mit dem Begriff der so genannten „tatsächlichen Gewalt" zusammen:

Es *erwirbt* eine Waffe oder Munition, wer die tatsächliche Gewalt darüber erlangt, d. h. wer die Möglichkeit erhält, nach eigenem Willen damit umzugehen, also z. B. durch Kauf, Leihe, Miete, Fund, Erbschaft und auch Diebstahl.

Es *besitzt* eine Waffe oder Munition, wer die tatsächliche Gewalt darüber ausübt.

Überlassen und Führen

Auch bei diesen beiden Begriffen hebt das Gesetz auf die tatsächliche Gewalt ab:

Es *überlässt* eine Waffe oder Munition, wer die tatsächliche Gewalt darüber einem anderen einräumt.

Es *führt* eine Waffe, wer die tatsächliche Gewalt darüber außerhalb der eigenen Wohnung, Geschäftsräume, des eigenen befriedeten Besitztums oder einer Schießstätte ausübt.

Erwerb und Besitz von Waffen und Munition

Wie jedem Bürger bekannt ist, werden zum Erwerben und zum Besitz, wie auch zum Führen von Waffen spezielle Genehmigungen benötigt. Diese Dokumente sind die Waffenbesitzkarte und der Waffenschein.

Daneben gibt es viele Ausnahmen, die diese Dokumente unter bestimmten Voraussetzungen ersetzen. Auch gibt es z. B. die Waffenbesitzkarte in verschiedenen Ausführungen mit verschiedenen Berechtigungen. Der Jäger muss über diese Dokumente genauestens Bescheid wissen, um nicht straffällig zu werden, was seine „Zuverlässigkeit" in waffenrechtlichem Sinne infrage stellen würde.

Betrachten Sie die nachstehenden Ausführungen deshalb stets aus zwei Blickwinkeln: Zum einen aus Sicht des Jägers (mit gültigem Jagdschein), zum anderen aus Sicht eines Bürgers, der nicht Jäger im vorgenannten Sinne ist.

WAFFENKUNDE

	überlassen	
am	an	Behörde (Dienstsiegel)
11	12	13
01.03.1996	Karla Kolumna, Schlagzeile 3, 20354 Sensationsheim	

Amtliche Eintragungen

(Dienstsiegel)

(Unterschrift)

Lfd. Nr.	Art	Bezeichnung der Munition oder des Kalibers	Berechtigt zum Erwerb bis zum Erlaubnisbehörde (Dienstsiegel)	Hersteller oder Warenzeichen (Modellbezeichnung)	Herstellungs-nummer	Berecht Munition (Dienst
1	2	3	4	5	6	7
1	Bockdoppelflinte	16/70		Beretta	12343	
2	Repetierbüchse	6,5 × 57		Voere	5676743	
~~3~~	~~Repetierstutzen~~	~~300 Win.~~		~~Bauer & Sohn~~	~~89191~~	

Die Waffenbesitzkarte (WBK)

Die Waffenbesitzkarte ist eine allgemeine Erlaubnis zum Waffenerwerb. Es gibt sie in drei Variationen.

Im Zusammenhang mit dem Jagdschein sprechen wir hier im Wesentlichen von der „normalen" Waffenbesitzkarte. Sie hat die Farbe Grün und wird deshalb umgangssprachlich auch als „Grüne Waffenbesitzkarte" bezeichnet.

Für Sportschützen gibt es die Waffenbesitzkarte in Gelb und für Waffensammler gibt es die Waffenbesitzkarte in Rot. Letztere stellt eigentlich schon ein kleines Buch dar.

Wer gewerbsmäßig (erlaubnispflichtig) mit Waffen handelt, hat ein Waffenhandelsbuch zu führen.

Aufgefaltete Vorder- und Rückseite der „Grünen Waffenbesitzkarte", die der Jäger erhält

Voraussetzungen zur WBK-Erteilung

Die Waffenbesitzkarte ist wie der Waffenschein eine waffenrechtliche Erlaubnis im Sinne des Waffenrechts. Zuständige Behörde zur Erteilung einer waffenrechtlichen Erlaubnis ist die Kreispolizeibehörde, also der Landkreis.

Eine Ausnahme stellt die Schießerlaubnis dar. Sie wird von der zuständigen Ortspolizeibehörde, dem Bürgermeister also, erteilt.

Für die Erteilung einer waffenrechtlichen Erlaubnis muss der Antragsteller folgende *allgemeine Voraussetzungen* erfüllen

▶ **Mindestalter 18 Jahre**
▶ **Sachkundigkeit:** Als Nachweis gilt z. B. die bestandene *Jägerprüfung*.
▶ **Bedürfnis:** Jagdscheininhabern wird ein Bedürfnis für den Erwerb und den Besitz von Langwaffen, zwei Kurzwaffen und jeweils dazugehörige Munition, sofern die Waffen nach BJG erlaubt sind, zugebilligt. Dieses Bedürfnis wird nach

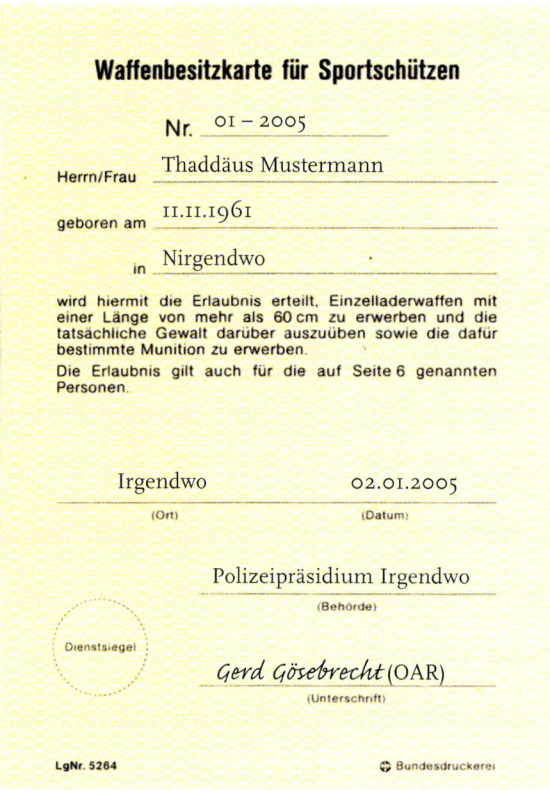

Das Deckblatt der „Gelben Waffenbesitzkarte" für Sportschützen

jeweils drei Jahren erneut überprüft – also regelmäßig den Jagdschein lösen!

▸ **Zuverlässigkeit:** Auch diese persönliche Voraussetzung wird alle drei Jahre überprüft. Als nicht zuverlässig (vgl. Jagdrecht) gelten z. B. Verbrecher, wer wegen einer vorsätzlichen Straftat zu mindestens einem Jahr Freiheitsentzug bzw. wegen einer Straftat nach dem Waffengesetz, dem Bundesjagdgesetz usw. zu einer Geldstrafe von mindestens 60 Tagessätzen verurteilt wurde, außerdem Mitglieder verbotener Vereine.

▸ **Persönliche Eignung:** Sie ist nicht gegeben bei z. B. Geschäftsunfähigkeit oder Rauschmittelsucht.

Der Regelfall: Waffenerwerb mit einer grünen Waffenbesitzkarte

Die Erlaubnis zum Erwerb und Besitz von Waffen wird durch die Ausstellung einer Waffenbesitzkarte oder den Eintrag in eine bereits vorhandene erteilt.

In die WBK muss dabei voreingetragen werden: Art, Anzahl und Kaliber der Waffe, z. B.: „1 Revolver, Kaliber .357 Mag."

Eine WBK mit Voreintrag ist *ein Jahr* lang als Erwerbserlaubnis *gültig*. Die Waffe muss also innerhalb eines Jahres erworben werden, da sonst der Voreintrag ungültig wird.

Nach einem Waffenerwerb ist dieser *binnen zwei Wochen* der Kreispolizeibehörde schriftlich *anzuzeigen* und die WBK zur Eintragung des Erwerbs vorzulegen. Eingetragen werden: Hersteller, Modell, Herstellungsnummer, Überlassungsdatum, Überlasser und ein Dienstsiegel.

Ausnahmen: Waffenerwerb ohne WBK

Von dem Regelfall des Waffenerwerbs unter Vorlage einer WBK gibt es eine Reihe von Ausnahmen. Einer WBK mit Voreintrag bedarf z. B. nicht,

▸ wer als Inhaber eines gültigen Jahresjagdscheines eine Langwaffe erwirbt, soweit diese nach BJG für die Jagdausübung

---

Die verschiedenen Funktionen der WBK

WBK mit Voreintrag
Waffenrechtliche Erlaubnis zum Erwerb – immer ein Jahr gültig!

WBK mit komplettem Eintrag
Erlaubnis zur Ausübung der tatsächlichen Gewalt – i. d. R. unbefristet gültig, Auflagen sind möglich

> **Waffenbesitzkarte**
> für Waffensammler und Waffensachverständige
>
> Nr. 01 – 2005
>
> Herr/Frau Thaddäus Mustermann
>
> geboren am 11.11.1961
>
> in Nirgendwo
>
> ist berechtigt, folgende Waffenarten
> Militär-Selbstladepistolen des Zeitraums 1936–1965
>
> zu erwerben und die tatsächliche Gewalt darüber auszuüben.
>
> Die Schußwaffen, die der Inhaber dieser Erlaubnis erworben hat und über die er die tatsächliche Gewalt ausüben darf, sind in der nachfolgenden Aufstellung aufgeführt.
>
> Irgendwo   02.01.2005
> (Ort)   (Datum)
>
> Polizeipräsidium Irgendwo
> (Behörde)
>
> [Dienstsiegel] *Gerd Gösebrecht* (OAR)
> (Unterschrift)
>
> LgNr. 5265 Bundesdruckerei Bonn 630133 10.78

Deckblatt der „Roten Waffenbesitzkarte" für Waffensammler

nicht verboten ist: Hier genügt die Vorlage eines Jahresjagdscheins zum Erwerb. Der Erwerb ist auch in diesem Falle innerhalb von zwei Wochen anzuzeigen. Anschließend hat die Eintragung in eine WBK zu erfolgen.

- wer eine Waffe auf einem *Schießstand vorübergehend* zum Schießen auf dem Schießstand erwirbt;
- wer während der Ausbildung zum Jäger nicht schussbereite Jagdwaffen unter Aufsicht des Ausbilders erwirbt;

- wer eine Waffe als *Erbe* oder Vermächtnisnehmer erwirbt. Binnen eines Monats nach der Annahme des Erbes muss in diesem Fall die WBK beantragt werden. Die Schusswaffen müssen, sofern der Erbe nicht sachkundig ist oder kein Bedürfnis für den Besitz nachweisen kann, mit einem Verschlusssystem versehen werden, das ein Schießen mit der Waffe unmöglich macht;
- wer als *Inhaber* eines *Jugendjagdscheines* Schusswaffen für die *Dauer der Jagdausübung* erwirbt (z. B. von der Begleitperson – das Mindestalter entfällt hier!)
- wer als *Inhaber* einer (beliebigen) *WBK* eine Waffe *für längstens einen Monat* für einen von seinem Bedürfnis umfassten Zweck oder im Zusammenhang damit erwirbt (z. B. Jäger leiht sich für längstens einen Monat Waffen zur Jagdausübung). Hier ist aber ein *Überlassungsschein* erforderlich: Er muss den Namen des Überlassers sowie des Besitzberechtigten und das Datum der Überlassung enthalten.

Achtung: Sofern ein Jagdscheininhaber längstens für einen Monat Langwaffen für einen von seinem Bedürfnis umfassten Zweck erwerben möchte, steht der Jagdschein einer WBK gleich!
- wer als WBK-Inhaber Waffen *vorübergehend* zum Zweck der sicheren *Verwahrung* oder *Beförderung* erwirbt;
- wer Waffen *vorübergehend* zur *gewerbsmäßigen Beförderung* oder *Lagerung* erwirbt (Spediteur, Postbote);
- wer Waffen mit *F-Zeichen* erwirbt (z. B. Luftdruckwaffen mit Bewegungsenergie unter 7,5 Joule);
- wer Waffen mit *PTB-Zeichen* erwirbt (z. B. Schreckschuss- u. Signalwaffen zugelassener Bauart);
- wer als Inhaber einer WBK *Einsteckläufe, Wechselläufe* oder *Austauschläufe* und *Wechselsysteme gleichen* oder *geringeren Kalibers* für bereits in der WBK eingetragene Schusswaffen erwirbt.

Langwaffenerwerb durch Jagdscheininhaber (Ausnahmeregelung)

Der Jahresjagdschein muss selbstverständlich gültig, d. h. darf nicht abgelaufen sein. Unterschieden wird zwischen dem Erwerb einer Jagdwaffe und anderer Waffen wie z. B. Kurzwaffen etc.

Nach dem BJG zur Jagd zugelassene Langwaffen (also z. B. keine Selbstladewaffen mit mehr als zwei Patronen Magazinkapazität) können mit einem *gültigen Jahresjagdschein* erworben (z. B. gekauft oder geliehen) werden. Eine WBK muss also beim Erwerb noch nicht vorliegen.

Der Erwerb ist *innerhalb von zwei Wochen* bei der *Kreispolizeibehörde* unter Vorlage eines Kaufvertrags oder einer Rechnung (Lieferschein) *anzuzeigen*.

Die Behörde stellt nun eine WBK aus oder trägt in eine vorhandene ein:
- Waffenart (z. B. Repetierbüchse)
- Kaliber
- Hersteller (Modell)
- Herstellungsnummer
- Überlasser und Überlassungsdatum
- Dienstsiegel

Mit Ausnahme des Dienstsiegels kann auch ein Händler die Einträge vornehmen.

Kurzwaffenerwerb durch Jagscheininhaber (Regelfall)

Vor dem Erwerb einer Kurzwaffe ist zunächst eine WBK unter Angabe von *Art* und *Kaliber* der gewünschten Waffe zu beantragen. Für bis zu zwei Kurzwaffen genügt der Jahresjagdschein als Bedürfnisnachweis, für weitere Waffen muss das Bedürfnis gesondert nachgewiesen werden.

Die Behörde stellt nun eine WBK aus, die zum Erwerb der im Antrag bezeichneten Kurzwaffe innerhalb eines Jahres berechtigt (WBK mit Voreintrag). Der Erwerber muss also schon bei Erwerb im Besitz einer (beliebigen) WBK sein.

Nach dem Erwerb ist dieser der Kreispolizeibehörde *binnen zwei Wochen anzuzeigen*. Die Behörde trägt fehlende Daten ein (s. Langwaffen).

Diese Vorgehensweise gilt auch für Selbstladewaffen, deren Magazine mehr als zwei Patronen aufnehmen können, für Schalldämpfer u. a.

WBK-Austrag

Der *Überlasser* muss die überlassenen Waffen *innerhalb* von *zwei Wochen* aus seiner WBK *austragen* bzw. der *Händler* das *Überlassen innerhalb* von *zwei Wochen* der zuständigen Behörde *anzeigen*. Bei nur vorübergehendem Überlassen (maximal ein Monat) von für die Jagd zugelassenen Schusswaffen entfallen Austrag bzw. Anzeige, hier reicht ein „Überlassungsschein".

MUNITIONSERWERB FÜR JÄGER (JAGDSCHEININHABER)

Langwaffe:	Kurzwaffe:
• Kauf mit gültigem Jagdschein	• Kauf mit WBK mit **Kauferlaubnis** (Voreintrag)

Munition – Erwerb und Besitz

Der Regelfall: Munitionserwerb mit WBK
Voraussetzung für den Munitionserwerb und -besitz ist grundsätzlich die *Vorlage* einer *Waffenbesitzkarte* mit entsprechendem *Vermerk* – er gilt nur für die Munition der in der entsprechenden Zeile eingetragenen Waffe – oder die *Vorlage* eines *Munitionserwerbsscheines*.

Ausnahmen: Munitionserwerb ohne WBK
Keine Erlaubnis zum Erwerb und Besitz von Munition benötigt,
▶ wer auf dem *Schießstand* Munition zum *sofortigen Verschießen* erwirbt;

VORÜBERGEHENDER WAFFENERWERB FÜR JÄGER (längstens 1 Monat)

Langwaffe	Kurzwaffe
• Erwerb unter Vorlage eines gültigen Jagdscheines oder einer beliebigen WBK (ohne Voreintrag) • Überlassungsschein (ohne Anzeige)	• Erwerb unter Vorlage einer beliebigen WBK (ohne Voreintrag) • Überlassungsschein (ohne Anzeige)

▶ wer unter Vorlage eines gültigen *Jagdscheins* (*nicht* Jugendjagdscheins!) *Langwaffenmunition* (für die Jagd zugelassene Büchsen- und Flintenmunition) erwirbt. Für *Kurzwaffenmunition* braucht also auch der Jäger eine WBK mit Vermerk!
▶ wer als *Jugendjagdscheininhaber* Munition nur für die *Dauer* der *Jagdausübung* (Training, Schießwettkämpfe) erwirbt;
▶ wer Munition für Waffen erwirbt, die er als WBK-Inhaber für max. einen Monat für einen von seinem Bedürfnis umfassten Zweck (z. B. Jagdausübung) oder im Zusammenhang damit erwirbt;
▶ wer als WBK-Inhaber Munition vorübergehend zum Zweck der sicheren Verwahrung und Beförderung erwirbt. *Achtung! Mindestmenge* beim Erwerb von Munition ist immer eine *Verpackungseinheit* (Ausnahme: Munitionserwerb auf Schießstätten)!

Führen und Schießen

Regelfall: Führen mit Waffenschein
Voraussetzung zum Führen einer Waffe ist grundsätzlich der Besitz eines gültigen *Waffenscheines*. Die Waffenbesitzkarte berechtigt nur zum Erwerb und Besitz einer Waffe, nicht aber zum Führen!

Für Schreckschuss- u. Signalwaffen reicht der „kleine Waffenschein" – er wird ohne Sachkunde- und Bedürfnisnachweis erteilt. *Achtung:* der „Waffenschein" schließt den „kleinen Waffenschein" nicht ein!

Ausnahmen: Führen ohne Waffenschein
Einen Waffenschein benötigt zum Führen einer Waffe nicht,
▶ wer Jagdwaffen bei der befugten *Jagdausübung*, einschließlich *Ein*- und *An*schießens* im *Revier*, zur *Ausbildung von Jagdhunden*, zum *Jagdschutz* oder Forstschutz und im Zusammenhang damit (Hin- und Rückweg) führt.

Der Jäger darf die Jagdwaffen (inkl. Kurzwaffen) bei den genannten Tätigkeiten zugriffsbereit und geladen führen, im Zusammenhang mit diesen (Hin- und Rückweg) müssen die Waffen *entladen* (nicht schussbereit) geführt werden;
▶ wer in der Ausbildung zum Jäger nicht schussbereite Jagdwaffen unter Aufsicht eines Ausbilders führt (Jugendliche müssen Berechtigungsschein, vom Sorgeberechtigten und Ausbildungsleiter unterschrieben, mitführen);
▶ wer Schusswaffen lediglich *ungeladen* und *nicht zugriffsbereit* (d. h. verpackt in verschlossenem Behältnis) befördert, sofern das zu einem von seinem Bedürfnis umfassten Zweck erfolgt (z. B. zum Schießstand oder Büchsenmacher!);
▶ wer eine Schusswaffe *mit Zustimmung eines anderen* in dessen *Wohnung, Geschäftsraum, Schießstätte* oder *befriedetem Besitztum* zu einem von seinem Bedürfnis umfassten Zweck oder im Zusammenhang damit führt.

Führen mit WBK und/oder Waffen- bzw. Jagdschein
Wer eine Schusswaffe *ungeladen* und *nicht zugriffsbereit* führt, muss die WBK mit sich führen und Polizeibeamten auf Verlangen vorzeigen. Bei vorübergehender Überlassung genügt der Überlassungsschein, bei Erwerb innerhalb der letzten zwei Wochen, also vor Verstreichen der Anzeigefrist, der Lieferschein oder die Rechnung.

Wer eine Schusswaffe *zugriffsbereit* und/oder *geladen* führt, muss darüber hinaus noch einen *Waffenschein* bzw. *Jagd-*

ERLAUBNIS ZUM FÜHREN VON WAFFEN

Regelfall	Jäger (Ausnahmeregelung)
Voraussetzung: • Waffenschein	Voraussetzung: • gültiger Jagdschein • befugte Jagdausübung • Ein- und Anschießen • Hundeausbildung • Jagdschutz • Hin- und Rückweg zum Revier, hierbei jedoch **entladen**

schein (bei Jagdausübung und Hin- und Rückweg) mit sich führen.

Merke: Das *Führen von Waffen* (auch Hieb- und Stoßwaffen) bei *öffentlichen Veranstaltungen* (Volksfesten, Messen, Märkten) ist *grundsätzlich verboten* (Ausnahmen sind möglich).

Regelfall: Schießen mit Schießerlaubnis
Wer mit Schusswaffen schießen möchte, benötigt hierzu eine *Schießerlaubnis* von der *Ortspolizeibehörde* (Bürgermeister).

Voraussetzung für die Erteilung einer solchen ist unter anderem die Vorlage einer speziellen *Haftpflichtversicherung*.

Ausnahmen: Schießen ohne Schießerlaubnis
Ohne eine Schießerlaubnis der Ortspolizeibehörde darf z. B. schießen,
▸ wer auf einer *Schießstätte* schießt;
▸ wer als Jäger mit Jagdwaffen bei der *befugten Jagdausübung,* einschließlich des *An-* und *Einschießens,* zur *Ausbildung* von

FÜHREN, UM WAFFEN ZU BEFÖRDERN BZW. ZU TRANSPORTIEREN

gewerbsmäßig:	nicht gewerbsmäßig:
• keine Auflage an Person (angestellt) • Verpackt durch Absender	• Person mit Sachkunde (nachgewiesen durch WBK) • Ungeladen, verpackt, nicht zugriffsbereit

Jagdhunden, beim *Jagdschutz* oder *Forstschutz* schießt;
▶ wer als Inhaber des Hausrechts oder mit dessen Zustimmung im befriedeten Besitztum mit Schusswaffen schießt, deren Geschosse eine Bewegungsenergie von nicht mehr als 7,5 Joule erreichen, sofern die Geschosse das Besitztum nicht verlassen können;
▶ jedermann, der sich in *Notwehr* oder im *Notstand* befindet.

Sonstige waffenrechtliche Vorschriften

Neben dem Erwerb und eigentlichen Umgang mit Waffen muss der Jagdscheinaspirant über einige weitere waffenrechtliche Tatbestände Bescheid wissen.

Beschusspflicht
Feuerwaffen, sowie deren höchstbeanspruchte Teile (Lauf, Verschluss, Patronenlager) unterliegen der amtlichen Beschusspflicht nach ihrer Herstellung bzw. Einfuhr sowie nach einer Veränderung und Instandsetzung.

Der Beschuss wird von *Beschussämtern* durchgeführt. Geprüft werden bei jeder Feuerwaffe die
▶ vorgeschriebene Kennzeichnung (Hersteller, Kaliber, Herstellungsnummer),
▶ Maßhaltigkeit,

Führen von Schusswaffen durch den Jäger

Direkter Weg von zu Hause in den Jagdbezirk: Die Waffe muss entladen, darf aber zugriffsbereit sein.

Im Jagdbezirk: Bei der Jagdausübung und Ausübung des Jagdschutzes darf die Waffe geladen und zugriffsbereit sein.

Sonstige Gelegenheiten: Auf dem Weg zum Büchsenmacher, zum Schießstand, bei Kauf i. S. d. Gesetzes und Ähnlichem muss die Waffe entladen und in einem verschlossenen Behältnis verpackt sein.

ERLAUBNIS ZUM SCHIESSEN MIT SCHUSSWAFFEN

Regelfall:

Voraussetzung:
• Schießerlaubnis der Ortspolizeibehörde (=Bürgermeister)

Jäger:
(Ausnahmeregelung)

Voraussetzung:
• gültiger Jagdschein
• befugte Jagdausübung
• Ein- und Anschießen
• Hundeausbildung
• Jagdschutz
• Notwehr und Notstand

- Funktionssicherheit,
- Haltbarkeit.

Nach bestandener Prüfung wird die Waffe mit diversen *amtlichen Prüfzeichen* versehen, ohne die Feuerwaffen anderen nicht überlassen bzw. zum Schießen verwendet werden dürfen:

- *Bundesadler* (auf allen wesentlichen Teilen)
- *Kennbuchstabe* für die *Art des Beschusses*, z. B. Nitro- oder Schwarzpulver (auf allen wesentlichen Teilen)
- *Ortszeichen des Beschussamtes*
- *Jahreszeichen*

Auch manche ausländische Beschusszeichen sind in Deutschland anerkannt!

Verbotene Gegenstände

Unter verbotene Gegenstände fallen verschiedene Schusswaffen, verschiedene andere Waffen, manche Munitionsarten und weitere Gegenstände. Der Umgang (Herstellung, Besitz, Ausübung tatsächlicher Gewalt) mit verbotenen Gegenständen ist untersagt.

Verbotene Schusswaffen sind z. B.

- Kriegswaffen nach dem Kriegswaffenkontrollgesetz,
- Vollautomaten,
- Vorderschaftrepetierflinten, wenn der Hinterschaft durch Pistolengriff ersetzt ist oder wenn deren Gesamtlänge unter 95 cm oder deren Lauflänge unter 45 cm beträgt,
- Schusswaffen, die *einen anderen Gegenstand vortäuschen* (z. B. Stock, Kugelschreiber),
- Schusswaffen, die *mehr als üblich verkürzt* oder *schnell zerlegt* werden können.

Sonstige verbotene Waffen sind

- Hieb- und Stoßwaffen, die einen *anderen Gegenstand vortäuschen* (z. B. Stockdegen),
- Stahlruten, Totschläger (Merkmale: Flexibilität u. Kopflastigkeit; also nicht Schlagstöcke), Schlagringe,
- Faustmesser (Ausnahme: nicht verboten z. B. für Jagdscheininhaber),
- Wurfsterne, Nun Chakus (Gegenstände, die dazu bestimmt sind, durch Drosseln die Gesundheit zu schädigen),
- Molotow-Cocktails,
- Präzisionsschleudern (mit Armstützen o. Ä.),
- Butterflymesser (Faltmesser mit zweigeteiltem schwenkbaren Griff),
- Spring- und Fallmesser, außer solchen, deren Klinge seitlich aus dem Griff hervorschnellt, höchstens 8,5 cm lang und nicht zweiseitig geschliffen ist;

Sichergestellt: verbotene Waffen und Waffenteile

Patrone mit Treibspiegelgeschoss

se, die sich nach Verlassen des Laufes vom Geschoss trennt),
▶ Patronenmunition mit Geschossen, die einen Leuchtspur-, Brand-, Sprengsatz oder Hartkern enthalten,
▶ Geschosse mit Betäubungsstoffen.

Zusätzlich benennt der Gesetzgeber *sonstige verbotene Gegenstände*, die einem Umgangsverbot unterliegen. Z. B.:
▶ für Schusswaffen bestimmte Vorrichtungen, die das Ziel beleuchten (z. B. Zielscheinwerfer, Laser),
▶ für Schusswaffen bestimmte Nachtsichtgeräte oder Nachtzielgeräte mit Montagevorrichtung.

Verbotene Munitionsarten sind z. B.
▶ Patronenmunition mit *Treibspiegelgeschossen (Acceleratorgeschosse)* für Schusswaffen mit gezogenen Läufen (Treibspiegelgeschosse sind im Durchmesser geringer als der Felddurchmesser des Laufes und haben eine Führungshül-

Sicherung gegen Abhandenkommen: Waffenschränke

Jeder, der erlaubnispflichtige Waffen oder Munition besitzt, ist für diese verantwortlich. Deshalb kommt der sicheren Aufbewahrung eine große Bedeutung zu. Wie diese zu Hause mindestens erfolgen muss, hat der Gesetzgeber vorgegeben.

Aufbewahrung von Waffen

Bis zu 10 Langwaffen (ohne Munition und Kurzwaffen): Waffenschrank, mindestens Sicherheitsstufe A

Nur Munition: Stahlblechschrank ohne Klassifizierung mit Schwenkriegelschloss

Bis zu 10 Langwaffen plus davon getrennte Munition: mindestens A-Waffenschrank mit Innenfach ohne Klassifizierung

Bis zu 10 Langwaffen plus davon getrennte Munition sowie bis zu 5 Kurzwaffen: mindestens A-Waffenschrank mit Innenfach der Stufe B oder 0 („Jägerschrank"). Zum Lagern von Munition ist ein zusätzliches Innenfach mit Schwenkriegelschloss ideal.

Langwaffen plus davon nicht getrennte Munition sowie Kurzwaffen: mindestens 0-Schrank (ohne Innenfach)

Für die Aufbewahrung unterwegs, z. B. auf Reisen, liegt die Verantwortung nach wie vor beim Verantwortlichen selbst.

Eine Bedeutung kommt auch der elektronischen Waffensicherung zu. Die Firma Armatix vertreibt Sicherungssysteme, die in das Patronenlager einer Waffe eingeführt und dort elektronisch verriegelt werden.

Verlust von Waffen, Munition und Erlaubnisurkunden
Kommen jemandem erlaubnispflichtige Waffen oder erlaubnispflichtige Munition oder Erlaubnisurkunden abhanden, so muss er dies *unverzüglich* bei der *Kreispolizeibehörde anzeigen*!

Kalte Waffen (Hieb und Stoßwaffen)

Kalte Waffen nennen wir in der Jägerei Waffen aus kaltem Stahl, im Gegensatz zu den Feuerwaffen, bei denen „Pulver und Blei" für Hitze sorgen.

Ähnlich der Entwicklung von Schwertern haben Jagdmesser in ihren verschiedenen Variationen bezüglich Größe und Form zum Teil kulturhistorischen Charakter erlangt. Das Überreichen des Hirschfängers war stets Symbol einer besonderen Ehrung und Würdigung.

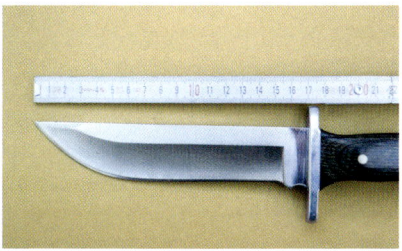

Über 12 cm Klingenlänge: Nur in ganz bestimmten Ausnahmen (z. B. bei der Jagd) dürfen solche Messer in der Öffentlichkeit geführt werden.

Messer
Messer mit mehr als 12 cm Klingenlänge dürfen nur an Personen ab 18 Jahren verkauft werden. Sie dürfen aber nicht geführt werden außer z. B. zur befugten Jagdausübung oder im Zusammenhang damit. Ansonsten sind sie verpackt zu transportieren. Also das Waidblatt außerhalb der Jagd in einem Kasten mitführen

Im Mittelalter waren kalte Waffen wichtige Waffen, weil sie in vielen Situationen den sich technisch nur langsam entwickelnden Feuerwaffen weit überlegen waren. Kalte Waffen entschieden in manchen Fällen über Leben und Tod.

Als *Hieb-* und *Stoßwaffen* dienen die Kalten Waffen je nach Ausführung dem Abnicken, Abfangen, Versorgen und Zerwirken von Wild.

Jagdtaschenmesser und Jagdnicker
Beide Messerarten dienen v. a. dem Versorgen, Zerwirken und fallweise auch Abnicken von Wild. Im Gegensatz zum Jagdtaschenmesser steht die Klinge des Nickers fest.

Waidblatt und Waidbesteck
Das Waidblatt besitzt eine *breite, dicke Klinge* und eine *Parierstange* als Handschutz. Es dient vorrangig dem Abfangen von Wild, wird fallweise auch beim Aufbrechen eingesetzt.

Das *Waidbesteck* ist eine Kombination, bestehend aus Waidblatt und Jagdnicker.

Hirschfänger, Saufänger und Saufeder
Hirschfänger mit *Schweißrinne* und *Parierstange* (Handschutz) wurde früher zum Abfangen eingesetzt, dient heute aber nur noch Dekorationszwecken. Gleiches gilt

Kalte Waffen, von li. nach re.: Jagdtaschenmesser mit einklappbarer Klinge, Aufbruchklinge und Säge; feststehender Jagdnicker; dito mit Säge und Aufbruchklinge; Waidblatt; Hirschfänger

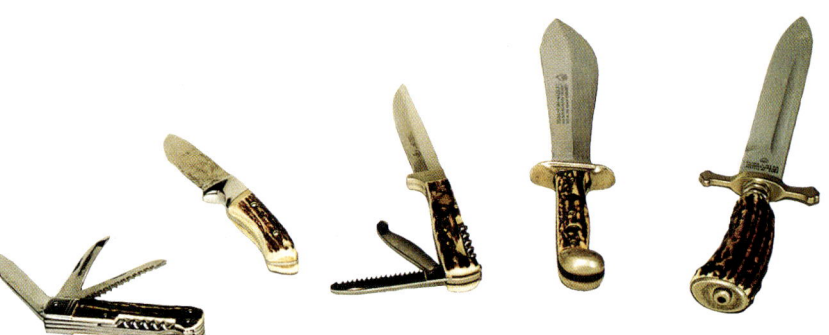

Saufeder

für die *Saufeder*. Sie ist mit einer *Parierstange* zur Begrenzung der Eindringtiefe und einem lederumwickelten *Eschenholzschaft* ausgestattet. Heutige Modelle bestehen auch aus einem Saufänger mit einschraubbarem Schaft. Der *Saufänger* entspricht also eigentlich dem „Messer", also dem Metallteil der Saufeder.

Langwaffen

Eine gängige Unterscheidung dieser Waffen erfolgt in Waffen *mit starrem Lauf* und *ohne starren Lauf*, also Kipplaufwaffen.

Waffen mit starrem Lauf

Bei Gewehren mit starrem Lauf sind der Lauf und Verschluss fest miteinander verbunden. Es gibt sie in verschiedenen Varianten.

Repetierer: Die Mehrzahl der Waffen mit starrem Lauf sind Repetierer. Es sind stets *einläufige Waffen* mit *Magazin*! Es gibt sie als Büchsen wie auch als Flinten! Nach dem ersten Schuss muss der nächste Schuss von Hand aus dem Magazin ins Patronenlager repetiert werden. Unterschieden werden dabei

▶ Repetierer mit *Kammer*- oder *Zylinderverschluss*, z. B. Mauser System 98,
▶ *Vorderschaftrepetierer*, i. d. R. Flinten (Pumpguns). Sie sind verboten, wenn der Hinterschaft durch einen Pistolengriff ersetzt ist.
▶ *Unterhebelrepetierer*, i. d. R. Büchsen

Automatische Schusswaffen (Selbstlader): Automatische Waffen sind Schusswaffen, die nach Abgabe eines Schusses selbsttätig erneut schussbereit werden und bei Betätigung des Abzuges mehrere Schüsse (Vollautomat) oder jeweils nur einen Schuss (Halbautomat) aus demselben Lauf abfeuern. Auch sie gibt es als Büchsen und Flinten. *Vollautomaten* sind *verbotene Gegenstände!*

Repetierer werden heute mit den Modellbezeichnungen der Hersteller bezeichnet: z. B. Blaser R 93, Blaser R 8, Sauer 90, Sauer 202, Merkel RX Helix, Krieghoff Semprio, Heym 21/30, Mauser M 03.

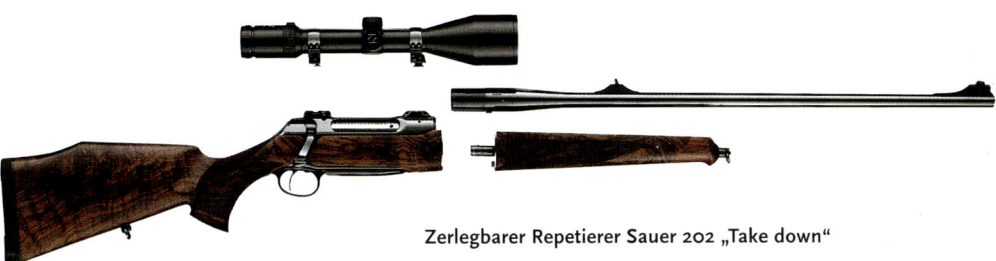

Zerlegbarer Repetierer Sauer 202 „Take down"

Langwaffen – Unterscheidungskriterien

Langwaffen können nach verschiedenen Kriterien unterschieden werden.

Verriegelung
- Gewehre mit starrem Lauf
- Gewehre mit Kipplauf/Kippläufen

Läufe
- Gewehre mit gezogenen Läufen (Büchsen)
- Gewehre mit glatten Läufen (Flinten)
- Gewehre mit gezogenen und glatten Läufen (Kombinierte Waffen)

Ladekapazität
- Einzellader: Ohne Magazin bzw. Trommel
- Mehrlader: mit Magazin bzw. Trommel

Laufanzahl und -anordnung
- einläufige Waffen
- mehrläufige Waffen

Art des Spannens
- Selbstspannerwaffen
- Handspannerwaffen

Repetierer M 98 (entsichert und gespannt)

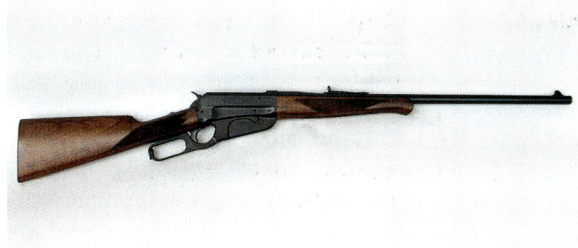

Unterhebelrepetierer

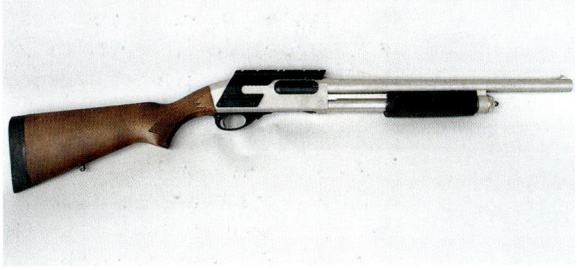

Vorderschaftrepetierer

Selbstladeflinten sind automatische Schusswaffen.

Büchse mit Blockverschluss

Blockwaffen: Einzelladerwaffen mit Blockverschluss (z. B. Heerenbüchse) sind Blockwaffen.

Kipplaufwaffen

Die Waffen, deren Läufe zum Laden, Entladen und ggf. Spannen „geknickt" werden, kann man einteilen in
- Waffen mit *glatten Läufen* (Flinten),
- Waffen mit *gezogenen Läufen* (Büchsen)

oder auch in
- *einläufige* Kipplaufwaffen (Flinten oder Büchsen),
- *mehrläufige* Kipplaufwaffen (Flinten oder Büchsen),
- *mehrläufige kombinierte* Waffen mit Flinten- *und* Büchsenlauf.

Der *Normaldrilling* gilt unter den Kombinierten Waffen als *Universalwaffe*, da er wahlweise mit einem *kleinkalibrigen Büchsenlauf* in Form eines *Einstecklaufs* versehen werden kann.

Der *Vierling* wird heute kaum mehr gebaut oder geführt. Zum einen ist er sehr schwer, zum anderen schießen die beiden Kugelläufe meist nur schlecht zusammen. Wir kennen den Vierling und den Vierling in *T-Form*.

Einsteckläufe

Einsteckläufe in schwachen Büchsenkalibern gibt es mündungslang oder auch kürzer. Sie können schnell ein- und ausgebaut werden und erweitern den Einsatzbereich des Drillings oder der Büchs- bzw. Bockbüchsflinte.

Beim Drilling wird der Einstecklauf meist in den rechten Schrotlauf eingesetzt, damit auch beim Schießen mit dem kleinkalibrigen Büchsenlauf der Stecher genutzt werden kann.

Der Büchsenschuss

Zum Erlegen von Schalenwild ist in Deutschland der Schrotschuss verboten. Daher kommt hier i. d. R. der Büchsenschuss zum Tragen.

> ### Klettern
> Mehrläufige Waffen mit verlöteten Läufen neigen zum so genannten **Klettern**. Wenn mehrere Schüsse aus demselben Lauf abgegeben werden, erwärmt und dehnt sich das Laufbündel einseitig aus, so dass sich die Treffpunktlage bei Folgeschüssen in Richtung des kalten Laufes verschiebt. Daher am besten kombinierte Waffen mit frei liegenden Büchsenläufen wählen!

Gebräuchliche Laufkombinationen

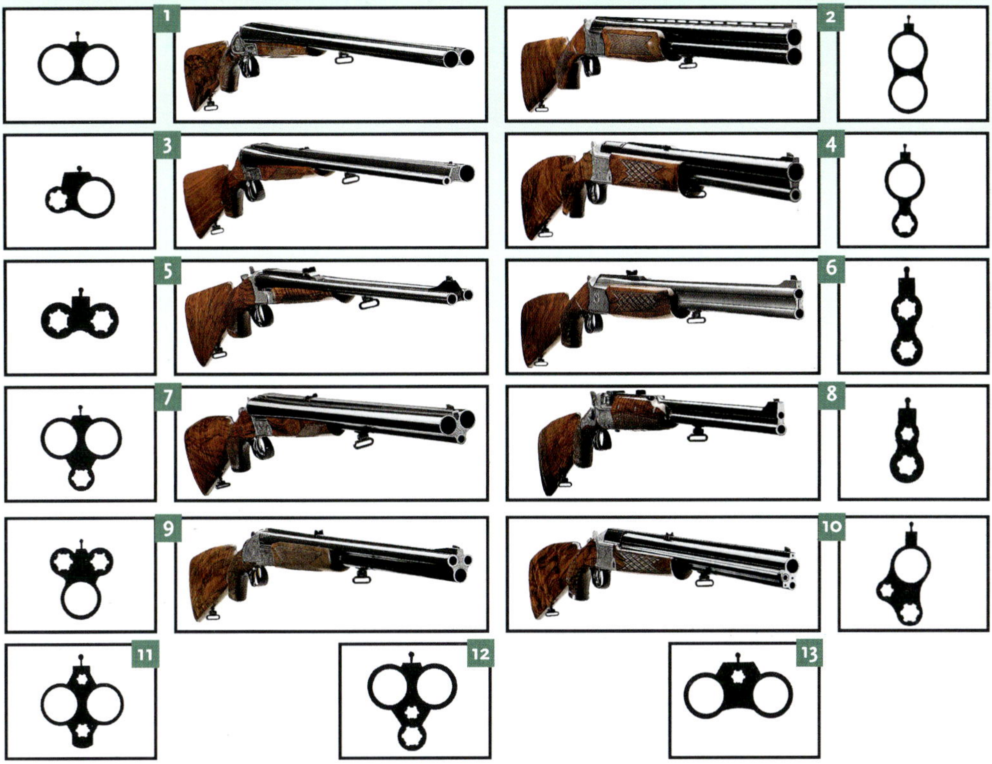

Jagdgewehre und Laufkombinationen:
1 Doppel- oder Querflinte, 2 Bockdoppelflinte, 3 Büchsflinte, 4 Bockbüchsflinte, 5 Doppelbüchse,
6 Bock(doppel)büchse, 7 Drilling, 8 Bergstutzen, 9 Doppelbüchsdrilling, 10 Bockdrilling
Laufkombinationen:
11 Vierling (Schienen-), 12 Vierling (in T-Form), 13 Waldläufer oder Schienendrilling

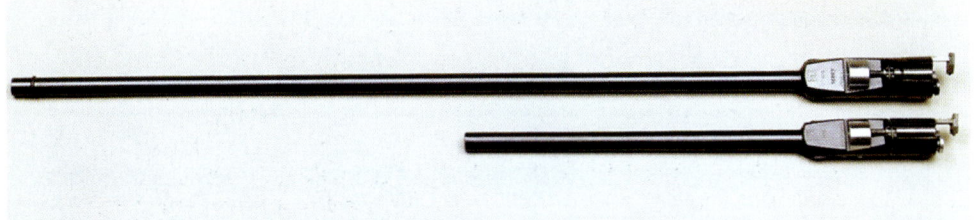

Einsteckläufe: mündungslang (oben) und kürzer

Stutzen und Bergstutzen

Als **Stutzen** werden alle Gewehre bezeichnet, die bis zur Mündung geschäftet sind (Voll- oder Ganzschaft). Sie sind meist Repetierer, es gibt aber auch ganzgeschäftete Kipplaufwaffen!

Ein **Bergstutzen** ist dagegen eine Kipplaufwaffe mit zwei Büchsenläufen unterschiedlichen Kalibers!

Beim Büchsenschuss wird ein *Einzelgeschoss* durch einen *gezogenen Lauf* (oder *Polygonlauf*) getrieben. Die *Züge* und *Felder* versetzen das Geschoss in eine Rotationsbewegung um die Längsachse. Dieser *Drall* stabilisiert die *Geschossflugbahn*, weil er verhindert, dass sich das Geschoss überschlägt.

Nach dem Auftreffen des Geschosses auf das Ziel (Wildkörper) pilzt das Geschoss auf (*Deformationsgeschosse*) und/oder es zerlegt sich (*Zerlegungsgeschosse*). Dadurch werden infolge eines größeren Wundkanals oder der Splitterwirkung lebenswichtige Organe zerstört: *Die tödliche Wirkung eines Büchsengeschosses beruht in erster Linie auf der Zerstörung lebenswichtiger Organe!*

Der Schrotschuss

Alles Nicht-Schalenwild (außer Seehunde) darf mit Schrot erlegt werden. Der Schrotschuss wird überwiegend flüchtigem Wild angetragen. Im Gegensatz zur Büchsenpatrone enthält eine Schrotpatrone eine große Anzahl (ca. 100 bis 1000) von *Schrotkörnern*. Diese werden aus glatten Läufen verschossen.

Nach Verlassen des Laufes vergrößert die Schrotgarbe ihren Durchmesser (Breitenstreuung). Dies hat den Vorteil, dass flüchtiges Wild besser getroffen wird. Gleichzeitig verlängert sich auch die Garbe (Tiefenstreuung), so dass eine große Anzahl von Schrotkügelchen in zeitlich ganz kurzen Abständen auf den Wildkörper treffen. Dadurch werden eine Vielzahl von Nerven in zeitlich kurzen Abständen gereizt, was zu einem Schocktod führt: *Die tödliche Wirkung des Schrotschusses beruht in erster Linie auf der Schockwirkung!*

Technische Waffenmerkmale

Im Folgenden werden wir uns mit der Mechanik der Waffen, also mit Verschlüssen, Schlossen und Abzugsarten beschäftigen.

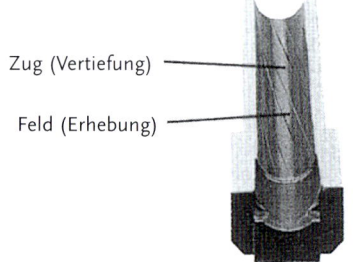

Zug (Vertiefung)
Feld (Erhebung)

Gezogener Büchsenlauf

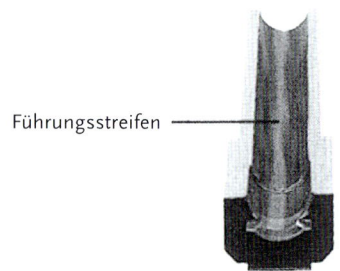

Führungsstreifen

Büchsen-Polygonlauf

TECHNISCHE WAFFENMERKMALE 373

Blaser Repetierbüchse Modell R 08 in modularem Baukastensystem

98er-System im Schnitt

Mauser „M 03" (Modulbauweise)

Merkel Modell „Helix" (Geradezug-Repetierer in Modulbauweise)

Heym SR 30 (Geradezug-Repetierer)

Selbstladebüchse von Heckler & Koch

Verschluss

Der Verschluss verschließt die Waffe im Bereich des Stoßbodens und dichtet das Patronenlager in gewisser Weise nach hinten ab. Das eigentliche Abdichten erfolgt, wenn sich die Patronenhülse beim Schuss etwas ausdehnt und dem Patronenlager anpasst: „Lidern" wird das genannt. Die Patronenhülse besteht im Wesentlichen aus Messing. Messing kann sich ausdehnen und dann wieder in seine Ursprungsform zurückziehen. Deswegen lässt sich die Patronenhülse nach dem Schuss auch problemlos wieder aus dem Patronenlager entfernen. Wir unterscheiden verschiedene Verschlussarten.

Verschlüsse an Repetierern: Bei Repetierern finden wir den so genannten *Kammer-* oder *Zylinderverschluss.* Er verriegelt meist durch eine *Drehbewegung* über *Verschlusswarzen*, die in Aussparungen der Hülse greifen. Der bekannteste ist der Verschluss nach dem Mauser 98er-System. Heute auch gängige *Geradezugverschlüssen* verriegeln ohne Drehbewegung.

Verschlüsse bei Selbstladewaffen: Bei Selbstladewaffen finden wir den so genannten *Masseverschluss.* Hier erfolgt die Abdichtung lediglich über einen zylindrischen Teil, der das Patronenlager mit seiner Masse (unter Federdruck) abdichtet. Je nach Bauart bewirkt der *Rückstoß* (Rückstoßlader) oder *Gasdruck* (Gasdrucklader), dass sich der Verschluss nach hinten bewegt und die leere Hülse auswirft. Anschließend drückt die Verschlussfeder den Verschluss wieder nach vorne Richtung Patronenlager und führt die nächste Patrone ein.

Die Waffe ist also nach dem ersten Schuss geladen und gespannt. Zur Abgabe von weiteren Schüssen muss nur der Abzug betätigt werden.

Verschlussarten bei Kipplaufwaffen

	Greener-Verschluss	Kersten-(Doppelgreener-)Verschluss	Purdey	Flanken-Verschluss	Laufhaken-verschluss (Keil-Verschluss)
Laufanordnung	nebeneinander bzw. Drillinge	übereinander oder nur ein Lauf	Läufe nebeneinander (bei Bockwaffen Doppelpurdey)	Läufe übereinander	alle Varianten
Laufbündel	Laufschienenverlängerung mit Bohrung für Querriegel	zwei seitliche Verlängerungen mit je einer Bohrung für Querriegel	mit Purdeynase	mit zwei seitlichen Bohrungen für die Verschlussbolzen	ohne Verlängerungen
Basküle	Einfräsung für Laufschienenverlängerung	zwei Einfräsungen für seitl. Verl.	ohne sichtbare Einfräsung	ohne Einfräsung	ohne Einfräsung
Laufunterseite	mit einfacher oder doppelter Laufhakenverriegelung	mit einfacher oder doppelter Laufhakenverriegelung	mit einfacher oder doppelter Laufhakenverriegelung	i. d. R. ohne Laufhaken	stets mit einfacher oder doppelter Laufhakenverriegelung

Greener-Verschluss, Drilling 96 K Suhl

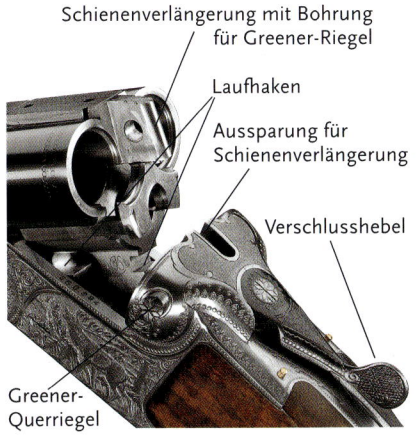

- Schienenverlängerung mit Bohrung für Greener-Riegel
- Laufhaken
- Aussparung für Schienenverlängerung
- Verschlusshebel
- Greener-Querriegel

Kerstenverschluss

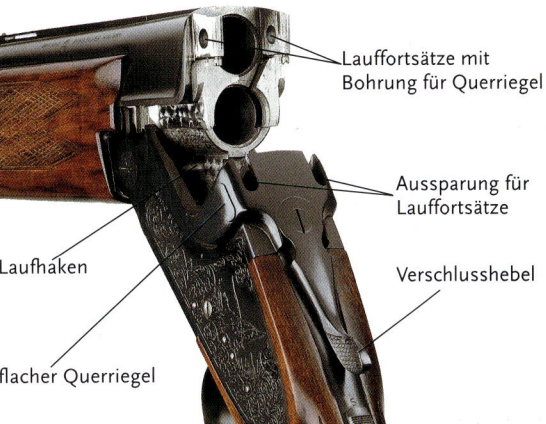

- Lauffortsätze mit Bohrung für Querriegel
- Aussparung für Lauffortsätze
- Verschlusshebel
- Laufhaken
- flacher Querriegel

Purdey-Verschluss

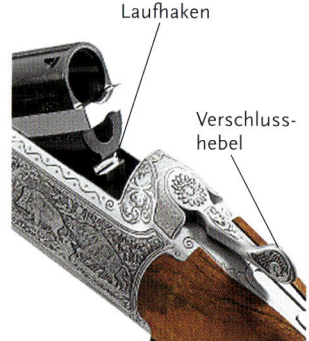
Laufhaken-Verschluss

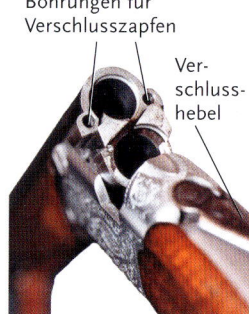
Flanken-Verschluss

Verschlüsse bei Blockbüchsen: Bei Blockbüchsen (z. B. Heerenbüchse) finden wir den so genannten Blockverschluss. Bei diesem System erfolgt die Abdichtung über einen massiven Stahlblock, der das Patronenlager abdichtet. Blockwaffen sind meist Einzellader.

Blockverschlüsse (s. Foto S. 362) sind überaus robuste Verschlüsse und für das Verschießen von Patronen mit sehr hohem Gasdruck (Magnumpatronen) geeignet. Ein weiterer Vorteil liegt in der vergleichsweise kurzen Bauart.

Verschlüsse bei Kipplaufwaffen: Bei Kipplaufwaffen unterscheiden wir im Wesentlichen folgende fünf Verschlussarten:
- Greener-Verschluss
- Kersten-Verschluss (Doppelgreener oder Straßburger-Verschluss)
- Purdey-Verschluss
- Flanken-Verschluss
- Laufhaken-Verschluss (=Keilverschluss)

Schlosse oder Systeme

Mit Schloss bezeichnet man die *Summe der Teile* einer Waffe, die ein *Auslösen des Schusses* ermöglichen. Dies sind neben anderen Teilen vor allem *Schlagbolzen* und *Schlagfeder*.

Die Begriffe Verschluss und Schloss dürfen nicht verwechselt werden: Der Verschluss verschließt die Waffe – das Schloss löst den Schuss aus!

Schlosse bei Waffen mit starrem Lauf: Bei Repetierer, Block- und Selbstladewaffen bilden Verschluss und Schloss eine *weitgehende Einheit:* Der Verschluss dieser Waffen enthält zumindest den Schlagbolzen und die Schlagbolzenfeder! Hier wird die Waffe also mithilfe des Schlosses verriegelt bzw. das Patronenlager abgedichtet.

Schlosse bei Kipplaufwaffen: Bei Kipplaufwaffen sind Schloss und Verschluss zwei völlig unterschiedliche Teile. Je nach Art, wie die oben erwähnten Hauptbestandteile eines Schlosses in die Waffe eingebaut werden, unterscheiden wir bei Kipplaufwaffen drei Systeme:
- Blitz-Schloss: Die *wesentlichen Teile* sind *auf dem Abzugsblech* montiert und können leicht nach unten herausgenommen werden.

▸ Kasten-Schloss (auch Anson & Deeley-System): Die wesentlichen Teile sind in der *Basküle* (Kasten) eingebaut.
▸ Seitenschloss: Die wesentlichen Teile sind auf *herausnehmbaren Seitenplatten* befestigt.
Merke: B-K-S!

Abzugsarten
Nach ihrer Funktionsweise und Empfindlichkeit werden unterschieden:
Druckpunktabzug: Nach einem gewissen Vorzugsweg wird ein Widerstand (Druckpunkt) spürbar, nach dessen Überwindung der Schuss bricht (allein unüblich bei Jagdwaffen, sondern nur in Kombination mit einem Stecher).
Flintenabzug: Ein trockener (ohne Vorzugsweg) stehender Abzug bei Flinten. Die Abzugswiderstände betragen beim vorderen Abzug ca. 18 bis 20 Newton (N), beim hinteren 20 bis 23 N (1 Newton = ca. 0,1 kp).
Bei Flinten mit Doppelabzug wirkt der vordere Abzug auf den unteren (Bockdoppelflinten) bzw. rechten (Querflinten) Lauf.
Feinabzug: Diese Variante wird auch Match-Abzug oder Flintenabzug bei Büchsen genannt. Es ist ein trocken (ohne Vorzugsweg) stehender Abzug mit Abzugswiderständen von ca. 5,0 N.
Einabzug: Von Einabzügen reden wir immer dann, wenn ein Abzug dazu dient, in einer bestimmten Reihenfolge mehrere Schlosse auszulösen. Wir finden ihn beim Drilling (vorderer Abzug) und bei vielen Flinten. Bei Flinten mit unterschiedlich gechokten Läufen sollte die Reihenfolge wählbar sein.
Spannabzug: Unter Spannabzügen, auch Double-Action-Abzüge genannt, verstehen wir Abzüge, die nicht nur zum Auslösen des Schusses, sondern zugleich auch zum Spannen des Schlosses dienen. Sie sind eine häufige Abzugsart bei Kurzwaffen.

Stecherarten

	Deutscher Stecher oder Doppelzüngelstecher	**Französischer Stecher oder Rückstecher**
Merkmale	zwei „Abzüge", dazwischen Stecherschraube	ein Abzug, Stecherschraube unmittelbar am Abzugsblatt
Einstechen	Ziehen des hinteren „Abzuges" bis zum Einrasten	Schieben des Abzugs nach vorne bis zum Einrasten
Schussauslösung	Leichtes Ziehen des vorderen Abzugs	Leichtes Ziehen des Abzugs
Entstechen	Sichern – Stecher festhalten – Abzug ziehen – Stecher loslassen – Abzug loslassen	Bsp. Drilling: Sichern – auf Schrot stellen – Brechen der Läufe – Stecher zwischen Daumen und Zeigefinger nach hinten führen (entstechen)

Greener-Schiebesicherung in entsichertem Zustand

Greener-Sicherung

Schlosse bzw. Systeme bei Kipplaufwaffen

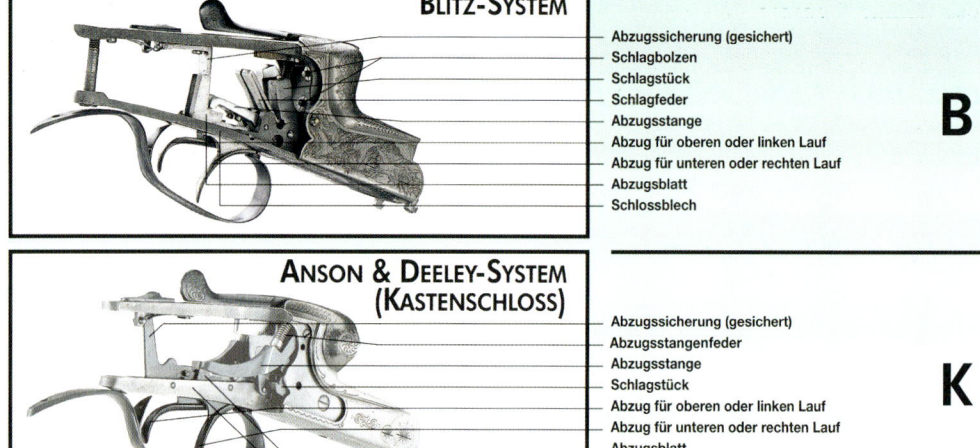

BLITZ-SYSTEM
- Abzugssicherung (gesichert)
- Schlagbolzen
- Schlagstück
- Schlagfeder
- Abzugsstange
- Abzug für oberen oder linken Lauf
- Abzug für unteren oder rechten Lauf
- Abzugsblatt
- Schlossblech

B

ANSON & DEELEY-SYSTEM (KASTENSCHLOSS)
- Abzugssicherung (gesichert)
- Abzugsstangenfeder
- Abzugsstange
- Schlagstück
- Abzug für oberen oder linken Lauf
- Abzug für unteren oder rechten Lauf
- Abzugsblatt
- Abzugsblech

K

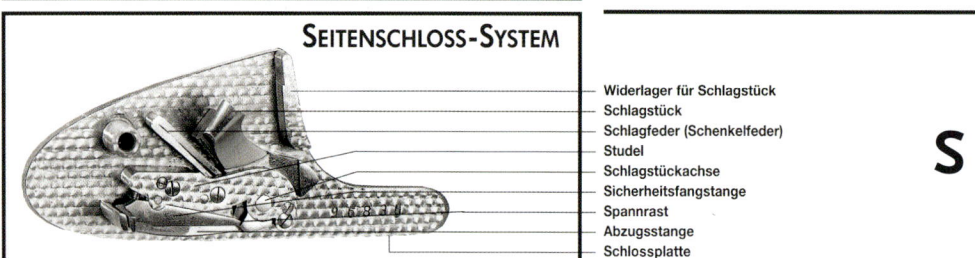

SEITENSCHLOSS-SYSTEM
- Widerlager für Schlagstück
- Schlagstück
- Schlagfeder (Schenkelfeder)
- Studel
- Schlagstückachse
- Sicherheitsfangstange
- Spannrast
- Abzugsstange
- Schlossplatte

S

Stecher

Stecher (auch Stechschloss) dienen *der Verringerung des Abzugswiderstandes* auf ca. 3,0 N. Unmittelbar vor dem Schuss wird *eingestochen*, so dass sich der Schuss bei sehr geringem Druck auf den Abzug löst. Es gibt zwei Stecherarten: Der *Deut-*

> **Wichtig**
> „Gesichert" und „gespannt" sind voneinander unabhängige Zustände und haben zunächst nichts miteinander zu tun.

sche (Doppelzüngelstecher) und der *Französische* Stecher (Rückstecher).

An Repetierern, Bockbüchsflinten und Kipplaufbüchsen machen Stecher heute kaum noch Sinn. Der Stecherabzug wird dort durch den *Feinabzug* ersetzt. Weil dieser ausgereift und perfektioniert ist, bieten viele Hersteller in ihren Waffen keinen Stecher mehr an. Letzterer ist aber nach wie vor berechtigt beim klassischen Drilling und bei Repetierern mit Druckpunktabzug.

Sicherungen

Sicherungen haben die lebenswichtige Funktion, das unbeabsichtigte Lösen eines Schusses zu verhindern.

Bei einer gespannten Waffe kann sich durch Erschütterungen (Umfallen) ein Schuss lösen, sofern kein Sicherungsmechanismus dies verhindert.

Bei entspannten Waffen ist ein Sichern nicht erforderlich. Waffen, die zwar geladen, aber gleichzeitig entspannt geführt werden können (Hand- bzw. Hahnspanner) besitzen daher auch keine Sicherungen.

Sicherungsarten bei Kipplaufwaffen

Je nachdem, welches *Schlossteil* durch die Sicherung blockiert wird, unterscheiden wir:

Abzugssicherungen: Sie arretieren den Abzug bzw. das Abzugsblatt. Sie sind die unsicherste, gleichwohl häufigste Form.
Stangensicherungen: Sie arretieren und blockieren die Abzugsstange.

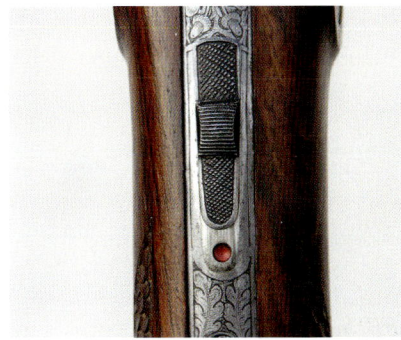

Schiebesicherung – entsichert

Flügelsicherung an Repetierer M 98 – gespannt und gesichert

Schlagstücksicherungen: Diese Sicherungen arretieren das Schlagstück. Sie sind die sicherste, gleichwohl seltenste Form der Waffensicherung.

Einige Kipplaufwaffen verfügen über eine *automatische Sicherung*, d. h. sie werden automatisch *beim Öffnen* der Waffe gesichert. Diese Sicherung lässt sich nur im geschlossenen Zustand entsichern, so dass ein materialschonendes Entspannen nur mit Pufferpatronen möglich ist.

Sicherungen bei Repetierern

Bei Repetierern finden wir zwei verschiedene Sicherungsarten:
▶ *Abzugssicherungen* wie bei Kipplaufwaffen,

Drehflügelsicherung des Repetierers M 98 (Sicherung der Schlagbolzenmutter) nach links: Die Waffe ist entsichert und gespannt!

Drehflügelsicherung des M 98 in Mittelstellung (Demontagestellung): Die Waffe ist gesichert, die Kammer kann trotzdem geöffnet werden. Die Waffe ist gespannt.

▸ *Schlagbolzensicherungen* (beim M 98 Schlagbolzenmuttersicherung) blockieren neben dem Schlagbolzen zumeist auch die Kammer, so dass die Waffen im gesicherten Zustand nicht geöffnet werden können.

Wichtig
Bei den meisten Sicherungen wird in Richtung Mündung entsichert, in Richtung Schützen gesichert!

Sicherungshebel
Je nachdem, wie eine Sicherung betätigt wird, unterscheiden wir

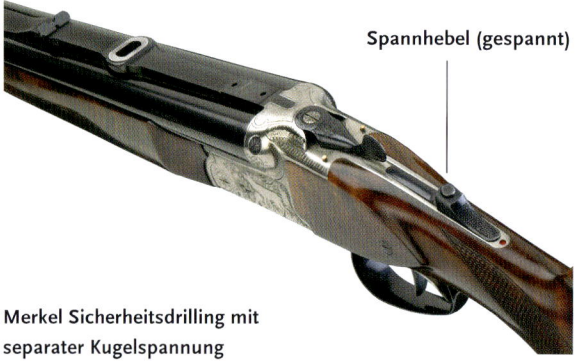

Spannhebel (gespannt)

Merkel Sicherheitsdrilling mit separater Kugelspannung

▸ *Schiebesicherungen* (häufigste Sicherung bei Flinten, aber auch an anderen Waffen vorkommend),
▸ *Drehflügelsicherungen* (z. B. System Mauser 98),
▸ *Greener-Sicherungen* (seitliche Hebelsicherung, häufig an Drillingen),
▸ *Druckknopfsicherungen* (meist im Abzugsbügel integriert),
▸ *Griffstück- oder Handballensicherung* (z. T. bei Pistolen; gedrückt = entsichert)

Spannsysteme
Je nachdem, bei welchem Vorgang die Waffe gespannt wird, unterscheiden wir:
Hahnspanner: Ein außen liegender Hahn wird unmittelbar vor dem Schuss zurückgezogen und so die Waffe gespannt (Hahnflinten). Diese Waffen werden entspannt geführt und besitzen i. d. R. keine Sicherung.

Wichtig
Am sichersten ist eine entladene Waffe! An zweiter Stelle steht die entspannte Waffe, erst an dritter Stelle die gesicherte Waffe!

Handspanner: An der Waffe befindet sich ein Spannschieber anstelle eines Sicherungsschiebers, mit dem die Waffe erst unmittelbar vor dem Schuss gespannt wird. Handspanner werden entspannt geführt und besitzen i. d. R. keine Sicherung (Beispiel: Blaser R 93).

Selbstspanner: Diese Waffe spannt sich automatisch beim Öffnen. Sie wird gespannt und gesichert geführt.

Sicherheitsdrilling: Dies ist ein besonderer Drilling mit separater Kugelspannung. In dieser Waffe wird ein Selbstspannersystem mit einem Handspannersystem kombiniert. Beim Öffnen werden die Schrotschlosse automatisch gespannt, das Kugelschloss muss von Hand unmittelbar vor dem Schuss gespannt werden. Die Sicherung der Waffe wirkt nur auf die Schrotschlosse.

Ejektoren

Unter einem Ejektor verstehen wir einen *Patronenauswerfer*. Es handelt sich um eine Einrichtung, die dafür sorgt, dass beim Abkippen der Läufe die abgeschossene Hülse automatisch ausgeworfen wird.

Ejektoren sind bei Flinten häufig zu finden und am *zweigeteilten Patronenauswerfer* zu erkennen. Ejektoren werden beim Schließen gespannt und beim Schuss aktiviert. (Waffe nur mit Pufferpatronen entspannen!)

Signalstifte

Viele Waffen sind mit Signalstiften ausgerüstet, die von außen entweder den
▸ *Spannungszustand* (z. B. Drilling, manche Flinten) oder den
▸ *Ladezustand* (z. B. Pistole Walther PP/PPK)
erkennen lassen.

Choke- oder Würgebohrung

Unter Choke-Bohrung verstehen wir eine Verengung bei Flintenläufen im Bereich der Mündung. Je stärker sich der Lauf im Mündungsbereich verengt, desto geringer ist die Breitenstreuung der Schrote.

Je nach Grad der Verengung unterscheiden wir:

¼-**Choke** (****): Durchmesser verengt sich im Laufmündungsbereich um ca. 0,25 mm,

½-**Choke** (***): Laufmündungsverengung um ca. 0,5 mm („normale Chokebohrung"),

¾-**Choke** (**):Laufmündungsverengung um ca. 0,75 mm,

Vollchoke (*): Laufmündungsverengung um ca. 1 mm.

Choke-Arten

Normalchoke

Skeetchoke

Glockenchoke

Wechselchoke-Einsätze sind bei heutigen Flinten Standard.

Eine Ganzschäftung bis zur Laufmündung ist das Merkmal von Stutzen (o.: Mauser 66 S). Die neueste Entwicklung bei Hinterschäften sind „Lochschäfte" (u.: R8 von Blaser, Ausführung „Professional Success Leather")

Meist ist der obere bzw. der linke Lauf (hinterer Abzug = 2. Schuss!) der Flinten enger gebohrt. Standardbohrungen sind ½- und Vollchoke. Auf kurze Entfernungen, z. B. bei der Kaninchenjagd, werden weitere Würgebohrungen wie ¼- und ¾- Choke bevorzugt.

Neben den oben genannten bei der Jagd gebräuchlichen Bohrungen gibt es noch für besondere Verwendungen *Zylinderbohrungen*, *Skeet-Bohrungen* und den *Glockenchoke*.

Viele moderne Flinten haben *auswechselbare* oder *verstellbare Choke-Einsätze*, was ihre Einsatzmöglichkeiten erweitert. Hier stehen auch spezielle Einsätze zur Verfügung, die ein materialschonendes Verschießen von Weicheisen- bzw. Nickelschroten u. Ä. ermöglichen.

Schäfte

Gewehrschäfte unterscheiden sich hinsichtlich ihrer Form und der Schaftbacke, des Schaftmaterials und weiterer Merkmale.

Schaftformen

Je nach Verwendungszweck (z. B. Schießen durch Zielfernrohr oder über offene Visierung) und auch persönlichen Geschmack finden wir bei Waffen verschiedene *Hinterschaftformen*. Dies sind im Wesentlichen: *Deutscher* Schaft, *Monte-Carlo*-Schaft, *Englischer* Schaft und *Lochschaft*.

Sonderschaftformen sind *gekröpfte* und *gebogene* Schäfte. Sie ermöglichen z. B., rechts anzubacken und doch mit dem linken Auge zu zielen.

Ganzschäfte weisen Waffen auf, deren Vorderschaft bis zur Laufmündung reicht. Sie kommen vorwiegend bei kurzläufigen Stutzen, mitunter aber an Waffen mit 60-cm-Läufen vor (vgl. aber *Berg*stutzen!).

Schaftbacken

Die Backe soll das Auge besser in die vor allem beim Schießen mit dem Zielfernrohr erhöhte Visierlinie bringen. Die Wange des Schützen soll mit der Backe des Gewehres Kontakt halten.

Fischhaut

Die Fischhaut am Vorderschaft, Kolbenhals und ggf. Pistolengriff dient dazu, das Gewehr besser in der Hand zu halten, eben das Gewehr „griffiger" zu machen, v. a. bei nasser und kalter Witterung. Je nach Muster unterscheidet man
▶ Deutsche Fischhaut,
▶ Schottische Fischhaut,
▶ Schuppenfischhaut.

SCHÄFTE 383

Deutsche Fischhaut

Schottische Fischhaut

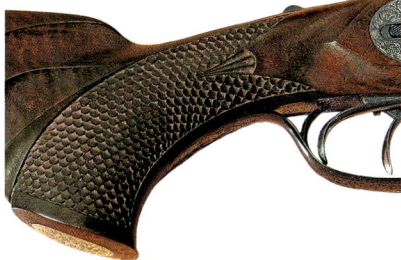

Schuppenfischhaut

Wichtig

Optimale Trefferergebnisse werden nur mit frei liegenden Läufen erzielt. Der Vorderschaft darf daher nicht am Lauf anliegen. Holzschäfte müssen deshalb regelmäßig daraufhin überprüft werden!

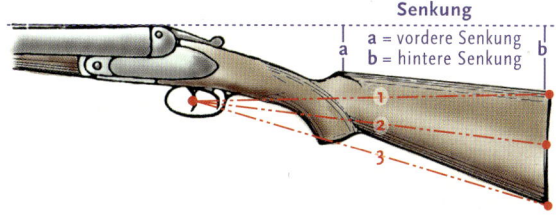

Schaftmaße

Schaftmaterial

Gewehrschäfte werden traditionell aus *Nussbaum-* und *Buchenholz* gefertigt, oft wird *Wurzelholz* verwendet. Formstabiler sind Schäfte aus *Schichtholz* (aus Gewichtsgründen kaum noch üblich), gänzlich verzugsfrei sind *Kunststoffschäfte*. Letztere finden sich vor allem an stark beanspruchten Waffen wie Drückjagd- oder Nachsuchenrepetierern, werden aber grundsätzlich immer beliebter.

Schaftmaße

„Der Lauf schießt, der Schaft trifft!"
Beim Schuss auf flüchtiges Wild (Flintenschuss!) ist es wichtig, dass der Schaft den Körpermaßen des Schützen entspricht. Nur dann sitzt die Waffe beim schnellen Anschlag sofort perfekt.

Vier Schaftmaße entscheiden darüber, ob ein Schaft optimal passt:

SCHAFTFORMEN

Englischer Schaft

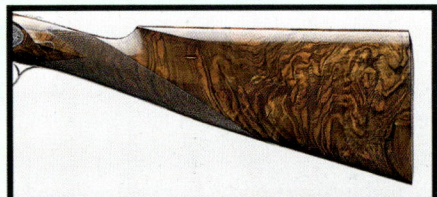

Schaft mit Pistolengriff, ohne Backe

Schaft mit Pistolengriff, mit Backe

Schaft mit Pistolengriff, Backe und Schweinsrücken

Schaft mit Pistolengriff, Monte-Carlo-Effekt und Monte-Carlo-Backe

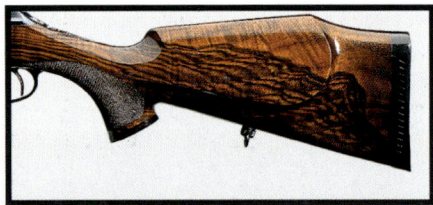

Schaft mit Pistolengriff, Schweinsrücken und bayerischer Backe

Schaftlänge: Sie wird vom vorderen Abzug bis zur Schaftkappe gemessen. Die Normalschaftlänge beträgt ca. 36 cm.

Schränkung: Hierunter versteht man die seitliche Abweichung des Schaftrückens von der gedachten rückwärtigen Verlängerung der Laufschiene. Die ideale Schränkung hängt vom Abstand Auge – Backenknochen des Schützen ab. Schäfte müssen „aus dem Gesicht heraus" geschränkt sein – beim Rechtsschützen also nach rechts, beim Linksschützen nach links.

Senkung: Sie bezeichnet den Abstand Schaftnase (vordere Senkung) bzw. Schaftkappe (hintere Senkung) zur gedachten rückwärtigen Verlängerung der Laufschiene.

Pitch: Dieses Maß für die „Schräge der Kolbenkappe" ist wichtig für den Anschlag im Schulterbereich. Es ist der Winkel zwischen Schaftkappe und rückwärtig verlängerter Visierlinie bzw. dessen Abweichung vom rechten Winkel.

Visierungen, Optik und Montagen

Unter Zieleinrichtungen werden alle optischen Zielhilfen verstanden, die der Erfassung des Ziels dienen. Man unterscheidet dabei offene Visiereinrichtungen, geschlossene sowie optische Visiereinrichtungen.

Offene und geschlossene Visiereinrichtungen

„Kimme und Korn" sind offene Visiereinrichtungen. Man unterscheidet verschiedene Kimmen- und Kornformen, die meist aufeinander abgestimmt sind.

Der Diopter oder die Lochkimme sind geschlossene Visiereinrichtungen. Die Kimme des Diopters ist eine runde

Hinterschaftformen

	Deutscher Schaft (Normalschaft)	Monte-Carlo-Schaft	Englischer Schaft
Pistolengriff	ja	ja	nein
Buckel (Schweinsrücken)	ja/nein	nein	nein
Backe	Deutsche, Bayerische oder keine	Bayerische, Monte-Carlo oder keine	nein
Sonstiges		gegen Schaftende deutlich abfallender Schaftrücken („Monte-Carlo-Effekt")	

Scheibe, die in der Mitte mit einem Loch versehen ist. Bei Jagdwaffen sind Lochkimmen unüblich!

Optische Visiereinrichtungen = Zielfernrohre

Zielfernrohre (ZF) stellen ein System von Linsen dar, die mit einem Absehen (z. B. Fadenkreuz) versehen sind.

Die Zielfernrohrbezeichnungen wie 8 × 56 oder 3–12 × 50 geben Aufschluss über den Vergrößerungsfaktor, in den Beispielen also 8-fache bzw. variable 3- bis 12-fache Vergrößerung, und den Objektivdurchmesser, also 56 bzw. 50 mm. Der Objektivdurchmesser hat entscheidenden Einfluss auf die Lichtstärke bzw. Dämmerungsleistung des ZF.

Es gibt eine Reihe von Visiereinrichtungen in Zielfernrohren, die mehr oder weniger gängig sind. Diese *Absehen* dürfen nicht mit dem *Abkommen* verwechselt werden, worunter man die Stellung der Visiereinrichtung zum Ziel im Moment der Schussabgabe versteht („ich bin gut abgekommen").

Viele Jäger verwenden zum Flüchtigschießen vor allem auf Bewegungsjagden ein Scheibenreflexvisier oder ein Röhrenreflexvisier, mit meist 1,1 bis 2facher Vergrößerung. Hierbei muß nur der rote Zielpunkt auf das Ziel gebracht werden. Dieser ist nur sichtbar, wenn man exakt durch die Mitte der Linse schaut. Dies stellt eine große Erleichterung dar, da viele Jäger Kimme, Korn und Ziel nicht scharf sehen können aufgrund ihrer Sehkraft.

ZF und offene Visierung im Vergleich

Kimme und Korn bieten beim Schuss auf flüchtiges Wild den Vorteil einer raschen Zielerfassung und eines großen, seitlich ungehinderten Sichtfeldes. Dafür sind ZF der offenen Visierung in einer Reihe anderer Punkte überlegen:

> **Merke**
> Je stärker die Vergrößerung eines optischen Geräts ist, desto kleiner ist das Sehfeld!

Röhren- (li.) und Scheiben- (re.) Reflexvisier

Vergrößerung: Sie bringt das Ziel scheinbar näher heran. Bei z. B. 4-facher Vergrößerung erscheint ein 100 m entfernter Bock, als stünde er in 25 m Entfernung.

Verbessertes Dämmerungssehen: Durch das Linsensystem des ZF wird das auf das Objektiv fallende Licht gebündelt und in einem „helleren" Strahl dem Auge zugeführt. Das menschliche Auge kann normalerweise ein Lichtbündel von maximal 7–8 mm Durchmesser aufnehmen (maximaler Durchmesser der Pupille). Ein 8-faches ZF mit einem Objektivdurchmesser von 56 mm bündelt z. B. die Lichtstrahlen auf 7 mm (*Austrittspupille*, s. u.) und macht sie somit für das menschliche Auge verwertbar.

Entfernungsschätzung: Bei einigen Zielfernrohren können mithilfe des Absehens (v. a. mit Absehen 1 und 4) Entfernungen geschätzt werden. Ein 100 m entfernt stehender Bock passt z. B. genau zwischen die waagerechten Balken.

Ermüdungsfreies Zielen: Beim Schießen über Kimme und Korn müssen drei verschieden weit entfernte Punkte (Kimme, Korn und Ziel) in Übereinstimmung gebracht werden. Beim Zielfernrohr dagegen werden Absehen und Ziel in *eine Bildebene* gebracht.

Augenfehlerkorrektur: Mithilfe eines Dioptrieneinstellrings am Okular können einfache Augenfehler (Kurz- bzw. Weitsichtigkeit) ausgeglichen werden, so dass ein Brillenträger beim Schießen ggf. auf seine Brille verzichten kann.

Zielfernrohr im Querschnitt

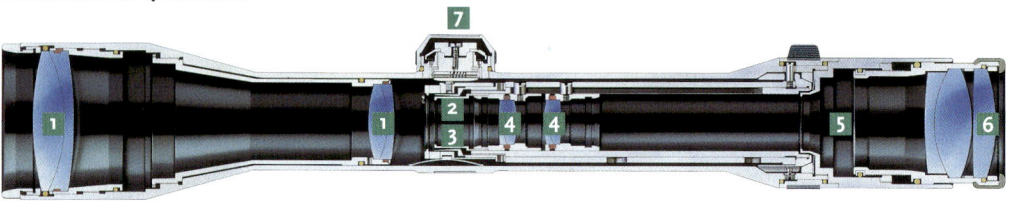

1 Objektiv: entwirft ein kopfstehendes, seitenverkehrtes Bild des Ziels

2 3 Absehen: liegt in der Objektiv-Bildebene und wird beim Vergrößerungswechsel mitvergrößert

4 Umkehrsystem für ein aufgerichtetes und seitenrichtiges Bild

5 Okular-Bildebene: Liegt das Absehen an dieser Stelle, bleibt seine Größe beim Vergrößerungswechsel konstant

6 Okular: vergrößert das Zwischenbild aus der Okularbildebene wie eine Lupe

7 Rast-Verstellung des Absehens: bei z. B. Zeiss-Zielfernrohren für den europäischen Markt ist 1 Klick = 1 cm/100 m

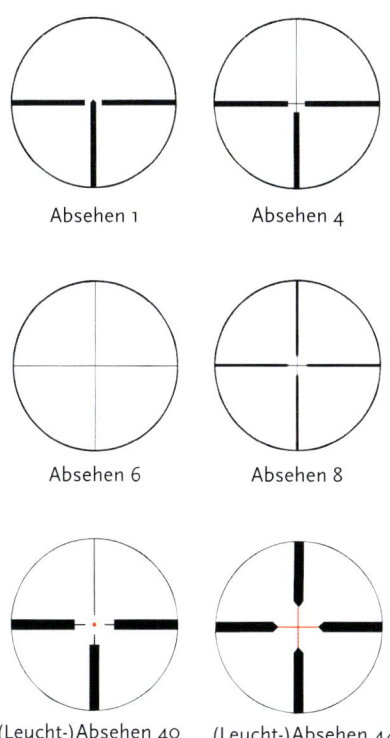

Gängige Zielfernrohr-Absehen

Zielfehler

Zielfehler können sowohl beim Zielen mit der offenen Visierung als auch bei der Benutzung eines Zielfernrohrs auftreten.

Kimme und Korn: Hier entstehen Fehler, wenn das Korn nicht genau mittig durch die Kimme anvisiert wird und/oder der obere Rand des Korns beim Visieren nicht genau mit dem Oberrand der Kimme abschließt.

Parallaxenfehler beim ZF: Nicht nur bei Kimme und Korn, sondern auch beim Zielfernrohr können Zielfehler auftreten. Unter Parallaxe versteht man die scheinbare Verschiebung des Absehens zum Ziel bei horizontaler oder vertikaler Bewegung des Auges.

Was damit gemeint ist, kann man in der Praxis feststellen: Richtet man ein Gewehr mit ZF exakt auf ein feststehendes Ziel aus und fixiert es fest, scheint sich das Ziel bei der Bewegung des Kopfes (seitlicher Einblick ins Okular) aus dem Absehen herauszubewegen.

Blickt ein Schütze nun fälschlicherweise schräg ins Okular, versucht er diese vermeintliche Zielbewegung zu korrigieren, indem er die Waffe neu ausrichtet. Dies führt zwangsläufig zu Treffpunktlageveränderungen.

Diese Parallaxe-Fehler werden stets überschätzt, da sie im jagdlichen Bereich keine Rolle spielen, denn

Entfernungsschätzung durchs Zielfernrohr mit Absehen 1

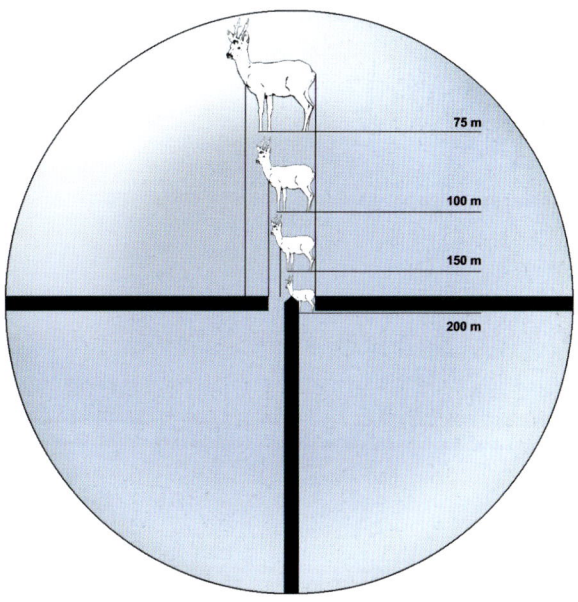

 	 	 	 	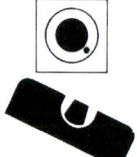
Gestrichen Korn: Schuss sitzt im Zentrum	Feinkorn: Schuss sitzt zu tief	Vollkorn: Schuss sitzt zu hoch	Geklemmt (rechts): Schuss sitzt rechts	Verkantet (rechts): Schuss sitzt tief rechts

Zielen und Zielfehler über Kimme und Korn (offene Visierung)

Parallaxe-Fehler: Die seitliche Versetzung des Zielpunkts infolge schrägen Blicks ins Okular und außerhalb der parallaxefreien Enfernung ist zur Verdeutlichung hier übertrieben dargestellt.

▶ übliche Markenzielfernrohre arbeiten auf 100 m Entfernung parallaxefrei und
▶ bei Entfernungen von 50 bzw. 150 m liegt der Fehler bei ca. 1 cm.
Die Möglichkeit eines Parallaxefehlers lässt sich ausschließen durch
▶ den konzentrierten Blick exakt ins Zentrum des ZF und
▶ die Einhaltung des richtigen Augenabstandes zum Okular (je nach ZF 8 bis 10 cm), so dass ein helles, kreisrundes Bild ohne Schatten entsteht.

Optische Begriffe
Die optischen Eigenschaften von Zielfernrohren, Ferngläsern und Spektiven werden durch verschiedene Begriffe gekennzeichnet.
Sehfeld ist die Breite des überschaubaren Raumes, den man beim Blick durch ein optisches Gerät erfassen kann, und zwar
▶ bei *Zielfernrohren* bezogen auf eine Entfernung von 100 m,
▶ bei *Ferngläsern* und *Spektiven* bezogen auf 1000 m.
Vergrößerungsfaktor: Die gängigen Vergrößerungen der optischen Geräte variieren je nach Einsatzbereichen. Üblich sind für

- den Schuss auf *flüchtiges* Wild: *1,5-* bis *2,5-fache* Vergrößerung,
- weite Schüsse im Hochgebirge: bis 12-fache Vergrößerung,
- alle Gelegenheiten: *variable* Vergrößerungen, z. B. 2,5–10-fach.

Optische Geräte mit über 10-facher Vergrößerung sind für den freihändigen Gebrauch ungeeignet. Kleinste Körperbewegungen (z. B. Puls) werden von der Vergrößerung so verstärkt, dass ein genaues Beobachten kaum mehr möglich ist.

Austrittspupille: Hält man ein ZF oder Fernglas ca. 30 cm vom Auge weg, so wird auf dem Okular eine helle Kreisfläche, die so genannte Austrittspupille, sichtbar. Sie entspricht dem Lichtbündel, das auf das Auge trifft.

Da das menschliche Auge selbst bei jungen Menschen selten mehr als 7 mm aufnehmen kann, bringt eine Überschreitung dieses Wertes keinerlei Vorteile.

Berechnet wird die Austrittspupille nach der Formel:

$$\frac{\text{Objektivdurchmesser}}{\text{Vergrößerung}}$$

Ein 4 × 32 ZFR hat also eine Austrittspupille von 32:4 = 8 mm, ein 8 × 56 eine Austrittspupille von 56:8 = 7 mm. Bei Tageslicht spielt die Austrittspupille keine entscheidende Rolle. Bei Gläsern für den *Nachtansitz* bzw. für die *Dämmerung* sollte der Wert bei 7 mm liegen.

Dies ist bei den typischen Dämmerungsgläsern der Fall (7 × 50, 8 × 56, 9 × 63).

Lichtstärke: Die Lichtstärke ist ein *rein theoretischer Wert* für die Bildhelligkeit. Sie zeigt weder die wirkliche Leistung des Glases noch sagt sie etwas über dessen Qualität aus.

Rechnerisch ist sie das Quadrat der Austrittspupille. Im Falle eines 8 × 56 Glases also: $(56:8)^2 = 7^2 = 49$

Dämmerungszahl: Die Dämmerungszahl ist ein Maß für die Fähigkeit eines Glases, in der Dämmerung noch Details erkennen zu lassen. Eine optimale Austrittspupille (7 mm) vorausgesetzt, sagt die Dämmerungszahl etwas über die Eignung in der Dämmerung aus. Ein *Qualitätsvergleich* ist jedoch auch anhand dieses Wertes *nicht möglich.*

Die Dämmerungszahl wird berechnet nach der Formel:

$\sqrt{\text{Vergrößerung} \times \text{Objektivdurchmesser}}$.

Ein 7 × 42-Glas hat also die Dämmerungszahl:

$\sqrt{7 \times 42} = \sqrt{294} = 17{,}1$

Vergütung: Wie bereits erwähnt, sagen weder Lichtstärke noch Dämmerungszahl etwas über die Qualität eines Zielfernrohres oder Fernglases aus, denn jedes Glas mit den gleichen Ausgangswerten (z. B. 8 × 56) weist ja die gleichen entsprechenden Werte auf.

An jeder Linsenoberfläche wird ein Teil des auftreffenden Lichts reflektiert, so dass bei der Vielzahl von Linsen eines Zielfernrohres unter Umständen nur noch 50 % des auf das Objektiv einfallenden Lichts tatsächlich am Auge ankommen.

Die *Vergütung*, ein auf die Linsenoberfläche aufgedampfter Mineralbelag (grün, blau, rot), verringert diese Lichtreflexion so stark, dass hochwertige Qualitätszielfernrohre Lichtdurchlassgrade bis zu 95 % aufweisen. Deshalb entscheidet neben der *Qualität* des *Linsenschliffes*, der *Abstimmung* der *Linsen* aufeinander und der *Dichtigkeit* des Glases vor allem die Vergütung über die Qualität eines Glases.

Heutige Gläser sind oft mit einem FL-Belag (Fluorid-Belag) vergütet.

Ferngläser
Neben den Zielfernrohren gehören als zweite große Gruppe die Ferngläser in den Bereich der Jagdoptik. Sie dienen dem doppeläugigen Ansprechen und Beobachten von Wild. Nach der Anordnung der Prismen werden bei ihnen zwei Bauarten unterschieden: *Porro-Prismen* und *Dachkantprismen*.

Beide Bauarten gibt es mit *Einzelokulareinstellung* und mit *Mitteltrieb*.

Diese Gläser sind unterschiedlich zu bedienen und vor Gebrauch auf das eigene Auge (Sehfähigkeit) einzustellen.

In der jagdlichen Praxis haben sich Ferngläser mit Einzelokulareinstellung vor allem für die Pirsch durchgesetzt. Da ihre entfernungsbezogene Schärfe immer auf „unendlich" eingestellt ist, sind ab einer gewissen Mindestentfernung (oft ca. 10 Meter) alle Objekte ohne weitere Justierung, also zusätzliche Bewegungen und Zeitverlust, bereits scharf gestellt. Diese Gläser können problemlos mit einer Hand bedient werden.

Für den Ansitz bevorzugen die meisten Jäger immer noch Ferngläser mit Mitteltriebeinstellung. Begründet wird dies meist damit, dass eine in der Dämmerung einsetzende Kurzsichtigkeit durch die Verstellung am Mitteltrieb „korrigiert" werden könne.

In jedem Fall muss ein Fernglas richtig bedient und *vor* dem jagdlichen Einsatz auf die Augen- und Sehleistung des Jägers eingestellt werden.

Spektive
Zum genauen Beobachten auf große Entfernungen werden Spektive eingesetzt. Dabei handelt es sich um *Fernrohre* (Monokulare) mit großen, häufig variablen Vergrößerungsfaktoren (z. B. 20- bis 60-fach). Meist lassen sie sich zusammenschieben. Aufgrund der starken Vergrößerung ist ein genaues Beobachten damit nur mittels eines *Stativs* oder einer guten *Auflage* möglich.

Spektive können nur unter guten Lichtverhältnissen jagdlich eingesetzt werden. Sie werden vielfach von Gebirgsjägern, aber auch Ornithologen und manchmal auch bei der Rehbockjagd verwendet.

Auswahlkriterien für die Jagdoptik
Es gibt kein Zielfernrohr oder Fernglas, das allen Ansprüchen optimal gerecht wird. Über die Auswahl der Jagdoptik entscheiden:
▶ Verwendungszweck,
▶ Leistung,
▶ Qualität (Haltbarkeit),
▶ Vergrößerung und Objektivdurchmesser,
▶ Größe und Gewicht,
▶ Preis.

Qualität zählt

Die optischen Leistungen moderner Jagdferngläser machen die Orientierung nach rechnerischen und technischen Werten hinfällig. Ein modernes 8×52 beispielsweise leistet heute im praktischen Jagdbetrieb oft mehr als ein nach rechnerischen Werten leistungsstärkeres 8×56. Vor dem Kauf eines Glases sollte dieses immer erst auch in der Praxis, in der Dämmerung, also im Grenzlichtwertbereich getestet werden.

VISIERUNGEN, OPTIK UND MONTAGEN 391

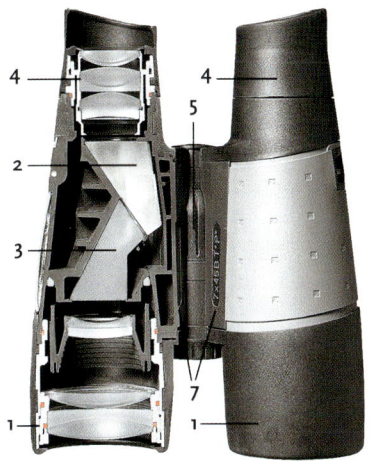

Zwei Jagdgläser im Teilschnitt: Modernes schlankes Fernglas mit Dachkant-Prismen (links) und Fernglas in klassischer Form mit Porro-Prismen. Die Einzelteile: 1 Objektiv, 2 u. 3 Prismen, 4 Okulare, 5 Mitteltrieb, 6 Verstellring rechtes Okular, 7 Verbindungsbrücke

Zielfernrohrmontagen

Voraussetzung für gute Schussleistungen ist neben der Qualität von Waffe und Zielfernrohr eine gute *Zielfernrohrmontage*. Sie verbindet Waffe und Zielfernrohr miteinander. Die wichtigsten Arten von Montagen sind:

Suhler Einhakmontage (Vierfußmontage): Diese Montageart ist heute technisch weitgehend überholt. Sie fordert absolute, meisterliche Handwerksarbeit und ist dann durchaus noch empfehlenswert. Im Dauereinsatz auf Schießständen kann es durch Erwärmung der Waffe zu Spannungen im Montagebereich des Zielfernrohres kommen.

Schwenkmontagen gibt es in vielen Ausführungen. Von namhaften Herstellern technisch perfekt und auf modernsten CNC-Maschinen hergestellte Gesteckteile halten auch den stärksten Beanspruchun-

Spektive und Fernrohre: Das Swarovski STS 80 (o.) und die ausziehbaren Fernrohre CTS 85 (Mi.) sowie CTC 30 × 75. Zu den oberen beiden passen das Wechselokular 45 × SW (o. re.) und das Zoom-Wechselokular 20–60XS.

Individuelle Fernglaseinstellung

Einzelokulareinstellung: Bei gutem Tageslicht wird das Fernglas in 80 m Entfernung vor idealerweise einem Ziegeldach (oder Maschendrahtzaun) auf einer Unterlage fest aufgelegt und das rechte Okular mit einem Tuch abgedeckt. Das linke Okular wird nun auf die Dachziegel scharf gestellt – dabei sind beide Augen geöffnet! Anschließend wird das linke Okular mit dem Tuch abgedeckt und das rechte Okular auf das gleiche Ziel scharf gestellt – wieder sind beide Augen geöffnet. Das Tuch wird entfernt. Beim Blick mit beiden Augen durch das Glas muss das Ziel nun gleichmäßig scharf sein, die Ziegel dürfen sich nicht überlagern oder flimmern.
Jetzt werden die individuellen Einstellwerte an beiden Okularen abgelesen (z. B. links –2, rechts +1) und für die Zukunft gemerkt. Wenn sie vor jedem Gebrauch überprüft und ggf. neu eingestellt werden, sieht man immer „scharf"!

Mitteltrieb: Die Einstellung erfolgt ganz ähnlich der Einzelokulareinstellung. Nach dem Abdecken des rechten Okulars wird das linke jedoch am Mitteltrieb auf das Objekt fokussiert. Anschließend wird wieder das linke Okular abgedeckt und das rechte an der rechten Einzelokulareinstellung scharf gestellt. Beim Blick durch beide Linsen muss das Bild nun auf die vorher eingestellte Entfernung scharf erscheinen.
Nun wird der individuelle Wert am rechten Okular abgelesen, im Gedächtnis behalten und vor Benutzung des Fernglases stets eingestellt. Das Bild ist dann immer ausgeglichen und weder verschoben noch verzerrt. Es muss dann jeweils nur noch am Mitteltrieb auf wechselnde Objektentfernungen scharf gestellt werden.

Tipp

Moderne Zielfernrohre für den praktischen Jagdbetrieb sollten grundsätzlich mit Leuchtabsehen ausgestattet sein. Man muss sie ja nicht einschalten, aber man kann es im Bedarfsfall.

gen im praktischen Jagdbetrieb und den Belastungen auf Schießständen stand, wenn sie richtig montiert werden.
Aufkippmontagen sind derzeit die meist verbreitete Montageform und in vielen Varianten am Markt. Je nach Hersteller werden sie oft unterschiedlich bezeichnet. Aufkippmontagen sind technisch ausgereift und bewährt. Zu ihnen zählen auch die *Sattelmontagen*.

Aufschubmontagen sind eine durchaus brauchbare Lösung, wenn die Anforderungen an die Belastungsfähigkeit der Montage durch das Kaliber der Waffe nicht zu groß sind.
Festmontagen verbinden ZF und Waffe fest miteinander, so dass Ersteres nicht abgenommen werden kann. Ob das als wichtiger Nachteil eingestuft wird, muss der Jäger selbst entscheiden. Festmontagen erfreuen sich nicht nur bei Präzisionsschützen großer Beliebtheit.

Korrektur der Treffpunktlage

Moderne Zielfernrohre erlauben die Korrektur der Treffpunktlage beim Einschießen über zwei *Stellschrauben* mit *Klick-Rasten* in der Zielfernrohrmitte. Die obere Schraube dient dabei der Höhen-, die

VISIERUNGEN, OPTIK UND MONTAGEN

Welches Glas für welchen Zweck?

Ferngläser
Pirsch (Tageslicht): z. B. 8 × 30, 10 × 40
Nachtansitz (Dämmerung): z. B.: 7 × 50, 8 × 42, 8 × 45, 8 × 52, 8 × 56, 9 × 63, 10 × 52, 10 × 56
Allroundgläser: 8 × 42, 8 × 45, 8 × 52, 10 × 40, 10 × 52

Zielfernrohre
Drückjagd: z. B. 1,5 × 24 oder variabel 1,1–4 × 24 sowie so genannte Variopoint oder ähnlich genannte Zielhilfen
Tagesgebrauch: z. B. 6 × 42 oder variabel 1,5–6 × 42
Nachtansitz: z. B. 8 × 56, 7 × 50, v. a. aber variable Zielfernrohre von 2- bis 10-facher Vergrößerung
Alle Gelegenheiten: variabel 2,5–10 × 50 bzw. 3–12 × 56

seitlich angebrachte Schraube der Seitenverstellung. Ein „Klick" bewirkt i. d. R. eine Veränderung der Treffpunktlage um 1 cm auf 100 m. Die Hersteller geben die Verstellrichtung an. Als Faustregel gilt: immer das Zielfernrohr zum Schussloch hin drehen.

Zielfernrohre früherer Bauart wurden zur Seitenverstellung mithilfe eines so

Lichtstarkes Nachtglas 8 × 56 (li.) und leichtes Glas 8 × 30 für die Tagespirsch

Zielfernrohrmontagen

EAW Schwenkmontage (ausgeschwenkt)

Blaser Sattelmontage (BSM)

Suhler Einhakmontage (SEM)

EAW Aufschubmontage

Zweiteilige EAW Kippmontage

genannten *Supportes* im Bereich des Montagenhinterfußes in ihrer Gesamtheit bewegt.

Büchsenmunition

Büchsenpatronen dienen dem Schuss aus gezogenen Läufen. Sie bestehen aus Hülse ggf. mit Zündhütchen, Treibladung und Geschoss.

Hülse
Die Hülse von Büchsenpatronen ist in der Regel aus Messing gefertigt und in Abhängigkeit vom Waffentyp (Repetierer, Kipplaufwaffe etc.) unterschiedlich konstruiert:
Hülsen ohne Rand und *mit Rille* sind i. d. R. für Repetierer konstruiert. Sie liegen mit der Patronenschulter im Patronenlager an.
Hülsen mit Rand werden aus Kipplaufwaffen verschossen. Sie liegen mit dem *Hülsenrand* an.
Gürtelhülsen finden sich bei Magnum-Patronen. Ihr Boden ist verstärkt. Sie liegen mit der *Patronenschulter* und dem *Rand* an.
Zylindrische Hülsen ohne Rand werden v. a. für Pistolenmunition verwendet. Sie liegen mit dem Hülsenmund an.

Treibladung
Heute ist als Treibladung *Nitro-Cellulose-Pulver* üblich. Es liefert eine hohe Energie bei geringer Rauchentwicklung. Für Büchsenpatronen wird *progressives* („langsam" abbrennendes) Nitro-Pulver verwendet, im Gegensatz zu *offensivem* („schnell" abbrennendem) Nitro-Pulver, das in *Flinten-* und *Kurzwaffenmunition* eingesetzt wird.

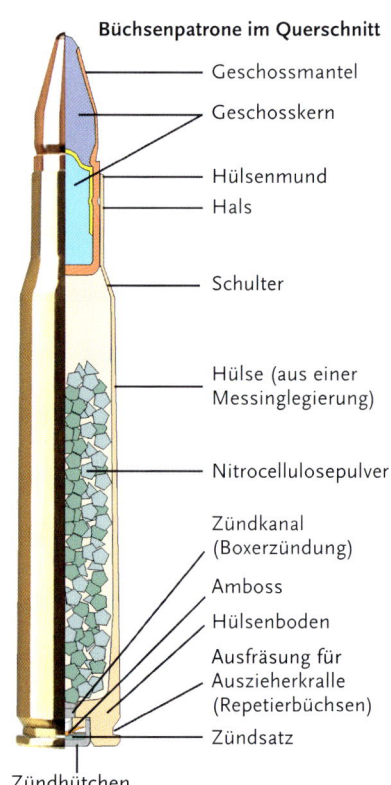

Büchsenpatrone im Querschnitt
— Geschossmantel
— Geschosskern
— Hülsenmund
— Hals
— Schulter
— Hülse (aus einer Messinglegierung)
— Nitrocellulosepulver
— Zündkanal (Boxerzündung)
— Amboss
— Hülsenboden
— Ausfräsung für Auszieherkralle (Repetierbüchsen)
— Zündsatz
Zündhütchen

Zündungsarten und -mechanismen
Bei Büchsenpatronen unterscheidet man die *Randfeuerzündung* und die *Zentralfeuerzündung*, bei Letzterer je nach Zündhütchen darüber hinaus zwischen der *Amboss-* und der *Berdanzündung*.

Kaliberbezeichnungen
Metrische Kaliberangaben bezeichnen das Nennkaliber in mm und die Hülsenlänge. 7 × 64 bedeutet also 7 mm Geschossdurchmesser und 64 mm Hülsenlänge.
Kaliberangaben in Zoll geben das Nennkaliber in Zoll (1 Zoll = 2,54 cm) und den Namen des Konstrukteurs an. .308 Win.

BÜCHSENMUNITION | 395

Patronen-Hülsenböden (von li.): Gürtelhülse, Hülse mit Rand und Hülse ohne Rand

bedeutet also 0,308 Zoll (ca. 7,8 mm) Geschossdurchmesser, Konstrukteur: Winchester.

Neben den genannten enthalten die Kaliberbezeichnungen oft noch zusätzliche Angaben:
- „**R**" für Randpatrone: z. B. 7 × 65 R
- „**I**" für Infanterie: z. B. 8 × 57 I

- „**S**" für S-Geschoss (stärkerer Durchmesser): z. B. 8 × 68 S
- „**Magnum**" für Magnum-Patrone (starke Ladung = hoher Gasdruck): z. B. .300 Win. Magnum
- **06** für Einführungsjahr bei .30–06 (Kaliber wurde 1906 in der US-Armee eingeführt)

Kennzeichnung von Büchsenpatronen und Verpackungen
Auf dem *Hülsenboden* jeder Patrone befinden sich in der Regel folgende Angaben:
- Hersteller oder Herstellerzeichen
- Nennkaliber metrisch oder in Zoll und ggf. Zusatzangaben (s. o.)

Bei einigen Herstellern finden wir eine rote Ringfugenlackierung am Zündhüt-

Büchsenpatronen – Zündungsarten

Randfeuerzündung
- ohne Zündhütchen
- Zündmasse im Hülsenboden fixiert
- Schlagbolzen schlägt auf den Patronenrand
- kleinkalibrige Patronen, z. B. .22 lfB, .22 kurz, .22 Win. Magnum

Zentralfeuerzündung
- mit Zündhütchen
- Schlagbolzen schlägt ins Zentrum
- i. d. R. bei Büchsenpatronen ≥ .22 Hornet

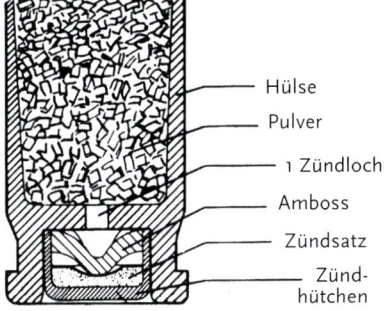

Amboss-Zündhütchen (Boxerzündung)

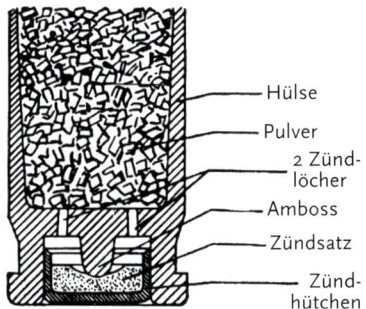

Berdan-Zündhütchen (Berdanzündung)

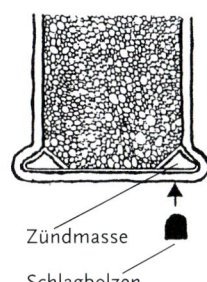

Randfeuerzündung

Zündmechanismen

Boxerzündung	Berdanzündung
▸ Amboss ist Teil des Zündhütchens	▸ Amboss ist Teil der Hülse
▸ ein Zündkanal	▸ zwei Zündkanäle
▸ üblich bei Jagdpatronen	▸ üblich bei Militärpatronen

chen. Sie bezeichnet eine Munition mit höherem Geschossgewicht und ist bei Patronen zu finden, die es im gleichen Kaliber mit unterschiedlichen Geschossgewichten gibt.

Auf der kleinsten *Verpackungseinheit* der Patronen befinden sich folgende Angaben:
▸ Hersteller und Fertigungsserie
▸ Kaliber und Laborierung (Geschossart, Geschossgewicht)

Besonderheit im Kaliber 8 mm

Mit der Bezeichnung 8 mm (Nennkaliber) werden zwei verschieden starke Geschosse angeboten: Die stärkeren weisen einen um ca. $^1/_{10}$ mm *größeren Durchmesser* auf. Sie sind mit einem „S" gekennzeichnet.

Beide Varianten werden im Kaliber 8×57 angeboten, und zwar sowohl als Randpatrone als auch als randlose Patrone:
▸ 8×57 I und 8×57 IS (I = Infanterie)
▸ 8×57 IR und 8×57 IRS (R = Randpatrone)

Da die S-Patronen stärker im Geschossdurchmesser sind, dürfen sie auf keinen Fall mit den anderen verwechselt werden und nur aus Läufen mit entsprechender S-Kennzeichnung verschossen werden.

Bei deutschen Herstellern sind die S-Patronen zusätzlich gekennzeichnet durch eine
▸ *schwarze Ringfugenlackierung* (früher: schwarzes Zündhütchen) und
▸ fühlbare *Rändelung* am *Geschoss*.

Auf alles Schalenwild zugelassene Büchsenpatronen: Kal. über 6,5 mm, E_{100} über 2000 Joule

Büchsenpatronen und Einsatzbereiche

Für die Jagd auf Nicht-Schalenwild (außer Seehunden) hat der Gesetzgeber keine Vorschriften, die Eigenschaften bestimmter Büchsenmunition betreffend, erlassen.

Anders ist das bei der Jagd auf Seehunde und auf Schalenwild.
Rehwild und Seehunde: Zulässig sind nur Büchsenpatronen, deren *Auftreffenergie auf 100 m* (E_{100}) *mindestens 1000 Joule beträgt. Kalibervorgaben gibt es hier keine.*
Sonstiges Schalenwild: Erlaubt sind nur Büchsenpatronen, deren Kaliber mindestens 6,5 mm und deren Auftreffenergie auf 100 m (E_{100}) mindestens 2000 Joule beträgt.

Die Vielzahl an Patronenkalibern lässt sich hinsichtlich ihrer gesetzlich zugelassenen Verwendbarkeit hilfsweise in drei Gruppen einteilen:
- Alle gängigen Büchsenpatronen mit *zweistelligen Zollangaben* (.22) weisen eine E_{100} von *weniger als 1000 Joule* auf. Sie sind nicht auf Schalenwild zugelassen.
- Alle gängigen Büchsenpatronen mit *dreistelligen Zollangaben* (.222 und mehr) weisen eine E_{100} von mindestens 1000 Joule auf und sind damit für *Rehwild und Seehunde zugelassen*. Gleiches gilt für *metrische Kaliberangaben größer* oder *gleich 5,6 × 50*!
- Alle gängigen Büchsenpatronen im Kaliber *6,5 mm und größer* weisen eine E_{100} von *mindestens 2000 Joule* auf und

S-Kaliber-Kennzeichnungen am Patronenhülsenboden und am Geschoss

a
S-Kaliber Rändelung

S-Kaliber

b   c

Welche Patrone für welchen Einsatzbereich?

Wildart	Kaliber z. B.
Raubwild und Raubzeug	.22 lfb – .22 Win. Magnum – .22 Hornet („Schonzeitpatronen")
Rehwild	.222 Rem. – .222 Rem. Magnum – .223 Rem. – .243 Win. (ca. 6,3 mm!) – 5,6 × 50 R – 5,6 × 52 R – 5,6 × 57 R – 9,3 × 72 R (typische „Rehwildpatronen")
für alles Wild zugelassen	.270 Win – .308 Win. (7,62 × 51) – .30-06 Spr. (7,62 × 63) – 6,5 × 57 – 7 × 64 – 7 × 65 R – 8 × 57 IS – 9,3 × 74 R
Hochgebirgsjagd (Weitschüsse)	6,5 × 68 – 8 × 68 S – 7 mm Rem. Magnum (gestreckte Flugbahn)
Großwild (Auslandsjagd)	Ab 9,3 mm verwendet: 9,3 × 64 – .375 Holland & Holland – .416 Rigby usw.

sind damit für *alles Schalenwild zugelassen!* –*Ausnahme*: 9,3 × 72 R (alte „Försterpatrone") mit einer E_{100} von nur 1400 bis 1600 Joule!

Flintenmunition

Flintenpatronen werden aus glatten Läufen verschossen. In der Jagdpraxis werden aus der Flinte überwiegend *Schrotpatronen* verschossen.

Aufbau der Schrotpatrone

Bodenkappe: Sie ist aus Metall und mit *Zentralfeuerzündung* ausgestattet.
Treibladung: Verwendet wird offensives („schnelles") Pulver.
Zwischenmittel: Eine Filzlage oder ein Schrotbecher trennt Pulver und Schrote
Geschosse: Schrote aus Blei (alternativ: Zink oder Weicheisen)
Hülse: Plastik oder Pappe mit *Verschlussdeckel* oder *Faltverschluss*

Kaliber

Bördelverschluss (li.) und Sternverschluss

Die Kaliberangaben bei Flinten lauten international einheitlich 8, 10, 12, 16, 20, 24, 28 oder 36 (.410). Die gängigsten Flintenkaliber sind 12, 16 und 20.

Diese Kaliberbezeichnungen sind *nicht identisch* mit dem *Laufdurchmesser*! Vielmehr bezeichnet das Kaliber die Anzahl an Kugeln gleichen Durchmessers, die aus jeweils einem englischen Pfund (453,6 g) Blei gegossen werden können; im Kaliber 12 z. B. wiegen also 12 Bleikugeln mit je ca. 18,2 mm Durchmesser ein englisches Pfund.

Je mehr Kugeln aus einem Pfund Blei gegossen werden, desto kleiner ist deren Durchmesser, d. h. je größer die Kaliberangabe, desto kleiner demnach der Laufdurchmesser.

Patronenverschlüsse

Wir unterscheiden bei Schrotpatronen grundsätzlich zwei unterschiedliche Verschlussarten:

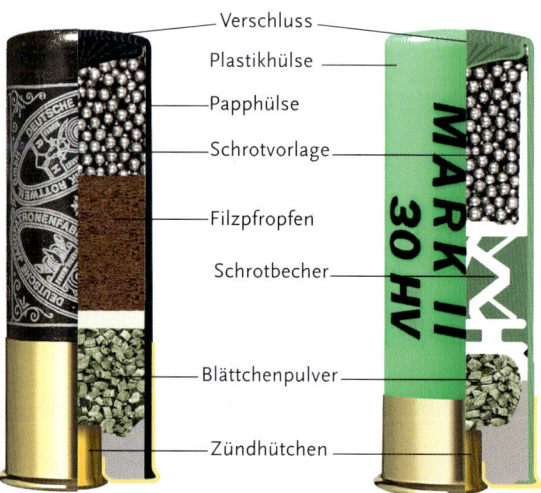

Schrotpatronen im Halbquerschnitt

- Verschluss
- Plastikhülse
- Papphülse
- Schrotvorlage
- Filzpfropfen
- Schrotbecher
- Blättchenpulver
- Zündhütchen

Flintenkaliber in mm

Kaliber	Laufdurchmesser
12	ca. 18,2 mm
16	ca. 16,8 mm
20	ca. 15,7 mm

Bördelverschluss: Hier ist die Patronenöffnung mit einem Abdeckplättchen verschlossen, das vom umgebördelten Rand der Hülse gehalten wird.
Sternverschluss: Die Patrone wird durch die an der Öffnung sternförmig eingefaltete Hülse verschlossen.

Längen: Patronen und Patronenlager
Bei Flinten bzw. Flintenmunition finden wir neben der **Kaliberangabe** (12, 16 oder 20) eine zweite Zahl: Sie bezeichnet die Länge des *Patronenlagers* der Waffe bzw. die *Hülsenlänge* der Patronen. Die Hülsenlänge bezieht sich stets auf die Länge der *abgeschossenen Hülse*. Da sich Hülsen mit Bördelverschluss beim Schuss um ca. 6 mm verlängern, solche mit Sternverschluss um ca. 11 mm, sind Erstere vor dem Schuss länger als Letztere.

Schrotpatronen werden in den Längen *65 mm, 67,5 mm, 70 mm* und *76 mm* gefertigt, Patronenlager jedoch nur in 65 mm, 70 mm (2¾ Zoll = 2¾"), 76 mm (3") Länge, neuerdings aber auch 82 mm Länge. Patronenlager von 67,5 mm Länge gibt es nicht! Der Trend zu immer längeren Patronenlagern ist begründet in der Abkehr von Bleischroten hin zu Weicheisenschroten und dem geringeren spezifischen Gewicht der Ladung von Weicheisenschroten. Sie benötigen eben einen größeren „Stauraum".

> **Merke**
> Aus jedem Patronenlager können **gleich lange und kürzere** Hülsen verschossen werden! Eine Ausnahme bilden Patronenlager mit 65 mm Länge: Aus ihnen können auch Patronen der Länge 67,5 mm verschossen werden!

Herleitung der Flintenkaliber

Geschosse

Geschosse für glatte Läufe (Flinten)
Schrote: Für den flüchtigen Schuss auf Nicht-Schalenwild verwenden wir meist Schrotpatronen. Schrote sind Kügelchen aus Blei, Weicheisen oder Nickel.

Je nach Wildart verwenden wir verschiedene Schrotkorngrößen, die mit Nummern bezeichnet werden. Je stärker das Einzelschrot, umso kleiner die Nummer (4 mm = Nr. 1, 3,5 mm = Nr. 3 usw.). Zur Jagd auf Wasserwild kommen keine Bleischrote mehr zum Einsatz.

Die *wirksame Schussentfernung* beträgt für alle Schrotgrößen *maximal 35* m!

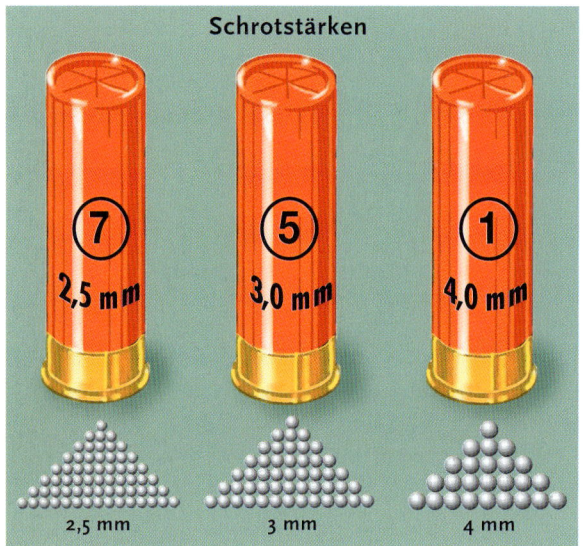

Schrotstärken: Je geringer die Schrotstärke ist, desto höher ist die Anzahl der Schrotkörner bei gleichem Ladegewicht (z. B. 36 g in Kal. 12/70).

Der *Gefahrenbereich* (Flugweite) der verschiedenen Schrotgrößen beträgt näherungsweise das *Hundertfache ihrer Stärke*, also bei 3-mm-Schroten 300 m, bei 4-mm-Schroten 400 m usw.

Zur Bejagung von Wasserwild am Wasser dürfen gemäß der verschiedenen landesrechtlichen Vorschriften keine Bleischrote mehr verwendet werden. Hier kommen sogenannte Stahlschrote zum Einsatz. Am meisten haben sich Weicheisenschrote bewährt. Die Flinten sollten mit Stahlschrotbeschuss *und* für verstärkte Ladung beschossen sein. Wechselchokes sind sinnvoll. Ob Sie solche Patronen auch aus anderen, nicht mit dem speziellen Beschuss versehenen Waffen verschießen dürfen, kommt darauf an. Bitte fragen Sie ihren Büchsenmacher. Ein Problem stellt oft die Chokebohrung dar. Was ½ Choke für Blei ist, bedeutet Vollchoke bei Stahlschrot. Es wird auf keinen Fall empfohlen, aus einem Drilling, dessen linker Lauf z. B. ¾ Choke hat, Stahlschrot abzufeuern. Aufgrund des anderen spezifischen Gewichtes von Eisen zu Blei ist auch die maximal empfohlene Schrotgröße im Kaliber 12 mit 3,2 mm, im Kaliber 20 sogar nur mit 2,7 mm angegeben.

Posten (Roller) sind Schrotkugeln mit einem Durchmesser von 5 bis 9 mm. Sie waren früher auf Rehwild üblich („rauer" Schuss), daher auch Name „Rehposten". In Deutschland ist der Schuss, auch der Fangschuss, mit *Posten* auf *Schalenwild* und *Seehunde verboten!*

Schrotstärken und -größen

Schrotstärke in mm	Schrotgrößen-Nr.* im Kal. 12/70	Ø Anz. Schrote	für Wildarten
2,5 mm	7	390	Rebhuhn, Schnepfe, Kaninchen, Taube
3,0 mm	5	225	Ente, Fasan, Hase
3,5 mm	3	142	Hase, Fuchs, Gänse
4,0 mm	1	95	Winter-Fuchs, Dachs

* Es existieren auch Zwischengrößen mit den entsprechenden Zwischennummern, z. B. 3,75 mm = Nr. 2

Im Ausland sind Posten auf Rehwild teilweise erlaubt und auf kurze Distanzen auch sehr wirkungsvoll (Drückjagden). Voraussetzung ist jedoch die Disziplin der Schützen hinsichtlich der Schussentfernung.

Auf *Nicht-Schalenwild* sind Posten auch in Deutschland *erlaubt*, aber problematisch, da ihre Deckung gering und ihr Gefahrenbereich groß ist!

Flintenlaufgeschosse (FLG): Diese *Einzelgeschosse* zum Verschießen aus glatten Läufen, deren bekanntestes das „Original Brenneke-Flintenlaufgeschoss" ist, wurden konstruiert, um auch Schalenwild mit Flinten erlegen zu können.

FLG sind *auf alles Wild zugelassen*. Da sie nicht zu den Büchsenpatronen zählen, gelten für sie auch nicht die für Schalenwild gesetzlich vorgeschriebenen Mindestenergien bzw. -kaliber.

FLG finden i. d. R. bei Drückjagden auf Schalenwild als *Notbehelf* anstelle einer Büchsenpatrone Verwendung! Die weidgerechte Schussentfernung für diese Geschosse beträgt in der Regel bei offener Visierung über die Laufschiene 35 (–40) m, ihr Gefahrenbereich 1500 m!

Aus eng gechokten Läufen erreichen FLG i. d. R. eine bessere Treffgenauigkeit als aus weit gebohrten.

In Drillingen werden FLG meist im linken Lauf verwendet, da so eine schnelle Schussfolge aus Kugelschuss (vorderer Abzug) und FLG (hinterer Abzug) ohne Umschalten möglich ist.

Die Hülse des FLG ist wie die der Schrotpatrone konstruiert, vorn jedoch offen (kein Verschluss). Dadurch ist das Geschoss auch bei Dunkelheit zu ertasten.

Schräg gestellte Rippen auf dem Geschoss dienen der Anpassung an die Laufverengung im Bereich der Mündung, da sich das Blei seitlich deformieren kann. Das zylindrische Geschossende ist mit einem *Filzpfropfen* bzw. einem *Plastikheck* zur *Stabilisierung der Geschossflugbahn* nach dem *Pfeilprinzip* versehen (wichtig, da FLG keinen Drall entwickeln).

Vor der Verwendung eines FLG in einer bestimmten Waffe sind zunächst Treffpunktlage/Haltepunkt zu ermitteln!

Brenneke-Flintenlaufgeschoss im Schnitt

Büchsengeschosse – Grundtypen

Moderne Büchsengeschosse erfüllen folgende Forderungen:
▶ im Lauf: *geringer Reibungswiderstand* und *wenig Abrieb* (Laufablagerungen) durch eine Geschossummantelung,
▶ beim Flug: *geringer Luftwiderstand* (wenig Energieverlust) und *stabile Flugbahn* durch spezielle Geschosskopf- und -heckformen,
▶ im Ziel: Lieferung von *Schnitthaar* wird (bei einigen Geschossen) durch *Scharfrand* erreicht.

Weichschuss (Gescheide)	Harter Schuss (Muskulatur, Knochen)
	Teilmantelgeschoss 
Geringe Zerlegung der Geschossspitze, wenig Verformung; Geschossmasse durchschlägt den Wildkörper	Splitterwirkung, starkes Aufpilzen der Großmasse, Ausschuss unter Umständen nicht gewährleistet
	Kegelspitzgeschoss 
Kompakte Geschossmasse und geringe Splitterwirkung auf Grund des Tombakmantels	Geringe Zersplitterung, fast sicherer Ausschuss

Geschosszerlegung im Wildkörper

▶ im Ziel: *rasches Verenden* des Wildes v. a. durch *Organzerstörung* infolge Geschossdeformation bzw. -zerlegung
▶ im Ziel: Lieferung eines *Ausschusses* zur Identifizierung des Treffers anhand von Pirschzeichen (Schweiß, Knochensplitter, Organteilen, Schlaghaar) durch genügend großen, durchschlagenden Geschossrest

Neben Geschossen, die für die Jagd nicht geeignet sind (z. B. spezielle Scheibengeschosse), wurde eine endlose Zahl von Geschosskonstruktionen speziell für die Jagd konzipiert. Dennoch gibt es kein Geschoss, das bei jeder Wildart und jedem Treffer optimale Wirkung zeigt.

Nachstehend werden die Grundtypen unserer Geschosse sowie einige prüfungsrelevante Spezialgeschosse beschrieben.

Bleigeschosse bestehen nur aus Blei und sind nicht ummantelt. Sie werden nur in *Kurzwaffen* und *Kleinkalibern* verwendet und sind wegen der Gefahr starker *Laufverbleiung* nur für *geringe Geschwindigkeiten* geeignet. Sie zeigen *keine Splitterwirkung*. Im jagdlichen Bereich finden sie keine Verwendung.

Vollmantelgeschosse bestehen aus einem *Bleikern*, der einschließlich der Spitze *ummantelt* ist. Der Geschossmantel besteht aus *Flussstahl* (Kupfer + Nickel) oder *Tombak* (Kupfer + Zink + evtl. Zinn) und ist härter als Blei.

Weitere Eigenschaften sind *hohes Durchschlagvermögen, große Tiefenwirkung, wenig Deformation, keine Splitterwirkung*. Vollmantelgeschosse werden deswegen nur für schwaches Wild z. B. auf den Fuchs verwendet (balgschonend). Auf Schalenwild sind sie zwar nicht ausdrücklich verboten, ein Verbot ist jedoch indirekt aus dem Tierschutzgesetz bzw. der Weidgerechtigkeit ableitbar, da sie zu wenig Energie im Wildkörper abgeben (geringe Organzerstörung). Auf Großwild kommen sie wegen ihrer hohen Durchschlagkraft auch zum Einsatz.

Teilmantelgeschosse bestehen aus einem Bleikern, der mit Ausnahme der Spitze ummantelt ist. Sie neigen je nach Konstruktion zum *Aufpilzen* (Deformationsgeschosse) oder zur *Absplitterung* (Zerlegungsgeschosse) oder (am besten) einer *Kombination* aus beidem. Als Folge daraus geben sie viel Energie im Wildkörper ab und haben somit hohe Tötungskraft.

Bei der Jagd übliche Büchsenpatronen sind meist mit Teilmantelgeschossen versehen.

GESCHOSSE 403

Diverse Teilmantel-Geschosstypen im Querschnitt

Normales Teilmantel-Geschoss
(Hiervon gibt es viele Formen) – Zerlegung u.U. unkontrolliert

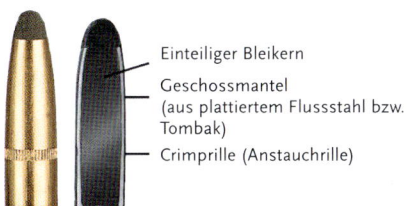

- Einteiliger Bleikern
- Geschossmantel (aus plattiertem Flussstahl bzw. Tombak)
- Crimprille (Anstauchrille)

RWS
H-Mantel-Kupferhohlspitz-Geschoss

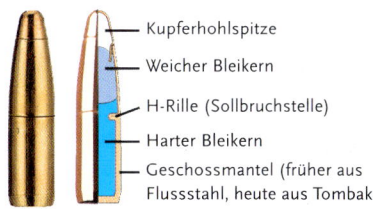

- Kupferhohlspitze
- Weicher Bleikern
- H-Rille (Sollbruchstelle)
- Harter Bleikern
- Geschossmantel (früher aus Flussstahl, heute aus Tombak)

RWS
Brenneke-Torpedo-Universal-Geschoss (TUG), heute als UNI-Classic bezeichnet

Brenneke-Torpedo-Ideal-Geschoss (TIG), heute als ID-Classic bezeichnet

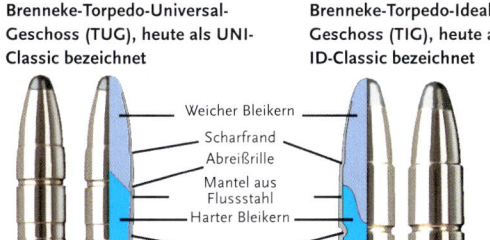

- Weicher Bleikern
- Scharfrand
- Abreißrille
- Mantel aus Flussstahl
- Harter Bleikern
- Halterille
- Torpedoheck

Nosler-Partition-Geschoss

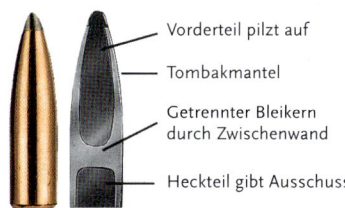

- Vorderteil pilzt auf
- Tombakmantel
- Getrennter Bleikern durch Zwischenwand
- Heckteil gibt Ausschuss

RWS
Doppelkern Tombakmantel, vorne dünn – gute Zerlegung **Kegelspitz**

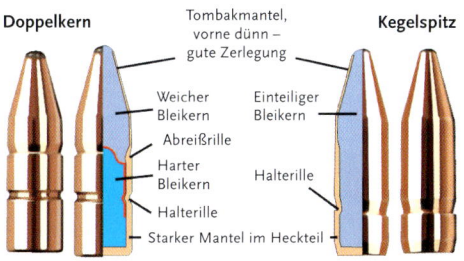

- Weicher Bleikern
- Einteiliger Bleikern
- Abreißrille
- Harter Bleikern
- Halterille
- Halterille
- Starker Mantel im Heckteil

Winchester
Silvertip

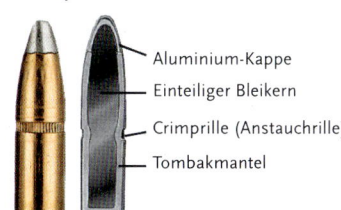

- Aluminium-Kappe
- Einteiliger Bleikern
- Crimprille (Anstauchrille)
- Tombakmantel

Norma
Vulkan Eingebördelter Geschossmantel – Schutz vor Beschädigung beim Repetieren **Oryx**

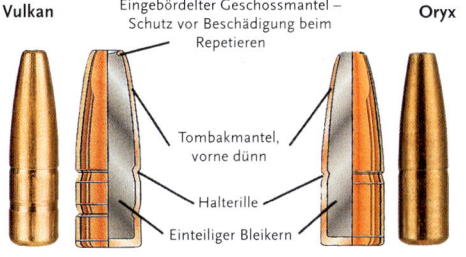

- Tombakmantel, vorne dünn
- Halterille
- Einteiliger Bleikern

Remington
Core-Lokt

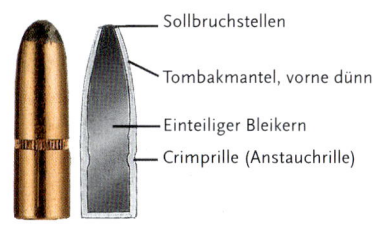

- Sollbruchstellen
- Tombakmantel, vorne dünn
- Einteiliger Bleikern
- Crimprille (Anstauchrille)

Je nach Form der Geschossspitze werden drei Grundtypen von Teilmantelgeschossen unterschieden:
- Teilmantel-Rundkopf
- Teilmantel-Flachkopf
- Teilmantel-Spitz

Eine Spezialform des Teilmantelrundkopfgeschosses (TMR) hat einen *Scharfrand*. Seine Stauchfähigkeit ist mäßig und es gibt nur wenig Splitter ab.

Auf den drei Grundtypen von Teilmantelgeschossen (Zerlegungsgeschossen) baut eine Vielzahl von *Spezialgeschossen* auf.

Spezialbüchsengeschosse
H-Mantel-Geschoss mit Kupferhohlspitze (HMK)
- verdeckte Hohlspitze (Kupferhaube)
- Einschnürung im Mantel (Sollbruchstelle)
- vorderer Teil des Bleikerns weicher als hinterer

Dieses Teilzerlegungsgeschoss zerlegt sich konstruktionsbedingt bis zur Einschnürung, der hintere Geschossteil sorgt bei geringer Deformation für Ausschuss. Ähnlich ist auch das H-Mantel-Geschoss mit *offener Hohlspitze* (HmoH) konzipiert.

Kegelspitzgeschoss (KS)
- Geschossspitze kegelförmig
- Mantelstärke nimmt zur Spitze hin ab
- gute Deformation der Spitze mit Splitterabgabe
- gestauchter Restkörper sorgt für Ausschuss (Teilzerlegungsgeschoss)

Silvertip
- Bleikernspitze ist mit Aluminium überzogen
- verzögerte Stauchung infolge Alu-Überzugs
- Deformation erst im Wildkörper (Teilzerlegungsgeschoss)

Original Brenneke-Torpedo-Ideal-Geschoss (TIG) oder ID Classic
- zweiteiliger Bleikern, vorderer weicher als hinterer
- vorderer Kernteil ragt trichterförmig in hinteren hinein
- Scharfrand am Mantel, oft nahe der Geschossspitze, je nach Kaliber
- Deformation des vorderen Teils unter Splitterabgabe
- Gestauchter hinterer Teil sorgt für Ausschuss
- „Torpedo-Heck"
- Mantel aus Flussstahl
- lieferbar in den Kalibern 7 mm, 7,62 mm und 8 mm (Teilzerlegungsgeschoss)

Original Brenneke-Torpedo-Universal-Geschoss (TUG) oder UNI Classic
- zweiteiliger Bleikern, vorderer weicher als hinterer
- hinterer Kernteil ragt keilförmig in vorderen hinein
- Scharfrand am Mantel nahe der Geschossmitte
- geringe Deformation des vorderen Teils
- hohe Tiefenwirkung
- schwach gestauchter Restkörper sorgt für Ausschuss
- „Torpedo-Heck"
- Mantel aus Flussstahl
- lieferbar in den Kalibern 7,62 mm und 9,3 mm (Teilzerlegungsgeschoss)

Nosler Partition-Geschoss
- zwei getrennte Bleikerne mit durchgehendem Steg in der Mitte

- Vorderteil pilzt auf
- kaum deformiertes Hinterteil sorgt für Ausschuss (Teilzerlegungsgeschoss)

Deformationsgeschosse moderner Art haben geringe Splitterneigung und werden als Verbundgeschosse bezeichnet. Mantel und Kern sind fest verbunden durch verlöten (thermisch) oder verkleben (chemisch). So entsteht ein weitgehend massestabiles Projektil. Die offene Spitze, oft mit Plastik gefüllt, leitet den Deformationsprozess ein. Gestoppt wird er durch eine Kneifrille, zunehmende Mantelstärke und Ähnliches. Zu ihnen zählen z. B.: Brenneke TOG, Norma Oryx, Sako Hammerhead, RWS Evolution.

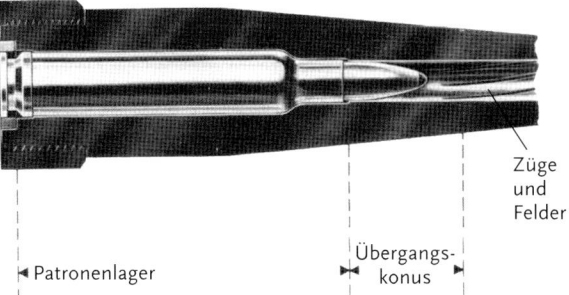

Der Freiflug des Geschosses findet im Übergangskonus statt.

Bleifreie Büchsenpatronen

Da sich bei der großen Rubrik Teilmantelgeschosse der innen liegende Bleikern zerlegen und auflösen kann (im Bereich des Schusskanals) wurde die Forderung nach bleifreien Büchsenpatronen laut. Die Industrie hat dem entsprochen und sogenannte Massiv-Geschosse (Monoblockgeschosse, Solids) auf den Markt gebracht. Auch diese werden unterteilt in den Deformationstyp, Splittertyp oder Form- und Massestabil (Solids). Dazu zählen neben anderen: Sako Barnes TSX und TTSX, Lapua Naturalis, RWS HIT, RWS Evolution Green, RWS Bionic yellow, Brenneke TIG nature, TUG nature und TAG, Winchester Power Core, Blaser CDC, Hornady Superformance GMX, Geco Zero.

Ein gewisses Problem kann sich ergeben aus mangelnder Energieabgabe im Körper. Ferner fliegt der aus dem Wildkörper austretende Geschossrest unter Umständen sehr weit (bis ca. 800 m) und gefährdet damit sehr stark das Gelände hinter dem Ziel. Auch beim Auftreffen auf Steine, die sich unmittelbar unter dem bewachsenen Erdboden befinden (was der Schütze ja nicht erkennen kann), ist die Gefahr von Querschlägern gegeben.

Ballistik

Die Ballistik beschäftigt sich mit allen physikalischen Vorgängen bei der Schussentwicklung. Dabei betrachtet die
- *Innenballistik* die Vorgänge in der Waffe
- *Mündungsballistik* die Vorgänge an der Laufmündung
- *Außenballistik* die Vorgänge zwischen Mündung und Ziel
- *Zielballistik* die Geschosswirkung im Ziel.

Innenballistik

Nach Betätigen des Abzuges schlägt der Schlagbolzen auf das Zündhütchen. Der dabei entstehende Zündfunke gelangt durch den Zündkanal in den Pulverraum und zündet das Pulver.

Das Pulver verbrennt und wird dabei gasförmig. Das Pulvergas nimmt viel mehr Raum ein als das feste Pulver. Der so entstehende Druck treibt das Geschoss aus dem Hülsenmund in den Lauf.

Der sich dabei aufbauende Gasdruck beträgt bei
- *Büchsen* bis zu *4500 bar*,
- *Flinten* zwischen *650* (Kal. 12) und *720 bar* (Kal. 20),
- *Magnum-Schrotpatronen* über *1000 bar*.

Der Gasdruck steigt in der Waffe schnell an und erreicht bei Büchsen seinen Höhepunkt nach etwa 10 bis 15 cm Geschossweg und sinkt dann rasch ab.

Nachdem das Geschoss durch diesen Druck aus dem Hülsenmund getrieben wurde, erfolgt die Einpressung in die Züge und Felder nicht unmittelbar, sondern erst nach dem Passieren des so genannten *Übergangskonus*.

Ein zu kurzer Übergangskonus kann gefährliche Gasdrucksteigerungen zur Folge haben. Ein zu langer Übergangskonus führt dazu, dass einerseits Gasdruck seitlich entweicht (Leistungsabfall) und andererseits das Geschoss nicht gerade, sondern leicht schräg in die Felder und Züge eintritt, was wiederum zu einem hohen Einpresswiderstand (Leistungsabfall) führt.

Wir unterscheiden bei der Geschossbewegung im Übergangskonus zwei Wege:

Freiflug: Der Weg zwischen Verlassen des Hülsenmundes bis zum Eintritt in die Züge und Felder (das Geschoss fliegt völlig frei, d. h. ohne Führung).

Merke

Bei einem auf die günstigste Einschussentfernung (GEE) eingeschossenen Gewehr schneiden sich Visierlinie und Seelenachse einmal, Geschossflugbahn und Visierlinie zweimal.

Rotationsloser Geschossweg: Der Gesamtweg, den das Geschoss bis zum Eintritt in die Züge und Felder zurücklegt. Dieser Weg ist nicht ganz frei, da das Geschoss zunächst noch im Hülsenmund geführt wird.

Daraus ergibt sich:

Rotationsloser Weg = Freiflug + Einsetztiefe des Geschosses im Hülsenmund.

Mit dem Eintritt in die Züge und Felder wird das Geschoss durch deren schraubenförmige Anordnung (Drall) in eine *Rotationsbewegung* um die eigene Längsachse versetzt. Diese Rotationsbewegung bewirkt eine *Stabilisierung der Geschossflugbahn*. Ohne sie würde sich ein Geschoss nach Verlassen der Mündung überschlagen.

Dralllänge: So bezeichnen wir den Weg, den das Geschoss im Lauf zurücklegen muss, um sich einmal um die eigene Achse zu drehen.

Sie liegt bei Büchsen zwischen 20 und 40 cm, das Geschoss dreht sich im ganzen Lauf also 1,5- bis 3-mal um die Längsachse (bei Kurzwaffen ist die Dralllänge u. U. länger als der Lauf!). Bei Geschwindigkeiten um die 1000 m/s bedeutet das bis zu *6000 Rotationen je Sekunde*.

Schussentwicklungszeit: So bezeichnet man die Zeit vom Auftreffen des Schlagbolzens auf das Zündhütchen bis zum Austritt des Geschossbodens an der Mündung (0,002 sec. bei offensivem bis 0,003 sec. bei progressivem Pulver).

Mündungsballistik

Mündungsknall: Wenn das Geschoss den Lauf verlässt, liegt der Gasdruck noch bei ca. 500 bar. Die Druckwellen, die beim

> **Merke**
>
> Geschossflugbahn und Seelenachse schneiden sich nie!

Verlassen des Laufes entstehen, werden als **Mündungsknall** wahrgenommen (vgl. platzender Luftballon).

Geschossknall: Er entsteht bei Geschossgeschwindigkeiten, die über der Schallgeschwindigkeit liegen, was bei Büchsen die Regel ist. Der Geschossknall wird vom Schützen nicht wahrgenommen, da er unmittelbar nach dem Mündungsknall auftritt.

Schalldämpfer dämpfen nur den Mündungsknall, nicht den Geschossknall!

Mündungsfeuer: Entsteht bei zu langsamem Pulver bzw. zu kurzen Läufen, wenn beim Verlassen der Mündung das Pulver noch nicht vollständig verbrannt ist.

Rückstoß: Der Gasdruck wirkt im Lauf nach allen Seiten, also auch nach hinten auf den Stoßboden. Dieser Rückstoß wird durch den „Raketeneffekt" verstärkt, der Folge der an der Mündung ausströmenden Gase ist. Der Rückstoß wird umso stärker empfunden, je leichter die Waffe bzw. je kürzer der Lauf ist.

Geschossabgangsfehler: Der Lauf wird beim Schuss in leichte Schwingungen versetzt, so dass das Geschoss den Lauf u. U. in einem sehr kleinen Winkel zur theoretischen Laufachse versetzt verlässt. Dieser Fehler ist besonders gravierend bei Läufen, die nicht frei schwingen können, da sie z. B. am Schaft anliegen.

Mündungsgeschwindigkeit (Vo): Die Geschossgeschwindigkeit wird mit dem Buchstaben V (velocitas) in Metern pro Sekunde angegeben. Die Zahl hinter dem „V" gibt die Entfernung zur Mündung an, in der gemessen wurde. Demnach wird die Geschwindigkeit an der Mündung mit Vo angegeben, die auf z. B. 100 m mit V100.

Mündungsenergie (Eo): Die Energie wird mit $E = Joule = ½ (m \times V^2)$ angegeben.
Dabei ist
m = Masse,
V = Geschwindigkeit;
E_0 = Energie an der Mündung, E_{50} Energie nach 50 m usw.

Außenballistik

Würden außer der Treibkraft der Pulvergase keine weiteren Kräfte auf das Geschoss wirken, würde es geradlinig in Verlängerung des Laufes (Seelenachse) mit gleichbleibender Geschwindigkeit unendlich weiterfliegen.

In Wirklichkeit aber beeinflussen auf der Erde insbesondere zwei Kräfte die Geschossflugbahn:

▶ Die **Erdanziehungskraft** bewirkt, dass das Geschoss *abfällt*, und zwar umso stärker, je näher wir uns dem Erdmittelpunkt nähern und je länger die Kraft auf das Geschoss wirkt. Ein langsam fliegendes Geschoss wird z. B. auf 100 m stärker abfallen als ein schnelles.

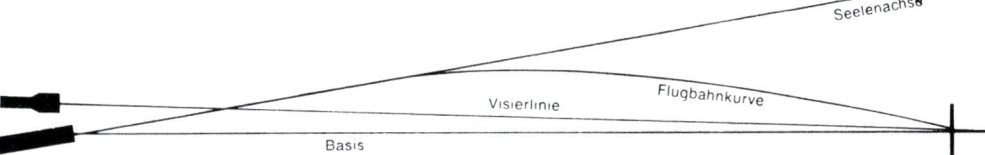

Büchsenschuss: Seelenachse, Flugbahnkurve und Visierlinie. Bei GEE maximale Erhebung im Scheitelpunkt 4 cm.

Ballistische Daten (Beispiele)

Kaliber und Geschoss	Einschussentf. a) 100 m b) GEE	50 m	100 m	150 m	200 m	300 m
7 × 57 TMR 9,0 g	a) 100 m b) GEE 150 m	0 +2,0 cm	⊕ +4,0 cm	−5,3 cm ⊕	−17,1 cm −10 cm	−65 cm −53 cm
.30–06 KS 10,7 g	a) 100 m b) GEE 177 m	−0,7 cm +1,3 cm	+2,7 cm	−3,4 cm −3,2 cm	−11,4 cm −3,2 cm	−43 cm −31 cm

⊕ ist das Zeichen für „Fleckschuss"

▸ Der **Luftwiderstand** bewirkt, dass das Geschoss *langsamer* wird und damit auch stets schneller abfällt (s. o.). Beeinflusst wird der Grad des Widerstandes vor allem durch die Kopfform des Geschosses (spitz oder flach) und von der Luftdichte. Im Hochgebirge ist die Luft „dünner", so dass sich dort der Luftwiderstand weniger auswirkt.

Eine Kraft, die das Geschoss nach oben ablenkt, gibt es nicht. Daher kann ein Geschoss die Seelenachse niemals übersteigen. Es bewegt sich demnach zunächst auf der Seelenachse und verlässt diese dann nach unten. Diese Abweichung von der Seelenachse wird umso größer, je langsamer das Geschoss wird.

Wenn wir ein Ziel anvisieren, schauen wir über Kimme und Korn (oder durchs ZF). Die gedachte Linie von der Zieleinrichtung zum Ziel nennen wir *Visierlinie*.

Sind Visierlinie und Seelenachse parallel angeordnet, treffen wir das Ziel nicht. Dies gelingt nur, wenn sich Seelenachse und Visierlinie schneiden.

Wo sich Geschossflugbahn und Visierlinie kreuzen, erzielen wir den so genannten Fleckschuss. Dies ist also zweimal der Fall:

Je steiler wir den Lauf (Seelenachse) zur Visierlinie stellen, umso weiter liegt der zweite Schnittpunkt von der Mündung entfernt, und umso größer ist die Abweichung der Geschossflugbahn von der Visierlinie zwischen den beiden Schnittpunkten (Hochschuss).

Unter *Günstigste Einschussentfernung* (GEE) versteht man nun die Entfernung (zweiter Schnittpunkt der Geschossflugbahn mit der Visierlinie), bei der die Ab-

Gefährdungsursachen beim Schrotschuss

Die „Breitenstreuung" tritt nicht nur in der Breite, sondern in alle Richtungen auf! Vorsicht bei flachen Schüssen ins Treiben auf Flugwild: Die Flugweite der Schrote (Schrotstärke × 100) darf nicht unterschätzt und die Schützen auf der Gegenseite nicht gefährdet werden! Gefährliche Unfälle können auch Abpraller verursachen. Schrote prallen ab
▸ auf gefrorenem Boden
▸ an Steinen
▸ auf Wasserflächen
▸ an Bäumen/Ästen
▸ auf Eisflächen u. v. m.

Schrotpatrone mit Streukreuz

Breitenstreuung der Schrotgarbe

Entfernung	Garben-Durchmesser
1 m	wie Tennisball
10 m	wie Fußball
35 m	ca. 1 m
100 m	ca. 16 m

weichung der Flugbahnkurve zur Visierlinie im Scheitelpunkt exakt 4 cm beträgt.

Je gestreckter die Flugbahn eines Geschosses ist, *desto größer* ist dessen GEE. Geschosse mit sehr großer GEE (> 200 m) nennen wir *rasante Geschosse*.

Beispiele aus einer Schusstafel für eine nicht rasante und eine rasante Patrone gibt die Tab. auf S. 400 wieder.

Mit einer Waffe, die *auf* die GEE eingeschossen ist, können wir also bei *gleichem Haltepunkt weiter* schießen als mit einer Waffe, die auf 100 m eingeschossen ist. Wir nehmen zwar dabei auf nähere Distanz einen Hochschuss in Kauf, dieser liegt jedoch bei maximal 4 cm und ist somit für die Jagd unbedeutend.

Da unsere Schießstände i. d. R. 100-m-Bahnen aufweisen, müssen wir in den Schusstafeln nachlesen, welchen Hochschuss die Patrone auf 100 m aufweist, wenn sie auf die GEE Fleck schießt. Die Waffe wird dann auf 100 m mit diesem angegebenen Hochschuss (meist +4 cm) eingeschossen.

Moderne Büchsengeschosse erreichen bei optimalem Schusswinkel von ca. 30° Flugweiten von über 5000 m.

Außenballistische Besonderheiten des Schrotschusses

Bei der Schrotpatrone sorgt das *Zwischenmittel* (Plastik oder Filz) dafür, dass die im Lauf immer größer werdende Druckkammer *abgedichtet* und die vor

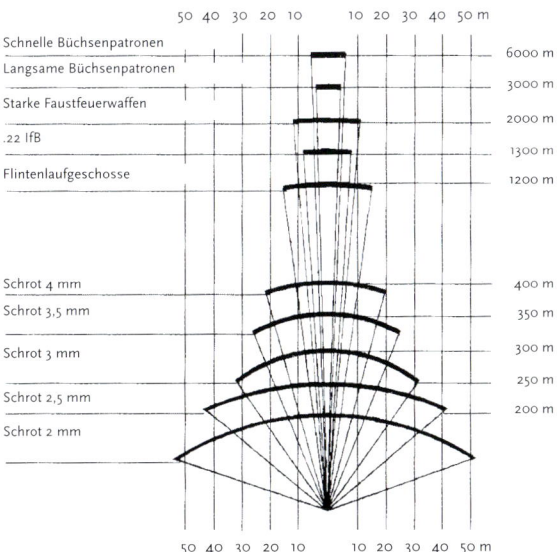

Gefährdungsbereich beim Büchsen- und Schrotschuss

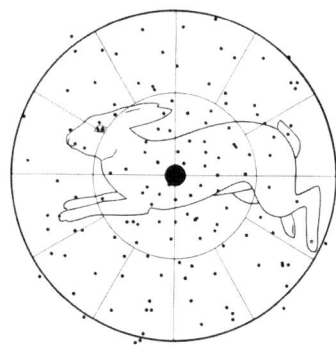

Die Deckung der Schrotgarbe wird mit der 16-Felder-Scheibe geprüft.

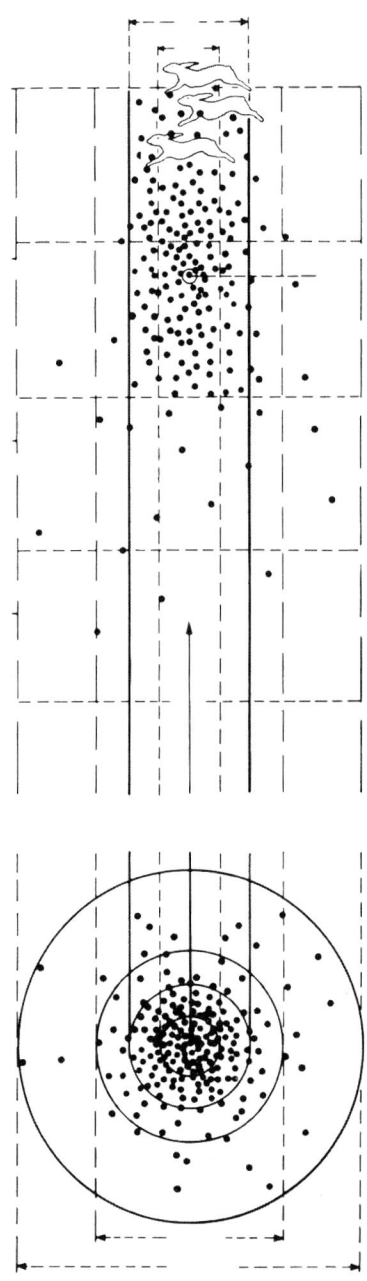

Dynamik des Schrotschusses

dem Pfropfen befindliche Schrotladung nach vorne geschoben wird.

Die Schrote werden teilweise durch Andrücken an die Laufwand deformiert und berühren sich auch gegenseitig. Dies führt zu einem unterschiedlichen Flugverhalten der einzelnen Schrote und bedingt sowohl unterschiedliche Geschwindigkeiten wie auch unterschiedliche Abgangswinkel im Mündungsbereich. Dies wiederum hat eine *Längenstreuung* und eine *Breitenstreuung* der Schrotgarbe zur Folge. Letztere lässt sich waffenseitig durch die *Choke-* oder *Würgebohrung* beeinflussen.

Daneben kann aber auch über die Patrone die Streuung beeinflusst werden.

Ein *Streukreuz* vor dem Zwischenmittel bewirkt z. B. eine größere Breitenstreuung (Streupatronen). *Schrotbecher* verhindern Deformationen der Schrote an der Laufwand und verringern damit die Streuung.

Längenstreuung: Sie entspricht etwa $1/10$ *der Schussentfernung,* d.h. nach 35 m hat die Schrotgarbe eine Länge von ca. 3,5 m.

Breitenstreuung (progressiv): Die Breitenstreuung der Schrotgarbe nimmt ebenfalls mit der Flugstrecke zu.

Besonderheiten beim Büchsenschuss

Hochgebirge
Da die Luft im Hochgebirge „dünner" ist, weisen im Tiefland eingeschossene Waffen im Hochgebirge einen **leichten Hochschuss** auf!

Weite Steilschüsse
Bei weiten Schüssen steil nach oben oder unten wirkt die Erdanziehungskraft weniger stark als bei waagerechten. Deshalb gilt: „Berg rauf, Berg runter – halt drunter!"

Steilschüsse im Nahbereich
Bei Steilschüssen im Nahbereich, z. B. senkrecht nach unten, muss man wegen der Erhöhung der Visierlinie über der Seelenachse ggf. **etwas höher** halten! Ebenso sind kräftiger Seitenwind, Sturm und starker Regen zu berücksichtigen.

Wirksamkeit des Schrotschusses
Nur die Kerngarbe des Schrotschusses ist eigentlich wirksam. Da Geschwindigkeit und Energie der Schrote rapide abnehmen, liegt die *wirksame Schussentfernung* bei *maximal 35 m*.

Wichtig für die Wirksamkeit ist auch die Deckung der Schrotgarbe: Sie wird mit einer so genannten 16-Felder-Scheibe überprüft. Auf 35 m muss jedes Feld eine je nach Schrotstärke verschiedene Mindestanzahl von Treffern aufweisen.

Zielballistik
Um am Anschuss Rückschlüsse auf den Sitz der Kugel ziehen zu können, wollen wir dort Schnitthaar, Schlaghaare, Knochensplitter, Schweiß, Wildbretteile und/oder Teile von Organen finden.

Dies muss die Wirkung des Geschosses im Wildkörper sicherstellen. Beim Auftreffen auf dem Wildkörper soll das Geschoss aufpilzen und der Geschossdurchmesser sich vergrößern, um einen größeren Wundkanal zu gewähren. Die Abgabe von Splittern bewirkt eine weitere mechanische Zerstörung möglichst lebenswichtiger Organe, Venen und Blutbahnen im Wildkörper. Das Geschoss muss im Wildkörper genügend Energie abgeben, mit seiner Restenergie aber noch einen Ausschuss erzeugen und somit das rasche Ausbluten des Stückes bewirken.

Durch die Energieabgabe und die hohe Geschossgeschwindigkeit soll möglichst ein Schock im Wildkörper hervorgerufen werden.

Begriffe

Versager: Patrone zündet nicht. Am Schießstand dann Waffe im Anschlag halten, Standaufsicht rufen. Auf der Jagd im Anschlag bleiben, ca. 30 Sekunden und mit verzögerter Zündung rechnen. Danach entladen und prüfen, ob nicht etwa das Geschoss im Lauf steckt.

Nachbrenner: Verzögerte Zündung (erhalten siehe oben).

Doppeltreffer: Mit einem Schuss mehrere Stücke Wild erlegen oder treffen (krank schießen); **unerwünscht**.

Doublette: Mit zwei Schuß zwei Stück Wild zu erlegen ohne abzubacken.

Pistole Walther PPK

SIG-Sauer Pistole

Heckler & Koch Pistole

Revolver Smith & Wesson

Kurzwaffen

Zur Wiederholung: Unter Kurzwaffen fallen Schusswaffen, deren kürzeste bestimmungsgemäß verwendbare Gesamtlänge bis zu 60 cm beträgt oder deren Lauf plus Verschluss in geschlossener Stellung bis zu 30 cm misst.

Jagdliche Verwendung
Grundsätzlich ist das Schießen mit Kurzwaffen auf Wild verboten! Ausgenommen von diesem Verbot sind folgende Einsatzbereiche:
Bau- und Fallenjagd: *Mindestvorgaben* bezüglich der Geschossenergie *existieren nicht*.
Fangschuss: Für den Fangschuss auf *Schalenwild* muss die Mündungsenergie (E_0) der verwendeten Munition mindestens 200 Joule betragen, auf *anderes Wild* existiert *keine Mindestvorgabe*.
Für den Einsatz von Kurzwaffen zur *Selbstverteidigung* gibt es ebenfalls keine Mindestenergievorgabe.

Grundtypen Pistole und Revolver
Bei den Pistolen werden unterschieden: Pistolen mit
▶ Masseverschluss (Waffen mit geringem Gasdruck, z. B. Walther PP/PPK)
▶ verriegeltem Verschluss (Waffen mit hohem Gasdruck, z. B. Colt/SIG)

Kurzwaffenmunition
Pistolen- und Revolvermunition weist i. d. R. folgende Merkmale auf:
▶ kurze, zylindrische Hülsen (ohne Schulter!)
▶ für *Revolver Hülsen mit Rand* (liegen mit dem Rand an)
▶ für *Pistolen Hülsen mit Rille* (Hülsenmundanlieger)

Kurzwaffenmunition: Gebräuchliche Revolver- (oben) und Pistolenkaliber

Gängige Pistolenkaliber: .22 lfB, 6,35 mm, 7,65 mm (.32 Auto), 9 mm kurz (.380 Auto), *fangschusstauglich* ($E_0 > 200$ Joule) sind 9 mm Para (9 mm Luger = 9 × 19), .45 ACP (.45 Auto).

7,65 mm und 9 mm kurz erreichen die E_0 von 200 Joule bei sehr kurzen Lauflängen nicht!

Gängige Revolverkaliber: .22 lfB, fangschusstauglich sind .38 Special, .357 Magnum, .44 Magnum, .45 Colt.

Achtung: Aus Revolvern im Kaliber .357 Magnum können Patronen im Kaliber .38 Spezial verschossen werden, umgekehrt aber nicht! Geschoss- bzw. Laufdurchmesser sind bei beiden Patronen gleich, .357 Magnum-Patronen haben aber eine längere Hülse und weisen i. d. R. einen höheren Gasdruck als die .38 Special. Bei der .357 orientiert sich das Nennkaliber eher am Felddurchmesser des Laufes, bei der .38 an dessen Zugdurchmesser.

Staatlicher Beschuss

Das Waffengesetz schreibt vor, dass jeder, der Feuerwaffen einführt oder herstellt, sie amtlich beschießen lassen muss. Für

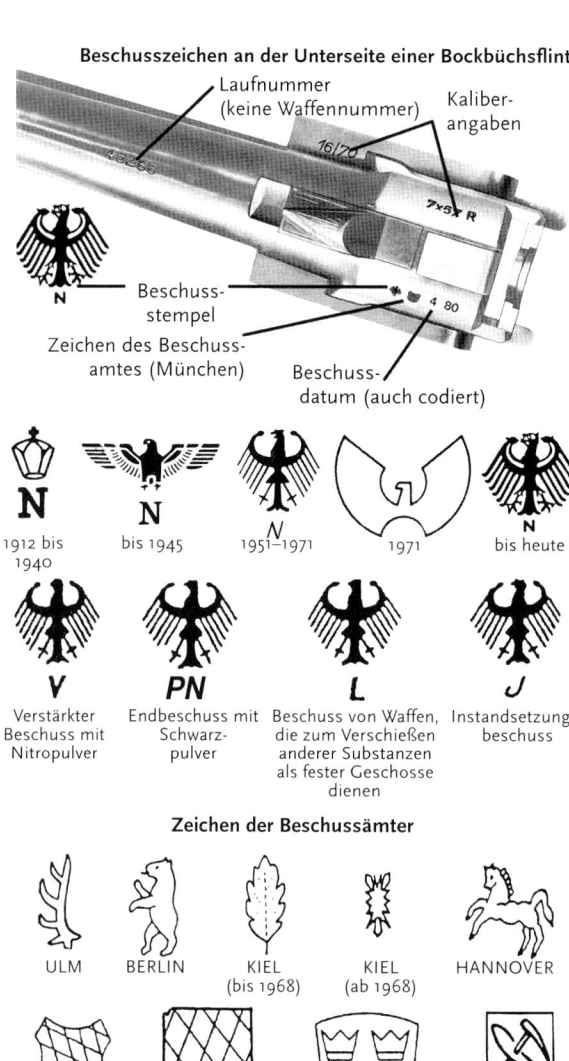

Beschusszeichen an der Unterseite einer Bockbüchsflinte

Amtliche deutsche Beschusszeichen für den Endbeschuss mit rauchlosem Pulver

das Beschießen sind die Beschussämter zuständig. (Nach einem Abkommen sind auch einige ausländische Beschussprüfungen in Deutschland anerkannt.)

Jede Handfeuerwaffe wird einzeln überprüft auf:

- Kennzeichnung (Hersteller, Herstellungsnummer und Kaliber)
- Maßhaltigkeit (z. B.: Patronenlagerlänge, Felddurchmesser, Zugdurchmesser etc.)
- Funktionssicherheit (Waffe muss z. B. sich gefahrlos schließen lassen)
- Haltbarkeit (Waffe wird mit *um 30% erhöhtem Gasdruck* beschossen!)

Nach bestandener Prüfung wird die Waffe bei deutschem Beschuss versehen mit den *Beschusszeichen*:

- Bundesadler (auf *allen* wesentlichen Teilen!)
- „N" bei Normalbeschuss mit Nitrocellulose-Pulver
- „PN" (früher „SP") bei Schwarzpulverbeschuss (auf *allen* wesentlichen Teilen!)
- Ortszeichen des Beschussamtes (auf *einem* wesentlichen Teil!)
- Jahreszeichen: verschlüsseltes „Beschussdatum" (auf *einem* wesentlichen Teil!)

Als weitere Beschusszeichen sind möglich z. B.

- „V" für *verstärkten Beschuss* z. B. bei Magnum-Schrotpatronen
- „J" für *Instandsetzungsbeschuss*
- „F" (früher „FB") für *freiwilligen Beschuss*

Jagdliches Schießen

Das jagdliche Schießen ist in der „Schießstandordnung und Schießvorschrift mit Hinweisen für die Standaufsicht" des Deutschen Jagdschutz-Verbandes in der

PFLEGE VON WAFFEN UND OPTIK

ab März 2011 geltenden Fassung detailliert geregelt. Insbesondere die Schießvorschrift trifft unter anderem exakte Vorgaben über die Disziplinen des Büchsenschießens, Flintenschießens und Kurzwaffenschießens.

DJV-Wildscheibe Nr. 5 oder 6: Flüchtiger-Überläufer-Scheibe für das Jagdliche Schießen

Pflege von Waffen und Optik

Jagdwaffen sind Präzisionswerkzeuge, die reibungslos funktionieren müssen, und überdies auch wertvoll.

DJV-Wildscheibe Nr. 1: Rehbockscheibe für das Jagdliche Schießen

Anschlagsarten beim Jagdlichen Schießen:

Stehend angestrichen   Jagdliche Erwartungshaltung Flinte   Flintenanschlag

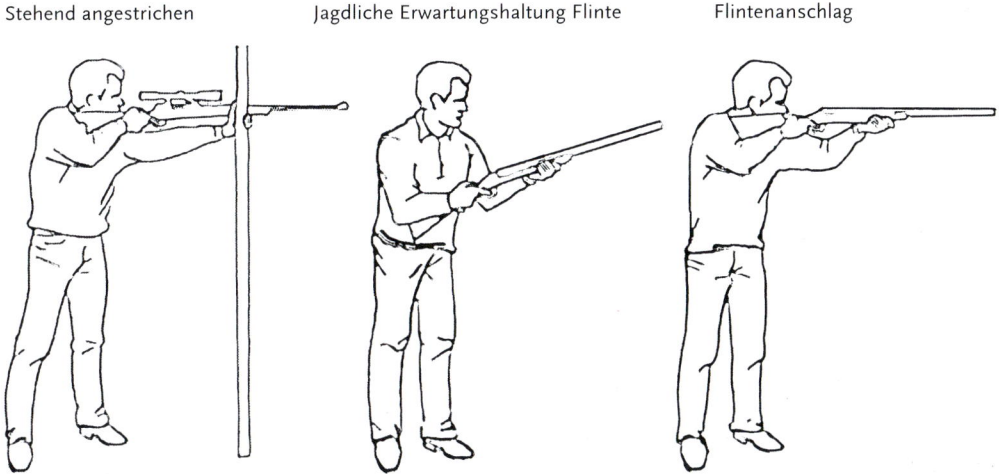

Pistolen und Revolver im Vergleich

Merkmal	Pistole	Revolver
Patronenlager	Bestandteil des Laufes	nicht Bestandteil des Laufes: Trommel = Patronenlager („wesentliches Teil")
Magazin	meist vorhanden, herausnehmbar	Trommel = Magazin
Sicherung	meist vorhanden	i. d. R. keine, aber Hahnsperre
Selbstladewaffe	i. d. R. ja	nein!
Bauartbedingte Vorteile	▸ große Ladekapazität ▸ schnelles Nachladen (Magazinwechsel) ▸ geringer Abzugswiderstand nach erstem Schuss, da gespannt ▸ klein und handlich	▸ robust, unkompliziert ▸ bei Versagern nur erneutes Abziehen nötig ▸ weitgehend laborierungsunabhängige Funktion

Der größte Feind aller Waffen ist *Rost*. Seine Bildung wird durch *Nässe* und *Feuchtigkeit* gefördert. Deshalb gilt:
▸ Ein ständiger, leichter Ölfilm auf allen Metallteilen schützt vor Rost.
▸ Waffen dürfen nie längere Zeit in Futteralen aufbewahrt werden.

Laufpflege

Nach Abgabe eines Schusses ist ein Lauf bereits trocken, d. h. ölfrei und rostanfällig. Nach vielen Schüssen bilden sich Ablagerungen auf den Laufinnenwänden.

Für die Laufpflege gelten folgende Grundsätze:
▸ Läufe werden immer nur vom Patronenlager aus und nie von der Mündung her gereinigt!
▸ Läufe werden nie trocken gereinigt (Schmirgeleffekt), sondern immer unter Einsatz von Öl.
▸ Vor dem Wegschließen der Waffe wird der Lauf leicht eingeölt.
▸ Vor dem erneuten Gebrauch der Waffe wird der Lauf entölt! *Öl im Lauf* führt zu unvorhersehbaren *Veränderungen der Treffpunktlage!* Öl im Patronenlager ist noch gefährlicher, da es zusätzlich zu einem *Anstieg des Gasdrucks* führt.
▸ In gewissen Zeitabständen werden die Läufe mit Spezial-Lösemitteln von Ablagerungen gereinigt.

Schaftpflege

Lackschäfte sind wenig pflegeintensiv. Hier kommt es v. a. darauf an, Kratzer zu vermeiden oder ggf. auszubessern.

Ölschäfte müssen regelmäßig mit Schaftöl behandelt werden, damit sie „satt" sind und keine Feuchtigkeit aufnehmen können.

Pflege der Optik

Die Linsen unserer Zielfernrohre, Ferngläser und Spektive sind empfindlich. Ihre Oberfläche und v. a. auch deren Ver-

gütung darf nicht durch falsche Reinigung beschädigt werden. Deshalb gilt:
▶ Linsen werden nur mit Spezial-Papier, Spezial-Lappen oder weichem Leder gereinigt!
▶ Bei starker Verschmutzung kann klares Wasser zur Reinigung verwendet werden.
▶ Schmutz auf den Linsen wird *nie* mit dem Finger beseitigt, da sich sofort Schweiß und Fett auf den Linsen ablagert.

Waffenhandhabung

Die Waffenhandhabung ist ein wichtiger Teil der Ausbildung und der Jägerprüfung. Niemand darf die Berechtigung erhalten, mit einer Jagdwaffe umzugehen, die er – auch unter Stresseinwirkung – nicht sicher beherrscht!

Die nachfolgenden Zeilen können und wollen nicht den Umgang mit allen Waffentypen lehren. Der Anspruch dieses Buches endet natürlich dort, wo das wirkliche „Handhaben" beginnt: in der Praxis mit der einzelnen Waffe. Hierzu ist die persönliche Unterweisung unverzichtbar. Dem Einzelnen in Grundzügen zu vermitteln, worauf es ankommt, ist das Ziel der nächsten Seiten. Lernen beginnt im Kopf: Gerade bei der Waffenhandhabung muss jeder Jagdscheinaspirant alle Tätigkeiten „im Kopf", also „mental" und ohne Waffe, durchspielen können.

Einheitliche, verbindliche Regelungen für die Waffenhandhabung existieren leider nicht. Möge dieses Buch zu einer Vereinheitlichung der Jägerprüfung in diesem Fach beitragen.

Im Folgenden wird die Handhabung folgender Waffentypen beschrieben:

▶ Doppelflinte
▶ Repetierer System 98
▶ Repetierer Blaser R 93
▶ Drilling
▶ Revolver, Smith & Wesson (S & W)
▶ Pistole SIG – Sauer 226
▶ Pistole Walther PP/PPK
▶ Pistole Colt Government

Doppelflinte
(Prüfungswaffe: Selbstspanner, keine Ejektoren, keine automatische Sicherung, mit Signalstiften)

Die **Handhabung**, bei der die *Mündung der geschlossenen Waffe immer senkrecht nach oben* gehalten wird, erfolgt in folgenden Schritten:

1. **Aufnehmen und Zustandsbeschreibung:** Ladezustand, Spannungszustand, Sicherungszustand (Sicherungshebel zum Schützen = gesichert, „S" = sichtbar!)
2. **Sicherheitsüberprüfung:** ggf. sichern, dann Mündung nach unten → Öffnen, ggf. entladen → Laufkontrolle innen und außen → Kennzeichnung prüfen (Hersteller, Waffennummer, Kaliber, Beschusszeichen)
3. **Fertig machen zum Führen:** Munition prüfen, laden → schließen → Mündung senkrecht nach oben halten
4. **Zustandsbeschreibung:** geladen, gespannt und gesichert

Merkmale der Doppelflinte (Prüfungswaffe)

▶ Selbstspanner: spannt beim Abkippen
▶ Signalstifte zeigen Spannungszustand an!
▶ Ejektoren erkennbar am geteilten Patronenauswerfer

5. a) **Schießen:** Spruch: „Ziel angesprochen und erkannt, Vorder- und Hintergelände frei, natürlicher Kugelfang vorhanden" → in Anschlag gehen → im Anschlag entsichern
5. b 1) **Man kommt nicht zu Schuss:** sichern → Mündung nach oben halten
5. b 2) **Entladen:** sichern → Mündung nach unten → öffnen → entladen
6. **Schießstandgerecht abstellen:** ggf. sichern → öffnen → entladen → Laufkontrolle → abstellen (offen, entladen, gespannt, gesichert)
7. **Schrankfertig (= entspannt) abstellen:** Laufkontrolle → entsichern → schließen → Mündung senkrecht nach oben halten → gleichzeitig beide Abzüge ziehen → sichern → abstellen (geschlossen, entladen, entspannt, gesichert)

Merkmale des M 98 Repetierers (Prüfungswaffe)

- Selbstspanner (spannt beim Öffnen)
- Magazin fest eingebaut
- Flügelsicherung wirkt auf Schlagbolzenmutter (Sicherungsflügel links: entsichert, rechts: gesichert)
- Waffe lässt sich im entspannten Zustand nicht sichern!
- Waffe lässt sich im gesicherten Zustand nicht öffnen.
- Seitlicher Hebel (Schlosshalter) zum Entriegeln der Kammer
- Schlagbolzenmutter zeigt Spannungszustand an.
- Deutscher Stecher (Doppelzüngelstecher)

Repetierer System Mauser 98

Die **Handhabung**, bei der die Waffe *immer senkrecht* gehalten wird, erfolgt in folgenden Schritten:
1. **Aufnehmen und Zustandsbeschreibung:** Ladezustand, Sicherungszustand, Spannungszustand, Stecherzustand
2. **Sicherheitsüberprüfung:** geschlossene Waffe sichern (wenn entspannt, öffnen!) → entstechen → öffnen und entladen → Laufkontrolle → Kennzeichnung prüfen (s. o.)
3. **Laden:** Munition prüfen → Patronen einführen → schließen → sichern
4. **Zustandsbeschreibung:** geladen, gesichert, gespannt, nicht eingestochen
5. a) **Schießen:** Spruch (s. o.) → in Anschlag gehen → entsichern → einstechen (hinteres Züngel ziehen)
5. b 1) **Man kommt nicht zu Schuss:** sichern und entstechen im Anschlag (nur bei Personengefährdung unter senkrechter Waffenhaltung) → Mündung nach oben
5. b 2) **Entladen:** entsichern → entladen
6. **Schießstandgerecht abstellen:** Waffe wird offen (Laufkontrolle), entladen, entsichert, gespannt und nicht eingestochen abgestellt
7. **Schrankfertig (entspannt) abstellen:** Laufkontrolle → Kammer einführen → gleichzeitig Abzug betätigen und schließen (Sichern nicht möglich!)

Repetierer Blaser R 93

Bei dieser Waffe handelt es sich um einen Geradezug-Repetierer mit Radialbundverschluss. Auch andere Hersteller bieten inzwischen Geradezug-Repetierer an.
Die **Handhabung**, bei der die Waffe *immer senkrecht* gehalten wird, erfolgt in folgenden Schritten:
1. **Aufnehmen und Zustandsbeschreibung:** Ladezustand, Spannungszustand
2. **Sicherheitsüberprüfung:** falls gespannt, entspannen → falls geschlossen,

Wichtige Merkmale des Blaser R 93

- Handspanner: wird unmittelbar vor der Schussabgabe gespannt
- keine Sicherung
- kein Stecher, sondern Feinabzug
- Magazin nicht nach unten herausnehmbar
- Seitlicher Knopf (Schlosshalter) zum Entriegeln des Verschlusses
- Spannschieber mit drei Positionen:
  a) zur Mündung: gespannt (roter Punkt sichtbar);
  b) zum Schützen: entspannt (roter Punkt nicht sichtbar);
  c) 3 mm in Richtung Mündung: zum Entriegeln

öffnen → falls geladen, entladen (Patronen herausnehmen) → Schloss entnehmen (Magazin runterdrücken, rechte Magazinlippe nach innen drücken: Schloss gleitet nach hinten, dann Schlosshalter drücken) → Laufkontrolle innen und außen → Kennzeichnung prüfen (s. o.).

3. Fertig machen zum Führen: Verschluss einsetzen → Munition prüfen und laden (Patronen ins Magazin drücken) → schließen (Kammerstengel nach vorne drücken, in senkrechte Position bringen) → ggf. entspannen

4. Zustandsbeschreibung: geladen, entspannt

5. a) Schießen: Spruch (s. o.) → in Anschlag gehen → im Anschlag spannen (Spannschieber nach vorne drücken)

5. b 1) Man kommt nicht zu Schuss: entspannen im Anschlag (bei Personengefährdung unter senkrechter Waffenhaltung, Spannschieber nach unten drücken und zurücknehmen) → Mündung nach oben

5. b 2) Entladen: Verschluss öffnen (Spannschieber 3 mm nach vorne, dabei Kammerstengel zurückziehen) → Patronen herausnehmen

6. Schießstandgerecht abstellen: offen (Laufkontrolle), entladen, entspannt

7. Schrankfertig (entspannt) abstellen: Laufkontrolle → Verschluss einführen und schließen → ggf. entspannen → abstellen

Drilling

Die **Handhabung**, bei der die *Mündung* der *geschlossenen* Waffe immer *senkrecht nach oben* gehalten wird, erfolgt in folgenden Schritten:

1. Aufnehmen und Zustandsbeschreibung: Ladezustand → Spannungszustand → Stellung Umschaltschieber (zum Schützen = Schrot, „S"; zur Mündung = Kugel, „K") → Sicherung (zum Schützen = gesichert) → Stecher (Rückstecher!)

2. Sicherheitsüberprüfung: Sichern → auf Schrot stellen → Brechen → Entste-

Merkmale des Drillings (Prüfungswaffe)

- Selbstspanner: spannt beim Abkippen
- 3 Signalstifte zeigen Spannungszustand an!
- 2 Schrotläufe und 1 Büchsenlauf
- 3 Schlosse, 2 Abzüge
- vorderer Abzug franz. Stecher: wirkt auf rechten Schrotlauf oder Büchsenlauf (Umschaltschieber)
- hinterer Abzug ohne Stecher: wirkt immer auf linken Schrotlauf
- Greener-Sicherung

chen (Stecher zwischen Daumen und Zeigefinger zurückziehen)
3. **Fertig machen zum Führen:** Munition kontrollieren (Standardladung: 2 × Schrot, 1 × Kugel, alternativ: Einstecklauf rechts (Stecher!) Flintenlaufgeschoss links (schnelle Schussfolge ohne Umschaltung)
4. **Zustandsbeschreibung:** geladen, gespannt, auf Schrot gestellt, gesichert, nicht eingestochen
5. a) **Schießen (Schalenwild):** Spruch → in Anschlag gehen → auf Kugel stellen → entsichern → einstechen (Stecher mit Daumen nach vorne drücken, Zeigefinger am Abzugsbügel); **schneller Schrotschuss:** auf Schrot umschalten → vorderen, eingestochenen Abzug betätigen (ansonsten Doppeln!)
5. b) **Man kommt nicht zu Schuss:** sichern → auf Schrot stellen → brechen → entstechen → schließen
6. **Schießstandgerecht abstellen:** Offen (Laufkontrolle), entladen, gespannt, auf Schrot gestellt, gesichert, nicht gestochen
7. **Schrankfertig (entspannt) abstellen:**
 a) **Pufferpatrone im rechten Schrotlauf:** auf Kugel stellen → entsichern → beide Abzüge ziehen → mit gezogenen Abzügen halb schließen → auf Schrot umstellen → senkrecht halten → vorderen Abzug betätigen → sichern und abstellen
 b) **Pufferpatrone im Kugellauf:** auf Schrot stellen → entsichern → beide Abzüge ziehen → mit gezogenen Abzügen ganz schließen → auf Kugel umstellen → senkrecht halten → vorderen Abzug betätigen → auf Schrot stellen → sichern und abstellen
 c) **ohne Pufferpatronen:** Umschaltschieber auf Kugel stellen → entsichern → beide Abzüge ziehen → mit gezogenen Abzügen Waffe halb schließen → auf Schrot stellen → vorderen Abzug ziehen → Waffe ganz schließen → sichern und abstellen

Prüfungsfragen und Antworten zur Langwaffenhandhabung
Dürfen Sie ins Treiben (Gesamtfläche, die abgestellt ist) **schießen?** – Beim Kesseltreiben nach dem Signal „Treiber in den Kessel" grundsätzlich nicht! Ansonsten ist der Schrotschuss grundsätzlich erlaubt, außer er wird ausdrücklich durch den Jagdleiter verboten! Der Büchsenschuss sowie der Schuss mit Flintenlaufgeschossen ins Treiben sind grundsätzlich verboten, außer er wird vom Jagdleiter ausdrücklich erlaubt!

Sind ein dicker Baum bzw. ein dichter Wald oder eine Felswand ein sicherer Kugelfang? – Niemals! Nur „gewachsener Boden", also das Erdreich!

Wie tragen Sie Ihre Langwaffen bei einer Gesellschaftsjagd zwischen den Treiben? – Grundsätzlich geöffnet und mit der Laufmündung nach oben!

Warum wird der Drilling immer auf Schrot gestellt, außer unmittelbar vor Abgabe eines Büchsenschusses? – Wegen des geringeren Gefährdungsbereiches beim Schrotschuss!

Warum wird in der Regel im Anschlag gesichert und auf Schrot gestellt (bei Repetierern auch entstochen), außer bei Gefahr für Menschen? – Weil vor dem Einstechen ein sicherer Kugelfang festgestellt wurde und ein ungewollt ausgelöster Schuss also darin landet!

Warum muss der Drilling beim Schließen immer auf Schrot gestellt sein? – Weil sich sonst das Gestänge zur Aufrichtung des Klappvisiers beim Schließen verbiegt!

Wie werden Langwaffen im Tresor/auf dem Schießstand abgestellt? – im Tresor entladen, entspannt, entstochen und geschlossen(!), auf dem Schießstand entladen, entstochen und geöffnet!

Was zeigen uns die Signalstifte beim Drilling bzw. bei der Doppelflinte an? – Sie zeigen den Spannungszustand an!

Warum muss beim eingestochenen Drilling, wenn er auf Schrot umgestellt wurde, stets der rechte Schrotlauf abgefeuert werden? – Weil bei Betätigung des hinteren Abzuges im eingestochenen Zustand die Waffe in der Regel doppelt.

Revolver

Revolver werden geladen und entspannt geführt.

Die **Handhabung**, bei der die Waffe stets *nach vorn* und *unten* (ca. 45°) gerichtet ist, erfolgt in folgenden Schritten:

1. **Sicherheitsüberprüfung:** Waffe aufnehmen und entspannen (Daumen!) → Trommel ausschwenken und ggf. entladen → Laufkontrolle → Kennzeichnung prüfen → Drehrichtung der Trommel feststellen
2. **Fertig machen zum Führen:** Munition prüfen und Trommel laden (falls kein vollständiges Laden, erste Patrone auf zwei Uhr bei linksdrehender Trommel) → Trommel schließen → in geeignetes Holster stecken und darin führen

> **Prüfungswaffen meist unbekannt**
>
> Achtung! Gehen Sie davon aus, dass Ihnen bei der Prüfung zur Handhabung von Kurzwaffen auch unbekannte Pistolen- oder Revolvermodelle vorgelegt werden, und stellen Sie sich darauf ein!

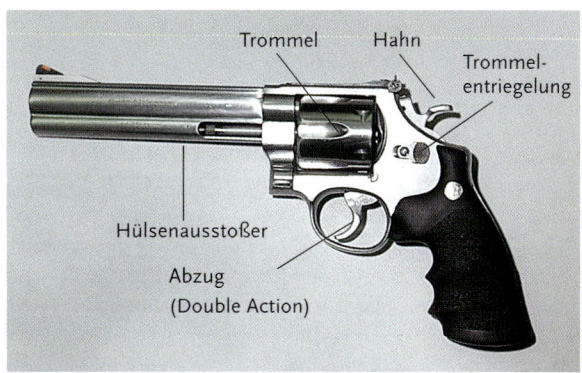

> **Merkmale des Revolvers S & W**
> (Prüfungswaffe)
>
> ▶ Spannabzug („Double Action")
> ▶ kein Sicherungshebel
> ▶ Hahnsperre

Die Waffe ist jetzt geladen und entspannt, der Hahn gesperrt (Hahnsperre).

3. **Schießen**
   a) **schneller Schuss:** nur Spannabzug durchziehen
   b) **gezielter Schuss:** Hahn vorspannen und dann Abzug betätigen (Waffe entspannt weiterführen) → ggf. wieder erste Patrone auf zwei Uhr

Nach dem Schuss ist die Waffe geladen und entspannt!

4. **Entladen:** entspannen → Trommel ausschwenken → senkrecht nach oben halten → entladen
5. **Schießstandgerecht ablegen:** Laufkontrolle → auf die leere, ausgeschwenkte Trommel in Richtung Kugelfang weisend legen
6. **Schrankfertig ablegen:** entspannen → entladen → Laufkontrolle → mit eingeschwenkter Trommel ablegen

Fragen zur Handhabung des Revolvers
Welche Sicherung besitzt der Revolver?
– Keinen Sicherungshebel (aber eine Hahnsperre, die verhindert, dass sich durch Schlag o. Ä. auf den Hahn ein Schuss löst)!

In welchem Augenblick wird die Funktion der Hahnsperre aufgehoben? – In dem Moment, in dem der Abzug ganz durchgezogen wird! (nicht beim Spannen!)

Kann ich in einem Revolver im Kaliber .357 Magnum auch .38 Spec. verschießen? – Ja, aber nicht umgekehrt! Die Magnum-Hülse ist länger und ihr Gasdruck höher!

Wie wird der Revolver entladen? – Mit dem Lauf nach oben (Schmutz fällt raus)!

Wie stellt man die Drehrichtung beim Revolver fest? – Zunächst muss die Trommel eingeschwenkt werden, dann wird der Hahn leicht angezogen und die Trommel beobachtet.

Kann die Drehrichtung der Trommel auch im geladenen Zustand gefahrlos überprüft werden? – Ja! Da beim Anziehen des Hahns die Hahnsperre aktiviert bleibt, kann nichts passieren. Dennoch sollte die Trommel entladen sein!

Was ist zu beachten, wenn man den Revolver gespannt hat, aber nicht zu Schuss kommt? – Der Revolver ist zu entspannen, und die erste Patrone ist ggf. wieder auf zwei Uhr zu bringen.

In welchem Zustand ist der Revolver nach dem ersten Schuss? – Er ist geladen, aber entspannt!

Selbstladepistole SIG-Sauer Mod. 226
Die Waffe wird geladen, entspannt, gesichert (automatisch!) geführt und stets schräg nach vorn und unten gehandhabt. Die **Handhabung** selbst erfolgt in folgenden Schritten:

Merkmale der Sauer SIG .226 (Prüfungswaffe)
- Spannabzug (Double Action)
- innen liegende automatische Schlagbolzensicherung
- entsichert nur, wenn der Abzug ganz durchgezogen wird
- Entspannhebel
- außen und innen liegender Kammerfang

1. **Sicherheitsüberprüfung:** Waffe ggf. entspannen (Hebel!) → Magazin entnehmen und entladen → Patronenlager prüfen → Kaliber feststellen → Laufkontrolle (außen liegender Kammerfang!) → Kennzeichnung überprüfen

2. **Fertig machen zum Führen:** Munition prüfen → Magazin laden und einführen → Kammerfang lösen bzw. bei geschlossener Waffe durchrepetieren → entspannen (Entspannhebel) → in einem geeigneten Holster führen

Die Waffe wird mit entspanntem Hahn (Hebel!) weitergeführt.

3. **Schießen**
   a) **schneller Schuss:** nur Spannabzug durchziehen

Pistolen – vor und nach dem Schuss

Alle hier aufgeführten Pistolen sind nach dem ersten Schuss geladen und gespannt, nach dem letzten Schuss entladen, gespannt und offen!

b) **gezielter Schuss:** Hahn vorspannen und dann Abzug betätigen

Nach dem ersten Schuss ist die Waffe geladen, gespannt und gesichert. Nach dem letzten Schuss ist sie entladen, offen, gespannt und gesichert.

4. **Entladen:** entspannen → Magazin entnehmen → Patrone aus Patronenlager herausrepetieren

5. **Schießstandgerecht ablegen:** Laufkontrolle → Waffe wird offen mit Fenster nach oben in Richtung Kugelfang weisend abgelegt, das leere Magazin wird danebengelegt.

6. **Schrankfertig ablegen:** entladen → Waffe wird geschlossen, entspannt und mit leerem Magazin in der Waffe abgelegt.

Fragen zur Handhabung der Pistole SIG:
Was heißt SIG? – Schweizer Industrie-Gesellschaft!

Welche Sicherung besitzt diese Waffe? – Eine innen liegende, automatische Schlagbolzensicherung!

Wie wird die SIG entsichert? – Durch Betätigen des Abzuges (letztes Drittel des Abzugsweges), nicht beim Spannen! Solange bei der SIG-Pistole kein Abzug betätigt wird, ist sie automatisch gesichert!

Wie sieht die SIG nach dem ersten, wie nach dem letzten Schuss aus? – Nach dem ersten: geladen, geschlossen und gespannt und automatisch gesichert; nach dem letzten: Schlitten geöffnet (innen liegender Kammerfang!), also entladen, offen, gespannt und gesichert.

Welche Unterschiede bestehen zwischen 9 mm Para, 9 mm Luger und 9 × 19? – Kein Unterschied, das sind drei verschiedene Bezeichnungen für dasselbe Kaliber!

Was heißt Para? – Para bellum = für den Krieg!

Wie wird die SIG geführt? – Geladen und entspannt, gesichert (innen liegende automatische Schlagbolzensicherung).

Welchen Abzug finden wir bei der SIG-Pistole? – Einen „Double-Action"-Abzug, auch Spannabzug genannt.

Ist die SIG-Pistole fangschusstauglich? – Ja! Die Mündungsenergie (E_0) liegt über 200 Joule!

Selbstladepistole Walther Modell PP/PPK
Waffe wird geladen, entspannt und *entsichert* geführt, aber *gesichert* gehandhabt, bei Letzterem stets nach vorn und unten gerichtet.

Die **Handhabung** erfolgt in folgenden Schritten:

1. **Sicherheitsüberprüfung:** Waffe sichern (entspannt dabei automatisch) → Magazin entnehmen und Pistole entladen → Patronenlager prüfen → Laufkontrolle (innen liegender Kammerfang, leeres Magazin) → Kennzeichnung überprüfen

Führen ent- oder gesichert?

Manche Prüfer verlangen, dass die Walther PP/PPK gesichert geführt wird. Erkundigen Sie sich vor der Prüfung bei der Prüfungsbehörde, was in Ihrem Fall die richtige Antwort ist!

WAFFENKUNDE

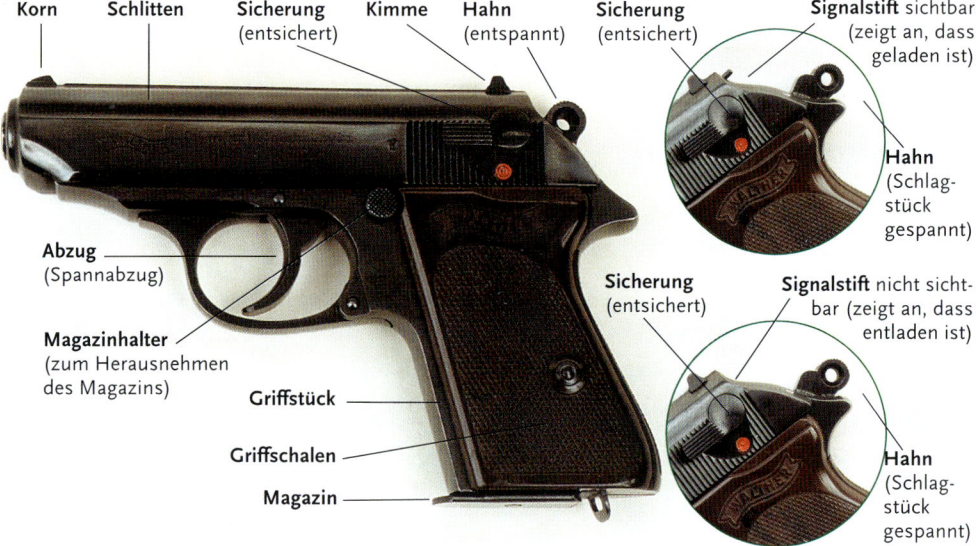

Merkmale der Walther PP/PPK

- Spannabzug (Double Action)
- außen liegende Sicherung
- nur innen liegender Kammerfang
- Signalstift (zeigt an, ob sich Patrone im Patronenlager befindet)

2. **Fertig machen zum Führen:** Munition prüfen → Magazin laden und einführen → Patrone ins Patronenlager repetieren → **Waffe entsichern** → in einem geeigneten Holster führen

3. **Schießen**
   a) schneller Schuss: nur Spannabzug durchziehen
   b) gezielter Schuss: Hahn vorspannen und dann Abzug betätigen

Nach dem ersten Schuss ist die Waffe geladen, gespannt und entsichert, nach dem letzten Schuss ist sie entladen, offen, gespannt und entsichert. Zum Weiterführen wird sie gesichert (entspannt und ggf. wieder gesichert).

4. **Entladen:** sichern (= entspannen) → Magazin entnehmen → entladen → Patrone herausrepetieren

5. **Schießstandgerecht ablegen:** Laufkontrolle → Waffe wird offen mit Fenster nach oben in Richtung Kugelfang weisend abgelegt, das leere Magazin wird danebengelegt.

6. **Schrankfertig ablegen:** Waffe wird entladen, geschlossen, gesichert (entspannt – auch Abzug) und mit leerem Magazin in der Waffe abgelegt

Fragen zur Handhabung der Pistole Walther PP/PPK

Warum wird diese Pistole gesichert gehandhabt? – Weil man im gesicherten Zustand alle Handgriffe durchführen kann und die Waffe dabei automatisch entspannt ist!

Wie sieht die Walther nach dem ersten, wie nach dem letzten Schuss aus? – Nach dem ersten: geladen, entsichert und gespannt; nach dem letzten: entladen und offen (innen liegender Kammerfang)!

Wie heißt das Kaliber 7,65 mm vollständig? – 7,65 mm Browning.

Welche Munition kann aus der 7,65 mm Browning noch verschossen werden? – Es kann auch Munition mit der Bezeichnung .32 Auto verschossen werden. Beide sind identisch!

In welchen Kalibern wird die Walter PP/PPK noch gebaut? – In den Kalibern 9 mm kurz und .22 lfB.

Welche Munition entspricht der 9 mm kurz? – Sie ist identisch mit .380 Auto.

Was zeigt uns der Signalstift bei der Walther an? – Ob sich eine Patrone im Patronenlager befindet!

Wie wird die Walther geführt? – Geladen, entsichert und entspannt!

Was passiert, wenn die Walther in diesem Zustand auf den Hahn fällt? – Nichts! Diese Pistole besitzt eine so genannte Fallsicherung, die verhindert, dass sich bei Stoß oder Schlag ein Schuss löst.

In welchem Augenblick wird die Funktion der Fallsicherung außer Kraft gesetzt? – Wenn der Abzug ganz durchgezogen wird, ähnlich der Hahnsperre beim Revolver!

Warum benötigt man bei der Walther zur Laufkontrolle das leere Magazin? – Weil sie nur einen innen und keinen außen liegenden Kammerfang besitzt!

Wozu dient der innen liegende Kammerfang eigentlich? – Er sogt dafür, dass nach dem letzten Schuss die Waffe geöffnet bleibt.

Welchen Abzug besitzt die Walther PP/PPK? – Einen „Double-Action"-Abzug, auch Spannabzug genannt.

Ist die Walther PP/PPK fangschusstauglich? – Nein, im Zweifelsfall nicht, da sie keine E_0 von 200 Joule aufweist (kurzer Lauf!). Dies kommt jedoch auf die Munition und den Einzelfall an.

Selbstladepistole Colt Government

Diese Waffe wird geladen, entspannt in der Sicherheitsraste und entsichert (Hauptsicherung) geführt. Die Hauptsicherung bleibt immer entsichert (lässt sich nur im gespannten Zustand betätigen)!

Die **Handhabung** erfolgt in folgenden Schritten:

1. **Sicherheitsüberprüfung:** Waffe in Sicherheitsraste entspannen (Daumen) → Magazin entnehmen und entladen → Patronenlager prüfen → Laufkontrolle (außen liegender Kammerfang!) → Kennzeichnung überprüfen

2. **Fertig machen zum Führen:** Munition prüfen → Magazin laden und einführen → Kammerfang lösen bzw. geschlossene Waffe durchrepetieren! → **Hahn in Sicherheitsraste** bringen → in einem geeigneten Holster führen

Die Waffe ist nun geladen, der Hahn liegt entspannt in der Sicherheitsraste, die Hauptsicherung ist entsichert (falls in der Hand = entsichert, Handballensicherung)

3. **Schießen:** Beim ersten Schuss Hahn spannen („Single Action"!), beim zweiten nur Abzug betätigen (Waffe spannt beim Schuss).

Merkmale des Colt Government

- „Single-Action"-Abzug
- außen liegende Hauptsicherung und Handballensicherung
- außen liegender und innen liegender Kammerfang

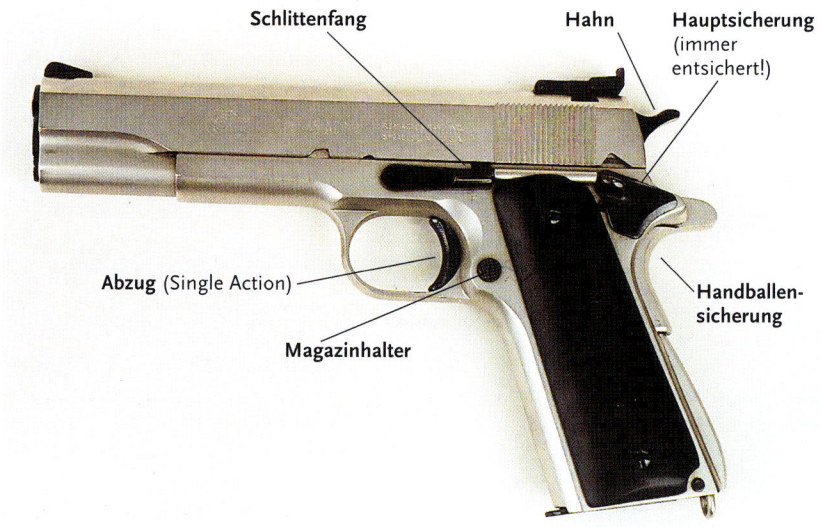

Nach dem ersten Schuss ist die Waffe geladen und gespannt, beide Sicherungen sind entsichert.
4. Entladen: Hahn in Sicherheitsraste bringen → Magazin entnehmen → entladen → Patrone herausrepetieren
5. Schießstandgerecht ablegen: Laufkontrolle → Waffe wird offen (mit geöffnetem Verschluss) mit Fenster nach oben in Richtung Kugelfang weisend abgelegt, das leere Magazin wird danebengelegt.
6. Schrankfertig ablegen: Waffe wird entladen, vollständig entspannt, geschlossen und mit leerem Magazin in der Waffe abgelegt.

Fragen zur Handhabung der Colt-Pistole
Welche Sicherungen besitzt die Colt-Pistole? – Eine Handballensicherung (gedrückt = entsichert) und eine Hauptsicherung, die nur im gespannten Zustand gesichert werden kann. Die Hauptsicherung wird daher nicht betätigt, da im gespannten Zustand entweder geschossen oder entspannt wird! Die Hauptsicherung ist bei der Colt-Pistole stets entsichert!

Was heißt ACP? – Automatic-Colt-Pistole!

Wie sieht die Waffe nach dem ersten, wie nach dem letzten Schuss aus? – Nach dem ersten: geladen, gespannt, entsichert (beide Sicherungen!); nach dem letzten: entladen, offen (innen liegender Kammerfang!), gespannt, entsichert (beide Sicherungen!)

Wie wird die Colt-Pistole geführt? – Geladen, entsichert (Hauptsicherung) und entspannt in der Sicherheitsraste!

Warum wird die Colt-Pistole nicht ganz entspannt geführt? – Weil sie keine Fallsicherung besitzt und sich daher bei Fall oder Stoß im geladenen und ganz entspannten Zustand ein Schuss lösen kann!

Überlegungen vor Aufnahme der Waffe

Doppelflinte: Sichern – Entladen
Repetierer M 98: Sichern – Entstechen (dt. Stecher!); wenn Sichern nicht möglich (weil entspannt): Öffnen – Entstechen
Blaser R 93: Entspannen – Entladen
Drilling: Sichern – auf Schrot stellen – Brechen – Entstechen (franz. Stecher)
SIG – Sauer: Automatische, innen liegende Schlagbolzensicherung wird über den Abzug (letztes Drittel) entsichert!
Walther PP/PPK: wird gesichert gehandhabt (weil alle Handgriffe durchführbar) und entsichert geführt (möglich wegen zusätzlicher Fallsicherung, vgl. aber Kasten Seite 415 unten)
Colt Government: wird geführt mit Hahn in Sicherheitsraste, Hauptsicherung entsichert (lässt sich nur im gespannten Zustand sichern) – „Single-Action"-Abzug (muss vor dem ersten Schuss vorgespannt werden).

Wann wird die Waffe ganz entspannt? – Zum Aufbewahren im Schrank!

Welches Abzugssystem finden wir bei der Colt-Pistole? – Sie hat als einzige unserer beschriebenen Prüfungswaffen einen „Single-Action"-Abzug. Sie muss also vor dem ersten Schuss mit dem Hahn vorgespannt werden.

Wie oft muss die geladene Colt-Pistole vorgespannt werden? – Nur einmal vor dem ersten Schuss! Nach dem ersten Schuss ist sie geladen und gespannt (= Selbstladewaffe)!

Ist die Colt-Pistole fangschusstauglich? – Ja, die E_0 liegt deutlich über 200 Joule!

Wildhege und Fütterung

Grundsatz der Wildhege ◄ 428
Maßnahmen zur Verbesserung des Äsungsangebotes ◄ 430
Maßnahmen zur Verbesserung der Deckung ◄ 433
Wildfütterung ◄ 434
Fütterung einzelner Wildarten ◄ 435
Abgrenzung Fütterung – Ablenkfütterung – Kirrung ◄ 438

Wildacker im Wald

Grundsatz der Wildhege

Wild soll „wild" bleiben. Bei allem Bestreben nach optimalen Erfolgen jagdlicher Nutzung (Hegeziel) dürfen die Grundregeln des Natur- und Umweltschutzes nicht vernachlässigt werden. Die Maßnahmen sollen keinen nachhaltigen, schädlichen Eingriff in unsere Umwelt darstellen. Es hat stets eine Abwägung der verschiedenen Interessen zu erfolgen. Wildtierbewirtschaftung, heute oft als Wildtiermanagement bezeichnet, darf nicht zur „Zucht" ausarten. Nur die Produktion möglichst starker Trophäen darf nicht die Haupttriebfeder der Hege darstellen. Der Jäger muss „Anwalt des Wildes" sein und hat dessen Wohlbefinden und Gesundheit in den Mittelpunkt seiner Bemühungen zu stellen.

Hegemaßnahmen

Drei Säulen der Hege

1. **Biotophege:** (Lebensraum erhalten, ggf. Lebensraum gestalten und wildfreundlich verbessern

Grenzlinienanteil im Feld erhöhen bzw. schaffen

Hecken erhalten, pflegen (auf Stock setzen) und/oder Neuanlage

Remisen (Feldgehölze) erhalten, pflegen und/oder Neuanlage

Vernetzung der Lebensräume, insbesondere im Feld

Trittsteinbiotope schaffen

Totholzerhalt im Wald (biologischer Waldschutz)

Naturnahe Waldwirtschaft u. v. m.

2. **Prädatorenregulierung:** mit Sinn und Verstand (vernünftiger Grund)

Hegeziel/Ziele des Wildtiermanagements

- artenreicher Wildbestand
- angepasster Wildbestand (zahlenmäßig, Gliederung)
- gesunder Wildbestand
- Erhaltung und Sicherung der Lebensgrundlagen
- Vermeidung von Wildschäden (möglichst)

Ziel: Artenreicher Wildbestand (Tierbestand) Artenreichtum ist Lebensqualität

3. Hegemaßnahmen (=Maßnahmen des Wildtiermanagements) wildart-/tierartbezogen: z. B. Geschlechterverhältnis, Sozialstruktur, artgerechte, sinnvolle Fütterung in Notzeiten; Salz; Abschussplanung und -gliederung, auch: Maßnahmen gegen Verkehrsunfälle mit Wild, Einsatz von Kitzrettern gegen Vermähen von Jungwild usw.

Grundüberlegungen:
Welchen Wildarten will ich helfen?
▶ Schalenwild: Rotwild, Damwild, Sikawild, Muffelwild, sonstige Wiederkäuer; Schwarzwild?
▶ Niederwild: Hase, Kaninchen, Fasan, Rebhuhn, Enten?
Wann will ich welchen Wildarten helfen?
▶ in den Notzeiten?
▶ außerhalb von Notzeiten (aber: gesetzliche Vorgaben der Länder beachten!)

Wo will ich helfen?
▶ im Wald?
▶ im Feld?
▶ am Wasser?

Hauptaufgabenfeld: Niederwildhege
Die Möglichkeiten des Jägers, seinem Wild zu helfen, sind sehr differenziert zu betrachten.

Feldholzinsel (Remise)

Topinambur
Topinambur stellt eine ideale Wildackerpflanze dar. Er bietet als sonnenblumenähnliche Pflanze im Sommer Deckung und Blattäsung, im Winter Knollenäsung (ähnlich Kartoffeln) und ist mehrjährig.

In der Regel brauchen wir unser Schalenwild bei ausgeglichenem Wildbestand, naturnahem Waldbau und einer entsprechenden Äsungsquote für das einzelne Stück nicht zu füttern. Ausnahmen bestehen im Gebirge mit seinen Vorbergen und in einigen Mittelgebirgslagen aufgrund hoher Schneelagen und besonderer Witterungsbedingungen. Wenn dem Schalenwild der Zugang zur Kraut- und Strauchschicht verwehrt ist, muss es – auch zur Vermeidung oder Minimierung von Wildschäden – artgerecht gefüttert werden. Im Wald eingesprengte Wildwiesen (Wildweiden), Grünäsung also, gehören zu einer naturnahen Forstwirtschaft mit den entsprechenden, an den landeskulturellen Vorstellungen angepassten Schalenwildarten.

Unsere *vordringlichen Aufgaben als Heger* finden wir also meistens wohl bei den Niederwildarten Fasan, Rebhuhn, Hase und Wildenten. Da erstgenannte Wildarten als Lebensraum überwiegend die Feldflur bevorzugen, gelten unsere besonderen Bemühungen also auch diesem Lebensraum bzw. geeigneten Wasserflächen für die Enten.

Beispiel für eine Wildackerpyramide

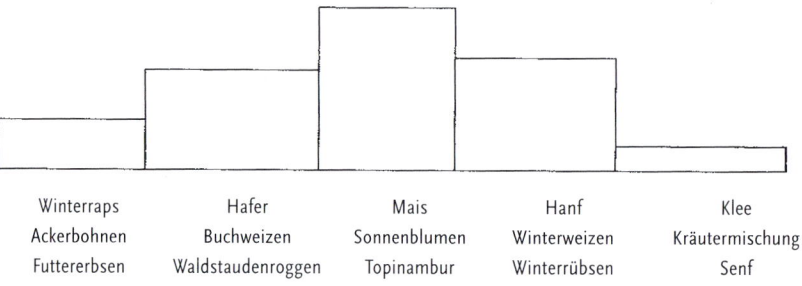

Winterraps	Hafer	Mais	Hanf	Klee
Ackerbohnen	Buchweizen	Sonnenblumen	Winterweizen	Kräutermischung
Futtererbsen	Waldstaudenroggen	Topinambur	Winterrübsen	Senf

Das Hauptproblem stellt jedoch die Fläche dar. Wir können lebensraumverbessernde Maßnahmen *nur* auf *eigenem Grund und Boden* oder auf *angepachteten landwirtschaftlichen Flächen* vornehmen. Die Flächen in der richtigen Größe und an der richtigen Stelle (Lage) zu bekommen, ist mitunter unmöglich. In diesen Fällen wählen wir die zweitbeste oder drittbeste usw. Variante. Nichts zu tun, wäre die schlechteste Variante!

Sonnenblumen bieten im Winter Deckung und Äsung.

Maßnahmen zur Verbesserung des Äsungsangebotes

Wildäcker

Wildäcker dienen vornehmlich der Äsungsverbesserung, aber auch der Deckungsbeschaffung.

Die Anlage eines Wildackers stellt in einem Niederwild-Feldrevier eine Maßnahme dar, mit welcher sofort, d. h. im ersten Jahr der Anlage, Äsung und Deckung für unser Niederwild geschaffen werden können. Ein Wildacker ist mit der im Feld üblichen landwirtschaftlichen Nutzung identisch und daher i. d. R. mit den Maßnahmen des Naturschutzes vereinbar. Die landwirtschaftliche Bodenstruktur bleibt erhalten.

Größe: ca. 0,1 bis 0,2 ha; besser mehrere kleine Wildäcker als ein großer. Maschineneinsatz bei der Bearbeitung muss möglich sein.

Pflanzenauswahl: Zunächst alles, was in der Landwirtschaft angebaut wird und vieles mehr.

▶ Getreidearten: Hafer, Weizen, Roggen, Gerste, Mais

▶ Kohlarten: Westfälischer Furchenkohl, Markstammkohl oder auch Blattstammkohl

- Leguminosen: Kleearten (Rotklee, Weißklee, Perserklee, Esparsette), Lupine, Ackerbohne, Erbse, Wicken u. a.
- Hackfrüchte: Rüben (Futter-, Zucker-, Stoppel-, Steck-), Kartoffel, Topinambur
- Sonstige: Sonnenblumen, Phacelia, Raps, Flachs, Senf
- Kräuter: Kamille, Spitzwegerich, Sauerampfer, Beinwell, Löwenzahn etc.
- Gemenge: „Wildackereintopf"

Hasenapotheke

Als Hasenapotheke bezeichnen wir Flächen von jeweils nur wenigen Quadratmetern Größe, welche mit Wildkräutern bestellt werden. Sie dienen dem Wohlbefinden der Hasen, aber auch der übrigen Wildtiere.

Aufbau eines Feldgehölzes

Bewuchs/Bestockung der Zonen eines ideal aufgebauten Feldgehölzes:
Rand-/Saumzone: Gräser, Kräuter, Wildgetreide;
Mantelzone: Hartriegel, Weißdorn, Schwarzdorn, Schneeball, Wildrose, Faulbaum, Heckenkirsche, Hasel, Holunder, Brombeere, Himbeere, Johannisbeere, Liguster, Pfaffenhütchen, Berberitze;
Kernzone: Eiche, Ahorn, Esche, Birke, Vogelbeere, Kastanie, Weide

Saumzone — Mantelzone — Kernzone

(1) Sonnige Plätze für Reptilien (Zauneidechse)
(2) Dickicht für Fallensteller (Kreuzspinne)
(3) Nistplätze für Bodenbrüter (Rebhuhn)
(4) Sitzplätze für Lauerjäger (Raubwürger)
(5) Nistplätze für Buschbrüter (Dorngrasmücke)
(6) Deckung für Niederwild (Hase)
(7) Äsung für Niederwild (Reh)
(8) Baumhöhlen für Höhlenbrüter (Star)
(9) Nistplätze für Baumbrüter (Ringeltaube)
(10) Schlafplätze für Nachtaktive (Waldohreule)
(11) Schlafplätze für Tagtaktive (Fasan)
(12) Schattige Verstecke für Amphibien (Erdkröte)
(13) Winterquartiere für Bilche u. a. (Haselmaus)
(14) Kinderstuben für Kleinsäuger (Igel)

Wildacker, Wildweide, Hecke, Remise

Bevor Sie eine Maßnahme ergreifen, stellen Sie folgende Überlegungen an:
- Für welches Wild will ich etwas tun?
- Ist die geplante Maßnahme sinnvoll und nötig?
- Wie ist das Verhältnis zwischen Aufwand und Wirkung?
- Welche Naturschutz- und Umweltschutzaspekte werden tangiert?

Winter-Äsung: geeignet sind v. a. Winterraps, Kohlarten und Topinambur.
Wildackereintopf ist der Sprachgebrauch für Mischungen von landwirtschaftlichen Pflanzen (siehe oben), welche sich für die Anlage von Wildäckern besonders eignen. Im Idealfall sollen sie zwölf Monate oder länger (ein- und mehrjährige Pflanzen) für bestmögliche Äsung und Deckung sorgen. Diese Mischungen werden als Fertigprodukte von einschlägigen Firmen angeboten. Der Jäger muss sie für seine Zwecke entsprechend auswählen und dabei die Bodenvoraussetzungen und seine Ziele (für welche Wildarten) berücksichtigen.

Nachteil bei der Verwendung dieser Wildackereintöpfe ist, dass von der Vielzahl der Samen auf Grund der spezifischen Standortansprüche nur ein Teil aufgeht. Ein weiterer Teil wird von den konkurrenzstärkeren Pflanzen überwachsen und verdrängt. Dieses Problem kann gelöst werden, indem die geeigneten *Pflanzenarten in Reihen* gesät und jährlich die fehlenden Pflanzen nachgesät werden.

Merke

In einer ausgeglichenen, weitestgehend vom Menschen unbeeinflussten, natürlichen Umwelt braucht das heimische Wild keine Fütterung. Ausnahmen sind bei wetterbedingten Extremen wie hohen Schneelagen, Permafrost oder Naturkatastrophen, Waldbränden u. Ä. gegeben. Auch im Hochgebirge und seinen Vorbergen herrschen besondere Bedingungen.

Aufbau eines Wildackers für Niederwild

Ein Wildacker sollte idealerweise in Pyramidenform aufgebaut sein: kleinere Pflanzen am Rand, zur Mitte hin ansteigend. Der Wildacker für Niederwild in der Feldmark soll dem natürlichen Aufbau einer Hecke oder Remise entsprechen. Während Letztere auf hochwertigem Ackerland oft nicht angelegt werden kann, da der Landwirt Jahrzehnte für die Rückwandlung in Ackerland benötigt, wäre dies bei einem ordnungsgemäßen Wildacker kurzfristig wieder möglich, wenn es die landwirtschaftlichen Überlegungen erfordern würden.

Wildweiden

Zweck: Sie dienen ausschließlich als Äsungsfläche, vor allem für Schalenwild im Wald.
Pflanzen: Klee-Gras-Gemenge, Wildkräuter (Kamille, Spitzwegerich, Breitwegerich, Sauerampfer, Löwenzahn, Beinwell), Kleearten (Rot-, Weiß-, Gelb-, Perser-, Schweden-, Stein-, Inkarnatklee), Gräser (Wiesenschwingel, Rispengras, Fuchsschwanz, Rotschwingel)
Ort: Im Feld (dort in der Nähe des Waldes) und im Wald

Interpretation der Rechtsvorschriften

- Schaffung biologisch tragbarer Wilddichten und Äsungsverbesserung durch Biotophege (Wildäcker, -wiesen, Verbissgehölze ...) haben Vorrang vor Fütterung!
- Ziel soll es sein, eine Domestizierung unserer Wildtiere zu unterbinden und dafür zu sorgen, dass die natürliche Selektion noch zum Tragen kommt; das Tierschutzgesetz ist zu beachten.
- Um Missbrauch zu unterbinden, ist ohne Genehmigung oft nur die Schwarzwildkirrung mit geringen Mengen Getreide, Kartoffeln und Äpfeln zulässig.
- Etwaige Vorschriften gelten nur für Schalenwild, anderes Wild darf der Jäger zumindest in Notzeiten füttern, wobei der Jäger selbst bestimmt, wann eine bestimmte Art nun unter Futternot leidet.
- Das Füttern von Schalenwild in Notzeiten und die Schwarzwildablenkungsfütterung kann generell erlaubt sein oder muss genehmigt werden. Es muss jedoch artgerecht gefüttert werden, d. h. Art und Menge der Futtermittel müssen den ernährungsphysiologischen Bedürfnissen der einzelnen Wildarten angepasst sein.
- Alles Nähere regeln die Länder nicht bundeseinheitlich, sondern oft bezogen auf die geographischen und klimatischen Besonderheiten.

Wildwiesen

Sie dienen der Heugewinnung. Das Heu wird in vielen Fällen nicht vom Jäger gewonnen, sondern in hoher Qualität von den Landwirten gekauft. Oft spricht der Jäger von Wildwiesen, meint jedoch tatsächlich Wild*weiden*.

Verbissgehölze

Zweck: Verbissgehölze dienen *vornehmlich dem Angebot faserreicher Nahrung* (für Schalenwild, Hase), spenden in zweiter Linie auch Deckung.
Aufbau: *Baum-* und *Straucharten* mit *hohem Ausschlagvermögen*; bei Neuanlage i. d. R. Zaunschutz notwendig.
Pflanzen: Weichlaubhölzer: Weidenarten, Pappelarten, Aspe, Holunder, Vogelbeere; Harthölzer: Eiche, Esche, Hainbuche, Weißdorn, Wildobst.
Anlage: bei Weide (außer Salweide) und Pappel durch Stecklinge
Pflege: regelmäßiges „Auf-den-Stock"-Setzen
Ziel ist, den Wildschaden durch Verbiss in den angrenzenden Waldflächen zu verhindern.

Maßnahmen zur Verbesserung der Deckung

Hecken

Zweck: in erster Linie wichtig für Deckung; in zweiter Linie Äsungsangebot
Aufbau: lineare Anpflanzung von Baum- und Straucharten (pyramidenförmig), drei- bis siebenzeiliger Aufbau mit Randzone, Mantelzone, Kernzone
Pflanzenarten: alle bekannten standortgemäßen Baum- und Straucharten, besonders Mast bzw. Beeren tragende!
Pflege: in regelmäßigen Abständen abschnittsweise auf den Stock setzen

Vorbildliche Neuanlage eine Benjeshecke. Baumschnitt wird aufgeschichtet, durch natürlichen Eintrag von Sämereien entsteht eine Hecke aus einheimischen Pflanzen.

Remisen
Darunter versteht man Feldgehölze bzw. Feldholzinseln.

Futterarten

Raufutter = Grundlage jeder Wildfütterung
- Heu, v. a. Kleeheu und Laubheu
- Prossholz = abgeschnittene Zweige von Pappel, Weide, Obstbäumen
- Laubheu = grüne Zweige, mit viel Blättern, kurzstielig von Waldbäumen gewonnen (Werbung und Lagerung aufwendig und teuer)

Saftfutter
- Silagen (Mais, Trester, auch Waldsilage)
- Rüben, Kartoffeln
- Obst, Gemüse, Kohl

Kraftfutter
- alle Getreidearten
- Mast: Eicheln, Bucheckern, Kastanien
- Biertreber
- industriell hergestellte Pellets (= Presslinge, nicht überall erlaubt)

Zweck: in erster Linie Deckungsverbesserung, in zweiter Äsungsverbesserung
Aufbau: Pyramidenaufbau; im Gegensatz zur Hecke keine lineare Anordnung; unterscheidbar in Randzone, Mantelzone, Kernzone
Pflanzen: alle bekannten Baum- und Straucharten, insbesondere Beeren bzw. Mast tragende

Wildfütterung

Wildfütterung darf nicht in „Mast" der Wildtiere ausarten. Die Wildfütterung soll nur dazu dienen, jahreszeitlich bedingte Äsungsengpässe, die durch Eingriffe des Menschen, aber auch durch z. B. Überschwemmungen oder Waldbrände verursacht wurden, auszugleichen. Auch die Vermeidung von Wildschäden kann ein Ziel sein.

Rechtsvorschriften
Das Bundesjagdgesetz schreibt vor, dass im Rahmen des Jagdschutzes das Wild vor Futternot zu schützen sei. Alle weiteren Regelungen finden sich in den Landesjagdgesetzen und deren Verordnungen. Die nachstehenden Ausführungen stellen nur eine Art Zusammenfassung der möglichen Rechtsvorschriften dar. Jeder Jäger muss sich über die in seinem Bundesland geltenden Rechtsvorschriften, die von den nachstehenden Ausführungen durchaus stark abweichen können, informieren.

§§ LJG
Der Jagdausübungsberechtigte ist *verpflichtet*, durch geeignete Maßnahmen für eine *Verbesserung der natürlichen Lebensgrundlagen*, ... zu sorgen ...

Wenn im Rahmen der Verpflichtung aus Absatz 1 Flächen angelegt oder unterhalten werden, dürfen *nur standortgerechte Pflanzen* eingebracht werden. Der Einsatz chemischer Pflanzenschutzmittel ist auf diesen Flächen verboten ...

§§ LJG

(1) Die *Fütterung von Schalenwild*, sowie die Verabreichung von *Arzneimitteln*, Aufbau- oder sonstigen Präparaten, *mit Ausnahme* von *Salzlecken*, ist *verboten* (oder eingeschränkt oder grundsätzlich erlaubt, je nach Bundesland). Die *Jagdbehörde kann ... Ausnahmen zulassen* ... oder Näheres bestimmen

(2) Das *Verbot der Fütterung gilt nicht*
1. für das *Füttern in Notzeiten mit Erlaubnis* oder *auf Anordnung* der *Jagdbehörde* (je nach Land)
2. für *Schwarzwildablenkfütterungen* in Gebieten mit übermäßigen Wildschäden *mit Erlaubnis* der *Jagdbehörde* (je nach Land)

(3) *Kirrungen zum Zwecke* der *Erlegung von Schwarzwild* sind mit *geringen Mengen Getreide, Kartoffeln* und *Äpfeln zulässig* (*eingeschränkt* oder *verboten*). Die Kirrung von Schalenwild, außer Schwarzwild, ist *nur mit Erlaubnis der Jagdbehörde* unter *Auflagen* und *Bedingungen* zulässig (oder *grundsätzlich erlaubt* o. Ä.).

Fütterung einzelner Wildarten

Allgemeine Regeln:
- Ruhige Standorte, die vom Wild ungestört angenommen werden,
- möglichst sonnige Plätze,
- täglich und zu festen Zeiten füttern,
- Entfernen verunreinigter Reste und Kot (Losung),

Rehwildfütterung

- Desinfektion der Futterstellen mit gebranntem Kalk spätestens am Ende der Fütterungsperiode,
- wenn möglich, frisches Wasser in Fütterungsnähe,
- keine Rot-, Dam-, Gams- und Muffelwildfütterung in schälgefährdeten Beständen

Rehwild
Konzentratselektierer: Benötigt eiweißreiche, leicht verdauliche Nahrung, also

Heuraufe für Rotwild mit Rübenkeller und Vorratsraum für Kraftfutter

Kälberstall

Frischlingsrechen

Kräuter und über den Winter vornehmlich *Knospenäsung*; der Spätsommer/Frühherbst wird zum „Anäsen eines Wintervorrats" genutzt (Nierenfeist, Depotfett). Im Winter versucht Rehwild durch geringere Aktivität seinen Nahrungsbedarf zurückzuschrauben.
Besonders geeignetes Futtermittel: Hafer mit Apfeltrestersilage im Verhältnis 1 : 4 in erhöhten Trögen. *Achtung:* Rehwild nimmt kein (minderwertiges) Heu an!

Rotwild und Damwild

Mischäser: Breites Pflanzenspektrum mit weitaus geringeren Ansprüchen als Rehwild; typische Feistzeit der Hirsche vor Beginn der Brunft. Vor dem Winter „Herbstmast" von Eichen und Buchen.
Ideale Futtermittel: Heu in unbegrenzter Menge in überdachter Raufe, Kraftfutter und Saftfutter im Verhältnis 1 : 4 in erhöhten Trögen (möglichst für jedes adulte Tier ein Trog), für Jungtiere in Kälberstall (Zaun aus Pfählen, den Alttiere nicht überspringen können (2 m hoch), Abstand der Pfähle so, dass nur Kälber hindurch gelangen können (25 cm).
Im Gebirge: Für Rotwild im Gebirge und seinen Vorbergen herrschen besondere Bedingungen, welchen durch besondere Maßnahmen ggf. Rechnung getragen werden muss. Dort kann, bei Beachtung der wildbiologischen Erkenntnisse, auch die Errichtung eines Wintergatters (Einzäunung) durchaus sinnvoll sein. Diese Wintergatter sollen dem Wild als Ruhezonen dienen und es vor Störungen durch den Menschen (Wintertourismus, Skigebiete usw.) schützen. Sie dürfen nicht vorrangig zur Abschussplanerfüllung missbraucht werden, sondern sollen den Bergwald vor Verbiss- und Schälschäden schützen.

Schwarzwild

Typischer **Allesfresser** mit jahreszeitlich wechselnden Hauptnahrungsquellen. Es reagiert am stärksten auf wechselndes Nahrungsangebot: hohe Reproduktionsrate in Mastjahren, hohe Verluste bei fehlender Mast und starkem Frost sowie in kalten, langen Wintern (hohe Sterblichkeit frisch gefrischter Tiere).
Ideale Futtermittel: Mais, Eicheln, Kartoffeln, Äpfel in Trögen

Fasan

Schütte mit Pultdach 3 × 4 m, vorn 1,0 m, hinten 0,5 m hoch, allseits offen, damit Fasane bei Gefahr davonlaufen können. Rundumsicht und Deckung sind wichtig wegen Greifen und Haarraubwild. Schütten werden in Feldgehölzen, Remisen, an Waldrändern und in Wildäckern aufgestellt. Je Familie (5 bis 10 Vögel) eine Schütte.
Ideale Futtermittel: Druschabfall, Hühnermischfutter, Weizen, Hafer, Mais, Eicheln, Rosinen. Auf rechtzeitigen Fütterungsbeginn achten, damit sich die Vögel an die Schüttung gewöhnen. Die Fütterung darf niemals leer sein! Zusätzlich *Hudermaterial* (feiner Sand) und *Steinchen* (Muskelmagen) anbieten.

Fasanenschütte

Rebhuhn

Schüttung ohne bauliche Einrichtung in freiem, übersichtlichem Gelände ohne Ansitzmöglichkeiten für Greife oder in Hecke. *Grundsätzlich: Futter zum Rebhuhn bringen, es kommt nicht zum Futter wie der Fasan!* Je Kette eine Fütterung vorhalten.

Ideale Futtermittel: Druschabfall, geschrotetes Getreide, Unkrautsamen, Sonnenblumen, Hirse

Hase

Für die Fütterung sind – außer bei hoher Schneelage oder Frost (Alternative: Schneepflug) – keine baulichen Einrichtungen nötig. Futter am Pass anbieten.

Bemerkungen zum Thema Salz

- ganzjährig zulässig in den meisten Bundesländern
- Bedürfnis bei allen Schalenwildarten vorhanden (die Natur kennt keine Salzlecken)

Stocksulze: Leckstein auf altem Baumstubben (tief) – Nachteil: Verunreinigung durch Fuchs und Marder
Lehmsulze: Gemisch aus Salz, Wasser und Lehm in Kasten – ideal für Tauben
Stangensulze: Salzstein auf Stange in 1,5 bis 2 m Höhe – ideale Lösung!
Barrensulze: Holzkästchen auf Pflock mit Sulz darin

- Als Salz werden Naturbruchsalzsteine und industriell hergestellte Salzblöcke verwendet.
- Es gilt als nachgewiesen, dass in einem Rotwildrevier mit Salzvorlage während der Fütterungsperiode ein Zusammenhang zwischen gestiegenen Schälschäden und der Salzvorlage besteht.

Stocksulze für Schalenwild

Stangensulze für Schalenwild

Ideale Futtermittel für den Feldhasen: Rüben, Heu, Getreidegarben (an Pflöcke gebunden), Obst, Möhren, Kohlblätter, *Prossholz*.

Wildenten
Fütterung ist bei gefrorener Wasseroberfläche wichtig, Tisch oder Floß möglichst im Schilfgürtel ausbringen
Ideale Futtermittel: Enten sind „Allesfresser": Getreide, Großmarktabfälle, Eicheln anbieten.

Abgrenzung Fütterung – Ablenkfütterung – Kirrung

Fütterung
▶ Artgerechtes Darreichen von Futtermitteln in Notzeiten
▶ Schalenwildfütterung in einigen Bundesländern grundsätzlich verboten außer auf Anordnung oder mit Erlaubnis der Unteren Jagdbehörde (in Notzeiten)
▶ Generell kein Schuss auf Schalenwild im Umkreis von 200/300/400 m, alles andere Wild darf erlegt werden!

Ablenkfütterung
▶ Nur mit Erlaubnis (je nach Bundesland), oft nur für Schwarzwild zulässig
▶ Dient ausschließlich der Wildschadensverhütung, indem das Wild beschäftigt und so vom Auswechseln auf die Felder abgehalten wird.
▶ Großflächige (= breitwürfige) Futtergaben im Wald zu Zeiten hoher Schadensanfälligkeit im Feld (z. B. während Milchreife)
▶ An Ablenkungsfütterungen soll/darf (je nach Land) Schwarzwild nicht erlegt werden
▶ Alles andere Wild darf erlegt werden!

Vorschriften Schwarzwildkirrung – Beispiele

- Kirrmenge pro Kirrung maximal 2 (3) kg/Tag
- max. 1 Kirrung je angefangene 75 (100 oder 150) ha bejagbare Fläche
- So anzulegen, dass Kirrung für anderes Wild außer Schwarzwild unzugänglich ist (abdecken oder in den Boden einbringen).
- Futterautomaten und aufgehängte Fässer nur in Rotwildrevieren zulässig zur Vermeidung von unnötigen Störungen
- Automaten und Fässer müssen zeitliche Mengenbegrenzung (3 kg/Tag) ermöglichen.
- Rollfässer mit maximalem Fassungsvermögen von 3 kg, mit kleinen Löchern (bei Mais maximal 10 mm) versehen.
- Grundsätzlich gilt eine Handvoll Kirrgut pro Tag als ausreichend.

Details regeln die Bundesländer

Kirrung
- Artgerechtes Darreichen von geringen Futtermengen
- Dient ausschließlich dem *Anlocken* und *Erlegen*
- Bei Schwarzwild ohne Erlaubnis mit geringen Mengen Getreide, Kartoffeln und Äpfeln zulässig (je nach Land)
- Bei sonstigem Schalenwild nur mit Erlaubnis zulässig

- Schuss auf alles Wild erlaubt!
- In einigen Bundesländern genau definiert bzgl. Zeitraum und Kirrgutmenge
Achtung: Unbedingt landesrechtliche Bestimmungen beachten!

Streifenkirrung quer zum Hochsitz: I. d. R. stehen die Sauen breit und verdecken einander nicht. Der Mais muss hier noch abgedeckt werden.

Kirrtrog für Schwarzwild aus aufgeschnittenem Stammstück

Ein großer Teil unseres Wildes kommt auf den Straßen zu Tode.

Sonstige Hegemaßnahmen

Mähverluste
Mähverluste treten vor allem unter den Rehkitzen auf (Opfer werden aber auch Junghasen, Bodenbrüter, deren Gelege und Küken). Maßnahmen zur Verlustminimierung sind:
- Aufstellen von Wildscheuchen
- Absuchen der Wiesen vor der Mahd
- Verstänkern und Vergrämen von Wild

Verluste durch Straßenverkehr
Schätzungsweise rund 10 % der jährlichen bundesdeutschen Rehwildgesamtstrecke werden von unseren Straßen erlegt, aber auch andere Wildarten fallen alljährlich in großem Umfang dem Straßenverkehr zum Opfer. Maßnahmen von häufig leider nur (zeitlich) begrenzter Wirkung sind:
- Zäune
- Duftzäune
- Wildreflektoren
- Reflektierende Alumanschetten

Reflektoren an Bäumen oder auch an Leitpfosten können die Zahl verkehrstoter Waldtiere reduzieren.

Wildbewirtschaftung

Rechtliche Vorschriften ◄ 441
Abschuss-/Wildtier-
managementplan ◄ 441
Aufstellung und Genehmigung
der Abschusspläne ◄ 446

Hegerichtlinien Rehwild ◄ 446
Hegerichtlinien Rotwild ◄ 447
Hegerichtlinien Schwarzwild ◄ 448

Rechtliche Vorschriften

§ 1 Abs. 2 BJG:

Die Hege hat zum Ziel die Erhaltung eines den landschaftlichen und landeskulturellen Verhältnissen angepassten, artenreichen und gesunden Wildbestandes sowie die Pflege und Sicherung seiner Lebensgrundlagen; ... Die Hege muss so durchgeführt werden, dass Beeinträchtigungen einer ordnungsgemäßen land-, forst- und fischereiwirtschaftlichen Nutzung, insbesondere Wildschäden, möglichst vermieden werden.

Die neuen Landesjagdgesetze haben den Sinn dieses Paragraphen nur teilweise übernommen. Fast übereinstimmend heißt es sinngemäß z.B. in BW, RP und im Saarland „... Wildschäden müssen vermieden werden" und „... Wald vor Wild..." Ein Kommentar dazu erübrigt sich.

Abschussplan/Wildtiermanagementplan

Der Abschuss- bzw. Wildtiermanagementplan ist das gesetzliche Instrument zur zahlenmäßigen und qualitätsmäßigen Bewirtschaftung von Wildbeständen. Ursprünglich wollte der Gesetzgeber bei Inkrafttreten des Bundesjagdgesetzes (1.4.1953) bestimmte Mindestwildbestände erhalten und so den Fortbestand z.B. von Rotwild und Rehwild sicherstellen. Schwarzwild hatte sich in den Nachkriegswirren so stark vermehrt, dass ein Abschussplan mit diesem Ziel unnötig war.

Heute gelten die Schalenwildpopulationen aufgrund geordneter Jagdausübung als gesichert. Daher soll der Abschussplan heute Überpopulationen verhindern. Insbesondere die Rehwildbestände sind regional z.T. so stark angestiegen, dass ein ordnungsgemäßer, naturnaher Waldbau mitunter kaum möglich ist.

Der Abschussplan für Auer-, Birk- und Rackelwild sowie Seehunde ist heute ohne Bedeutung, da diese Tiere ganzjährig mit der Jagd zu verschonen sind, oder sogar aus dem Katalog der jagdbaren Tiere (Wild) gestrichen wurden. Sofern

Instrumente der Wildbewirtschaftung

- Jagd- und Schonzeiten
- Jagdschutzmaßnahmen (Wilderer, Futternot, Wildseuchen, Hunde, Katzen)
- Abschusspläne (Hegerichtlinien/Abschlussvereinbarungen)
- Äsungsverbesserungen (Reviergestaltung)

Abschussplan/Wildtiermanagementplan*

▸ Wildarten

Folgende Wildarten dürfen nur aufgrund und im Rahmen eines genehmigten Abschussplanes bejagt werden:
- alles Schalenwild außer Schwarzwild und in BW, RP, SL Rehwild
- Auerwild, Birkwild, Rackelwild und Seehunde

▸ Erfüllungspflicht

Der Abschussplan für Schalenwild muss erfüllt werden!

▸ Abschussmeldung und Abschussliste

Zur Überwachung der Einhaltung der Abschusspläne und zur Überwachung des erlegten Wildes sind für Schalenwild einschließlich Schwarzwild in einigen Bundesländern Abschussmeldungen nach der Erlegung zu tätigen. Ferner ist alles erlegte Wild unverzüglich in eine Abschussliste fortlaufend einzutragen. Der körperliche Nachweis kann angeordnet werden.

▸ Abschussplangliederung

Der Abschussplan ist nach Art, Geschlecht, Altersstufen zu gliedern.

Beachten: Die Regelungen sind derzeit länderweise sehr unterschiedlich. Teilweise wurde der Abschussplan für Rehwild ersatzlos gestrichen, teilweise durch Abschussvereinbarungen ersetzt.

Natürliche Vegetation innerhalb und außerhalb der Zäunung

ABSCHUSSPLAN / WILDTIERMANAGEMENTPLAN

I. ABSCHUSSPLAN (Mindestabschuss)

Alles erlegte Schalenwild (auch Fallwild und verendetes Wild) ist unverzüglich in die Abschussliste einzutragen und monatlich bis zum 08. des Folgemonats der Unteren Jagdbehörde schriftlich zu melden.

Eine Kopie der Abschussliste ist der Jagdbehörde für jedes Jagdjahr bis zum 08. April eines jeden Jahres vorzulegen.

Der Abschussplan ist im ersten und zweiten Jagdjahr jeweils mindestens zu 30, jedoch jeweils höchstens zu 50 Prozent des Gesamtabschusses in jeder Altersstufe zu erfüllen.

Der bestätigte oder festgesetzte Mindestabschuss darf unter Beachtung der Altersstufen um 20 % überschritten werden.

	Altersstufe I (Jugendklasse)	Altersstufe II (Altersklasse)	männlich			weiblich			Sa. Rehwild männlich und weiblich = Spalte 4 und 7
	Kitze, Jährlinge und Schmalrehe	2 Jahre und älter	Altersstufe I	Altersstufe II	Sa. Spalte 2 - 3	Altersstufe I	Altersstufe II	Sa. Spalte 5 - 6	
	1		2	3	4	5	6	7	8
Abschussfestsetzung der letzten drei Jagdjahre									
Erlegtes Wild der letzten drei Jagdjahre									
Fallwild (Krankheit) der letzten drei Jagdjahre									
Verendetes Wild (Unfall) der letzten drei Jagdjahre									
Demnach sind insgesamt zur Strecke gekommen									
Abschussziel in Prozent des Gesamtabschusses			60	40	100	60	40	100	
Abschussantrag der/des Jagdausübungsberechtigten									
Abschussvorschlag der Hegegemeinschaft									
Abschussvorschlag des Kreisjagdberaters									
Bestätigung oder Festsetzung des Mindest-Abschusses durch die Jagdbehörde									

II. ABSCHUSSLISTE

Lfd. Nr.	Datum Erlegung/Fund	Datum Meldung	Erleger	Empfänger	Gewicht	Bemerkungen			
1									
2									
3									
4									
5									
6									
7									
8									
9									
10									
11									
12									
13									
14									
15									
16									
17									
18									
19									
20									
Gesamt / Übertrag									

Muster eines Abschussplanes (Ländersache!)

Gesamtstrecke für das Jagdjahr

(Nachfolgende Streckenübersicht ist der Jagdbehörde bis zum 08. April eines jeden Jahres vorzulegen)

Kreis _____

Jagdbezirk (gemeinschaftl. - Eigen -*) _____

Name und Anschrift des oder der Jagdausübungsberechtigten

_____

_____

Haarwild		Stück
Rehwild	männlich	
	weiblich	
Rotwild	männlich	
	weiblich	
Damwild	männlich	
	weiblich	
Muffelwild	männlich	
	weiblich	
Schwarzwild	männlich	
	weiblich	
Hasen		
Kaninchen		
Füchse		
Dachse		
Edelmarder		
Steinmarder		
Iltisse		
Wiesel		

Federwild	Stück
Fasanen	
Rebhühner	
Wildtauben	
Schnepfen	
Wildenten	
Waschbären	
Marderhunde	
Streunende Katzen	
Wildernde Hunde	

Jahresstreckenmeldung

Erhebungen für diese Tierarten vorgenommen werden, dienen diese der Bestandsermittlung.

Der Abschussplan für Rehwild wird in den neuen LJGs wohl ersatzlos gestrichen, wie in BW, RP, SN und SL schon geschehen. Weitere Länder wie NW werden folgen. Doch wird damit keinesfalls alles ungeregelt ins Ermessen der Jäger gestellt. An Stelle des Abschussplanes treten „Abschussvereinbarungen" zwischen Jagdpächter und -verpächter, die auf Basis des BGB und evtl. des LJG vertraglich durchgesetzt werden können. Auch sind gesetzliche Mindestvereinbarungen im Gespräch. Eine Abschussmeldung wird es in jedem Fall auch weiterhin geben. Hier heißt es abwarten. Verfolgen Sie die Informationen der Jagdpresse und der Landesregierungen.

Grundlagen für einen Abschussplan

Als Grundlagen (Basisdaten) für die Abschussplanerstellung für v. a. Rehwild

Auch Fallwild und in befriedeten Bezirken verendetes Schalenwild muss, sofern abschussplanpflichtig, auf den Abschussplan angerechnet und in die Abschussliste eingetragen werden.

und sinngemäß übriges Schalenwild gelten:
▶ Abschussergebnisse der letzten drei Jagdjahre (ersatzweise Wildzählung, wenn möglich und sinnvoll)
▶ Vegetationsweiser
▶ Populationsweiser

Vegetationsweiser: Was zeigt uns die Vegetation?
▶ Wildschäden
▶ Verjüngungszustand von Baumarten
▶ Vergleichszustand eingezäunter Weiserflächen zu ungezäunten Flächen
▶ Ergebnis von Verbissgutachten

Populationsweiser: Was zeigt uns die Population der entsprechenden Wildart?

Auf eine überhöhte Populationsdichte deuten beispielsweise hin:
▶ geringe durchschnittliche Körpergewichte
▶ starker Parasitenbefall
▶ häufiges Vorkommen von kranken und kümmernden Stücken
▶ hoher Anteil von Ricken mit schwachen Kitzen oder nur einem Kitz
▶ hohe Fallwildverluste (krankheitsbedingt)
▶ viel verendetes Wild (Straßenverkehr)
▶ geringe Trophäen (viele Knopfböcke)

Für die Wildbestandbewirtschaftung (Wildtiermanagement) gelten folgende Grundsatzüberlegungen:

Wildbestand per 31.3. (bestehend aus männlichen, weiblichen Tieren und dem Nachwuchs). Daraus schließen wir auf den

Wildbestand per 1.4. (Wildbestand nur männliche und weibliche Tiere)
+ Zuwachs (Jungwild)
= Sommerbestand (männlich, weiblich, Jungwild)

+ Zuwanderung (ggf.)
− Abschuss (männlich, weiblich, Zuwachs)
− Abwanderung (ggf.)
= Frühjahrsbestand usw.

Abschussrichtlinien für Rothirsche

Die Abschusskriterien unterscheiden sich von Rotwildgebiet zu Rotwildgebiet mitunter deutlich. Nachstehende Richtlinien können also nur einen groben Anhalt liefern.

Hirschkälber	Geringes Körpergewicht
Hirsche v. 1. Kopf	Spießer unter Lauscherhöhe
Hirsche v. 2. Kopf	Augsprossengabler; Sechser, deren Mittelsprosse kürzer als Augsprosse ist (Dreiecksform)
Hirsche v. 3. Kopf	Sechser; geringe Eissprossenachter
Hirsche v. 4. Kopf	Sechser; geringe Eissprossenachter; geringe Eissprossenzehner
Hirsche v. 5. Kopf	Hirsche ohne Ansatz zur Kronenbildung
Hirsche v. 6.–9. Kopf	Hirsche mit nur einseitiger Kronenbildung
Hirsche v. 5. Kopf	Erntehirsche

Aufstellung und Genehmigung der Abschusspläne

Die Aufstellung der Abschusspläne und die damit zusammenhängenden Verfahren sind in jedem Bundesland unterschiedlich. Im Wesentlichen verläuft die Angelegenheit wie folgt:

1. Der Jagdausübungsberechtigte stellt im Einvernehmen (Unterschrift) mit dem Verpächter einen Antrag (Vorlage bei der Unteren Jagdbehörde (UJB) bis zu einem bestimmten Termin, meist dem 1. April, also Beginn des Jagdjahres), d. h. der Jagdausübungsberechtigte erstellt den Abschussplan. Er gilt bei Rehwild für drei Jahre (in den meisten Bundesländern), bei sonstigem Schalenwild für ein Jahr.

2. Falls eine Hegegemeinschaft besteht, ist eine Stellungnahme der Hegegemeinschaft beizufügen (kann eigenen Vorschlag machen).

3. Der Kreisjagdberater (falls nach Landesrecht vorhanden, manchmal auch Kreisjägermeister, KJM oder ähnlich genannt) kann als Berater der UJB auch eigenen Vorschlag machen.

4. Jagdbehörde bestätigt den Abschussplan oder setzt diesen im Einvernehmen mit dem Kreisjagdbeirat fest.

5. Wird zwischen UJB und Kreisjagdbeirat bis fünf Tage vor Beginn der Jagdzeit kein Einvernehmen erzielt, entscheidet die Jagdbehörde nach Anhörung der Forstbehörde und des Kreisjagdberaters (oder ähnlich genannt – Landesrecht beachten!).

Hegerichtlinien Rehwild

Diese Hegerichtlinien sind nicht bundeseinheitlich. Sie stellen jedoch eine grobe Orientierungsmöglichkeit dar. Informieren Sie sich in den entsprechenden Vorschriften Ihres Landesjagdgesetzes.

Hegeziele:
▶ Dem Lebensraum angepasste Wilddichte
▶ Geschlechterverhältnis 1 : 1
▶ natürlicher Altersaufbau

Wilddichte:
▶ Rehwild ist nicht zählbar!
▶ Dichte muss sich an Biotopverhältnissen orientieren.

▶ Kontrolle über Vegetations- und Populationsweiser.

Angepasste Wilddichte: Sie ist erreicht, wenn starke und gesunde Stücke die Regel sind und keine wirtschaftlich und ökologisch untragbaren Wildschäden auftreten. Eine Naturverjüngung aller Baumarten, die dem natürlichen Wuchspotenzial des Standortes entsprechen, sollte ohne aufwendige Schutzmaßnahmen möglich sein. Die Wilddichte soll aber gleichzeitig so hoch sein, dass eine nachhaltige jagdliche Nutzung des Bestandes möglich ist.

Zuwachs: Sehr problematisch zu berechnen, da Rehwild kaum zählbar ist. Als Faustzahlen gelten ca. 130 % des Gesamtbestandes per 1. April oder ca. 180 % des vorhandenen weiblichen Rehwildes.

Intervalljagd (beispielhaft auch für anderes Schalenwild)

Die Intervalljagd ist eine wildgerechte und effektive Jagd auf Rehwild. Sie zeichnet sich durch einen Wechsel von intensiven Jagdphasen mit Ruhephasen aus. Das Wild ist nach Ruhephasen weniger heimlich und zieht vertrauter, der Jagddruck wird verringert:

Schalenwild-Zuwachsraten

Rehwild: ca. 200 %, bezogen auf die am 31.3. vorhandenen Ricken oder ca. 130–180 % der am 1.4. vorhandenen weiblichen Stücke

Rotwild: ca. 70 % der am 1.4. vorhandenen Alttiere

Schwarzwild: bis zu 300 % der am 1.4. insgesamt vorhandenen Tiere

Abschussplanung Rotwild*

Männliches Rotwild
▶ Altersstufe III und IV: junge Hirsche bis 3. Kopf (Altersstufe III) und Hirschkälber (Altersstufe IV) zusammen 65 %
▶ Altersstufe II: mittelalte Hirsche vom 4. bis 9. Kopf 20 %
▶ Altersstufe I: reife Hirsche vom 10. Kopf und älter 15 %

Weibliches Rotwild
Alttiere: 40 %;
Schmaltiere: 10 %;
Wildkälber: 50 %

Achtung: Die Altersstufen sind in den Bundesländern unterschiedlich.

Mai: intensive Jagd, v. a. auf Jährlinge und, wo erlaubt, Schmalrehe
Juni bis 10. Juli: Jagdruhe
11. Juli bis 20. August: Einzeljagd auf Böcke, v. a. alte und reife
21. August bis 30. September: weitgehend Jagdruhe
1. Oktober bis 15. Januar: intensive Bejagung
15. Januar bis 30. April: Jagdruhe

Hegerichtlinien Rotwild

Auch im Zusammenhang mit der Rotwildhege sind die speziellen, landesrechtlichen Vorschriften zu beachten.

Hegeziele:
▶ gesunder, den Erfordernissen der Land- und Forstwirtschaft angepasster Bestand
▶ Geschlechtsverhältnis: 1:1

Wilddichte:
▶ nicht mehr als 2,5 Stück je 100 ha, bezogen auf die Waldfläche zuzüglich 20 % der Feldfläche
Zuwachs: ca. 70 % der am 1. April vorhandenen weiblichen Stücke

Die Qualität der Rotwildbestände variiert von Region zu Region sehr stark. Was im einen Rotwildrevier geschont werden soll, darf in einem anderen erlegt werden. Der Besuch regionaler Trophäenschauen und die Lektüre entsprechender Fachliteratur dienen der Information und sind jedem Jäger anzuraten!

Hegerichtlinien Schwarzwild

Landesrechtliche Vorschriften beachten!
Hegeziele:
▶ ein den Sozialstrukturen dieser Wildart entsprechender, gesunder, den landschaftlichen Verhältnissen angepasster Schwarzwildbestand
▶ Geschlechterverhältnis 1:1
Tragbare Wilddichte:
▶ Frühjahrsbestand ohne Zuwachs des laufenden Jahres:
▶ abhängig von Feld – Waldanteil
▶ 0,5 bis 2,5 Stück/100 ha
Altersaufbau: Eine natürliche Altersstruktur bei angemessen hohem Anteil an älteren, reifen Sauen (älter als vier Jahre) und einem Stamm von erfahrenen Bachen ist anzustreben.

Abschussplanung Schwarzwild

Achtung: Es gibt keinen offiziellen Abschussplan!

▶ **Jugendklasse:** Frischlinge (bis 12 Monate) und Überläufer (13–24 Monate) zusammen mindestens 75 % (vorwiegend Frischlinge!)

▶ **Altersklasse:** alle Stücke über 24 Monate zusammen höchstens 25 %

Jährlicher Zuwachs: Bezogen auf den Gesamtbestand kann der Zuwachs im Allgemeinen zwischen 50 und 200 % (300 %) schwanken je nach Mast im Vorjahr und Witterung.
Bejagungsgrundsätze:
▶ immer schwächstes Stück aus der Rotte erlegen;
▶ Aufbau bzw. Erhaltung eines Stammes alter, erfahrener Bachen
▶ gezielter Bachenabschuss: Leitbachen schonen! Gezielte Bachenbejagung von November bis Januar, wenn keine säugenden Frischlinge vorhanden sind
▶ Schonung einzeln ziehender Stücke insbesondere in den Frühjahrsmonaten
▶ Verbot der Fütterung beachten!
▶ Vereinbarungen über Kirrung beachten!

Extra: Lernstrategien – erfolgreich und stressfrei durch die Jägerprüfung

▶ **Richtig lernen – Lernen lernen** 453
Die persönlichen Bedingungen
  erkennen 453
Die Bedienungsanleitung für
  Ihr Gehirn 454
Wie sehen meine Lernge-
  wohnheiten aus? 456
Der Weg zur Jägerprüfung 457

▶ **Den Lernweg planen** 460
Planung und individuelle
  Standortbestimmung 460
Motivation 461
Der Weg zur Prüfung –
  Schritt für Schritt 463
Meine Ziele – der persönliche
  Aktionsplan 463
Optimale Rahmen-
  bedingungen 465
Die persönlichen Bedingungen
  berücksichtigen 467

▶ **Neues Wissen aufnehmen** 469
Lernen will gelernt sein 469
Die fünf Schritte des
  aktiven Lesens 470
Pause mit Methode 473
Pausentipps 474
Entspannungstechniken 476

▶ **Den Prüfungsstoff verarbeiten,
  ordnen, speichern** 478
Datenverarbeitung –
  unser Gedächtnis 478
Wege ins Gedächtnis 480
Ordnungssysteme für
  effektive Verarbeitung 481
Aufbereiten des Unterrichtsstoffs 482

Visuelle Lerntechniken 483
Akustische Lerntechniken 484
Kinästhetische Lerntechniken 485
Assoziative Gedächtnis-
  techniken 486

▶ **Prüfungsstoff – Wiedergabe** 489
Die Prüfung rückt näher 489
Wiederholungstechniken 490
Beruhigungstechniken –
  Stressbewältigung 491
Prüfungsangst 492
Der Count-Down läuft 493

▶ **Material – was Sie brauchen** 495
Bücher 495
Ergänzende Lernmittel 496
Ausrüstung 497
Jägerprüfung und Waffenkauf 498

▶ **Tipps zu Ausbildung,
  Prüfung und danach** 500
Vorbereitung auf den
  Lehrgang 500
Prüfungstipps 502
Zehn Regeln für den Jagd-
  scheinanwärter 507
Prüfung bestanden! –
  Was nun? 509
Fortbildung ist Jäger-
  Ehren-Sache 511

▶ **Der Ablauf der Jägerprüfung** 513
Schriftliche Prüfung 513
Schießprüfung 514
Mündliche Prüfung 515
Kalkulierbarkeit der Jäger-
  prüfung 516

Richtig lernen – Lernen lernen

Die persönlichen
Bedingungen erkennen ◄ 453
Die Bedienungsanleitung
für Ihr Gehirn ◄ 454

Wie sehen meine Lern-
gewohnheiten aus? ◄ 456
Der Weg zur Jägerprüfung ◄ 457

Die persönlichen Bedingungen erkennen

Sie haben dieses Buch zur Vorbereitung auf die Jägerprüfung erworben und sich also entschlossen, die Jägerprüfung vor einer staatlich einberufenen Jägerprüfungskommission abzulegen. Sie haben vielleicht schon eine spätere Jagdmöglichkeit gefunden, einen Ausbildungslehrgang gebucht und auch weitere Fachbücher stehen eventuell schon im Schrank.

Vielleicht denken Sie, es ähnele ja wohl dem berühmten Kanonenschuss auf Spatzen, wenn man sich neben all dem Fachwissen auch noch mit zahlreichen Seiten über Lernstrategien beschäftigen soll. Aber die Jägerprüfung ist alles andere als ein Spatz. Als angehender Jäger wissen Sie vermutlich schon, wie wichtig eine gute Waffe und ihre souveräne Handhabung ist, um ein Ziel punktgenau zu treffen. Und Ihr Ziel ist es, eine enorme Wissensfülle in den Kopf zu transportieren.

„Es lernt der Mensch, so lang' er lebt"

Herzlichen Glückwunsch! Nachdem Sie schon einige andere Herausforderungen im Leben gemeistert haben, haben Sie sich jetzt ein anspruchsvolles und spannendes Projekt ausgewählt. Sie werden durch die Erlangung des Jagdscheines nicht nur Ihre Freizeit durch die Jagd bereichern, sondern haben gleichzeitig die Möglichkeit, Ihre geistige Fitness zu fördern.

Denn Fakt ist: Nur ein lernendes Gehirn bleibt fit und flexibel. Die Leistungsfähigkeit des Gehirns – das haben Untersuchungen gezeigt – hängt wesentlich von seinen Übungsmöglichkeiten ab. Sie haben im Rahmen der Prüfungsvorbereitungen also auch eine große Chance, ganz nebenbei ein persönliches Training für den Kopf zu absolvieren. Denn Lernfähigkeit und damit die Fähigkeit der selbstständigen Lebensbewältigung bleiben bis ins hohe Alter erhalten.

„Es lernt der Mensch, solang' er lebt ..."

Darf es etwas mehr sein?

Reicht es, einfach in den diversen Fachbüchern zu lesen, den Vorbereitungslehrgang zu besuchen und gemeinsam mit dem Lehrjäger erste praktische Erfahrungen zu sammeln, um mit guten Aussichten in die Prüfung zu gehen? Anscheinend nicht!

Machen Sie es nicht wie Sisyphos!

Rund 16% der Prüfungskandidaten scheiterten in den Jahren 2011 und 2012 an den Anforderungen der Jägerprüfung, in absoluten Zahlen waren das 1858 und 1633 erfolglose Prüflinge, in einzelnen Bundesländern lag die Durchfallquote bei bis zu 45%. Lag es daran, dass sie nicht richtig gelernt hatten oder im Prüfungsstress ihr Wissen nicht wiedergeben konnten? Oder gleicht die Vorbereitung auf die Jägerprüfung wirklich einer Sisyphosarbeit: Je mehr man sich anstrengt, neues Wissen in den Kopf hineinzupressen, um so schneller wird das bereits Gelernte vergessen oder – noch schlimmer – wirbelt es im Kopf nur so durcheinander.

Lernen ist eine Aufgabe!

Die wenigsten von uns haben bisher das Lernen an sich als Aufgabe betrachtet! In der Schule, im Studium oder in der Ausbildung hat man gepaukt, weil man es musste, und das liegt bei einigen ja auch lange zurück. Viele wissen nicht, wie man sich Prüfungsstoff effizient aneignen kann und/oder haben Vorurteile hinsichtlich der persönlichen Gedächtnisleistung.

Negative Einstellungen und unbewusste Widerstände gegenüber dem Lernen, gefüttert aus alten Schulerfahrungen, schmälern Motivationen und Selbstvertrauen. Gefühle von Überforderung und Angst machen lernen unmöglich und können schlimmstenfalls Lernblockaden hervorrufen.

Also: Verlassen Sie bewusst Ihre alten, eingetretenen Lernpfade und beschreiten Sie mit uns durch die hier angebotenen Lernstrategien den kürzesten Weg zur erfolgreichen Prüfung.

Die Bedienungsanleitung für Ihr Gehirn

Da in diesem Kapitel viel vom „aktiven Lernen" die Rede sein wird, stellen wir gleich zu den Lernstrategie-Erläuterungen viele Fragen. Damit Sie von dem Gelesenen (passiv) profitieren können, antworten Sie bitte schriftlich bzw. gedanklich (aktiv).

▶ Der Bleistift begegnet Ihnen, wenn etwas auszufüllen oder schriftlich zu beantworten ist.
▶ Die Glühbirne begegnet Ihnen dann, wenn Sie eingeladen werden, die Augen zu schließen und sich sinnierend an eine Situation zu erinnern oder eine zukünftige vorzustellen.

Das Nachdenken über die individuellen Lerngewohnheiten löst bei vielen Prüfungskandidaten immer wieder tiefe

Aha-Erlebnisse aus. Sie begreifen, dass es nicht am Intelligenzquotienten liegt, wenn das Pauken so schwerfällt, sondern an der Art und Weise, wie sie den Stoff aufnehmen und verarbeiten. Denn Lern- und Lesestoff geht zwangsläufig zum einen Ohr hinein und zum anderen hinaus, wenn das Gehirn des Lernenden nicht durch weitere Verarbeitungsschritte erreicht werden konnte. Wir fordern Sie zur aktiven Mitarbeit, d. h. zunächst zum Überprüfen der eigenen Lernerfahrungen, auf – es wird Ihnen helfen, Ihren Lerntyp zu erkennen und ihm entsprechend erfolgreich zu lernen.

Stolpersteine aus dem Weg räumen

Zum Erkennen möglicher Stolpersteine bei der Prüfungsvorbereitung kreuzen Sie bitte in der Checkliste an.

Die nachfolgenden Aussagen treffen auf mich zu:	Total	Etwas	Gar nicht	Seite
Bei der Stofffülle der Jägerausbildung fällt es mir schwer, den Überblick zu behalten.				
Ich befürchte, den Anforderungen der Jägerprüfung nicht gewachsen zu sein.				
Wenn ich schon viel pauken muss, möchte ich mich mit optimalen Lerntechniken effizient auf die Prüfung vorbereiten.				
Es fällt mir schwer, für berufliche, familiäre und persönliche Interessen genügend Zeit zu finden.				
Ich leide unter Prüfungsangst.				
Ich möchte die Informationsflut, die im Rahmen der Prüfungsvorbereitung auf mich zukommt, besser beherrschen.				
Ich bin mit meinen Unterrichtsaufzeichnungen, Notizen und der ganzen Zettelwirtschaft unzufrieden.				
Ich kann schlecht aus Fachbüchern lernen und möchte den Prüfungsstoff besser für mich zusammenfassen können.				
Es fällt mir schwer, mich zu konzentrieren.				
Ich kann nur unter Druck arbeiten und habe derzeit noch überhaupt keine Lust, mit konsequentem Lernen anzufangen.				
Ich habe Angst vor Denkblockaden.				
Teile des Prüfungsstoffes interessieren mich nicht. Wie kann ich mich motivieren, so langweiligen Stoff für die Prüfung zu pauken.				
Ich habe ein so schlechtes Gedächtnis und ich bin zu alt zum Lernen.				

Wie sehen meine Lerngewohnheiten aus?

- Wie gehe ich beim Lernen üblicherweise vor?
- Wo liegen wohl meine Stärken, wo vermute ich persönliche Lernhemmnisse?
- Welche Gefühle verbinde ich mit Prüfungssituationen?

Bei der Auswertung der Fragen achten Sie auf aufsteigende Erinnerungen. Welchen Hindernissen werden Sie auf dem Weg zur Prüfung begegnen?

Stöbern Sie auf den nachfolgenden Seiten, suchen Sie gezielt nach Lösungswegen – die Seitenzahlen können Sie sich in die letzte Spalte der Checklist eintragen. Dann beseitigen Sie bewusst diesen Stolperstein und entwickeln Ihre ganz individuelle Prüfungsvorbereitungsstrategie!

Räumen Sie Stolpersteine schon im Vorfeld aus dem Weg.

Stellen Sie bei der Interpretation Ihrer Antworten Ihre Vorlieben fest. Hier gilt: Das eine schließt das andere nicht aus. Es wird sich bei der Prüfungsvorbereitung idealerweise um einen Mix aus den verschiedenen Methoden handeln. Finden Sie also heraus, wie Sie am besten lernen:

Ihrer Lieblingsmethode auf der Spur

Stellen Sie durch Ankreuzen der folgenden Fragen fest, wo Schwerpunkte einer für Sie optimalen Lernmethode liegen.

Wann fühle ich mich leistungsstark?
Wann habe ich am meisten das Gefühl, dass Lernen Erfolg und Spaß bringt?

	Total	Etwas	Gar nicht	Seite
Ich studiere gerne ein systematisch aufgebautes Fachbuch.				
Ich vertraue den Unterrichtserfahrungen der Ausbilder.				
Ich erkläre gern anderen der Lernstoff und lerne im Gespräch.				
Ich benötige die Zeitvorgabe und Struktur des Unterrichts.				
Ich gehe den Dingen erforschend selbst auf den Grund.				
Ich pauke allein anhand von Musterprüfungsbögen.				
Ich diskutiere gern und verstehe vieles im Dialog.				
Mir müssen größere Zusammenhänge erklärt werden.				

- im prüfungsvorbereitenden Unterricht,
- bei der praktischen Erkundung,
- im autodidaktischen Selbststudium oder
- in der Gruppe?

Stellen Sie anhand Ihrer Antworten Ihre Vorlieben fest und bestimmen Sie so Ihren Lerntyp (siehe Checkliste unten): Lernen Sie über

- visuelle, d. h. optische Reize,
- auditive, d. h. akustische Reize oder
- kinästhetische, d. h. körperlich fühlbare Reize?

Der Weg zur Jägerprüfung

Für die Prüfung lernen heißt, Fachwissen und -zusammenhänge aufnehmen und erfolgreich wiedergeben. Vieles, was Sie für dieses Hobby begeistert tun, ist Lernen!

- Eine Szene in der Jagdpraxis beobachten und gemäß Vorkenntnissen zuordnen,
- praktische Erfahrungen im Lehrrevier oder im Revier eines Bekannten sammeln,
- Antworten für Unerklärliches im Fachbuch nachschlagen oder im Internet aufspüren, analysieren und Schlüsse daraus ziehen,
- Fernsehen-/Videofilme konzentriert verfolgen, ggf. Kollegen oder Freunden darüber berichten,
- Vorkenntnisse integrieren, die Sie aus anderen Lebensbereichen (Jurist, Schlachter oder Vater- bzw. Mutterrolle) besitzen.

Kommen Sie Ihrer Lieblingslernmethode auf die Spur!

Welcher Lerntyp sind Sie?

Stellen Sie durch Ankreuzen der folgenden Fragen fest, wo die Schwerpunkte einer auf Sie zugeschnittenen Lernmethode liegen.

Ich lerne am meisten, wenn ich	Total	Etwas	Gar nicht	Seite
selbst Grafiken und Skizzen des Gelernten anfertige.				
dem Unterricht bzw. Vorträgen aufmerksam folge.				
zupacke und selbst in die Hand nehme.				
mir einen Film zu Lerninhalten ansehe.				
einen Vorgang genau betrachte und beobachte, was geschieht.				
im Gespräch mit dem Ausbilder gut zuhöre.				
zwischendurch auf und ab gehe.				
Gelerntes laut nacherzähle und ggf. auf Tonband aufzeichne.				

Arbeitstechniken

Und da Lernen auch „Wiederfinden" bedeutet,
zu guter Letzt noch eine Abfrage zu Ihren Arbeitstechniken.

Wenn ich es mir genau überlege, trifft zu, dass

	Total	Etwas	Gar nicht	Seite
ich Wichtiges, das ich nebenbei im Jagdrevier/vom Ausbilder/ bei einem Vortrag o. Ä. erfahre, auf beliebigen Zetteln, im Kalender oder auf einem Bierdeckel notiere.				
ich einen Zeitungsausschnitt, eine Aufzeichnung aus dem Jägerkurs, eine Notiz zum Lernen bereitgelegt habe, diese aber nicht mehr wiederfinde.				
ich zum Arbeiten meist auf einen anderen Platz ausweichen muss, weil sich auf meinem Schreibtisch neben den Unterlagen zur Jägerprüfung tausend andere Dinge türmen.				
ich mich bei der Stoffwiederholung immer wieder dabei ertappe, dass ich anstelle des aktiven Bearbeitens den entsprechenden Abschnitt im Buch passiv „wiederkäue" (lese).				
ich bei der Suche nach einem Schriftstück öfters Unterlagen, die ich längst verloren glaubte oder vergessen hatte, wiederfinde, die mich dann aber von dem geplanten Lernstoff ablenken.				

Überprüfen wir diese Lernformen, dann leiten sich daraus verschiedene Lernphasen ab. Sie ähneln der Arbeitsweise eines Computers.

Gelesen und gehört ist nicht gelernt

Mal ehrlich: Hätten Sie nicht auch geglaubt, dass der Punkt 2 „Aufnahme des Lernstoffes" im Kasten gegenüber ausreicht, um die Prüfung zu bestehen? Leider ist dem nicht so! Die Daten, die Sie während der Aufnahme in den Arbeitsspeicher laden, bleiben flüchtig! Erst wenn Sie sie aktiv, selbstständig verarbeiten und gut ordnen, gelangen sie in Ihren Langzeitspeicher und stehen am Tag der Prüfung bereit.

Um Ihnen das Schicksal des Sisyphos zu ersparen – immer noch einmal dasselbe zu lernen – laden wir Sie auf den kommenden Seiten ein, wirksame Lernstrategien kennen zu lernen und zu nutzen.

Wie wild zu lesen und zu hören, bedeutet leider noch lange nicht, dass Sie sich irgendetwas davon auch wirklich merken können.

Lernen wie ein Computer

Mensch	Computer
1. Planung des Lernweges Wie will ich mich auf die Prüfung vorbereiten? Ziele, Zeitplan und Lernerfolgskontrolle festlegen. (ab Seite 460)	Programm wählen und laden
2. Aufnahme des Lernstoffes Wie nehme ich den Lernstoff auf? Was mache ich bei „Störungen"? (ab Seite 469)	Dateneingabe
3. Verarbeitung Wie übertrage ich Informationen vom Kurzzeit- ins Langzeitgedächtnis? Wie kann ich den bearbeiteten Wissensstoff so ordnen, etikettieren und zusammenfassen, dass er am Tag der Prüfung sicher reproduzierbar ist? (ab Seite 478)	Datenspeicherung
4. Wiedergabe Wie wiederhole ich den Lernstoff? Welche Rahmenbedingungen unterstützen das Abrufen bei der schriftlichen, mündlichen und praktischen Prüfung? (ab Seite 489)	Datenausgabe

Den Lernweg planen

Planung und individuelle
Standortbestimmung ◄ 460
Motivation ◄ 461
Der Weg zur Prüfung –
Schritt für Schritt ◄ 463

Meine Ziele – der persönliche
Aktionsplan ◄ 463
Optimale Rahmenbedingungen ◄ 465
Die persönlichen Bedingungen
berücksichtigen ◄ 467

Planung und individuelle Standortbestimmung

Planung ist die halbe Prüfung! Darum: Stürzen Sie sich nicht blindlings auf das Lernen. Teilen Sie Ihre Zeit sinnvoll ein. Die Zeit, die Sie für die nachfolgenden Anregungen aufwenden müssen, wird Ihnen mit Sicherheit Dividenden bringen. Planen Sie die Vorbereitung zur Jägerprüfung wie jedes andere Projekt. Ihr Projekt lautet:

Erwerb aller Kenntnisse und Fähigkeiten zur erfolgreichen Wiedergabe vor der Prüfungskommission am xx.xx.20xx.

Wie für jede Planung gilt es zu beantworten:

Planung ist die halbe Prüfung: Erstellen Sie sich für die Vorbereitung auf die Jägerprüfung Ihren ganz persönlichen Zeitplan.

- Wo stehe ich?
- Wo will ich hin?
- Was sind meine Ziele?
- Wie erreiche ich diese Ziele?

Der Aktionsplan

Um Ihre definierten Ziele zu erreichen, müssen Sie einen langfristigen Aktionsplan aufstellen und durch eine Liste der kurzfristig anstehenden Lernaufgaben/-kontrollen (vgl. S. 465) ergänzen.
All dies muss auf Ihre individuellen Möglichkeiten und Bedürfnisse abgestimmt werden. In diesem Kapitel informieren wir deshalb auch über Lernmotivation und lernfördernde Rahmenbedingungen.

Wo stehe ich? – Standortbestimmung

Versuchen Sie zunächst, die Stofffülle zu erfassen, z. B. durch Durchblättern eines Fachbuches und Überfliegen eines Musterprüfungsbogens. Ist das geschehen, erstellen Sie sich Ihr „Wissensbarometer", das Sie während der gesamten Ausbildungszeit begleitet wie ein Projektstatus. Auf der Grundlage Ihrer Vorbereitungsunterlagen erfassen Sie tabellarisch alle Prüfungsgebiete (linke Spalte). In die Kopfzeile kommt die Zeitangabe, z. B. die einzelnen Kalenderwochen, die zur Bearbeitung zur Verfügung stehen.

Tragen Sie regelmäßig Ihren Lernfortschritt in eine Tabelle ein – handschriftlich auf einem karierten DIN-A-3-Papier ist eben-

MOTIVATION 461

Vorschläge für Ihr „Wissensbaromter"

- In welche Bereiche habe ich mich bereits auf Prüfungsniveau eingearbeitet und
- in welchen Bereichen bringe ich genügend Vorkenntnisse und Erfahrungen mit (aus Beruf/Ausbildung)? z. B. nach Lernerfolgskontrolle grün markieren)
- Auf welchem Gebiet fehlen mir geringe/wesentliche Kenntnisse, die ich gezielt erwerben will? (z. B. gelb/orange markieren)
- In welchem Bereich traue ich mir wenig zu oder fühle mich unsicher?
- Was halte ich für absolut überflüssig, muss es aber für die Prüfung trotzdem lernen? (z. B. rot kennzeichnen)

100 ◄ Prüfungsfit
◄ Alles klar
◄ Weiß ich schon
◄ Ach so war das
◄ Schon mal gehört
0 ◄ Keine Ahnung

so hilfreich wie ein PC-Tabellenprogramm. Mittels Farbstiften markieren Sie dann kontinuierlich, wie viel Lernstoff Sie schon „zur Strecke gebracht" haben.

Ihr Vorteil: In einer solchen Status-Tabelle können Sie erreichte Zwischenziele eintragen und erfolgreich Gelerntes „feiern". Das kontinuierliche Verfolgen des „persönlichen Wissensstandes" verschafft einen aktuellen Überblick und gibt Orientierung auf dem Weg zur Prüfung.

Nichts ist so vielversprechend und motivierend wie der eigene Erfolg!

Motivation

Da Ihre Lernmotivation einer der wichtigsten Faktoren ist, der über den persönlichen Erfolg der Lernbemühungen entscheidet – also darüber, wie viel vom Stoff „hängen bleibt" –, nachfolgend einige Hintergrundinformationen dazu: Man unterscheidet zwischen erstrangiger Motivation und zweitrangiger Motivation:

Primär motiviert

Erstrangig motiviert ist man, wenn man spontan Lust darauf und viel Freude daran hat, sich den Lernstoff anzueignen. Man brennt z. B. geradezu darauf, alles über die Abrichtung eines Jagdhundes zu erfahren. Da man z. B. mit dem Gedanken spielt, intensiver in die Hundehaltung einzusteigen, saugt man alle Informationen über Hunderassen, -krankheiten und verschiedene Hundeprüfungen wie ein Schwamm auf und lernt spielend leicht.

Sekundär motiviert

Ganz anders ist das, wenn Sie nicht planen, sich jemals einen Hund anzuschaf-

Auf welcher Höhe ist Ihr Wissen? Schätzen Sie sich realistisch ein!

fen oder mit Hunden auf die Jagd zu gehen. Sie „fressen" sich mühevoll durch die entsprechenden Fachbuchkapitel, da Sie den Lernstoff ausschließlich für die Jägerprüfung „büffeln". Zweitrangig motiviert heißt also: Nur allein die bestandene Prüfung belohnt Ihr Bemühen, nicht aber die Lernerkenntnisse selbst.

Motivieren Sie sich!
Einerseits wollen Sie den Jagdschein erhalten, andererseits gibt es naturgemäß Teilbereiche, die Sie überhaupt nicht brennend interessieren. Was ist zu beachten?

Gehen Sie bewusst mit Ihrer Motivation um! Sie können sich das Lernen erleichtern, wenn Sie in den Fällen, in denen beim Lernen Unwohlsein und Unsicherheit („Das lern' ich nie!") oder Langeweile und Desinteresse („Wozu soll ich denn das lernen!") auftaucht – sie sind in Ihrem Wissensbarometer rot markiert –, innehalten und Ihren Lernweg überprüfen.

Stellen Sie sich folgende Fragen:
▸ Was kann ich tun, um eine höhere Effektivität und/oder mehr Spaß beim Erlernen des Fachgebietes, z. B. Jagdhunde, zu erlangen?
▸ Gibt es Mitstreiter/andere Ausbilder, mit denen ich diesen Teil gemeinsam besser bearbeiten kann?
▸ Gibt es für mich besser geeignete Medien, z. B. Praxis vor Ort oder Video statt Buch?
▸ Kann ich mir das Lernen schmackhafter machen durch eine andere Zeiteinteilung oder einen Methodenwechsel?

Leistungstief im Visier
Und wenn das alles nichts hilft, opfern Sie wiederholt ein paar Minuten und widmen Sie sich ganz bewusst und intensiv dem Gedanken, dass Sie die Prüfung bereits bestanden haben.

Stellen Sie sich vor – jetzt! – wie gut das tut, endlich den Jagdschein in der Tasche zu haben? Was können Sie damit alles tun! Hören Sie die Komplimente, die Ihnen die Familie/Freunde wegen der bestandenen Prüfung machen und spüren Sie Ihre Freude und Ihren Stolz darüber! Sehen Sie sich die Situation konkret an, als wenn Sie einen Film vor dem inneren Auge ablaufen lassen. Denken Sie jeweils drei bis vier Minuten darüber nach.

Es wird nicht lange dauern und es fällt Ihnen immer leichter, sich auch mit den unliebsamen Stoffgebieten intensiv und dauerhaft auseinanderzusetzen.

Es mag banal klingen, aber das Lernen fällt u. a. auch deshalb leichter, weil Ihr unbewusster Teil sich nach dieser Übung besser darüber im Klaren ist, warum Sie etwas tun und wie attraktiv und (be-)lohnend Ihr ursprüngliches Ziel ist.

Keine Lust zu lernen? Motivieren Sie sich selbst! Denken Sie z. B. an einen spannenden Morgenansitz.

Der Weg zur Prüfung – Schritt für Schritt

Wenn man die seitenstarken Lehrbücher und langen Prüfungskataloge vor sich liegen sieht, mag manch einer eine starke Herausforderung spüren. Einem anderen kann es dagegen fast den Mut nehmen, sich überhaupt für die Prüfung anzumelden.

Ein Sprichwort sagt: Man muss den Elefanten in Scheiben schneiden, bevor man ihn auf dem Feuer grillt. Dies gilt nicht nur für ambitionierte Großwildjäger! Grundsätzlich ist es also empfehlenswert, das immense Pensum in kleine „Häppchen" einzuteilen. Wenn Sie sich immer nur einen begrenzten Abschnitt vornehmen, werden Sie ständig kleine Erfolge erleben – d. h. motiviert und freudvoller lernen.

Zeitreserven schaffen

Der Stoff ist umfangreich! Damit Sie all dieses pünktlich zum Prüfungstag parat haben, bedarf es eines entsprechend langen Vorlaufs. Je nachdem, wie viel Zeit berufliche und familiäre Verpflichtungen Ihnen für das Lernen übriglassen, beträgt die Vorbereitungszeit für die Prüfung bei Jägervorbereitungskursen in Form von Abendschulungen üblicherweise vier bis fünf Monate zuzüglich einer Wiederholungsphase von drei bis vier Wochen, die gegebenenfalls auch ein Repetitorium (z. B. an einem Wochenende) des Ausbildungsveranstalters einschließt.

Bei Vollzeitlehrgängen ist die Vorbereitungszeit je nach Dauer entsprechend kürzer, von beruflichen und familiären Nebenverpflichtungen sollten Sie sich für diese Zeit der Intensivschulung allerdings frei gemacht haben. Wie lange die Vorbereitungszeit bei Wochenendkursen, geteilten Blockkursen oder anderen Schulungsformen dauert, richtet sich nach deren Konzeption und Zeitplan. Wie auch immer – fangen Sie gemäß Ihrer individuellen Gegebenheiten zur rechten Zeit ... und noch ein bisschen früher an.

Zeit ist leider nicht vermehrbar. Fangen Sie rechtzeitig an und planen Sie Zeitreserven ein!

Verbindliches Lernen

Das Lesen guter Ratschläge allein führt noch nicht zur Verbesserung des bisherigen Lernverhaltens. Die Umstellung auf andere Formen ist zunächst unbequem, oft auch mühselig und führt erst nach einer gewissen Zeit zum Erfolg. Wir können nur empfehlen, Ihr Projekt professionell anzugehen – anpacken und an Ihre individuellen Bedürfnisse anpassen müssen Sie es selber.

Meine Ziele – der persönliche Aktionsplan

Gute Vorsätze sind zwar gut gemeint, sie allein führen aber meist nicht zum gewünschten Ziel. Wir empfehlen, einen verbindlichen Aktionsplan aufzustellen – einen „Lernvertrag" mit sich selber abzuschließen. Dieser wird schriftlich erstellt, kontinuierlich dem Lernfortschritt ange-

aus was für Gründen auch immer, Ihren „Lernvertrag" nicht erfüllt, so legen Sie am nächsten Wochenende – auf jeden Fall so bald als möglich – eine Sonderschicht ein. Jedes Schiff, das aus dem Ruder läuft, benötigt schnellstmöglich eine Kurskorrektur!

Je klarer man ein Ziel vor Augen hat, um so eher kann man und wird man es erreichen.

Tricksen Sie sich nicht selbst aus, sondern schließen Sie einen verbindlichen Lernvertrag mit sich selbst ab.

passt und kurzfristig, etappenweise von einer Lernsitzung zur nächsten, mittels konkreter Anweisungen fortgeschrieben.

Ein solcher persönlicher Aktionsplan bietet viele Vorteile:

▸ Sie sehen immer Ihr großes Ziel als festen Orientierungspunkt vor sich. Das hilft Ihnen bei anfänglichen Lernschwierigkeiten weiter.

▸ Sie wissen genau, wo und woran Sie gerade sind. Das gibt Ihnen Sicherheit bzw. Anstoß zu größeren Bemühungen.

▸ Ihr Lernen ist praktisch ständig von einem Lernerfolgserlebnis begleitet, da Sie ja sichtbar täglich/wöchentlich weiterkommen.

▸ Durch die Unterteilung in langfristige und kurzfristige Ziele können Sie den Lernplan auf Ihre ganz persönliche Lage zuschneiden und andere Informationsquellen und Lehraktivitäten flexibel einbinden.

▸ Sie können rechtzeitig entscheiden, ob eine Verlängerung der Vorbereitungszeit erforderlich ist, und ersparen sich dann Misserfolge und sehr viel Stress.

Sind Sie im persönlichen Plan, dann belohnen Sie sich: mit guter Musik, einem besonderen Wein o. Ä. Haben Sie,

Langfristige Planung

Zeitplan entwerfen
Zum Beispiel in einem Jahreskalender tragen Sie ein:

❑ Lernfreie Zeiten (Urlaub, Geschäftsreisen)

❑ vorgegebene Lernereignisse

❑ Wiederholungsphase (ggf. inkl. Repetitorium)

❑ Prüfungstag

❑ Lerninhalte grob verteilen: Rückwärts vom Prüfungstag ordnen Sie die verschiedenen Fachgebiete terminlich ein und definieren Fernziele. Ihre autodidaktischen Lernaktivitäten sind hierbei mit anderen Informationsquellen (praktischen Erfahrungen, Unterricht, Lehrgespräche usw.) zu koppeln.

❑ Fernziele eindeutig nach Menge und Zeit festlegen. Machen Sie sich klar: Was will ich im nächsten Quartal, Monat, in der nächsten Woche erreichen? Bleiben Sie realistisch: Planen Sie Ausfallzeiten und Wiederholungszeiten ein.

✏️ Kurzfristige Planung

Konkrete Planung des nächsten Lernschritts
Am Ende einer Lernsitzung definieren Sie, was Sie in der nächsten Woche erreichen wollen. Nutzen Sie Ihren professionellen Zeitplaner oder entwerfen Sie sich ein Formular, in dem Sie verbindlich eintragen:

- Mein nächstes Lernziel ist ...
- Hierfür nutze ich Lehrgespräch am ... und Fachbücher S. x bis y, etc.
- Ich plane hierfür die Zeit von ... bis ... ein.
- Unerledigtes bearbeite ich zum Ausweichtermin ...

Lernerfolgskontrollen sind wichtig!
Versäumen Sie niemals, sich nach jeder Lerneinheit Zeit für eine Überprüfung Ihres Lernfortschrittes zu nehmen. Sie wiederholen das Gelernte und erlangen Gewissheit, wo Sie stehen. Auf die Abfrage- und Wiederholmethoden gehen wir auf S. 481 ff. ein.

Ein stetig „grüner" werdendes Wissensbarometer ist die Belohnung für Ihre Disziplin und Ihren Fleiß!

Optimale Rahmenbedingungen

Viele Lernende brauchen einen äußeren „Rahmen", regelmäßige Lernzeiten und einen festen Lernort. Lernen ist Arbeit, und wie für jede Arbeit sind auch für das Lernen klare und fördernde Rahmenbedingungen wichtig.

Wir können hier nur einige grundlegende Bemerkungen, die Ihnen sicherlich schon aus anderem Zusammenhang bekannt sind, machen. Erweitern Sie diese um Ihre ganz persönlichen Belange und setzen Sie sie dann um. Es ist wenig sinnvoll, alles bis ins letzte Detail festzulegen, wenn dies nicht den eigenen Gewohnheiten entspricht. Zeiteinteilung ist etwas sehr Persönliches.

Berücksichtigen Sie bei der Planung immer Ihre Bedürfnisse und Prioritäten. Ansonsten werden Sie sich kaum an die Vorgaben halten können oder viel zu viel unnötige Energie für deren Erfüllung aufbringen müssen.

Arbeitsplatz
Schaffen Sie sich eine gesunde unterstützende Lernatmosphäre für die denkerische „Schwerstarbeit." Günstig ist ein Arbeitsplatz, an dem
▸ Ruhe, Licht, Temperatur und Wohlbefinden für Sie ganz genau stimmen,
▸ alle für das Lernen notwendigen Utensilien verfügbar sind und
▸ alle Materialien übersichtlich geordnet einen festen Platz haben.

An Ihrem Lern- und Arbeitsplatz müssen Sie sich wohlfühlen!

Arbeitszeit

Der Mensch ist keine Maschine, sondern unterliegt in seiner Leistungsbereitschaft tageszeitlichen Schwankungen. Nicht nur viele Körperfunktionsvorgänge wechseln in Abhängigkeit von der Tageszeit. Auch Konzentrations- und Merkfähigkeit, Reaktionsgeschwindigkeit und Stimmungslage verzeichnen regelmäßige, im Tagesverlauf schwankende Höhen und Tiefen.

Unter Berücksichtigung des persönlichen Biorhythmus' sollten Sie Ihre tägliche Lernzeit gezielt auswählen und mit gewisser Kontinuität beibehalten. Leistungsspitzen liegen üblicherweise am Vormittag oder erst später in der Zeit zwischen 16.00 und 20.00 Uhr.

Sie sind keine Maschine: Zu den richtigen Tageszeiten und regelmäßig etwas zu lernen, bringt mehr als ein regelrechter Lernmarathon.

Schirmen Sie sich so gegen optische oder akustische Störungen ab. Vermeiden Sie auch körperliche Ablenkungen gezielt: Ein zu voller bzw. hungriger Bauch, ein zu bequemer Sessel, ein zu müder oder abgelenkter Geist studieren nicht gern. Termindruck oder andere Belastungen vermindern die Aufmerksamkeit. Tun Sie alles, damit ein konzentrierter Lernprozess in Gang kommt. Fragen Sie sich auch, ob für Sie vielleicht ein weiterer Arbeitsplatz wichtig ist, in der Jagdhütte eines Freundes oder in einer Bibliothek.

Lerndauer und -pausen

Die Länge der einzelnen Lernsitzungen beeinflusst den Lernfortschritt erheblich, denn bei Ermüdung sinkt die Lern- und Gedächtnisleistung rapide ab. D. h.: Wenn wir beispielsweise täglich eine Stunde üben, machen wir schnellere Fortschritte, als wenn wir einmal pro Woche einen ganzen Tag „büffeln". Die Ermüdung hängt natürlich auch von der Art der Lernleistung, der eigenen Tagesform und Motivation ab.

Je intensiver und einseitiger unsere Aufmerksamkeit beansprucht wird, des-

Kleine Pausenfibel

Pausenart	Dauer	Abstand	Pausentätigkeit
Unterbrechung	1 min	nach Bedürfnis	zurücklehnen, durchatmen, aus dem Fenster schauen
Minipause	5 min	nach ca. 30 Minuten	bewegen, atmen, etwas trinken
Erholungspause	15–20 min	spätestens nach 2 Stunden	Kleinigkeit essen, trinken und bewusst entspannen

to kürzer sollten die Lernetappen sein. Pausen müssen nicht lang sein. Oft genügt es, wenn wir für eine Minute abschalten, uns zurücklehnen und tief Luft holen. Nach ca. 60 Minuten ist es sinnvoll aufzustehen, das Fenster zu öffnen (das Gehirn benötigt Sauerstoff), sich zu bewegen und etwas zu trinken. Im Kasten gegenüber finden Sie einige Empfehlungen.

> „Lärm [und Unordnung] sackt tief ins Gehirn, das saugt ihn auf wie Löschpapier das Wasser. Zum Schluss ist man ganz durchtränkt mit Lärm, niedergeknüppelt und unfähig, zu denken".
>
> *(Kurt Tucholsky)*

Arbeitsmittel und -organisation
Dem aktiv Lernenden stehen viele Möglichkeiten offen, Wissensquellen anzuzapfen. Lenken Sie den Wissensstrom in geordnete Bahnen, damit Sie nicht in Lernstoffstrudeln versinken.

Es gibt viele Lehr- und Nachschlagwerke. Nehmen Sie sich zu Beginn Ihrer Studien Zeit, die für Sie passenden Bücher und Hilfsmittel zusammenzustellen. Gestalten und organisieren Sie auch ihren Arbeitsplatz in geeigneter Weise. Schaffen Sie sich einen Ort, an dem Sie übersichtlich Bücher, schriftliche Unterlagen, Notizkarten/-zettel und Farbstifte bereitlegen, und entscheiden Sie sich gleich zu Anfang für ein Ablagesystem (Karteikarten, Ordner, Hängeregister). Bei der Stoffmenge, die Sie zu bewältigen haben, kann das schon die „halbe Miete" sein.

Die persönlichen Bedingungen berücksichtigen

Beim Lernen sind viele Wege möglich. Machen Sie Sisyphos keine Konkurrenz! Wenn Sie sich vergebliche Arbeit ersparen wollen, ist es unumgänglich, Ihre ganz persönliche Lernstrategie zu entwickeln. Fragen Sie sich zwischendurch immer wieder: „Ist diese Technik, diese Methode jetzt für mich richtig?". Ihre Prüfungsleistung hängt wesentlich auch davon ab, ob Sie den individuell richtigen Weg gehen.

Lernmethode
Im Verlauf von Schule und Ausbildungen hat man sich an eine bestimmte Vorgehensweise gewöhnt. Diese war schon damals nicht zwangsläufig optimal und muss es erst recht heute nicht sein. Wählen Sie flexibel aus zwischen Vortrag, Kursunterricht, Lehrgespräch, autodidaktischem Erarbeiten, allein oder in der Gruppe, sowie Lernen durch Praxiserfahrung.

Sie bereiten sich dann effizient auf die Prüfung vor, wenn Sie beim Erarbeiten des Lernstoffes einen Methodenmix wählen, der Ihren Vorlieben genau entspricht (vgl. hierzu: „Wie sehen meine Lerngewohnheiten aus?", S. 448).

Lerntyp
Das Gleiche gilt bei der Wahl der Sinneseindrücke – der „Input-Kanäle". Sie erleichtern sich das Lernen, wenn Sie sich bewusst sind, wie der Lernstoff am leichtesten in Ihr Gehirn gelangt. Nutzen Sie vorrangig Lerntechniken, die Ihrem Lerntyp entsprechen:
▶ Der visuelle Typ lernt „mit den Augen",

- der auditive oder akustische Typ lernt „mit den Ohren"
- und der haptische oder kinästhetische Typ lernt „mit den Händen".

Natürlich kommen die verschiedenen Wahrnehmungstypen nicht in „reiner Form" vor: Jeder Mensch begegnet den unterschiedlichsten Lernsituationen und kann sich darauf einstellen. Während aber beispielsweise der akustische Lerntyp beim Zuhören übersehen kann, was um ihn vorgeht, wird der visuelle Lerntyp leicht den Kommentar überhören, wenn er etwas Interessantes sieht. Mehr dazu und die besten Lernstrategien für die verschiedenen Lerntypen finden Sie ab Seite 475.

Der visuelle Lerntyp:
Er lernt „mit den Augen".

Der auditive/akustische Lerntyp:
Er lernt „mit den Ohren".

Der haptische/kinästhetische Lerntyp:
Er lernt „mit den Händen".

Neues Wissen aufnehmen

Lernen will gelernt sein ◄ 469
Die fünf Schritte des aktiven Lesens ◄ 470
Pause mit Methode ◄ 473
Pausentipps ◄ 474
Entspannungstechniken ◄ 476

Lernen will gelernt sein

Lesen ist bei der Vorbereitung zur Jägerprüfung unumgänglich. In diesem Kapitel werden zunächst allgemeine Lerntipps zusammenfassend dargestellt. Diese werden dann am Beispiel des schrittweisen Erarbeitens von Fachbüchern/ oder Kursskripten genauer erläutert, um einen Weg aufzuzeigen, der vom sturen wiederholenden Lernen zur vielseitigen Beschäftigung mit dem Prüfungsstoff führt.

Bereits in diesem frühen Stadium der Prüfungsvorbereitung sind aktive Pausen ein wichtiger Bestandteil des Lernprozesses. Sie dienen dazu, Aufmerksamkeits-

Lieber leichter lernen

Machen Sie sich das Wissen der Profis zunutze! Lehrer müssen beim Unterrichten berücksichtigen, dass jeder Lernstoff leichter aufzunehmen und länger zu behalten ist, wenn:

- man weiß, wo man gerade steht und warum man was lernt.
- rascher Lernerfolg das Gefühl stark positiv anspricht.
- lernen Spaß macht und man sich rundherum wohlfühlt.
- die Vorgehensweise dem persönlichen Lernstil entspricht.
- möglichst alle Input-Kanäle gleichermaßen aktiviert werden.
- man vom Allgemeinen zum Speziellen vorgeht, man sich also zunächst einen Überblick verschafft und Neues da hinein einordnet.
- der Stoff auf bereits gemachten Erfahrungen und auf Gelerntem aufbaut. Fragen Sie Ihr Gedächtnis, ob es sich an ähnliche Situationen erinnert.
- etwas logisch erscheint und Zusammenhänge klar erkennbar sind. Strukturen und Modelle helfen, Wissen zu verankern und daraus weiteres Wissen abzuleiten.

Mit der richtigen Lernmethode ist es gar nicht so schwer, jede Menge **Stoff** in den Kopf zu bekommen.

Lieber leichter lernen
(Fortsetzung)

- Assoziations- und Vergleichsmöglichkeiten vorhanden sind. Wer viel weiß, lernt leichter mehr dazu. Überlegen Sie sich Bilder, Ereignisse und Vergleiche aus dem Alltag.
- Merkhilfen oder „Eselsbrücken" eingesetzt werden. Pfiffige Denkhilfen machen Spaß und sind eine Garantie für Erfolgserlebnisse. Oder wüssten Sie sonst noch die Geschichtszahl „333 – bei Issos Keilerei"?

Lernregel 1

Die eigene Aktivität des Lernenden ist für den Erfolg von größter Bedeutung: Sich gezielt vorbereiten, aktiv lesen/zuhören, kritisch mitdenken, Fragen stellen, zusammenfassende Übersichten schreiben etc. fördert den Lernprozess. Faustregel: Mindestens 70 % müssen aktiv verarbeitet werden – max. 30 % sollten passiv verarbeitet werden.

und Konzentrationsstörungen zu vermeiden. Auch auf solche Pausen wird deshalb im Folgenden hingewiesen.

Zusammenfassen und Ordnen

Es lohnt sich, die im Kasten S. 469 und oben aufgelisteten Lerntipps direkt umzusetzen. Probieren Sie dies doch gleich mit dem derzeitigen Lesestoff aus! Machen Sie zusammenfassende Notizen und ordnen Sie diesen Ihre Erfahrungen mit dem Lernen zu. Wann haben Sie wie gelernt? Wer schreibt – bleibt.

Am Beispiel des Lesens gehen wir gemeinsam nach diesen Lerntipps vor.

Die fünf Schritte des aktiven Lesens

Wenn die Methode stimmt, sind Lernen und Lesen ein Kinderspiel.

Beim Lesen ist man üblicherweise allein. Vorab daher die Bitte: Achten Sie gut auf Ihre Aufmerksamkeit. An manchen Tagen fällt das Lesen schwer, die Gedanken wandern ab oder entschlummern schnell. Man muss sich daher selbst kontrollieren. Ist man noch hellwach und auf den Buchinhalt konzentriert? Wenn nicht, sollte man sofort unterbrechen, etwas anderes oder eine Pause machen.

Lernen aus schriftlichen Unterlagen heißt:

▶ Sie können nachschlagen und Wissen aus Kursen etc. ergänzen oder auffrischen, was sonst verloren wäre.

▶ Sie bestimmen Lerntiefe und -tempo. D. h.: Sie können jederzeit innehalten, etwas zusammenfassen, prüfen, ob Sie den Lernstoff wiedergeben können.

▶ In Unterlagen bzw. Bücher (sofern sie Ihnen gehören) können Sie mit Bemer-

kungen und Fragen durch farbliche Markierungen usw. den Stoff aktiv durcharbeiten. Notizzettel, Fotos, Skizzen etc. sollten also die Unterlagen zunehmend füllen.

Erster Schritt: Überblick verschaffen

Lesen Sie Folgendes zuerst:
- Inhaltsverzeichnis bzw. Kursübersicht
- Zwischenüberschriften
- Zusammenfassungen oder Hervorhebungen (Kästen o. Ä.)
- Abbildungen mit Bildunterschriften

Jetzt haben Sie einen ersten Eindruck, worum es bei dieser Lernetappe gehen wird.

Zweiter Schritt: Aufmerksamkeit „ausrichten"

Sie bereiten Ihr „Aufnahmeorgan" – Ihr Gehirn – vor. Wie ein Maler sein Papier zunächst aufspannt und grundiert, bevor er es bemalt, richten Sie Ihre Aufmerksamkeit gezielt aus. Stellen Sie für sich fest:
- Was weiß ich bereits zu diesem Thema?
- Welche ersten Bilder, Geschichten, Vergleiche, Erinnerungen fallen mir dazu ein?
- Was interessiert mich am meisten, was dagegen gar nicht?
- Was wird in der Prüfung hierzu abgefragt und wie geschieht dies?

Jetzt haben Sie Stellung bezogen und sind bereit für die Wissensaufnahme.

Dritter Schritt: Mental aktiv lesen

Nur die Inhalte, die mit den geplanten Lernzielen übereinstimmen, lesen Sie nun konzentriert und gehirngerecht. Es empfiehlt sich folgendermaßen vorzugehen:

Bevor Sie sich in Details stürzen, verschaffen Sie sich erst einmal einen groben Überblick.

- Stellen Sie zu jedem Absatz möglichst viele Fragen! Zum einen liest man dann neugieriger und aktiver, wenn man auf eine Antwort wartet.

Ein bildhafter Vergleich: Wenn man richtig hungrig ist, nimmt man auch mehr und intensiver Nahrung auf, als wenn man ohne Hunger am Tisch sitzt und nur noch ein paar Bissen nascht. Zum anderen löst die Frage erste Antworten aus nach dem Motto, „was fällt mir hierzu spontan ein!"

Hierdurch baut man gewissermaßen ein Netz auf, in das die antwortenden Informationen aus dem Textstudium vollautomatisch „eingehakt" werden.

- Ver-Bild-lichen Sie das Gelesene! Lesen Sie den Sachverhalt erneut und verknüpfen ihn mit einem bereits mental existierenden Bild. So nutzen Sie beide Gehirnhälften optimal (s. S. 479)
- Verknüpfen Sie gelesene Sachzusammenhänge mit einer konkreten Situation, die Sie beobachtet oder idealerweise selbst erlebt haben!

Beispiel Treibjagd: Beziehen Sie alle Teilnehmer, Tätigkeiten und Begriffe auf die konkrete Situation. Fehlt eine direkte persönliche Erfahrung, helfen anschauliche Berichte, Filme o. Ä., die Kenntnisse auch „analog" aufzunehmen.

Die linke Hirnhälfte denkt „digital", d. h. in Worten oder Zahlen, die rechte „analog", also in Bildern.

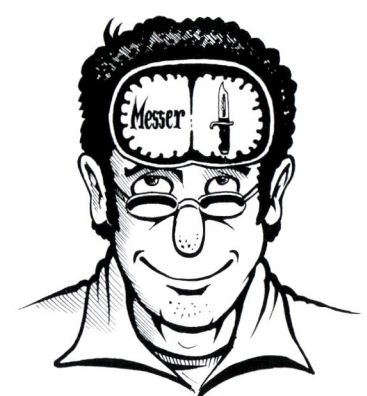

Symbole und Abkürzungen

!!	besonders wichtig
?	unklar
Def.	Begriffsdefinition
Bsp. ?	Gutes Beispiel für visuelle Vorstellung
S. 46	Verweis auf eine ergänzende Textstelle
S. Notiz 1)	Verweis auf eigene Notizen, mit entsprechender Nummer
S. Schulte S. 57	Verweis auf ein anderes Fachbuch
±	Argumentationsliste: Vor- und Nachteile bzw. Pro und Contra
⇨	Schlussfolgerungen

Ver-Bild-lichen

Probieren Sie die Methode am Beispiel der Jagdwaffenkunde aus:

- Lesen Sie über die unterschiedlichen Arten von Jagdmessern (linke Hälfte = digital) und stellen Sie sich eins nach dem andern bildhaft vor (rechte Hälfte = analog).
- Denken Sie (digital) an die Bezeichnung für die meistgebauten Verschlüsse von Jagdwaffen: Kipplaufverschlüsse, Kammer- und Blockverschluss. Suchen Sie mit Ihrem geistigen Auge nach Bildern (analog) aus der Praxis, dem Unterricht oder aus Büchern. Sie können kein geistiges Bild finden? Dann suchen Sie diesen Waffenverschluss in der Literatur, einem Jagdwaffenkatalog oder bitten Ihren Ausbilder, Ihnen noch einmal ein reales Exemplar „begreiflich" zu machen.

Vierter Schritt: Notizen und Markierungen

Ebenso wenig, wie man alles speichern kann, was man hört, kann man sich alles merken, was man liest. Sie müssen sich entscheiden, was Ihnen wichtig ist und was Sie für spätere Wiederholungen markieren oder herausschreiben. Empfehlenswert ist, die erarbeiteten Bilder und Beispiele als Randbemerkung gleich zu notieren.

- Lesen Sie mit Farbmarkern: Farben verstärken die Aufmerksamkeit für eine Information. Sie können damit die für die Prüfung relevanten Textteile hervorheben und jeweils zusammengehörige digitale und analoge Informationen mit derselben Farbe markieren.
- Arbeiten Sie mit Symbolen und Abkürzungen, die am Rande angebracht werden können (s. Kasten oben).

Fünfter Schritt: Unmittelbar nach dem Lesen
Nach jedem Abschnitt oder jedem Kapitel
- fragen Sie sich: „Was weiß ich jetzt mehr?",
- fassen Sie die wichtigsten Punkte aus dem Gedächtnis zusammen,
- erstellen Sie eine Skizze, ein „Mind Map" (siehe S. 483 f.) oder eine tabellarische Übersicht.

All dieses gehört schon zur Verarbeitung und Wiederholung und wird im nächsten Kapitel vertieft.

Der Aufwand lohnt!
Die oben aufgeführten fünf Stufen der Wissensaufnahme beim Lesen erscheinen Ihnen vielleicht etwas zu aufwendig? Denken Sie aber daran, dass Sie eine große Stofffülle langfristig speichern möchten. Der Mehraufwand durch das systematische Vorgehen erspart Ihnen bei den erforderlichen Wiederholungen jedes Mal wieder viel Zeit.

Ein Vergleich aus der analogen Tonaufzeichnung: Nur eine hervorragende Aufzeichnung eines Konzertes ist die ideale Voraussetzung, um später von der Originalaufnahme brauchbare Kopien zu fertigen. Bezogen auf Ihre Situation heißt das: Durch die detaillierten Multiple-Choice-Fragebögen in der schriftlichen Prüfung wird Ihre Wissensaufnahme punktuell auf hohe Qualität überprüft. Soll dann Ihr Wissen präzise vorliegen, lohnt sich der beschriebene Aufwand beim Lesen. Belohnen Sie sich nun mit einer Pause.

Pause mit Methode

„Aufhören, wenn es am schönsten ist!" Dieses uralte Motto kann sogar beim Lernen helfen. Bevor Sie eine Zwischenpause einlegen, überlegen Sie kurz, mit welchem Abschnitt Sie nach der Pause weitermachen möchten. Vielleicht legen Sie sich bereits alles zurecht. Es gelingt dann oft leichter, die Pause auch wieder zu beenden.

Gönnen Sie sich regelmäßig Pausen – sie sind Teil des effektiven Lernens!

Auch im Schlaf verarbeitet Ihr Gehirn, was Sie gelesen, gehört oder getan haben.

Pausen – nichts als Zeitverschwendung?

Zu langes und intensives Lernen ist ineffektiv, da die Konzentrations- und Leistungsfähigkeit beim Lernen bereits nach 30 bis 45 Minuten rapide abfällt.

Faustregel: 1 Stunde Lernen – Kurzpause von maximal 10 Minuten einlegen!

Unterbrechen Sie also regelmäßig und vor allen Dingen rechtzeitig, um sich danach wieder erfrischt und gut konzentriert an die Arbeit zu machen.

Pausen – Teil des Lernprozesses!

Auf die Bedeutung aktiver Pausen zur Vermeidung von Konzentrationsstörungen wurde zu Beginn dieses Kapitels schon hingewiesen. Einem Computersystem vergleichbar, sind Lernende unter gewisser Anspannung, Zeitdruck oder den so genannten „gemischten" Gefühlen vor einer Prüfung äußerst störanfällig. Denken Sie an Disketten, die mit einem Magnetfeld in Berührung kommen oder einen vollen Arbeitsspeicher bei Stromausfall. Die aufgenommenen Daten sind nicht mehr ablesbar, durcheinandergewirbelt oder gar verloren.

Vorbeugend werden wir also in diesem Kapitel Empfehlungen für Entspannungstechniken und Bewegungspausen beifügen.

Mach-mal-Pause-Signale

Vor Jahren gab es einen Werbespruch: „Rauche erst mal eine xy, dann geht alles wie von selbst." Genauso ist es beim Lernen. Unbewusst arbeitet Ihr Gehirn wei-

ter und verarbeitet und ordnet die aufgenommenen Daten, während Sie pausieren.

Falls Sie noch nicht überzeugt sind, schauen Sie in die Liste der Machmal-Pause-Signale gegenüber, die es ernst zu nehmen gilt.

Experimentieren Sie mit dem individuell optimalen Rhythmus zwischen Arbeit und Erholung. Gerade in Hinblick auf die Prüfungsvorbereitung ist es wichtig, auch diesen Teil der Arbeit zu üben. Nur so kann die Pausenwirkung auch in der angespannten Zeit unmittelbar vor der Prüfung automatisch funktionieren. Der Regenerationseffekt der Pausen kann erheblich gesteigert werden, wenn Sie diese aktiv gestalten.

Pausentipps

Ziehen Sie sich an einen Lieblingsort zurück und sorgen während der Erholungszeit für Ruhe. Dann lockern Sie zu enge Kleidung, verwöhnen sich ggf. mit einer stillen Musik im Hintergrund, Frischluft und einem Glas Wasser. Definieren Sie hierbei schon vorher die Zeit, die Sie sich hierfür gönnen wollen.

Die kleine Bewegungspause

Eine leichte Gymnastik, wie z. B. Dehnen der Muskeln oder Kreisenlassen der großen Gelenke hilft, Muskelverspan-

---

Lernregel 2

Sie lernen, auch wenn Sie gerade nicht lernen.

Mach-mal-Pause-Signale

☐ Sie gähnen, seufzen und strecken sich.

☐ Sie trödeln und die Gedanken schweifen ab.

☐ Sie stellen fest, dass die Schultern und der Nacken verspannt sind.

☐ Sie ertappen sich dabei, denselben Satz mehrmals zu lesen.

☐ Sie haben plötzlich Hunger oder Durst.

nungen zu lösen. Nehmen Sie sich ein Schema vor, wie der Körper beispielsweise durch Kreisen des Kopfes, der Schultern und der Hüften von oben nach unten aktiviert wird. Massieren Sie den eigenen Nacken und unteren Rücken.

Auch hier gilt: Je häufiger angewandt, desto leichter und intensiver stellt sich der Erfolg ein. Anregungen für weitere kleine Übungen erhalten Sie z. B. über die kostenlosen Präventionsbroschüren Ihrer Krankenkasse oder der Berufsgenossenschaften.

Sie können natürlich auch ganz bewusst eine Ihnen bekannte Aktivität zum Erholen wählen, die Sie klar zeitlich begrenzen:

▸ Tun Sie etwas, was Ihnen Spaß bringt und/oder

▸ toben Sie sich kurz aus (Kurzspaziergang oder Radfahren) und/oder

▸ gehen Sie in eine Ihnen angenehme Entspannungshaltung auf einer Liege oder dem speziellen Lieblingssessel.

Atemübungen

Der erste und einfachste Weg zur tieferen geistigen Entspannung sind Atemübungen. Wir empfehlen, zum Erlernen solche Übungen im Liegen auf dem Rücken mit den Händen auf dem Bauch durchzuführen. Stellen Sie sich eine Uhr, die Ihnen nach fünf bis zehn Minuten ein Signal gibt.

Die Atemübung basiert darauf, sich ganz auf das Zählen des Atems zu konzentrieren. Sollten Sie einschlafen, kein Problem. Es ist einfach ein Zeichen dafür, dass die Zwischenpause zu spät eingelegt wurde. Liegen Sie locker und entspannt, dann

▸ machen Sie einen richtigen Stoßseufzer und

▸ befreien Sie sich für diesen Moment von allem Denken.

▸ Wenn Sie ausatmen, sagen Sie in Gedanken jedes Mal zu sich selbst: „Entspannen."

▸ Spüren Sie, wie sich mit dem Ausatmen alle Gedanken und alle Muskelverspannung verflüchtigen, als wenn sie gleichsam aus Ihnen herausströmten.

▸ Gleichzeitig stellen Sie fest, wie sich ein leichtes, vielleicht warmes und gelöstes Gefühl im Körper breit macht.

Der eine mag Joggen, der andere Spazierengehen – nur zwei Beispiele für eine aktive Pausengestaltung

In diesem Bereich gibt es eine Vielzahl von Techniken, die prinzipiell immer über den Atem und die intensive geistige Vorstellungskraft den gewünschten Effekt hervorrufen. Es ist lohnenswert, eine dieser Techniken unter Anleitung rechtzeitig vor der Prüfung zu erlernen und täglich zu üben. So können Sie eventuell auftretende Stresserscheinungen kurz vor oder in der Prüfung mindern. Aus diesem Grunde werden die Entspannungstechniken bereits an dieser Stelle unter „Aufnahme von Wissensstoff" angeboten.

Entspannungstechniken

Sollte insbesondere kurz vor der Prüfung die Anspannung steigen, ist es von Vorteil, eine Entspannungstechnik auch unter äußerem Druck zu beherrschen. Bekannt sind das Autogene Training, asiatische Heilgymnastiken wie Qigong oder Tai Chi und diverse Meditationen.

Empfehlenswert, da einfach und schnell umzusetzbar, ist die so genannte progressive Muskelentspannung nach Jacobsen, eine Technik, die auf dem fort-

Entspannung ist wichtig – besonders in der heißen Phase vor der Prüfung.

Die Progressive Muskelentspannung

❏ Fangen Sie an mit der Konzentration auf: „Einatmen – Ausatmen – Entspannen".

❏ Spannen Sie Ihre Zehen an und ziehen Sie sie jetzt ganz fest nach innen zu Krallen zusammen.

❏ Zählen Sie dabei langsam bis fünf: 1 ... 2 ... 3 ... 4 ... 5

❏ Jetzt lassen Sie die Zehen wieder locker.

Kurze Pause (3–4 Sekunden): „Einatmen – Ausatmen –Entspannen".

❏ Spannen Sie dann die Zehen, Füße und Waden an. Beugen Sie die Fußgelenke.

❏ Lassen Sie alle Muskeln so hart werden wie möglich.

❏ Zählen Sie wieder bis 5 und loslassen.

Kurze Pause (3–4 Sekunden): „Einatmen – Ausatmen –Entspannen".

Fühlen Sie in jeder Pause, wie das Gefühl der Entspannung in Ihren unteren Teil der Beine hineinfließt. In der Pause folgen Ihre Gedanken dem Einatmen – Ausatmen – Entspannen. So durchlaufen Sie den ganzen Körper – Körperteil für Körperteil. Schon beim ersten Mal werden Sie nach fünf bis zehn Minuten einen angenehmen Entspannungszustand von Körper und Geist erreichen.

laufenden Wechsel zwischen Spannung und Entspannung der Muskeln basiert. Eine erste Idee, wie diese Technik funktioniert, vermitteln die Hinweise im Kasten links.

Blitzentspannung

Sie haben durch regelmäßiges Üben z. B. der progressiven Muskelentspannung Erfolge feststellen können und Vertrauen in die Technik gewonnen. Prima! Dann laden wir Sie zu einem weiteren Schritt ein. Dieser kann speziell für die Prüfungssituation sehr hilfreich sein. Es handelt sich um eine Methode, die Stresserscheinungen wie erhöhten Puls oder beschleunigte Atemfrequenz direkt beeinflussen.

Die Methode basiert auf der Eigenprogrammierung (Auto-Suggestion). Bei der Blitzentspannung konditionieren Sie sich mit einem Code-Wort (Signal). Insbesondere im tief entspannten Zustand sind wir für Suggestionen, die Programmierung von Gedanken und Gefühlen, offen.

Üben Sie eine Entspannungstechnik. Sagen Sie sich immer wieder am tiefsten Punkt Ihrer Entspannung (z. B. während der vorgenannten Atemübungen bzw. der Progressiven Muskelentspannung) ein Signalwort, dann reagiert Ihr Körper genau mit dem Gefühl, dass er in diesem Zusammenhang kennt: Entspannung.

Das Signalwort kann sein „Ruhe" oder „Gelassenheit", „Entspannen" oder „Ausatmen". Benutzen Sie aber immer das gleiche Wort. So verbinden Sie das angenehme Gefühl der Entspannung untrennbar mit diesem Signal. Haben Sie das vor der Prüfungssituation über einen Zeitraum von mehr als zwei Wochen täglich trainiert, können Sie sich innerlich Ihr Code-Wort zitieren und überall und zu jeder Zeit eine Blitzentspannung genießen.

Die Kraft der Suggestion

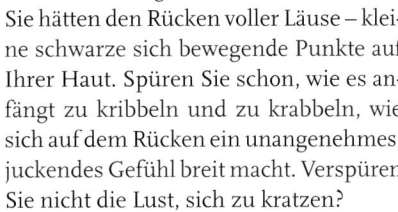

Schließen Sie die Augen und stellen Sie sich jetzt einmal für einen Moment ganz intensiv vor, Sie hätten den Rücken voller Läuse – kleine schwarze sich bewegende Punkte auf Ihrer Haut. Spüren Sie schon, wie es anfängt zu kribbeln und zu krabbeln, wie sich auf dem Rücken ein unangenehmes, juckendes Gefühl breit macht. Verspüren Sie nicht die Lust, sich zu kratzen?

So einfach ist es also, mit Hilfe von Auto-Suggestion die eigene Wahrnehmung, das Fühlen und Denken zu beeinflussen. Unser Gehirn verarbeitet auch das Code-Wort als ganz normal eingehende Information weiter. Dies geschieht meist unbewusst, ist aber genauso wirksam wie eine reale Botschaft an das Gehirn.

Blitzentspannung durch Auto-Suggestion. Das funktioniert – probieren Sie's aus!

Prüfungsstoff vorbereiten, ordnen, speichern

Datenverarbeitung –
unser Gedächtnis ◄ 478
Wege ins Gedächtnis ◄ 480
Ordnungssysteme für
effektive Verarbeitung ◄ 481
Aufbereiten des Unterrichtsstoffs ◄ 482

Visuelle Lerntechniken ◄ 483
Akustische Lerntechniken ◄ 484
Kinästhetische Lerntechniken ◄ 485
Assoziative Gedächtnistechniken ◄ 486

Datenverarbeitung – unser Gedächtnis

Ist der Lernstoff erfasst, kann der Datentransport in den Langzeitspeicher beginnen. In der nächsten Phase werden Sie aufgefordert, durch aktives und bewusstes Bearbeiten den aufgenommenen Prüfungsstoff so in Ihrem Gedächtnis zu verankern, dass er am Tag der Prüfung abrufbar vorliegt.

Sie erhalten Tipps, wie Sie mit der äußeren Ordnung einen wiederfindbaren Weg zum Lagerplatz im Gedächtnis bahnen und erfahren Lern- und Gedächtnistechniken zum Einfügen in Ihre individuelle Gesamtstrategie. Picken Sie sich jeweils ganz bewusst das heraus, was Ihrem Lerntyp und Ihrer spontanen Laune entspricht.

Damit Sie sich besser vorstellen können, warum die ausdauernde und geduldige Stoffverarbeitung notwendig ist, nachfolgend einige Hintergrundinformationen über den Aufbau des Gedächtnisses und den Weg dorthin.

Bereits in der Antike besaß man Vorstellungen von der Funktionsweise des Gedächtnisses. Für Platon gleicht es einer Wachstafel, auf der Spuren hinterlassen bzw. in die Informationen eingeprägt werden. Kant vergleicht das Gedächtnis später mit einer Bibliothek, in der die Bücheranordnung die Organisation des Wissens symbolisiert.

Wir verwenden hier das Bild des Computers. Die Steuereinheit ist verantwortlich für die Aufnahme, Verarbeitung und den Weitertransport der Daten zwischen den Speichern: Arbeitsspeicher bzw. externe Speicher wie Diskette oder Festplatte. Wir unterscheiden entsprechend folgende Aspekte:

Die Stofffülle für die Jägerprüfung kann Ihren Kopf manchmal ganz ordentlich rauchen lassen.

Das Gedächtnis als Computer

Gedächtnisspeicher	Computermodell	Fassungsvermögen	Zugriff
Ultrakurzzeit-Speicher		gering: 0,5 sec.	äußerst flüchtig
Kurzzeitspeicher	Arbeitsspeicher	begrenzt	direkt, bewusst
Langzeitspeicher	Externer Speicher	unbegrenzt	indirekt über Kurzzeitspeicher

Ultrakurzzeitgedächtnis

Es kann mit einem Echo verglichen werden, das die eingegebenen Informationen über eine kurze Zeitspanne (0,5 Sekunden) trägt und dann verhallt. Fazit: Sinneseindrücke, denen wir keine Aufmerksamkeit schenken, werden nicht bewusst wahrgenommen, wir reagieren auf den Sinnesreiz, speichern ihn aber nicht. Dieser sensorische Speicher ist für die Prüfungsvorbereitung also uninteressant.

Kurzzeitspeicher

Der Kurzzeitspeicher ist ein Arbeitsspeicher. Hier werden Informationen verarbeitet, Verbindungen hergestellt, geordnet und ins Langzeitgedächtnis weitergegeben. Die Informationen sind uns während des Lernens bewusst, wir können sie wiedergeben und benennen. Das Dumme:
- Wenn wir nicht wiederholend bearbeiten, sind die Daten schnell flüchtig und
- die Kapazität des Kurzzeitspeichers ist begrenzt.

Daraus folgt: Der Prüfungsstoff muss hier verarbeitet und „extern" ausgelagert werden.

Rechte und linke Hirnhälfte

Für die Verarbeitung ist unser Großhirn doppelt angelegt. Beim Lernen arbeiten immer beide Hälften, sie haben sich jedoch bezüglich des Vorgehens spezialisiert.

Ein Vergleich: Ein Werbekaufmann arbeitet einmal planend/kostenrechnend (vorrangig mit der linken Hirnhälfte) und dann wieder grafisch-kreativ (vorrangig mit der rechten Hirnhälfte). Von oben auf den Schädel gesehen, gleicht das menschliche Hirn mit seinen beiden Hälften einer Walnuss.

Langzeitspeicher

Der Langzeitspeicher ist eine Art „Lager", in dem unser bisher erworbenes Wissen gespeichert und ein Leben lang nicht vergessen wird. Es wird allerdings im Laufe der Zeit schwerer abrufbar.

Das im Langzeitspeicher gespeicherte Wissen ist uns nicht unmittelbar bewusst. Um sich an gespeichertes Wissen bewusst erinnern zu können, muss es erst aufgefunden und in den Kurzzeitspeicher überführt werden. Es gibt zwei „Lagerhallen": eine für Ereignisse bzw.

Beim Lernen spielen beide Gehirnhälften – logische und kreative – zusammen.

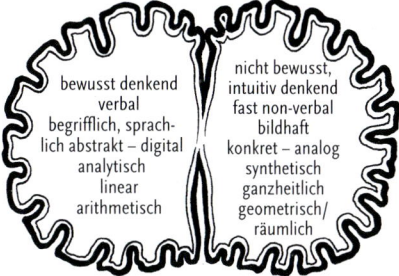

bewusst denkend
verbal
begrifflich, sprachlich abstrakt – digital
analytisch
linear
arithmetisch

nicht bewusst,
intuitiv denkend
fast non-verbal
bildhaft
konkret – analog
synthetisch
ganzheitlich
geometrisch/
räumlich

Wissen muss regelmäßig in den Langzeitspeicher überführt werden, sonst droht Überlastung des Arbeitsspeichers.

Situationen (episodisches Langzeitgedächtnis) und eine für Bedeutungen wie Wissen, also Zahlen, Daten, Fakten (semantisches Langzeitgedächtnis).

Das bedeutet also: Der Prüfungsstoff muss auf Befehl aus dem Langzeitgedächtnis abrufbar sein. Dies heißt bei der Multiple-Choice-Abfrage: Stelle schnell und präzise das geordnete Wissen zum Fachgebiet bereit bzw. bei der mündlich-praktischen Prüfung: Rufe jetzt ein Ereignis aus der Jägerausbildung mit dem dazugehörigen theoretischen Wissen auf.

Wege ins Gedächtnis

Weg Nr. 1: Natürliches Lernen

Ohne bewusstes Zutun werden alle diejenigen Informationen automatisch im Langzeitspeicher gelagert, die uns brennend interessieren oder überlebenswichtig erscheinen. Beispiel: Wir setzen uns nackt in Brennnesseln. Dies geschieht nur einmal.

Würden Sie sich danach ein zweites Mal nackt in Brennnesseln setzen? – Genau das ist „natürliches Lernen".

Weg Nr. 2: Strategisches Lernen

Nicht alles kann uns brennend interessieren. In diesem Fall können wir mit bewusster Aktivität den Prüfungsstoff mehr oder weniger effizient speichern und erfolgreich reproduzieren. Jeder hat schon einmal etwas „gepaukt". Dabei handelt es sich um zahlreiche – mal zehn, mal vielleicht auch fünfzig – pauschale Stoffwiederholungen. Dieses Vorgehen hat viele Nachteile. Insbesondere bei der Jägerprüfung kann die Kapazität des Arbeitsspeichers (Kurzzeitgedächtnis) aufgrund des großen Stoffvolumens überlastet werden, so dass wechselnde Wissenslücken entstehen.

Beide Hirnhälften nutzen

Neuere Lernstrategien umgehen „Engstirnigkeit", indem sie „beide Gehirnhälften" nutzen und den Dialog zwischen beiden fördern. Dies bringt bei der Stoffverarbeitung folgende Vorteile:

▶ Das verarbeitete Wissen landet sicher im Langzeitspeicher und geht nicht mehr verloren. Der Pfad zum Speicherplatz wird mitgespeichert.

▶ Lernen wird zum interessanten, lustvollen Studium. Es macht neugierig und motiviert zur weiteren Beschäftigung mit dem Lernstoff.

▶ Da bei interessanten Tätigkeiten die Aufmerksamkeit automatisch steigt, ist die Kosten- bzw. hier die Aufwand-Nutzen-Relation gut.

▶ Man behält beidhirnig aufgenommene und verarbeitete Informationen auch nach der Prüfung. Beim rein wiederholenden Pauken wird das Gelernte rasch vergessen, da im Langzeitspeicher lediglich eine Spur („da wurde etwas wiederholt") verbleibt, jedoch nicht die inhaltliche Bedeutung des Gelernten. Wenn Sie also richtig lernen, werden Sie auch nach der Prüfung als fachkundiger Jäger geschätzt werden.

> ## Lernregel 3
>
> Beidhirnig lernen heißt (nach Birkenbiehl):
> Über beide Gehirnhälften wird Lernstoff simultan eingegeben:
> a) digital (Ziffernfolge) und
> b) analog (Bild oder Klangrhythmus).
> Dies geschieht durch Veranschaulichung, Rhythmisierung, Sinngebung und Umorganisation der digitalen Botschaft (hier: Zahlen- in Bildfolge). Schon nach wenigen Wiederholungen sind gehirngerecht aufbereitete Informationen im Langzeitgedächtnis verankert.

Ordnungssysteme für effektive Verarbeitung

Wenn Sie eine oder mehrere Fragen in dem kleinen Test auf Seite 447 mit „ja" beantwortet haben, dann ist Ihnen sicherlich klar, dass Ihr Ordnungssystem der Anforderung des Papierberges, der in der Prüfungsvorbereitung auf Sie zurollt, nicht entspricht. Es soll hier nicht der Anspruch erhoben werden, Ihre „schöpferische Unordnung" durch die nachfolgenden Zeilen zu verändern. Zur Förderung des Lernprozesses weisen wir an dieser Stelle aber auf die lernrelevanten Tatsachen hin:

▸ Bei der aktiven Verarbeitung besteht ein Zusammenhang zwischen externer (Arbeitsplatz) und interner (Gedächtnis) Ordnung.

▸ Mit Unterlagen, die bewusst Struktur, Form und Farbe nutzen, können Sie Lernstoff leichter wiederfindbar (extern) und sicherer abrufbar (intern) machen.

▸ Systematisch abgelegte Verarbeitungsergebnisse (Skizzen, Exzerpte) können in einem weiteren Schritt sehr gut als Kontrollhilfen weitergenutzt werden.

Daraus ergeben sich dann die folgenden drei „gehirngerechten Wiederfindregeln":

1. Eindeutiger Ort

Sofern Sie dies bei der Einrichtung Ihres Arbeitsplatzes noch nicht gemacht haben, legen Sie sich getrennt nach den Prüfungsfächern/Fachgebieten verschiedene Ordner, Hängeregister, Karteikästen o. Ä. an und weisen diesen Wissenscontainern am Arbeitsplatz einen festen Platz zu.

Wissen kann nur dann wiedergegeben werden, wenn es auch im Gehirn einen eindeutigen, leicht wieder auffindbaren Platz hat.

2. Eindeutige Farbe

Nutzen Sie Rückenschilder, Trennblätter, Register und Karteikarten in unterschiedlichen Farben. Dieselbe Farbe wird für und in allen Wissenscontainern für Themenkomplexe innerhalb eines Sachgebiets benutzt, z. B. Jagdbetrieb (blau), Wildhege (grün), Wildversorgung (gelb) etc., und über die gesamte Prüfungsvorbereitungszeit durchgängig beibehalten.

3. Eindeutiger Name
Beschriften Sie die verschiedensten Unterlagen (Mitschriften, Buchexzerpte, Karteikarten) immer gleich. Finden Sie hierbei Ihr eigenes System heraus. Es sollte beinhalten:

Die Vorteile einer Lernkartei

- Lernkarten unterstützen ideal die „Wiederfindregeln". In die Titelzeile kommt in Großbuchstaben das Schlagwort, klein daneben Verweise.
- Karten sind leicht flexibel zu gruppieren.
- Karten sind mobil, z. B. weil sie zur Einprägung sichtbar aufgehängt werden können.
- Karten sind handlich. Sie können jederzeit und überall beschriftet werden. Nach dem Motto „Sie lernen auch, wenn Sie nicht lernen" halten Sie jeden genialen Gedanken, eine Frage, eine neue wichtige Information unterwegs fest und ordnen die Karte am Arbeitsplatz ggf. mit Ergänzungen in Ihre Struktur ein.

▸ die inhaltliche Zugehörigkeit: z. B. Sachgebiet 4 – Jagdrecht (BJG) – Jagdschein (§§ 15–18) – Jägerprüfungsordnung – schriftlicher Teil und
▸ die zeitliche Zuordnung: wann im Kurs gelernt/im Buch gelesen, wann zu Hause verarbeitet, wann wiederholt mit Notizen über den Lernerfolg sowie
▸ die Quellenangabe: z. B. „kopiert aus Buch xyz, Seite 123", oder auch Buchverweise, z. B. „guter Kommentar in Happ: Schwarzwildbejagung, Seite 156".

Es geht nicht um Ordnung als Selbstzweck. Ziel ist es, dass Sie sich einmal mit den Ordnungskriterien auseinandersetzen, diese Struktur verinnerlichen und allen Lernstoff dem zuordnen; gleichsam als Pfad in die Tiefe des Wissens. Natürlich gehört dazu auch regelmäßiges Ablegen der produzierten Papiere.

Aufbereiten des Unterrichtsstoffs

Wir knüpfen bei der Verarbeitung des Unterrichtsstoffes noch einmal bei der Stoffaufnahme, der fünfschrittigen Lesemethode (siehe Seite 470 ff.), beim fünften Schritt an. Hier wurden Sie aufgefordert, die wichtigsten Punkte aus dem Gedächtnis zusammenzufassen. Bei umfangreichen, schwierigen oder komplexen Inhalten, bei denen dies nicht auf Anhieb gelingt, ist es sinnvoll, einen Textauszug stichpunktähnlich in eigenen Worten zu fertigen (Exzerpt). Die nachfolgenden Anregungen gelten im gleichen Maße für Mitschriften von Vorträgen, Aufzeichnungen zu Lehrfilmen o. Ä.

Schriftliche Zusammenfassung
Eigene Zusammenfassungen bieten Ihnen folgende Vorteile:

▸ eine nochmalige intensive Auseinandersetzung mit dem neuen Lernstoff.
▸ Sie konzentrieren Ihre ganze Aufmerksamkeit auf die Struktur und speichern den Aufbau des Lernabschnittes. Dieser „Rote Faden" wirkt als Gedächtnispfad.
▸ Eine Reduktion des Textes auf 10–20 % fokussiert Sie auf das Wesentliche. Schreiben Sie nur die Kernbegriffe heraus und ordnen diesen differenziert hierarchisch alle Stichpunkte zu. Gute „Spickzettel" basieren auf diesem Speicherprinzip. Beim Abrufen des Lernstoffs tauchen die dazugehörigen Lerninhalte, einmal gelernt, wieder auf. Als Alternative zu der hierarchischen Verarbeitung sind Raster wie Pro – Contra, Ursache – Wirkung, Argumentationslisten etc. möglich.
▸ Knüpfen Sie an Bekanntem an und machen Sie persönliche Vermerke zu bereits verstandenen Sachzusammenhängen (man nennt das „Elaboration").
▸ Entwerfen Sie Übersichten (visuell: Schemata, Tabellen, Diagramme und Zeichnungen) und/oder aktivieren Sie die anderen Input-Kanäle. Probieren Sie es z. B. in Wildtierkunde und notieren: Haben Sie das Tier bereits in freier Wildbahn oder im Gehege gesehen? Welche Größe, Farbe, Form hat es? Macht es Geräusche? Welche? Und sein Geruch? Wie fühlt es sich an bzw. schmeckt es?
▸ Denken Sie auch daran: Eigene Aufzeichnungen sind die beste Grundlage für die Gesamtwiederholung unmittelbar vor der Prüfung. Wenden Sie daher die o. g. „Wiederfindregeln" (Beschriftung zum Zuordnen, Farben nutzen) an und lassen Sie viel Platz für weitere ergänzende Notizen.

Trennen Sie Spreu von Weizen bzw. sortieren Sie nach Wichtig und Weniger wichtig.

Visuelle Lerntechniken

Veranschaulichung mit Bildern, Grafiken und Diagrammen

Bitte überprüfen Sie hieraufhin Ihre Fachbücher: Unterstützen die Fotos, Zeichnungen, Schemata die Bearbeitung des Lernabschnittes? Was würden Sie für sich ändern? Welche Darstellungsweise fehlt Ihnen?

Mind-Map – die „Geistige Landkarte"

Mit einer Mind-Map lassen sich wichtige häufig komplexe Informationen in dynamischer Weise aufnehmen. Ihr Format erlaubt es, die Informationen in der gleichen Weise darzustellen, wie sie in unserem Gehirn ablaufen – also simultan in viele verschiedene Richtungen verzweigt. Der Inhalt einer solchen Mind-Map entspricht also in etwa dem natürlichen Denkvorgang.

Dieser ist eben nun nicht rein linear, sondern findet sich eher in folgendem Bild wieder: Das Gehirn ist ein riesiger Wald, der aus Tausenden von Bäumen besteht. Einer davon ist der „Lernstrategiebaum". Dieser verzweigt sich in viele

Lernregel 4

Wiedererkennen ist besser als Wiedererlernen!

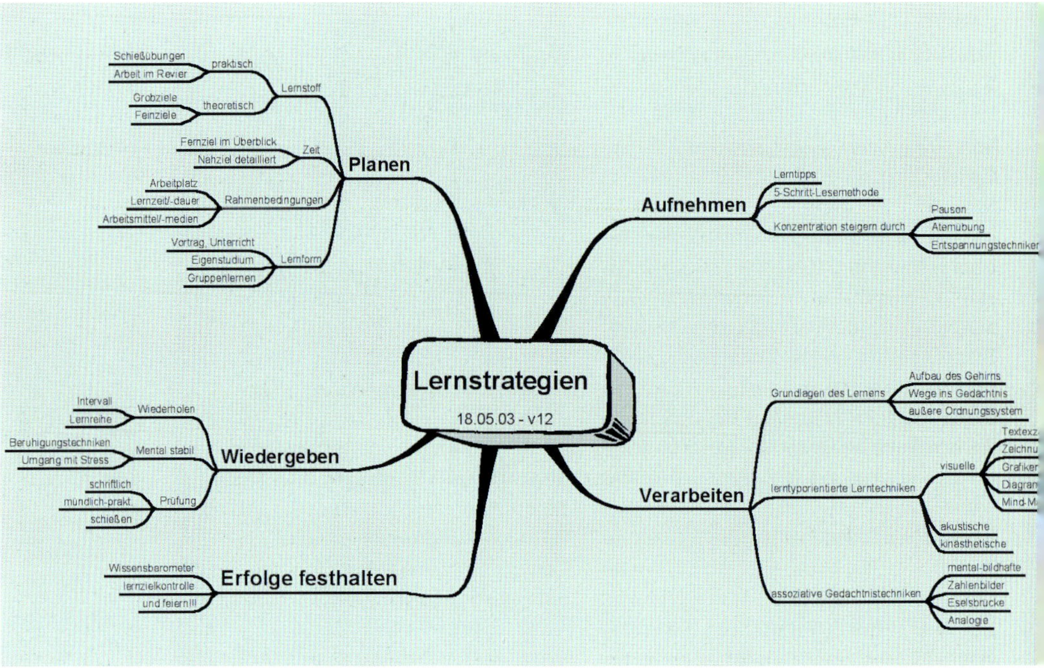

Lernstrategien

[Mind-Map: Lernstrategien 18.05.03 - v12]

- **Planen**
  - Lernstoff: praktisch (Schießübungen, Arbeit im Revier); theoretisch (Grobziele, Feinziele)
  - Zeit: Fernziel im Überblick, Nahziel detailliert
  - Rahmenbedingungen: Arbeitsplatz, Lernzeit/-dauer, Arbeitsmittel/-medien
  - Lernform: Vortrag, Unterricht, Eigenstudium, Gruppenlernen
- **Aufnehmen**
  - Lerntipps
  - 5-Schritt-Lesemethode
  - Konzentration steigern durch: Pausen, Atemübung, Entspannungstechniken
- **Verarbeiten**
  - Grundlagen des Lernens: Aufbau des Gehirns, Wege ins Gedächtnis, äußere Ordnungssystem
  - lerntyporientierte Lerntechniken: visuelle (Textexz, Zeichnu, Grafiken, Diagram, Mind-M), akustische, kinästhetische
  - assoziative Gedächtnistechniken: mental-bildhafte, Zahlenbilder, Eselsbrücke, Analogie
- **Wiedergeben**
  - Wiederholen: Intervall, Lernreihe
  - Mental stabil: Beruhigungstechniken, Umgang mit Stress
  - Prüfung: schriftlich, mündlich-prakt., schießen
- **Erfolge festhalten**
  - Wissensbarometer
  - lernzielkontrolle
  - und feiern!!!

große und kleine Äste und diese wiederum in unzählige Zweiglein. Mind-Maps sind analog aufgebaut und verdeutlichen diesen „Lernstrategiebaum". Sie berücksichtigen sowohl die linke als auch die rechte Hirnhälfte und verknüpfen beide. Hierdurch kann man sich das Gelernte besser merken.

Akustische Lerntechniken

Lernstoff laut aussprechen
Lesen Sie laut! Der Klang Ihrer eigenen Stimme ist ein zusätzlicher Faktor, der die Merkfähigkeit ganz besonders verstärkt, wenn Sie bewusst etwas dramatisch betont vorlesen.

Fassen Sie die wichtigsten Punkte eines Lernabschnittes (fünfter Schritt der Lesetechnik) laut aus dem Gedächtnis zusammen. Nehmen Sie wichtige Zusammenhänge auf und spielen diese auf einem Wiedergabegerät ab. Sprechen Sie beim Einsatz von Lernkarten Ihr Wissen laut aus, z. B. wenn Sie Sachzusammenhänge anhand einer Mind-Map rekonstruieren.

Erklären Sie anderen den Sachzusammenhang oder lassen sich etwas erklären. Es gibt niemanden, den das interes-

> **Tipp**
> Selbst besprochene Lernkassetten eignen sich wunderbar für Wiederholungen im Auto, auf Geschäftsreisen o. Ä.

siert? Dann halten Sie doch einfach Ihrem Rauhaarteckel einen ausführlichen Vortrag über Jagdhunde u. a.

Von Wortspielen, Gedichten und Geschichten

Sind Sie ein begnadeter Verskünstler oder Reimeschmied, dann können Sie über Merkverse gute Gedächtnishilfen etablieren (siehe auch nächstes Kapitel). Seien Sie erfinderisch und reimen Sie auf Biegen und Brechen. Mit Erfindungsgeist und Fantasie lassen sich unzählige Gedankenstützen und Merkhilfen finden, die das Behalten des Lernstoffs fördern.

Kinästhetische Lerntechniken

Sind Sie körperorientiert? Stillsitzen fällt Ihnen schwer? Dann machen Sie es wie viele Dichter und Denker. Gehen Sie beim Verarbeiten auf und ab.

Lernrallye

Mit Hilfe Ihrer Lernkarten können Sie viele Verarbeitungsschritte auch im Gehen erledigen. Rezitieren Sie laut den Lernstoff. Für schwierige Definitionen oder Begriffe aus der Waidmannssprache können Sie verschiedene „Spickzettel",

Der akustische Lerntyp braucht vorwiegend akustische Lerntechniken.

z. B. selbstklebende Notizzettel, im Zimmer verteilen. Dann geht man an den Zetteln vorbei, liest den Begriff und bringt gedanklich das Gelernte mit dem Ort in Verbindung. Wiederholen, bis die Rallyestationen „sitzen".

Verknüpfen Sie Informationen mit verschiedenen Orten – gehen Sie auf Lernrallye durch das Revier.

Tipp
Wer nicht hört – muss fühlen. Suchen Sie in der Verarbeitungsphase aktiv nach Anschauungsmaterial und be*greifen* Sie so viel Lernstoff wie möglich.

Naturkundlicher Spaziergang

Prüfen Sie, ob für Sie nicht der Zweit-Arbeitsplatz im Revier sinnvoll ist, d. h. ob Sie einen Stoff nicht lieber im Gehege, in der zoologischen Ausstellung oder unmittelbar vor Ort begreifen und verarbeiten. Dann packen Sie Stift, Lernkarten, ggf. Diktiergerät ein und wählen eine für Sie stimmige Kombination aus

Anschauung, ggf. Nachlesen und systematischer Aufbereitung der Praxis.

Bewegungsabläufe trainieren
Unmittelbare kinästhetische Übungen verlangt von Ihnen als Jagdscheinaspirant natürlich die Vorbereitung auf die Schießprüfung. Diese müssen sich aber nicht nur auf das „scharfe" Übungsschießen auf dem Schießstand beschränken. Einen raschen und fehlerlosen Flintenanschlag können Sie auch zu Hause – natürlich mit entladener Waffe! – im „stillen Kämmerlein" üben. Suchen Sie sich eine Wandlampe, einen Kerzenhalter oder ein markantes Muster in der Tapete und gehen Sie darauf in Anschlag, um den erforderlichen flüssigen Bewegungsablauf beim Flintenanschlag zu trainieren.

Assoziative Gedächtnistechniken

Assoziationen sind gedankliche Verbindungen zwischen zwei Begriffen, die einander z. B. ähnlich oder aber genau gegensätzlich sein können. Die Grenze zwischen den vorwiegend wahrnehmungsorientierten Lerntechniken und den nachfolgend beschriebenen, so genannten assoziativen Gedächtnistechniken ist fließend. Auch bei diesen Techniken werden möglichst alle Sinne eingebunden. Das Besondere hierbei ist, das mit Erfindungsgeist und Fantasie Gedankenstützen konstruiert werden, die den Transport ins und vom Langzeitgedächtnis erheblich verbessern. Die meisten Menschen haben Qualen mit Zahlen. Die lästigen, zu lernenden Zahnformeln bieten sich für eine beidhirnige Verarbeitung an. Wir stellen daran exemplarisch einige Merk-Künste dar.

Merk-Kunst Nr. 1: Zahlengedächtnis
Gedächtniskünstler haben die Methode der Zahlenbilder erfunden. Zahlen werden in Bilder verwandelt. Wie Vokabeln müssen Sie zunächst zu jeder Ziffer ein Bild auswendig lernen. In Zukunft taucht dann automatisch zur Zahl das Bild auf. Sie können dann die Bilder in Verknüp-

„Zahlenbilder" – ein Beispiel

Zahlenschlüssel	Verknüpfungsgeschichte für die Zahnformel des Schwarzwilds
0 = Ei	3 1 4 3
1 = Einhorn	3 1 4 3
2 = Schwan	
3 = Gesäß (Pobacken)	
4 = umgedrehter vierbeiniger Stuhl	
5 = Schwingsitzer	„Die Pobacken des Einhorns hängen über
6 = Elefantenrüssel	den vierbeinigen Stuhl wie Pobacken
7 = Sense	des Schwarzwilds".
8 = Brille, seitlich aufgestellt	
9 = Tennisschläger	

„Merkverse" – ein Beispiel

Wildart	Zahnformel	Merkvers
Schwarzwild	$\frac{3\,1\,4\,3}{3\,1\,4\,3}$	Für die 3 links und rechts denke daran, dass man 1 von 4 abziehen kann.
Rehwild	$\frac{0\,0\,3\,3}{4\,0\,3\,3}$	Jedes Reh hat unten 4 Beine: unten einmal die 4, hinten viermal die 3.

fungsgeschichten einsetzen. Natürlich ist es am besten, wenn Sie Ihre eigenen Bilder kreieren. Unseren Vorschlag finden Sie im Kasten links unten.

Merk-Kunst Nr. 2: Rhythmisierte Merkverse

Zum Erlernen der Zahnformeln können Sie prüfen, ob sich darin Geburtstage, Telefonnummern oder anderes Be-Merkenswertes verbergen. Erarbeiten Sie sich doch in einer kreativen Minute z. B. oben stehende Tabelle.

Merk-Kunst Nr. 3: Verknüpfungsgeschichten

Zum besseren Behalten eines Sachverhaltes kann auch eine Geschichte frei erfunden werden. Die konstruierte Geschichte darf wie alle bildlichen Vorstellungen in diesem Kapitel möglichst unlogisch, absurd, grotesk, skurril, komisch, schlüpfrig, verzerrt und übertrieben sein. Je ausgefallener, umso wirkungsvoller!

Für den Sachverhalt, dass man Ringeltauben verkaufen, Türkentauben aber nur selber essen oder verschenken, Hohl- und Turteltauben hingegen gar nicht bejagen darf, könnte die Geschichte so lauten: „Tom Taube verbietet die hohle Turtel-Liebe. Dann verkauft er die Ringeltauben an den Juwelier und schenkt der Bauchtänzerin aus Istanbul die Türkentauben zum Verzehr."

Tipp

Entdecken Sie in den zu lernenden Daten, Namen, Fakten das versteckte Merk-würdige und Be-Merk-enswerte.

Wie wäre es damit: „Mit Hasenschere und Quetschkommode rücken Hasen und Rehe den Buchen zu Leibe."

Komplizierter ist es im Wald, wenn eine Buchenkultur stark verbissen ist. Rehverbiss ist schadensersatzpflichtig, Hasenverbiss aber nicht. Der Unterschied ist feststellbar. Verholzte Triebe werden vom Hasen glatt abgeschnitten, vom Rehwild quetschend abgebissen. Denken Sie sich auch hierzu eine wirkungsvolle Geschichte aus! Vielleicht kommen ja Werkzeuge wie „Hasenschere" und „Quetschkommode" darin vor.

Merk-Kunst Nr. 4: Kreative Eselsbrücken
Beispielsfrage: Welche Greifvögel haben dunkle Augen?
F = Falke
A = Adler
R = Rauhfußbussard
M = Mäusebussard.

Merken Sie sich also jeweils die ersten Buchstaben der Antwort: FARM.

Merk-Kunst Nr. 5: Analogien
Bei Analogien wird ein bereits bekanntes Wissen mit einem noch zu lernenden in Beziehung gebracht: „Das ist genauso wie ..." heißt es häufig, wenn ein neuer Sachverhalt erklärt wird. Erinnern Sie sich an die Lesetechnik: Einen Text mit Fragen lesen, ist wie mit Hunger und Appetit essen. Hierdurch wird der Wissenstransfer erleichtert. Neues Wissen wird schnell und ganzheitlich im Langzeitgedächtnis verankert.

Mit der letzten Analogie sind wir am Ende der Lerntipps und -tricks. Wir hoffen, Sie haben aus der Vielfalt der Lernwege die für Sie passende und wirkungsvollste Strategie für den Weg zur Jägerprüfung zusammengestellt.

Lerntechniken sind nämlich wie Wäscheklammern: Sie halten den Lernstoff fest. Sie müssen Sie nur gut verteilen und beachten, dass ein schwerer Lernstoff entsprechend viele Klammern benötigt. Um zu verhindern, dass er wieder aus dem Gedächtnis fällt, benutzen Sie bitte möglichst viele bunte Klammern.

Nutzen auch nach der Jägerprüfung
Wenn Sie sich nicht nur Gedanken darüber machen, was Sie in den Lernetappen aufgenommen und verarbeitet haben, sondern sich darüber hinaus überlegen, wie Sie sich den Lernstoff aneigneten, wissen Sie für alle Zukunft, *wie* Sie persönlich erfolgreich lernen können.

Prüfungsstoff – Wiedergabe

Die Prüfung rückt näher ◄ 489
Wiederholungstechniken ◄ 490
*Beruhigungstechniken –
       Stressbewältigung* ◄ 491
Prüfungsangst ◄ 492
Der Count-Down läuft ◄ 493

Die Prüfung rückt näher

Jetzt ist Ihr Wissensbarometer komplett grün. Sie haben allen Prüfungsstoff im Langzeitspeicher. Neben den abschnittsweisen Erfolgskontrollen empfiehlt sich zum Schluss eine letzte Gesamtwiederholung des Stoffes.

Ready for Takeoff?
Wer sich im Erwachsenenalter einer Prüfung stellen muss, wird dies in der Regel mit ebenso mulmigen Gefühlen tun wie Schüler, Studenten und alle Prüflinge;

Sind Sie „ready for takeoff?"

vor allem dann, wenn die letzte Prüfung schon etliche Jahre zurückliegt. Eine gewisse Aufregung darf nun auftauchen, denn sie hilft alle Energien zu bündeln und versetzt Sie am Tag der Prüfung in Hochform und hohe Leistungsbereitschaft. Wir stellen die jetzt geeigneten Wiederholungstechniken vor und bereiten Sie inhaltlich wie mental auf die Prüfungstage vor.

Haben Sie das Gelernte denn nun wirklich begriffen? Sind alle notwendigen Lernstoffpakete in Ihrem Gedächtnis gut verankert? Können Sie die Prüfungsfragen sicher beantworten?

Lernkontrolle

❏ Kontrollieren Sie im Verlauf der gesamten Prüfungsvorbereitung kontinuierlich Ihren Lernfortschritt und merzen Sie entdeckte Wissenslücken aus.

❏ Fangen Sie auch mit der Generalwiederholung rechtzeitig an.

❏ Nutzen Sie zur Selbstüberprüfung die eigenen Lernmaterialien zusätzlich.

❏ Jetzt sind die Testbögen aus früheren Prüfungen strategisch wichtig. Sie gewöhnen sich daran, aufmerksam mit vorgegebenen Fragestellungen und Antworten umzugehen und trainieren, gespeichertes Wissen auf diesen prüfungsbogenspezifischen Abrufreiz zu reproduzieren.

❏ Wiederholungen erfolgen möglichst schriftlich, durch Ankreuzen im Multiple-Choice-Verfahren oder durch Erstellen eines Lernkarten-Duplikates.

❏ Für die mündliche Prüfung stellen Sie sich Fragen, die Sie schlüssig sich selbst oder besser einem anderen erklären.

❏ Prüfen Sie immer wieder, ob Sie alles verstanden haben, und stellen Sie sachlich fest, welche Bereiche sie gut beherrschen bzw. wo noch Unsicherheiten bestehen.

Zur Prüfungsvorbereitung gehören auch Wiederholung und Kontrolle. Oder würden Sie in ein Flugzeug einsteigen, in dem der Pilot die Ready-for-Takeoff-Routine fahrlässig handhabt? Es geht um Ihre Sicherheit. Nur mit einer Generalwiederholung können Sie wissen, wo Sie stehen und mit dem für die Prüfung so wichtigen Selbstvertrauen an Bord in Richtung Prüfung „abheben".

Aus Fehlern lernen
Seien Sie bei der Auswertung ehrlich. Ärgern Sie sich nicht über Fehler. Sie geben Ihnen wertvolle Rückmeldung und sind Trittsteine, Ihr Leistungsniveau durch punktuelles Nachbessern zu heben. Konzentrieren Sie sich also bitte darauf, welche Art von Fehlern und nicht darauf, wie viele Fehler Sie machen. Jetzt ist noch Zeit, kleine Lücken auszubessern.

Sie können all dies in Eigenregie durchführen und/oder unter Anleitung gemeinsam mit Gleichgesinnten an einem Repetitorium zur Jagdprüfung teilnehmen. Dies wird von manchen Ausbildungsstätten angeboten und stellt sicher, dass die gesamte Stofffülle systematisch wiederholt wird.

Wiederholungstechniken

Sofern möglich, sollten Sie sich in dieser Phase weitgehend von beruflichen und familiären Belastungen befreien, sofern Sie nicht an einer Vollzeitschulung teilnehmen und das deswegen ohnehin gegeben ist. Anhand eines exakten Zeitplans wiederholen Sie konsequent das Wissen und stimmen sich auf die Prüfung ein. Zum Wiederholen nutzen Sie möglichst Ihre persönlichen Aufzeichnungen.

Ideal ist hier eine Lernkartei und/oder eine entsprechende Sortierung auf dem Schreibtisch in „Erfolgreich-Wiederholtes" bzw. „Noch-nicht-Gewusstes" und „Noch-nicht-Erledigtes".

Intervalltraining
Sie haben ein klar begrenztes Defizit festgestellt, sei es beim Wiederholen aus Ihren Aufzeichnungen/Lernkarten oder bei der Beantwortung von Testfragen.
▶ Vergegenwärtigen Sie sich den richtigen Sachverhalt.
▶ Schlagen Sie konkrete Fragen ggf. in einem Fachbuch nach, ohne sich darin zu vertiefen, und beantworten sich die offen gebliebene Fragestellung vollständig. Fehlerhaft beantwortete Prüfungsfragen aus den Multiple-Choice-Bögen schreiben Sie auf eine Lernkarte mit der richtigen Antwort auf der Rückseite.
▶ Prägen Sie sich die richtige Antwort gehirngerecht ein.
▶ Ordnen sie die Lernkarte in „Nicht-Gewusstes" ein.
▶ Dann lassen Sie diesen Sachverhalt ruhen.

Mut zur Lücke

Akzeptieren Sie die Ihnen bekannten Wissensdefizite und fangen Sie nicht an, sich in Einzelfakten zu verlieren. Auch mit einer befriedigend bestandenen Prüfung erhalten Sie den begehrten Jagdschein. In dieser Phase heißt es einfach, geistig in Form zu bleiben, wie ein guter Tennisspieler, der sich vor dem entscheidenden Turnier nur noch locker spielt. Jetzt besondere Schlagvarianten zu trainieren, wäre zu spät!

Am nächsten Tag gehen Sie zuallererst die Rubrik „Nicht-Gewusstes" durch.

Können Sie die Frage beantworten, wandert die Karte zurück in das zugehörige Fachgebiet bzw. auf den Stapel „Erfolgreich-Wiederholtes", ansonsten kehrt Sie in die Rubrik „Nicht-Gewusstes" zurück und wird am darauffolgenden Tag wieder als Erstes bearbeitet.

Die systematische Wiederholung ist abgeschlossen. Jetzt heißt es: Mut zur Lücke! Denken Sie daran: Das Ergebnis einer Prüfung hängt auch von dem obligatorischen Quäntchen Lebensglück ab.

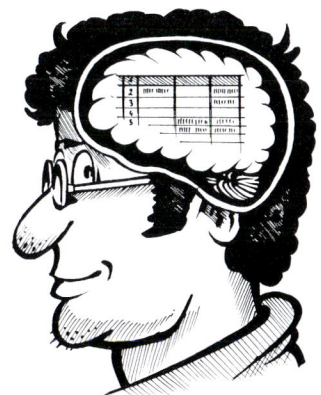

Machen Sie sich nicht verrückt, auch wenn noch Wissenslücken bestehen ...

Beruhigungstechniken – Stressbewältigung

Es ist verständlich und völlig normal, dass Kandidaten vor einer größeren Prüfung Lampenfieber haben. Dies ist ein Gefühl, das, gut genutzt, auch beflügeln kann!

Machen Sie es wie die Hochleistungssportler und stimmen Sie sich mental gut ein. Da die Neigung, negative Selbstgespräche zu führen, in Drucksituationen zunimmt, muss man ggf. bewusste „Gedanken-Hygiene" betreiben. Urteilen Sie selber, was hilfreicher ist und lassen Sie sich nicht nervös machen!

„Stopp-Regel" für Störenfriede

Auch wenn Ihnen diese Maßnahme zunächst etwas lächerlich vorkommen mag, nach wenigen Wiederholungen verbessert sich Ihre Einstellung und nur darauf kommt es jetzt an.

Streifen Sie in den letzten Tagen vor der Prüfung ein Gummiband über Ihr Handgelenk. Wenn destruktive Bilder und Gedanken auftauchen, rufen bzw. denken Sie sofort „Stopp!", ziehen den Gummiring und lassen ihn gegen das Handgelenk schnellen. Hierdurch „ertappt", verschwindet das beunruhigende Gefühl. Ersetzen Sie es unmittelbar

Faust-Regel für Gewinner

Zählen Sie sich an Ihren fünf Fingern ab:

Daumen	Ich bin optimal vorbereitet.
Zeigefinger	Ich gehe Bemerkungen von Leuten aus dem Weg, die mich nur nervös machen.
Mittelfinger	Ich denke an kleine Pausen, lege den Stift ab, strecke mich und atme tief durch.
Ringfinger	Kann ich eine Frage nicht beantworten, gehe ruhig zur nächsten.
Kleiner Finger	Ich weiß, dass ich nicht alles, aber sehr, sehr viel weiß.

Machen Sie sich klar: Sie sind ein Gewinner!

out" ist eine stressbedingte Denkblockade. Denn leider unterscheidet unser Gehirn nicht zwischen realen und nur eingebildeten Stresssituationen. Es reagiert auf konkrete Gefahren, z. B. im Straßenverkehr, in genau derselben Weise wie auf die beunruhigenden Gedanken an die Prüfung.

Dies beruht auf einer rein biochemischen Reaktion bei heftiger gefühlsmäßiger Erregung. Unsere Nebenniere sondert Stresshormone ab: Adrenalin und Noradrenalin. Diese Hormone unterdrücken die Verbindung zu den Gehirnzellen. Der Lernstoff ist in dem Moment nicht mehr zugänglich. In der Entspannung, nach der Prüfung, fällt uns dann alles wieder ein. Es gilt, das rechtzeitig vor der Prüfung zu erkennen und zu verhindern.

Lassen Sie nicht zu, dass überhöhter Prüfungsdruck Ihre Merkfähigkeit und Konzentration belastet und trainieren Sie regelmäßig, mit der erhöhten Belastung fertig zu werden.

durch ein konstruktives, indem Sie sich sagen: „Ich bin gut vorbereitet." – „Ich freue mich, mein Wissen kundzutun." – „Ich habe mir den gesamten Stoff sorgfältig und in Ruhe angeeignet."

Prüfungsangst

Zum Problem werden Nervosität und Angst nur, wenn wir wochenlang an nichts anderes mehr denken können oder während der Prüfung so blockiert sind, dass wir uns an das Gelernte nicht mehr erinnern. Der so genannte „Black-

Prüfungsangst

Vermeiden Sie nicht die Gefühle, die im Zusammenhang mit der Jägerprüfung auftauchen, sondern beobachten Sie bei der Vorbereitung einmal gezielt Ihre Gedanken.

- In welcher Art und Weise denken Sie an den Prüfungstag?
- Welche Bilder entstehen in Ihrem Kopf?
- An welche Prüfungssituation werden Sie erinnert?
- Welches Stoffgebiet löst den meisten Druck aus?

Stimmungstief im Visier

1. Stoppen Sie jetzt sofort den negativen Gedanken.
2. Suchen Sie in Ihrer Erinnerung eine Situation, die Spaß gemacht hat, die anstrengend und herausfordernd und mit einem befriedigenden Erfolgsgefühl verbunden war. Dies kann eine besondere sportliche Leistung, eine hohe berufliche Anforderung oder ein anderer erfolgreicher Einsatz gewesen sein.
3. Schließen Sie für einen Moment die Augen und stellen Sie sich genau die damit verbundenen Empfindungen vor. Haben Sie den „moment of excellence" in Ihrer Vorstellung gefunden, zwicken oder kneifen Sie sich.
4. Übertragen Sie nun das Gefühl auf die Gedanken an die Jägerprüfung, indem Sie gleichzeitig dieses bekannte Erfolgsgefühl aktivieren, sich die konkrete Prüfungssituation vorstellen und sich an dieselbe Stelle kneifen, zwicken o. Ä.

Besonders effektiv wirkt diese Beruhigungstechnik, wenn Sie sie während der gesamten Ausbildungszeit regelmäßig trainieren. Seien Sie sich der energieverzehrenden Gedanken bewusst und trainieren Sie, damit umzugehen. Danach gehen Sie wieder erfrischt und konzentriert an die Prüfungsvorbereitung.

Der Count-Down läuft: Und Sie sind optimal vorbereitet und werden abheben wie eine Rakete!

Der Count-Down läuft

Am Tag der schriftlichen, mündlichen und praktischen Prüfung kommt es darauf an, das Wissen optimal zu präsentieren. Daher ist es wichtig, sich auf die Prüfungstage wie ein Hochleistungssportler vor dem Wettkampf bzw. ein Künstler vor dem Auftritt professionell einzustimmen.

Vor dem Prüfungstag

▶ Sorgen Sie für ausreichenden, geruhsamen Schlaf.
▶ Verzichten Sie auf übermäßigen Genussmittelgebrauch.
▶ Gestehen Sie sich auch eine Portion Lampenfieber zu. Das beste Medikament dagegen ist das Wissen: Sie haben sich optimal vorbereitet!

Wichtig vor der Prüfung: genügend Schlaf. Beruhigungstechniken können Ihnen – besonders, wenn Sie unter Prüfungsangst leiden – dabei helfen.

- Planen Sie am Abend vorher etwas Angenehmes und verzichten Sie auf weitere Vorbereitungen.

Am Tag der Prüfung

- Sorgen Sie gut für sich, sowohl für den Körper (Essen, Trinken) als auch für den Kopf (Mentalübungen wie beschrieben).
- Seien Sie unbedingt pünktlich mit allen Schreibutensilien am Prüfungsort.
- Informieren Sie sich im Vorfeld über mögliche Verkehrsstaus, Parkplatznot, Eigenarten der Prüfer, des Prüfungsraums, sofern Sie ihn nicht schon vom Ausbildungskurs her kennen, oder sonstige Gegebenheiten.
- Verschwenden Sie jetzt keinen Gedanken mehr an Äußeres, sondern konzentrieren sich ganz auf Ihren Atem und den Start.
- Vertrauen Sie darauf, dass sich schon wenige Minuten nach Beginn der Prüfung alle Aufregung ganz plötzlich verflüchtigt.

Material – was Sie brauchen

Bücher ◄ 495
Ergänzende Lernmittel ◄ 496
Ausrüstung ◄ 497
Jägerprüfung und Waffenkauf ◄ 498

Bücher

Beim Versuch, einmal festzustellen, was für den angehenden Jägerprüfling alles angeboten wird, habe ich beim 500. Artikel abgebrochen. Und dies war auch nur das, was in den gängigen Katalogen der Jagdausstatter angeboten wird. Bringen wir also zunächst einmal Licht in das Dunkel!

Bücher müssen wir einteilen in reine Jagdlehrbücher zur Vorbereitung auf die Jägerprüfung, Jagdsachbücher, Jagdfachbücher, Jagdbildbände, Jagdromane, Jagderzählungen und in weiterem Sinne ergänzende Naturführer.

Lehrbücher

Jagdlehrbücher sind entweder in Frage- und Antwortform oder als beschreibendes Buch geschrieben. Die Auswahl, für welche Bücher man sich entscheidet, fällt sehr schwer, da im Großen und Ganzen alle Bücher auf Ihre Art empfehlenswert sind. Mit dem Kauf dieses Buches haben Sie sich bereits für ein modernes und kompaktes Lehrbuch entschieden. Natürlich ist es nicht das einzige auf dem Markt.

Das eine Buch hat seinen Schwerpunkt hier, das andere dort. Jetzt jedoch kommt das Entscheidende: Welches Lehrbuch wird von der Prüfungskommission favorisiert, bei der ich meine Prüfung ablege? Dies kann Ihnen nur der örtliche Kursleiter oder ein Prüfling erzählen, der gerade die Prüfung absolviert hat. Mindestens ein Buch dieser Art braucht der Prüfling. (Eine Liste der wichtigsten Standardwerke finden Sie im Service auf Seite 524 ff.)

Die Materialflut ist gewaltig – bewahren Sie kühlen Kopf.

Prüfungsfragen

Wenn diese Bücher gelesen wurden, man damit gearbeitet hat und die Prüfung in Reichweite kommt, braucht der angehende Prüfling Prüfungsfragen: Sammlungen von Prüfungsfragen der Jägerprüfung seines Bundeslandes. Fragen Sie nach beim jeweiligen Landesjagdverband! (Adressen siehe Service Seite 521 ff.).

Achtung! In einigen Ländern existiert, wie an anderer Stelle bereits erwähnt, ein amtlicher Fragenpool, bestehend aus 1000 Fragen mit jeweils fünf Antworten und Musterlösungen. Da die Prüfung ausschließlich aus diesen Fragen zusammengestellt wird, muss dieser Pool zum Bestehen der schriftlichen Prüfung beherrscht werden! Auch in NRW existiert ein Fragenpool, jedoch werden hier die Antworten für jede Prüfung neu erstellt.

Sach- und Fachbücher und andere
Als reines Nachschlagewerk zum Thema Jagdwesen grundsätzlicher Art sollte in keinem Bücherschrank ein Jagdlexikon fehlen.

Reine Sach- und Fachbücher, Bildbände und allgemeine Jagdbücher, auch Romane und Erzählungen, meist mit speziellen Themen, sind für die Grundschulung, welche für die Jägerprüfung erforderlich ist, meist zu speziell. Stellen Sie den Erwerb daher auf die Zeit nach der Jägerprüfung zurück! Dann aber meine ich: Greifen Sie zu, Sie können nur dazulernen, und werden erstaunt sein, was es alles gibt.

Tipp
Achten Sie darauf, dass Sie immer die neuesten Ausgaben der Bücher erhalten!

Bestimmungsbücher
Naturführer sind ein Muss zur Ergänzung jeder Ausbildung zur Jägerprüfung. Greifen Sie hier vor allem zu bebilderten Naturführern, wie sie der Kosmos-Verlag in einer Vielzahl anbietet. Wissenschaftliche Naturführer schießen dagegen über das Ziel hinaus.

Ergänzende Lernmittel

Videos, CD ROMs und DVDs
Zu allen Wildarten, Waffentechnik, Waffenhandhabung, Hundeausbildung etc. existieren Videos bzw. DVDs. Sie stellen eine ideale Ergänzung zu den Lehrbüchern dar.

Wer lieber mit dem PC arbeitet als mit einem Buch, kann auch auf die Übertragung der gängigen Lehrbücher (s. o.) auf die Medien CD ROM und DVD zurückgreifen. Text, Bilder, Videoclips und Tierstimmen sind integriert. Dies ist sicherlich ein Weg in die richtige Richtung.

Tiersendungen im Fernsehen oder auf Video können die Prüfungsvorbereitung sinnvoll ergänzen.

Wirklich überzeugen mich bisher jedoch lediglich die reinen Prüfungsfragenprogramme.

Jagdzeitschriften
Auch sollte der angehende Jäger im Vorfeld der Prüfung beginnen, regelmäßig eine Jagdzeitschrift zu lesen. Er sollte wissen, wo die Jägerschaft der Schuh drückt. Über jagdpolitische Tagesfragen muss er ebenfalls Bescheid wissen. Diese Zeitschriften sind überall am Kiosk erhältlich.

Lernsysteme
Hier ist das bekannteste das System „Sicher durch die Jägerprüfung" von der Firma Heintges. Dieses System ist seit 30 Jahren auf dem Markt und wurde ständig verbessert und weiterentwickelt. Es entspricht allen pädagogischen Anforderungen und ist zu empfehlen. Besonders für das Selbststudium führt es, soweit Lerninhalte eben ohne praktische Unterweisung und ohne praktisches Anschauungsmaterial erarbeitet werden können, zum Ziel. Viele Kurse arbeiten im Unterricht mit Erfolg nach diesem System.

Kataloge und Jungjägerbroschüren
Kataloge der großen Jagdausrüster gehören in die Hand eines jeden zukünftigen Jägers. Hier erhalten Sie eine Marktübersicht über alles, was ein Jäger benötigt und vieles mehr. Der Waffenteil ist sehr anschaulich und vor allem lehrreich. Die Kataloge werden kostenlos abgegeben und können bei der Firmen angefordert werden. Nochmals: Ein Muss!

Der Jagdfachhandel, die Waffen-, Munitions- und Jagdoptikhersteller bieten überdies interessante, kostenlose Broschüren und Produktinformationen spezielle für Jungjäger an. Empfehlenswert!

Ausrüstung

Kleidung und Schießstandzubehör
Der angehende Jäger und Jagdeleve benötigt in jedem Fall wetterfeste Kleidung, eine Kopfbedeckung (Hut), festes Schuhwerk und Gummistiefel. Nahezu alles, was an Freizeit- oder Outdoorkleidung angeboten wird, ist tauglich, sofern die Farben gedeckt sind.

Tipp
Wussten Sie, dass die alten, klassischen Farben der Jäger Weiß, Schwarz und Grau waren? Unser heimisches Wild verfügt nämlich nur über ein sehr reduziertes Farbsehvermögen.

Die Kleidung soll wetterfest, bequem und natürlich in gedeckten Farben gehalten sein.

Ein gutes Fernglas begleitet Sie ein Leben lang. Hier sollte nicht gespart werden!

Jagdgrün muss es nicht sein und spezielle Jagdkleidung ist auch nicht unbedingt vonnöten. Schauen Sie in Ihren Kleiderschrank, dort findet sich sicher etwas Passendes für die ersten Reviergänge.

Zubehör für den Schießstand ist zweckmäßig, aber lassen Sie sich beraten. Sie benötigen im Laufe der Ausbildung eventuell eine Schießjacke oder ein Rückstoßpolster, einen soliden Gehörschutz und für das Wurfscheibenschießen vielleicht auch Gehörstöpsel.

Jagdoptik
Wenn Sie sich in dieser Richtung etwas zulegen wollen, empfiehlt es sich, ein Fernglas mit guter Dämmerungsleistung – z. B. 8 × 56 – von höchster Qualität zu erstehen. Ein hochwertiges Glas kann Sie unter Umständen ein ganzes Jägerleben lang begleiten. Ein Spektiv ist nur sehr speziell einsetzbar und zunächst überflüssig.

Jägerprüfung und Waffenkauf

Eine gute Jagd- und Schießausbildungsstätte können Sie an den zur Verfügung gestellten Ausbildungswaffen erkennen.

Eigene Waffe nur im Ausnahmefall

Wenn Sie Ihre Jägerausbildung bei einer renommierten Schule oder Jägervereinigung absolvieren, brauchen Sie zum Bestehen der Jägerprüfung keine eigenen Waffen. Es gibt allerdings eine Ausnahme: In seltenen Fällen kann es vorkommen, dass ein Aspirant mit dem Standardschaft einer Waffe (meist Flinte) nicht zurechtkommt. Dann könnte es notwendig werden, dass eine Waffe mit Maßschaft angefertigt und dann vom Schützen erworben wird. Der Gesetzgeber lässt unter bestimmten Voraussetzung zu, dass der Jägerprüfungsaspirant schon im Vorfeld zur Jägerprüfung, also während der Ausbildung, die für die Schießübungen notwendigen Waffen erwerben kann. Fragen Sie hierzu Ihren Ausbildungsleiter oder die zuständige Behörde (das Amt für öffentliche Ordnung bei Stadt- und Landkreisen ist in der Regel für das Waffenwesen zuständig).

Ausbildungswaffen – ein Qualitätszeichen
Eine Schule muss über mindestens sechs Qualitäts-Bockdoppelflinten verfügen: Für Rechts-, aber auch für Linksschützen müssen Flinten in den klassischen Schaftlängen 34,0 cm, 36,5 cm und 38 cm zur Verfügung stehen. Als Standardkaliber ist das Kaliber zwölf zu empfehlen.

An Büchsen müssen mindestens vier zur Verfügung stehen, wobei es hierbei in erster Linie auf Qualität und Schusspräzision der Waffe und auf das mon-

Vor der Prüfung bereits eine Waffe zu kaufen, ist in aller Regel unnötig. Jede gute Ausbildungsstätte stellt die nötigen Waffen bereit.

tierte Zielfernrohr ankommt. Ein guter Schießlehrer wird die Präzision der Waffen vor Ihren Augen mit einer eigenen Schießübung dokumentieren. Sitzend aufgelegt sollte er dabei mit fünf Schuss ein Schussbild von maximal 7 cm Streukreis schießen. Kann er dies nicht, dann kann er nicht schießen oder Waffen oder Munition taugen nichts! Ziehen Sie dann Ihre Schlussfolgerungen. Faustfeuerwaffen für das Übungsschießen werden immer gestellt.

Tipps zu Ausbildung, Prüfung und danach

Vorbereitung auf den Lehrgang ◂ 500
Prüfungstipps ◂ 502
Zehn Regeln für den Jagdscheinanwärter ◂ 507

Prüfung bestanden! –
Was nun? ◂ 509
Fortbildung ist Jäger-Ehrensache ◂ 511

Vorbereitung auf den Lehrgang

Wenn Sie sich für eine Ausbildung zum Jäger entschlossen und Ihre Anmeldung abgegeben haben, ist es günstig, noch über einen Zeitraum von drei bis vier Monaten bis zum ersten Kurstag zu verfügen. Sie sollten nach Ihrer Anmeldung zum Lehrgang von Ihrem Kursleiter Material zum vorbereitenden Selbststudium erhalten. Jetzt beginnt die erste Phase der Ausbildung: Das passive Lernen. Lesen Sie in dem Ihnen überlassenen Material, was Sie interessiert. Beginnen Sie jedoch noch nicht zu lernen. Schauen Sie sich Videos an.

Fangen Sie jetzt an, regelmäßig eine Jagdzeitschrift zu lesen. Lesen Sie auch ruhig Prüfungsfragen (mit Antworten) – aber bitte nur lesen, nicht lernen! Der aktive, speziell auf die Prüfung ausgerichtete Lernprozess beginnt bei Vollzeitschulungen am ersten Kurstag, beim Abendkurs meist drei bis vier Monate vor der Prüfung.

Vorbereitung auf die Praxis

Es bedarf sicherlich keiner besonderen Erwähnung, dass das Schönste an der Jagd, die jagdliche Praxis, so oft als möglich wahrgenommen werden sollte, indem Sie einen Jäger begleiten, wann immer sich hierzu Möglichkeiten bieten.

Seien Sie aber etwas kritisch und auch etwas skeptisch. Vieles, was in der Praxis gemacht wird, steht so nicht im Lehrbuch. Denken Sie an die Fahrprüfung: Ein Praktiker mit 30 Jahren Fahrpraxis hätte in der praktischen Prüfung wahrscheinlich seine Mühe! Damit möchte ich keinesfalls behaupten, dass die Praxis Schlechtes hervorbringt, sondern nur andeuten, dass das Tun in der Praxis durchaus nicht immer so im Lehrbuch steht und somit nicht immer den Prüfungsanforderungen entspricht.

Der erste Kurstag

Ein bisschen eine Mischung aus Neugier und Anspannung darf es schon sein. Jeder Ausbildung geht eine Einweisung und Lehrgangsbesprechung voraus. Machen Sie sich im Vorfeld Notizen darüber, was sie wissen wollen. Stellen Sie Ihre Fragen, tragen Sie Ihre Erwartungen vor. Sie sind kein Bittsteller, sondern Jagdscheinanwärter. Lassen Sie sich insbesondere erklären, wo die Schießübungen stattfinden und wo die praktischen Reviergänge. Wann sind diese Veranstaltungen angesetzt? Fahrtskizzen und Fahrtbeschreibungen sollten vorhanden sein.

Für Vollzeitschulungen wird für Ihren Lehrgang ein individueller Lehrplan mit Tages- und Stundenangaben erstellt. Verlangen Sie den im Vorfeld, um sich frühzeitig zu informieren. Erhalten Sie keinen Plan oder existiert überhaupt keiner, dürfen Sie ruhig auf die Organisation der Bildungseinrichtung Rückschlüsse ziehen. Bedenken Sie, dass selbst in der Grundschule für das erste Schuljahr den Schülern/Eltern ein Stundenplan ausgehändigt wird. Für das „grüne Abitur" sollte dies erst recht gelten.

Die eigentlichen, prüfungsorientierten Lernzeiten dürfen nicht zu lange geplant werden. Drei bis vier Monate sind die Regel. Für einen längeren prüfungsorientierten „Endspurt" reicht meist die „Festplatte" nicht aus.

Sie wollen Jäger werden – der erste spannende Kurstag ist gekommen!

Ihre Kleidung (Wander-, Sport-, Freizeitkleidung) sollte vor allem bequem sein für das theoretische Lernen. Da die Lehrsäle geheizt sind, benötigen Sie auch keine Ansitzkleidung oder gar genagelte Bergstiefel.

Das eigentliche Schulungsmaterial wird oft am ersten Kurstag in seiner ganzen Fülle ausgegeben. Eine bessere Variante ist die, das richtige Blatt zur richtigen Zeit zu verteilen, also jeweils erst zur Unterrichtseinheit das spezielle Material bereitzustellen.

Zeitplanung
Die Zeit ist unser kostbarstes Gut. Sie vergeht, ob wir etwas tun oder nicht. Erstellen Sie sich für den Weg bis zur Jägerprüfung Ihre ganz individuelle Zeitschiene.

Verlangen Sie von Ihrer Schule einen Ausbildungsplan für die Jägerprüfung. Sie können diesen alternativ bei der Obersten Jagdbehörde Ihres Prüfungsbundeslandes anfordern.

Zeitplan

So oder so ähnlich können Sie sich Ihren individuellen Zeitplan aufstellen.

- Information zur Ausbildung: 2 Monate
- Entscheidung und Anmeldung zum Kurs: 1 Monat
- Vorbereitung zum Lehrgang: 3 Monate
- Lehrgangsdauer je nach Art: 1 Monat bis 12 Monate
- Lernen auf die Prüfung: 3 bis 4 Monate
- Prüfung: 3 aufeinander folgende Tage oder mehrere Monate
- Ziel: Den Jagdschein lösen zu können!
- Ihr individuelles Enddatum: erreicht nach XX Monaten/Jahren

Lehr- und Lernmittelwahl

Nachdem im vorherigen Kapitel die Lehr- und Lernmittel umfassend dargestellt wurden, steht der Leser, der sich noch im „Interessentenstadium" zur Jägerprüfung befindet, jetzt vor der Wahl: Was besorge ich mir, um in die Materie erst einmal gründlich hineinzuschnuppern?

Alle Medien nutzen

Neben der Grundausstattung – bestehend aus Lehrbuch, Nachschlagewerk und Naturführer – empfiehlt sich ein Studium der Fernsehzeitschriften über Beiträge zur heimischen Tierwelt. Solche Sendungen finden Sie mit Zeitangaben meist auch in den Jagdzeitschriften. Oft werden sehr gute Beiträge in den Regionalsendern ausgestrahlt. Betrachten Sie das Fernsehen als begleitende Lernmaßnahme. Ein Nacharbeiten der geschilderten Sendung im Lehrbuch ist aber Pflicht.

Für den Anfang reicht eine Grundausstattung an Jagdbüchern. Die Jagdbibliothek wird mit den Jahren dann sicher anwachsen.

Lernmittel – Die Grundausstattung

Meine Empfehlung für eine solide Grundausstattung:
- Ein Lehrbuch in Textform (alternativ: ein Jagdlexikon)
- Ein Lehrbuch (Klassiker) in Frage und Antwortform
- Prüfungsfragen-Lernprogramm für Computer oder als APP
- Ein allgemeiner Naturführer
- Verschiedene Jagdzeitschriften vom Kiosk – regelmäßiger Kauf unterschiedlicher Zeitschriften

Prüfungstipps

Eine Prüfung ist die Stunde „X", in der es gilt. Gewinnen oder verlieren, bestehen oder nicht! Der mühsame Weg des Lernens, alle Opfer, alle Aufwendungen, alle Entbehrungen, alles kann durch einen einzigen Augenblick positiv oder negativ entschieden werden! Es ist selbstverständlich, dass man sich davor fürchtet.

Wir alle haben „Prüfungsangst", der eine zeigt es eben mehr, der andere weniger. Jeder hat seine eigene Strategie um diese Angst zu besiegen. Vor allem Erwachsene, deren letzte Prüfungssituation oft Jahrzehnte zurückliegt, tun sich schwer! Bedenken Sie bezüglich der Jägerprüfung jedoch auch in diesem Zusammenhang Folgendes:

Ausbildungsbegleitende Maßnahmen

- Museumsbesuche (Naturkundemuseen, Heimatmuseen mit naturkundlicher Abteilung)
- Wildparkbesuche
- Besuche von Waldlehrpfaden
- Besuche in Nationalparks und Naturparks mit entsprechenden Informationszentren
- zusätzliche Schießausbildung
- Studium der heimischen Pflanzen zu den verschiedenen Jahreszeiten
- Sammeln jagdlicher Erfahrungen durch die Teilnahme an Gesellschaftsjagden als Treiber, die Begleitung eines Jägers zur Ansitzjagd, den Besuch von so genannten Pfostenschauen, Jagdhundausbildungskursen usw.
- Und: Nach Möglichkeit soll die Familie immer mit!

Vom Bestehen der Jägerprüfung ist Ihr Leben, Ihre Existenz nicht abhängig. Sie haben bisher ohne Jägerprüfung bestens gelebt und Ihr Leben gemeistert. Sie waren auch ohne Jägerprüfung erfolgreich. Hätten Sie die Prüfung bestanden, wären Sie auch nicht klüger oder schlauer. Nachdem Sie vielleicht nicht bestanden haben, sind Sie also genauso wenig dümmer als vorher. Es war und ist die Gunst des Augenblicks, manchmal das Quäntchen Glück, das man immer im Leben braucht.

Und denken Sie daran, in spätestens sechs Wochen findet irgendwo in Deutschland wieder eine Jägerprüfung statt. Fahren Sie hin, bringen Sie Ihr Vorhaben zum Abschluss. Geben Sie nicht auf. Auf der Jagd lässt sich später auch nichts erzwingen – Rehbock oder Keiler kommen, wann das Schicksal es bestimmt. Tragen Sie Ihren Erfolg oder Misserfolg wie ein Sportsmann.

Schießprüfung

Die Schießprüfung bildet meist den ersten Teil der Jägerprüfung. Das Bestehen ist notwendig, um überhaupt an der weiteren Prüfung teilnehmen zu können. Die Schießprüfung kann in der Regel einmal wiederholt werden. Allerdings muss meist die komplette Prüfung (alle Schießdisziplinen) wieder abgelegt werden.

Fahren Sie bitte rechtzeitig zum Schießstand. Erfahrene Wettkampfschützen sind stets mindestens eine Stunde vor dem Wettkampf auf dem Schießstand. Machen Sie es genauso. Seien Sie eine Stunde vor dem Wettkampf vor Ort und machen Sie einen Spaziergang von 30 Minuten.

Essen wie gewohnt

Ändern Sie nicht Ihre Essgewohnheiten. Essen Sie wie sonst auch. Auch wenn das Frühstück nicht schmeckt, etwas geht schon. Fallen Sie am Schießstand nicht wegen „Unterzuckerung" um. Nehmen Sie etwas zum Knabbern mit, gut sind auch Traubenzucker, Erdnüsse u. Ä. Wenn Sie am Nachmittag zum Schießen eingeteilt sind, essen Sie beim Mittagessen keine zwei Schweinshaxen. Trinken Sie nur so viel Kaffee wie sonst auch. Mineralwasser, Säfte, isotonische Durstlöscher oder Limonade sind ihre Ge-

Oberstes Gebot bei der Waffenhandhabung ist Sicherheit!

> **Tipp**
>
> Wenn Sie selbst Einfluss auf die Reihenfolge des Schießens nehmen können, wählen Sie die Reihenfolge: Kleine Kugel – Große Kugel – Schrot.

tränke. Alkohol ist, wie immer beim Umgang mit Waffen, tabu!

Wenn Sie das Schießen wiederholen müssen, schießen Sie niemals sofort nach. Machen Sie eine Pause, lassen Sie sich von Ihrem Schießausbilder betreuen und neu motivieren, schießen Sie möglichst erst eine andere Disziplin, um wieder Vertrauen in Ihre Schießfertigkeiten aufzubauen. Machen Sie sich klar: Sie können schießen – sonst wären Sie nicht da! Zeigen Sie es also einfach. Auch auf der Jagd geht der Pulsschlag hoch. Na und – Sie können es doch!

Kleidung und Zubehör

Wählen Sie jagdlich-sportliche und zweckmäßige Kleidung. Tragen Sie die gleiche wie im Training. Eine neue Jacke, ein dickerer Pullover oder Ähnliches hat schon manchen die Schießprüfung gekostet. Ein Gehörschutz ist Pflicht, eine Schießjacke sinnvoll. Denken Sie auch an Sonnenschutz, Schießmütze mit Schirm, Gegenlicht, Wind, Regen, oder auch Eis und Schnee.

> **Tipp**
>
> Der Prüfungstag ist nicht zum Testen von Ausrüstungsgegenständen da. Das gehört ins Vorfeld!

Prüfungsfach Waffenhandhabung

Mit Waffenhandhabung ist hier nicht die Handhabung der Waffe während des Prüfungsschießens, sondern das Demonstrieren und Erklären der Jagd- und Kurzwaffen als Prüfungsfach gemeint.

Hierbei gilt: Sicherheit ist das oberste Gebot. Sie wurden an allen Waffen in kleinen Lerngruppen (5–6 Personen) oder einzeln ausgebildet. Sie kennen alle Prüfungswaffen. Sie haben damit exerziert. Nichts ist Ihnen fremd. Alle vom Prüfer gewünschten Tätigkeiten, alle Kommandos haben Sie geübt und sind Ihnen vertraut. Die Prüfungssituation wurde während des Kurses simuliert – Sie sind optimal vorbereitet. Es geht nichts schief.

Machen Sie es so gut wie immer. Versuchen Sie bitte nicht, es besser (also anders) zu machen als während der Ausbildungsübungen. Sie müssen nicht glänzen, sondern nur die Waffe sicher handhaben. Konzentrieren Sie sich auf die Tätigkeiten, lassen Sie sich durch nichts ablenken und bleiben Sie bei der Sache.

Sicherheit ist das Wichtigste. Wenn Sie etwas nicht verstanden haben (akustisch oder technisch), fragen Sie zurück. Sagen Sie sich selbst, dass Sie die Waffen handhaben können. Dafür haben Sie doch mühsam gearbeitet. Sie können es!

Schriftliche Prüfung

Die schriftliche Prüfung findet meist in einem großen Saal statt. Tragen Sie bequeme Kleidung, welche Sie der vorhandenen Raumtemperatur anpassen können. Schließlich müssen Sie vermutlich ja mehrere Stunden Schreibtischarbeit leisten. Denken Sie an Schreibzeug, Schreibzeugersatz, evtl. Getränke und kleine Stärkung (Schokoriegel, kein halbes Hähnchen!), an Brille, Personalausweis und evtl. Medikamente.

Befolgen Sie die Anweisungen des Prüfungsleiters. Arbeiten Sie so, wie Sie es geübt haben. Weichen Sie nicht von Ihrem eigenen Rhythmus ab. Jetzt ist es zu spät für Experimente.

Achten Sie auf die Zeit

Machen Sie sich einen Zeitplan. Fragen, die Sie nicht auf Anhieb beantworten können, überspringen Sie. Markieren Sie solche Fragen, um sie später sofort wiederzufinden. Wenn Ihre eigene Zeitvorgabe für ein Fach verstrichen ist, wechseln Sie zum nächsten Fach. Das Schlimmste, was Ihnen passieren könnte, wäre, ein Fach aus Zeitmangel nicht oder nicht vollständig bearbeiten zu können. Lieber viermal die Vier als zweimal die Eins und zweimal die Sechs, weil zwei Fächer gar nicht bearbeitet wurden. Im ersten Falle haben Sie nämlich bestanden, im letzten leider nicht.

Meistens ist die Zeit jedoch mehr als ausreichend bemessen.

> **Tipp**
>
> Die Zeit reicht bei der schriftlichen Jägerprüfung in aller Regel für einen zweiten Durchgang aus. Dabei dürfen Sie Ihre Antworten jedoch nicht von „Richtig" zu „Falsch" abändern. Dies geschieht in Prüfungen erfahrungsgemäß häufiger als umgekehrt! Denken Sie daran, der erste Einfall ist meist der bessere. Sinnvoller ist es, beim zweiten Durchgang nur noch die im Vorfeld markierten Fragen einer näheren Bearbeitung zu unterziehen. Übrigens – Ihre Randnotizen und Anmerkungen haben für die Prüfungsbeurteilung keinerlei Bedeutung.

Nach der Schriftlichen

Wenn Sie Ihre Prüfung abgeschlossen haben und den Raum bereits verlassen dürfen, dann tun Sie dies auch. Die erste Diskussion mit Mitstreitern kann gut tun und entspannen – oder einen auch völlig verrückt machen. Machen Sie sich

Es wird ernst! Machen Sie sich klar: Aufs Bestehen kommt es an, das „Wie" interessiert nicht.

bewusst: Dieser Teil der Prüfung ist gelaufen. Warten Sie auf Ihr Ergebnis. Ihr inneres Gefühl (das die meisten nicht aussprechen) stimmt meistens. Es darf ruhig eng werden, im Jagdschein stehen später keine Noten. Bestehen ist alles, das „Wie" ist nicht das Wichtigste.

Sehen Sie nach vorn. Ihre Schwächen haben Sie selbst erkannt. Die mündliche Prüfung steht an. Darauf haben Sie sich von nun an zu konzentrieren.

Mündlich-praktische Prüfung – Vorbereitung
Sie gilt für manche als die schwerste Prüfung. Wohl deshalb, weil man das Gefühl hat, diese Prüfung im Vorfeld am wenigsten abschätzen zu können. Der Prüfer kann schließlich von „A bis Z" alles fragen. Der Prüfling fühlt sich ausgeliefert.

Beginnen Sie zunächst einmal damit, Informationen über die Prüfung zu sammeln. Wo findet sie statt? Besichtigen Sie die Räume. Wie ist die Sitzordnung? Wo wartet der Prüfling? Was befindet sich an Anschauungsmaterial im Prüfungsraum? Kann das Material besichtigt werden? Welche Präparate werden vorgelegt? Welche Prüfer habe ich? Wie viel Prüfer sind zugegen? Wer betreut mich? Darf ein Vertreter der Schule bei der Prüfung zugegen sein? Wie ist die Kommunikation zwischen Ausbildern und Prüfern? Wenn Sie zufriedenstellende Antworten auf diese Fragen erhalten haben, dürfte Ihnen die Prüfung schon nicht mehr so fremd vorkommen.

Der Prüfungstag
Am Prüfungstag sollten Sie ausgeruht zur Prüfung erscheinen. Die Arbeit beginnt jetzt. Schnell vom Betrieb weg, rein in die Prüfung – das geht daneben. Denken Sie daran, sie legen das „grüne Abitur" ab!

Erscheinen Sie ordentlich gekleidet und nicht wie ein Pfau. Übertriebene Lässigkeit ist ebenfalls nicht gefragt. Zeigen Sie durch Ihr Äußeres den Respekt vor Ihrem Tun. Piercings passen in die Disco, aber nicht zur Jagd.

Trauen Sie den Prüfern, sie sind (meist) besser als ihr Ruf. Ein guter Prüfer wird versuchen, mit Ihnen ein Prüfungsgespräch zu führen. Dazu gehört aber, dass auch Sie sich an dem Gespräch beteiligen. Führen Sie keine Monologe, antworten Sie auf das Gefragte möglichst präzise. Der Prüfer fragt schon, was er hören möchte.

> **Tipp**
>
> Antworten Sie in der mündlich-praktischen Prüfung so, wie Ihnen der Schnabel gewachsen ist. Wenn Sie immer Dialekt sprechen, dann bitte auch heute! Lieber kommen Brocken an Wissen, als Schweigen vor falscher Scham.

Sie schaffen das!
Sagen Sie sich vor und während der Prüfung immer wieder, wie viel Sie wissen. Versuchen Sie nicht, an der Prüfung besser zu sein als sonst. Machen Sie es wie immer – es war doch (fast) immer alles gut! Suchen Sie nicht selbst nach dem, was Sie nicht wissen – sondern sagen Sie sich und den Prüfern, was Sie alles wissen. Denken Sie auch daran, dass Sie mit 51 % die Prüfung bestehen können.

Wenn Sie ein Prüfungsfach beendet haben, diskutieren Sie nicht mit anderen Prüflingen, über das, was Sie gut oder schlecht gemacht haben – das macht nur nervös. Vergeuden Sie jetzt keine Zeit. Blicken Sie nach vorn, motivieren Sie sich für das nächste Prüfungsfach. Gehen Sie im Geiste die Grundlagen der nächsten Prüfung durch. Wenn es Sie beruhigt und Ihnen hilft, werfen Sie einen letzten Blick auf Ihre Skripte. Aber lassen Sie die Finger davon, falls es Sie noch nervöser macht!

Zehn Regeln für den Jagdscheinanwärter

10 Regeln für den Jagdscheinanwärter

1. Viel wenig ergibt mehr!
2. Karteikarten sind besser als Karteileichen!
3. Rudelbildung sichert nicht nur beim Rotwild das Überleben!
4. Repetitorien bringen den Repetierer näher!
5. Lieber ausgeschlafen als ausgelaugt!
6. Reden ist Silber – Schweigen kann Gold sein!
7. Mental lernen – ein Zauberwort!
8. Im Schlafe lernen – ein Traum!
9. An der Prüfung mache ich alles besser – oder besser nicht?
10. Mut zur Lücke!

1. Viel wenig ergibt mehr!

Für die letzten Wochen vor der Prüfung sollte sich jeder Prüfling einen exakten Zeitplan erstellen, nach dem er den gesamten Stoff in kleinen Häppchen intensiv wiederholen sollte (vgl. auch S. 481 ff.). Diesen Plan sollte man mit Disziplin durchhalten. Wichtig ist hierbei, dass täglich ein gewisses Pensum erarbeitet wird. Eine Stunde täglich, davon eine halbe Stunde morgens vor der Arbeit, bringt weit mehr, als sich jeden Sonntag 10 Stunden zu quälen!

2. Karteikarten sind besser als Karteileichen!

Es macht Sinn, beim Durcharbeiten des Stoffes die wichtigsten, noch nicht gefestigten Sachverhalte auf Karteikarten festzuhalten (Vorderseite: Frage, Rückseite: Antwort). Zum einen wird bereits beim Schreiben dieser Karten ein Teil des Inhaltes im Gedächtnis gespeichert, zum anderen können diese handlichen Lernhilfen stets mitgeführt und bei jeder Gelegenheit (Bus, Bahn, Mittagspause ...) genutzt werden. Erinnern Sie sich an den guten alten „Spickzettel".

3. Rudelbildung sichert nicht nur dem Rotwild das Überleben!

Das Lerngruppen-System hat sich seit vielen Jahren nicht nur bei Jungjägern bewährt. Es kann jedoch nur die tägliche Arbeit des Einzelnen unterstützen, nicht aber ersetzen. Sinnvoll ist es, sich in kleinen Lerngruppen (3–5 Teilnehmer) wöchentlich einmal für etwa zwei Stunden jeweils einem Fach zu widmen, wobei ein gegenseitiges gezieltes Abfragen im Vordergrund stehen sollte.

4. Repetitorien bringen den Repetierer näher!

Bestens bewährt haben sich auch so genannte Repetitorien, in denen die Ausbilder kurz vor der Prüfung die wichtigsten Prüfungsinhalte ihres Faches noch einmal in Prüfungsmanier abfragen. Dies sollte sinnvollerweise dergestalt erfolgen, dass die einzelnen Kandidaten jeweils für ca. zehn Minuten prüfungsmäßig quer durch ein Fach im Beisein des gesamten Kurses „geprüft" werden.

Hierdurch werden nicht nur Wissenslücken aufgedeckt, sondern auch Stresssituationen ähnlich denen in der Prüfung simuliert. Dies ist vor allem für die Kandidaten sehr wichtig, die keine oder wenig Erfahrung mit mündlichen Prüfungen aufweisen können.

5. Lieber ausgeschlafen als ausgelaugt!

Für die Prüfungstage ist es wichtig, dass man ausgeruht und mit klarem Kopf vor der Prüfungskommission erscheint. Es macht keinen Sinn, am letzten Tag vor der Prüfung noch Unmengen von Stoff zu wiederholen. Dies führt nur zu Verwirrung und verstärkt die Nervosität.

Die letzten beiden Tage vor der Prüfung sollten dazu dienen, einige wenige, elementar wichtige Sachverhalte, wie z. B. wichtige Rechtsdefinitionen, noch einmal zu rekapitulieren und im Kurzzeitgedächtnis zu verankern. Diese hat man dann im Zweifelsfall parat und der Kopf ist zumindest so frei, dass man noch die Hilfestellungen der Prüfer wahrnimmt und umzusetzen vermag.

6. Reden ist Silber – Schweigen kann Gold sein!

Dies soll nicht heißen, dass man schweigend eine Prüfung bestehen kann, aber wer glaubt, er könne den Prüfern durch das Wiedergeben von ungefragtem Wissen imponieren, statt die gestellten Fragen zu beantworten, hat sich geirrt. Wichtig ist, genau auf die Frage zu hören und diese möglichst kurz und präzise zu beantworten. Manch einer hat sich schon um Kopf und Kragen geredet, nur weil er nach einer richtigen Antwort das Schweigen vergessen hat.

7. Mental lernen – ein Zauberwort!

Viele Hilfsmittel zum Lernen sind bekannt, werden angeboten und empfohlen. Das Wichtigste ist jedoch das eigene Gehirn und die eigene Vorstellungskraft. Setzen Sie dieses Gut ein! Beispiel Waffenhandhabung: Geben Sie sich die Aufgabenstellung des Prüfers: „Nehmen Sie den Drilling auf!" Sie benötigen keinen Drilling. Schließen Sie die Augen und stellen Sie sich den Drilling vor.

Sprechen Sie laut, welche einzelnen Handgriffe Sie tun werden. Stellen Sie sich jeden einzelnen Handgriff (immer noch mit geschlossenen Augen) bildlich vor. Handhaben Sie die Waffe im Geiste. Jeder „Handgriff" muss vor dem „Tun" durchdacht werden. Kontrollieren Sie Ihre Tätigkeiten durch einen nachträglichen Vergleich mit ihrer Checkliste für die Waffenhandhabung oder mit einer Tonbandaufzeichnung (nur im fortgeschrittenen Endstadium).

8. Im Schlafe lernen – ein Traum!

Manche Lernmethoden empfehlen Lernen im Schlaf. Das wird wohl nicht bei jedem funktionieren. Sicherlich hilft jedoch eine Berieselung mit dem Lernstoff unter einer gewissen anderen Reizbelastung. Sprechen Sie das, was Sie lernen wollen, zum Beispiel auf ein Tonband. Hören Sie sich dieses Tonband beim Autofahren immer wieder an. So können Sie auch Fragen und Antworten lernen. Vergessen Sie dabei jedoch nicht, sich nach der Frage genügend Zeit zu geben, damit Sie die Antwort im Kopf oder noch besser laut sprechend geben können, bevor Sie die Antwort auf dem Tonträger hören. Auch danach darf nicht sofort die nächste Frage kommen, sondern eine Pause zum Nachdenken oder Nachsprechen.

9. An der Prüfung mache ich alles besser – oder besser nicht?

Setzen Sie sich an der Prüfung nicht selbst unter überflüssigen Stress! Sagen Sie sich selbst immer wieder, dass Sie gelernt, ja sogar viel gelernt haben. Erzählen Sie das, was Sie wissen, dem Prüfer. Scheuen Sie sich nicht, auch Brocken oder unvollendete Sätze anzubieten. Nicht jeder ist ein geborener Redner, das erwarten die Prüfer auch nicht. Reden Sie so, wie Ihnen der Schnabel gewachsen ist. Versuchen Sie nicht unbedingt zu glänzen. Sie müssen die Prüfung nicht mit einer „Eins" bestehen – eine „Drei" genügt völlig.

10. Mut zur Lücke!

Ohne den werden nur Perfektionisten die Prüfung antreten. Es ist jedem klar, dass Sie als Prüfling nicht alles über die Jagd wissen können. Das sollen Sie auch gar nicht. Die Jägerprüfung ist der Einstieg in die Jägerei und die ist bekanntlich alle Tage neu. Oder anders: Es gibt nichts, was es nicht gibt! Denken Sie auch daran, dass Sie nicht den „Dr. Jagd" ablegen, sondern nur die Jägerprüfung. Sie müssen nicht die Streitfragen der Jagdwissenschaft oder Jagdrechtsexperten lösen. Sie müssen aber ein solides Basiswissen haben. Die Grundlagen der Jagd müssen Sie lernen und wiedergeben können. Also Mut zur Lücke an der richtigen Stelle. Die Lücke wiederum wird Ihnen Ihr versierter Ausbilder, der Ihre Prüfungssituation richtig einschätzt, vermitteln – und hilft Ihnen so, noch das Beste daraus zu machen.

Prüfung bestanden! – Was nun?

Jagdschein lösen

Der Jagdschein ist im Gegensatz zur Jägerprüfung bei der für den Hauptwohnsitz zuständigen Unteren Jagdbehörde zu beantragen. Bewerber ohne Wohnsitz in Deutschland lösen Ihren Jagdschein dort, wo Sie die Jagd ausüben werden. Den Jagdschein können Sie jederzeit beantragen. Da Sie auch Waffen erwerben wollen, benötigen Sie zunächst in jedem Falle einen Jahresjagdschein.

Bedenken Sie, dass der Jagdschein nur erteilt wird, wenn Sie eine ausreichende Jagdhaftpflichtversicherung nachweisen können. Schließen Sie also rechtzeitig eine solche ab. Die Kosten sind überschaubar und liegen je nach Versicherer zwischen 25,– und 50,– Euro je Jahr.

Welche Waffen braucht der Jäger?

Zu diesem Thema werden genügend Bücher im Fachhandel angeboten. Jeder gute Waffenverkäufer wird es auch verstehen, Begehrlichkeiten zu wecken. Der jagdliche Neuling benötigt als Grundausstattung:

- Eine Büchse in einem Universalkaliber für die Bejagung von Schalenwild. Dies könnte z. B. ein Repetierer im Kaliber .30–06 mit einem variablen Zielfernrohr mit Leuchtabsehen sein.
- Eine Bockdoppel- oder Querflinte für die Niederwildjagd (Treibjagd, Taubenjagd, Entenstrich usw.). Am gängigsten ist hier das Kaliber 12/70.
- Eine Faustfeuerwaffe (Pistole oder Revolver) in einem fangschusstauglichen Kaliber. Es gibt allerdings viele erfahrene und erfolgreiche Waidmänner, die ihr ganzes Jägerleben ohne eine Kurzwaffe auskommen.

Auch in den drei Jahren bis zur Jagdpachtfähigkeit bieten sich Möglichkeiten zur jagdlichen Betätigung.

Mit diesen Waffen kann ein Jäger zunächst Jagderfahrung sammeln, bevor er sich dann weitere, auf seine revierbezogenen jagdlichen Notwendigkeiten abgestimmte „Spezialwaffen" zulegt. Spezielle Waffen könnten evtl. auch zum jagdlichen Übungsschießen erforderlich werden, wenn der Betreffende an Wettkämpfen teilnehmen möchte.

Jagdmöglichkeit suchen

Der Jagdschein hat gewisse Parallelen zum Führerschein, das haben Sie nun schon mehrfach gelesen. Der stolze Führerscheinneuling braucht ein Auto, der „Jungjäger" eine Jagdmöglichkeit. Ein Revier selbst zu pachten ist aber frühestens nach drei Jahren möglich – und auch nicht ganz umsonst. Also was tun?

Wenn Familienangehörige, Verwandte oder Freunde bereits ein Revier gepachtet haben, werden Sie sicherlich dort ihre ersten Jagderfahrungen sammeln können. Eine sehr gute und auch preisgerechte Variante bieten die meisten Landesforstverwaltungen in Form von Pirschbezirken oder entgeltlichen Begehungsscheinen an. Wenden Sie sich an das örtlich zuständige Forstamt. Auch im Anzeigenteil von Jagdzeitschriften finden sich Angebote. Sie können einen Begehungsschein/Jagderlaubnisschein kurzfristig oder aber auch auf Dauer erhalten. Eine gelegentliche Jagdeinladung von Bekannten könnte winken. Im Bereich der Jagdtourismus-Branche gibt es spezielle Angebote. Lassen Sie sich beraten, entscheiden Sie kritisch.

In Deutschland zur Jagd – mit ausländischem Jagdschein?

Mancher Jäger hat im Urlaub erstmals mit der Jagd Kontakt geschlossen und erfolgreich eine Jägerprüfung z. B. in Österreich absolviert. Aber Achtung! Für Deutsche Staatsbürger gilt ausnahmslos: Wer als Deutscher in Deutschland jagen möchte, benötigt dazu einen deutschen Jagdschein und muss dazu wiederum in Deutschland erfolgreich eine Jägerprüfung abgelegt haben.
Für Ausländer gelten teilweise andere Regeln. In einigen Bundesländern kann Angehörigen anderer Staaten als Inhabern ausländischer Jagdscheine teilweise ein deutscher Jagdschein ohne Ablegen einer Jägerprüfung in Deutschland erteilt werden. Meist werden jedoch nur Ausländer-Tagesjagdscheine erteilt.

Das erste Stück Wild

Sein erstes selbst erlegtes Stück Schalenwild wird kein Jäger vergessen. Bemühen Sie sich deshalb hier um eine besondere Planung und Umsetzung. Lassen Sie sich von einem erfahrenen Jäger betreuen. Auf die Größe bzw. Stärke des erlegten Stückes kommt es in keinster Weise an, allein das Erlebte zählt. Achten Sie auf die Einhaltung der Waidgerechtigkeit, lassen Sie sich zu nichts drängen – Sie als Jäger entscheiden alleinverantwortlich über Ihr Tun und Lassen bei der Jagd.

Jagdliche Organisation

Jagdverbände stärken und vertreten die Interessen der deutschen Jagd. Sie sollten unbedingt einer jagdlichen Organisation beitreten. Anschriften finden Sie im DJV-Handbuch. Die entsprechenden Telefonnummern erhalten Sie auch von Ihrem Ausbilder oder Ihrer Jagdschule. Bieten Sie nach geraumer Zeit auch Ihre Mitarbeit an. Einige Verbände unterhalten so genannte Jungjäger-Zirkel und Ähnliches.

Fortbildung ist Jäger-Ehrensache

„Jagd ist alle Tage neu" sagt ein in Jägerkreisen sehr gern benutztes Sprichwort. Deshalb muss und wird der verantwortungsbewusste Jäger jederzeit bereit sein, hinzuzulernen. Im modernen Sprachgebrauch reden wir von Fortbildung.

Dies geschieht durch Lesen von Jagdzeitschriften und neu erschienenen Fachbüchern, Besuchen von Vorträgen und Fortbildungsveranstaltungen. Die Wildbiologie liefert uns neue Forschungsergebnisse – der Jäger muss Sie nur nutzen. Denken wir in diesem Zusammenhang daran, welche wildbiologischen Erkenntnisse wir vor 30 Jahren über das Schwarzwild besaßen und was wir heute von einem Prüfling in der Jägerprüfung fordern!

Jagdliches Schießen

Vor allem der Jungjäger muss sich darüber im Klaren sein, dass er nur über Grundkenntnisse im jagdlichen Schießen verfügt. Er sollte unbedingt Schießkurse an namhaften Schießschulen besuchen, um seine Schießfertigkeit auf überdurchschnittlichem Niveau zu festi-

Ihr erstes selbst erlegtes Stück Schalenwild wird ein unvergessliches Erlebnis!

> **Tipp**
>
> Informationen über Fortbildungsveranstaltungen der Landesjagdschulen, der Jagdverbände, der privaten Jagdschulen sowie über entsprechende Veranstaltungen der Jagdzeitschriften finden Sie im Anzeigen- und Nachrichtenteil der Jagdpresse.

gen. Ein Schwerpunkt sollte hierbei zum einen auf den jagdlichen Schrotschuss (Jagdparcour), zum anderen auf das jagdliche Bewegungsschießen mit der Büchse auf Schalenwild gelegt werden.

Letzteres kann zum Beispiel in „Schießkinos" trainiert werden. In ihnen können mit den eigenen, großkalibrigen Jagdwaffen Drückjagdszenen geübt werden. Der Vorteil des Schießkinos besteht nicht zuletzt auch darin, dass Ansprechübungen auf unser heimisches Wild in Realjagdszenen möglich sind.

Regelmäßiges Übungsschießen ist Verpflichtung. Jeder Jäger darf nur auf Wild schießen, wenn er seiner Sache zu 100 % sicher ist. Im Saarland beispielsweise muss der Jäger alle drei Jahre vor einer Verlängerung des Jagdscheines nachweisen, dass er an einem Übungsschießen teilgenommen hat. Zur Motivation und zum Nachweis der jagdlichen Schießfertigkeit wird von den Jagdverbänden um Schießnadeln geschossen. An einem Hut mit solchen Schießnadeln erkennt man den geübten, treffsicheren Schützen. Für jeden waidgerechten Jäger ist Übungsschießen eine moralische Verpflichtung – das sollte es also auch für Sie sein.

Der Ablauf der Jägerprüfung

Schriftliche Prüfung ◄ 513
Schießprüfung ◄ 514
Mündliche Prüfung ◄ 515

Kalkulierbarkeit der Jägerprüfung ◄ 516

Schriftliche Prüfung

Die Jägerprüfung besteht aus den drei Teilen 1. Schriftliche Prüfung, 2. Schießprüfung und 3. Mündliche Prüfung.

Unterschiedliche Verfahren
Die schriftliche Prüfung wird je nach Bundesland unterschiedlich gehandhabt. Die verschiedenen praktizierten Prüfungsverfahren sind (Muster zu allen drei Verfahren finden Sie im Anhang ab S. 471):
▶ „Offene" Fragen: Hier muss der Prüfling vorgegebene Fragestellungen mit seinen eigenen Worten beantworten Dieses System gilt z. B. in Hessen. Die Bewertung erfolgt meist nach Schulnoten, gelegentlich auch nach Punkten (Hessen), halb richtig ergibt dann einen halben Punkt.
▶ Das Multiple-Choice-Verfahren: Dieses Ankreuzverfahren findet sich ebenfalls in manchen Bundesländern, je nach Land sind mehrere richtige Antworten möglich (z. B. in NRW, Baden-Württemberg, Bayern), oder nur eine (Saarland). Die Zahl der vorgegebenen Musterantworten schwankt je nach Bundesland zwischen drei und fünf (Bayern zwei bis sieben).
▶ Kombination: In wieder anderen Bundesländern besteht die schriftliche Prüfung aus einer Kombination der vorgenannten Verfahren, also aus offenen Fragen und Ankreuzverfahren (z. B. Mecklenburg-Vorpommern).

Die Zeitdauer zum Bearbeiten liegt zwischen zwei und vier Stunden. Sie sehen, die Anforderungen sind recht unterschiedlich. Wer im Schreiben und Formulieren nicht geübt ist, wird sich mit offenen Fragen schwertun. Er kann z. B. darüber nachdenken, die Prüfung in einem Bundesland mit Ankreuzverfahren abzulegen, das Bewerber anderer Bundesländer zulässt.

Die schriftliche Prüfung: Je nach Bundesland gibt es offene Fragen oder Multiple-Choice-Fragen.

Fragenpool

Einen amtlichen Fragenpool mit vorgegebenen Antworten – ähnlich der Führerscheinprüfung – bieten verschiedene Länder an (s. S. 527). Dies hat den entscheidenden Vorteil, dass es in der schriftlichen Prüfung keinerlei Überraschungen gibt. Die möglichen Fragen und Antworten sind vorher bekannt, sodass das Bestehen in erster Linie eine Frage des Fleißes ist. Im Saarland ist dabei von fünf vorgegebenen Antworten stets nur eine richtig, während z. B. in Bayern von den zwei bis sieben vorgegebenen Antworten auch mehrere richtig sein können.

In Nordrhein-Westfalen existiert zwar ein Fragenpool, die möglichen Antworten zum Ankreuzen werden jedoch für jede Prüfung neu erstellt. Auch hier können eine oder mehrere Antworten richtig sein.

Schießprüfung

Die Anforderungen an das Büchsenschießen und das Schrotschießen auf der Schießprüfung sind je nach Bundesland sehr unterschiedlich (s. S. 528 f.). In den Ländern Rheinland-Pfalz und Sachsen-Anhalt wird darüber hinaus auch das Schießen mit Faustfeuerwaffen (Pistole oder Revolver) und bestimmte Trefferleistungen darin verlangt.

Büchsenschießen

Hier gibt es als Disziplinen sitzend aufgelegt, stehend angestrichen und den laufenden Keiler. Von den verschiedenen Büchsendisziplinen stellt das Schießen auf den laufenden Keiler sicher die schwierigste dar. Danach folgt das Schießen stehend angestrichen. Als am einfachsten gilt das Schießen sitzend aufgelegt. In manchen Ländern müssen an der Prüfung alle drei Büchsendisziplinen geschossen werden, in einigen fällt der laufende Keiler jedoch weg (z. B. Saarland, NRW).

Schrotschießen

Hier werden länderspezifisch die Schrotdisziplinen Wurfscheiben Trap, Wurfscheiben Skeet und/oder Kipphasenschießen (Rollhasen) verlangt. Manche Bundesländer verlangen in der Jägerprüfung Trap oder Skeet oder das Beschießen des Kipphasen (Bayern, NRW, MV), in anderen werden an der Prüfung Wurf-

Tipp

Informieren Sie sich gründlich wegen der unterschiedlichen Anforderungen der Schießprüfung in den einzelnen Ländern. Natürlich müssen Sie sich als Jäger hervorragende Schießfertigkeiten aneignen – aber man muss sich ja die Prüfung nicht schwerer machen als unbedingt notwendig. Der Prüfungsstress sorgt für gehörige Aufregung und auch bei sonst hervorragenden Schützen kommt es dadurch manchmal zu Enttäuschungen.

Schießprüfung: Geprüft werden Büchsen- und Schrotschießen, die Disziplinen sind länderweise sehr unterschiedlich.

scheiben und Kipphasen (Sachsen) beschossen, im Saarland nur Kipphasen.

Die geforderte Trefferquote variiert ebenfalls länderspezifisch: In NRW werden z. B. drei Treffer von zehn Trap- oder Skeet-Wurfscheiben gefordert, in Sachsen vier von 15 Wurfscheiben und drei von fünf Kipphasen.

Mündliche Prüfung

Dieser Prüfungsteil soll mit Anschauungsmaterial stattfinden. Die Prüfer sollen ein „Prüfungsgespräch" führen, das je Fach bis zu 30 Minuten dauern kann. Die Prüfung findet oft in Räumen der Prüfungskommission (Landratsamt) statt, teilweise aber auch in den Räumen der Ausbildungsstätten.

Verschiedene Varianten

Auch bei der mündlichen Prüfung gibt es verschiedene Varianten: Einzelprüfungen, bei denen ein Prüfling allein geprüft wird, oder Gruppenprüfungen, bei denen mehrere Prüflinge gemeinsam vor die Prüfer treten und im Wechsel gefragt werden. In beiden Fällen kann die Prüfung vor der gesamten Prüfungskommission stattfinden, oder aber die Fächer werden separat von den jeweiligen Fachprüfern (meist zwei je Fach) abgenommen (Stationsprüfung).

Die mündliche Prüfung: Sie treten je nach Bundesland einzeln oder in einer kleinen Gruppe vor die Prüfungskommission.

Zusätzlich zur mündlichen Prüfung wird manchmal ein Reviergang angehängt, auch als Jagdparcours, Prüfungslehrpfad oder „Zaubergarten" bezeichnet. Die Prüfung soll zwar „praxisnah" gestaltet werden, allerdings sollte gewährleistet sein, dass der Prüfling im Vorfeld alle infrage kommenden Gegenstände im Original gesehen hat.

Kalkulierbarkeit der Jägerprüfung

Jede Prüfung sollte kalkulierbar sein. Wer fleißig war und den Lernstoff beherrscht, muss auch die Prüfung bestehen. Allerdings müssen Sie mit manchen Unwegsamkeiten rechnen und hierfür eine „Wissensreserve" einplanen.

Im Vorfeld klären

Mit entscheidend ist, wo die Prüfung stattfindet! Sind die Räumlichkeiten bekannt? Können Sie diese vor der Prüfung einmal kennen lernen? Fahren Sie hin, besichtigen Sie diese! Wie ist dort das Licht, wie die Belüftung, wie ist dort geheizt? Wie ist die Sitzordnung? Wo sitzen der Prüfling, wo die Prüfer? Sitzen Sie Probe!
Und weitere Fragen sollten Sie im Vorfeld klären: Können Sie die Anschauungsmittel im Vorfeld ertasten, erfühlen, erfahren, kennen lernen? Kommen die Prüfer mit der „Wundertüte" oder sind Ihnen alle vorgelegten Utensilien schon vorher bekannt?

Mein Tipp: Sie müssen übertrainiert sein. Eine Planung „am Limit" hat vielleicht in der Schule funktioniert, in der Jägerprüfung geht dies meist daneben. Selbstverständlich ist jedem Prüfer klar, dass Sie weder alles beherrschen noch wissen können. Über ein allumfassendes Wissen verfügt auch kein Jäger, kein Prüfer und kein Ausbilder.

Erfolgsquote und „Abschussliste"

Über Erfolgsquoten und „Abschusslisten" in der Jägerprüfung wird viel diskutiert und noch mehr spekuliert. Tatsache ist, dass es von Prüfung zu Prüfung aufgrund der recht unterschiedlichen Teilnehmerzusammensetzungen immer wieder unterschiedliche Erfolgsquoten geben wird. Allerdings gibt es auch Sternstunden, manchmal sind wirklich alle gut – dann müssen auch alle bestehen!

Eine Erfolgsquote von 100 % kann selbstverständlich nicht die Regel, muss aber möglich sein. Fragen Sie also nach, ob diese Quote jemals erreicht wurde – natürlich bei einer entsprechenden Anzahl von Prüflingen und nicht etwa bei nur einem Teilnehmer. Liegen die Quoten eines Prüfungsgremiums ständig im Keller, ist dies vielleicht nicht ein Zeichen generell schlecht vorbereiteter Prüflinge, sondern eher recht eigenwilliger Prüfungsmethoden!

Sicherlich wird es bei der mündlichen Jägerprüfung auch ein wenig „menscheln". Es gibt eben Sympathie und Antipathie. Die Objektivität und die Qualität der Prüfer sind jedoch in aller Regel hervorragend.

Nach der Prüfung

Eine Aussprache nach der Prüfung zwischen Prüfern und Prüflingen, auch und vor allem mit den gescheiterten, ist nicht zuletzt im Interesse der Prüfungskommissionen und ihres Images.

Es soll hier keineswegs einer laschen Bewertung das Wort geredet und auch nicht aus Schwarz Weiß gemacht werden, dazu ist die Angelegenheit viel zu ernst. Aber manchmal macht eben der Ton die Musik. Auch ein lebenserfahrener, erfolgreicher Prüfling ist in einer Prüfungssituation viel sensibler, als die meisten glauben. Ein derber Spruch, der sonst allgemeines Gelächter hervorruft, führt in einer Prüfung gelegentlich zu betretenem Schweigen und beim Prüfling zu einer Blockade. Es sollte selbstverständlich sein, einem Prüfling zu erklären, warum er gegebenenfalls nicht bestanden hat. Dadurch kann auch der Prüfling Einsicht in seine Fehler gewinnen, auch wenn es schwerfällt. Ebenso selbstverständlich sollte die Betreuung des Prüflings durch den Ausbilder sein.

Menschliche Probleme und Schwächen

Die sind ganz normal! Gestehen Sie sich diese ein. Suchen Sie Hilfe, aber lassen Sie sich auch helfen! Der Ausbilder wird immer die Zeit für ein „Vier-Augen-Gespräch" mit Ihnen finden. Sprechen Sie

Tipp

Bei qualifizierter Ausbildung und engagiertem Lernaufwand sollten Erfolgsquoten von 80 bis 90 Prozent die Regel sein. Prüflingen, die vom Wissen her „jenseits von gut und böse" stehen, sollte der Ausbildungsleiter von der Teilnahme abraten. Misserfolg tut weh und ist oft vorhersehbar.

mit dem Menschen, der Ihr größtes Vertrauen genießt. Es ist egal, ob er für dieses Fach oder Problem direkt zuständig ist.
- Ich kann nicht (gut) lesen.
- Ich kann nicht (gut) schreiben.
- Ich kann nicht gut formulieren.
- Ich kann nicht gut Deutsch.
- Ich bin zu nervös.
- Ich habe die Antworten im Kopf, bring sie aber nicht raus.

Tipp

Besprechen Sie persönliche Prüfungsprobleme mit dem Ausbildungsleiter oder einem Lehrer Ihres Vertrauens. Ihnen kann geholfen werden – die Beteiligten müssen es nur wissen!

Wie Sie selbst mit einfachen, aber effektiven Methoden gegen Ihre Ängste angehen können, haben Sie im Kapitel „Prüfungsstoff-Wiedergabe" gelesen.

Service

Jagdbare Tiere (Wild) nach BJG [1] und den Bestimmungen der Bundesländer [2]

	BJG	BW[3]	BY	BB	HE	MV	NI	NW[4]	RP	SL	SN	ST	SH	TH
Schalenwild														
Wisent	X							X	X					
Elch	X							X	X		X			
Rotwild	X	X						X	X		X			
Damwild	X	X						X	X		X			
Sikawild	X	X						X	X		X			
Rehwild	X	X						X	X		X			
Gamswild	X	X						X	X		X			
Steinwild	X	X						X	X		X			
Muffelwild	X	X						X	X		X			
Schwarzwild	X	X						X	X		X			
Sonstiges Haarwild	X		BJG	BJG	BJG	BJG	BJG			BJG		BJG	BJG	BJG
Feldhase	X	(X)						X	X		X			
Schneehase	X	X												
Wildkaninchen	X	X						X	X		X			
Murmeltier	X	X												
Wildkatze	X	O						X			X			
Luchs	X	O						X			X			
Fuchs	X	X						X	X		X			
Steinmarder	X	X						X	X		X			
Baummarder	X	(X)							X		X			
Iltis	X	(X)						X	X		X			
Hermelin	X	X						X	X		X			

Jagdbare Tiere (Wild) nach BJG [1] und den Bestimmungen der Bundesländer [2] (Fortsetzung)

	BJG	BW[3]	BY	BB	HE	MV	NI	NW[4]	RP	SL	SN	ST	SH	TH
Mauswiesel	X	X												
Dachs	X	X	BJG	BJG	BJG	BJG	BJG	X	X	BJG		BJG	BJG	BJG
Fischotter	X								X		X			
Seehund	X													
Wolf											X			
Waschbär		X	X	X	X	X	X	X	X	X	X	X	X	X
Marderhund		X	X	X	X	X	X	X	X	X	X	X	X	X
Mink		X		X	X	X	X			X	X	X	X	X
Nutria		X	X		X		X			X	X	X	X	X
Hühnervögel														
Rebhuhn	X						X	X		X				
Fasan	X	(X)					X	X		X				
Wachtel	X							X						
Wildtruthühner	X						X	X						
Auerwild	X	O						X						
Birkwild	X							X						
Rackelwild	X							X						
Haselwild	X	O	BJG	BJG	BJG	BJG	BJG	X		BJG		BJG	BJG	BJG
Alpenschneehuhn	X													
Wasservögel														
Höckerschwan	X							X		X				
Wildgänse	X													
Graugans	X	(X)					X	X		X				
Kanadagans	X	X					X	X		X				
Saatgans	X							X		X				
Blässgans	X							X		X				
Ringelgans	X							X		X				

Jagdbare Tiere (Wild) nach BJG [1] und den Bestimmungen der Bundesländer [2] (Fortsetzung)

	BJG	BW[3]	BY	BB	HE	MV	NI	NW[4]	RP	SL	SN	ST	SH	TH
Sonstige d. Gattungen Anser u. Branta	X	O	BJG	BJG	BJG	BJG	BJG			BJG	X	BJG	BJG	BJG
Nilgans		X	X	X		X	X	X	X	X	X		X	
Rostgans		(X)									X			
Wildenten	X													
Stockente	X	X					X	X			X			
Reiherente	X	X						X			X			
Tafelente	X	X						X			X			
Löffelente	X							X			X			
Krickente	X	(X)						X			X			
Knäkente	X							X			X			
Schnatterente	X	(X)						X			X			
Spießente	X							X			X			
Pfeifente	X	(X)						X			X			
Bergente	X							X			X			
Trauerente	X		BJG	BJG	BJG	BJG	BJG		X	BJG	X	BJG	BJG	BJG
Samtente	X								X		X			
Sonstige d. Unterfam. Anatinae	X	O									X			
Säger	X													
Blässhuhn	X	X						X						
Möwen	X										X			
Haubentaucher	X													
Graureiher	X							X			X			
Kormoran		O												
Greife	X										X			
Habicht	X	O							X		X			

Jagdbare Tiere (Wild) nach BJG [1] und den Bestimmungen der Bundesländer [2] (Fortsetzung)

	BJG	BW[3]	BY	BB	HE	MV	NI	NW[4]	RP	SL	SN	ST	SH	TH
Falken	X										X			
Wanderfalke	X	O									X			
Sonstige Vögel	X													
Waldschnepfe	X	(X)							X		X			
Wildtauben	X													
Ringeltaube	X	X	BJG	BJG	BJG	BJG	BJG		X	BJG		BJG	BJG	BJG
Türkentaube	X	X					X							
Hohltaube	X	O												
Großtrappe	X													
Rabenvögel														
Kolkrabe	X													
Rabenkrähe			X	X	X	X		X	X			X	X	X
Nebelkrähe				X							X	X		
Elster			X	X	X	X		X	X			X	X	X
Eichelhäher				X	X									

1) Nur nach BJG, aber in keinem Bundesland jagdbar sind Großtrappe, Kolkrabe und Säger (Gattung Mergus)
2) Baden-Württemberg, Nordrhein-Westfalen, Rheinland-Pfalz und Sachsen haben die Jagdbaren Arten in ihren eigenen Gesetzen definiert. In Berlin, Bremen und Hamburg gelten nur die Bestimmungen des BJG. Sie sind hier daher nicht separat aufgeführt. In den übrigen Bundesländern gelten die Bestimmungen des BJG, weitere Arten (*kursiv* gesetzt) wurden aber ins Jagdrecht aufgenommen.
3) Nach dem neuen Jagd- und Wildtiermangementgesetz Baden-Württembergs gilt für dieses Bundesland:
X = Nutzungsmanagement, (X) = Entwicklungsmanagement, O = Schutzmanagement
4) In Nordrhein-Westfalen voraussichtlich gültig ab 1. April 2015

Ländervergleich Jagdbezirksgrößen und Jagdpacht

	Mindestgröße sowie [Mindestgröße jeden Teils bei Teilung]		Mindest-pachtdauer	Zulässige Anzahl an Pächtern EJ und GJ	Höchstpachtfläche	Jagderlaubnis
	Eigenjagdbezirk	Gemeinschaftl. Jagdbezirk				
BJG	75 ha [75 ha]	150 ha [250 ha]	Soll mind. 9 Jahre betragen		1000 ha	Sollen die Länder regeln
Baden-Württemberg	75 ha [75 ha]	150 ha [250 ha, bis 150 ha durch UJB genehmigungsfähig]	6 Jahre	Bis 250 ha 3 Personen, für jede weitere angefangenen 100 ha je 1 weitere	1000 ha	Keine Vorschrift, UJB kann eingreifen
Bayern	300 ha [500 ha] im Hochgebirge und dessen Vorbergen; im übrigen Bayern 81,755 ha [250 ha]	500 ha [500 ha] im Hochgebirge und dessen Vorbergen; im übrigen Bayern 250 ha [250 ha]	Niederwildreviere 9 Jahre, Hochwildreviere 12 Jahre	Hochgebirge und Vorberge: Bis 500 ha 1 Pächter, je weitere angefangene 500 ha 1 weiterer; übriges Bayern: Bis 250 ha 2 Pächter, je weitere angefangene 250 ha 1 weiterer	1000 ha; im Hochgebirge und seinen Vorbergen 2000 ha	Für entgeltliche wie zulässige Zahl an Pächtern; für unentgeltliche keine Vorschrift nach LJG
Berlin	75 ha [75 ha]	150 ha [250 ha]	Niederwildreviere 9 Jahre, Hochwildreviere 12 Jahre	Bis 250 ha 2 Personen. Je weitere angefangene 125 ha 1 weitere Person.	1000 ha	Ins Ermessen des JAB gestellt
Brandenburg	150 ha (auf Antrag minimal 75 ha) [150 ha]	500 ha (auf Antrag minimal 250 ha) [500 ha]	Niederwildreviere 9 Jahre, Hochwildreviere 12 Jahre	Bis 250 ha 2 Personen, je weitere volle 75 ha 1 weitere Person	1000 ha	Ins Ermessen des JAB gestellt

Ländervergleich Jagdbezirksgrößen und Jagdpacht (Fortsetzung)

	Mindestgröße sowie [Mindestgröße jeden Teils bei Teilung]		Mindestpachtdauer	Zulässige Anzahl an Pächtern EJ und GJ	Höchstpachtfläche	Jagderlaubnis
	Eigenjagdbezirk	Gemeinschaftl. Jagdbezirk				
Bremen	75 ha *[75 ha]*	250 ha (200 ha im Ausnahmefall möglich) *[250 ha, wenn keine Gründe entgegenstehen]*	Soll mind. 9 Jahre betragen	Bis 250 ha 2 Pächter, je weitere volle 125 ha 1 weitere Person	1000 ha	Ins Ermessen des JAB gestellt
Hamburg	75 ha *[250 ha]*	150 ha *[250 ha]*	Soll mind. 9 Jahre betragen	Bis 250 ha 1 Person; 250–400 ha 2 Personen; für jeden weiteren vollen 150 ha 1 weitere Person	1000 ha	Zahl entgeltlicher und unentgeltlicher Jagderlaubnisse darf nicht größer sein als Zahl der Pächter wäre; Anzeigepflicht ggü. UJB
Hessen	75 ha *[200 ha]*	150 ha *[200 ha]*	10 Jahre	EJ: Bis 150 ha 2 Personen, je weitere angefangene 75 ha 1 weitere Person; GJ: Bis 500 ha 3 Personen, je weitere angefangene 150 ha 1 weitere Person	1000 ha	Anzeigepflicht an die UJB bei Laufzeit > 1 Jahr
Mecklenburg-Vorpommern	75 ha *[75 ha]*	150 ha *[250 ha]*	Niederwildreviere mind. 9 Jahre, Hochwildreviere mind. 12 Jahre	Bis 250 ha 2 Personen, je weitere angefangene 150 ha 1 weitere Person	1000 ha	keine anzahlbezogene Vorschrift; UJB kann Zulassung untersagen

Ländervergleich Jagdbezirksgrößen und Jagdpacht (Fortsetzung)

	Mindestgröße sowie [Mindestgröße jeden Teils bei Teilung]		Mindest-pachtdauer	Zulässige Anzahl an Pächtern EJ und GJ	Höchstpacht-fläche	Jagderlaubnis
	Eigenjagd-bezirk	Gemein-schaftl. Jagdbezirk				
Nieder-sachsen	75 ha *[75 ha]*	250–200 ha, davon mind. 75 ha zusammenhängend jagdl. nutzbar *[250 ha]*	9 Jahre	keine Vorschrift	1000 ha	keine Vorschrift
Nord-rhein-Westfalen (Stand 04/2015)	75 ha *[75 ha]*	150 ha *[250 ha]*	Soll mind. 5 Jahre betragen	Wenn Jagdbezirk über 300 ha an weniger als die zulässige Pächterzahl verpachtet, muss für jeden vollen, über 300 ha hinausgehenden 150 ha eine Jagderlaubnis ausgegeben werden	1000 ha	entgeltlich und/oder unentgeltlich möglich (siehe Anzahl Pächter)
Rheinland-Pfalz	75 ha *[75 ha]*	250 ha (um bis zu 25 ha weniger zulässig *[250 ha]*	Soll mind. 8 Jahre betragen, kann auf 5 Jahre verkürzt werden	Bis 250 ha 3 Personen, für jede weitere angefangenen 100 ha je 1 weitere Person	1000 ha	keine anzahlbezogene Vorschrift
Saarland	75 ha *[75 ha]*	150 ha, davon mind. 75 ha zusammenhängend jagdl. nutzbar *[Teilung wenn jagdwirtschaftlich vertretbar]*	Soll mind. 5, höchstens 10 Jahre betragen	Bis 150 ha bis zu 2 Personen, je weitere angefangene 100 ha 1 weitere Person	1000 ha	entgeltliche und/oder un-ent-geltlich so viele, wie noch Pächter möglich wären; Sonderregelungen für ortsansässige Jagdgäste

Ländervergleich Jagdbezirksgrößen und Jagdpacht (Fortsetzung)

	Mindestgröße sowie [Mindestgröße jeden Teils bei Teilung]		Mindest-pachtdauer	Zulässige Anzahl an Pächtern EJ und GJ	Höchstpacht-fläche	Jagderlaubnis
	Eigenjagd-bezirk	Gemein-schaftl. Jagdbezirk				
Sachsen	75 ha *[75 ha]*	250 ha (befriedete Bezirke werden nicht eingerechnet *[250 ha]*	Soll mind. 9 Jahre betragen	Keine Regelungen im LJG; Pächter muss nicht jagdpachtfähig sein, sondern kann sofort pachten	1000 ha	Ins Ermessen des JAB gestellt
Sachsen-Anhalt	75 ha *[75 ha]*	250 ha (in Ausnahmefällen Absenkung auf 200 ha möglich) *[250 ha]*	Soll mind. 9 Jahre betragen	Bis 400 ha 4 Personen, für jede weitere voll 100 ha 1 weitere Person	1000 ha	Ins Ermessen des JAB gestellt
Schleswig-Holstein	75 ha *[75 ha]*	250 ha *[250 ha]*	Niederwildreviere 9 Jahre, Hochwildreviere 12 Jahre	Bis 300 ha 2 Personen, je weitere volle 150 ha 1 weitere Person	1000 ha	Ins Ermessen des JAB gestellt
Thüringen	75 ha *[75 ha]*	250 ha (befriedete Bezirke werden nicht eingerechnet *[250 ha]*	Niederwildreviere 9 Jahre, Hochwildreviere 12 Jahre, Ausnahmen sind möglich	Bis 250 ha 2 Personen, in Niederwildjagd je weitere volle 75 ha 1 weitere Person, in Hochwildjagd je weitere volle 150 ha 1 weitere Person	1000 ha	Unentgeltliche sind ins Ermessen des JAB gestellt; entgeltliche nur an jagdpachtfähige Personen und anzeigepflichtig ggü. UJB bei 3 Monaten Gültigkeit; entgeltliche gelten bei Berechnung wie Pächter

Ländervergleich Schriftliche Prüfung

Bundesland	Anzahl der Fragen	Offene Verfahren	Ankreuz- maximal	Zeitdauer	amtlicher Fragenpool
Baden-Württemberg	120		X	100 Minuten	ca. 2000 Fragen, mehrere Antworten richtig
Bayern	100		X	125 Minuten	ca. 1200, mit je 2–7 Antworten, teilw. mehrere richtig
Berlin	100	k. A.	k. A.	3 Stunden	
Brandenburg	90	bis 10 %	mind. 90 %	2 Stunden	
Bremen	100	zulässig	zulässig	3 Stunden	
Hamburg	90	zulässig	zulässig	3 Stunden	
Hessen	100	X		4 Stunden	
Mecklenburg-Vorpommern	125	75	50	3 Stunden	
Niedersachsen	100		X	150 Minuten	ja (1 oder 2 Antworten richtig)
Nordrhein-Westfalen	100		X	2 Stunden	500, ohne Antworten, teilw. mehrere richtig
Rheinland-Pfalz	120		X	4 Stunden	ca. 1200 Fragen, mehrere Antworten richtig
Saarland	120		X	2 Stunden	ca. 1000 Fragen mit je 5 Antworten, stets nur eine richtig
Sachsen	200		X	4 Stunden	
Sachsen-Anhalt	120	X		k. A.	
Schleswig-Holstein	80		X	3 Stunden	
Thüringen	100	k. A.	k. A.	4 Stunden	

Ländervergleich Schießprüfung

Bundes-land	Rehbock stehend	Ringscheibe sitzend	laufender Keiler	Wurfscheibe*	Kipphase	Faustfeuer-waffe*
	Schusszahl Trefferbereich Mindestleistung	Schusszahl Trefferbereich Mindestleistung	Schusszahl Mindestleistung	Anzahl Mindesttreffer	Anzahl Mindesttreffer	Anzahl Mindesttreffer
Baden-Württemberg	5 Ring 8–10 Bock + Keiler: zus. 5 Treffer jew. mind. 2	(Rehbock sitzend) 5 Ring 8–10 Bock + Keiler: zus. 5 Treffer jew. mind. 2	5 alle Ringe Bock + Keiler: zus. 5 Treffer jew. mind. 2	entfällt	10 mind. 5 Treffer	entfällt
Bayern	4 (2 sitzend)	entfällt	entfällt	entfällt	entfällt	entfällt
Berlin	5 Ring 1–10 25 Ringe	entfällt	entfällt	entfällt	5	entfällt
Brandenburg	5 (auch sitzend) Ring 8–10	entfällt	5 Ring 5–10 21 Ringe	10 (altern. Kipphase)** 4	10 (altern. Wurfscheibe)** 5	entfällt
Bremen	5	entfällt	entfällt	10 (altern. Kipp- oder Rollhase)** 3	10 (altern. Wurfscheibe)** 5	entfällt
Hamburg	5 Büchsendisziplin insges. 50 Ringe	5 (liegend auf Fuchs) Büchsendisziplin insges. mind. 50 Ringe	entfällt	10 (altern. Kipphase	10 (altern. Wurfscheibe)** 5	entfällt
Hessen	3 2	3 (Überläufer) 2 Treffer	entfällt	entfällt	8 5	entfällt
Mecklenburg-Vorpommern	5 Ring 3–10 21 Ringe/Treffer	entfällt	5 Ring 3–10 3 Treffer	10 (altern. Kipphase)*** 3	10 (altern. Wurfscheibe)*** 5	entfällt

Ländervergleich Schießprüfung (Fortsetzung)

Bundes-land	Rehbock stehend	Ringscheibe sitzend	laufender Keiler	Wurfscheibe*	Kipphase	Faustfeuer-waffe*
	Schusszahl Trefferbereich Mindestleistung	Schusszahl Trefferbereich Mindestleistung	Schusszahl Trefferleistung Mindestleistung	Anzahl Trefferleistung Mindesttreffer	Anzahl Trefferleistung Mindesttreffer	Anzahl Trefferleistung Mindesttreffer
Nieder-sachsen	5 Ring 1–10 25 Ringe	entfällt	5 2	15 5	15** 10***	entfällt
Nordrhein-Westfalen	5	entfällt	entfällt	10 (altern. Kipp-hase)** 3	10 (altern. Wurf-scheibe)**** 5	entfällt
Rheinland-pfalz	4 alle Ringe Büchsen-disziplin insges. 60 Ringe	3 (stehender Überläufe) alle Ringe Büchsen-disziplin insges. 60 Ringe	3 alle Ringe Büchsen-disziplin insges. 60 Ringe	15 (wenn nicht ver-fügbar, altern. Roll-hase) 5	15 (Rollhasen, wenn Wurf-scheibe nicht nicht verfüg-bar, Kipphase, wenn auch Rollhase nicht verfügbar	6 Schuss 7 Meter 5 Treffer im Bereich der 8 oder mehr (Überläufer-scheibe)
Saarland	3 Ring 3–10 Bock + Ringsch. insg. 4 Treffer	3 Ring 6–10 Bock + Ringsch. insg. 4 Treffer	entfällt	entfällt	6 3	entfällt
Sachsen	5 alle Ringe 3 Treffer	entfällt	5 Ringe 3–10 2 Treffer	15 4	5 3	entfällt
Sachsen-Anhalt	5 Ring 3–10 25 Ringe	entfällt	entfällt	10 (altern. Kipphase) 3	10 (altern. Wurf-scheibe)** 5 altern. zu Trap	4 Scheiben-treffer

* in manchen Ländern werden einzelne Schrotdisziplinen und/oder das Kurzwaffenschießen nicht geprüft, gleichwohl aber Trainingseinheiten während der Ausbildung verlangt
** wählbar durch die Prüfungskommission
*** Nur in Ausnahmefällen, wenn keine Wurfscheibenanlage verfügbar
**** vorbestimmt

Ländervergleich Mündliche Prüfung

Bundesland	Anzahl Prüfer je Station	Anzahl Prüflinge gleichzeitig	Anwesenheit des Ausbilders generell zugelassen	Praktische Revierprüfung
Baden-Württemberg	2–4	bis 3		X
Bayern	1–2	bis 3		
Berlin	k. A.	k. A.		
Brandenburg	2	2–5		
Bremen	2	k. A.		X
Hamburg	k. A.	bis 5		
Hessen	k. A.	bis 6		X
Mecklenburg-Vorpommern	2	k. A. (i. d. R.)		
Niedersachsen	2	1		X
Nordrhein-Westfalen	k. A.	bis 3		
Rheinland-Pfalz	immer ganze Kommission (6 Prüfer)	bis 5		
Saarland	2	1	X	
Sachsen	2 oder 4	bis 6		
Sachsen-Anhalt	2	k. A.		X
Schleswig-Holstein	mind. 4	k. A.		
Thüringen	5	bis 6		

MUSTER-Wildfolgevereinbarung gem. § 35 LJagdG RLP

Zwischen den Jagdausübungsberechtigten bzw. ihren bevollmächtigten Vertretern der nachstehend aufgeführten aneinandergrenzenden Jagdbezirke

a) _____

b) _____

wird am _____ folgende Wildfolgevereinbarung geschlossen:

Für die nach § 35 Abs. 3 LJagdG zu treffenden Vereinbarungen gelten folgende Regelungen:

Als Ursprungsjagdbezirk wird im Folgenden der Jagdbezirk bezeichnet, in dem Wild krank geschossen oder schwer krank bzw. schwer verletzt aufgefunden wird. Als Folgejagdbezirke werden all diejenigen Jagdbezirke bezeichnet, in die krank geschossenes, schwer krankes oder schwer verletztes Wild einwechselt.

1. Ist keiner der Jagdausübungsberechtigten des Folgejagdbezirkes erreichbar,

- ☐ so soll die Nachsuche von einer jagdausübungsberechtigten Person des Ursprungsjagdbezirkes unter Mitführung einer Waffe und unter Hinzuziehung eines anerkannten Schweißhundeführers fortgesetzt werden.
- ☐ so haben die Jagdausübungsberechtigten des Ursprungsjagdbezirkes einen anerkannten Schweißhundeführer mit der Nachsuche zu beauftragen.
- ☐ so soll die Nachsuche von einer jagdausübungsberechtigten Person des Ursprungsjagdbezirkes unter Mitführung einer Waffe und unter Hinzuziehung des Führers eines brauchbaren Hundes bis zu ____ m Luftlinie ab der Jagdbezirksgrenze / bis zu ____ m Nachsuchenstrecke ab der Jagdbezirksgrenze / unbegrenzt (Unzutreffendes bitte streichen) fortgesetzt werden.

Nichterreichbarkeit liegt vor, wenn innerhalb von ____ Minuten/Stunden keiner der Jagdausübungsberechtigten benachrichtigt werden kann.

2. Können die Jagdausübungsberechtigten des Folgejagdbezirkes die Nachsuche nicht unverzüglich fortsetzen,

- ☐ so soll die Nachsuche von einer jagdausübungsberechtigten Person des Ursprungsjagdbezirkes unter Mitführung einer Waffe und unter Hinzuziehung eines anerkannten Schweißhundeführers fortgesetzt werden.
- ☐ so haben die Jagdausübungsberechtigten des Ursprungsjagdbezirkes einen anerkannten Schweißhundeführer mit der Nachsuche zu beauftragen.
- ☐ so haben die Jagdausübungsberechtigten des Folgejagdbezirkes einen anerkannten Schweißhundeführer mit der Nachsuche zu beauftragen.
- ☐ so soll die Nachsuche von einer jagdausübungsberechtigten Person des Ursprungsjagdbezirkes unter Mitführung einer Waffe und unter Hinzuziehung des Führers eines brauchbaren Hundes bis zu ____ m Luftlinie ab der Jagdbezirksgrenze / bis zu ____ m Nachsuchenstrecke ab der Jagdbezirksgrenze / unbegrenzt (Unzutreffendes bitte streichen) fortgesetzt werden.

3. Versorgung und Bergung des Wildes

- ☐ ist durch Jagdausübungsberechtigte des Ursprungsjagdbezirkes sicherzustellen.
- ☐ ist durch Jagdausübungsberechtigte des Folgejagdbezirkes sicherzustellen, in dem das Wild verendet.

4. Mitnahme des Wildes

- ☐ ist durch Jagdausübungsberechtigte des Ursprungsjagdbezirkes sicherzustellen.
- ☐ ist durch Jagdausübungsberechtigte des Folgejagdbezirkes sicherzustellen, in dem das Wild verendet.

5. Das Wildbret

- ☐ verbleibt bei den Jagdausübungsberechtigten des Ursprungsjagdbezirks.
- ☐ verbleibt bei den Jagdausübungsberechtigten des Folgejagdbezirkes, in dem das Wild verendet.

6. Die Trophäe

- ☐ verbleibt bei den Jagdausübungsberechtigten des Ursprungsjagdbezirks.
- ☐ verbleibt bei den Jagdausübungsberechtigten des Folgejagdbezirkes, in dem das Wild verendet.

7. Anrechnung auf die Abschussregelung

- ☐ erfolgt bei dem Ursprungsjagdbezirk.
- ☐ erfolgt bei dem Folgejagdbezirk, in dem das Wild verendet.
- ☐ erfolgt bei krank geschossenem Wild bei dem Ursprungsjagdbezirk, sonst bei dem Folgejagdbezirk, in dem das Wild verendet.

8. Kostentragung:

- ☐ Die ortsübliche Vergütung des Hundeführers haben die Jagdausübungsberechtigten desjenigen Jagdbezirkes zu tragen, der diesen nach dieser Vereinbarung zu beauftragen hat. Darüber hinaus trägt jeder seine eigenen Kosten.
- ☐ Die ortsübliche Vergütung des Hundeführers haben die Jagdausübungsberechtigten des Ursprungsjagdbezirkes zu tragen. Darüber hinaus trägt jeder seine eigenen Kosten.

9. Sonstige Vereinbarungen:

- ☐ Die in dem Fall einer Nachsuche anzurufenden Personen sind von den Jagdausübungsberechtigten beider benachbarter Jagdbezirke gegenseitig mitzuteilen. Es sind mindestens _____ und höchstens _____ Personen mit Telefonnummern anzugeben. Änderungen sind jeweils unverzüglich mitzuteilen.
- ☐ Jagdausübungsberechtigte des Ursprungsbezirkes tragen dem Schützen oder einer eingewiesenen Person auf, an der Nachsuche bis zu ihrem Ende teilzunehmen. Die Jagdausübungsberechtigten des Folgejagdbezirkes dulden die Teilnahme.

Bitte im Vordruck Zutreffendes ankreuzen oder entsprechend ergänzen.

Unterschriften *aller* jagdausübungsberechtigten Personen des unter a) genannten Jagdbezirkes

_____ _____
(Name/Anschrift/Telefonnummer) (Name/Anschrift/Telefonnummer)

_____ _____
(Unterschrift) (Unterschrift)

Erläuterungen zum Mustervordruck Rheinland-Pfalz:

Für die Nummern 1–7 ist zwingend eine Regelung zu treffen. Darüber hinausgehende Vereinbarungen sind möglich. Hierbei sind Abweichungen von § 35 Abs. 1 und Abs. 2 LJagdG jeweils nur zulässig, soweit sie den Tierschutz nicht einschränken. Abweichungen von § 35 Abs. 4 und Abs. 5 LJagdG sind unzulässig.

§ 35 Landesjagdgesetz RLP

(I) Wechselt krank geschossenes, schwer krankes oder schwer verletztes Wild in einen benachbarten Jagdbezirk und verweilt es in Sichtweite, so ist es unverzüglich von dem Jagdbezirk aus, den es verlassen hat, zu erlegen; ist ein sicherer Fangschuss nicht anzubringen, darf die Jagdbezirksgrenze unter Mitführung der Schusswaffe überschritten werden. Das Erlegen von Wild ist der jagdausübungsberechtigten Person des benachbarten Jagdbezirks, einer ihrer Jagdaufseherinnen oder einem ihrer Jagdaufseher (Jagdnachbarin oder Jagdnachbar) unverzüglich mitzuteilen; auf Verlangen ist erlegtes Wild am Erlegungsort vorzuzeigen.

(II) Wechselt krank geschossenes, schwer krankes oder schwer verletztes Wild in einen benachbarten Jagdbezirk und verweilt es nicht in Sichtweite, so hat die jagdausübungsberechtigte Person oder die von ihr mit der Nachsuche beauftragte Person die Stelle, an der das Wild über die Jagdbezirksgrenze gewechselt ist, kenntlich zu machen und das Überwechseln der Jagdnachbarin oder dem Jagdnachbarn unverzüglich mitzuteilen. Die Jagdnachbarin oder der Jagdnachbar hat die Nachsuche unverzüglich selbst oder durch eine beauftragte Person fortzusetzen; die nach Satz 1 nachsuchende Person soll sich an der Nachsuche beteiligen. Wechselt das Wild in einen weiteren Jagdbezirk, so gelten die Sätze 1 und 2 sinngemäß.

(III) Benachbarte jagdausübungsberechtigte Personen haben innerhalb von drei Monaten nach Beginn der Jagdnachbarschaft eine schriftliche Vereinbarung über die Verfolgung von krank geschossenem, schwer krankem oder schwer verletztem Wild über die Jagdbezirksgrenze hinaus (Wildfolgevereinbarung) zu treffen. Die Wildfolgevereinbarung muss mindestens Regelungen enthalten zu

1. der Versorgung des Wildes,
2. der Mitnahme des Wildes, dem Verbleib des Wildbrets und der Trophäe,
3. der Anrechnung auf die Abschussregelung,
4. der Sicherstellung einer unverzüglichen Nachsuche für den Fall, dass die Jagdnachbarin oder der Jagdnachbar nicht erreichbar ist oder die Nachsuche nicht unverzüglich fortsetzen kann.

Abweichungen von den Absätzen 1 und 2 sind hierbei zulässig, soweit sie den Tierschutz nicht einschränken.

(IV) Anerkannte Führerinnen und Führer von Schweißhunden dürfen bei einer Nachsuche von Schalenwild Jagdbezirksgrenzen ohne Zustimmung der jagdausübungsberechtigten Person, in deren Jagdbezirk das krank geschossene, schwer kranke oder schwer verletzte Schalenwild einwechselt, unter Mitführung einer Schusswaffe überschreiten.

(V) Die Wildfolge ist in Gebiete zulässig, auf denen die Jagd ruht oder nur eine beschränkte Ausübung der Jagd gestattet ist. Bei befriedeten Bezirken gelten die Bestimmungen der Absätze 1 und 2 mit der Maßgabe, dass an die Stelle der Jagdnachbarin oder des Jagdnachbarn die Eigentümerin, der Eigentümer oder die nutzungsberechtigte Person des befriedeten Bezirkes tritt. Kommt das Wild in einem befriedeten Bezirk zur Strecke, so steht das Aneignungsrecht der Eigentümerin, dem Eigentümer oder der nutzungsberechtigten Person des befriedeten Bezirkes zu.

Prüfungsfragen-Muster

▶ **Ankreuzsystem –
nur eine Antwort ist richtig**
(Bsp. Saarland)
Alle Fragen aus vorgegebenem Fragen-Pool,
Pool enthält alle Antworten mit Lösungen!
Beispiel: Fach Jagdbetrieb – Hundewesen

1. Wann hat sich auf einer Treibjagd ein Schütze mit seinem/seinen Nachbar(n) zu verständigen?
a) Nach dem Einnehmen seines Standplatzes;
b) unmittelbar vor dem Schuss;
c) unmittelbar nach dem Schuss;
d) beim Angehen der Treiber;
e) wenn er ein Stück Wild gestreckt hat.

2. Wie zeichnet ein Stück Schalenwild nach einem Krellschuss?
a) Es zieht mit krummem Rücken im Troll ab;
b) es springt wie gesund ab;
c) es liegt zuerst schlagartig im Schuss, wird nach einiger Zeit aber wieder flüchtig;
d) es bleibt stehen und zeichnet nicht;
e) nach einer hohen Flucht rutscht es mit tiefem Kopf in die nächste Dickung.

3. Gemäß „UVV – Jagd" müssen Hochsitze geprüft werden:
a) nur, wenn die Landwirtschaftliche Berufsgenossenschaft dies anordnet;
b) mindestens alle 5 Jahre;
c) nur, wenn der Revierinhaber dies anordnet;
d) nur einmal im Jahr;
e) vor jeder Benutzung, mindestens jedoch einmal jährlich;

4. Welches der folgenden Organe eines Stückes Rehwild gehört nicht zum Geräusch?
a) Lunge;
b) Herz;
c) Leber;
d) Nieren;
e) Pansen.

5. Welche der folgenden Jagdarten kann nicht von einem Jäger allein ausgeübt werden?
a) Pirsch;
b) Suche;
c) Streife;
d) Buschieren;
e) Lockjagd.

6. Wie werden vom Hund apportierte, aber noch lebende Hasen oder Wildkaninchen durch den Jäger waidgerecht getötet?
a) Er lässt sie auf Kommando vom Hund abwürgen;
b) durch Fangschuss;
c) durch Schlag hinter die Löffel;
d) durch Abfangen;
e) durch Abnicken.

7. Worauf ist beim Aufbrechen des Schlosses dringend zu achten?
a) Dass die Keulen nicht verletzt werden;
b) dass die Trophäe, z. B. Pürzel oder Blume, nicht entwertet wird;
c) dass die Nieren nicht beschädigt werden;
d) dass die Milz nicht verletzt wird;
e) dass die Blase nicht zerstochen wird.

8. Welche Fallen dürfen im Saarland nicht verwendet werden?
a) Wieselwippbretfallen;
b) Holzkastenfallen;
c) Röhrenfallen;
d) Fangeisen;
e) Drahtkastenfallen.

9. In welcher Jahreszeit sind Raubwildbälge am besten zu verwerten?
a) Im Frühjahr;
b) im Sommer;
c) im Herbst;
d) im Winter;
e) zu jeder Jahreszeit, wenn sie richtig behandelt werden.

10. Nach dem Schuss auf einen Rehbock, der nicht im Feuer lag, findet der Jäger am Anschuss Äsungsreste, wenig Schnitthaar und etwas dunklen Schweiß. Er schließt auf einen
a) Trägerschuss;
b) Kammerschuss;
c) Blattschuss;
d) Wildpretschuss;
e) Waidwundschuss.

11. Am Rande einer Kultur finden Sie Ende Mai eine Douglasie, bei der in Höhe von 30 bis 50 cm die Rinde abgeschabt ist. Welches Wild bestätigen Sie dadurch?
a) (Verbiss durch den) Hasen;
b) (Ringeln durch) Kaninchen;
c) (Fegeschaden durch einen) Rehbock;
d) (Schälschaden durch einen) Rothirsch;
e) gar kein Wild. Es handelt sich dabei mit Sicherheit um einen Schaden durch Holztransport mittels Traktor.

12. Woran kann der Jäger sicher alte von jungen Hasen auf der Strecke unterscheiden?
a) Durch die Färbung der Wolle;
b) durch die Größe der Blume;
c) durch das Stroh'sche Zeichen;
d) durch die Länge der Löffel;
e) durch das Körpergewicht.

13. Unerwünscht ist folgende Lautäußerung des Jagdhundes
a) Waidlaut;
b) Spurlaut;
c) Sichtlaut;
d) Standlaut;
e) Vorliegelaut.

14. Wer ist für die Durchführung der Brauchbarkeitsprüfung für Jagdhunde im Saarland zuständig?
a) Das zuständige Forstamt;
b) die zuständige Untere Jagdbehörde;
c) der Zuchtverein der jeweiligen Jagdhunderasse;
d) der Jagdgebrauchshundeverband;
e) die Vereinigung der Jäger des Saarlandes.

15. Wenn ein Hund die HZP bestanden hat, gilt er noch nicht als brauchbar im Sinne des Saarländischen Jagdgesetzes. Welche Prüfungsfächer fehlen?
a) Verlorenbringen;
b) Schweißarbeit und Gehorsam;
c) Wasserarbeit;
d) Vorstehen;
e) Spurarbeit.

16. Welches Rassekennzeichnen besitzt der Große Münsterländer?
a) Spursicherheit;
b) Raubwildschärfe;
c) Verbindung der Farben „Weiß" und „Schwarz";
d) sehr gute Wasserarbeit;
e) gründliche, intensive Suche.

17. In welcher Weise wird dem Jagdhund artgerecht Wasser gegeben?
a) Immer wenn er Durst hat;
b) nach dem Füttern in bestimmter Menge;
c) einmal täglich 1–2 Liter;
d) gar nicht, er befriedigt seinen Durst natürlicherweise draußen in der Wildbahn;
e) frisches, sauberes Wasser muss dem Hund immer zur Verfügung stehen.

18. Für welche beiden Arbeiten sind die Teckel besonders gut geeignet?
a) Für Schweiß- und Bauarbeit;
b) für Stöber- und Wasserarbeit;
c) für Buschieren und Stöbern;
d) für Bau- und Feldarbeit;
e) für Freiverlorensuche und Schweißarbeit.

Musterlösungen:
1a, 2c, 3e, 4e, 5c, 6c, 7e, 8d, 9d, 10e, 11c, 12c, 13a,14e, 15b, 16c, 17e, 18a.

▶ **Ankreuzsystem –
mehrere Antworten sind richtig**
(Bsp. Baden-Württemberg, Bayern, Rheinland-Pfalz, Niedersachsen)
Mehrere Antworten können richtig sein. Teilweise mit offenen Fragen kombiniert (z. B. Brandenburg).
Beispiel: Sachgebiet: „Waffenrecht, Waffentechnik, Führung von Jagdwaffen"

1. Welche der nachstehenden Handlungen sind erlaubt?
a) Die Ausübung der Jagd mit einer Selbstladebüchse, bei der maximal 2 Patronen ins Magazin passen.
b) Der Transport der zugriffsbereiten Waffe von der Wohnung zum Büchsenmacher.
c) Die Ausübung der Jagd mit vollautomatischen Waffen.
d) Das Einschießen des Jagdgewehres im eigenen Revier außerhalb eines Schießstandes.

2. Darf ein Jagdscheininhaber zur Wildbeobachtung ein Nachtsichtgerät verwenden, das nicht zur Montage auf einer Schusswaffe bestimmt ist?
a) Ja, das ist erlaubt.
b) Nein, Nachtsichtgeräte sind generell verboten.
c) Ja, aber nur mit maximal 2-facher Vergrößerung.
d) Ja, aber immer nur in Verbindung mit einer Infrarotlampe.

3. Welche Teile einer Kurzwaffe müssen Beschusszeichen aufweisen?
a) nur der Lauf
b) nur das System
c) nur das Patronenlager
d) alle wesentlichen Teile

4. Wo wird bei einer Pistole das amtliche Beschusszeichen angebracht?
a) auf dem Lauf, dem Verschluss und dem Rahmen
b) auf dem Lauf und dem Magazin
c) auf dem Griffstück

5. Was wird beim amtlichen Beschuss einer Langwaffe geprüft?
a) die Schussleistung
b) die Handhabungssicherheit, Haltbarkeit, Maßhaltigkeit und Kennzeichnung
c) die Dralllänge
d) die Durchschlagskraft des Geschosses

6. Was überprüft der amtliche Beschuss bei einer Langwaffe?
a) Maßhaltigkeit
b) Schussleistung
c) Haltbarkeit
d) Drall-Länge
e) Geschoss-Freiflug

7. Um wie viel Prozent ist der Gasdruck bei einer Beschusspatrone gegenüber dem höchstzulässigen Gebrauchsgasdruck bei einer Büchsenpatrone höher?
a) 10 %
b) 20 %
c) 30 %
d) 100 %
e) 50 %

8. Worin besteht der amtliche Beschuss von Schusswaffen?
a) In einer Überprüfung der Schussleistung der Läufe
b) In einer Gewaltprobe mit Ladungen von erhöhtem Gasdruck
c) In einer Kontrolle der Visiereinrichtungen
d) In einem Beschuss durch die DEVA

9. Welche Aussagen sind richtig? Handfeuerwaffen müssen folgende Kennzeichnungen (Kennungen) tragen:
a) Lauflänge
b) Herstellerbezeichnung
c) Kaliberbezeichnung
d) amtliche Beschusszeichen

10. Welche Aussagen sind richtig?
    Im Rahmen der Beschussprüfung
    wird überprüft
    a) die Länge des Laufes
    b) die Haltbarkeit (Gasdruck)
    c) die Handhabungssicherheit
    d) die Maßhaltigkeit

11. Das amtliche Beschusszeichen besteht aus
    a) dem Kennbuchstaben für die Art des Beschusses
    b) dem Ortszeichen des Beschussamtes
    c) dem Jahreszeichen für das Beschussjahr
    d) dem Landeswappen
    e) der Kaliberangabe

12. Eine Schusswaffe muss Kennzeichnungen tragen, welche sind notwendig?
    a) Eingetragene Marke eines Herstellers
    b) Die Bezeichnung des Kalibers
    c) Der Gefahrenbereich der Geschosse
    d) Der Geschosstyp
    e) Die Beschusszeichen

13. Nach dem Waffengesetz sind wesentliche Waffenteile
    a) Das Magazin
    b) Die Trommel eines Revolvers
    c) Das Griffstück einer Pistole mit Auslösemechanismus
    d) Der Schlagbolzen
    e) Alle mit der Schusswaffe fest verbundenen Teile

14. Bei der Beschussprüfung durch das Beschussamt wird geprüft
    a) die Treffpunktlage
    b) die Präzision
    c) das verwendete Material
    d) die Maßhaltigkeit
    e) die Funktionssicherheit

15. Nach dem Waffengesetz sind verboten
    a) Vorderschaftrepetierflinten mit Pistolengriff und ohne Hinterschaft
    b) Halbautomatische Langwaffen mit einem Magazin für mehr als zwei Patronen
    c) Schusswaffen, die zerlegbar sind
    d) Schusswaffen, die über den für Jagdzwecke üblichen Umfang verkürzt werden können
    e) Zielfernrohre mit beleuchteten Absehen

16. Sind vollautomatische Waffen zum Erlegen von Schalenwild zugelassen?
    a) Nein
    b) Ja, wenn das Magazin nicht mehr als 2 Patronen fasst
    c) Ja, wenn das Magazin nicht mehr als 5 Patronen fasst
    d) Ja, wenn bei Betätigen des Abzuges sich maximal 2 Schüsse lösen

17. Innerhalb welcher Frist müssen Sie eine neu erworbene Langwaffe auf die WBK eintragen lassen?
    a) Unverzüglich
    b) Innerhalb von vier Wochen
    c) Innerhalb von zwei Wochen

18. Wie lange gilt die Besitzerlaubnis für eine auf der WBK eingetragene Waffe (vorbehaltlich eines behördlichen Widerrufs oder einer Rücknahme)?
    a) Für die Dauer der Gültigkeit des Jahresjagdscheines
    b) Unbegrenzt
    c) Fünf Jahre

Musterlösungen:
1 a + d; 2 a; 3 d; 4 a; 5 b; 6 a + c; 7 c; 8 b;
9 b + c + d; 10 b + c + d; 11 a + b + c;
12 a+ b + e; 13 b + c; 14 d + e; 15 a+ d;
16 a; 17 c; 18 b

▸ **System mit ausschließlich offenen Fragen**
(Bsp. Hessen)
Fragen und Anworten werden jährlich neu erstellt. Es gibt keinen Fragen-Pool.
Beispiel: Sachgebiet: „Jagd-, Tierschutz- sowie Naturschutz- und Landschaftspflegerecht"

1. Welche einzelnen Tätigkeiten rechnet das Bundesjagdgesetz zum Jagdausübungsrecht?
2. Der Eigentümer eines Grundstücks im befriedeten Bezirk findet dort ein verendetes Reh. Welche Verpflichtung hat er?
3. Unter welchen Voraussetzungen kommt eine Abrundung von Jagdbezirken in Betracht?
4. Wo und unter welchen Umständen ist in jedem Jagdbezirk die Jagdausübung zu unterlassen?
5. Der Jagdpächter will in seinem Jagdbezirk auf einem Grundstück, das ihm nicht gehört, einen Hochsitz errichten. Wer muss diesem Vorhaben zustimmen und unter welchen Voraussetzungen?
6. Nach Ablegung der Jägerprüfung erhalten Sie Ihren ersten Jagdschein am 10. Mai 1988. Wann und unter welchen Voraussetzungen werden Sie jagdpachtfähig?
7. Sie wollen erstmals ein Jagdrevier pachten. Es werden Ihnen ein Staatsjagdrevier und ein Revier in einem gemeinschaftlichen Jagdbezirk angeboten. Welche Mindestpachtflächen müssen die beiden Pachtreviere haben?
8. Ein von Ihnen beschossener Fasan fällt im Nachbarrevier herunter und bleibt für Sie sichtbar liegen. Was dürfen Sie tun und welche Pflichten ergeben sich daraus, wenn Sie bis dahin keine Wildfolgevereinbarung abgeschlossen haben?
9. Sie haben in einem Jagdbezirk, der nicht zu einem Rotwildgebiet zählt, Jagderlaubnis auf alle Wildarten. Dort treffen Sie im November auf ein Rudel Rotwild. Welche Tiere des Rudels dürfen Sie erlegen?
10. In welchen Fällen darf Wild aus Kraftfahrzeugen heraus erlegt werden?
11. Welche Wildarten haben keine Schonzeiten? Lassen Sie den Schutz während der Setz- und Brutzeit außer Betracht.
12. Welche Befugnis aus dem Jagdschutz kann auf den Jagdgast übertragen werden und in welcher Form muss dies geschehen?
13. Ein Jagdausübungsberechtigter will mit seinem Hund und in jagdlicher Ausrüstung sein Revier auf einem von der Unteren Jagdbehörde festgelegten Weg erreichen. Welche jagdrechtliche Bezeichnung ist für einen solchen Weg im Gesetz vorgeschrieben und was muss der Jagdausübungsberechtigte bei der Benutzung beachten?
14. Welche Forderungen darf das Kreisjagdamt an Sie richten, um die Erfüllung Ihres Abschussplanes nachprüfen zu können? Nennen Sie die vier möglichen Forderungen.
15. Bei der Gemeinde wird ein Anspruch auf Wildschadenersatz angemeldet. Wie läuft das Verfahren im Wesentlichen ab?
16. Ein Jagdschutzberechtigter hat einen wildernden Hund krankgeschossen.

Nach welchem Gesetz ist er zur Nachsuche verpflichtet und unter welchen Voraussetzungen darf er nach erfolgreicher Nachsuche das Tier töten?

17. Ein Treiber holt sich nach Jagdende einen Hasen
    a) unbemerkt vom Wildwagen und
    b) einen von ihm während der Treibjagd erschlagenen und anschließend versteckten Hasen aus dem Versteck. Welcher Vergehen hat sich der Treiber schuldig gemacht?

18. In welchen Rechtsvorschriften ist das Halten von a) heimischen und b) nicht heimischen Greifvögeln geregelt?

Musterlösungen:
1. Aufsuchen, Nachstellen, Erlegen und Fangen von Wild
2. Das Reh ist dem Jagdausübungsberechtigten, der Gemeindebehörde oder der Polizei abzuliefern oder anzuzeigen.
3. Wenn sie aus Erfordernissen der Jagdpflege und Jagdausübung notwendig ist.
4. An allen Orten, wo die Jagd im Einzelfall die öffentliche Ruhe, Ordnung oder Sicherheit stört oder das Leben von Menschen gefährden würde.
5. Der Eigentümer des Grundstücks, vorausgesetzt, der Bau des Hochsitzes kann ihm zugemutet werden und er erhält eine angemessene Entschädigung.
6. Ab 10. Mai 1991, sofern Sie für die dazwischen liegenden drei vollen Jahre jeweils einen Jahresjagdschein in Deutschland besessen haben.
7. Beim Staatsjagdrevier: 75 ha, beim Gemeinschaftlichen Jagdrevier: 250 ha
8. Die Jagdgrenze darf überschritten und der Fasan fortgeschafft werden. Der Jagdausübungsberechtigte des Nachbarreviers ist unverzüglich zu benachrichtigen. Ihm gehört das erlegte Wild.
9. Alle Tiere, ausgenommen den Kronenhirsch
10. Kümmerndes und schwerkrankes Wild; alles Wild durch Körperbehinderte mit Erlaubnis der Unteren Jagdbehörde.
11. Beim Schwarzwild Frischlinge und Überläufer, Wildkaninchen, Füchse.
12. Der Jagdschutzberechtigte kann dem Jagdgast schriftlich die Erlaubnis erteilen, Hunde und Katzen unter den gleichen Voraussetzungen zu töten, wie sie für ihn selbst gelten.
13. Jägernotweg; Schusswaffen dürfen nur ungeladen und in einem Überzug oder mit verbundenem Schloss oder zerlegt, Hunde nur an der Leine mitgeführt werden.
14. 1. Die Vorlage Ihrer Abschussliste,
    2. die Meldung jeden Abschusses von Schalenwild,
    3. die Vorlage des erlegten Stückes oder Teile desselben,
    4. die Vorlage der Trophäe im Einzelfall oder im Rahmen einer allgemeinen Trophäenschau.
15. Die Gemeinde prüft zunächst, ob die Anmeldefrist eingehalten ist. Ist das der Fall, wird ein Ortstermin festgesetzt, zu dem der Geschädigte und der Ersatzpflichtige geladen werden. Kommt keine gütliche Einigung zustande, wird ein Wildschadenschätzer zugezogen und anschließend ein schriftlicher Vorbescheid erlassen.
16. Nach dem Tierschutzgesetz, wenn erkennbar das Tier sofort von seinen Leiden erlöst werden muss.
17. a) Diebstahl
    b) Wilderei
18. a) in der Bundeswildschutzverordnung
    b) in der Bundesartenschutzverordnung

QR-Codes mit ausgewählten wichtigen Jagdsignalen

Das hohe Wecken
www.m.kosmos.de/
13445/a1

Begrüßung
www.m.kosmos.de/
13445/a2

Zum Essen
www.m.kosmos.de/
13445/a3

Jagd vorbei + Halali
www.m.kosmos.de/
13445/a4

▲ Allgmeine Signale

Aufbruch zur Jagd
www.m.kosmos.de/
13445/a5

Anblasen des Treibens
www.m.kosmos.de/
13445/a6

Treiber in den Kessel
www.m.kosmos.de/
13445/a7

▶ Jagdleitsignale

Treiben zurück
www.m.kosmos.de/
13445/a8

Aufhören zu schießen
(Hahn in Ruh')
www.m.kosmos.de/
13445/a9

Sammeln der Jäger
www.m.kosmos.de/
13445/a10

▼ Totsignale

Hirsch tot
www.m.kosmos.de/
13445/a11

Sau tot
www.m.kosmos.de/
13445/a12

Reh tot
www.m.kosmos.de/
13445/a13

Fuchs tot
www.m.kosmos.de/
13445/a14

Wichtige Internetadressen

▶ **Oberste Jagdbehörden der Bundesländer**

Baden-Württemberg:
Ministerium für Ländlichen Raum und Verbraucherschutz
www.mlr.baden-wuerttemberg.de

Bayern:
Bayerisches Staatsministerium für Ernährung, Landwirtschaft und Forsten
www.stmlf.bayern.de

Berlin:
Senatsverwaltung für Stadtentwicklung und Umwelt
www.stadtentwicklung.berlin.de/forsten/jagd/de/kontakt.shtml

Brandenburg:
Ministerium für Ländliche Entwicklung, Umwelt und Landwirtschaft
www.mlul.brandenburg.de

Freie Hansestadt Bremen:
Senator für Umwelt, Bau und Verkehr
www.umwelt.bremen.de

Freie Hansestadt Hamburg:
Behörde für Wirtschaft, Verkehr und Innovation
www.hamburg.de/bwvi/abteilung-agrarwirtschaft

Hessen:
Ministerium für Umwelt, Klimaschutz, Landwirtschaft und Verbraucherschutz
https://umweltministerium.hessen.de

Mecklenburg-Vorpommern:
Ministerium für Landwirtschaft, Umwelt und Verbraucherschutz
www.regierung-mv.de

Niedersachsen:
Ministerium für Ernährung, Landwirtschaft und Verbraucherschutz
www.ml.niedersachsen.de

Nordrhein-Westfalen:
Ministerium für Umwelt und Naturschutz, Landwirtschaft und Verbraucherschutz
www.umwelt.nrw.de

Rheinland-Pfalz:
Ministerium für Umwelt, Landwirtschaft, Ernährung, Weinbau und Forsten
www.mulewf.rlp.de

Saarland:
Ministerium für Umwelt und Verbraucherschutz
www.saarland.de/ministerium_umwelt_verbraucherschutz.htm

Sachsen:
Staatsministerium für Umwelt und Landwirtschaft
www.smul.sachsen.de

Sachsen-Anhalt:
Ministerium für Landwirtschaft und Umwelt
www.mlu.sachsen-anhalt.de

Schleswig-Holstein:
Ministerium für Energiewende, Landwirtschaft, Umwelt und ländliche Räume
www.schleswig-holstein.de/MELUR

Thüringen:
www.thueringen.de/th8/tmuen

▸ **Verbände und Vereine**
(länderübergreifend)

Deutscher Jagdverband (DJV)
www.jagdverband.de

Ökologischer Jagdverband
www.oejv.de

▸ **Landesjagdverbände**

Landesjagdverband Baden-Württemberg e. V.
www.landesjagdverband.de
E-Mail: info@landesjagdverband.de

Landesjagdverband Bayern e. V.
E-Mail: info@jagd-bayern.de
www.jagd-bayern.de

Landesjagdverband Berlin e. V.
www.ljv-berlin.de
E-Mail. ljv.berlin@t-online.de

Landesjagdverband Brandenburg e. V.
www.ljv-brandenburg.de
E-Mail: info@ljv-brandenburg.de

Landesjägerschaft Bremen e. V.
www.lj-bremen.de
E-Mail: info@lj-bremen.de

Landesjagd- und Naturschutzverband Freie und Hansestadt Hamburg e. V.
www.ljv-hamburg.de
E-Mail: ljv-hamburg@t-online.de

Landesjagdverband Hessen e. V.
www.ljv-hessen.de
E-Mail: info@ljv-hessen.de

Landesjagdverband Mecklenburg-Vorpommern e. V.
www.ljv-mecklenburg-vorpommern.de
E-Mail: info@ljv-mecklenburg-vorpommern.de

Landesjägerschaft Niedersachsen e. V.
www.ljn.de
E-Mail: info@ljn.de

Landesjagdverband Nordrhein-Westfalen e. V.
www.ljv-nrw.de
E-Mail: presse@ljv-nrw.de

Landesjagdverband Rheinland-Pfalz e. V.
www.ljv-rlp.de
E-Mail info@ljv-rlp.de

Vereinigung der Jäger des Saarlandes
www.saarjaeger.de
E-Mail: saarjaeger@t-online.de

Landesjagdverband Sachsen e. V.
www.ljv-sachsen.de
E-Mail: info@jagd-sachsen.de

Landesjagdverband Sachsen-Anhalt e. V.
www.ljv-sachsen-anhalt.de
E-Mail: LJV.Sachsen-Anhalt@t-online.de

Landesjagdverband Schleswig-Holstein e. V.
www.ljv-sh.de
E-Mail: info@ljv-sh.de

Landesjagdverband Thüringen e. V.
www.ljv-thueringen.de
E-Mail: info@ljv-thueringen.de

Bücher und Neue Medien zur Prüfungsvorbereitung

▶ **Ergänzende Lernmaterialien von Siegfried Seibt**

Die Jägerprüfung. DVD mit interaktiven Lernprogramm, Wiedervorlagemodus sowie Prüfungssimulation mit den offiziellen Prüfungsfragen der Bundesländer. Kosmos.

APP Jägerprüfung. Interaktives Lernprogramm mit Wiedervorlagemodus sowie Prüfungssimulation mit den offiziellen Prüfungsfragen der Bundesländer. Kosmos.

Die Jägerprüfung in Frage und Antwort. Kosmos.

▶ **Weitere Lehrbücher und -DVDs**

Blase, Richard: **Die Jägerprüfung.** Quelle und Mayer.

Krebs, Herbert: **Vor und nach der Jägerprüfung.** Blv.

Schulte, Jürgen: **Der Jäger.** Ulmer.

Sicher durch die Jägerprüfung. Heintges Lehr und Lern-Systeme.

Jagd heute. DVD-Serie. Kosmos.

▶ **Nachschlagewerke**

Ekkehard Ophoven
Kosmos Wildtierkunde (mit Audio-CD)
Über 138 Wild- und Tierarten werden in Porträtfotos, Ergänzungsbildern und Zeichnungen vorgestellt und alles Wichtige über Vorkommen, Lebensraum und Lebensweise, Biologie, jagdlichen Status und Bejagung vermittelt. Eine zusätzliche Audio-CD enthält die Lautäußerungen von über 80 im Buch behandelten Arten. Eine wichtige Hilfe für den Jagdscheinanwärter, ein ständiger Begleiter für den Jäger, und ein interessantes Buch für alle Naturliebhaber!
Kosmos, 160 S., 205 Farbfotos, 84 Illustrationen

Andreas David
Fährten- und Spurenkunde
Das Lesen von Trittsiegeln, Fährten- und Spurbildern gehört ebenso zum Handwerk des Jägers wie das Erkennen von Losung, Fraßbildern und anderen Wildzeichen. Der erfahrene Wildbiologie Andreas David hat den jahrzehntelang erfolgreichen Buchklassiker „Fährten- und Spurenkunde" nach aktuellsten Erkenntnissen und reichhaltig bebildert neu verfasst.
Kosmos, 120 S., 126 Farbfotos, 2 Schwarzweißfotos und 62 Illustrationen

Bachmann/Roosen (Hrsg.)
Praxishandbuch Jagd
Jagd ist vor allem Handwerk – erfolgreich jagen und hegen heißt, dieses Handwerk zu beherrschen. Schalenwild, Niederwild, Jagd- und Revierpraxis, Jagdhundewesen, Jagdwaffen, Optik und vieles mehr: Bearbeitet und vollständig aktualisiert von einem versierten Jagdpraktiker und Jagdbuchautor Ekkehard Ophoven, enthält dieses umfassende Praxisbuch einfach alles, was Jagdscheinanwärter, Jungjäger und „alte Hasen" über Wild, Hege und Jagdpraxis wissen müssen. Unverzichtbar für den Praktiker – konkurrenzlos in Informationsfülle und Ausstattung! Empfohlen von „Deutsche Jagdzeitung".
Kosmos, 656 S., 848 Farbfotos, 167 Farbillustrationen

Hecker u. a.
Der Kosmos Tier- und Pflanzenführer
1000 Tiere, Pflanzen und Pilze aus ganz Europa einfach bestimmen. Bis zu vier Abbildungen für jede Art, über 4000 Fotos und Zeichnungen insgesamt und Erklärungen zu Merkmalen, Vorkommen und Le-

bensweise machen die sichere Bestimmung von Pflanzen, Tieren und Pilzen zum Kinderspiel. Zusätzlich können mit dem TING-Stift über 250 Tierstimmen gehört werden.
Kosmos, 544 S., mehr als 4000 Abbildungen

Bachofer/Mayer
Der Kosmos Baumführer
Die 750 wichtigsten Bäume und Sträucher Mitteleuropas in einer einzigartigen Kombination aus Farbfotos und -zeichnungen! Detailabbildungen zu Blättern und Blüten, Borken und Zweigen erleichtern die sichere Bestimmung. Extra: die bekanntesten Früchte auf einen Blick.
Kosmos, 288 S., 670 Farbabbildungen

▸ Fachbücher

Norbert Klups
Jagdwaffenkunde
Der bewährte Ratgeber für Jagdscheinanwärter, Jungjäger und erfahrene Jäger! Der bekannte Experte Norbert Klups informiert über Büchsen, Flinten und kombinierte Jagdwaffen sowie über Munition, Zieloptik und Zielfernrohrmontagen. Ausführlich und aktuell behandelt das Buch jetzt auch bleifreie Geschosse mit ihren Vor- und Nachteilen. Wertvolle Tipps zum Einschießen der Waffe, zur Pflege und zum Gebrauchtwaffenkauf machen das Buch unverzichtbar für jeden Jäger. Empfohlen von „Deutsche Jagdzeitung".
144 S., 137 Farb-, 7 Schwarzweißabbildungen

Norbert Happ
Hege und Bejagung des Schwarzwildes
Kaum eine Wildart hat sich in Deutschland und ganz Mitteleuropa so rasant entwickelt wie das Schwarzwild. Forstmann Norbert Happ, führender Schwarzwildexperte Deutschlands, informiert in der vollständig aktualisierten Neuausgabe seines Standardwerkes über alle Aspekte zeitgemäßer Schwarzwildbewirtschaftung. Empfohlen von „Wild und Hund".
Kosmos, 210 S., 127 Farb- und 6 Schwarzweißabbildungen

Hans-Jürgen Markmann
Vom Welpen zum Jagdhelfer
Hans-Jürgen Markmanns „Vom Welpen zum Jagdhelfer" steht seit vielen Jahren für erfolgreiche, weil artgerechte Jagdhundausbildung. Schritt für Schritt und mit zahlreichen anschaulichen Fotos beschreibt der renommierte Autor, wie der Ausbildungsweg vom Welpen bis zum fertig ausgebildeten, zuverlässigen Jagdhelfer aussieht!
Kosmos, 288 S., 295 Farbfotos

Anton Fichtlmeier, Julia Numßen
Die Ausbildung des Jagdhundes
„Jagen ohne Hund ist Schund", besagt ein altes Jägersprichwort. Unter heutigen Anforderungen waid- und tierschutzgerechten Jagens ist es gültiger denn je. Zwei Experten stehen mit ihren Namen für erfolgreiche und zeitgemäße Jagdhundausbildung. Leicht nachvollziehbar informieren sie über den Weg des Jagdhundes von der Früherziehung des Welpen und Junghundes bis zum vielseitig einsetzbaren Jagdhelfer, auf den bei Prüfungen und in der Praxis Verlass ist.
Kosmos, 256 S., 280 Farbfotos, 20 Illustrationen

▸ Jagdzeitschriften

Wild und Hund. Paul Parey Zeitschriftenverlag

Deutsche Jagdzeitung. Paul Parey Zeitschriftenverlag

Jäger. Jahr Top Special Verlag

Pirsch. Deutscher Landwirtschaftsverlag

Unsere Jagd. Deutscher Landwirtschaftsverlag

Register

Abbalgen, eines Kaninchens 132 f, 241, 245
Abendkurs 500
Abfangen, Schalenwild 214 f., 367
Ablauf der Jägerprüfung 513 ff.
Abnicken 215
Abschlagen, eines Geweihes 244
Abschlagen, Kaninchen, Hase 132, 213 f.
Abschuss-/Wildtiermanagementplan 441 ff.
Abwerfen des Geweihs 76
Abzugsarten 376 f.
Adler 164 f.
Ahnentafel 263, 268 ff.
Aktinomykose (Strahlenpilz) 343
Aktionsplan 460, 463 f.
Aktives Lesen 470 f.
Akustische Lerntechniken 484 f.
Allesfresser (Nahrungsgeneralist) 69 f., 112
Alpendohle 179
Alpenkrähe 179
Alpenländische Dachsbracke 258
Alpenmurmeltier 136 f.
Alpenschneehase 134
Alpenschneehuhn 154
Altersklassen 73, 80
Altersklassenwald 294, 296
Amboss 394 ff.
Amboss-Zündhütchen 395
Amerikanischer Nerz s. Mink
Amphibien 66, 327 f.
Amphibien, besonders geschützte 327 f.
Analogien 488
angewölfte Eigenschaften 262
Anlageprüfungen 272 ff.
Anschießen 14, 355
Anschlagsarten, jagdliche 415
Anschneiden 262
Anschuss 202, 208 ff.
Anschussbruch 201
Ansitzjagd 82, 215 ff.
Apportieren 251, 277
Apportiergegenstände 266
Apportierhunde (Retriever) 255, 258 ff.
Arbeit hinter der lebenden Ente 276
Arbeitsmittel 467
Arbeitsplatz 465 ff.
Arbeitstechniken 458
Arbeitszeit 466
Assoziative Gedächtnistechniken 486 f.
Atemübungen 475 f.
Auerwild (Großer Hahn, Urhahn) 151 f., 155 ff.
Aufbewahrung von Waffen 366
Aufbrechen 238 ff.
Aufbruch zur Jagd 204
Aufbruch 83, 155, 224, 240
Aufkippmontagen 392
Aufschubmontagen 392
Aufsetzen eines Geweihes 244 f.
Augsprosse 76
Aujeszkysche Krankheit (Pseudowut) 267
Ausbildung 265 f., 500 ff.
Ausbildungsbegleitende Maßnahmen 503

ausreichend geschult 22 f.
Ausrisse 213
Ausschuss 402 ff.
Außenballistik 405, 407 f.
Austrittspupille 386, 389 f.
Autodidakt 457, 467
Auto-Suggestion 457

Bakterielle Infektionen 351
Ballistik 405 ff.
Balzjagd 220
Bandwürmer 267, 348, 352
Bandwurmfinnen 244, 348
Bastbock (Kolbenbock) 98 f.
Bastgeweih 74
Bauhunde (Erdhunde) 222, 251, 256 ff.
Baujagd 222 f., 249 f.
Baulaut 262
Bauleistungsnachweis 275
Bäume 291 ff.
Baumfalke 170 f.
Baummarder (Gelbkehlchen, Waldmarder) 117 f.
Bayrischer Gebirgsschweißhund 258
Beck 172
Befriedung aus ethischen Gründen 34
Beizjagd 172, 221, 252
Bekassine 180 f.
Bell 172
Belohnung 278
Berdanzündung 394, 396
Bergente 185 f.
Bergstutzen 371 f., 382
Berliner Schwanenhals 234 f.
Beruhigungstechniken 491 ff.
Beschießen, von Waffen 355, 413 f.
Beschlag 83

Beschuss, staatlicher 413 f.
Beschusspflicht 364
Beschusszeichen 365, 414, 417
Bestimmungsbücher 496
Bewegungsabläufe 486
Bewegungspause 474
Bezoare 106, 109
BGB 14 ff., 29, 61, 232, 444
Biber 138 f.
Bioindikatoren 321
Biotopschutz 328 ff.
Biozönose 321
Birkhahnlocker 224
Birkwild (Kleiner Hahn, Spielhahn) 132 f., 198
Bisam 138
BJG 10, 28 ff., 141, 150, 199, 222, 232, 307, 338, 360, 441
Blaser R93 417 ff.
Blässgans 189 f.
Blässhuhn 195 f.
Blattfang 214 f.
Blauzungenkrankheit 340, 343
Blenden 81, 262
Blender 262
Blendling 125
Blinken 262
Blinker 262
Blitzentspannung 477
Blockbüchsen 370, 376
Blockschulung 463
Blockverschluss 370, 376
Bodenarten 281 f.
Böhmische Streife 226 f.
Borreliose (Lyme-Krankheit) 343
Boviden (Hornträger) 66 ff.
Boxerzündung 394 ff.
BP s. Brauchbarkeitsprüfung

Brachvogel, Großer (Kronschnepfe) 181
Bracken (Laufhunde) 251, 257 ff.
Brackieren 222, 252, 259
Brandente 184 ff.
Brandl Bracke 257
Brandtscheformel 114
Brantenfang 231, 235
Brauchbarkeitsprüfung (BP) 271 ff.
Bretonischer Vorstehhund 255
Bringselverweiser 252
Bringtreueprüfung (Btr) 273, 275 f.
Broschüren 475, 497
Brucellose 344
Bruchzeichen 200 f.
Brunfttrudel 74
Btr s. Bringtreueprüfung
Bücher 495 f.
Büchsengeschosse 401 ff.
Büchsenlauf, gezogener 372
Büchsenmunition 394 ff.
Büchsenpatrone 394 ff.
Büchsenschuss 206 f., 370 f., 407, 411
Bundesjagdgesetz s. BJG
Bürgerliches Gesetzbuch s. BGB
Buschieren 221, 252, 259, 265, 274
Bussarde 163, 165 f.

CD 496
Cerviden (Hirsche) 66 ff.
Changieren 262
Chemischer Einzelschutz 317
Chinaseuche s. RHD
Choke s. Chokebohrung
Choke-Arten 381 f.

Chokebohrung 381
Cocker Spaniel 256
Colt Government 417, 425 f.
Computer 459, 479
Conibear-Falle 236 f.

Dachs 55, 67, 117, 120 ff., 130, 140, 222
Dackellähme 268
Dämmerungszahl 389
Damhirschgeweih 87
Damwild 66 f., 69, 96 ff., 436
Dasselfliegen 350
Datenverarbeitung 478 f.
Deckbescheinigung 269
Deckschein s. Deckbescheinigung
Deformationsgeschoss 372, 405
Derby 274 f.
Destruenten 322
Deutsch Drahthaar 254
Deutsch Kurzhaar 253
Deutsch Langhaar 253
Deutsch Stichelhaar 254
Deutsche Vorstehhunde 253 f.
Deutscher Jagdschutzverband (DJV) 511
Deutscher Jagdterrier 256
Deutscher Stecher 377, 418
Deutscher Wachtel(hund) 255
Diehn 172
DJV-Handbuch 511
Dohle 178
Dommeln 197
Doppelflinte 356, 417 f., 421, 427
Doppelzüngelstecher 377, 418
Drahtbügelschlagfalle 235 f.
Drall 372, 401, 406

Draller 189
Dralllänge 406
Drilling 370 f., 430 ff., 427
Drossel 83
Drückjagd 85, 225, 229 f.
Dune 143
Düngung 283

EBHS 343
Echinokokkose 339, 348, 352
Echthirsche 69 ff.
Eichelhäher 178
Eiderente 185
Eigenschaften, angewölfte s. angewölfte Eigenschaften
Eignungsprüfung Brauchbarkeit 271 f.
Eingriffe in die Natur 336 f.
Eingriffe, am Anschuss 213
Einschießen 355, 363
Einstechen 377
Einsteckläuf 370 f.
Einzeljagd 215 ff., 447
Einzelokulareinstellung 390 f.
Einzelschutz(maßnahmen) 308, 312 ff.
Eisente 185
Eissprosse 76
Ejektor 381
Ektoparasiten 267
Ektropium (offenes Auge) 268
Elchwild 69 f., 99 ff.
Elster 178
Endoparasiten 267
Englische Vorstehhunde 254 f.
English Setter 254
English Springer Spaniel 256
Enok s. Marderhund

Enten s. Wildenten
Entenjagd 225
Entenlocker 225
Entenstrich 184, 189, 220
Entropium (Rolllid) 268
Entspannungstechniken 476 f.
Entstechen 377
Erdhunde s. Bauhunde
Erlegerbruch 201 f.
Erregerkrankheiten 340
Eselsbrücken 470, 488
Eulen 141 f., 147, 171 ff.
Europäisches Braunhasensyndrom s. EBHS
Eutrophierung 321

Fachbücher 495 f.
Fährtenbruch 201 f.
Fährtenlaut 261 f.
Falken 31, 43, 142, 163, 169 f.
Falkenartige 147
Falkenzahn 172
Fallenjagd 16, 29, 48, 129, 221, 230 ff., 412
Fallmesser 365
Fangjagd s. fallenjagd
Fangschuss 215, 412
fangschusstauglich 413, 423, 427
Fasan 54, 146 ff., 159 f., 209, 310, 436 f.
Faßbeinigkeit 268
Faulhaber Hirschruf 224
Faunenverfälscher 231
Federwild 30, 141 ff., 209, 212 f., 246
Fegeschäden 309, 315 f.
Feist 83, 98
Feisthirsch 75, 83
Feistzeit 83, 436
Feldgänse 190 f.

Feldhase 67, 131 ff., 140, 211, 438
Feldhühner (Glattfußhühner) 147 f., 157 ff.
Feldtreiben 226
Fernglas 388 ff.
Festmontagen 392
Feuerwaffen 12, 353 ff., 409, 413
Fischadler 165, 171, 175
Fischhaut 382 f.
Fischotter 117, 122, 324
Fischreiher s. Graureiher
Fleckschuss 408
Fleischhygiene-Vorschriften 21 ff., 237 ff.
Fleischuntersuchung, amtliche 22 ff., 237, 244, 340
FLG s. flintenlaufgeschoss
Flintenlaufgeschoss 27, 206, 230, 401, 409
Flintenmunition 398 f.
Flöhe 345, 350
Flugbilder 171
Flussstahl 407 ff.
Folgebruch s. Leitbruch
Fortbildung 511 f.
Foxterrier 257
Fragenpool 514
Französische Vorstehhunde 255
Französischer Stecher 377
Freiflug 405 f.
Frettchen 123, 223
Frettieren 223
Frühsommer-Meningoenzephalitis s. FSME
FSME 343
Fuchs streifen 246
Fuchs 117 ff., 126 f., 140, 211, 222
Fuchsbandwurm, Kleiner 129, 348 f.

Führigkeit 259, 262, 274
Futterarten 434

Gamsblindheit 107, 344
Gamskrucke 105
Gamswild 67 f., 103 ff., 117
Gänsejagd 225
Gänsesäger 191
Ganzschäftung 382
Gebrauchshundestammbuch 269
Gebrauchsprüfung 271 ff.
Gedichte 485
GEE 406 ff.
Geflügelpest 340, 343, 351
Gehörnabnormitäten 95
Gehörnbezeichnungen 95
Geläufe 198, 212 f.
Gelbkehlchen s. Baummarder
Geltgeiß 98
Geltschaf 102
Gelttier 83
Genickfang 215
Geradezug-Repetierer 418
Geräte und Maschinen, landwirtschaftliche 284 f.
Geschichten 485
Geschlechtsdimorphismus 69, 122 f., 146, 148, 167, 179, 184
Geschoss 395, 397, 403 ff.
Geschossabgangsfehler 407
Geschossflugbahn 372, 401, 406 ff.
Geschossknall 407
Geschossmantel 394, 402 f.
geschult, ausreichend s. ausreichend geschult
Gesellschaftsjagdarten 225 ff.
Gesetz des Minimums 281
Getreidearten 285 f., 431

Geweihaufbau 76
Geweihbezeichnungen 77
Geweihentwicklung 75, 77, 90
Geweihträger 73
Glattfußhühner (Feldhühner) 147 f., 157 ff.
Golden Retriever 258
Gordon Setter 255
Graugans 190 f.
Graureiher (Fischreiher) 197
Greifvögel 145 ff., 162 f., 171 ff.
Griffon s. Korthals-Griffon
Großer Hahn s. Auerwild
Großer Münsterländer 253
Großtrappe 195 f.
Grünfüßiges Teichhuhn s. Teichhuhn, Grünfüßiges
Grünland 288
Günstigste Einschussentfernung s. GEE

Haarraubwild 117 f., 212 f., 221, 223, 251, 261 f.
Haarwild 29, 30, 66 ff., 212
Habicht 142, 146, 167 ff.
Habichtartige 147, 162 ff.
Hackfrüchte 287, 432
Haderer 113, 205, 245
Hahnspanner 380
Halbgänse 184, 186
Halbsohlengänger 68
Handscheue 261
Handspanner 369, 381, 419
Hannoverscher Schweißhund 258
Härte, des Hundes 259, 262
Härtenachweis 275
Haselwild 154
Hasenapotheke 431

Hasenartige 67, 131 ff., 212, 313, 344
Hasenquäke 128, 224
Haubentaucher 147, 194 f.
Hauptäsungstypen 71
Hauptbruch 200 f.
Hauptprüfung 273, 276
Hauptwohnsitz 509
Hausmarder s. Steinmarder
Hausmarder 118 ff.
Hautdasseln 350
HD s. Hüftgelenkdysplasie
Hecken 433 f.
Hepatitis 267
Herakleumstängel 224
Herbstzuchtprüfung 274 f.
Heringsmöwe 183
Hermelin (Großes Wiesel) 117, 123
Hetzlaut s. Sichtlaut
Hexenring 93, 212
Hexensteig 133, 212
Himmelspur 82
Hinterschaftformen 382, 385
Hirsche s. Cerviden
Hirschfänger 367 f.
Hirschgerechte Zeichen 80
Hirschluchs 125
Hirschrudel 74
Hirschrufinstrumente 224
Hochblattschuss 208
Hochsitz 33, 216
Hochwald(wirtschaft) 295 f.
Hochwildstrecke 205
Höckerschwan 193, 195
Hohltaube 147, 149 f., 151
Hornträger s. Boviden
Huderplätze 212
Hüftgelenkdysplasie (HD) 268
Hühnervögel 147, 151 ff.
Hülsen 394 ff.

Humus 282 f.
Hund, Kauf eines 262 f.
Hunde 126 ff., 248 ff.
Hundebandwurm 244, 348
Hundekrankheiten 267 f.
Hundezucht s. Zucht, des Jagdhundes
HZP s. Herbstzuchtprüfung

ID-Classic-Geschoss 403
Iltis 117, 122, 140
Impfungen 268, 341
Inbesitznahmebruch 201 f.
Infektionen, parasitäre 345 ff.
Innenballistik 405 f.
Insekten, besonders geschützte 329 f.
Insektenschäden 298 f.
Intermediärtyp s. Mischäser
Intervalljagd 447
Intervalltraining 490
Irish Setter 255

Jagdarten 82 f., 191, 215 ff.
Jagdbetrieb, praktischer 199 ff.
Jagdeignungsprüfung 271 f.
Jagdhaftpflichtversicherung 26 f.
Jagdhörner 203
Jagdhunde 126 ff, 221 ff., 248 ff.
Jagdhundprüfungen 271 ff.
Jagdleiters, Aufgaben (Ansprache) des 229 f.
Jagdliche Organisationen 511
Jagdnicker 367 f.
Jagdoptik 390, 498
Jagdrecht 9 ff.

Jagdschein 43 ff., 507 ff.
Jagdschein lösen 360, 509
Jagdschule 511
Jagdsignale 200, 204, 229 f.
Jagdzeitschrift 497 f., 502
Jagende Hunde s. Bracken
Jägerlehrgang 463, 500 ff.
Jägerprüfung 513 ff.
Jahresjagdschein 13, 43, 509
Jahresstreckenmeldung 444
JEP s. Jagdeignungsprüfung
Jungjäger 228, 497, 510 f.

Kahlschlag(wirtschaft) 294 ff.
Kahlwild 74 f., 84, 86
Kälberfang s. Stichfang
Kalbluchs 125
Kaliberbezeichnungen 394 f.
Kalte Waffen 367 f.
Kammerschuss 210, 214
Kanadagans 191 f.
Kaninchen 135 ff., 211, 213, 223
Kaninchenklage 224
Kaninchenteckel 223
Kanzel, geschlossene 216
Kartuschenmunition 354
Kastenfallen 221, 233
Kataloge 497
Katzen 124 f.
Katzenseuche s. Parvovirose
Katzluchs 125
Kegelspitzgeschoss 402 ff.
Kesseltreiben 226 f.
Kimme und Korn 385 ff.
Kinästhetische Lerntechniken 485
Kipplaufwaffen 370 ff.
Kirrung 223 f., 438 f.
Klassen 66 f., 96

Kleidung 497 f., 504
Kleinbären 130
Kleiner fuchsbandwurm s. fuchsbandwurm, Kleiner
Kleiner Hahn s. Birkwild
Kleiner Münsterländer 254
Klettern, von Kombinierten Waffen 370
Knäkente 184
Knautschen 262
Knieper 87, 89
Knüppelfalle 235 ff.
Kohlgams 106
Kokzidien 349
Kolbenbock s. Bastbock
Kolbenente 185
Kolbenhirsch 76, 84
Kolkrabe 177
Konzentratselektierer 71, 94, 107, 314, 435
Kormoran 141, 144, 147, 193 f.
Kornweihe 167 f.
Körperfehler, des Hundes 268
körperliche Mängel, des Hundes s. Körperfehler, des Hundes
Korthals-Griffon 254
Kranich 195 f.
Kranichvögel 147, 195 f.
Krankheiten, bakterielle 340
Krankheiten, parasitäre 340
Krellschuss 208 f.
Krickente 184
Kronschnepfe s. Brachvogel,
Krucke 104 ff.
Kuder 125
Kugelschlag 207

Kulturfolger 69, 86, 91, 119, 127, 131, 148
Kulturpflanzen, landwirtschaftliche 285 ff.
kundige Person 22 f.
Kurzwaffen 12 f., 215, 353 f., 360 f., 366, 412 ff.
Kurzzeitspeicher 479

Labrador Retriever 258
Lachmöwe 183
Landbau 279 ff.
Langwaffen 12 f., 353 f., 368 ff.
Langzeitspeicher 478 ff.
Lappentaucher 147, 194 f.
Laubbock s. Stoßbock
Laubhölzer 300 ff.
Laufhunde s. Bracken
Laufkombinationen 371
Laufpflege 416
Laufschuss 208 ff.
Lebendfang 54, 221, 231 f.
Lebensmittel tierischen Ursprungs 10, 237
Lebensmittel- und futtermittel(schutz)gesetzbuch 10, 22, 237
Lebensmittelhygiene-Verordnung – Tierische Lebensmittel (LMHV-Tier) 22, 238
Lebensmittelhygiene-Verordnung 22, 238
Leberegel, Großer, Kleiner 86, 347
Lehmsulze 437
Lehrbücher 495 f.
Lehrplan 501
Lehrrevier 457
Leistungsnachweis 268
Leistungsprüfungen 274 ff.

Leitbruch (Folgebruch) 200 f.
Leptospirose (Stuttgarter Hundeseuche) 267
Lerndauer 466
Lernen 453 ff.
Lerngewohnheiten 456 f.
Lernkartei 482
Lernkontrolle 489
Lernmethode 456, 467
Lernmittel 496, 502
Lernregeln 470, 474, 481, 483
Lernsysteme 497
Lerntechniken 483 ff.
Lerntyp 457, 467
Lernweg 459 ff.
Letzter Bissen 201 f.
Lexikon 496
Lichtstärke 385, 389, 393
LMHV-Tier s. Lebensmittelhygiene-Verordnung – Tierische Lebensmittel
Lockinstrumente 224
Lockjagd 98, 220, 223 f.
Löffelente 184
Löwenkopfkrankheit s. Myxomatose
Luchs 124
Lungenwurm, Großer,
Lyme-Krankheit s. Borreliose

Mach-mal-Pause-Signale 474 f.
Magen-Darm-Würmer 81, 346 f.
Magenwurm, gedrehter 346
Magyar Vizsla 255
Mantelmöwe 183
Marder 117 ff.

Marderhund (Enok) 20, 69, 129 f., 140, 231
Markierungen 472
Märzente s. Stockente
Maßeinheiten 296
Material 495 ff.
Maul- und Klauenseuche (MKS) 343
Mäusebussard 145, 148, 165, 171
Mauspfeifchen 224
Mauswiesel (Kleines Wiesel) 117, 123
Mechanischer Einzelschutz 308 f., 318 f.
Meeresenten 184 f.
Meeresgänse 190 f.
Merkverse 204, 485 ff.
Merlin 169
Milane 163, 166
Milben 267 f., 350 ff.
Milzbrand 344
Mind-Map 483 f.
Mink (Amerikanischer Nerz) 117, 324
Mischäser (Intermediärtyp) 71, 79, 436
Mittelsäger 191
Mittelwald(wirtschaft) 296 f.
MKS s. Maul- und Klauenseuche
Mönch (Plattkopf) 84
Montagen s. Zielfernrohrmontagen
Moorente 187
Motivation 461 f.
Möwen 182
Möwenvögel 179 f.
Muffelwild (Wildschaf) 67, 69, 101 f.
Mündliche Prüfung 506 f.
Mündungsballistik 405 f.

Mündungsenergie 48, 407, 412, 423
Mündungsfeuer 407
Mündungsgeschwindigkeit 407
Mündungsknall 407
Munitionsarten 354, 365 f.
Murmeltier 136 f.
Mykosen 340
Myxomatose (Löwenkopfkrankheit) 342, 351

Nachprellen 261
Nachsuche 202, 207 ff., 214
Nachtglas 393
Nachtreiher 197
Nadelhölzer 299 ff.
Nagetiere 136 ff.
Nahrungsgeneralist s. Allesfresser
Nahrungskette 118, 322
Natur, Nutzung der 279
Naturkundlicher Spaziergang 485
Natürliches Lernen 480
Naturnahe Waldwirtschaft 428
Naturschutz 320 f.
Naturschutzbehörden 320
Naturschutzgesetz 320
Naturschutzrecht 19, 320
Nebelkrähe 177
Nerz, Amerikanischer s. Mink
Nichtschalenwild 23, 214
Niederwald(wirtschaft) 295, 297 f.
Niederwildstrecke 205
Nonnengans s. Weißwangengans
Nosler 403 f.
Notizen 470, 472
Notstand 15 f., 18, 364

Notwehr 15 f., 17 f., 364
Nutria (Sumpfbiber) 137

Offene fragen 513
offene Visiereinrichtungen 385
offene Visierung s. offene Visiereinrichtung
offenes Auge s. Ektropium
Ökologische Grundbegriffe 321
Optik 384 ff., 415 ff., 498
Ordnen 470, 478 ff.
Ordnungssystem 481 f.
Original Brenneke-Torpedo-Ideal-Geschoss (TIG) 403 f.
Original Brenneke-Torpedo-Universal-Geschoss (TUG) 403 f.
Ornithose (Papageienkrankheit, Psittakose) 344

Paarhufer 67, 69 f.
Panzerschwein 116
Papageienkrankheit s. Ornithose
Parasiten 267, 340, 345 ff.
Parson Russell Terrier 257
Parvovirose (Katzenseuche) 267
Pasteurellose 344
Patronenauswerfer s. Ejektor
Patronenmunition 354, 366
Pause 466 f., 473 f.
Pausentipps 474 f.
Person, kundige s. kundige Person
Perückenbock 95
Pfeifente 184
Pflanzen, geschützte 333 f.

Pflanzenschutz 283 f.
Pflanzenwachstums, Grundlagen des 279 ff.
Photosynthese 279 f., 321
Ph-Wert 280 f.
Pilzerkrankungen 340
Pirsch 82, 219, 393
Pirschfluggreifer 162, 167
Pirschzeichen 208 ff., 402
Pistole 412 f., 416 ff.
Planung 460 f., 464 f., 501
Plattkopf s. Mönch
Plattwürmer 348
Plätzstellen 212
Pointer 255
Polygonlauf, Büchsen- 372
Populationsweiser 92, 445
Primärkonsumenten 322
Produzenten 322
Progressive Muskelentspannung 476 f.
Prüfung 475 ff., 513 ff.
Prüfungen, der Jagdhunde s. Jagdhundprüfungen
Prüfungsangst 492 f.
Prüfungsfächer 504 ff.
Prüfungsfragen 420
Prüfungstag 493 f., 506
Prüfungsvorbereitung 455 ff. 490 ff.
Pseudotuberkulose 344
Pseudowut s. Aujeszkysche Krankheit
Psittakose s. Ornithose
Pudelpointer 254
Purpurreiher 197

Rabbit haemorrhagic disease s. RHD
Rabenkrähe 177, 198
Rabenvögel 177 f., 225
Rachendasseln 350
Rackelwild 154

Rahmenbedingungen 465 f.
Rallen 195
Randfeuerzündung 395
Randlinieneffekt 321
Rasenfalle 237
Raubtiere 67, 117 f.
Raubwild 152, 184, 231, 397
Raubwildbejagung 159
Raubwildschärfe 262
Raubzeug 221, 231, 259, 276
Raubzeugschärfe 259, 262
Raufußbussard 165 f., 171
Raufußhühner (Waldhühner) 151 ff.
Raufußkauz 176
Raufutterfresser 71, 103
Rauschchaos 111
Rauschsynchronisation 111
Rebhuhn 157 ff., 161, 198, 437
Rehwild 54, 66 ff., 91 ff., 117, 397, 435, 446 f.
Reiher 197
Reiherente 167, 185
Reizjagd 129, 224
Remisen 290, 338, 428, 434
Repetierbüchse s. Repetierer
Repetierer M 98 379
Repetierer 368 ff., 379 f., 394, 417 f., 427
Reptilien 67, 327 f.
Reptilien, besonders geschützte 327
Retriever s. Apportierhunde
Reviergang 498, 516
Revolver 412 f., 416 f., 421 ff.
RHD 342, 351
Ringelgans 191 f.
Ringeltaube 149, 198, 220, 225
Rohrdommel, Große 197 f.

Rolllid s. Entropium
Rothirschgeweih 76
Rotwild 66 ff., 73 ff., 225, 309 ff., 436, 447 f.
Rotwilduhr 79
Rückbeißer 249, 268
Rückbiss s. Rückbeißer
Rückstecher 377, 419
Ruderfüßer 147, 193 f.

Saatgans 192
Saatkrähe 177 f.
Sachbücher 495 f.
Säger 190 f.
Salmonellose 267, 344, 351
Salz 437
Sammelplatzbruch 201 f.
Samtente 188
Sauerländer Dachsbracke 258
Saufeder 367 f.
Säugetiere 66 ff., 323 f.
Säugetiere, geschützte 324 f.
Schaftbacke 382
Schäfte 382 ff.
Schaftform 382
Schaftmaße 383 f.
Schalen 74, 84
Schalenwild (Paarhufer) 69 ff., 117, 208, 214 f., 240, 245, 309, 438, 447
Schälschäden 212, 312 ff.
Schärfe, des Hundes 20, 259, 262, 264
Schärfenachweis 275 f.
Scharfrand(geschoss) 210, 401, 403 f.
Scharwild 105 f.
Schellente 185
Scherengebiss 249
Scherentreiben 227 f.
Scherzen 81

Schießen 14, 355, 362 f., 414 f.
Schießprüfung 503 f., 514 f., 520 f.
Schießstandzubehör 497
Schlaghaar 84, 210, 402, 411
Schlagschäden 315 ff.
Schlagstellen 212
Schlagstücksicherungen 379
Schleiereule 145, 171, 174
Schlosse, Waffen- 376 ff.
Schnabelformen 142
Schnatterente 184
Schneider 74, 84, 157
Schnepfenvögel 179 ff.
Schnitthaar 84, 210, 401, 411
Schreitvögel 197 f.
Schriftliche Prüfung 505, 513, 519
Schrotgrößen 400
Schrotschuss 372, 408 ff., 420
Schrotstärken 400
Schuss 205 ff., 237, 249 f.
Schussentwicklungszeit 406
Schussfestigkeit 259, 262, 272, 274
Schusshitze 261 f.
Schussscheue 261 f.
Schusswaffen 353 ff.
Schusswaffen, Verbotene s. Verbotene Schusswaffen
Schusszeichen 208 ff.
Schützen- oder Erlegerbruch 201 f.
Schwarzstorch 198
Schwarzwild 54, 60, 69, 109 ff., 319, 436, 448
Schweinepest 341 f., 351

Schweißhund 202, 253, 258 ff., 273
Schwenkmontagen 391
Schwimmente 184, 186, 198
Schwingenverletzung 209
Sechsergehörn 94
Seeadler 164 f., 171
Seelenachse 406 ff.
Seidenreiher 197
Sekundärkonsumenten 322
Selbstladewaffen 360 f., 374
Selbstspanner 369, 381, 417
Seuchen s. Tierseuchen
Sicherheitsdrilling 380 f.
Sicherungen 377 ff.
Sichtlaut 260
Signalstift 381, 417, 419, 424
SIG-Sauer 412, 422 f.
Sikawild 66 f., 90 f.
Silbermöwe 183
Silvertip 403 f.
Singschwan 194
Smith & Wesson 412, 417
Solms 274 f.
Sonderkulturen 289
Spannsysteme 380
Speichern 472 ff.
Spektive 390
Sperber 169, 171
Sperlingskauz 176
Spezialbüchsengeschosse 404
Spielhahn s. Birkwild
Spießente 184
Springmesser 365
Spulwürmer 267
Spurbilder 140
Spurlaut 222, 249 f., 261 f.
Standlaut 250, 261
Standplatzbruch 200 f.
Standtreiben 27, 226 ff.
Standwild 85

Stangensicherungen 379
Stangensulze 437 f.
Staupe 267
Stecher 377, 418 f., 427
Stecherarten s. Stecher
Steinadler 145, 165, 171
Steinhuhn 162
Steinkauz 145, 175 f., 338
Steinmarder (Weißkelchen) 118 f.
Steinwild 69, 73, 107 f.
Steirische Rauhaarbracke 257
Stelzvögel 147
Stern 172 f.
StGB s. Strafgesetzbuch
Stich 74, 85, 240
Stichfang (Kälberfang) 214
Stinkmarder 117, 122 f.
Stirnnaht 94
Stöberhund 251, 255 f., 259, 261
Stöbern hinter der lebenden Ente 274, 276
Stöbern 222, 226, 251 f., 259 ff., 274
Stockente (Märzente) 182, 184, 225
Stocksulze 437 f.
Stolpersteine 455 f.
Stopp-Regel 491
Störche 198
Stoßbock (Laubbock) 106 f.
Stoßgefieder 144
StPO s. Strafprozessordnung
Strafgesetzbuch 16 ff.
Strafprozessordnung 18 f.
Strahlenpilz s. Aktinomykose
Strategisches Lernen 480
Sträucher 305 f.
Streckelegen 204 f.

Streifen, des fuchses s. fuchs streifen
Strohsches Zeichen 131 f.
Stundenplan 501
Stuttgarter Hundeseuche s. Leptospirose
Stutzen 354, 372, 382
Suchjagd 221, 249
Suggestion 477
Suhler Einhakmontage 391, 393
Sumpfbiber (Nutria) 137
Sumpfohreule 175 f.
Systeme, Waffen- s. Schlosse

Tafelente 185
Tagesjagdschein 510
Tannenhäher 178 f.
Taubenjagd 225
Taubenlocker 224 f.
Tauchente 184 f., 198
Teckel (Dachshund) 256
Teichhuhn, Grünfüßiges 195 f.
Teilmantelgeschoss 402 ff.
Teilmantel-Geschosstypen 403
Teller 109 f., 116
Tellereisen 236 f.
Tiergesundheitsgesetz 21
Tierische-Nebenprodukte-Beseitigungsgesetz (TierNebG) 25
TierNebG s. Tierische-Nebenprodukte-Beseitigungsgesetz
Tierschutzgesetz 20 f., 232, 264, 433
Tierseuchen (Wildseuchen) 21, 58, 339 f.
Tierseuchengesetz 10
TIG s. Original Brennecke-Torpedo-Ideal-Geschoss

Tiroler Bracke 257
Tollwut 21, 58, 341 f., 351
Tollwutverordnung 10, 21
Tombak 402 f.
Topinambur 288, 429 f.
Totengräber 262
Totschlagfallen 221, 231, 237
Totsuche 207, 214 f.
Totverbellen 250, 252, 261
Totverweisen 250, 252, 260 f.
Tränengrube 68, 74
Trauerente 188
Treffpunktlage 392 f.
Treibjagd 225 f.
Treibladung 394, 398
Treibspiegelgeschoss 366
Trichinen 242, 349, 352
Trichinenuntersuchung 22, 25, 242, 349
Tritonmuschel 85, 224
Trittsiegel 80, 85, 88, 114, 120, 130
Trughirsche 69 f., 99
Tuberkulose 344
TUG s. Original Brenneke-Torpedo-Universal-Geschoss
Tularämie 344
Türkentaube 150 f.
Turmfalke 145, 169 f.
Turteltaube 150 f.

Überblick 471
Uhu 145, 174
Ultrakurzzeitgedächtnis 479
Umtriebszeit 296 f.
Unfallverhütungsvorschriften s. UVV
Unfallversicherung 26 f.
Ungarische Vorstehhunde 253
UNI-Classic-Geschoss 404
Unterhebelrepetierer 368 f.
Untersuchungen, amtliche 22, 25, 242, 349
Urhahn s. Auerwild
UVV 27 f., 217, 228 ff.

Vbr s. Verlorenbringerprüfung
Vegetationsweiser 445
Veranschaulichung 481, 483
Verbandsgebrauchsprüfung 271 ff.
Verbandsjugendprüfung 272 ff
Verbandsprüfung nach dem Schuss 275
Verbandsschweißprüfung 275
Verbissgehölze 433 ff.
Verbissschäden 311 ff.
Verbote, Sachliche 30 f., 48 ff., 199
Verbotene Gegenstände 365 f.
Verbotene Schusswaffen 365
Verfärben 67, 85, 107
Verfegen 76
Verknüpfungsgeschichten 487
Verlorenbringen 250 ff, 259, 262, 265, 272, 274
Verlorenbringerprüfung (Vbr) 273, 275 f.
Verordnung (EG) 852/2004 21, 237
Verordnung (EG) 853/2004 22, 23, 237
Verordnung zur Durchführung von Vorschriften des gemeinschaftlichen Lebensmittelhygienerechts 22, 237
Verpackungen 395
Verpackungseinheit 395
Verschlüsse, Waffen- 372 ff.
Versorgen von Federwild 246
Verständigungsbrüche 200
VGP s. Verbandsgebrauchsprüfung
Video 496
Vielseitigkeitsprüfung 272 f., 275 f.
Viole 92, 127 ff.
Virusinfektionen 341 ff.
Visiereinrichtungen, offene s. offene Visiereinrichtungen
Visierlinie 382, 384, 406 ff.
Visierung 384 ff.
Visierung, offene s. offene Visiereinrichtungen
Visuelle Lerntechniken 483 f.
VJP s. Verbandsjugendprüfung
Vögel 141 ff., 325 f.
Vögel, besonders geschützte 325 f.
Vogelgrippe 343, 351
Vollzeitschulung 490, 500 f.
Vorbeißer 249, 268
Vorbiss s. Vorbeißer
Vorderschaftrepetierer 368 f.
Vorliegelaut 261
Vorprüfung 276 f.
Vorschriften für Sicherheit und Gesundheitsschutz s. VSG
Vorsteh- und Standtreiben 226 ff.
Vorstehhund, erwünschte Eigenschaften 260 ff., 274 ff.

Vorstehhunde 221 f., 251 ff., 259 ff., 274 f.
VP s. Vielseitigkeitsprüfung
VPS s. Verbandsprüfung nach dem Schuss
VSG 27 f., 232
VSwP s. Verbandsschweißprüfung

Wachtel 160
Wachtelkönig s. Wiesenralle
Waffen 206, 230, 353 ff.
Waffenbesitzkarte 357 ff.
Waffengesetz 12 ff.
Waffenhandhabung 417 ff.
Waffenkauf 498 f.
Waidlaut 262
Wald 252, 291 ff.
Waldbetriebsarten 295
Waldhühner s Raufußhühner
Waldkauz 145, 175 f.
Waldlehrpfad 403
Waldmarder s. Baummarder
Waldohreule 175
Waldschnepfe 179 f., 220
Walther PP/PPK 412, 417, 423 f., 427
Wanderfalke 145, 169 f.
Warnbruch 200 f.
Wartebruch 200 f.
Waschbär 19, 68 f., 130, 140, 231, 323 f.
Wasserfreude 259 f., 262
Wasserralle 195 f.
Wasserscheue 261
Watvögel 147, 179, 182
Wechselwild 85
Wege ins Gedächtnis 480
Weidwundschuss 207 ff.
Weihen 167 f.
Weimaraner 253

Weißkelchen s. Steinmarder
Weißstorch 198
Weißwangengans 191 f.
Wesensfestigkeit 259, 262
Wespenbussard 165 f., 171
Widderschnecke 103
Wiederfindregeln 481 f.
Wiederholungstechniken 490
Wiederkäuer 70 ff.
Wiesel, Großes s. Hermelin
Wiesel, Kleines s. Mauswiesel
Wiesenralle 162, 195 f.
Wild (wild/frei lebende Tiere = Rechtsbegriff) 15 ff.
Wildacker 428 ff.
Wildbearbeitungbetrieb 22 f.
Wildenten 182 ff., 189, 438
Wildgänse 189 ff.
Wildkaninchen 135 f., 211
Wildkatze 124 f.
Wildpark 503
Wildrind s. Wisent
Wildschaden 52 f., 60 ff., 307 ff.
Wildschadensersatz 34, 60 f., 307, 309
Wildschadensverhütung (-abwehr) 44, 60, 308, 438
Wildschaf s. Muffelwild
Wildschwäne 193
Wildseuchen s. Tierseuchen
Wildtauben 149 ff., 311
Wildzeichen 211 ff.
Winchester 395, 403
Windfang (Muffel) 74, 85, 99
Wirbeltiere 67
Wirtskörper 345

Wisent (Wildrind) 67, 69, 109
Wissen aufnehmen 469 ff.
Wolf 126
Wolfsklaue 268
Wortspiele 485
Würgebohrung s. Choke-Bohrung
Würmer 346 f.
Wurzelsysteme 295

Zahlengedächtnis 486
Zangengebiss 249, 268
Zecken 267
Zeitplanung 501
Zentralfeuerzündung 394 f.
Zerlegungsgeschoss 372, 402, 404 f.
Zerwirken von Schalenwild 240 ff.
Zielballistik 405, 411 f.
Zielfernrohr 382, 385 f., 391 ff.
Zielfernrohrmontagen 391 ff.
Zoonose 267 f., 339 ff.
Zucht, des Jagdhundes 268 ff.
Zuchtbuch 268 f.
Zuchtverein 268
Zuchtvoraussetzung 268
Zuchtwart 268 f.
Züge, des Büchsenlaufs 372
Zündhütchen 394 f.
Zündkanal 394 ff.
Zündmechanismen 394 f.
Zündungsarten 395
Zwergdommel 197 f.
Zwergsäger 191
Zwergschwan 192
Zwingerhusten 267
Zwischenfruchtanbau 289 f.
Zwischenwirt 345 ff., 352

Fotografien

Hansgeorg Arndt (1): S. 350 u.
Blaser Jagdwaffen GmbH (2): S. 373 o., 382 u.
Dr. Günther Bethge (6): S. 104 u., 150 o. re., 163 o li. (gr.), 166 o. (gr.), 170 Mi., 196 Mi. li.
Dr. Albrecht von Braunschweig (11): S. 341 o., 343, 344, 347 alle, 348 alle, 349 beide, 350 o.
Erhard Brütt (1): S. 342
Deutsches Jagd- und Fischereimuseum München (1): S. 353
Frankonia Handels GmbH & Co. KG (43): S. 203 o., 203 Mi. li., 203 u. li., 266 o. li., 266 o. re., 266 Mi. li., 371 alle, 372 beide, 373 u., 375 beide, 376 Mi., 378 alle außer o. li., 384 alle, 391 o., 393 alle außer o., 395, 401, 413, 414
Frank Hecker (99): S. 100 u., 109 u., 110 o., 111 o. li., 119, 120 o., 120 Mi., 124 beide, 129 u., 135 o. li., 135 u., 136, 150 o. li., 154 o., 159 beide, 165 Mi., 168 u. li., 168 u., 174, 175, 176 Mi. re., 176 u., 177 o., 177 Mi. re., 178 alle, 181, 182 o. li., 182 o. re., 182 Mi. li., 182 Mi. re., 182 u. re., 183 o., 184 u., 185 o. (gr.), 186 u. li. (gr.), 187 alle außer Mi. li., 188 o. li. (gr. u. kl.), 188 u. (kl.), 191 o., 191 Mi., 192 alle, 193 Mi., 195, 196 o. li., 196 Mi. re., 197 Mi. re., 197 u. li., 198 u. re., 198 u. li., 299 u., 324 o. li., 325 o. li. und re., 325 Mi. li., 325 alle außer o. li., 326 o. re., 327 o. li., 327 o. li., 327 Mi. re., 327 u. re., 328 o. li., 328 o. re., 328 u. re., 328 Mi. li., 329 o. re., 329 u. li., 330 o. re., 330 u. re.,333 o. li., 333 o. re., 333 u. li., 334 alle, 335 alle
Günter Helm/Frank Hecker (1): S. 182 u. li.
Inst. f. Virologie d. Tierärztl. Hochschule Hannover (1): S. 341 u.
JGHV (1): S. 269 u.
Eva-Maria Krämer (16): S. 253 o. li., 253 o. re., 254 o. re., 254 Mi. re., 254 u. li., 255 o. li., 255 Mi. li., 255 Mi. re., 255 u. li., 256 o. li., 256 o. re., 257 Mi. li., 257 u. li., 258 o. li.
Jens Krüger (1): S. 97 o. re.
Alfred Limbrunner (35): S. 100 o., 104 o., 105 o., 123 u. li., 123 u. re., 135 o. li., 138, 139 beide, 150 u., 158, 166 u. li., 167 o., 168 o. li., 168 Mi. li., 168 Mi. re., 170 u. (kl.), 171, 179 alle, 180 u., 183 u., 187 Mi. li., 188 o. re., 188 Mi. li., 188 Mi. re., 196 u. li., 196 u. re., 197 o. re., 198 o., 213 li., 324 Mi. li., 324 u. re., 325 u. li.
Hans-Jürgen Markmann (1): S. 266 u. re.
Mauser Jagdwaffen GmbH (1): S. 374 o.
Merkel Jagd- & Sportwaffen GmbH (1): S. 374 zweites von o.
Eckhard Mestel/Frank Hecker (20): S. 88, 90 o., 101 u., 129 u., 134, 152 u., 160, 169 u., 171 o. li., 176 u. li., 185 Mi., 185 u. re. (gr.), 186 o., 186 u. li. (kl.), 191 u., 193 o., 194 u., 196 u., 197 Mi. li.
Horst Niesters (55): S. 74 u., 74 o., 75 u., 82, 87, 90 Mi. und u. li., 91, 92 o., 101 o., 105 u., 108 u. re., 110 u., 111 o. re., 118, 122, 123 o., 125 beide, 126, 130, 132 u. li., 132 o., 137, 145, 147, 149, 152 o., 153 o. li., 153 o. re., 153 Mi. li., 154 u., 162, 164, 165 u., 166 u. re., 167 o., 167 Mi., 184 o., 202, 213 re., 214, 223 re., 238, 250 o., 256 Mi. re., 260 o., 261, 264, 271, 272, 276, 316 o. li.
Ekkehard Ophoven (33): S. 33 u., 34 u., 44, 113 o., 226, 250 u., 251 o., 255 u., 256 o. re., 257 o. li., 257 Mi. re., 258 o re., 262, 266 u. li., 268 Mi. li., 269 o., 286 Mi. li., 290 o. re., 299 zweites von o., 301 alle außer zweites von o., 303 zweites von o., 338 re., 367, 374 zweites von u., 382 zweites von u., 383 o. li. und u. re., 393 o., 439 re., 440 o., 449, 452, 518
Heinz Oppermann: (2): S. 415 beide
Dr. Friedrich Reimoser/Dr. Susanne Reimoser (aus: „Wild & Wald – Richtiges Erkennen von Wildschäden am Wald mit Diagnose-Bildatlas", Broschüre der Zentralstelle Österr. Landesjagdverbände, 2002) (4): S. 311 alle außer o. re., 312
Dr. Franz Robiller (2): S. 153 Mi. re., 153 u.
RUAG Ammotec GmbH (7): S. 397 alle, 398 u. li., 398 u. re., 405, 409
J. P. Sauer & Sohn GmbH (1): S. 369 o.
Dr. Frieder Sauer/Frank Hecker (21): S. 109 o.,169 u., 170 o. re., 170 u. (gr.), 176 o. re., 177 u., 180 u., 185 o. (kl.), 185 u. (kl.), 188 u. (gr.), 194 u., 197 o., 324 o. re., 326 o. li., 327 o. re., 327 Mi. li., 329 o. li., 329 u. li., 330 u. li., 330 o. li., 333 u. re.
Siegfried Seibt (258): S. 19, 33 o., 34 o. und Mi., 40 beide, 48, 49, 50 beide, 51, 56, 61 beide, 62 beide, 63 beide, 68, 71, 73, 76, 78 alle, 86, 96 beide, 97 obere drei, 113 u., 121 beide, 132 u. re., 166 o. (kl.), 203 Mi. re., 203 u. re., 207, 210 alle, 211 alle, 216 alle, 217 alle, 219, 223, 224 alle, 228 beide, 233 alle, 234 alle, 235 alle, 236 alle, 241 alle, 242 alle, 243 alle, 244 alle, 245 alle, 246 alle, 247 alle, 257 u. re., 266 u. li., 280, 282 alle, 283, 284 alle, 286 alle außer Mi. li., 287 alle, 288 alle, 289 alle, 290 o. li. und u., 292, 293 alle, 294, 296 beide, 297 alle, 298, 299 o. und zweites von u., 300 alle, 301 zweites von o. und u., 302 alle, 303 alle außer zweites von o., 304 alle, 305 alle, 305 alle, 309 beide, 310, 311 alle, 313 beide, 314, 316 o. re., 316 u. li. und o. re., 317 beide, 318, 328 u., 332 alle, 337, 338 li., 354, 365, 366, 368 beide, 369 untere drei, 370 beide, 374 u., 376 li., 376 re., 377 beide, 378 o. li., 379 beide, 381 alle, 382 alle außer o., 383 u., 386 beide, 396, 398 o., 412 alle, 421, 422, 424, 426, 428, 429 beide, 430, 434, 435 beide, 436 beide, 437, 438 beide, 439 li., 440 u., 442, 445
Swarovski Optik Vertriebs GmbH (1): S. 391 u.
Wilfried Sloman (2): S. 120 re. o., 120 re. u.
VDD Fotoarchiv (1): S. 254 Mi. li.
Karl-Heinz Volkmar (9): S. 45, 75 o., 79, 81, 86 u., 94 o., 108 li, 111 u., 450
Karl-Heinz Widmann/Kosmos (15): S. 221, 251 u., 253 li., 253 u. re., 254 o. li., 255 o. re., 256 o. li., 256 Mi. li., 258 Mi. li., 258 Mi. re., 258 u. li., 258 u. re., 260 Mi., 260 u., 265 u.
Carl Zeiss Sports Optics GmbH (3): S. 386 u., 388 beide

Illustrationen

Archiv des Autors (7): S. 77 beide, 91, 95 o., 103 o., 319, 430
Kai Elzner (57): S. 453 bis 516 alle
Frankonia Handels GmbH & Co. KG (30): S. 208, 371 alle, 387 o., 394, 402, 403 alle, 409, 414
Wolfgang Lang (3): S. 281, 291, 431
Heinz Oppermann (3): S. 415 alle
RUAG Ammotec GmbH (4): S. 388, 395 alle
Wilfried Sloman (75) S. 11, 12, 13, 14, 15, 29 beide, 30, 32 beide, 35, 37, 39, 41, 43, 52, 55 beide, 56, 57 beide, 59, 64, 68, 70, 71 alle, 72, 79, 88 re., 93, 110, 112, 113, 118 zweites v. li., 120 re., 125 o., 135, 141, 142 alle, 144, 145, 158 u. li., 163, 164, 180, 218, 222, 223, 248, 273, 292, 294, 295, 307, 310, 345 beide, 346, 361 beide, 363 beide, 364, 383, 399, 400
Carl Zeiss AG (1): S. 387 u.
aus Brandt/Behnke/David: Fährten- und Spurenkunde, Kosmos 2015 (1): S. 127
aus DJV (Hrsg.): Die Jagdsignale, Kosmos 2011 (1): S. 204
aus Stinglwagner/Haseder: Das Große Kosmos Jagdlexikon, Kosmos 2004 (54): S. 76 alle, 80 beide, 81, 87, 92, 94, 95 u., 100, 103 u., 104, 105, 114, 117, 118 alle außer zweites v. li., 120 beide, 125 u., 126, 130, 131, 132, 140, 143 beide, 155, 158 u. re., 159, 160, 171, 186 alle, 194, 198, 201, 205, 209, 213 alle, 214 alle, 227, 381, 407, 410 beide

Impressum

Umschlaggestaltung von eStudio Calamar unter Verwendung zweier Fotografien von Karl-Heinz Volkmar (oben und Mitte) und eines Fotos von Ekkehard Ophoven. Die Fotos zeigen einen Rothirsch (o.), einen Hochsitz (M.) und einen Deutschen Wachtelhund.

Mit 656 Farbfotos, 7 Schwarzweißfotos, 81 Farbillustrationen und 154 Schwarzweißillustrationen

Alle Angaben in diesem Buch erfolgen nach bestem Wissen und Gewissen. Sorgfalt bei der Umsetzung ist indes dennoch geboten. Der Verlag, der Autor und die Herausgeber übernehmen keinerlei Haftung für die Personen-, Sach- oder Vermögensschäden, die aus der Anwendung der vorgestellten Materialien und Methoden entstehen könnten.

Unser gesamtes Programm finden Sie unter **kosmos.de**.
Über Neuigkeiten informieren Sie regelmäßig unsere Newsletter, einfach anmelden unter **kosmos.de/newsletter**

Gedruckt auf chlorfrei gebleichtem Papier

© 2015, Franckh-Kosmos Verlags-GmbH & Co. KG, Stuttgart.
Alle Rechte vorbehalten
ISBN 978-3-440-14720-7
Projektleitung: Ekkehard Ophoven
Redaktion: Ekkehard Ophoven
Gestaltung und Satz: typopoint GbR, Ostfildern
Produktion: Die Herstellung
Printed in The Czech Republic/Imprimé en République Tchèque

KOSMOS.
Erfolgreich Jagen.

Siegfried Seibt | Die Jägerprüfung
DVD-Box, €/D 29,99 (UVP)

Vorbereitung auf die Jägerprüfung — daheim und unterwegs: Interaktives Lernen an PC oder Notebook mit steuerbarer Wiedervorlage und länderbezogenen Prüfungssimulationen! Jetzt mit den offiziellen Prüfungsfragen von Baden-Württemberg, Bayern, Brandenburg, Hamburg, Mecklenburg-Vorpommern, Niedersachsen, Nordrhein-Westfalen, Rheinland-Pfalz und dem Saarland. Empfohlen von „Wild und Hund".

App: Jägerprüfung
€/D 12,99 (UVP)

Jetzt bestellen auf kosmos.de

Jagdschule Seibt

eLearning
JAGD System Seibt®

Arbeiten Sie unterwegs offline oder online mit unserem Lernprogramm oder **hören** Sie (Audio) während langer Reise- und Wartezeiten den gesprochenen Text von Ihrem iPhone oder Smartphone.

Preis ohne Geräte (Hardware).

Wildmeister DJV Siegfried Seibt präsentiert Ihnen das Wesentliche aus dem Buch „Grundwissen Jägerprüfung" als Unterricht live.

Siegfried Seibt GmbH
Prälat-Faber-Str. 14 · 66620 Nonnweiler-Sitzerath
Tel. 06873 992707 · Fax 06873 992704 · Mobil 0171 7722234
www.internetjagdschule.de · E-Mail: info@internetjagdschule.de

Jägerschule Seibt

Der sichere Weg zum Jagdschein

www.jagdschule-seibt.de

Info anfordern:
Telefon 06873 992707
Mobil 0177 2722234
Prälat-Faber-Straße 14
66620 Nonnweiler-Sitzerath